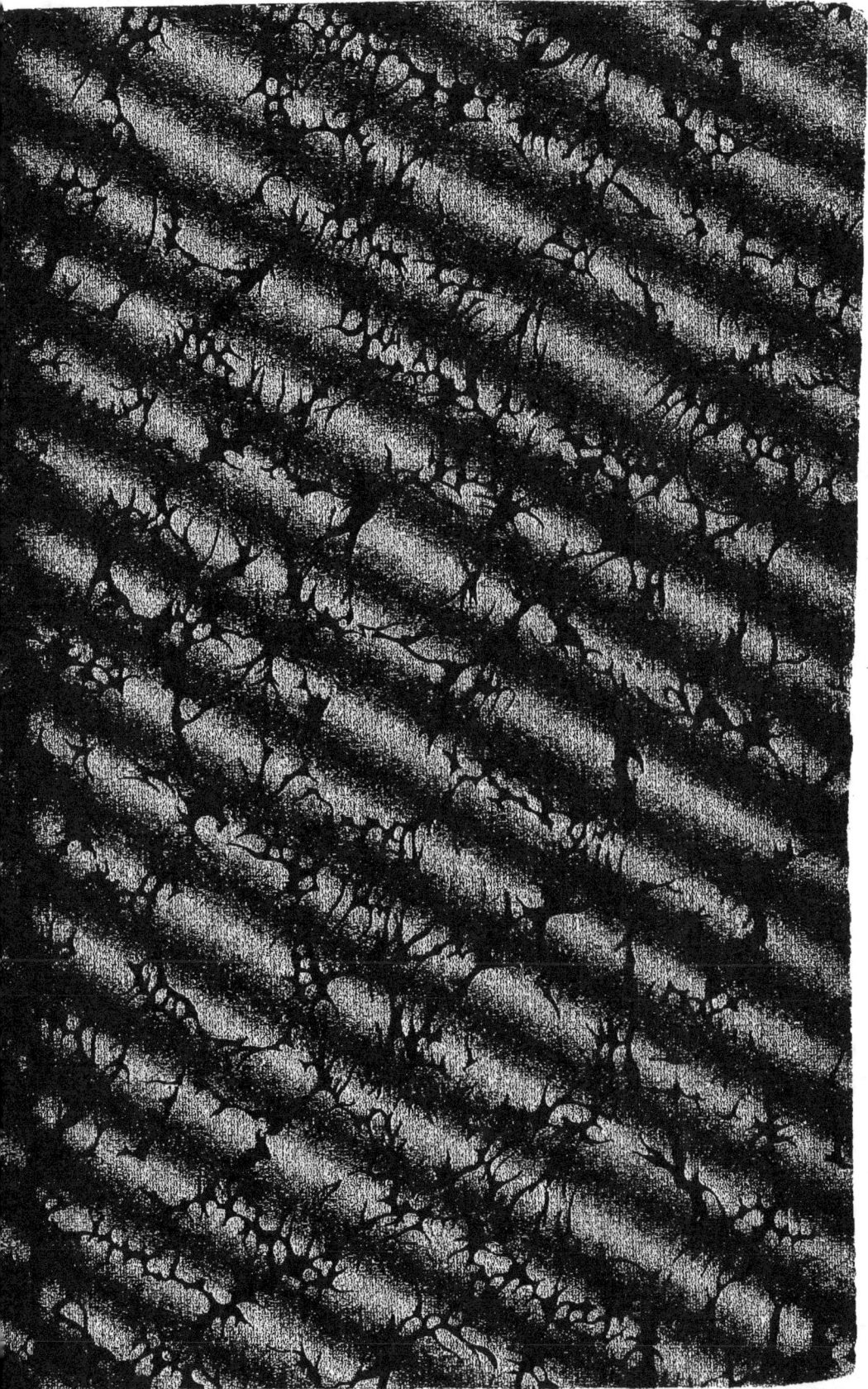

CATALOGUE
DES LIVRES
DE LA BIBLIOTHEQUE
DE FEU
M. LE DUC DE LA VALLIERE.

TOME QUATRIEME,
OU
SECONDE PARTIE.
TOME PREMIER.

CE CATALOGUE se trouve chez les principaux Libraires des Villes de France, &

A AIX, chez M. David.

AMSTERDAM, chez MM. Dufaulchoix, la Veuve Merkus & les Héritiers Harrevelt.

BRUGES, chez M. Van Praet.

BRUXELLES, chez MM. Flon & Desjardin.

FLORENCE, chez M. Molini.

GAND, chez M. Goesin.

GENEVE, chez M. Chirol.

HAMBOURG, chez M. Virschaux.

LA HAYE, chez M. Detune.

LEYDE, chez M. Luchtmans.

LISBONNE, chez M. Borel.

LONDRES, chez M. Elmsly.

MADRID, chez M. Ant. de Sancha.

MANHEIM, chez M. Fontaine.

TURIN, chez MM. Guibert & Orgeas, & les Freres Reycends.

VENISE, chez MM. les Freres Coletti.

VIENNE, chez MM. Artaria & Compagnie.

CATALOGUE
DES LIVRES
DE LA BIBLIOTHEQUE
DE FEU
M. LE DUC DE LA VALLIERE.
SECONDE PARTIE,
Disposée par Jean-Luc Nyon l'aîné.

Contenant une très-grande quantité de Livres anciens & modernes, nationaux & étrangers, imprimés en différentes langues, dont la réunion forme des collections presque completes dans tous les genres, & principalement dans la classe des Sciences & Arts, de la Poésie en général & de l'Art dramatique, des Romans, de l'Histoire, &c. dont la Vente se fera dans les premiers jours du mois de Décembre 1784.

TOME PREMIER.

THÉOLOGIE ET JURISPRUDENCE.

A PARIS,
Chez Nyon l'aîné, Libraire, rue du Jardinet.
M. DCC. LXXXIV.

TABLE

DES MATIERES ET DES AUTEURS

De la seconde Partie du Catalogue de M. le Duc DE LA VALLIERE.

Bon pour un Exemplaire, qui sera donné *gratis*, en remettant la présente reconnoissance. A Paris, ce premier Juillet 1784.

Nyon l'aîné

PRIX IMPRIMÉS DE LA SECONDE PARTIE DU CATALOGUE DE M. LE DUC DE LA VALLIERE.

Bon pour un Exemplaire, qui sera donné *gratis*, en remettant la présente reconnoissance, deux mois après que la vente aura été achevée. A Paris, ce premier Juillet 1784.

Nyon l'aîné

Tome I.   a

TABLE
DES DIVISIONS.

TOME PREMIER.

THÉOLOGIE.
ECRITURE-SAINTE, ou BIBLES.

Versions grecques & latines,	page 1
Versions latines & françoises,	4
Versions françoises,	5
Versions italiennes,	ibid.
Livres séparés de l'ancien Testament, en différentes langues,	6
Versions du nouveau Testament, en différentes langues,	9
Versions des Livres séparés du nouveau Testament, en différentes langues,	11
Evangiles apocryphes,	13
Concordances de l'Ecriture-Sainte,	ibid.

INTERPRETES DE L'ECRITURE-SAINTE.
JUIFS ou RABBINS.

Commentaires & différents Traités sur l'Ecriture-Sainte,	14

CHRÉTIENS, INTERPRETES DE L'ECRITURE-SAINTE.

Interpretes de l'ancien & du nouv. Testament,	15
Interpretes de l'ancien Testament en général, & de ses différents livres en particulier,	16
Interpretes du nouveau Testament,	21

TABLE DES DIVISIONS

CRITIQUES SACRÉS, ou TRAITÉS CONCERNANT L'ÉTUDE DE L'ECRITURE-SAINTE.

Regles & usage de la critique, & introduction à l'étude de l'Ecriture-Sainte, page	22
Interpretes critiques de l'Ecriture-Sainte,	23
Philologie sacrée, ou Mélanges critiques sur l'Ecriture-Sainte,	25
Traités & dissertations sur plusieurs endroits de l'Écriture-Sainte, joints ensemble,	27
Traités & dissertations sur différents endroits séparés de l'Ecriture-Sainte,	28
Histoire littéraire & critique des différents livres de l'Ecriture-Sainte,	30
Traités du sens de l'Ecriture-Sainte, & de la maniere de l'interpréter & de la traduire,	32
Physique, Histoire naturelle, Géographie, Chronologie, &c. de l'Ecriture-Sainte,	33
Physique sacrée, ou Histoires, abrégés & figures de la Bible,	34
Histoire des Patriarches & des Prophetes,	36
Histoire de la Vie de Jésus-Christ,	37
Histoire des Apôtres,	39
Antiquités hébraïques, & ouvrages relatifs à la Religion des Juifs,	40
De la République & des différents usages des Juifs,	45
Ouvrages concernant la Religion & les usages des Juifs modernes,	48
Dictionnaires de l'Ecriture-Sainte,	49

LITURGIES, ou LIVRES ECCLÉSIASTIQUES, OFFICES DIVINS ET PRIERES DE L'EGLISE.

Traités liturgiques, généraux & particuliers,	50
Liturgies des Eglises grecque & latine,	55
Liturgies des Eglises de France,	59

DU TOME PREMIER.

Liturgies des Eglises d'Angleterre & autres étrangeres, page 61
Liturgies monastiques, & des Ordres Religieux militaires & de chevalerie, ibid.
Livres d'instructions qui ont rapport au cours de l'année Ecclésiastique, 62

CONCILES.

Traités des Conciles, 65
Conciles généraux & particuliers, séparés ou en collection, 67
Ouvrages concernant le Concile de Trente, 70
Histoire des Conciles, 72

SAINTS PERES, ou OUVRAGES DES AUTEURS ECCLÉSIASTIQUES.

Traités sur la morale des SS. Peres, 76
Ouvrages des SS. Peres Grecs, ibid.
Collections, extraits, & Histoires des SS. Peres & des Auteurs ecclésiastiques, Grecs & Latins, & des monuments ecclésiastiques, 84
Ouvrages des SS. Peres Latins, 87

THÉOLOGIENS.

Introduction à la Théologie en général, 99

THÉOLOGIENS DE L'EGLISE GRECQUE.

Traités de la Théologie des Grecs, ibid.

THÉOLOGIENS DE L'EGLISE LATINE.

Histoire de la Théologie latine, 101

THÉOLOGIENS SCHOLASTIQUES.

Théologiens Scholastiques & leurs interpretes, ibid.
Traités généraux, & abrégés de la Théologie Scholastique, 103
―――― particuliers de la Théologie Scholastique, ibid.
―――― touchant Dieu, 104

TABLE DES DIVISIONS

Traités touchant la Trinité, page 105.
────── *touchant la Personne du Verbe & son Incarnation,* ibid.
────── *touchant le Saint-Esprit,* 107
────── *des Anges & des Démons,* 108.
────── *de la nature de l'Homme & de sa chute,* ibid.
────── *du libre Arbitre, de la Grace & de la Prédestination,* 109
Traités concernant les disputes sur la Grace, à l'occasion du Livre de Jansénius & de la morale des Jésuites, 110.
Traités de la Mort, 129.
────── *du Purgatoire & du Paradis,* 130
────── *de l'Antechrist & de la fin du monde,* ibid.
Traités touchant la sainte Vierge, 131.
Traités de l'Ecriture-Sainte & de la Tradition, 132.
Traités sur la Constitution, les marques & les caractères de l'Eglise, 133.
Traités des personnes Ecclésiastiques, 134.
────── *des lieux Saints, des Temples,* 136.
────── *des ornements de l'Eglise, des Indulgences & du Jubilé,* 137.
Traités concernant le Culte religieux, la superstition, l'idolatrie, 138.
Ecrits concernant les Cultes chinois, 140
Traités des Sacrements de l'Eglise, 144.
Ouvrages divers, extraits & mélanges de la Théologie Scholastique, 149

THÉOLOGIENS MORAUX ET CASUISTES.

Traités généraux & particuliers de la Théologie morale, 150.
Traités de la Religion, des Loix & des Préceptes, de la Conscience, &c. 152
────── *du Prêt & de l'Usure, de la Restitution, des Loteries, &c.* 153

Traités

DU TOME PREMIER. xvij

Traités des Jeux & des Spectacles, page	154
—— des Vertus théologales,	158
—— des Vertus morales,	159
—— des Vices & des Péchés, & des Cas de Conscience,	161
Traités de Morale sur les Sacrements,	162
Mélanges de Théologie morale,	164
Conférences, Traités, Instructions, Essais & Lettres sur divers points de morale & de piété,	165

Théologiens, Catéchistes et Prédicateurs.

Catéchistes, 166

Prédicateurs.

Traités sur la Prédication & le ministere de la Chaire,	167
Homélies,	168
Sermons,	ibid.

Théologiens Ascétiques ou Mystiques, c'est-à-dire, Auteurs qui ont écrit des matieres de spiritualité.

Auteurs de la Théologie mystique,	178
Traités généraux de la Théologie Mystique.	
Traités de la Perfection chrétienne,	188
—— de la Vie spirituelle,	190
Traités particuliers de la Théologie Mystique.	
Traités de l'Amour divin,	191
—— de Jésus-Christ, de la sainte Vierge & des Saints,	192
Traités de l'Oraison, & disputes sur le Quiétisme,	196
Pratiques & exercices de Piété, Prieres & Oraisons dévotes, Sentences & Maximes Chrétiennes, Lettres Spirituelles, Soliloques, Entretiens, Re-	

TABLE DES DIVISIONS

traités, &c. page 198
Méditations, Considérations, Réflexions & Pensées Chrétiennes, 200
Préparations à la mort, 202

DEVOIRS DES DIFFÉRENTS ÉTATS.

Devoirs du Chrétien dans les différents âges, emplois & situations, 203
De la vocation à l'état Ecclésiastique & des devoirs des Ecclésiastiques, 206
Vie religieuse, 209
Devoirs des Rois, Princes, Officiers, des peres de famille & des enfants, des maîtres & des serviteurs, 210
Conduite des Dames, & instructions pour les Filles, 211

THÉOLOGIENS CONTROVERSISTES, ou Auteurs qui ont écrit pour la défense de la Religion.

TRAITÉS GÉNÉRAUX DE LA VÉRITÉ DE LA RELIGION CHRÉTIENNE.

Auteurs Catholiques, 212
Auteurs Luthériens, Calvinistes, Anglicans, &c. 216

THÉOLOGIENS CATHOLIQUES.

Traités particuliers de la vérité de la Religion Chrétienne.
Traités contre les Athées, Déistes, Impies, &c. 217
——— contre les Juifs & les Mahométans, 227
Traités en faveur de la Religion Catholique.
Traités de la Religion Catholique en général, 228
Traités contre les Hérésies, & en particulier contre les Grecs & les Luthériens, 230
Traités contre les Calvinistes, 232

DU TOME PREMIER. xix

Traités contre les Anglicans, Sociniens, Anabaptistes & Auteurs d'erreurs particulieres, page 245.

THÉOLOGIENS HÉTÉRODOXES.

LUTHÉRIENS.

Ouvrages de Luther & des principaux Auteurs Luthériens, 246
Traités théologiques, 247
Traités de Morale, Sermons & Mystiques, 249
Traités Polémiques généraux, ibid.
— *Traités particuliers contre les Catholiques Romains,* 250.
— *Traités contre les Calvinistes, les Sociniens, les Athées, les Déistes, &c.* 252.

SACRAMENTAIRES, ZUINGLIENS, CALVINISTES, &c.

Ouvrages des principaux Auteurs Sacramentaires, 254
Ouvrages de Calvin & de ses Sectateurs, 255
Traités Théologiques, 259
Traités de l'Eglise, des personnes & chefs Ecclésiastiques, 261
——— *des Sacrements,* 262
——— *de Morale,* 264
Cathéchistes & Prédicateurs, 265
Traités de Piété & de Spiritualité, 266
Traités Polémiques généraux, 267
——— *Polémiques particuliers.*
— *Traités contre les Catholiques Romains,* 269.
——— *contre les Athées, Anabaptistes, Juifs, &c.* 274.

ANGLICANS.

Ouvrages des principaux Auteurs Anglicans, & Traités Théologiques généraux & particuliers, ibid.
Traités de Morale, 279

b 2

Prédicateurs, & Traités de Spiritualité, p. 279
Traités Polémiques généraux, 280
Traités Polémiques particuliers.
Traités contre les Catholiques Romains, 281
―――― *contre les Sociniens, les Déistes, Impies, Juifs, &c.* 283

ANTI-TRINITAIRES, ou SOCINIENS.

Ouvrages des principaux Auteurs Anti-Trinitaires ou Sociniens, 284
Traités Théologiques, 288
―――― *Polémiques,* 290

QUACKERS, ou TREMBLEURS, ibid.

MÊLANGES DE LA THÉOLOGIE DES HÉTÉRODOXES.

Traités sur la Tolérance, 291

AUTEURS D'ERREURS PARTICULIERES.

Athées, Impies, Libertins, 292
Spinosistes, Préadamites, Fanatiques & opinions singulieres, 295
Mahométans, 297

ADDITIONS A LA THÉOLOGIE, 298

JURISPRUDENCE.

Prolégomenes & histoire de la Jurisprudence & des Jurisconsultes, 301
Dictionnaires, Extraits & Dissertations de Jurisprudence, 304

DROIT CANONIQUE.

Histoire & institutions du Droit Canonique, 305
Interpretes du Droit Canonique, Décrétales des Papes, Bulles, &c. 306
Regles de la Chancellerie Romaine, Décisions de la Rote, &c. 307

REGLES DES ORDRES MONASTIQUES.

Regle de S. Benoît, & Ouvrages qui la

concernent, page 309.
Regle de Cîteaux & de S. François, &c. 311
Regle des Jésuites, & Ouvrages qui la concernent, 312
Regle des Chevaliers de S. Jean de Jérusalem ou de Malthe, de ceux de S. Etienne & du S. Esprit, 321
Regle des Colleges, Séminaires, Congrégations particulieres, Communautés, Confrairies, Hôpitaux, &c. 323.

Droit Ecclésiastique de France.
Histoire, 326.
Canons de l'Eglise de France, Pragmatique-Sanction, Concordats, Régale, Indult, ibid.
Libertés de l'Eglise Gallicane, 329.
Affaires & Mémoires du Clergé de France, 330.

Droit Ecclésiastique Étranger, 333.

Traités du Droit Canonique.
Traités généraux, 334
———— particuliers.
— Loix Ecclésiastiques en général, de la Hiérarchie & de la Puissance ecclésiastique, 335.
— De la Puissance spirituelle du Pape, 337.
— De la Puissance royale, considérée relativement à la Puissance ecclésiastique, 340.
Accord de la Puissance royale & de la Puissance ecclésiastique, 341.
— Traités concernant les Prélats, les Cardinaux, les Elections, &c. 343.
Traités de la Jurisdiction Ecclésiastique, 346.
———— de la Jurisdiction concernant les Légats, les Eglises Cathédrales, les Chanoines, 347.
— Traités de la Procédure civile en matiere canonique, des Appellations comme

TABLE DES DIVISIONS

d'abus, des Bénéfices, Portions congrues, Pensions, &c. page 349

Traités du droit de Patronage, des droits Honorifiques, des Collations, de la pluralité des Bénéfices, des Résignations, 352

Traités des Biens-propres & de la succession des Clercs Réguliers, des droits & privileges des Clercs & des Curés, des Sépultures & Dîmes, 354

Traités sur les Réguliers, 355

Traités des Sacrements de l'Eucharistie, de l'Ordre & du Mariage, 356

Traités sur les Fêtes, 359

TRAITÉS DE LA PROCÉDURE CRIMINELLE EN MATIERE CANONIQUE.

Du Tribunal de l'Inquisition & de sa procédure, 360

Des Crimes en matiere canonique, du Judaïsme, de l'Hérésie, de l'Homicide, de l'Adultere, de la Polygamie, 361

Traités de l'Usure, des Sortileges, Maléfices, &c. 363

Traités des Censures ecclésiastiques, Interdits, &c. 369

Traités de l'ancienne discipline Ecclésiastique, & Répertoires de Droit Canon, 370

DROIT DE LA NATURE ET DES GENS.

Histoire du droit de la Nature & des Gens, 371

De l'utilité du droit de la Nature & des Gens dans l'étude du Droit Civil, ou de l'Esprit des Loix en général, 372

OUVRAGES DES ANCIENS, sur le droit de la Nature & des Gens, 373

OUVRAGES DES MODERNES, sur le droit de la Nature & des Gens.

Institutions, ou Traités Elémentaires, 375

De l'état de Nature considéré dans tous ses rapports, & des actions morales, page 380
De la regle des Actions morales, ou des Loix en général, 382
Principes de la Loi Naturelle, 383
Obligations résultantes de la Loi Naturelle, 384
Droits de l'homme à l'égard des choses & des conventions introduites par le Droit des Gens, 386
Traités sur le Commerce en général, & Pratique du Négociant, ibid.
Traités sur le Commerce en particulier.
    Commerce de terre, 393
    Commerce de mer & étranger, 395
Traités sur les Finances, 401
——— *sur le Luxe & les Manufactures,* 402
Des Conventions où il entre du hazard, 403

Droits et devoirs de l'Homme considéré dans une Société.

De la Société en général, ibid.
Des Sociétés simples & primitives.
Du Mariage, 404.
Droits des peres & des femmes, relativement au Mariage ; droits des Domestiques, de la servitude, 407.
Des Cités, ou Corps politiques, 408.
Traités sur le Bonheur Public & la population, 411.
Droits & devoirs du Citoyen, 413.
Des différents ordres de Citoyens.
    De la Noblesse, 414
    Des Ecclésiastiques, des Artisans & des Pauvres de la Cité, 418
De la souveraine Puissance, & de ses droits en général, 419
Du Domaine éminent, ou des droits du Souverain sur les biens de l'Etat &

TABLE DES DIVISIONS

sur ceux des particuliers, page	422
Du Gouvernement de l'Etat en-dedans, & du droit de battre monnoie,	425
Du Gouvernement au-dehors, de la Guerre, des Négociations & de la Paix,	427
Histoire & Recueil des Traités de Paix, de Garantie & de Commerce,	428
De la Guerre privée, du Duel, ou Combat singulier,	432
Des Officiers délégués au-dedans & au-dehors, pour l'exercice de l'autorité Souveraine.	
Des Conseillers d'Etat, des Ministres, des Ambassadeurs & des Magistrats,	440
Des Généraux d'Armées, des Officiers, de tous les Militaires en général,	444
De l'Art & de la Discipline militaire,	447
Traités de Politique militaire,	450
Des Actes des Souverains & de ceux de leurs Ministres,	451
Des différents systêmes de Gouvernement. De la Monarchie,	ibid.
De l'Aristocratie & de la Démocratie,	452
Systêmes irréguliers ou vicieux,	454
Traités sur la science du Gouvernement,	455
Commentaires Politiques sur Tite-Live, Tacite, &c.	458
Observations, Discours, Dissertations Politiques, &c.	460
Maximes & conseils Politiques,	462
Vues, Projets, Entretiens, Mémoires, Apologies,	463
Aphorismes & Testaments Politiques,	465
Emblêmes Politiques,	468
Satyres Politiques,	470
Traités particuliers pour les Souverains,	471
Education des Princes,	478

DU TOME PREMIER.

De la Raison d'Etat, page	481
Traités concernant les Courtisans,	483
Recueils de Traités de Politique,	487
Des devoirs des Sujets,	488
Traités des révolutions des Corps Politiques,	489

DROIT CIVIL UNIVERSEL.
DROIT ROMAIN.

Institutions, Histoire, &c.	490
Droit Civil des Juifs, des Grecs & des Romains avant Justinien,	491
Droit Romain depuis Justinien, Corps de Droit Civil, avec les Commentateurs,	493
Jurisconsultes généraux & universels,	497
Traités particuliers du Droit Romain universel,	ibid.
Droit Féodal & Criminel,	499

DROIT CIVIL PARTICULIER.
DROIT FRANÇOIS.

Droit Public François,	502
Traités généraux de l'étude du Droit François universel, abrégés, Eléments, Manuels & Répertoires de la Jurisprudence Françoise,	ibid.
Loix, Edits, Ordonnances, & Constitutions des Rois de France,	503
Loix, & Coutumes générales & particulieres des Provinces & Villes de France, par ordre alphabétique,	506
Décisions & Arrêts des Parlements de France & Jurisconsultes généraux,	509
Décisions particulieres des Parlements & Tribunaux qui suivent le Droit Ecrit, & Jurisconsultes qui ont traité du Droit Romain, accommodé à notre Jurisprudence,	511

TABLE DES DIVISIONS

Traités particuliers de la Jurisprudence Françoise, concernant les Substitutions, Successions, &c. page 513

Jurisprudence des différents Tribunaux.

Jurisprudence de la Chambre des Comptes, du Grand-Conseil & de la Cour des Aides, 515

Jurisprudence des Eaux & Forêts, militaire & maritime, 520

Jurisprudence, Droits & Privileges des Offices de France & des Officiers de Judicature; Edits & Traités sur l'administration de la Justice, 522

Jurisprudence de la Police, de la Ville, du Châtelet, des Présidiaux, Elections, &c. 529

Jurisprudence de la Cour des Monnoies, 531

Jurisprudence Consulaire & des Corps de Marchands, 532

Droit Criminel de France, 533

Procès criminels, 535

Plaidoyers, Factums, Mémoires, &c. 541

Opuscules & Consultations sur différentes matieres de Droit, 545

Droit Etranger.

Jurisprudence d'Italie, 547

Jurisprudence d'Espagne, de Portugal, &c. 549

Jurisprudence d'Allemagne, 551

Jurisprudence d'Angleterre, 555

Jurisprudence de Suede, de Russie & d'Amérique, 559

Additions a la Jurisprudence, 560

DU TOME SECOND. xxvij

TOME SECOND.

SCIENCES ET ARTS.

INtroduction & collection d'ouvrages sur les Sciences & les Arts, page 1

PHILOSOPHIE.

Traités généraux préparatoires à la Philosophie, 2
Histoire, origine, & progrès de la Philosophie, 3
Philosophes anciens, 6
Philosophes modernes, 17
Différents ouvrages de philosophie moderne, 21

LOGIQUE ET DIALECTIQUE, 23

ETHIQUE ou MORALE.

Traités généraux, 24
Moralistes anciens, 26
Moralistes modernes, 32

ECONOMIE.

Ouvrages généraux sur l'Economie, 39
Regles de la vie civile, & maniere de se conduire dans le monde, 40
Traités sur les Vices & les Vertus, 43
    des Vertus, 44
    des Vices, 46
    des Passions, 47
Traités sur le Bonheur, la Fortune, le plaisir, &c. 56
Traités sur l'Homme, 58
———*sur la Femme,* 59
Traités pour les Femmes, 64

TABLE DES DIVISIONS

{ *Morale* }
- *Traités contre les Femmes*, page 63
- *Traités sur l'égalité des deux Sexes, & la prééminence de l'un sur l'autre*, 65
- *Traités sur les* Filles, 68
- *Traités généraux d'Education*, ibid.
- *Traités sur l'Education en général*, 69
- *Education des Garçons*, 74
- ——— *des Femmes*, 75
- ——— *des Filles*, ibid.

MÉTAPHYSIQUE.

- *Traités généraux*, 76
- *Traités particuliers de* Dieu *& de ses attributs; du* Destin, 77
- *Traités sur l'*Ame *& son immortalité, &c., & Traités sur l'*ame *des Bêtes*, 78
- *Traités de l'Homme & de ses facultés*, 81
- *Traités des* troubles de *l'Esprit, des* Démons, *des* Spectres, *des* Esprits *& de leurs apparitions*, 85
- *Traités de la* Magie *& des* Magiciens, *des* Enchanteurs *& des* Sorciers, 88

PHYSIQUE.

- *Traités généraux*, 92

HISTOIRE NATURELLE.

HISTOIRE NATURELLE GÉNÉRALE.

- *Dictionnaires & Bibliographie*, 98
- *Traités généraux*, 99
- *Histoire naturelle de différents Pays*, 107
- *Collection, ou Cabinets des curiosités de la nature & de l'art*, 111

HISTOIRE NATURELLE PARTICULIERE.

- *Histoire des* Eléments. *Traités sur l'*Univers, 114
- *Traités sur l'*Air, *le* Vuide, *les* Météores, *le* Tonnerre, *l'*Electricité, *l'*Aimant, 116

DU TOME SECOND.

Traités sur le Feu, *la* Chaleur, *le* Froid
   & la Glace,   page 123
*Traités sur l'*Eau, *sur la* Mer, *les* Fleuves,
   les Fontaines,   124
Traités des Bains *& des* Eaux minérales, 129
Histoire naturelle de la Terre, *de ses révolutions & tremblements, des* Montagnes, Fossiles, *&c.*   140
Histoire naturelle des Pierres *& pétrifications*, Sels, Soufre, Salpêtre, Charbon de terre, *&c.*   148
Histoire naturelle des Métaux *& des* Minéraux,   159

AGRICULTURE.

*Traités d'*Agriculture, *des choses rustiques & du* jardinage,   166

BOTANIQUE.

Bibliographie & Dictionnaires de Botanique,   178
Traités généraux de Botanique,   179
Histoire des Plantes,   182
Histoire des Arbres, *des* Fleurs, Fruits *& Grains*,   193
Histoire naturelle des Jardins publics *& particuliers de différents pays*, 196
Histoire particuliere des Plantes *de différents pays*,   198
Description de quelques Plantes, *par ordre alphabétique*,   208

ANIMAUX.

Histoire générale des Animaux,   220
Histoire particuliere des Animaux.
Quadrupedes, *par ordre alphabétique*, 225
Histoire naturelle des Oiseaux,   228
Histoire naturelle des Poissons, Coquilla-

ges & Amphibies, page 231
Histoire naturelle des Insectes, 236

MÉDECINE.

Histoire littéraire de la Médecine & des Médecins, 242
Traités sur la Faculté de Médecine de Paris & autres, & disputes entre les Médecins & les Chirurgiens, 248
Traités pour & contre les Médecins, Chirurgiens, Apothicaires, &c. 257
Dictionnaires de Médecine, 260
Recueils de Theses & de Dissertations, 261
Traités généraux de Physiologie, 265
Traités sur l'Economie animale, 266
Traités sur les Monstres, Géants, Prodiges, Hermaphrodites, Maladies extraordinaires, &c. 268

HYGIEINE, 272
Traités généraux.
Traités particuliers.
L'Air considéré relativement à l'économie animale, 275
Aliments & Boissons, 277
Traités sur les Poisons, 280
Cuisine & Office, 281

SÉMÉIOLOGIE, ou des signes des Maladies, 283

PATHOLOGIE, ou Systêmes de médecine, 285

MÉDECINE PRATIQUE.

Médecins anciens & modernes, 288
Médecine des différents âges, états, pays, &c. 300
Traités sur les Fievres intermittentes, malignes, pestilentielles, épidémiques, &c. 302
Traités sur la Peau, Petite-Vérole, Fievres milliaires, Dartres, Lepres, 308

Traités sur le Scorbut, *l'*Hydropisie, *la*
 Rage,   page 312
Traités sur la Tête *& les* Nerfs, Apo-
 plexies, Paralysies, Epilepsies, mala-
 dies hystériques, *&c.*   313
Traités sur les Yeux, *les* Oreilles, *les*
 Dents,   316
Traités sur la Langue, *la* Voix,   319
Traités sur la Poitrine, *l'*Asthme, *la*
 Pleurésie,   ibid.
Traités sur le Cœur, *le* Sang, *&c.*   321
*Traités sur l'*Estomac, *les* Intestins, *le* Foie, 322
Traités sur les Reins *& la* Vessie,   325
*Traités sur l'*Homme *& la* Femme, *les*
 parties génitales de l'un & de l'autre
 sexe, les regles, la virginité, la stérilité,
 la grossesse, l'accouchement, le fétus,
 les Enfants,   327
Traités sur les Maladies vénériennes,   337
Traités sur la Goutte,   342
Traités sur les Plaies, Ulceres, Tumeurs,
 Ecrouelles, Cancers,   343

ANATOMIE.

Histoire & Traités généraux,   345

CHIRURGIE.

Histoire & Traités généraux,   351
Traités sur la Saignée,   354

CHYMIE.

Histoire & Traités généraux,   355

ALCHYMIE.

Traités généraux & particuliers,   363

PHARMACIE.

Traités généraux,   382

TABLE DES DIVISIONS

Pharmacopées des différentes Ecoles de médecine, &c. page 386
Traités sur les compositions pharmaceutiques, & principalement sur la Thériaque, 388
Recueil de Secrets & Remedes, Traités sur la Beauté & moyens de la conserver, 390

MATHÉMATIQUES.

Traités généraux, 394
ARITHMÉTIQUE, 398
ALGEBRE & GÉOMÉTRIE, 399
ASTRONOMIE, 403
   Sphere, Calendrier & Gnomonique, 414
HYDROGRAPHIE, & ARCHITECTURE NAVALE, 417
ASTROLOGIE, 421
OPTIQUE, 434
MUSIQUE, 436
STATIQUE & MÉCHANIQUE, 441
HYDRAULIQUE, 444
INSTRUMENTS DE MATHÉMATIQUE, 447

ARTS.

Traités généraux, 450
ART de la Mémoire, 451
ART de l'Ecriture, Diplomatique, &c. 452
ART de l'Imprimerie & de la Fonderie, 455
Histoire de l'Imprimerie en général & des Imprimeurs & Libraires, 456
Ouvrages nécessaires aux Libraires & aux Bibliographes pour la parfaite connoissance des livres, 459
Catalogues de Bibliotheques particulieres, 465
ART du Dessein, 478

DU TOME SECOND.

ARTS *de la* Peinture, *de la* Gravure, *de la* Sculpture, *&c.*
    Traités généraux de ces différents Arts, page 479
    Histoire de ces différents Arts, 480
    Catalogues de différents Cabinets, 484

PEINTURE.
    Traités sur la Peinture, 488
    Histoire de la Peinture, 492
    Art de la Miniature, Peinture en émail, *&c.* 494

GRAVURE.
    Traités sur l'Art de la Gravure, *& son histoire,* 495

SCULPTURE.
    Traités sur l'Art de la Sculpture *& son histoire,* 496

ARCHITECTURE.
    *Traités sur l'*Architecture *en général,* 497
    Architecture civile *& des* Théâtres, 502
    Architecture militaire, 503

ART MILITAIRE.
    *Traités sur l'*Art militaire des anciens, 506
    *Traités sur l'*Art militaire des modernes, 511
    Traités sur la Tactique, 516
    *Traités sur l'*Artillerie, 518

ART PYROTHECNIQUE, *ou du feu, de la* Verrerie, *&c.* 519

ART GYMNASTIQUE.
    Traités de la Gymnastique *en général,* 521
    Traité du maniement des Armes, ibid.
    Art de manier & traiter les Chevaux, 522
    Art de nager, 525
    Traités sur la Chasse, ibid.
    Traités sur la Danse, 529
    Traités des Jeux, 530

ARTS MÉCHANIQUES, 534
    ADDITIONS, 537

TOME TROISIEME.

BELLES-LETTRES.

Histoire des Belles-Lettres, page 1

GRAMMAIRIENS.

Traités préliminaires sur l'origine, l'étude & la connoissance des langues, 2

Langues orientales.

Traités sur ces langues, Alphabets, Dictionnaires, 4

Langue hébraïque.

Traités sur cette langue, Alphabets, Grammaires, Dictionnaires, 5

Langues Chaldéenne et Syriaque, 7

Langue Arabe.

Traités sur cette langue, Grammaires, Dictionnaires, ibid.

Langues Ethiopienne ou de l'Abyssinie, Persienne, Copte ou Egyptienne, Arménienne & Turque, 8

Langue Grecque.

Différents Traités sur cette langue, 9
Grammaires & Ouvrages qui y ont rapport, 10
Dictionnaires, 12

Langue Latine.

Des causes de la langue Latine, de son origine, de ses progrès, de ses diffé-

DU TOME TROISIEME.

    rents âges, & de la maniere de l'en-
seigner & de l'apprendre,   page 13
Grammairiens Latins anciens,   15
Grammairiens Latins modernes, & différents Traités sur cette langue,   16
Dictionnaires purement latins, & en différentes langues,   18

LANGUE ITALIENNE.

Traités de son origine & de son antiquité,
& comparaison de cette langue avec les
autres,   20
Traités de la langue Italienne en général,   21
Grammaires Italiennes, écrites en Italien
& en différentes langues,   23
Traités sur différentes parties grammaticales de la langue Italienne,   25
Observations & remarques sur la langue
Italienne, & sur quelques-uns de ses
principaux Auteurs,   27
Dictionnaires purement Italiens & en différentes langues,   29

LANGUE FRANÇOISE.

De son origine & de son excellence, &
comparaison de cette langue avec les
autres,   32
Grammaires purement Françoises, & en
différentes langues,   33
Traités sur différentes parties grammaticales,   35
Observations diverses, remarques, & Dictionnaires étymologiques & du vieux
langage,   37
Dictionnaires seulement François,   38
Dictionnaires des Rimes, des Arts & Burlesques,   39
Dictionnaires François-Latins,   40

TABLE DES DIVISIONS

Recueil d'Ecrits concernant les démêlés entre Furetierre & l'Académie Françoise, page 42

LANGUE ESPAGNOLE.
Différents Traités, Grammaires & Dictionnaires, 43

LANGUE ALLEMANDE.
Grammaires & Dictionnaires, 44

LANGUE FLAMANDE.
Dictionnaires, 45

LANGUE ANGLOISE.
Grammaires & Dictionnaires, ibid.

LANGUES ISLANDOISE, ou GOTHIQUE-RUNIQUE, CHINOISE, MALAÏQUE, CARAÏBE ET DE PALMYRE, 46

RHÉTEURS ET ORATEURS.

RHÉTEURS ET ORATEURS GRECS.
Rhéteurs, 48
Orateurs, 49

RHÉTEURS ET ORATEURS LATINS.
Rhéteurs anciens, 52
Orateurs anciens, 54
Rhéteurs & Orateurs modernes, 56

RHÉTEURS ET ORATEURS FRANÇOIS.
Rhéteurs, 62
Orateurs.
    Collections de Discours & Panégyriques des Saints, 64
    Félicitations, Compliments, Panégyriques, 65
    Oraisons Funebres, 86
    Discours prononcés dans les Académies, 74

RHÉTEURS ET ORATEURS ITALIENS.
Rhéteurs, 75

DU TOME TROISIEME.

Orateurs Italiens.
  Collections des Discours & Ouvrages des
    Orateurs, page 77
  Discours imprimés séparément, 79
  Oraisons Funebres, 81

ORATEURS RUSSES, 83

ROMANS.

Traités sur les Romans, leur origine & leur
  défense, ibid.

ROMANS GRECS, ibid.
ROMANS LATINS, 87
ROMANS FRANÇOIS.

  Romans de Chevalerie, 90
  Romans de Charlemagne, des douze Pairs
    de France, des neuf Preux, des Ama-
    dis, &c. 93
  Aventures amoureuses sous des noms em-
    pruntés de la Fable, 95
  Aventures amoureuses sous des noms de
    l'histoire Grecque, 98
  Aventures amoureuses sous des noms de
    l'histoire Romaine, 103
  Aventures amoureuses, &c. relatives à
    l'histoire de France, 105
  Aventures amoureuses, &c. relatives à
    l'histoire de France, sous des noms pro-
    pres, par ordre alphabétique, 107
  Aventures amoureuses, &c. sous des noms
    de l'histoire d'Espagne, 116
  Aventures amoureuses, &c. sous des noms
    tirés de l'histoire d'Italie, rangés par
    ordre alphabétique, 120
  Aventures amoureuses, &c. sous des noms
    tirés de l'histoire d'Allemagne, de Flan-
    dres & de Hollande, rangés par ordre
    alphabétique, 122

TABLE DES DIVISIONS

Aventures amoureuses, &c. sous des noms tirés de l'histoire des Pays du Nord, page 125

Aventures amoureuses, &c. sous des noms tirés de l'histoire d'Angleterre, rangés par ordre alphabétique, 127

Aventures amoureuses, &c. sous des noms tirés de l'histoire des Pays hors de l'Europe, 130

Aventures singulieres, & Romans Philosophiques & Moraux, sous des noms propres, par ordre alphabétique, 140

Aventures singulieres, & Romans Philosophiques & Moraux, sous diverses dénominations, par ordre alphabétique, 175

Romans Philosophiques & Physiques, 191

Romans moraux, ou Histoire des Passions, des Vertus & des Vices, 195

Romans Philosophiques & moraux en forme de Lettres, par ordre alphabétique, 205

Nouvelles, 212

Contes Moraux, 223

Contes des Fées, & autres Contes merveilleux, 229

Voyages imaginaires & Songes, 238

Romans Mystiques ou de spiritualité, par ordre alphabétique, 243

Romans allégoriques, 250

Romans comiques, 251

Romans satyriques, 255

Collections de Romans, 257

ROMANS ESPAGNOLS.

Romans de Chevalerie, de la Table-Ronde & des Amadis, 264

Romans de Chevalerie, de Charlemagne, des douze Pairs & de la Chevalerie errante, 267

Aventures amoureuses sous des noms em-

DU TOME TROISIEME. xxxix

pruntés de la Fable, page 270
Aventures amoureuses sous des noms empruntés de l'Histoire, ibid.
Aventures amoureuses sous des noms imaginaires, par ordre alphabétique, 271
Aventures amoureuses sous diverses dénominations, 274
Romans moraux, ibid.
Nouvelles & Contes, 275
Voyages imaginaires & Songes, 279
Romans comiques & satyriques, ibid.

ROMANS ITALIENS.

Romans de Chevalerie, 281
Aventures amoureuses sous des noms empruntés de la Fable, 282
Aventures amoureuses sous des noms empruntés de l'Histoire sacrée & profane, 283
Aventures amoureuses sous des noms imaginaires, par ordre alphabétique, 284
Aventures amoureuses sous diverses dénominations, par ordre alphabétique, 287
Romans Philosophiques, Moraux, &c. 290
Nouvelles & Contes, 292
Voyages imaginaires & Songes, 299
Romans comiques & satyriques, ibid.

ROMANS ALLEMANDS. 301
ROMANS ANGLOIS.

Romans relatifs à l'Histoire, 303
Aventures singulieres, & Romans philosophiques & moraux, sous des noms propres, par ordre alphabétique, 304
Aventures singulieres, & Romans philosophiques & moraux, sous diverses dénominations, par ordre alphabétique, 309
Romans philosophiques & moraux, en forme de Lettres, 311

c 4

TABLE DES DIVISIONS.

Contes & Voyages imaginaires, page 312
Romans allégoriques, comiques & satyriques, 313

FACÉTIES, PIECES BURLESQUES.

Facéties, Pieces burlesques en Latin, 314
Facéties, Pieces burlesques en François, 315
Facéties & Pieces burlesques, en Espagnol & en Italien, 320
Dissertations plaisantes & badines, ou Ouvrages badins sur toutes sortes de matieres, 323

PHILOLOGIE.

TRAITÉS DES ÉTUDES.

Introduction à l'étude de la littérature, 330
De la maniere d'étudier & d'enseigner, 332
Des Académies, des Gens de Lettres, &c. 334
Traités de la Philologie, Encyclopédie, Polymathie, 336

CRITIQUES.

Traités sur la Critique, 342
Critiques anciens, ibid.
Critiques modernes.
  Critiques Latins, 343
  Critiques François, 345
    Ouvrages périodiques, François, critiques & littéraires, 349
  Critiques Hollandois & Suisses, 359
  Critiques Italiens, 365
  Critiques Allemands, 367
  Critiques Anglois, 369

OUVRAGES DIVERS DE PHILOLOGIE.

Satyres, invectives, 370
Éloges, Apologies, Défenses, Allégories, 372

DU TOME TROISIEME.

Hiéroglyphes, Symboles, Emblêmes, Devises, Énigmes, page 372
    Ouvrages Grecs & Latins, 373
    Ouvrages François, 376
    Ouvrages Italiens, &c. 378

Apophthegmes, Adages, Proverbes, Sentences, &c.
    Arabes, Persans & Grecs, 382
    Latins, 383
    François, 384
    Italiens & Espagnols, 386
    Bons Mots & Livres en ana, 387

POLYGRAPHES.

    Orientaux & Grecs, 394
    Latins, ibid.
    François, 403
    Espagnols, &c. 417
    Italiens, 418
    Allemands, &c. 426
    Anglois, ibid.

DIALOGUES ET ENTRETIENS.

    Grecs & Latins, 427
    François, 428
    Espagnols & Italiens, 433
    Allemands & Anglois, 437

EPISTOLAIRES.

    Traités du style Epistolaire, ibid.
    Lettres en Grec, 439
    Auteurs Latins anciens, 440
    Auteurs Latins modernes, 443
    Collections de Lettres en Latin, 449
    Lettres en François, ibid.
    Lettres en Espagnol & en Italien, 456
    Lettres en Allemand & en Anglois, 462

ADDITIONS, 463

xlij TABLE DES DIVISIONS

TOME QUATRIEME.

BELLES-LETTRES.
POÉSIE.

MYTHOLOGUES, *ou* Auteurs qui ont écrit de l'Histoire Poétique.

Auteurs Grecs & Latins, page 1
Auteurs François, 3
Auteurs Italiens & Anglois, 5

ART POÉTIQUE.

Traités de l'Art Poétique en général, 6
Traités des differentes especes de Poëmes, 10
Ouvrages historiques sur les Poëtes en général, 12

POETES HÉBREUX, 13
POETES ARABES, 14
POETES GRECS, ibid.
POETES LATINS.

Poëtes anciens, 23
Collections d'anciens Poëtes Latins, 34
Poëtes Latins modernes qui ont écrit en différents genres, 35
Collections de Poëtes Latins modernes, 40
Poésies latines qui ont rapport à la Théologie, 41
Poésies latines qui ont rapport à la Jurisprudence & aux Sciences & Arts, 43
Poésies latines qui ont rapport aux Belles-Lettres, 52
Poésies latines qui ont rapport à l'Histoire, 62
Traductions en vers latins de Poëtes Grecs & François, 63

POETES FRANÇOIS.

Regles de versification Françoise, & His-

DU TOME QUATRIEME. xliij

toire de la Poésie, page	68
Poëtes François qui ont écrit sur différents sujets, tant en vers seulement, qu'en prose & en vers, par ordre chronologique,	72
Collections de Poëtes François, & Recueils de Poésies,	115

POÉSIE FRANÇOISE, relative à la THÉOLOGIE.

Poésies sacrées en général,	125

Poëmes sur l'Ecriture-Sainte.

Poëmes sur l'Hist. de l'Ecriture-Sainte,	130
Paraphrases de l'Ecriture-Sainte en général,	133
Paraphrases de différents Livres de l'Ecriture-Sainte en particulier,	135

Poëmes sur la Liturgie.

Livres de Prieres, & traductions de différents Offices de l'Eglise,	144
Cantiques Spirituels, relatifs à l'Ecriture-Sainte, à différentes Fêtes de l'Eglise, à la Religion & à la Morale Chrétienne,	149
Traductions des Ouvrages des SS. Peres,	162

Poëmes relatifs à la Théol. scholastique,

Traités de Dieu & des Personnes divines, la Vierge & les Apôtres,	164
Traités de la Création, de la Mort, du Jugement, du Paradis, de l'Enfer,	171
Traités de la grace & des Controverses, à l'occasion du Livre de Jansénius,	177
Traités sur les Sacrements,	184
Mélanges de Théologie scholastique,	181

Poëmes relatifs à la Théologie morale.

Traités des Vertus théolog. & cardin.	180
Traités sur différents sujets de Morale chrétienne,	182
CATÉCHISMES & Poëmes sur la maniere de prêcher,	186
Poëmes Mystiques,	187
Poëmes Polémiques,	194

TABLE DES DIVISIONS

Poëmes François des Hétérodoxes, page 198
POÉSIE FRANÇOISE, relative à la JURISPRUDENCE, ibid.
POÉSIE FRANÇOISE relative aux SCIENCES ET ARTS.
 Poëmes sur la Philosophie & la Morale, 202
 Poëmes relatifs à la Métaphysique, 213
 Poëmes sur l'Histoire Naturelle, 215
 Poëmes relatifs à la Médecine, 218
 Poëmes sur l'Astronomie, l'Astrologie & la Musique, 221
 Poëmes sur les Arts, 224
POÉSIE FRANÇOISE relative aux BELLES-LETTRES.
 Poëmes sur la Grammaire & la Rhétorique, 226
 Traductions des Poëtes & Auteurs Grecs, 229
 Traductions des Poëtes & Auteurs Latins dont la collection des Ouvrages a rapport à différentes matieres, 236
 Traductions des Poëtes & Auteurs Latins, rangés suivant les différentes classes qui conviennent à leurs Ouvrages, 246
 Traductions des Poëtes, & Auteurs Italiens, Allemands, Anglois, &c. 257
 Idylles, ou Poésies pastorales, 264
 Chansons & Almanachs chantants, 265
 Odes, Sonnets & rondeaux, 274
 Madrigaux, Stances, Elégies, Complaintes, Epitaphes, Epithalames, 276
 Poëmes relatifs à la Mythologie, 280
Poésie Françoise relative aux Romans.
 Romans historiques & sous des noms imaginaires, 284
 Romans sous diverses dénominations, Moraux, &c. 288
 Romans en Lettres, 290
 Romans Erotiques & Galants, 291
 Contes & Nouvelles, 294

DU TOME QUATRIEME.

Romans Comiques, Héroï-comiques & Burlesques,	page 297
Facéties,	301

Poëmes relatifs à la Philologie.

Traités sur l'Etude & Satyres,	307
Epigrammes,	313
Emblêmes, Devises, Enigmes, Allégories,	314
Appohthegmes, Adages, Proverbes, Sentences,	316
Mélanges de Vers & Prose,	319
Dialogues & Lettres,	323

POÉSIE FRANÇOISE relative à l'HISTOIRE.

Histoire Universelle,	326
Géographie & Voyages,	ibid.
Histoire Ecclésiastique,	328
Poésies relatives à l'Ordre des Francs-Maçons,	337
Histoire Grecque & Romaine,	338

Histoire de France.

Histoire générale & Ecclésiastique,	ibid.
Histoire des Rois de France, jusqu'à Charles VII,	341
Histoire des Rois de France, depuis François I, jusqu'à Henri IV,	343
Regne de Louis XIII,	356
—— de Louis XIV,	361
—— de Louis XV,	367
Histoire des Villes de France,	369
Histoire des différents Royaumes de l'Europe & hors de l'Europe,	375
Histoire des Antiquités & Littéraire,	380

POEMES EN PATOIS de différentes Provinces de France, ibid.

POETES ESPAGNOLS & PORTUGAIS, 384

POETES ITALIENS.

Histoire de la Poésie Italienne, & Traités de l'Art poétique en général,	385

TABLE DES DIVISIONS

Poëtes Italiens qui ont écrit sur différents sujets, tant en vers seulement, qu'en prose & en vers, page 387
Recueil de Poésies Italiennes, 411
Poëmes Italiens *relatifs à la* Théologie, 413
Poëmes Italiens *relatifs à la* Jurisprudence, *& aux* Sciences & Arts, 417
Poëmes Italiens *relatifs aux* Belles-Lettres.
Traductions des Auteurs Hébreux & Grecs, 420
Traductions de Poëtes Latins, 423
Traductions de Poëtes *& autres* Auteurs François, Anglois, Portugais, *&c.* 430
Poésies Lyriques de différents genres, 431
Sonnets & Madrigaux, 435
Stances, Idylles & Eglogues, 436
Elégies, Complaintes, Epitaphes, 439
Génethliaques, Epithalames, 441
Poëmes relatifs à la Mythologie, 443
Poëmes de Chevalerie, 445
Poëmes Romanesques, 460
Poésies Burlesques, Satyres, Epigrammes, 462
Apologies, Enigmes, Emblêmes, Dialogues, &c. 465
Poëmes Italiens relatifs à l'*Histoire*, 467

POETES ALLEMANDS, FLAMANDS, HOLLANDOIS, 472

POETES ANGLOIS, 475

POETES RUSSES, TURCS, ARMÉNIENS, CHINOIS, 479

AUTEURS DE FABLES ET D'APOLOGUES, avec leurs traductions, tant en vers qu'en prose, ibid.

TOME CINQUIEME.

BELLES-LETTRES.
POÉSIE DRAMATIQUE.

Traités de la Poéfie Dramatique, & Ouvrages fur le Théâtre, page 1

DRAMATIQUES GRECS, avec leurs traductions en profe, 7

DRAMATIQUES LATINS, avec leurs traductions en profe, 9

DRAMATIQUES FRANÇOIS.
Hiftoire du Théâtre François, 16

THÉATRE FRANÇOIS AVANT JODELLE.
Farces & Tragédies à perfonnages, 21

THÉATRE FRANÇOIS, PREMIER AGE, depuis Jodelle, jufqu'à Garnier, 22

THÉATRE FRANÇOIS, SECOND AGE, depuis Garnier, jufqu'à Hardy, 25

THÉATRE FRANÇOIS, TROISIEME AGE, depuis Hardy, jufqu'à Pierre Corneille, 42

THÉATRE FRANÇOIS, QUATRIEME AGE, depuis Pierre Corneille, jufqu'à Voltaire, 55

THÉATRE FRANÇOIS, CINQUIEME AGE, depuis Voltaire, jufqu'à préfent, 105

Pieces fans date, 149

Traductions en vers François des Poëmes dramatiques Grecs, François, Italiens, &c. 150

THÉATRE FRANÇOIS, en patois de

TABLE DES DIVISIONS

différentes Provinces, page 152
Recueil de Tragédies & de Comédies des Théâtres François, Italiens, & même Étrangers, 154
Recueil des Spectacles de la Cour, 170
Proverbes Dramatiques, 177

THÉATRE ITALIEN EN FRANCE.

Son Histoire, 179
Ancien Théâtre Italien, 181
Nouveau Théâtre Italien, 183

THÉATRE DE L'OPÉRA COMIQUE, 199

Parodies, 209
Parades & Pantomimes, 213

OPÉRA.

Dissertations sur ce Spectacle, & son Histoire, 215
Opéra, 217
Opéra Bouffons, 227
Cantates, Cantatilles &c. 230
Ballets, ibid.

DRAMATIQUES ESPAGNOLS, 236

DRAMATIQUES ITALIENS.

Histoire & Regles de la Poésie Dramatique Italienne, 237
Poëtes Dramatiques Italiens en différents genres, 238
Tragédies & Comédies Italiennes, sans date, 292
Poëmes en musique, Opéra, &c. par ordre chronologique, 293
Traductions en vers Italiens des Poëmes Dramatiques Grecs, Latins, François & autres, 297

DRAMATIQUES ALLEMANDS, 299

DRAMATIQUES ANGLOIS, 300

DRAMATIQUES DANOIS & RUSSES, 302

DU TOME CINQUIEME. xlix

HISTOIRE.

Introduction, Traités généraux, page 303

GÉOGRAPHIE.

Géographie ancienne, 305
Géographie moderne, 312
Tables, Cartes & Dictionnaires géographiques, 315

VOYAGES.

Introduction, 316
Collections générales de Voyages, 317
Voyages autour du Monde, 318
Voyages en différentes parties du Monde, sans désignation particuliere de lieu, 321
Voyages imaginaires, politiques, &c. ibid.

CHRONOLOGIE.

Chronologie technique, ou Traités dogmatiques du Temps & de ses parties, 322
Chronologie historique, ou l'Histoire réduite & disposée par Tables, Divisions chronologiques & par années, 323
Chroniques, &c. 328

HISTOIRE UNIVERSELLE.

Histoire de la Religion, & des Cérémonies nuptiales & funebres de tous les peuples du monde, ibid.
Histoire du Costume de tous les peuples du monde, 330
Histoires Universelles de tous les temps & de tous les lieux, depuis la création du monde, 331
Vies des Hommes Illustres, anciens & modernes en général, 341
Dictionnaires historiques, 347

HISTOIRE ECCLÉSIASTIQUE.

Histoire Ecclésiastique de l'ancien & du

Tome I. d

TABLE DES DIVISIONS

nouveau Testament, page 350
Histoire de la Religion & de l'Eglise Chrétienne, Histoire des Conciles & Antiquités Ecclésiastiques, 356

Histoire Monastique.

Histoire des Ordres Religieux en général, 359
Histoire Ancienne monastique, 360
Histoire de l'Ordre de S. Benoît, des Camaldules, de Cîteaux, des Célestins & Chartreux, 361
Histoire des Chanoines Réguliers, 363
Histoire des Ordres de S. François & S. Dominique, ibid.
Histoire des Mathurins, des Théatins, des Freres de la Charité, de l'Oratoire, &c., 368
Histoire de la Congrégation des Jésuites, 370
Histoire des Congrégations Religieuses de Femmes, par ordre alphabétique, 378
Histoire des Ordres Militaires & de Chevalerie, 379

Histoire Sainte.

Actes des Martyrs, Passions & Martyrologes, 381
Vies des Saints, 382
Vies des Saintes, 388
Histoires des Lieux Saints, des Eglises, des Cimetieres, &c. des Reliques des Saints, des saintes Images, des Miracles, & autres dissertations particulieres concernant l'Histoire Ecclésiastique, 391
Histoire des Hérésies & des Hérétiques, 392

HISTOIRE ANCIENNE.

Origine des Nations, des Arts & des Sciences, &c. 402
Histoire de la Religion des Anciens &

DU TOME CINQUIÈME.

de leurs Cérémonies religieuses, page 403
Histoire des Dieux du Paganisme *en général, & de chacun en particulier*, 404
Traités des Cérémonies matrimoniales & funebres *des Anciens*, 410
Traités des Cérémonies civiles & militaires *des Anciens*, 411
Histoire des Costumes, Habillements, Festins, *&c. des Anciens*, 414

ANTIQUITÉS.

Introduction à l'étude des Antiquités, 416
Dissertations & Collections générales d'Antiquités, 417

MÉDAILLES, &c.

Introduction à la science des Médailles, 420
Dissertations sur les Médailles en général, 422
Collections de Médailles antiques en général, 423
Traités sur les Monnoies, Poids & Mesures, *&c. des Anciens*, 426
Traités & Collections des Pierres gravées *des Anciens*, 427
*Traités & Collections d'*Inscriptions anciennes, 430
Collections de Médailles, Pierres gravées, Inscriptions, *&c.* 431
Traités & Collections des Statues, Vases & Marbres *des Anciens*, 432

HIST. DES ANCIENNES MONARCHIES, 433

HISTOIRE DES JUIFS, 434
Histoire & Antiquités des Juifs, *des* Egyptiens, *des* Grecs *& des* Romains, 437

HISTOIRE DES BABYLONIENS ET DES PERSES, ibid.

HISTOIRE DES EGYPTIENS, 438

TABLE DES DIVISIONS

Histoire de Syrie, Bithynie, Cappadoce, Pont, &c. page 439

Histoire Grecque.

Géographie de la Grece, 442
Antiquités & usages de la Grece, ibid.
Antiquités Grecques & Romaines, 445
Histoire générale de la Grece, 448
Histoire Grecque & Romaine, 455
Histoire des Grands Hommes de Grece, 456
Histoire des Grands Hommes de Grece & de Rome, 457
*Histoire d'*Athenes, 458
Histoire de Lacédémone, 460
Histoire de Macédoine, ibid.
Histoire de Carthage, Syracuse & des Amazones, 463

Histoire Romaine.

Histoire de la Religion des Romains & de leurs Cérémonies religieuses, 464
Antiqutés Romaines, 466
Cérémonies, Usages, Dignités, Charges, &c. des Romains, 472
Monuments de Rome, Médailles, Inscriptions, &c. 476
Historiens anciens de Rome, 484
Historiens modernes de Rome, 491
Histoire des Empereurs Romains, 494
Histoire de chaque Empereur en particulier, 504
Histoire des Impératrices, 506
Histoire Byzantine, 507
Histoire des Familles de Rome, 512
Histoire des Grands Hommes de Rome, 513

HISTOIRE MODERNE.

*Histoire de l'*Europe, *de l'*Asie, *de l'*Afri-

DU TOME CINQUIEME. liij

que & de l'Amérique, page 515
Histoire de l'Europe & de l'Asie, 516
Histoire de l'Europe, Asie & Afrique, 520
Histoire de l'Europe & de l'Afrique, 527
Histoire de l'Asie, Afrique & Amérique, 528
Histoire de l'Asie & Afrique, 529
Histoire de l'Asie & Amérique, 530
Histoire d'Afrique & Amérique, 534

Histoire de l'Europe.

Voyages en différ. endroits de l'Europe, 536
Histoire Universelle de l'Europe, 538
Journaux politiques & historiques de l'Europe, 541
Histoires tragiques & littéraires de l'Europe, 543

Histoire de l'Asie.

Histoire générale de l'Asie, 546
Histoire de la Turquie d'Asie, 550
Histoire de la Perse, 558
Histoire de l'Inde, 562
Histoire de la Chine, 569
Histoire de la Tartarie, 573
Histoire des Isles de l'Asie dans la mer des Indes, 575

Histoire d'Afrique.

Histoire générale d'Afrique, 578
Histoire de l'Egypte, 580
Histoire de la Barbarie, 581
Histoire de la Guinée & de la Nigritie, 584
Histoire de l'Abyssinie ou Ethiopie, 585
Histoire du Congo, de la Cafrérie & des Isles d'Afrique, 586

Histoire de l'Amérique.

Histoire générale de l'Amérique, 588
Histoire de l'Amérique septentrionale, 593
Histoire du Canada, 594

liv TABLE DES DIVISIONS

Histoire des anciennes possessions Angloises, page 597

Histoire de la Floride *& du* Méxique, 598

Histoire des nouvelles découvertes à l'Ouest & au Nord-Ouest du Canada, *&c.* 600

Histoire des Isles de l'Amérique septentrionale, 601

*Histoire de l'*Amérique méridionale, 603

Histoire de la Terre-ferme, *du* Pérou, *du* Chily *& du* Pays des Amazones, ibid.

Histoire du Brésil, *de la* Guyanne, *du* Paraguay *& des* Isles de l'Amérique méridionale, 605

TOME SIXIEME.

HISTOIRE.

HISTOIRE PARTICULIERE DE L'EUROPE.

HISTOIRE DE FRANCE.

PRÉLIMINAIRES GÉNÉRAUX.

*G*Éographie, page 1

Histoire Naturelle, 9

Histoire des anciens Gaulois, 10

HISTOIRE ECCLÉSIASTIQUE DE FRANCE.

Histoire des origines des Eglises, 15

Histoire des lieux consacrés sous l'invocation de la Vierge, & Vies des Saints, ou des personnes qui ont vécu dans une haute piété, 17

Histoire Ecclésiastique des Provinces & Villes, 23

DU TOME SIXIEME.

Histoire des contestations qui se sont élevées entre les Théologiens de France, p.	27
Histoire des Hérésies nées en France,	30
Des droits & des bénéfices de l'Eglise de France,	32
Histoire du Gouvernement ecclésiastique, ou des Métropoles & de leurs Suffragants,	40
Histoire du second Ordre du Clergé séculier,	55
Histoire du Clergé régulier ou des Ordres monastiques & autres Communautés religieuses,	57
Histoire des Congrégations religieuses,	75

Histoire politique de France.

Traités de l'origine des François,	80
Traités sur les mœurs, usages & coutumes des François, & sur leur langue,	82
Mélanges & Ouvrages qui traitent de plusieurs parties de l'Histoire de France,	83
Histoires générales, plans, sommaires & abrégés de l'Histoire de France,	86
Traités concernant la chronologie des Rois de France, & l'établissement fixe des François dans les Gaules,	93
Catalogues des Ecrivains de l'Histoire de France, & collection de morceaux servant à cette Histoire,	94

Histoire des Rois de France.

Histoire de ce qui s'est passé sous les deux premieres races,	95
Regnes des premiers Rois de la troisieme race, ou des Capétiens, depuis 987, jusqu'en 1328,	99
Regnes de la premiere branche de Valois, depuis Philippe VI, ou de Valois,	

TABLE DES DIVISIONS

en 1328, jusqu'à Charles VIII,
en 1498, page 101
Regnes de la seconde branche de Valois, désignée sous le nom d'Orléans-Valois.
Regnes de Louis XII & de François I, depuis 1498 jusqu'en 1547, 106
Regnes de Henri II & de François II, depuis 1547 jusqu'au 5 Décembre 1560, 110
—— de Charles IX, 1560-1574, 112
—— de Henri III, 1574-1589, 121
—— de Henri IV, 1589-1610, 132
—— de Louis XIII, 1610-1643, 145
—— de Louis XIV, 1643-1715, 160
—— de Louis XV, 1715-1774, 184
—— de Louis XVI, 193

HISTOIRE DE LA FAMILLE ROYALE DE FRANCE.

Histoires généalogiques des Rois, ibid.
Histoires des Reines, 196
Histoires des Seigneurs, Princes & Princesses issus de la Famille Royale de France, 198

CÉRÉMONIAL DE FRANCE.

Traités des Sacres des Rois & Reines, & entrées solemnelles de Leurs Majestés, & de quelques grands Seigneurs de France, 201
Cérémonies faites du vivant des Rois, Reines &c., & Description des Pompes funebres après leur mort, 207

TRAITÉS POLITIQUES CONCERNANT LES ROIS ET LE ROYAUME DE FRANCE.

Traités des Prérogatives des Rois de France, de leurs Palais & de leurs Armoiries, 209

DU TOME SIXIEME. lvij

Ouvrages sur le Gouvernement de l'Etat, p.	213
Traités & Actes des Régences du Royaume, de la majorité des Rois, & Procès-verbaux des Etats-Généraux du Royaume & des Assemblées des Notables,	216
Traités sur les Domaines du Roi, sur les Finances, sur le Commerce & la Marine de France,	222
Ouvrages sur le droit de succession à la Couronne, & Traités sur les Alliances politiques de la France,	225
Ouvrages par rapport aux droits de la Couronne de France, sur plusieurs Etats voisins,	229
Recueils d'Actes publics, Chartes, Traités & autres Pieces politiques qui concernent l'Histoire de France,	235

TRAITÉS ET HISTOIRES DES OFFICES DE FRANCE.

Des Pairs & de la Pairie,	256
Histoires des Grands Officiers de la Couronne, *& Traités qui les concernent,*	257
Histoires des Grands Officiers de la Maison du Roi,	268
Traités des Conseils du Roi, *& Histoires des* Ministres,	269
Histoires & Traités des grandes Magistratures de France *& des* Parlements, *& Procès criminels qui y ont été jugés,*	272
Histoires de la Chambre des Comptes *& de la* Cour des Monnoies,	277

HISTOIRE CIVILE DES PROVINCES DE FRANCE.

Histoires des Gouvernements de Picardie *& de* Champagne,	279
*Histoires des Gouvernements de l'*Isle-de-France *& de celui de* Paris,	281

TABLE DES DIVISIONS

Histoires du Gouvernement de Normandie, page 286
———— *du Gouvernement de* Bretagne, 289
———— *du Gouvernement général de
l'*Orléanois, 292
———— *du Gouvernement des Royaume
& Duché de* Bourgogne, 296
———— *de l'ancien Gouvernement* Lyonnois, 300
———— *du Gouvernement général de*
Guienne *&* Gascogne, 302
———— *du Gouvernement de* Languedoc, 306
———— *du* Dauphiné, *de* Provence,
*d'*Orange *& d'*Avignon, 311
———— *des Provinces réunies à la Couronne par les derniers Rois,* 315

HISTOIRE DE LA NOBLESSE DE FRANCE
ET DE SES FAMILLES ILLUSTRES.

*Traités concernant la Noblesse & les Ar-
moiries des Familles de France,* 320
*Traités concernant la Chevalerie, & His-
toires des Ordres Militaires & de Chevalerie de France,* 323
*Généalogies des Familles illustres de
France,* 327

HISTOIRE LITTÉRAIRE DE FRANCE.

*Histoire générale de la Littérature de
France, & Histoire des Universités &
Académies, & Recueils de leurs Mé-
moires,* 335
*Recueils généraux des Vies & Eloges de
François célebres en différents genres,* 342
*Histoires particulieres des François célè-
bres en différents genres, par ordre
alphabétique,* 345

DU TOME SIXIEME.

Vies & Eloges des Dames illustres, savantes & autres de France, page 347

HISTOIRE DES PAYS-BAS.

Histoire générale des dix-sept Provinces des Pays-Bas, 349
Histoire particuliere des Pays-Bas Espagnols ou Autrichiens, 352
Histoire générale des Provinces-Unies, 358
Histoire de chaque Ville des Provinces-Unies en particulier, 363
Histoire Littéraire générale, & de quelques Grands Hommes des Pays-Bas & des Provinces-Unies, 367

HISTOIRE D'ESPAGNE ET DE PORTUGAL.

Voyages & Histoires de ces deux Royaumes, 369

HISTOIRE D'ESPAGNE.

Voyages & Histoire Ecclésiastique, 370
Histoire générale, 371
Histoire des Regnes des Rois d'Espagne, 375
Histoires des Villes & des différents Royaumes, 379
Histoires Généalogique & Littéraire, 382

HISTOIRE DE PORTUGAL.

Histoire du Royaume & des Rois, 383

HISTOIRE DE SUISSE.

Géographie & Voyages, 387
Histoire générale, 388
Histoires des différents Cantons & des Villes qui en dépendent, 389

HISTOIRE D'ITALIE.

Géographie & Voyages *généraux,* 393
Histoire générale Ecclésiastique *& des*

TABLE DES DIVISIONS

Antiquités *d'Italie*, page 396
Histoires générale & politique, 397

HISTOIRE DE CHAQUE VILLE ET ROYAUME D'ITALIE EN PARTICULIER.

Histoire civile générale, & des établissements des Lombards en Italie, 404

ITALIE SEPTENTRIONALE.

Des États *de la* Maison *de* Savoie, *ou du* Roi *de* Sardaigne, 405
Histoire de la Seigneurie *ou* République *de* Genes, 410
Histoire des Duchés *de* Parme *& de* Modene, 414
Histoire des États *de la* Maison *d'Autriche, en Italie, ou des* Duchés *de* Milan *& de* Mantoue, 416
Histoire de la Seigneurie *ou* République *de* Venise, 427

PARTIE D'ITALIE QUI EST AU MILIEU.

Histoire du Grand-Duché *de* Toscane, 448
Histoire du Florentin, 452
Histoire du Pisan, *du* Siennois *& de la* République *de* Lucques, 460
*Histoire de l'*Etat *de l'*Eglise, 463

ROME.

Histoire Ecclésiastique *de* Rome, 464
Histoire des Antiquités *de* Rome *moderne*, 466
Histoire générale *de* Rome, 467
Histoire générale *des* Papes *& de la* Cour *de* Rome, 468
Histoire particuliere des Papes *& de leur* Gouvernement, 473

DU TOME SIXIEME.

Histoire des Conclaves & des Cérémonies en usage, tant pendant la vie qu'après la mort des Papes, page 480
Histoire littéraire de Rome, 481
Histoire de la Campagne de Rome & du Patrimoine de saint Pierre, 483
Histoire de la Terre de Sabine, du Pérousin, de l'Ombrie & de la Marche d'Ancone, 486
Histoire du Duché d'Urbin & de la Romagne, 491
Histoire du Bolonois & du Ferrarois, 495

PARTIE MÉRIDIONALE D'ITALIE.

Histoire du Royaume de Naples, 500
Histoire de la Terre de Labour, 510
Histoire de l'Abruzze, de la Pouille & de la Calabre, 515

ISLES D'ITALIE.

Histoire de la Sicile, de Corse & de Malte, 519
Histoire généalogique d'Italie, 529
Histoire littéraire d'Italie, 531
Vies de quelques grands Hommes d'Italie, 534

HISTOIRE D'ALLEMAGNE.

Géographie & Voyages, 535
Histoire Ecclésiastique, 536
Histoire générale des Antiquités, 537
Histoire générale d'Allemagne, 538
Histoire politique d'Allemagne, 542
Histoire des Regnes des Empereurs, 545

HISTOIRE DES DIFFÉRENTS ÉTATS D'ALLEMAGNE.

Histoire de plusieurs États réunis, 554
Histoire du Cercle d'Autriche, ibid.

TABLE DES DIVISIONS

Histoire des Cercles de Baviere, *de* Souabe *&* de Franconie, page 557
Histoire des Cercles *de la* Haute *&* Basse-Saxe, 560
Histoire du Cercle de Westphalie, 567
Histoire du Cercle Electoral du Bas & du Haut-Rhin, 570
Histoire de la Boheme *& de ses anciennes dépendances*, 572
Histoire généalogique *générale d'Allemagne*, 574
Histoire littéraire *générale & des* grands Hommes *d'Allemagne*, 575

HISTOIRE DE HONGRIE.

Histoire de la Haute *&* Basse-Hongrie, *de l'Esclavonie & de la* Transilvanie, 578

HISTOIRE DE POLOGNE.

Histoire générale de Pologne, 582
Histoire politique *& des* Rois *de Pologne*, 584
Histoire Civile *&* Littéraire *de Pologne*, 587

HISTOIRE DE PRUSSE.

Histoire générale *de Prusse*, 588
Histoire Littéraire *de Prusse*, 590

HISTOIRE D'ANGLETERRE.

Géographie *&* Voyages *d'Angleterre*, 591
Histoire Ecclésiastique *d'Angleterre*, 592
Histoire générale *d'Angleterre*, 595
Histoire générale *des* Rois *d'Angleterre*, 599
Histoire particuliere des Rois *d'Angleterre, jusqu'au regne de* Jacques I, *en* 1603, ibid.
Histoire des regnes de Jacques I, *jusqu'à* Guillaume III, *en* 1689, 602

DU TOME SIXIEME. lxiij

Histoire des regnes de Guillaume III,
  jusqu'à Georges I, *en* 1727, page 611
Histoire des regnes de Georges II & III, 617
Histoire des Villes *d'Angleterre*, 620
Généalogie & Histoire des grands Hommes *d'Angleterre*, 621
Histoire littéraire d'Angleterre, 622

HISTOIRE D'ÉCOSSE, 625

HISTOIRE D'IRLANDE, 627

ÉTATS DE L'EUROPE SITUÉS AU NORD ET A L'ORIENT, 628

ÉTATS DU ROI DE DANEMARCK.

Géographie & Antiquités de Danemarck, 630
Histoire générale & particuliere de Danemarck, 631
Histoire littéraire & des grands Hommes *de Danemarck*, 633

HISTOIRE DE SUEDE.

Géographie & Histoire Ecclésiastique de Suede, 636
Histoire générale de Suede, 637
Histoire des Rois *de Suede*, 638
Histoire civile *& littéraire de Suede*, 641

HISTOIRE DE RUSSIE.

Géographie, *Histoire Ecclésiastique & générale de Russie*, 644
Histoire particuliere des Empereurs *de Russie*, 645

HISTOIRE DE LA TURQUIE D'EUROPE.

Géographie, Religion, Mœurs & Usages des Turcs, 649

lxiv TABLE DES DIVISIONS, &c.

Histoire générale des Turcs, page 651
Histoire générale des Empereurs *Turcs, de leurs Palais, &c.* 654
Histoire particuliere des Empereurs *Turcs,* 655
Histoire civile & littéraire *de la Turquie d'Europe,* 657
HISTOIRE DE LA GRECE, 660
ADDITION, ibid.

Explication des Abréviations.

m. cit.	maroquin citron.
m. n.	maroquin noir.
m. r.	maroquin rouge.
m. r. l. r.	maroquin rouge, lavé, réglé.
m. b.	maroquin bleu.
m. v. ou viol.	maroquin verd ou violet.
v. f.	veau fauve.
v. m.	veau marbré.
v. b.	veau brun.
v. éc.	veau écaille.
vél.	vélin.
cart.	carton.
d. f. tr.	doré fur tranche.
g. p.	grand papier.
in-fol. max.	in-folio maximo.
goth.	gothique.
c. m.	carta magna.

CATALOGUE

CATALOGUE
DES LIVRES
DE LA BIBLIOTHEQUE
DE FEU M. LE DUC
DE LA VALLIERE.

SECONDE PARTIE.

THÉOLOGIE.

ÉCRITURE SAINTE, OU BIBLES.

Versions Grecques & Latines.

1 V ETUS Testamentum Græcum ex versione septuaginta interpretum, olim ad fidem codicis mss. Alexandrini, à Joan. Ernesto GRABE emen- Tome I. A

THEOLOGIE.

datum; nunc verò exemplaris Vaticani, aliorumque mss. codd. lectionibus var. illustratum, curâ Joan. Ja. BREITINGERI, *Tiguri Helvetiorum*, Heideggerus, 1730, 4 *vol. in-4.*

2 Biblia, cum pleno apparatu summariorum & concordantiarum, per Adrianum GUMELLI, *Parisiis*, Joannes Parvus, (*Thielmanno Kerver Typographo*), 1504, *in-fol. v. f. d. s. t.*

Typis *de somme* dictis, duabus columnis, sine reclamantibus, cum & Bibliopolæ & Typographi insignibus.

3 Eadem, cum concordantiis veteris & novi Testamenti, & sacrorum Canonum, & varietatibus diversorum textuum, per Albertum CASTELLANUM, *Lugduni*, Koberger, 1513, *in-fol. v.f.*

4 Eadem, cum summariorum apparatu, pleno quadruplicique repertorio insignita: cui ultra castigationem diligentissimam & signanter in vocabulario dictionum hebraïcarum, ubi pro majore sui parte erat mendosa & vitiosa, additæ sunt marginales additiones annales, & gentis cujusque secundum ea tempora historias notantes, canonum quoque ad sacram scripturam concordantias, *Lugduni*, Jac. Saccon, 1522, *in-4.* (Goth. deux colonnes), *v. f. d. s. t.*

5 Eadem: breves in eadem annotationes, ex doctiss. interpretationibus, & Hebræorum commentariis, *Parisiis*, Robertus Stephanus, 1523, 2 *tom.* 1 *vol. in-fol. magno, mar.*

Longues lignes, très-beaux caracteres ronds.

6 Eadem; Hebræa, Chaldea, Græca & Latina nomina virorum, mulierum, populorum, idolorum, urbium, fluviorum, montium, cæterorumque locorum quæ in Bibliis leguntur, resti-

tuta, cum latina interpretatione. His accesserunt schemata Tabernaculi Mosaici, & Templi Salomonis, præeunte Francisco VATABLO, *Parisiis*, Robertus Stephanus, 1540, 2 vol. *in-f.* *v. f. d. f. t.*

7 Eadem, ad optima quæque veteris, ut vocant, tralationis exemplaria, summa diligentia parique fide castigata, adjuncta Hebraïcarum, Græcarum, cæterarumque peregrinarum vocum, cum illarum varia à nostra prolatione, interpretatione, *Lugduni*, Sebastianus Gryphius, 1550, 2 vol. *in-fol. v. f. d. f. t.*

* Sur deux colonnes, en lettres de gros parangon, avec des lettres grises en bois, parfaitement gravées. Bible de la plus belle exécution qu'on puisse desirer. Chevillier en a fait l'éloge, page 151.

8 Eadem, juxta vulgatam edition. ab aliquot Theologis Parisiensibus recognita & emendata, cum scholiis Joannis BENEDICTI ad marginem digestis, *Parisiis*, Sebastianus Nivellius, 1573, *in-fol. v. br.*

9 Eadem, ad vetustissima exemplaria nunc recens castigata, in quibus capita singula ita versibus distincta sunt, ut numeri præfixi Lectorem non remorentur, & loca quæsita tanquam digito demonstrent, *Venetiis*, hæredes Nicolai Bevilaquæ, & Socii, 1576, *in-fol. fig. lign. v. f. d. f. t.*

Typis rotundis, duabus columnis, cum fig. ligneis, cum textu excusis.

* Cette Edition a été exécutée d'après celle qui a été imprimée à Louvain en 1557.

10 Eadem vulgatæ editionis Sixti V & Clementis VIII, Pont. Max. autoritate recognita, notis chronologicis & historicis illustrata, unà cum

THÉOLOGIE.

sacra chronologia atque geographia, *Parisiis*, Vitré, 1662, *in-fol. c. m. l. r. v. m. d. f. t.*

11 Eadem, *Parisiis*, Vitré, 1691, *in-4. v. f. d. f. t.*

Versions Latines & Françoises.

12 La Sainte Bible en latin & en françois; chacune version correspondante l'une à l'autre, verset à verset, avec adnotations nécessaires pour l'intelligence des lieux les plus difficiles; & expositions contenantes briefves & familieres résolutions, & observations tant des lieux qui ont esté dépravés & corrompus par les hérétiques de nostre temps, que de ceux qui ouvertement confirment la foi & religion catholique; aussi les figures & argumens sur chacun livre, déclarans sommairement tout ce qui y est contenu, par René BENOIST, *Paris*, Gabriel Buon, 1568, 2 *vol. in-4. v. f. d. f. t. l. r.*

13 La Sainte Bible, en latin & en françois, avec des notes littérales, pour l'intelligence des endroits les plus difficiles, par DE SACY, *Paris*, Desprez, 1715, 3 *vol. in-fol. v. f.*

14 La même, avec des notes littéraires, critiques & historiques, des préfaces & des dissertations, tirées du Commentaire de D. Augustin CALMET, de l'Abbé de VENCE, & des Auteurs les plus célebres, pour faciliter l'intelligence de l'Ecriture Sainte. Ouvrage enrichi de cartes géographiques & de figures, seconde édition, revue, corrigée & augmentée de diverses notes & dissertations nouvelles, (par M. RONDET,) *Avignon*, François-Barthelémi Merande, 1767—1773, 17 *vol. in-4. fig. v. f. d. f. t.*

ÉCRITURE SAINTE.

Versions Françoises.

15 La grande Bible Françoise, historiée & corrigée, avec des figures en bois, *Paris*, Verard, 1539, 2 vol. in-fol. goth. *v. m.*

16 La Sainte Bible en françois, translatée selon la pure & entiere traduction de Saint Hiérome, avec figures gravées en bois, *Anvers*, de la Haye, 1541, in-fol. goth. *v. f. d. s. t.*

17 La Sainte Bible, *Lyon*, de Tournes, 1553, 5 tom. 6 vol. in-16. *v. f.*

18 La Bible, qui est toute la Sainte Ecriture, contenant le vieil & le nouveau Testament, ou la vieille & nouvelle alliance. Quant est du nouveau Testament, il a esté reveu & corrigé sur le grec par l'avis des Ministres de Geneve, aussi avec les figures; on a adjousté des annotations fort amples, & non par ci-devant imprimées. De l'Imprimerie d'Ant. Rebut, 1560, in-fol. *v. f. d. s. t.*

19 La Sainte Bible, traduite en françois sur la Vulgate, avec des notes courtes, & la concorde des quatre Evangélistes, par LE MAISTRE DE SACY, *Bruxelles*, Foppens, 1700, 3 vol. in-4. gr. p. *v. f.*

20 La Sainte Bible, avec un Commentaire littéral, composé de notes choisies & tirées de divers Auteurs Anglois, par Charles CHAIS, (contenant le premier livre de Moyse, ou la Genese, jusqu'au deuxieme livre des Rois), *la Haye*, Pierre Paupie, 1743—1777, 6 vol. in-4. fig. *v. f. d. s. t.*

Versions Italiennes.

21 Biblia dignamente vulgarizata per Nicolao DE

THÉOLOGIE.

Malermi, *Vineggia*, Helifabetta de Rufconi, 1525, *in-fol.* (2 colonnes, fig. en bois), (*fans titre*), *vel.*

22 La Biblia, la quale in fe contiene i Sacrofanti libri del vecchio & nuovo Teftamento, nuovamente tradotti da la hebraica & greca verita in lingua Tofcana, per Antonio Brucioli, con le concordantie di tutta effa Scrittura Santa. *Vinetia*, Francifco Brucioli, & i frategli, 1541, *in-f. vel.* (longues lignes, lettres rondes).

23 La Bibbia, cioè i libri del Vecchio, è del Nuovo Teftamento, nuovamente traflatati in lingua Italiana, da Giovanni Diodati, 1607, *in-4. v. r. l. r.*

Lettres rondes, deux colonnes.

24 La medefima verfione, feconda editione, migliorata ed accrefciuta, con l'aggiunta de facri Salmi meffi in rime per lo medefimo, *Geneva*, Pietro Chouet, 1641, 2 *tom.* 1 *vol. in-fol. baz.*

Lettres rondes, deux colonnes.

25 La Sacro-Santa Biblia in lingua Italiana, cioè il Vecchio e Nuovo Teftamento nella purità della lingua volgare moderna, e corette, corrifpondente per tutto al tefto fondamentale vero, diftinta per verfetti da Mathia d'Erberg, *Cologna*, alle fpefe dell' Autore, 1712, 2 *tom.* 1 *vol. in-fol. baz. r.*

Livres féparés de l'Ancien Teftament, en différentes Langues.

26 Pentateuchus Moyfis, commentario illuftratus; præmiffis, quæ ad totius fcripturæ intelligentiam

ÉCRITURE SAINTE.

manuducant præloquiis perutilibus ; à R. P. Jacobo BONFRERIO Dionantensi, Soc. Jesu, *Antuerpiæ*, Balthasar Moretus, 1525, *in-fol. v. br.*

27 Quinque libri Moysis Prophetæ in lingua Ægyptiaca, ex msl. Vaticano, Parisiensi & Bodleiano, descripsit ac latinè vertit David WILKINS, *Londini*, Gul. Bowyer, 1731, *in-*4. *v. éc. fil d'or.*

Chaque livre est divisé dans le même ordre de chapitres & versets que nos livres saints imprimés en Europe. On y trouve à côté du texte une version latine.

28 Libri justi Job, ex Chaldæo sive Syro idiomate in latinum nunc primùm interpretatio, edita à Victorio SCIALAC, Accurensi Maronita è monte Libano, *Romæ*, Spada, 1618, *in-*8. *v. f. fil. d'or, d. s. t.*

Long. lin. typis rotundis ac elegantissimis. *Vide de hoc Targum Biblioth. sacr. P. le Long, tome I, col. 1, p. 305.

29 Heptateuchus, liber Job, & Evangelium Nicodemi, Anglo-Saxonice; historiæ Judith fragmentum, Dano-Saxonice; edidit nunc primùm, ex mss. codicibus Edwardus THWAITES, *Oxoniæ*, è Theatro Sheldoniano, 1698, *in-*8. *v. f. d. s. t.*

30 Quincuplex psalterium Gallicum, Romanum, Hebraïcum, vetus, conciliatum, *Parisiis*, Henr. Steph. 1508, *in-fol. v. br.* (rubro & nigro colore).

31 Psalmorum Liber, *Antuerpiæ*, Christoph. Plantinus, 1567, *in-*24, *m. r.*

32 Pseaumes de David, traduits par le P. H. VIGNIER, de l'Oratoire, *Paris*, 1703, *in-*12. *v. f. D. s. t.*

33 Les mêmes, traduits en françois, selon l'Hé-

A iv

THÉOLOGIE.

breu, distribués pour tous les jours de la semaine, pour être récités selon l'esprit de l'Eglise, avec des hymnes, oraisons, & autres prieres de l'Eglise, nouvelle edition, revue, & corrigée, *Paris*, Elie Joffet, 1707, *in-*12. *mar. n. l. r.*

34 Les Pseaumes selon l'esprit, ou en forme de prieres chrétiennes, par J. B. VASSOULT, *Paris*, Collombat, 1726, *in-*12. *m. r.*

35 Les mêmes, traduits en françois, *Paris*, Josse, 1738, *in-*12. *mar. bl. d. s. t.*

36 Les mêmes, traduits sur l'hébreu, avec des notes, par un Religieux-Bénédictin de la Congrégation de Saint-Maur, (Don Maure D'ANTINE), nouvelle édition, revue, corrigée & augmentée des Cantiques, d'un Pseautier distribué, &c. *Paris*, Charles Osmont, 1740, *in-*12. *v. br.*

37 I Salmi di David tradotti dalla lingua ebrea, nella latina e volgare, dal S. Pelegrin HERI Modonese, e dal medesimo con molta dottrina e pietà dichiarati, *Venetia*, Giordan Zilletti, 1573, *in-*4. *v. f. d. s. t.*

38 Pseaumes de la Pénitence de David, avec des Réflexions (en latin & en françois), *Paris*, Jean Mariette, 1710, *in-*12. *v. br.*

39 L'Ecclésiaste de Salomon, traduit de l'hébreu en latin & en françois, avec des notes critiques, morales & historiques, par les Auteurs des Principes discutés, (les R.R. P.P. Capucins), *Paris*, Cl. Hérissant, 1771, *in-*12. *v. f. d. s. tr.*

40 Cantique des Cantiques de Salomon, françois & latin, suivant l'hébreu, par Rod. LE

ÉCRITURE SAINTE.

MAISTRE, *Paris*, Cl. Cramoisy, 1628, *in-12*. *v. f. d. s. t.*

41 Le même, avec la paraphrase chaldaïque, & traité d'Aboth, ou des Peres de la Doctrine, qui contient plusieurs sentences Rabbiniques, trad. de l'hébreu, du chaldaïque & du rabbinique, auxquels on a ajouté des notes élémentaires pour en faciliter l'intelligence, par Mardoché VENTURE, *Paris*, Mich. Lambert, 1774, *in-12. v. f. d. s. t.*

42 Les Prophéties d'Habacuc, traduites de l'hébreu, en latin & en françois, précédées d'analyses qui en développent le double sens littéral & le sens moral, & accompagnées de remarques & de notes chronologiques, géographiques, grammaticales & critiques, par les Auteurs des Principes discutés, (les R.R. P.P. Capucins), *Paris*, Cl. Hérissant, 1775, 2 vol. *in-12. v. m.*

Versions du Nouveau Testament, en différentes Langues.

43 Novum Testamentum Græc. ex Bibliotheca Regia, *Lutetiæ*, Robertus Stephanus, Typis Regiis, 1568, *in-16. v. br.*

44 Idem, ex versione ERASMI, innumeris in locis ad græcam veritatem, genuinumque sensum emendata: glossa compendiaria Matthiæ FLACCII ILLYRICI (Matthiæ FRANCKOWITS), in novum Testamentum, *Basileæ*, 1570, 1 *tom.* 2 vol. *in-fol. v. f. d. s. t.*

45 Idem, Græcum, *Cantabrig.* 1700, *in-16.*

46 Idem, Græcum, cum lectionibus variantibus studio Joannis MILLII, recensuit, novisque

THÉOLOGIE.

accessionibus locupletavit Ludolph. KUSTERUS, *Lipsiæ*, Gleditschius, 1723, *in-fol. g. p. v. f. d. s. t.*

47 Idem, Syriacè, cum omnibus vocalibus, & versione latinâ Matthæi ita adornatâ, ut unico hoc Evangelistâ intellecto, reliqui totius operis libri, sine interprete, facilè intelligi possint; accurante Ægidio GUTBIRIO, *Hamburgi*, typis & sumptibus Auctoris, 1664, *in-8. m. n. l. r.*

48 Novi Testamenti latini editio postrema, per Des. ERASMUM, Roterodamum, *Basileæ*, in officina Frobeniana, 1532, *in-8. v. m.*

49 Novum Testamentum latinum, *Coloniæ* ab Egmont, 1688, *in-24. m. r. d. s. t. doubl. de mar.*

50 Idem, *Rhemis*, Godard, 1703, *in-16. v. b.*

51 Le Nouveau Testament, c'est-à-dire la Nouvelle Alliance de nostre Seigneur & seul Sauveur Jesus-Christ, translaté de grec en françois, 1538, *pet. in-8. goth. v. f. d. s. t.*

52 Panégyrique au Cardinal Duc de Richelieu, sur la nouvelle traduction de la Bible françoise, contenant toutes les fautes, erreurs, hérésies & barbarismes des précédentes éditions de Geneve, Louvain & autres, réduites en dix cathégories, *Paris* (sans nom d'Imprimeur), 1641, *in-16. v. m.*

53 Le Nouv. Testament, reveu & conféré sur les textes grecs par les Pasteurs de Geneve, avec les Pseaumes en vers françois, retouchés sur l'anc. version de Clém. MAROT, & Théodore DE BEZE, par V. CONRARD, *Geneve*, Widerhold, 1681, *in-4. v. f.*

54 Le même, traduit par le R. P. Denis AME-

ÉCRITURE SAINTE.

LOTTE, de l'Oratoire, *Paris*, Muguet, 1693, 2 vol. *in*-12. *m. n. d. f. t.*

55 Difficultés proposées au P. BOUHOURS, sur sa traduction Françoise des quatre Évangélistes, par Richard SIMON, *Amst.* Braakman, 1697 & *suiv.* =Lettre à Richard Simon, au sujet des deux lettres du sieur de Romainville; =IIIᵉ & IVᵉ Lettres au P. Bouhours; = Lettre d'un Docteur de Sorbonne au P. Bouhours, *in*-12. *m. r. d. f. t.*

56 Nouv. Testament trad. par LUTHER, (en allemand) avec fig. *Francf.* 1582, *in*-8. *v. f. d. f. t.*

57 Opus quattuor Evangelistarum & Apocalypsis recenter per præstantissimum sacræ theologiæ professorem emendatum, multis elucidationibus auctum, *Parisiis*, Joh. Petit, 1508, *in*-8. *got. cart.*

Typis vulgo *de somme* dictis, sine reclam. & registro; cum cifris, excepta apocalypsi.

58 D. N. Jesu-Christi Evangelia ab ULFILA, Gothorum in Mœsia Episc. circa annum à nato Christo 360 ex Græco Gothicè translata, nunc cum parallelis versionibus, Sueo-Gothicâ, Norræna seu Islandicâ, & vulgatâ Latinâ edita, *Stockholmiæ*, Nicol. Wankif, 1671. =Glossarium Ulphilæ Gothicum, linguis affinibus, per Fr. JUNIUM, nunc etiam Sueo-Gothica auctum & illustratum per Georgium STIERNHIELM, *Holmiæ*, Nicolaus Wankif, 1670, *in*-4. *v. b.*

Versions des Livres séparés du Nouveau Testament, en différentes Langues.

59 Evangeliarium quadruplex Latinæ versionis antiquæ, seu veteris Italicæ, nunc primum in lu-

cem editum ex codicibus manuscriptis aureis, argenteis, purpureis aliisque plusquàm millenariæ antiquitatis à Josepho BLANCHINO, Congreg. Oratorii sancti Philipp. Nerii, *Romæ*, Antonius de Rubeis, 1749, 4 *vol. in-fol. v. m.*

60 Vulgata antiqua Latina & Itala versio Evangelii secundum Matthæum, è vetustissimis eruta monumentis, illustrata prolegomenis ac notis, nuncque primùm edita; studio & labore D. Johannis MARTIANAY, Benedictini, *Parisiis*, Antonius Lambin, 1695, *in*-12. *v. f. d. s. tr.*

61 Fragmenta versionis Ulphilanæ, continentia particulas aliquot Epistolæ Pauli ad Romanos, haud pridem ex codice rescripto eruta, & à Francisco-Antonio KNITTEL edita, nunc cum aliquot annotationibus typis reddita à Johanne IHRE, &c. Accedunt duæ Dissertationes ad Philologiam Mœso-Gothicam spectantes, *Upsaliæ*, 1763, *in*-4. *v. éc.*

62 Nicolai ALARDI, Pastoris Steinbeccensis, Bibliotheca harmonico-Biblica, quæ præter Historiam harmonicam, tradit notitiam scriptorum harmonicorum cujuscumque ætatis & religionis, tam perpetuorum quàm singularium, nec omissis illis, qui vel specialiùs quoddam argumentum sacrum, vel bina oracula Spiritûs-Sancti ab antilogiarum calumnia vindicârunt, *Hamburgi*, Johannes-Christophorus Kisherus, 1725, *in*-8. *cart.*

63 Concorde des quatre Évangélistes, par LE ROUX, *Paris*, Anisson, 1699, *in*-8. *mar. r.*

ÉCRITURE SAINTE.

Evangiles Apocryphes.

64 Evangelium infantiæ vel liber apocryphus de infantia servatoris, Arabicè edidit ac Latina versione & notis illustravit Henricus SIKE, *Trajecti ad Rhenum*, Halma, 1697, *in-12. v. f.*

65 Codex pseudigraphus Veteris Testamenti, seu pseudedigrapha Test. Veteris, sive scripta sanctis Patriarcharum ac Prophetarum nominibus temerè supposita : collectus, castigatus & animadversionibus illustratus studio & labore Joh. Alberti FABRICII : accedit JOSEPHI, Veteris Christiani scriptoris, hypomnesticon, seu liber sacer memorialis, nunc primùm in lucem editum, græcè & latinè, ex versione & cum notis ejusdem FABRICII. *Hamburgi*, Theod. Christ. Felginer, 1723, 2 *vol. in-8. v. f.*

66 Codex apocryphus novi Testamenti, ab eodem Joh. Alb. FABRICIO, *Hamburgi*, 1743, *in-8.* 2 *vol. v. f.*

Concordances de l'Ecriture Sainte.

67 Concordantiæ sacrorum Bibliorum Hebraïcorum, in quibus Chaldaïcæ, etiam librorum Esdræ, & Danielis suo loco inseruntur ; auctore F. Mario de CALASIO, *Londini*, Ilive, 1747, 4 *vol. in-fol. v. f.*

68 Johannis GAGNIER Vindiciæ Kircherianæ, (Conr. Kircheri,) in novas Abrah. Trommii concordantias græcas versionis vulgo dictæ LXX Interpretum, *Oxonii*, è Theatro Sheldoniano, 1718, *in-8. v. m.*

THÉOLOGIE.

Interprètes de l'Écriture Sainte.

Juifs ou Rabbins.

Commentaires & différens Traités sur l'Ecriture Sainte.

69 Liber Zohar in Genesim, Exodum, & Leviticum (Hebraïcè) *Amst.* 1715, & seq. 6 *vol. in*-8. chagr. noir.

70 Commentarius Rabbi Levi filii Gersonis in lib. Jobi, interprete Lud. Henr. Aquinate, hebr. & lat. *Parisiis*, Blaise, 1623, *in*-4. *v. f.*

71 Tractatus Talmudicus de cultu quotidiano Templi (Hebraïcè) versione latina donatus & notis illustratus à Conr. Iken, *Bremæ*, Hermannus Christophorus Janus, 1736, *in*-4. cart.

72 Joh. Christoph. Wagenseilii Sota, hoc est liber mischnicus de uxore adulterii suspecta: cum versione latina: accedunt correctiones Lipmannianæ, *Altdorfi Noricorum*, Endterus, 1674, *in*-4. *v. f. d. s. tr.*

73 De Textûs Hebraïci Veteris Testamenti certitudine & authentia, contra Ludovici Capelli criticam, Epistola Arnoldi Bootii, *Parisiis*, vidua Theod. Pepingué, 1650, *in*-4. *v. m.*

74 Ejusdem Arnoldi Bootii vindiciæ, seu apodixis apologetica pro hebraïca veritate, contra duos ejus hostes Joh. Morinum & Lud. Capellum, quibus sacro sanctus textus hebr. à fictitiis illis atque innumeris variis lectionibus, quas ex veteribus translationibus procusas in eum invehere duo isti authentiæ scripturæ calumniatores omni ope sa-

INTERPRÊTES DE L'ÉCR. SAINTE. 15

tagunt, liberatur, ejusque integritas & authoritas contra omnes eorum exceptiones & sycophantias asseritur, *Parisiis*, Th. Pullen, 1653, *in-4. v. m.*

75 Philologus Hebræo-mixtus, unà cum spicilegio philologico continente decem quæstionum & positionum præcipuè philologico-hebraïcarum & judaïcarum centurias, auctore Joan. LEUSDEN; editio secunda, emendata & figuris æneis ornata, *Ultrajecti*, Fr. Halma, 1682, *in-4. fig. v. f.*

76 Ejusdem philologus hebræo-græcus generalis, continens quæstiones hebræo-græcas, quæ circa novum Testamentum græcum fere moveri solent, *Ultrajecti*, Franciscus Halma, 1683, *in-4. v. f.*

77 Hadriani RELANDI analecta Rabbinica, comprehendentia libellos quosdam singulares & alia quæ ad lectionem & interpretationem commentariorum Rabbinicorum faciunt; editio secunda, *Trajecti ad Rhenum*, Jacobus à Poolsum, 1723, *in-8. v. m.*

78 Jo. Christophori WOLFII Bibliotheca hebræa, sive notitia auctorum hebr. cujuscunque ætatis; accedit Jac. GAFFARELLI index codicum Cabbalistic. mss. quibus Jo. Picus, Mirandulanus Comes, usus est, *Hamburgi*, Liebezeit, 1715—1733, 4 vol. *in-4. v. m.*

CHRÉTIENS INTERPRÊTES DE L'ÉCRITURE
SAINTE.

Interprêtes de l'Ancien & du Nouveau Testament.

79 Morale reductorium super totam Bibliam fratris Petri BERTHORII, Ordinis divi Benedicti;

ubi notabiliorum hiftoriarum, ac figurarum veteris ac novi Teftamentorum : præmiffâ compendiofâ textûs fummâ, tropologica feu allegorica atque nonnunquam anagogica fubnectitur explanatio : adjectis Bibliæ concordantiis, *Bafileæ*, Johannes Koberger, 1517, *in-folio*, *goth*. 2 *colon*, *v. f. d. f. tr.*

80 Commentaire littéral fur tous les livres de l'ancien & du nouveau Teftament, par D. Aug. Calmet, *Paris*, Emery, 1724—1726, 8 *tom.* 9 *vol. in-folio*, *v. br.*

Interprêtes de l'Ancien Teftament en général, & de fes différens Livres en particulier.

81 Abrégé de l'Hiftoire de l'ancien Teftament, par Mesenguy, *Paris*. Defaint, 1737 & 1738, 3 *vol. in-12. mar. citr. d. f. tr.*

82 Hieron. ab Oleastro commentaria in Pentateuchum, *Antuerpiæ*, Vidua Jo. Stielfii, 1568, *in-fol. v. br.*

83 Exercitationes Ecclefiafticæ in utrumque Samaritanorum Pentateuchum, autore Joann. Morino, Congreg. Oratorii, *Parifiis*, Ant. Vitray, 1631, *in-4. v. f. d. f. tr.*

84 Nouveaux Eclairciffemens fur l'origine & le Pentateuque des Samaritains, par un Religieux Bénédictin de la Congrégation de Saint-Maur, (D. Clement.) *Paris*, Jean-Luc Nyon, 1760, *in-8. v. f. d. f. tr.*

85 Exegefis five expofitio dictionum hebraïcarum litteralis & fimplex, in quatuor capita Genefeos, per Paulum Fagium (Buchlin) *Ifnæ*, 1542, *in-4. v. f. d. f. tr.*

INTERPRÈTES DE L'ÉCR. SAINTE.

86 Explication du Livre de la Genèse, par Du-
GUET, *Paris*, Babuty, 1732, 6 *vol. in*-12. *v. f.*

87 La Genèse expliquée d'après les textes primitifs, avec des réponses aux difficultés des Incrédules, par M. l'Abbé DU CONTANT DE LA
MOLETTE, *Paris*, le Clerc, 1777, 3 *vol.
in*-12. *v. m.*

88 Explication de l'ouvrage des six Jours, par
MM. DUGUET & D'ASFELD, *Paris*, Babuty,
1740, *in*-12. *v. f.*

89 Traité de la situation du Paradis terrestre, par
P. Dan. HUET, Evêque d'Avranches, *Paris*,
Anisson, 1691, *in*-12. *v. br.*

90 De universalitate Diluvii dissertatio. = Abr.
MILIUS, de origine animalium & migratione populorum, *Genevæ*, Columesius, 1667, *in*-12. *v. f.*

91 Dissertation sur l'Arche de Noë, & sur l'hémine & la livre de S. Benoît, par Jean LE
PELLETIER, *Rouen*, Besongne, 1700,
in-12. *v. br.*

92 Discours philosophique sur la création & l'ar-
rangement du monde, où l'on fait voir les
rapports qu'il y a entre les créatures, & leur dépendance sous les loix de la Providence, par
M. J. F. V. D. E. M. (J. F. VALLADE.)
Amsterdam, Paul Marret, 1700, *in*-12. *v. br.*

93 L'Exode expliqué d'après les textes primitifs;
avec des réponses aux difficultés des Incrédules,
par M. l'Abbé DU CONTANT DE LA MOLETTE,
Paris, Moutard, 1780, 3 *vol. in*-12. *v. m.*

94 Explication de cinq chapitres du Deutérono-
me, & des Prophéties d'Habacuc & de Jonas,
par DUGUET, *Paris*, Babuty, 1734, *in*-12. *v. f.*

95 Josuæ historia illustrata atque explicata ab

Tome I. B

18 THÉOLOGIE.

Andrea MASIO, *Antuerpiæ*, Plantin, 1574, in-fol. v. br.

96 Delphi phœnicizantes, five tractatus in quo Græcos, quidquid apud Delphos celebre erat, feu Pithonis & Apollinis hiftoriam, feu Pœanica certamina & præmia, feu prifcam templi formam atque infcriptionem, feu tripodem, Oraculum, &c. fpectes, è Jofuæ hiftoria, fcriptifque facris effinxiffe, rationibus haud inconcinnis oftenditur. Appenditur diatriba de Noæ in Italiam adventu, ejufque nominibus ethnicis: necnon de origine Druidum. His acceffit oratiuncula pro philofophia liberanda, authore Edmundo DICKINSONO, *Francofurti*, Johannes Conradus Emmerich, 1670, *in-8. v. f. d. f. tr.*

* L'Auteur de la Bibliogr. n'a pas connu cette édition, autrement il n'auroit pas dit que ce livre eft devenu rare. Voyez page 152, num. 173, tom. I.

Celle-ci fe trouve communément; c'eft celle d'Oxford qu'il eft difficile de trouver.

97 Joannis-Ernefti GRABII Epiftola ad Joannem Millium, quâ oftenditur, libri Judicum genuinam lxx. Interpretum verfionem eam effe, quam mff. codex Alexandrinus exhibet; Romanam autem editionem, quod ad dictum librum, ab illa prorfus diverfam, atque eamdem cum Hefychiana effe. Subnexa funt tria novæ editionis fpecimina cum variis annotationibus. *Oxoniæ*, è theatro Sheldoniano, 1705, *in-4. v. f. d. f. tr.*

98 PROCOPII Gazæi in libros Regum & Paralipomenon fcholia, Joan. MEURSIUS nunc primus græcè edidit, & latinam interpretationem

INTERPRÈTES DE L'ÉCR. SAINTE. 19
adjecit, *Lugduni Batavorum*, Elzevir, 1620, *in*-8. *v. f.*

99 Explication du Livre des Rois & des Paralipomenes, par DUGUET, *Paris*, Babuty, 1738, 6 *tom*. 8 *vol. in*-12. *v. f.*

100 In Historiam Hesteræ Rodolphi GUALTHERI homeliæ, *Tiguri*. Frisch, 1587, *in*-8. *v. f.*

101 Joan. MERCERI commentarii in Jobum & Salomonis Proverbia, Ecclesiasten, Canticum Canticorum, *Lugd. Batav.* 1651, *in-fol. v. br.*

102 Explication du livre de Job, par DUGUET, *Paris*, Babuty, 1732. 4 *vol. in*-12. *v. f.*

103 Paraphrase courte, ou traduction suivie des Pseaumes de David avec des argumens qui en donnent la véritable idée, & des réflexions touchantes & solides, qui apprennent l'usage que l'on en doit faire, par le Pere LORIOT, seconde édition, revue par l'Auteur, *Paris*, Denis Mariette, 1698, 3 *vol. in*-12. *v. b.*

104 Les Pseaumes expliqués dans le sens propre, ou les rapports des Pseaumes à J. C. *Paris*, Desprez, 1766, *in*-12. *v. m.*

105 Ramillete de flores de todos los psalmos, y canticos : que en summarios propone el intento decada uno, de donde los Ecclesiasticos saquen suaue, y manual motivo de meditacion, quando los rezaren. Y para otros effectos, compuesto por fray PEDRO DE LA VISITACION, Minimo, *Mallorca*, Gabriel Guasp, 1589, *in*-8. *v. m.*

106 Exposition des sept Pseaumes pénitenciels, prise de l'Italien de Flam. NOBILI, avec une lettre du Comte DE LA MIRANDOLE, écrite en forme d'instruction à Jean. Franc. Pic, son neveu, l'an 1492. Plus un traicté de la Péni-

B ij

20 THÉOLOGIE.

tence, recueilli de quelques passages de l'Ecriture & des anciens Docteurs, *Tours*, Jamet Mettayer, 1592, *in*-12. *v. f. d. s. tr.*

107 Interprétation historique & critique du Pseaume 68, *Exurgat Deus*, par l'Abbé LADVOCAT, *Paris*, Lacombe, 1767, *in*-12. *v. m.*

108 Joannis MEURSII meditationes Christianæ in Psalmum CXVI & CXIX, *ex offic. Commeliniana*, 1604, *in*-12. *v. f.*

109 Les Gémissemens d'un cœur chrétien exprimés dans les paroles du Pseaume CXVIII, *Beati immaculati*, &c. *Paris*, Pierre-Nicolas Lottin, 1733, *in*-12. *baz.*

110 Réflexions physiques sur le chapitre 8 du Livre des Proverbes, par M. GIRARDIN, *Besançon*, 1759, *in*-8. *v. m.*

111 Paraphrase de l'Ecclésiaste, & du Livre de Job, avec des remarques, par le P. HARDOUIN, Jésuite, *Paris*, Rollin, 1729, *in*-12. *mar. r.*

112 Le Cantique des Cantiques, le Pseaume 44 & la Prophétie d'Emmanuel par Isaie, interprétés dans le sens littéral, *la Rochelle*, Mesnier, 1767, *in*-8. *v. m.*

113 Essai d'un Commentaire littéral & hist. sur les Prophetes, par Paul PEZRON, de l'Ordre de Cîteaux, *Paris*, Boudot, 1693, *in*-12. *v. f.*

114 Morceaux choisis des Prophetes, mis en françois, par M. l'Abbé CHAMPION DE NILON, *Paris*, Moutard, 1777, 2 *vol. in*-12. *v. f.*

115 Harmonie des Prophéties avec quelques évènemens du tems passé, & plusieurs du temps présent, qui nous découvre ceux qui ne sont pas loin d'arriver, par M. C. DE LOYS, *Lausanne*, 1774, *in*-8. *v. f. d. s. tr.*

INTERPRÈTES DE L'ÉCR. SAINTE.

116 Explication de la Prophétie d'Isaïe, par Duguet, *Paris*, Babuty, 1734, 5 tom. 6 vol. *in*-12. *v. f.*

117 Hieron. Pradi & Joan. Bapt. Villalpandi, è soc. Jesu, in Ezechielem explanationes & apparatus urbis ac templi Hierosolymitani, commentariis & imaginibus illustratus, *Romæ*, 1596 & 1604, 3 vol. *in-folio v. f.* (*fig.*)

Interprètes du Nouveau Testament.

118 Le Nouveau Testament en françois, avec des réflexions morales sur chaque verset, (par le P. Quesnel), *Amsterdam*, Nicolai, 1727, 8 vol. *in*-12. *v. f.*

119 Entretiens sur le décret de Rome contre la précédente trad., 1709, *in*-12. *v. br. d. f. tr.*

120 La même trad., dénoncée à l'Académie Françoise, 1713, *in*-12. *v. f. d. f. tr.*

121 Analyse de l'Evangile, des Actes des Apôtres, & des Epîtres de Saint Paul, par le P. Mauduyt, de l'Oratoire, *Paris*. Roulland, 1697, & *suiv.* 8 vol. *in*-12. *v. br.*

122 La Morale Evangélique comparée à celle des différentes Sectes de Religion & de Philosophie, *Besançon*, Freres & Sœurs Charmet, 1772, 2 vol. *in*-12. *v. f. d. f. tr.*

123 Exposition de l'Evangile de Saint Jean, par Valentin Smalcius, (en Allemand) *Gedruckt*, 1611, *in*-8. *v. f. d. f. tr.*

124 Pensées de Mallemans, Chanoine de Sainte Opportune, sur le sens littéral des 18 premiers versets de l'Evangile de Saint Jean, *Paris*, J. Mariette, 1718, *in*-12. *v. m.*

22 THÉOLOGIE.

126 Recueil des œuvres de François de Paris, *Paris*, 1732 & 1733, 4 *vol. in-12*. encadrés, *de format in-4. fig. v. br.*

CONTENANT

L'explication de l'Epître de S. Paul aux Romains & aux Galates ; Science du Vrai, avec l'Analyse qui contient les principaux Mysteres de la Foi ; & autres petits Ouvrages.

127 Concordance des Principes & de la Doctrine de Saint Paul, prouvée par l'uniformité de la Doctrine, par la liaison & la dépendance naturelle d'un verset à l'autre, par le rapport qu'ont entr'eux les versets d'une Epître ou d'un chapitre à l'autre, dans une nouvelle traduction faite sur le texte, & un Commentaire, par l'Auteur de la traduction des Pseaumes de David, faite sur l'Hébreu, (M. LAUGEOIS), *Rome*, aux dépens de la Chambre Apostolique, *in-12. sans date. v. f. d. s. tr.*

128 Analyse de l'Apocalypse, par ELLIES DUPIN, *Paris*, de Nully, 1714, 2 *vol. in-12. v. br.*

129 L'Apocalypse avec une explication, par Jac. Ben. BOSSUET, *Paris*, Cramoisy, 1689, *in-8. mar. r.*

130 Ouverture de l'Apocalypse, *in-12. sans date ni nom de ville & d'Imprimeur, in-8. v. m.*

CRITIQUES SACRÉS, OU TRAITÉS CONCERNANT L'ÉTUDE DE L'ÉCRITURE SAINTE.

Regles & Usage de la Critique, & Introduction à l'Etude de l'Ecriture Sainte.

131 Réflexions sur les regles & sur l'usage de la Critique, touchant l'hist. de l'Eglise, les ouvr.

des Peres, les Actes des anciens Martyrs, les Vies des Saints, &c., par le R. P. HONORÉ DE SAINTE-MARIE, Carme Déchauffé, *Paris*, Jombert, 1713 & 1720, 3 *vol. in-4. v. m.*

132 Nouvelle Méthode pour entrer dans le vrai sens de l'Ecriture Sainte, par M. l'Abbé DU CONTANT DE LA MOLETTE, *Paris*, Leclerc, 1777, 2 *vol. in-12. v. m.*

133 Differtation préliminaire, ou prolégomenes fur la Bible, par Louis ELLIES-DUPIN, *Paris*, Pralard, 1726, 2 *tom.* 3 *vol. in-8. v. f. d. f. tr.*

Interprêtes critiques de l'Ecriture Sainte.

134 Exercitationes Biblicæ de Hebræi Græcique textûs finceritate, Germanâ LXX. Interpretum translatione dignofcendâ, illius cum Vulgatâ conciliatione, & juxta Judæos divinâ integritate, totiufque Rabbinicæ antiquitatis, & operis Mazorethici æra, explicatione & cenfura; auctore Joanne MORINO, Congreg. Oratorii Prefbytero, *Lutetiæ Parifiorum*, Ant. Vitray, 1633, *in-4. v. f. d. f. tr.*

135 Philofophia Moyfaica, in qua fapientia & fcientia creationis & creaturarum facra verèque chriftiana (cujus bafis eft Jefus Chriftus) auth. Rob. FLUD, alias de Fluctibus, armigero & medico.=Refponfum ad Hoplocrifmafpongum M. FOSTERI, Prefbiteri, ab ipfo ad unguenti armarii validitatem delendam ordinatum, auth. eodem FLUD, *Goudæ*, Petr. Rammazenius, 1638, *in-fol. v. f.*

136 Lud. CAPPELLI Critica Sacra, five de variis quæ in facris veteris Teftamenti libris oc-

currunt lectionibus, *Lutetiæ Parisiorum*, 1650, *in-fol. v. f.*

137 Joh. Gottlob CARPZOVII, Critica sacra veteris Testamenti, *Lipsiæ*, Martinus, 1728, *in-4. v. f.*

138 Ejusdem Introductio ad libros canonicos Bibliorum, *Lipsiæ*, Heredes Lanckisiani, 1757, 4 *vol. in-4. v. f.*

139 Ant. CLAM, dissertatio de labro tabernaculique ejus nido æreo: quâ materies, modus, forma, tempusque vasorum jussu Dei fabricatorum, usus ac sensus utrorumque spiritualis, ipsâ verborum hebræorum significatione naturali indigatâ, illustrantur; ut & labra templi, decem eorumque fulcimenta, describuntur breviter, *Groningæ*, Jacobus Sipkes, 1733, *in-4. cart.*

140 Explications de plusieurs textes difficiles de l'Ecriture, par Dom MARTIN, *Paris*, Emery, 1730, 2 *vol. in-4. v. br.*

141 Ernesti-Frid. NEUBAVERI, de columnis Ecclesiæ, Theologorum cum primis summorum elogio, liber ad varia utriusque fœderis loca imprimis illustranda, *Gissæ*, Jo. Phil. Krieger, 1736, *in-4. cart.*

Petri ZORNII, Bibliotheca antiquaria & exegetica in universam Scripturam S. vet. & novi Testamenti omnium adhuc locupletissima, nec in lucem hâc ratione edita, nec visa unquam; doctissimi rarissimique ex Hispanis, Italis, Gallis, Anglis, Belgis, Germanis, &c. Antiquarii, quatenus Theologorum usui & Sacri Codicis lectioni inserviunt, optima fide recensentur, emendantur & variis Auctoris observationibus adau-

INTERPRÈTES DE L'ÉCR. SAINTE. 25

gentur. (IX partes complectens.) *Francofurti*, Christoph. Gottl. Nicolai, 1724 & 1725, 2 *vol. in-*8. *fig. v. f. d. f. tr.*

143 Ejusdem, Historia Bibliorum manualium, ex antiquitatibus Ecclesiarum secundùm decem sæculorum seriem illustrata, *Lipsiæ*, Jo. Christianus Langenhemius, 1738, *in-*4. *v. f.*

Philologie Sacrée, ou Mélanges crit. sur l'Ecriture Sainte.

Analecta Sacra : sive Excursus Philologici breves super diversis S. Scripturæ locis, præcipuè quò, cum moribus, ritibus, institutione priscorum Gentilium conspirant : aut per ea aliquo modo illustrantur ; authore Joan. DOUGHTEIO, Theologo Anglo-Britanno, *Londini*, Guil. Godfid, 1658, *in*-8. *v. f. d. f. tr.*

* Auctor critices satis obtusæ, siquidem Sybillinorum Oraculorum testimonium invocavit. Vid. excurs. VII, p. 22, &c.

Th. CRENII, Fasciculus opusculorum, quæ ad Historiam ac Philologiam Sacram spectant, *Rotterodami*, Vander-Slaart, 1693 *& suiv.* 10 *vol. in*-8. *vel.*

146 Philologiæ Sacræ quâ totius Sacro-Sanctæ veteris & novi Testamenti Scripturæ, tum stylus & litteratura, tum sensus & genuinæ interpretationis ratio expenditur, libri quinque, in quibus generalia de S. Scripturæ stylo & sensu ; Grammatica Sacra ; Rhetorica Sacra, comprehensa; Autore Salomone GLASSIO, *Amstælodami*, Joannes Wolters, 1694, 2 *vol. in-*4. *v. f. d. f. tr.*

147 Augusti Pfeifferi opera omnia quæ extant philologica, *Ultrajecti*, Broedelet, 1704, 2 vol. in-4. v. f.

148 Thesaurus Theologico-Philologicus, sive Sylloge dissert. elegantiorum ad selectiora & illustriora veteris & novi Testamenti loca, à Theologis Protestantibus in Germaniâ separatim diversis temporibus conscriptarum, secundùm ordinem utriusque Testamenti librorum digesta, *Amstelædami*, Henricus & Vidua Theod. Boom, 1701 & 1702, 2 vol. in-fol. v. m.

149 Thesaurus novus Theologico-Philologicus, sive sylloge dissertationum exegeticarum ad selectiora atque insigniora veteris & novi instrumenti loca : à Theologis Protestantibus diversis temporibus separatim editarum, ex museo Theodori Hasæi & Conradi Ikenii, *Lugd. Batav.* 1732, 2 vol. in-fol. v. f.

150 Jo. Dieterici Winckleri, Hipomnemata philologica & critica in diversa Scripturæ Sacræ tam veteris quàm novi Testamenti loca. Accedit Mantissa gemina similis argumenti dissertationes exhibens, *Hamburgi*, Christianus Wilh. Brandt, 1745, in-8. v. m.

151 Joan. Arntzenii, Dissertationes binæ, quarum prior agit de colore & tinctura comarum, posterior de civitate Romana apostoli Pauli, *Trajecti ad Rhen.* Guillelm. Kroon, 1729.⸺Herm. Gid. Clementis, Dissertatio de labro æneo à Mose in Tabernaculi atrio collocato ; ad illustrationem Exodi, *Trajecti ad Rhen.* Guillelm. Kroon, 1725, in-8. vel.

152 Dissertationum ad sanctiores disciplinas pertinentium syntagma ; accedunt Gualtheri Moylii

INTERPRÊTES DE L'ÉCR. SAINTE. 27

& Petri KINGII Differtationes de legione fulminatrice, ex angl. latinè verfæ, additis obfervationibus Joh. Laurentii MOSHEMII, *Lipfiæ*, Marche, 1733, *in*-4. *v. f. d. f. tr.*

— Entretiens hiftoriques & critiques fur diverfes matieres de littérature facrée, par LABRUNE, *Amft.*, Compagnie, 1733, 2 *vol. in*-8. *v. br.*

Traités & Differtations fur plufieurs endroits de l'Ecriture Sainte, joints enfemble.

Stephani MORINI Differtationes VIII, in quibus multa facræ & profanæ antiquitatis monumenta explicantur, *Genevæ*, Pictetus, 1683, *in*-8. *v. éc. d. f. t.*

155 Recueil de Differtations fur des endroits difficiles de l'Ecriture Sainte, par le P. SOUCIET, Paris, Witte, 1715 & 1726, 2 *tom.* 1 *vol. in*-4. *v. b.*

— Differtations hiftoriques, chronologiques, géographiques & critiques fur la Bible, par Louis ELLIES-DUPIN, *Paris*, Pralard, 1726, *in*-8. *v. f. d. f. t.*

157 Joan. Philippi HEINII, Differtationum facrarum libri duo, *Amft.* Jac. & Gerardus Borftius, 1736, *in*-4. *broché.*

158 Davidis MILLII, Differtationes felectæ, varia litterarum & antiquitatis Orientalis capita exponentes & illuftrantes, *Lugduni-Batavorum*, Wishoff, 1743, *in*-4. *v. f.*

THÉOLOGIE.

Traités & Dissertations sur différens endroits séparés de l'Ecriture Sainte.

159 Conjectures sur les mémoires dont il paroît que Moyse s'est servi pour composer la Genèse, (par ASTRUC), *Bruxelles*, (Par.) 1753, *in-12. mar. d. f. t.*

160 Dissertationes philologicæ de die mundi, & rerum omnium natali, complectentes historiam creationis juxta seriem & ordinem à Moyse descriptam cap. I & II Genes. Accedit defensio dissertationis de origine Juris Naturalis, opposita Simonis - Henrici Musæi vindiciis Juris Nat. Paradisei contra prædictam dissertationem editis, auctore Gul. Van-der MUFFLEN, *Trajecti ad Rhenum*, Gulielmus Vande-Water, 1713 & 1738, 2 *vol. in-4. v. m.*

161 Histoire des premiers temps du Monde, prouvée par l'accord de la physique avec la Genèse, par les Philosophes; contre ces petits écrits des jeunes Epicuriens, que les ignorans leur attribuent, *Paris*, Valade, 1778, *in-12. v. m.*

162 De antiquissimo Turicensis Bibliothecæ græco Psalmorum libro in membranâ purpureâ, titulis aureis ac litteris argenteis exarato, epistola: ad Angelum Mariam Card. Quirinum, Biblioth. Vatic. Præfectum, Episcopum Brixiens. &c. perscripta à Joanne-Jacobo BREITINGERO, *Turici*, Heideggerus & Soc. 1748, *in-4. v. m.*

163 De l'Esprit Prophétique, par l'Abbé DE LA BOISSIERE, *Paris*, Despilly, 1767, *in-12. v. m.*

164 Gustavi - Georgii ZELTNERI, adolescentia Reipublicæ Israelitarum; seu de Judicum tem-

INTERPRÈTES DE L'ÉCR. SAINTE. 29

poribus hifque proximis in 1 Reg. VI, 1, & Act. XIII, 20, exercitatio, *Norimbergæ*, Joannes Hoffenannus, 1696, *in-8. v. m.*

Ferdinandi STOSCH, tractatus theologicus de Epiftolis Apoftolorum idiographis, quo Apoftolos, non per amanuenfes, fed fua manu, epiftolas fuas fcripfiffe, luculenter demonftratur, *Guelpherbyti*, Jo. Chriftoph. Meifnerus, 1751, *in-8. v. f.*

Ejufdem, Differtatio Theologica de Duplici Apoftolorum ΘΕΟΠΝΕΥΣΤΙΑ tum generali, tum fpeciali, *Guelpherbyti*, Jo. Chriftoph. Meifnerus, 1754, *in-8. cart.*

167 Jo. LAMI, de Eruditione Apoftolorum liber fingularis, in quo multa, quæ primitivorum Chriftianorum litteras, doctrinas, fcripta, placita, ftudia, conditionem, cenfum, mores, & ritus attinent, exponuntur, & illuftrantur; Critica facra juvatur & promovetur; prima Beati Pauli Apoftoli ad Corinthios Epiftola paffim edifferitur; pluria proferuntur inedita, aptèque differtationes duæ interferuntur quarum prima eft de re veftiaria Chriftiani hominis primitivi; altera de Codicibus mff. novi fœderis, qui in Bibliothecis Florentinis adfervantur, *Florentiæ*, Bernardus Paperinius, 1738, *in-8. v. f.*

168 Jac. LYDII, Agoniftica facra, five fyntagma vocum & phrafium agonifticarum, quæ in S. Scriptura, imprimis vero in epiftolis S. Pauli Apoftoli occurrunt, cum additamentis Joh. LOMEJERI, *Zutphaniæ*, Joan. à Spyk, 1700, *in-12 v. br.*

169 Ferdinandi STOSCH, Syntagma Differtat. feptem de nominibus totidem urbium Afiæ ad

quas D. Joannes in Apocalyſi Filii Dei epiſ-
tolas dixerit, *Guelpherbyti*, Jo. Chriſtoph. Meiſ-
nerus, 1757, *in*-8. *v. m.*

Hiſtoire Littéraire & Critique des différens Livres de l'Ecriture Sainte.

170 Diſquiſitiones Biblicæ, autore R. P. C. FRAS-
SENIO, ordinis Fr. Minorum, *Lutetiæ Pariſior.*
Lambertus Roulland, 1682, *in*-4. *v. f. d. ſ. t.*

171 Diſquiſitiones criticæ de variis Bibliorum edi-
tionibus, quibus accedunt caſtigationes SIMONII
ad opuſculum Iſa. Voſſii de Sibyllinis Oraculis, &
ejuſdem reſponſionem ad objectiones nuperæ
Criticæ ſacræ, *Londini*, Chiſwel, 1684, *in*-4. *v. f.*

172 Hiſtoire critique du vieux & du nouveau
Teſtament, par Richard SIMON, *Rotterdam*,
Leers, 1685 *& ſuiv.* 5 *vol. in*-4. *v. f. d. ſ. t.*

173 Apologie pour l'Auteur de l'Hiſtoire critique
du vieux Teſtament, *Rotterdam*, Leers, 1689,
in-12, *v. f. d. ſ. t.*

174 Nouvelles Obſervations ſur le texte & les
verſions du nouveau Teſtament, par R. S. P.
(Richard SIMON, Prêtre,) *Paris*, Boudot,
1695, *in*-4. *v. b.*

175 Examen de l'Hiſtoire critique du nouveau
Teſtament, par Antoine COULAN, *Amſt.* Marret, 1696, 2 *part.* 1 *vol. in*-12, *v. m.*

176 L'Antiquité des Temps, rétablie & défendue contre les Juifs & les nouveaux Chronologiſ-
tes, où l'on prouve que le texte Hébreu a été
corrompu par les Juifs, avec un canon chronologique, depuis le commencement du mon-

INTÉRPRÈTES DE L'ÉCR. SAINTE. 31

de jusqu'à Jésus-Christ, par Yves-Paul PEZRON, Paris, Martin, 1687, in-4. m. r.

Défense de l'Antiquité des Temps, contre le P. Jean Martianay, où l'on soutient la tradition des Peres de l'Eglise contre celle du Talmud, & où l'on fait voir la corruption de l'hébreu des Juifs, par le même Paul PEZRON, Paris, Jean Boudot, 1691, in-4. v. b.

178 Dissertatio de variis vitiis lxx. Interpretum versioni ante B. Origenis ævum illatis, & remediis ab ipso in hexaplari ejusdem versionis editione adhibitis, deque hujus editionis reliquiis tam manu scriptis quàm præ.o excusis, auctore Joanne-Ernesto GRABE, Oxonii, è Theatro Sheldoniano, sumptibus Henrici Clementis, 1710, in-4. v. f. d. s. t.

Discours historique sur les principales éditions des Bibles Polyglottes, par l'Auteur de la Bibliotheque sacrée, (le P. LE LONG,) Paris, André Pralard, 1713, in-12. v. b. — Double à vendre.

180 Bibliotheca sacra in quâ non solùm omnes sive textûs sacri, sive versionum ejusdem quâvis linguâ expressarum editiones, necnon præstantiores mss. codices, cum notis historicis & criticis exhibentur, sed etiam omnia eorum opera quovis idiomate conscripta, qui hoc usque in Sacram Scripturam quidpiam ediderunt, simul collecta tum ordine auctorum alphabetico disposita, tum serie sacrorum librorum : cui subjiciuntur grammaticæ & lexica linguarum præsertim Orientalium, quæ aliquid adjumenti conferre possunt, labore & industriâ Jacobi LE LONG, Parisiis, Montalant, 1723, 2 vol. in-fol. v. m. — Double à vendre

Græco-Barbara novi Testamenti quæ Orienti

originem debent, felegit, congeffit, notis illuftravit Mart. Petr. CHEITOMÆUS, *Amftelodami*, Lud. Elzevirius, 1649, *in-12*, *v. f. d. f. t.*

* Liber à P. le Long omiffus.

182 Ariftea fcrittor greco, de fettenta duo interpreti, trad. per Lod. DOMENICHI, *Fiorenza*, Lorenzo Torrentino, 1550, *in-8. vel*

183 Ant. VAN DALE differtatio fuper Ariftea de LXX. Interpretibus, cui accedit hiftoria baptifmorum cùm Judaïcorum, tùm Chriftianorum, & differtatio fuper Sanchoniathone, *Amft.* Wolters, 1705, *in-4. v. b.*

184 Jac. USSERIUS de Græca verfione Septuaginta Interpretum, cum libri Eftheræ editione Origenicâ & vetere Græcâ alterâ, accefferunt de Cainane differtatio, & duæ epiftolæ de variantibus textûs Hebraïci lectionibus, *Lipf.* Meyerus, 1695, *in-4. v. f.*

Traités du Sens de l'Ecriture Sainte, & de la maniere de l'interpréter & de la traduire.

185 Regles pour l'intelligence des Saintes Ecritures, par l'Abbé D'ASFELD, *Paris*, 1716, *in-12. m. r. l. r. d. f. t.*

186 Clavis Scripturæ Sacræ, feu de fermone facrarum literarum, autore Matthia FLACCIO ILLYRICO, (Matthia FRANCKOWITS,) *Bafileæ*, Eufebius Epifcopius, 1580, 2 *vol. in-fol. v. f.*

187 Des Titres primitifs de la révélation, ou confidérations critiques fur la pureté & l'intégrité du texte original des livres faints de l'ancien Teftament; dans lefquelles on montre les avantages

INTERPRÈTES DE L'ÉCR. SAINTE. 33

tages que la Religion & les Lettres peuvent retirer d'une nouvelle édition projettée de ce texte, comparé avec les manuscrits hébreux & les anciennes versions grecques, latines & orientales, par le R. P. Gabriel FABRICY, de l'Ordre des FF. Prêcheurs, *Rome*, Pierre Durand, 1772, 2 *vol. in-*8. *v. f. d. f. t.*

Physique, Histoire naturelle, Géographie, Chronologie, &c. de l'Ecriture Sainte.

188 La Physique de l'Ecriture Sainte, par M. P. L. G. D. G. *Amst.* Harrevelt, 1767, *in-*12, *v. f.*

189 Samuelis BOCHARTI opera omnia, hoc est Phaleg, Canaan, & Hierozoicon, quibus accessêre variæ dissertationes in quibus multa philologica, geographica, chronologica, historica exponuntur, præmittitur vita autoris à Steph. MORINO, editio tertia locupletata & correcta à Joan. LEUSDEN, & Petro DE VILLEMANDY, *Lugduni-Batavorum*, Corn. Boutesteyn, 1692, 3 *vol. in-fol. fig. v. m.*

190 Olavi RUDBECKII Ichthyologiæ Biblicæ pars prima, de ave Selau cujus mentio fit numer. XI. 31, in quâ contra Cl. Bochartum & Ludolphum, non avem aliquam plumatam, nec locustam fuisse, sed potius quoddam piscis genus, manifestis demonstratur argumentis, additâ brevi Hebræam inter & antiquam Gothicam linguam analogiâ, ex occasione vocum Hebraïcarum loco citato occurrentium, *Upsalis*, Johan.-Henr. Wernerus, 1705, *in-*4. *v. f. d. f. t. fig.*

191 Hierophyticon, sive commentarius in loca Scripturæ Sacræ quæ plantarum faciunt mentionem,

Tome I. C

THÉOLOGIE.

Aut. Matthæo HILLERO, cui accedit præfatio Salomonis PFISTERI, Professoris Bebenhusani, *Trajecti ad Rhenum*, Jacobus Broedelet, 1725, *in-4. v. f. d. s. t.*

192 Olavi CELSII, Hierobotanicon, sive de plantis Sacræ Script. dissertationes breves, edente Cunr. DIETERICO, *Upsaliæ*, 1745, 2 vol. *in-8. v. b.*

193 Theatrum Terræ Sanctæ & Biblicarum historiarum, cum tabulis geogr. auctore Christiano ADRICHOMIO, *Coloniæ*, 1590, *in-fol. v. f. d. s. t.*

194 Remarques chronologiques sur l'ancien Testament, proposées à l'examen des Savans, *Paris*, Rollin, 1737, *in-8. v. f.*

Histoire Sacrée, ou Histoires, Abrégés & Figures de la Bible.

195 Histoire Sainte des deux Alliances, composée du seul texte des livres hist., prophétiques, & moraux de l'Ecriture, d'où on a tiré ce qui a rapport à l'Histoire, pour le mettre dans l'ordre naturel & chronologique, en se servant uniquement des paroles de l'Ecriture même, avec des réflexions en forme de dissertations sur chaque livre de l'ancien & du nouveau Testament, & un supplément qui conduit depuis l'Histoire des Machabées, jusqu'à la naissance de Jesus-Christ, par DE SAINT-AUBIN, *Paris*, Didot, 1741, 7 vol. *in-12. v. f. d. s. t.*

196 Les Peintures sacrées sur la Bible, contenant l'Histoire Sainte du vieil & du nouveau Testament, par le P. Antoine GIRARD, de la Compagnie de Jesus, *Paris*, de Sommaville, 1653, *in-fol. fig. g. p. v. m.*

INTERPRÈTES DE L'ÉCR. SAINTE.

197 Les mêmes, *Paris*, Nicolas le Gras, 1686, 3 vol. in-12. fig. v. b.

198 Hist. du vieux & du nouveau Testament, représentée avec des figures & des explications édifiantes, tirées des SS. Peres, pour régler les mœurs dans toute sorte de condition, par LE MAISTRE DE SACY, sous le nom du sieur DE ROYAUMONT, *Paris*, Alexis de la Roche, 1723, in-fol. v. b.

199 Histoire sacrée, en tableaux, avec leur explication, suivant le texte de l'Ecriture, & quelques remarques chronologiques, par DE BRIANVILLE, avec des figures gravées par le Clerc, *Paris*, Charles de Sercy, 1677, 3 vol. in-12. v. m.

200 Abrégé de la Bible, par le sieur I. L. C., *Paris*, Couterot, 1683, in-12. m. r. doubl. de mar. l. r.

201 Histoire abrégée de l'ancien Testament, *Paris*, Franc. H. Muguet, 1708, in-8. v. f.

202 Histoire de l'ancien & du nouveau Testament, représentée en 586 figures gravées en bois, avec un discours abrégé au bas de chaque figure, qui en explique le sujet, *Paris*, Thomas Hérissant pere, 1771, in-8. v. f. d. s. t.

203 Evangelicæ Historiæ Imagines, (eleganter in æs incisæ, ab Ant. Wierix), ex ordine Evangeliorum, quæ toto anno in Missæ sacrificio recitantur, in ordinem temporis vitæ Christi digestæ, auctore Hieronymo NATALI, Societatis Jesu, *Antuerpiæ*, 1596, in-fol. v. f. d. s. t.

204 Histoires choisies de l'ancien Testament, trad. de l'Ouvrage latin de Heuzet, *Paris*, Brocas & Humblot, 1764, 2 part. 1 vol. in-12. bas.

C ij

205 Dix-sept Planches gravées, dont les sujets sont tirés du nouveau Testament, par G. B. Goz, in-8. sans date. v. m.

Histoire des Patriarches & des Prophetes.

206 Testamentum duodecim Patriarcharum filiorum Jacob, è græco in latinum versum, per Robertum GROSTEST, Episcopum Lincoliniensem: accedunt Juliani POMERII, Toletani Episcopi, libri tres contrà Judæos, ex editione Menradi MOLTHERI, *Parisiis*, Mart. Juvenis, 1549, in-16. v. f.

207 Joh. Henrici HEIDEGGERI hist. sacra Patriarcharum, *Amst.* le Grand, 1667, 2 vol. in-4. baz.

208 Conciliation de Moyse avec Saint Etienne, & avec lui-même, *ou Discussion de la famille de Jacob, sur le nombre des personnes qui la composoient en Egypte, & sur quelques autres difficultés touchant cette sainte famille, par* U. P. R. D. L. R., *Amsterdam*, Pierre Brunel, 1704, in-8. v. éc.

209 Lettres critiques (de MM. DE MAROLLES & MASSON), sur la difficulté qui se trouve entre Moyse & Saint Etienne, dans le nombre des descendans de Jacob, qui passerent de Canaan en Egypte: où l'on réfute particuliérement la conciliation d'un Auteur anonyme; l'on en propose une nouvelle, & l'on explique divers passages de l'Ecriture Sainte, *Utrecht*, J. Visch, 1705, in-8. v. éc.

210 Défense de la conciliation de Moyse avec S. Etienne & avec lui-même, contre les précédentes Lettres critiques, où l'on répond aussi

INTERPRÈTES DE L'ÉCR. SAINTE. 37

à plusieurs autres Savants, & où l'on trouvera plusieurs passages éclaircis, par U. P. R. D. L. R., *Utrecht*, Jean Visch, 1706, *in-8. v. éc.*

Historia Josephi Patriarchæ ex Alcorano, Arabicè, cum triplici versione latinâ, & scholiis Thomæ ERPENII, cujus Alphabetùm Arabicum præmittitur, *Leidæ*, ex Typographiâ Erpenianâ, 1617, *in-4. v. f. d. s. tr.*

Le corps de cet Ouvrage est sans chiffres. Des trois versions qu'il contient, il y en a une qui est interlinéaire, l'autre marginale, la troisieme vient après le texte, & est suivie des notes.

212 Josephus, hoc est sanctissimi educatoris Christi Domini Deique nostri in terris apparentis, ac æternæ Virginis Mariæ sponsi vitæ historia, compendio, quantùm potuit, adumbrata, ex fide dignioribus auctoribus collecta, auctore F. Carolo STENGELIO, ord. S. Benedicti, *Monaci*, Raph. Sadeler chalcograghus XVII tabulis æreis expressit & venū exposuit, 1616, *in-16. m. r. l. r.*

(*N. B.* Toutes les figures ne sont pas de Sadeler.)

213 Les saintes affections de Joseph, & les amours sacrées de la Vierge, par DE LA SERRE, *Bruxelles*, Scheevarts, 1631, *in-8. v. f. d. s. t.*

214 Triomphe de Saint Joachim & de Sainte Anne, par P. Charles VERON, *Tournay*, Quinqué, 1633, *in-8. cart.*

Histoire de la Vie de Jesus-Christ.

215 Historia Christi Persicè conscripta, simulque multis modis contaminata; à P. Hieronymo XAVIER, è Societate Jesu, latinè reddita, & animadversionibus notata à Ludovico DE DIEU, *Lugduni-Batavorum*, Elzevir, 1639, *in-4. v. f.*

C iij

38 THÉOLOGIE.

216 Francisci VAVASSORIS, Soc. Jesu, de forma Christi liber, *Paris*, Cramoisy, 1649, *in-8. v. f. d. s. t.*

217 Vita D. N. Jesu-Christi, ex verbis Evangeliorum in ipsismet concinnata, per Bartholomæum RICCIUM, *Romæ*, Zanetti, 1607, *in-8. fig. v. b.*

218 Jani Templum Christo nascente reseratum, seu tractatus chronologico-historicus vulgarem refellens opinionem existimantium pacem toto terrarum orbe sub tempus Salvatoris N. natale, stabilitam fuisse, autore Joanne MASSON, *Roterodami*, Bos, 1700, *in-8. v. f.*

219 Historia Jeschuæ Nazareni à Judæis blasphemè corrupta, ex manuscripto hactenùs inedito, nunc demum edita, ac versione & notis (quibus Judæorum nequitiæ propiùs deteguntur, & authoris asserta ineptiæ ac impietatis convincuntur) illustrata (hebr. & lat.) à Joh. Jac. HULDRICO, *Lug. Batav.* Joan. Duvivier, 1705, *in-8. v. b.*

220 Dissertation chronologique & historique touchant l'année de la naissance de Jesus-Christ, par LE NOBLE, *Par.* Mazuel, 1693, *in-12.*

221 Histoire abrégée de la vie de N. S. Jesus-Christ, *Paris*, Muguet, 1708, *in-8. v. f.*

222 Histoire de la vie & des miracles de Jesus-Christ, par Aug. CALMET, *Paris*, Emery, 1720, *in-12. fig. v. b.*

223 Discours sur les miracles de Jesus-Christ, trad. de l'anglois de Voolston, 2 vol. *in-8. v. f. d. s. t.*

224 Histoire de Jesus-Christ, ou Analyse raisonnée des Evangiles, *sans date, ni nom de Ville, ni d'Imprimeur, v. éc.*

225 La même, *Amst. in-12. v. f.*

Histoire des Apôtres.

226 Dissertation sur la prison de Saint Jean-Baptiste, & sur la derniere Pâque de Jesus-Christ, où l'on fait voir, contre le P. Lamy, que S. Jean-Baptiste n'a été mis qu'une fois en prison, & que N. S. a fait la Pâque selon la loy l'année de sa passion, par J. PIÉNUD, *Paris*, Seneuze, 1690, *in-12. v. f. d. s. t.*

227 Hermanni WITSII, meletemata Leidensia, quibus continentur prælectiones de vita & rebus gestis Pauli Apostoli, necnon dissertationum exegeticarum duodecas, denique commentarius in epistolam Judæ Apostoli, *Lugduni-Batavorum*, Jordanus Luchtmans, 1703, *in-4. v. f.*

228 D. Paulus Apostolus in mari quod nunc Venetus sinus dicitur, naufragus, & Melitæ Dalmatensis insulæ post naufragium hospes, sive de genuino significatu duorum locorum in Actibus Apostolicis inspectiones anti-criticæ, autore Ignatio GEORGIO, *Venetiis*, Zane, 1730, *in-4. v. b.*

229 Il naufragio di San Paolo, ristabilito nella Melita Illyrica contro la dissertatione chronologico-geografica del Padre-Carlo-Giuseppe di FIORIANO Min. Rif., osservazioni preliminari dell' abbate Stefano SCIUGLIACA, J. G. *Venezia*, Francesco Pitteri, 1757. ═Exercitationes geographicæ, hydrographicæ, & anemographicæ de naufragio divi Pauli Apostoli ejusque adventu in insulam Melitam Illyricam sive mare Adriaticum, suis finibus restitutum auctore eodem SCIUGLIACA, *Venetiis*, Franciscus Pitteri, 1757. ═Confutazioni antichri-

tiche del medesimo SCIUGLIACA alla Lettera scritta dal canonico Gio Pietro-Francisco Agius de Soldanis del gozo di Malta, la quale è opposta alle due operette publicate in dett' anno dal sopradetto signor Abbate, *Venezia*, Francesco Pitteri, 1758, *in-4. v. m.*

230 Bilancia della Verità risposta al libro intitolato : *Paulus Apostolus in Mari, quod nunc Venetus sinus dicitur, naufragus*, del P. D. Ignazio GIORGIO, Benidittino della Congregazione Raguzina; opera del P. M. F. Bonaventura ATTARDI, Aggirino, Provinciale degli Agostiniani di Scicilia, è Malta, *Palermo*, Antonio Gramignani, 1738, *in-4. baz.* (*avec une carte*).

231 La Vie de l'Apôtre Saint Paul, par Antoine GODEAU, Evêque de Vence, nouvelle édition, reveue & corrigée, *Lyon*, Léonard Plaignard, 1685, *in-12. v. b.*

232 Examen critique de la vie & des ouvrages de S. Paul, avec une Dissertation sur S. Pierre, par BOULANGER, *Londres*, 1770, *in-8. m. r.*

Antiquités Hébraïques & Ouvrages relatifs à la Religion des Juifs.

233 Christiani WORMII Wilh. filii, de corruptis Antiquitatum Hebræarum apud Tacitum & Martialem vestigiis, liber secundus, *Hafniæ*, Jo. Phil. Bockenhoffer, 1694, *in-4. v. f.*

234 Antiquitates sacræ veterum Hebræorum, breviter delineatæ ab Hadriano RELANDO, *Trajecti-Batavorum*, Broedelet, 1717, *in-8. v. f.*

235 Dissertationum rariorum (VI) de antiquitati-

INTERPRÈTES DE L'ÉCR. SAINTE. 41

bus facris & profanis fafciculus, recenfuit, & fchediafma de fontibus præcipuis ex quibus Scriptorum profanorum errores circa res Judaïcas admiffi fluxerunt, præmifit Julius-Carolus SCHLÆGERUS, *Helmæftadii*, Paullus Dietericus Schnovrius, 1742, *in-4. cart.*

Opufcula quæ in hoc volumine habentur.

I. David MILLIUS, de variis Virorum doctorum in antiquitatibus facris & orientalibus erroribus.

II. Jo. REISKIUS, de Scriptorum Romanorum Judaïcam circà hiftoriam falfis narratiunculis.

III. Georg. Cafp. KIRCHMAIERI, exercitatio ad Taciti hiftor. lib. V capita aliquot priora de rebus moribufque Judæorum.

IV. Jo. Georg. ARTOPÆI, elenchus errorum à Juftino circà res Judaïcas, lib. XXXVI, cap. 2, admifforum.

V. Guft. PERINGERUS, de Templo Herculis Gaditano.

VI. Henr. MEIBOMIUS, de Incubatione in fanis Deorum medicinæ cauffa olim facta.

236 Antiquitates Ebræorum & Ifraeliticæ gentis, delineante Andr. Georgio WÆHNER, *Gottingæ*, Vanden Hoeck, 1743, 2 *vol. in-8. v. f.*

237 Apparatus hiftorico-criticus Antiquitatum facri codicis & gentis Hebrææ, uberrimis annotationibus in Thomæ Goodwini Mofen & Aaronem fubminiftravit Joh. Gottlob CARPZOU, *Francofurti & Lipfiæ*, in Officinâ Gledifchianâ, 1748, *in-4. v. m.*

238 Idem, *in-4. cart. mag.*

239 L'état de la Religion & République du Peuple Judaïque, depuis le retour de l'exil de Babylone, jufqu'au dernier faccagement de Jérufalem, par Paul EBER, Miniftre de Wittemberg, trad. de latin en françois, *Geneve*, Jean Crefpin, 1561, *in-8. v. f. d. f. tr.*

42 THÉOLOGIE.

240 Nic. SERARIUS, Joh. DRUSIUS & Jos. SCALIGERUS de tribus Judæorum sectis : quibus accedunt opuscula quæ eo pertinent, edente Jac. TRIGLANDIO, qui diatribem de secta Karæorum adjecit, *Delphis*, Beman, 1703, 2 *vol. in-*4. *v. f. d. s. t.*

241 Franc. MONCÆII, (sive MONCÆI, vulgo *des* MONCEAUX) Aaron purgatus, sive de vitulo aureo libri duo, simul Cheruborum Mosis, vitulorum Jeroboami, theraphorum Michæ, formam, & historiam, multaque pulcherrima alia eodem spectantia explicantes, *Atrebati*, Gulielmus Riverius, 1605, *in-*8. *v. f. d. s. t.*

242 Exercitationum Philologicarum de fictis Judæorum hæresibus, prima, quam in Frisiorum Academiâ publicè defendendam suscipit Christianus Gerhardus OFFERHAUS, *Franequeræ*, Johannes Gyzelaar, 1694, *in-*4. *cart.*

243 Discours du tabernacle & du camp des Israélites, par Philippe D'AQUIN, *Paris*, Blaise, 1623, *in-*4. *v. f.*

244 De Tabernaculo fœderis, de sanctâ civitate Jerusalem & de templo ejus, libri VII, autore Bernardo LAMY, *Parisiis*, Mariette, 1720, *in-fol. v. br.*

245 Sciagraphia Templi Hierosolimitani ex ipsis SS. Literarum fontibus, præsertim ex visione Ezechielis ultimâ architectonicè concinnata, hinc inde etiam modicis in Villalpandum animadversionibus, & figuris æri incisis illustrata, studio & impensis Leon. Christoph. STURMII, *Lipsiæ*, Johan. Wilhelmus Krugerus, 1694, *in-*4. (*fig.*) *v. f. d. s. t.*

246 De Arâ exteriore Templi secundi exercitationes

philologicæ, ubi ea ex auctoribus hebræis exponitur, & cum gentium aris confertur, denique ad Christianorum altaria tum externa, tum mystica applicatur, auctore Joh. Jac. CRAMERO, *Lugd. Batav.* Jordanus Luchtmans, 1697, *fig.* = Disquisitio de Aris veterum, quam publicè defendendam suscipit Joh. Hen. à MARCK, *Lugd. Batav.* Abrah. Elzevir, 1696, *in-4. vel.*

247 Hadriani RELANDI, de spoliis Templi Hierosolimitani in Arcu Titiano Romæ conspicuis liber singularis; arcum ipsum & spolia Templi in eo sculpta tabulæ in æs incisæ exhibent, *Trajecti ad Rhenum*, Guilielmus Broedelet, 1716, *in-8. fig. vel.*

248 Johannis BUXTORFII Patris, Synagoga Judaïca, de Judæorum fide, ritibus, ceremoniis, tàm publicis & sacris, quàm privatis, in domesticâ vivendi ratione: tertiâ editione de novo restauratâ, & innumeris accessionibus in ampliorem & augustiorem formam redactâ, à Johanne BUXTORFIO fil. quintâ hac Editione autem revisâ & à mendis expurgatâ, à Joh. Jacobo BUXTORFIO, J. fil. J. Nep. *Basileæ*, Jo. Georgius Konnig, 1712, *in-8. v. m.*

249 Joh. Eberhardi RAU, in Acad. Nassav. Prof. diatribe de Synagogâ magnâ in quâ Judæorum de senatu quodam Hierosolymitano, post solutam captivitatem Babylonicam ab Ezra conscripto, famosa traditio examinatur, & verane illa, an falsa sit disquiritur, *Trajecti ad Rhenum*, Guilielmus Kroon, 1726, *in-8. v. m.*

250 De Vexillis Hebræorum, dissertatio academica, quam in regiâ academiâ Upsalensi, publico examini submittit Laurentius HYDREN,

THÉOLOGIE.

Upsaliæ, Literis Wernerianis, 1727, *in*-8. *cart.*

251 Libri duo de Sacrificiis, quorum altero explicantur omnia Judæorum, nonnulla gentium profanarum sacrificia, altero sacrificium Christi, autore Guill. OUTRAMO, *Londini*, Chiswell, 1677, *in* 4. *v. br.*

252 Vestitus Sacerdotum Hebræorum, sive commentarius amplissimus in Exodi, cap. 28 & 29, & Levit. cap. 16, aliaque loca S. Scripturæ quàm plurima, Auctore Joh. BRAUNIO, editio ultima, priori auctior & emendatior, *Amstelod.* Joan. Wolters, 1701, 2 *vol. in-*4. *fig. v. f. d. f. t.*

253 Hermanni VAN DE WALL Dissertatio de Pileis sive Tiaris Sacerdotum & summi Pontificis Hebræorum, *(sans date, ni nom de Ville, ni d'Imprimeur)* in-4. *fig. cart.*

254 Le XII Pietre pretiose, le quali per ordine di Dio nella santa legge, adornavano i vestimenti del sommo Sacerdote. Aggiuntevi il diamante, le margarite, è l'oro, poste da S. Giovanni nell' Apocalisse, in figura della celeste Gierusalemme : con un sommario dell' altre pietre pretiose. Discorso dell' Alicorno, & delle sue singolarissime virtù, & della gran Bestia detta Alce da gli antichi, di Andrea BACCI, *Roma*, Giovanni Martinelli, 1587, *in*·4. *v. m.*

255 Lotio manuum Judæis usitata, ex codice Mischnico ad mentem Hebræorum interpretum expressa, & luci suæ nunc publicè restituta, operâ & studio Martini-Jacobi OWMANNI, *Hamburgi*, Christianus Liebezeit, 1706, *in*-8. *v. f.*

256 Annus Judaïcus ex antiquitate Judaïca illustratus, disputatio prima & generalior, defen-

INTERPRÊTES DE L'ÉCR. SAINTE. 45

dente Christiano Gottlieb HILDEBRANDO, *Lipsiæ*, Literis Breitkopfianis, 1766, *in-4. cart.*

257 Johannis MEYERI, tractatus de temporibus & festis diebus Hebræorum, cum animadversionibus in J. Spenceri libros de legibus Hebræorum ritualibus, accedit volumen de jejunio, *Amstelædami*, Paulus, 1724, *in-4. v. f.*

258 Dissertation sur la fête de Pâques, par le Sr M. G. J. O. D. R. *Dunkerque*, Van-Ursel, 1715, *in-8. v. m.*

259 Epistola Rabbi Samuelis quam scripsit ad Rabbi Isaac, magistrum synagogæ, & Epistola quam misit Pontius Pilatus Tyberio imperatori Romano: (de Messiâ) translatæ de hebræo, vel de arabico in latinum per F. Alfonsium BONI-HOMINIS Hispanum, ord. Prædicatorum, quam translationem fecit anno 1438, *in-4. v. f. d. f. t.*

Typis rotundis, sine titulo, cifris, reclamantibus, registro, litteris initialibus, parvis tantùm indicantibus, 20 folia complectens.

260 Prudentiæ civilis & peritiæ rei militaris exemplar, vita Jephtæ fortissimi Hebræorum Imperatoris, fato, voto, facto insignis; cum appendice epistolæ & thesium philolog. ejusdem argumenti, necnon prolegomenis de Θεοκρατία Hebræorum, auctore Joh. Jac. SCHUDT, *Francofurti ad Mænum*, Frider. Knochnius, 1701, *in-8. v. m.*

De la République & des différens Usages des Juifs.

261 De Republicâ Hebræorum libri VIII, auctore Joan. Stephano MENOCHIO, *Parisiis*, Bertier, 1648, *in-fol. c. m. v. br.*

46 THÉOLOGIE.

262 Caroli Sigonii de Republicâ Hebræorum, libri VII, variis annotationibus & antiquitatibus veteris & novi Testamenti in Theologia maximè necessariis illustrati & duplo ferè auctiores redditi, necnon ab erroribus, quibus hactenùs scatuerunt, purgati, in lucem alterâ vice editi à Johanne Nicolai, *Lugduni-Batavorum*, Cornelius Boutestein, 1701, *in-4. v. m.*

263 Petri Cunæi de Republicâ Hebræorum, lib. III, cum notis Joan. Nicolai, *Lugd. Batav.* Teering, 1703, *in-4. baz.*

264 Melchioris Leidekkeri de Republicâ Hebræorum & antiquitatibus Judæorum; cui subjicitur archæologia sacra qua historia creationis & diluvii Mosaïca contra Burneti profanam telluris theoriam asseritur, *Amst.* Stokmans, 1704, 2 vol. *in-fol. v. f. d. f. t.*

265 République des Hébreux, *ou l'origine de ce Peuple, ses loix, sa religion*, trad. de Guill. Goerée, *Amst.* Mortier, 1705, 3 *vol. in-8. fig. v. br.*

266 Antiquités Judaïques, *ou remarques critiques sur la République des Hébreux*, par Basnage, *Amsterdam*, Franç. Chastelain, 1713, 2 *vol. in-8. fig. v. br.*

267 Petri Wesselingii diatribe de Judæorum Archontibus ad inscriptionem Berenicensem, & dissertatio de Evangeliis jussu Imp. Anastasii non emendatis in Victorem Tunnunensem, *Trajecti ad Rhenum*, Jurianus à Paddenburg, 1738, *in-8. cart.*

268 De legibus ritualibus Hebræorum, lib. III, authore Joan Spencero, *Hagæ-Comitum*, Leers, 1686, *in-4. v. f. d. f. t.*

INTERPRÈTES DE L'ÉCR. SAINTE. 47

269 Ejusdem, de legibus Hebræorum ritualibus & earum rationibus, lib. IV, editos mss. recensuit Leon. CHAPPELOW, *Cantabrigiæ*, Crownfield, 1727, 2 vol. in-fol. v. f. d. s. t.

270 Joannis SELDENI, de Synedriis & Præfecturis juridicis veterum Ebreorum, *Londini*, Flesher, 1750, 3 vol. in-4. v. f.

271 De Numismate Census, à Pharisæis in quæstionem vocato, dissertatio Theologistorica, Marquardi FREHERI, Editio auctior, *Heidelbergæ*, Andræas Cambierus, 1599, in-4. cart.

272 Caspari WASERI, Tig. de antiquis numis Hebræorum, Chaldæorum & Syrorum, quorum S. Biblia & Rabbinorum scripta meminerunt, lib. II, quibus tum sacri, tum profani Auctores, locis innumerabilibus, illustrantur. Additæ sunt figuræ numorum, ære eleganter expressæ, & interspersa ad antiquitatis notitiam pertinentia, *Tiguri*, Wolphius, 1605, in-4. v. f.

273 Siclus Sacer & Regius appensus & ostensus à M. Andr. BEYERO, *Lipsiæ*, Frid. Lanckisch, 1667, in-12. cart.

274 Adriani RELANDI de nummis veterum Hebræorum qui ab inscriptarum literarum formâ Samaritani appellantur, dissertationes quinque cum tabulis æri inscriptis ; accedit dissertatio de marmoribus Arabicis Puteolanis, *Trajecti ad Rhenum*, Gulielmus Broedelet, 1709, in-8. fig.

275 Petri ZORNII, Historia fisci Judaïci sub imperio veterum Romanorum : quâ periodi designantur sceptri Judæorum ablati ; inseritur commentarius in nummum Thesauri Regii Prussici de calumniâ fisci Judaïci per Nervam Coccejum imperatorem Romanum sublata : præter supplementa

THÉOLOGIE.

notarum ad Hecatæi Abderitæ eclogas passim adspersa, subsequitur dissertatio de Patriarcharum Judaïcorum auro coronario, sive canone anniversario in utroque codice, cum indice difficiliorum S. Scripturæ locorum qui illustrantur, *Altonaviæ*, Korte fratres, 1734, *in-8. cart.*

276 Tractatus philologicus de Sortitione veterum Hebræorum imprimis, authore Martino MAURITII, *Basileæ*, König, 1692, *in-8. v. f.*

277 Antonii BYNÆI de Calceis Hebræorum, libri duo, accedit ejusdem somnium, *Dordraci*, Goris, 1715, *in-4. v. m.*

278 Joh. NICOLAI, lib. IV, de Sepulchris Hebræorum, *Lugd. Batav.* Teering, 1706, *in-4. v. m.*

Ouvrages concernant la Religion & les Usages des Juifs modernes.

279 Prieres journalieres à l'usage des Juifs Portugais ou Espagnols, par Mardochée VENTURE, *Paris*, Lambert, 1772, *in-12. v. m.*

280 Les mêmes, auxquelles on a ajouté des notes élémentaires pour en faciliter l'intelligence, par le même, *Paris*, Lambert, 1772, 3 *vol. in-12.*

281 Historia de gli Riti Hebraïci, vita & osservanza de gli Hebrei di questi tempi, di LEON Modena Rabi (JUDA Arieh) hebreo da Venetia, nuovamente ristampata, & con diligenza ricorretta, *Venetia*, Appolonio Zamboni, 1694, *in-12. v. éc.*

282 Cérémonies & coutumes qui s'observent aujourd'hui parmi les Juifs, trad. de LÉON de Modene, par DE SIMONVILLE (Richard SIMON) *Paris*, Billaine, 1681, *in-12. v. f.*

INTERPRÊTES DE L'ÉCR. SAINTE. 49

283 Les mêmes, *la Haye*, Moëtjens, 1682. *in-*12. *v. m.*

284 Les mêmes, *Paris*, Cochart, 1710, *in-*12. *v. f. d. f. t.*

285 Differtation fur le rappel des Juifs, & fur le chapitre onzieme de l'Apocalypfe, par lequel eft juftifié le fentiment commun des SS. Peres, & des plus célebres Théologiens & Interprètes, fur la liaifon intime des quatre événemens qui termineront la durée des fiecles, la miffion d'Elie, la converfion des Juifs, la perfécution de l'Antechrift, & enfin, le dernier avénement de Jefus-Chrift, à l'occafion d'un Ecrit anonyme & clandeftin, intitulé : *Differtation fur l'époque du rappel des Juifs....* contre l'Editeur de la Bible d'Avignon, par Laurent-Etienne RONDET, Editeur de la Bible d'Avignon, *Paris*, Aug. Martin Lottin l'aîné, 1778, 2 *vol. in-*4. *v. m.*

286 Le fecret & miftere des Juifs jufqu'à préfent caché, & maintenant mis en lumiere par François LEFEVRE. Hiftoire de Théodofe, Pontife de la Loi, & de Philippe Chreftien, par laquelle le miftere & fecret des Juifs eft reuellé à noftre grande inftruction & confirmation de noftre foy, approbation de l'incrédulité, & cecité des Juifs, le tout à l'augmentation de la gloire de Dieu, & aduancement de fon regne. *Paris*, Anthoine Hovic, *in-*8. *v. f. d. f. t.*

Dictionnaires de l'Ecriture Sainte.

287 Dictionnaire hift. crit. chronol. géogr. & litter. de la Bible, avec le fupplément, par D. Auguf-

Tome I. D

THÉOLOGIE.

tin CALMET, *Paris*, 1722 & 1728, 4 *vol. in-fol. g. p. v. m.*

288 Dictionnaire des passages de la Sainte Bible, pour tous les articles de la foi & cérémonies de l'Eglise, par J. LE FEVRE, *Rouen*, Pierre le Loeu, 1622, *in* 8. *v. m.*

289 Le même, troisieme édition, *Rouen*, Pierre le Loeu, 1629, *in*-8. *v. m.*

290 Dictionnaire portatif de l'Ecriture Sainte, contenant l'histoire, la chronologie & la topographie des royaumes, villes, tribus, rivieres, &c. dont il est fait mention dans l'Histoire sacrée, & l'état actuel de ces contrées, pour l'intelligence de l'Ecriture Sainte, par le R. P. COLOME, Barnabite, *Paris*, Costard, 1775, *in*-8. *v. f. d. s. t.*

LITURGIES, OU LIVRES ECCLÉSIASTIQUES, OFFICES DIVINS ET PRIERES DE L'ÉGLISE.

Traités Liturgiques, généraux & particuliers.

291 De veteribus ritibus Christianorum, auctore J. B. CASALIO, *Romæ*, Phæus, 1645, *in*-4. *v. f.*

292 Rerum Liturgicarum libri duo, auctore Joanne BONA, Cardinale, ord. Cisterciensis, hâc novissimâ editione denuò aucti, recogniti, notis, observationibus, ac perpetuo ferè commentario historico, critico, dogmatico illustrati, novisque accessionibus locupletati : adjiciuntur hucusque duo inediti singulares ritus Ecclesiarum Vercellensis, & Augustæ Prætoriæ in Italia Subal-

LITURGIES, &c.

pina, nonnullæ item differtationes adversùs mifo-liturgos aliofque pfeudocritos; quibus quæcumque ad miffæ facrificium, & rem liturgicam fpectant, proferuntur, difquiruntur, enucleantur, ftudio & labore D. Roberti SALA, Taurinenfis, ejufdem ord. *Auguftæ Taurinorum*, ex Typographia Regia, 1747 & 1753, 3 *vol. in-fol. v. f. d. f. tr.*

294 Notitia de vocaboli ecclefiaftici con la dichiaratione delle cerimonie & origine de'riti facri, raccolta da Domenico MAGRI, *Roma*, Mafcardi, 1650, *in-4. v. f. d. f. tr.*

295 De Antiqua ecclefiæ difciplina differtationes hiftoricæ, Auctore Ludovico ELLIES DUPIN, *Parifiis*, Arnoldus Seneufe, 1686, *in-4. v. br.*

296 De vero ecclefiæ fenfu circa facrarum coeremoniarum ufum, epifcopi Sueffionenfis opufculum, cui acceffit differtatio Jofephi Aloyfii AssEMANI, de facris ritibus, *Romæ*, Venantius Monaldini, 1757, *in-4. v. m.*

297 Specimen Kalendarii Ecclefiaftici, continens fefta immobilia & anniverfaria cultui divino dicata, fanctorumque nomina fuis quæque diebus adfcripta, cum officiis & caufis, quare in canonem relata funt, *Holmiæ*, literis Wernerianis, 1708. = Monumentorum veterum Ecclefiæ Sueo-gothicæ prolegomena, publico examini fubjecta ab Erico EIBERG, *Upfaliæ*, Typis Wernerianis, 1709. = Eorumdem monumentorum partes quatuor ab eodem, cum annotationibus, *Upfaliæ*, typis Wernerianis, 1709, *in-4. v. f. d. f. tr.*

298 Explication littérale, hiftorique & dogmatique des prieres & des cérémonies de la Meffe,

D ij

THÉOLOGIE.

par le R. P. Pierre LE BRUN, *Paris*, Delaulne, 1726, 4 *vol. in-*8. *v. br.*

299 Traité des tons de l'Eglise, suivant l'usage Romain, par E. SACHÉ, *Lisieux*, Boullenger, 1685, *in-*12. *v. m.*

300 Liturgica de ritu & ordine dominicæ Cænæ celebrandæ, quam celebrationem Græci liturgian (sic in titulo), Latini Missam appellârunt, ex variis monumentis, & probatis scriptoribus collecta per Georgium CASSANDRUM, *Coloniæ*, hæredes Arnoldi Birckmanni, 1559, *in-*8. *v. f. d. s. tr.*

301 La Messe en françois, exposée par Jean BEDÉ de la Gormandiere, Angevin, Advocat au Parlement de Paris, *Geneve*, Société Caldorienne, 1610, *in-*8. *v. f.*

302 Traité historique de la Liturgie sacrée ou de la Messe, par Lazare-André BOCQUILLOT, *Paris*, Anisson, 1701, *in-*8. *mar. r.*

303 Joh. DOUGHTEI, Theologi & Philologi Anglo-Britanni celeberrimi, de Calicibus Eucharisticis veterum Christianorum liber planè singularis, cum Johannis FAES præfatione, marginalibus, & mantissa è M. S. primo in Germania editus, *Bremæ*, Philippus Gothofredus Saurmannus, 1694, *in-*8. *v. f. d. s. tr.*

304 De sacra Summi Pontificis Communione sacro-sanctam Missam solemniter celebrantis commentarius, in quo multa mysteriis plena explicantur, auctore Fr. Angelo ROCCHA, Camerte, Augustiniano Episcopo Tagastense, *Romæ*, Guillelmus Facciotti, 1619, *in-*4. *v. éc.*

305 B. Johannis FAES, tractatus singularis de Cereis Baptismalibus veterum Christianorum

LITURGIES, &c.

editio secunda, *Helmstadii*, Herm. Dan. Hammius, 1718, *in*-4. cart.

306 De Campanis commentarius à Fr. Angelo, *Romæ*, Facciottus, 1616, *in*-4. *v. éc.*

307 Traité des Cloches & de l'Offrande du pain & du vin aux Messes des Morts, par J. B. Thiers, *Paris*, de Nully, 1721, *in*-12. *v. br.*

308 Cœmeteria sacra Henrici Spondani, *Parisiis*, de la Noue, 1638, *in*-4. *v. f.*

309 Dissertations ecclésiastiques sur les principaux Autels, les Jubés, & la clôture du Chœur des Eglises, par J. B. Thiers, *Paris*, Dezallier, 1688, *in*-12. *v. f. d. s. tr.*

310 Dissertation sur les Porches des Eglises, par le même, *Orléans*, Hotot, 1679, *in*-12. *v. f.*

311 Traité du Pain béni, ou l'Eglise Catholique justifiée sur l'usage du Pain béni, ouvrage polémique, historique & moral, par le R. P. Nicolas Collin, Prémontré, *Paris*, de Monville, 1777, *in*-12. *v. m.*

312 Traité de l'institution & vrai usage des Processions tant ordinaires qu'extraordinaires, qui se font en l'Eglise Catholique, par H. Meurier, *Rheims*, Foigny, 1584, *in*-8. *v. f. d. s. tr.*

313 De Ritu sacrarum Ecclesiæ veteris concionum, auctore Bernardino Ferrario, *Veronæ*, Vallarsius, 1731, *in*-8. *v. f.*

314 Traité des anciennes Cérémonies, ou Histoire contenant leur naissance & accroissement, leur entrée en l'Eglise, & par quels degrés elles ont passé jusqu'à la superstition, par Jonas Porrée (*sans date, ni nom de Ville, ni d'Imprimeur*) *in*-8. *v. m.*

315 Les conformités des Cérémonies modernes

THÉOLOGIE.

avec les anciennes, *Leyde*, Sambix, 1667, *in-*12. *v. f. d. f. t.*

316 Histoire des Cérémonies & des Superstitions qui se sont introduites dans l'Eglise, *Amsterdam*, Bernard, 1717. = Préservatif contre le changement de religion, *Amst.* 1717. = RATRAMNE ou BERTRAM, du Corps & du Sang du Seigneur, trad. de l'Anglois, *Amst.* 1717, *in-*8. *m. r.*

317 Traité de l'exposition du Saint-Sacrement de l'Autel, par Jean-Baptiste THIERS, *Paris*, Dupuys, 1677, 2 *vol. in-*12. *v. f. d. f. t.*

318 Le même, *Paris*, Dezallier, 1679, 2 *vol. in-*12. *v. f.*

319 De l'ancienne coutume de prier & d'adorer debout le jour du Dimanche & de Fête, & durant le tems de Pâques, ou abrégé historique des Cérémonies anciennes & modernes, par LE LORRAIN, *Liege*, Van-Rhyn, 1700, 2 *vol. in-*12. *v. f. d. f. t.*

320 Paracletus, seu de recta illius nominis pronuntiatione tractatus, auctore Agno-Benigno SANREY, *Paris*, le Bouc, 1643, *in* 8. *v. m.*

321 BENEDICTI XIV, Pontificis Max. olim Prosperi Card. DE LAMBERTINIS, opus de Servorum Dei Beatificatione & Beatorum Canonizatione, *in Typographia Bassanensi*, sumptibus Remondinianis, 1766, 4 *vol. in-fol. v. f. d. f. t.*

322 Mémoires pour servir à l'Histoire de la Fête des Foux, qui se faisoit autrefois dans plusieurs Eglises, par DU TILLIOT, *Geneve*, Bousquet, 1741, *in-*4. *v. br.*

323 Les mêmes, *Geneve* (Par.), 1751, *in-*12. *fig. v. m.*

LITURGIES, &c.

Liturgies des Eglises Grecque & Latine.

324 Orthodoxa veteris Græciæ officia (græcè & latinè) ceu officium quadragesimale recognitum & castigatum ad fidem codicis Barberini, in latinum sermonem conversum, atque diatribis illustratum, cura & labore Angeli-Mariæ Quirini, Cardinalis, *Romæ*, Galeatius Chracas, 1721, 2 *vol. in*-4. *v. m.*

325 Menæorum libri XII, (seu quotidiana sanctorum, dominicalium dierum, & aliarum anni solemnitatum officia, tam matutina quàm serotina) græcè, *Venetiis*, 1626 & 1644, 3 *vol. in-fol. v. br.*

Typis rubris & nigris, duabus columnis, sine cifris, cum registro.

326 Menologium Græcorum, jussu Basilii imperatoris græcè olim editum, nunc primùm græcè & latinè prodit, studio & operâ Annibalis Card. Albani, cum figuris, *Urbini*, è Typ. Cappellæ sanctissimi sacramenti, apud Ant. Fantauzzi, Typographum & characterum Fusorem, 1727, 3 *vol. in-fol. v. f. d. s. t.*

327 Horologium Græcorum (græcè), *Venetiis*, Locatellus, 1523, *in*-8. *v. br.*

328 Horæ in laudem beatissimæ Virginis Mariæ, secundùm consuetudinem Romanæ Ecclesiæ (græcè), *Parisiis*, Christianus Wechelus, 1538, *in*-16. *v. f. d. s. t.*

329 Liber precum (syriacè), *Romæ*, Dominicus Basa, 1584, *in*-8. *v. f. d. s. t.*

330 D. Severi Alexandrini quondam Patriarchæ, de ritibus Baptismi & sacræ Synaxis apud Syros

D iv

Christianos receptis liber ; (syriacè & latinè) nunc primùm in lucem editus : Guidone FaBRICIO Boderiano exscriptore & interprete, cum syriacæ linguæ primis elementis, *Antuerpiæ*, Christophorus Plantinus, 1572, *in-4. v. f.*

331 Liturgia Romana vetus, tria sacramentaria complectens, Leonianum scilicet, Gelasianum & antiquum Gregorianum, edente Lud. Ant. MURATORIO ; qui & ipsam cum aliarum gentium liturgiis contulit ; denique accedunt missale gothicum, & francorum, duo gallicana, & duo omnium vetustissimi Romanæ Ecclesiæ rituales libri, *Venetiis*, Pasquali, 1748, *in-fol. v. m.*

332 Breviarium Romanum ex decreto Sacro-sancti Concilii Tridentini restitutum, Pii V, Pont. Max. jussu editum, cum Kalendario Gregoriano, à S. D. N. Sixto-Quinto, PP. aliquot Sanctorum festis aucto, avec les rubriques traduites en françois par le commandement exprès du Roi, pour l'usage de ses Religieuses Congrégations, par Emond AUGER, *Paris*, Jamet Mettayer, 1588, 2 *vol. in-fol.* avec de très-belles gravures & des frontispices aussi gravés, rouge & noir), *mar. antiqué.*

Ce Breviaire est d'une exécution vraiment royale.

333 Idem, Clementis VIII primùm, nunc denuò Urbani VIII PP. auctoritate recognitum, in quo omnia suis locis ad longum posita sunt (rubro & nigro colore), *Antuerpiæ*, Balthasar Moretus, 1673, *in-4.* (cum figuris) *m. n. l. r. ferm.*

Ce Breviaire est corrompu.

LITURGIES, &c.

334 Missale Romanum ex decreto Sacro-Sancti Concilii Tridentini restitutum, Pii V, Pont. Max. jussu editum, & Clementis VIII auctoritate recognitum, cum Missis Sanctorum à Paulo V, Gregorio XV, & Urbano VIII, ordinatis, *Venetiis*, Juntæ, 1629, *in-fol. fig. v. f. d. s. t.*

* Sur deux col. les rubriques en rouge, avec des fig. grav. en bois. Le titre est imprimé dans un corps d'ornemens gravés en taille-douce.

Cette édition est châtrée : on n'y voit pas le mot *animas* aux chaires de Rome & d'Antioche, 18 Janv. 22 Février, ni au 25 Janv. ni au 30 Juin.

335 Missel Romain en latin, & traduit en françois, *Cologne*, Jean de la Pierre, 1692, 2 *v. in-12. vel.*

336 Ordo Romanus de Officio Missæ, per Georgium CASSANDRUM, *Coloniæ*, Hæredes Arnold. Birckmanni, 1561. = Pontificum Romanorum Vitæ, per Robertum BARNS, Anglum, descriptæ, (sine titulo), *in-8. v. f. d. s. t.*

338 Officia quorumdam Festorum quæ ritu Romano in Ecclesia S. Deodati specialiter celebrantur, *Sandeodati*, Josephus Charlot, 1733, *in-8. v. m.*

339 Office de la Fête & de l'Octave de Noël, jusqu'à l'Epiphanie, à l'usage de Rome & de Paris, avec une explication du Mystere que l'Eglise célebre le jour de Noël, & des Réflexions sur ce Mystere ; nouvelle édition, revue & augmentée, *Paris*, Claude-J.-B. Hérissant, 1729, *in-12. v. br.*

340 Office de Saint François-de-Sales, Evêque & Prince de Geneve, Instituteur de l'Ordre de la Visitation de Sainte-Marie, dressé à l'usage des

Religieuses du même Ordre, *Paris*, F. Muguet, 1667, *in-8. rouge & noir, v. m.*

341 Office de la Semaine Sainte, en latin & en franç., à l'usage de Rome & de Paris, *Paris, Dezallier,* 1715, *in-8. m. r. d. s. t.*

342 L'Office de la Fête & de l'Octave du Saint Sacrement, selon le Breviaire & le Missel Romain, en latin, *Paris,* Cl. Hérissant, 1734, *in-12. m. n.*

343 L'Officio di Maria Vergine Madre di Dio, trasportato dalla Latina all' Italiana lingua, dall' Abbate Filippo-Maria BONINI, *Vienna,* Pietro-Paulo Viviani, 1676, *in-8. v. f. d. s. t.*

344 Pontificale Romanum Clementis VIII & Urbani VIII PP. auctoritate recognitum, nunc denuò cura Annibalis S. Clementis Card. ALBANI editum, cum fig. æri incisis à Rich. Van-Horly, Pictore celebri, *Bruxellis,* Georg. Fricx, 1735, 3 *tom.* 2 *vol. in-8. v. f. d. s. t.*

345 Cærimoniale Episcoporum, jussu Clementis VIII, Pont. Max. novissimè reformatum, *Romæ,* Typis Lepidi Fatii, 1606, *in-4. fig. m. r.*

346 Missale Ambrosianum, D. Frederici Cardinalis BORROMÆI, Mediolanensis Archiep. jussu, denuò recognitum & editum, *Mediolani,* Heredes Pacifici Pontii, 1618, *in-fol. baz.*

347 Rituale Sacramentorum ad usum Mediolanensis Ecclesiæ olim à S. Carolo institutum, & nunc postremò Benedicti Cardinalis ODESCALCHI, Archiepiscopi, jussu recognitum, auctum, & editum, *Mediolani,* Benjamin de Sirturis, 1736, *in-4. v. f. d. s. t.*

LITURGIES, &c.

Liturgies des Eglises de France.

348 Heures à l'usage de Châlons, tout au long, sans rien requérir, *Paris*, Regnault, 1534, *in-8. gothique, figures en bois, mar. noir d. s. t. l. r.*

349 Statuts, Indulgences, Advis & Pratiques spirituelles pour la Confrairie de l'Ange-Gardien, dressés en faveur des Confreres de ladite Confrairie, érigée en l'Eglise de Saint Sulpice de Ham, *Saint-Quentin*, Claude le Queux, 1659, *in-24. v. m.*

350 Heures de Notre-Dame à l'usage de Limoges, *Limoges*, Barbou, 1589. = Extraits de plusieurs Saints Docteurs, propositions, dicts & sentences contenans les graces du très-Saint Sacrement de l'Autel, pour ceux qui le reçoivent en état de grace, *Limoges*, Garnier, *in-8. gothique, figures en bois, v. s. d. s. t.*

351 Missel de Paris, latin & françois, troisieme édition, *Paris*, François-H. Muguet, 1716, 4 *vol. in-12. mar. r. l. r.*

352 Heures (en latin & en françois) imprimées par ordre du Cardinal de Noailles, *Paris*, Josse, 1703, *in-8. m. r. d. s. t.*

353 Heures Paroissiales, en latin & en françois, à l'usage des laïques, *Paris*, Quillau, 1726, 5 *vol. in-12. m. r.*

354 Livre d'Eglise, latin & françois, suivant le Breviaire & le nouveau Missel de Paris, pour le matin & l'après-midi, *Paris*, 1738, 2 *vol. in-12. mar. bleu d. s. t. doublé de tabis.*

355 Le Petit Paroissien, contenant l'Office de

THÉOLOGIE.

l'Eglife, fuivant le nouveau Brev. de Paris & de Rome, *Paris*, de Hanfy, 1739, *in*-24. *m. bleu, l. r. d. f. t.*

356 Heures nouvelles, à l'ufage des Laïques, fuivant le nouveau Brev., *Paris*, Simon, 1743, *in*-12. *papier de Hollande, m. bl. d. f. t. doublé de tabis.*

357 L'Office de la quinzaine de Pâques, en latin, *Paris*, 1739, *in*-24. *m. bleu.*

358 Office de la quinzaine de Pâques, à l'ufage de Paris, en latin, *Paris*, 1740, *in*-18. *m. bleu d. f. t. l. r. doublé de tabis.*

359 Le même, *Paris*, 1742, *in*-18. *m. bl. l. r. d. f. t.*

360 Heures de la Sainte-Vierge, avec plufieurs petits offices accompagnés de prieres & méditations devant & après la confeffion & communion, & des argumens à chaque pfeaume; le tout tiré de la Sainte Ecriture & des Saints Peres de l'Eglife, par le fieur DE SAINT-PE-RÉS, *Paris*, François Coutellier, 1671, *in*-8. *veau brun.*

361 Office pour la Fête de la réparation des injures faites à Notre Seigneur Jefus-Chrift dans le Très-Saint Sacrement de l'Autel, qui fe célebre à Saint-Merry, *Paris*, Ph. N. Lottin, 1725, *in*-12. *bafanne.*

362 Offices propres de l'Eglife Paroiffiale de S. Roch, en latin & en françois, *Paris*, 1760, *in*-12. *m. bleu d. f. t. doublé de tabis.*

363 L'Office de Saint Louis, à l'ufage des Marchands Merciers, &c. *Paris*, Chardon, 1749, *in*-12. *p. d'Hol. m. bl. d. f. t.*

364 Exercice de dévotion pour les perfonnes af-

LITURGIES, &c.

sociées à la Confrerie de Notre-Dame des Agonisans, érigée dans l'Eglise paroissiale de N. Dame de la Dalbade, *Tolose*, Raymond Bosc, 1668, *in*-12. *v. m.*

Liturgies des Eglises d'Angleterre & autres étrangeres.

365 La Liturgie Angloise, *Londres*, Bill, 1616. *in*-4. *v. f.*

366 La Liturgie, ou Formulaire des prieres publiques, de l'administration des Sacremens & des autres coutumes selon l'usage de l'Eglise Anglicane, avec les Pseaumes de David en vers françois, *Londres*, Varennes, 1706, *in*-8. *m. cit. d. s. t.*

367 La Liturgie, ou Formulaire des prieres publiques, de l'administration des Sacremens, & des autres cérémonies & coutumes de l'Eglise Anglicane, avec les Pseaumes de David, selon qu'ils doivent être lus dans les Eglises, *Londres*, 1717, *in*-12. *v. f.*

368 Liturgia antiqua Hispanica, Gothica, Isidoriana, Mozarabica, Toletana-mixta, illustrata, *Romæ*, Mainardus, 1746, 2 *vol. in-fol. v. d. s. t.*

Liturgies monastiques, ou des Ordres Religieux Militaires, & de Chevalerie.

369 L'Ordinaire en francoys selon l'Ordre de Cisteaux, naguères corrigé à bonne forme, redigé par ung Religieux dudict Ordre, *Paris*, Ambroise Girault, 1534, *in*-8. *rouge & noir*, *goth. v. f. d. s. t. l. r.*

62 THÉOLOGIE.

370 Le Cérémonial du Service Divin de l'Ordre du Saint-Esprit, *Paris*, 1588, *in-4. cart.*

371 L'Office des Chevaliers de l'Ordre du Saint-Esprit, *Paris*, Imp. Royale, 1703, *in-12. m. bl. d. f. t.*

372 Livre de Prieres à l'usage des Chevaliers de l'Ordre de Saint-Michel, *Paris*, Mariette, 1730, *in-12. m. r. d. f. t.*

373 Le même, *Paris*, Imp. Roy. 1740, *in-12. m. r. d. f. t.*

374 Nouvel Office pour les Chevaliers de l'Ordre du Saint-Esprit, *Paris*, Imp. Roy. 1768, *in-12. v. f. d. f. t.*

Livres d'Instructions, qui ont rapport au cours de l'Année Ecclésiastique.

375 L'Année Chrétienne, contenant les Messes des Dimanches, Fêtes & Féries de toute l'année, en latin & en françois, avec l'explication des Epîtres & des Evangiles, par LE TOURNEUX, *Paris*, Josse, 1723, 13 *vol. in-12. v. b.*

376 L'Année Chrétienne du P. Jean Suffren, de la Compagnie de Jesus, abrégée d'une maniere aisée, & propre à toute sorte de personnes, pour les aider à passer saintement tout le tems de leur vie, par le R. P. Nicolas FRIZON, de la même Comp. *Nancy*, Jean-Baptiste Cusson, 1728, 2 *vol. in-8. v. br.*

377 Instructions pour faire saintement toutes ses actions pendant le cours de l'année, *Paris*, Josset, *in-18. m. bl. d. f. t.*

378 Meditationi sopra li Evangelii che tutto l'anno si leggono nella Messa, & principali mysterii

LITURGIES, &c. 63

della vita, & paſſione di Noſtro Signore, compoſte dal R. P. Agoſtino VIVALDI, della Compagnia di Gieſu, reſpondenti alle imagini del Padre Girolamo Natale, della medeſima Compagnia, *Roma*, Luigi Zannetti, 1599, *in-fol. velin.*

379 Epiſtole & Evangelii che ſi leggono tutto l'anno alla Meſſe, ſecondo l'uſo del Meſſal, nuovo tradotti in volgare dal R. P. M. REMIGIO Fiorentino, dell' ordine de Predicatori, con alcune annotationi morali del medeſimo à chiaſcheduna Epiſtola, & Evangelio; da lui ultimamente ampliate di quatro diſcorſi, cioè del di giuno, dell' invocatione de Santi, della veneratione delle Reliquie loro, & dell' uſo delle Imagini, *Venetia*, Gio Bat^a. Galignani, 1599, *in-4. fig. vél.*

Hoc opus continet 49 tabulas ære inciſas, cum diſcurſu excuſas.

380 Li medeſimi, *Venetia*, Gio-Bat$_a$. Galignani, 1602, *in-4. fig. vél.*

Avec les mêmes planches que celles qui ſont dans l'édition précédente.

381 Meditations dévotes ſur tous les Evangiles de tous les Dimanches & Fêtes de l'année, & de chacun jour de Careſme, faictes en Eſpagnol par Dom André CAPIGLIA, Chartreux, miſes en françois par R. G. C. D., derniere édition, *Lyon*, Pierre Rigaud, 1651, 2 *vol. in-8. cart.*

382 Les Epîtres & les Evangiles, avec les oraiſons de l'Egliſe, qui ſe diſent à la Sainte Meſſe pendant toute l'année, traduction nouvelle,

par le sieur DE BONNEVAL, quatrieme édition, *Paris*, Guillaume Desprez, 1693, *in-12. v. b.*

☩ 383 Les Epîtres & Evangiles pour toute l'année, avec des Réflexions, par le P. QUESNEL, imprimées par l'ordre de l'Evêque de Châlons, approuvées par le Cardinal de Noailles, *Paris*, And. Pralard, 1705—1732, *3 vol. in-12. v. m.*

☩ 384 Instructions chrétiennes & Prieres à Dieu sur les Epîtres & les Evangiles, pour tous les jours de l'année, par le même, *Paris*, Pralard, 1716, *in-12. v. b.*

☩ 385 Heures Chrétiennes, ou Paradis de l'ame, contenant divers exercices de piété, tirés de l'Ecriture Sainte & des Saints-Peres, traduits du Livre intitulé: *Paradisus animæ Christianæ*: composé par HORSTIUS, nouvelle édition, revue, corrigée & augmentée, *Paris*, Pralard, 1723, *2 vol. in-18. v. m.*

☩ 386 Exercice des Fideles, par Raymond LE SAGE, Saint-Omer, Fertel, 1753, *in-12. m. bl. d. s. t.*

☩ 387 Manuel du Chrétien, contenant le livre des Pseaumes, le nouveau Testament & l'Imitation de Jesus-Christ, avec l'Ordinaire de la Messe, *Cologne*, 1742, *2 vol. in-24. mar. bleu, l. r. d. s. t.*

☩ 388 La Journée du Chrétien, sanctifiée par la priere & la méditation, *Paris*, Hippolyte-Louis Guerin, 1743, *2 vol. in-8. v. f.*

☩ 389 Dévotes Oraisons & Méditations sur la mort & passion de Notre Seigneur Jesus-Christ; le voyage & Oraisons du Calvaire, & Méditations pour l'espace d'une basse Messe; les quinze effusions du Sang de N. S. Jesus-Christ, *Paris*, Corbault, *in-8. got. sans date, v. b.*

390

CONCILES.

390 Prieres, en forme de Méditations, sur tous les Mysteres de N. S., de la Vierge, & sur les Dimanches & Fêtes de l'année, par le P. QUESNEL, *Paris*, Josse, 1724, 2 *vol. in*-12. *m. c. d. s. t. l. r.*

391 Plusieurs Oraisons sur la Passion de N. S. Jesus-Christ, avec le voyage & Oraisons du Mont du Calvaire, *Rouen*, Mareschal, *in*-8. *goth. sans date, pap.*

392 Douze Litanies tirées de l'Ecriture Sainte, qui contiennent en substance toute la doctrine chrétienne, imprimées par l'ordre de l'Evêque de Châlons, nouvelle édition, revue, corrigée & augmentée de nouvelles Litanies de Saint Joseph, *Paris*, Guillaume Desprez, 1722, *in*-12. *v. b.*

393 Sentimens sur le *Pater*, avec le petit Office de la Providence, en latin & en françois, augmenté des invocations à la Divine Providence, en forme de litanies, tirées de l'Ecriture Sainte, & appuyées sur son autorité, *Paris*, Nicolas Pepie, 1713, *in*-12. *v. b.*

394 Prieres chrétiennes, en forme de Méditations, sur la Dédicace des Eglises, & sur quelques autres Fêtes de l'année, (par D. L. J.) *Paris*, Fr. Barrois, 1720, *in*-12. *v. m.*

395 Les mêmes, *Paris*, Barrois, 1722, *in*-12. *m. c. l. r. d. s. t.*

CONCILES.

Traités des Conciles.

396 Le Vergeriane del MUTIO Justinopolitano discorso se si convenga ragunar concilio. Trattato

Tome I.   E

66 THÉOLOGIE.

della communione de Laïci, & delle mogli de Cherici, *Vinegia*, Gabriel Giolito de Ferrari è Fratelli, 1550, *in-8. v. f. d. ſ. t.*

397 Le medeſime, *Vinegia*, Gab. Giolito de Ferrari, 1551, *in-8. v. f. d. ſ. t.*

398 Riſpoſta di Donn'Ippolito CHIZZUOLA, alle beſtemmie & maledicenze contenute in tre ſcritti di Paolo Vergerio, contra l'Indittione del Concilio, publicata da Papa Pio quarto, dove con l'autorità della Scrittura ſacra, de Concilii, & de Dottori, s'impugna, & attera ogni ſorte di moderna ereſia, levata contra la S. R. Chieſa, & contra l'ordine oſſervato nell' Ecumenico Tridentino Concilio, *Venetia*, Andrea Arrivabene, 1562, *in-4. vél.*

399 De Conciliis quomodò Apoſtoli Chriſti Domini in primitiva Eccleſia ſuum illud Hieroſolymis Concilium celebraverint, & quanto cū fructu, quantaque pace: quomodò item Romani Pontifices in extrema mundi ſenecta, à quingentis & amplius annis, ſua illa Concilia celebraverint, & quanto cum damno perturbationeque Fidelium, brevis ex hiſtoriis commemoratio, Authore Heinrycho BULLINGERO, Tigurinæ Eccleſiæ miniſtro, *Tiguri*, Chriſtophorus Froſchoverus, 1561, *in-8. v. f. d. ſ. t.*

400 Tractatus de differentiis Schiſmatum & Conciliorum in Eccleſia, & de utilitate ac preeminentia Conciliorum Eccleſiæ Gallicanæ, conſcriptus ab Joan. MAIERIO, belga, inſeruntur res aliæ ſingulares, ut de concordiâ Principum conſervandâ, vera item hiſtoria & non ficta Principis Syach Iſmaël, appellati Sophy. Formula præterea diplomatis Soldani, quo Gallis liberè

permittitur frequentatio Terræ-Sanctæ; omnia ex sermone gallico in latinum conversa à Ludov. Joac. F. CAMERARIO; *Lipsiæ*, And. Schneider, 1572, *in-8. v. f. d. f. t. l. r. (rarus).*

401 BENEDICTI Papæ XIV, de Synodo Diœcesana libri tredecim, *Romæ*, Joannes Generosus Salomoni, 1755, *in-fol. v. f. d. f. t.*

402 Tractatus de Conciliis in genere, Autore J. B. LADVOCAT, *Cadomi*, Ægidius le Roy, 1769, *in-12. v. f. d. f. t.*

Conciles généraux & particuliers, séparés ou en collection.

403 Codex Canonum vetus Ecclesiæ Romanæ à Fr. PITHŒO restitutus & notis illustratus, accedunt Petri PITHŒI miscellanea Ecclesiastica, ABBONIS Floriacensis apologeticus, & epistolæ & formulæ antiquæ Alsaticæ, *Parisiis*, Typog. Reg. 1687, *in-fol. c. m. v. m.*

404 Symbola præcipua, Synodorum, Patrum, atque adeò totius veteris, Orthodoxæ & Catholicæ Christi Ecclesiæ, juxta seriem annorum, per quandam quasi synopsin, proposita, per Joannem-Conradum ULMERUM, Ecclesiæ Scaphusianæ Ministrum, *Tiguri*, Froschoverus, 1583, *in-8. v. f. d. f. t.*

405 Concilia illustrata per Ecclesiasticæ historiæ dilucidationem, consessus, solemnitates, acta & decreta, & unà cum historiâ Hæreseon & Schismatum omnium seculorum, J. Lud. RUELLIUS cepit, Joh. Lud. HARTMANNUS absolvit, *Noribergæ*, Endterus, 1675, 4 *vol. in-4. v. f. d. f. t.*

THÉOLOGIE.

† 406 Decreta & acta Concilii Basiliensis nuper impressa vigilantique studio emendata, (juxta editionem Zachariæ FERRERII Subasiensis,) *Parisiis*, Johannes Petit, 1512, *in-8. goth. fig. carton.*

☩ 407 Canones & Decreta Sacro-Sancti œcumenici & generalis Concilii Tridentini, sub Paulo III, Julio III, Pio IV, Pontificibus Max. nunc demùm ad prototypa & originalia acta collati, & summa fide diligentiaque excusi, *Antuerpiæ*, Gulielmus Silvius, 1565. ⹀ Decreto sopra di quelli che sotto posti ad alcuna regola, vivono in commune, & sopra le monache : nella ventesima quinta sessione, *Venetia*, Francesco Rampazetto, 1564, *in-4. v. f. d. s. t.*

† 408 Canones & Decreta ejusdem Concilii, ad exemplar primæ editionis Romanæ, à secretario ejusdem Concilii cum ipso originali collatum, diligentissimè recognita, & à mendis plurimis purgata ; additæ sunt Summorum Pontificum constitutiones omnes hactenùs editæ, quæ ad aliqua hujus Concilii decreta referuntur, *Romæ*, Bartholomæus Zannetus, 1619, *in-18. v. m.*

☩ 409 Concilii Tridentini Canones & Decreta, edente Philip. CHIFFLETIO, *Coloniæ Agripinnæ*, ab Egmond, 1644, *in-12. v. f.*

d. ch. à vendre

☩ 410 Le Saint Concile de Trente, avec la confirmation dudict Concile, *Anvers*, Silvius, 1566, *in-12. v. m.*

† 411 Le Saint Concile de Trente, traduit par l'Abbé CHANUT, *Paris*, Cramoisy, 1674, *in-4. v. b.*

Double à vendre

☩ 412 Les Décrets & Canons touchant le Mariage,

publiez en la huictieme session du Concile de Trente; item, qu'un chacun n'aura dorenavant plus qu'un benefice, & que ceux qui de présent en ont plusieurs, n'en disposent, & ne s'en deffont dedans six mois prochainement venans, iceux seront vaquans de droict, le tout traduict du latin en francoys par Gabriel DU PRÉAU, *Lyon*, Michel Joüe, 1564, *in*-8. *v. f. d. s. t.*

413 Sacra Concilia Ecclesiæ Romano-Catholicæ in regno Hungariæ celebrata ab anno Christi 1016 usque ad annum 1715, accedunt Regum Hungariæ & Sedis Apostolicæ Legatorum constitutiones Ecclesiasticæ, ex mss. potissimum eruit, collegit, illustravit P. Carolus PÉTERFFY, è Soc. Jesu, *Viennæ-Austriæ*, Typis Kaliwodianis, 1742, 2 *vol. in-fol. v. m.*

414 Constitutiones Concilii Provincialis Moguntini, anno 1549 celebrati : his accessit institutio ad pietatem christianam, secundùm doctrinam catholicam, complectens explicationem Symboli apostolici, orationis dominicæ, angelicæ salutationis, decalogi, septem Sacramentorum, *Moguntiæ*, Franc. Behem, 1549, *in-f. v. f. d. s. t.* (avec un frontispice encadré de fig.)

415 Concilia Magnæ-Britanniæ & Hiberniæ à Synodo Verolamiensi anno 446, ad Londinensem anno 1717: accedunt constitutiones & alia ad Historiam Ecclesiæ Anglicanæ spectantia, à Davide WILKINS collecta, *Londini*, R. Gosling, 1737, 4 *vol. in-fol. v. f. d. s. t.*

416 Statuts & Réglemens faits par Léonor DE MATIGNON, Evêque de Constances, au Synode de son Diocese, tenu le 21 jour d'Avril 1637, renouvellés & augmentés par Fran-

çois DE LOMENIE DE BRIENNE, Evêque de Conſtances, en ſon Synode, tenu le 19 de Mai 1676, *Conſtances*, Pierre Beſſin, 1676, *in-8. v. m.*

Ouvrages concernant le Concile de Trente.

417 Oratio D. F. Martini ROIAS Portalrubei, totius Ordinis Hieroſolimitani Oratoris, Tridenti in Generali Congregatione, die VII menſis Septembris M. D. LXIII. habita, *Brixiæ*, Jo. Baptiſta Bozola, 1563. = Antonii MONCHIACENI Democharis, Doctoris Sorbonici, ad Patres Sacri Concilii Tridentini Sermo, feria ſexta die Paraſceves anno 1563, nona Aprilis, *Brixiæ*, Jo. Baptiſta Bozola, 1563, *in-4. v. f. d. ſ. t.*

418 Ad Huſgnaleos hujus tempeſtatis, Eccleſiæ Catholicæ & Romanæ hoſtes publicæque tranquillitatis perturbatores, ut ad Synodum Tridentinam pacis & concordiæ gratiâ ſe conferant, Simuoleuticus, Authore Jacobo FABRO, (*Pariſiis*) Jacob. Kerver, 1563, *in-8. v. f. d. ſ. t.*

419 Conſeil ſur le faict du Concile de Trente, par Charles DU MOLIN, Docteur ès droits, *Lyon*, 1564, *in-8. v. f. d. ſ. t.*

420 Reviſion du Concile de Trente, contenant les nullités d'icelui, les griefs du Roi de France, & autres Princes Chrétiens; de l'Egliſe Gallicane & autres Catholiques, (ſans nom d'Imp.) 1600, *in-8. v. f. d. ſ. t.*

421 Actes du Concile de Trente, en l'an 1562 & 1563, contenant les Mém. Inſtr. & Deſpeſches des Ambaſſadeurs de France, enſemble les demandes & proteſtations par eux faictes audit

Concile, au nom du Roi Très-Chrétien & de l'Eglise Gallicane, 1607, *in-12. sans nom de Ville*, *v. f.*

422 Brief Discours sur quelques poincts concernant la police de l'Eglise & de l'Etat, & particuliérement sur la réception du Concile de Trente, & la vénalité des Offices, par D. P. (Jacq. DAVY DU PERRON, & DE LA GUETTE, Conseiller d'Etat), *Paris*, Ant. Etienne, 1615, *in-8. v. f. d. f. t.*

423 Jo. Hen. HEIDEGGERI, Anatome Concilii Tridentini, *Tiguri*, Gessnerus, 1672, 2 *vol. in-8. v. m.*

424 Ejusdem tumulus Concilii Tridentini juxta ejusdem anatomen, antehac exhibitum, noviter erectus, *Tiguri*, Gessnerus, 1690, 4 *vol. in-4. veau brun.*

425 Innocentii GENTILETI J. C. Delphinensis examen Concilii Tridentini, in quo demonstratur, in multis articulis hoc Concilium antiquis Conciliis & Canonibus, Regiæque authoritati contrarium esse, editio emendata & aucta, *Gorinchemi*, Cornelius Lever, 1678, *in-8. v. f. d. f. t.*

426 Lettres & Mémoires de François DE VARGAS, de Pierre DE MALVENDA, & de quelques Evêques d'Espagne, touchant le Concile de Trente, traduits de l'Espagnol, avec des remarques, par Michel LE VASSOR, *Amst.* Brunel, 1700, *in-8. v. f.*

427 Dissertations sur le Concile de Trente, par de V. *Amst.* Chevalier, 1702, *in-12. v. b.*

428 Notes sur le Concile de Trente, avec une Dissert. sur la réception & l'autorité de ce Con-

72 THÉOLOGIE.
cile en France, *Cologne*, d'Egmont, 1706, *in-*8. (*édit. sans carton*) *v. f. d. s. t.*

429 Les mêmes, *Cologne*, d'Egmont, 1706, *in-*8. (*édit. contrefaite*) *v. b.*

430 Les mêmes, *Bruxelles*, Foppens, 1708, *in-*8. *v. b.*

431 Maximes politiques du Pape Paul III, touchant ses démêlés avec l'Empereur Charles-Quint, au sujet du Concile de Trente, tirées des lettres anecdotes de Dom Hurtado de Mendoxa, son Ambassadeur à Rome, & publiées en espagnol & en françois par AYMON, Théologien & Jurisconsulte, avec un parallele entre le même Pape & Clément XI, sur diverses matieres du tems présent, & des réflexions vives & libres, par DE GUEUDEVILLE, *la Haye*, Henri Scheurleer, 1716, *in-*12. *v. f.*

Histoire des Conciles.

432 Historia Conciliorum generalium, ab Edmundo RICHERIO; accessit huic editioni liber qui inscribitur: *Demonstratio libelli de Ecclesiastica potestate*, *Coloniæ*, Bernardus Hetsingh, 1683, 4 tom. 3 vol. *in-*4. *v. b.*

433 Istoria universale di tutti i Concilii generali e particolari celebrati nella chiesa, di Marco BATTAGLINI, in questa seconda editione accresciuta di 403 Concilii, e di alcune risposte à gli argomenti, che da' medesimi Concilii hà tratti contro la sede apostolica da Luigi MEMBURGH, *Venezia*, Andrea Poletti, 1689, 2 *vol. in-folio v. mar.*

434 Le Promptuaire des Conciles de l'Eglise Ca-

CONCILES. 73

tholique, avec les schismes & la différence d'iceulx, par Jehan LE MAIRE DE BELGES, avec fig. gr. en bois, in-8. sans date, ni nom de Ville, ni d'Imprimeur, v. m.

435 Analyse des Conciles généraux & particuliers, contenant leurs Canons sur le dogme, la morale & la discipline tant ancienne que moderne, expliqués par des notes, conférés avec le droit nouveau, notamment avec le droit particulier de la France, & précédé d'un Traité des Conciles en général, pour servir d'introduction, par le P. P. Charles-Louis RICHARD, de l'ordre des Frères-Prêcheurs, *Paris*, Vincent, 1772, [...] in-4. v. f. d. s. t.

436 Histoire du Concile de Pise, & de ce qui s'est passé de plus mémorable depuis ce Concile jusqu'au Concile de Constance, par Jacques LENFANT, enrichie de portraits, *Amst.* Pierre Humbert, 1724, 2 tom. 1 vol. in-4. gr. pap. v. m.

437 Histoire du Concile de Constance, tirée principalement d'Auteurs qui ont assisté au Concile, par le même, avec des portraits, *Amst.* Pierre Humbert, 1714, 2 tom. 1 vol. in-4. v. f.

438 La même, nouvelle édition, enrichie de portraits, revue, corrigée & augmentée, considérablement par l'Auteur, *Amst.* Pierre Humbert, 1727, 2 vol. in-4. v. b.

439 Nouvelle Histoire du Concile de Constance, où l'on fait voir combien la France a contribué à l'extinction du schisme, avec plusieurs pièces qui n'ont point encore paru, tirées des manuscrits des meilleures Bibliothèques, par BOURGEOIS DU CHASTENET, Avocat

THÉOLOGIE.

ment, *Paris*, le Mercier, 1718, *in-4. v. b.*

440 Histoire de la guerre des Hussites & du Concile de Basle, par Jacques LENFANT, enrichie de portraits, *Amsterdam*, Pierre Humbert, 1731. = Supplément auquel on a joint, 1°. l'examen de la nouvelle hypothese de M. Mosheim, touchant les Nazaréens ; 2°. des observations critiques sur l'extrait que M. Dupin a donné des lettres d'Optat, par Isaac BEAUSOBRE, *Lausanne*, Marc-Michel Bousquet, 1745, 3 *tom.* 1 *vol. in-4. v. f. & v. m.*

441 De Tribus Historicis Concilii Tridentini, Auctore Cæsare AQUILINIO, *Amstelodami*, Elizeus Weyerstraten, 1662, *in·8. cart.*

442 Istoria del Concilio di Trento, dal P. Sforza PALLAVICINO, della Comp. di Giesu, ove insieme rifutasi, con autorevoli testimonianze un' Istoria falsa divolgata nello stesso argomento sotto nome di Pietro SOAVE POLANO, *Roma*, Angelo-Bernabo dal Verme, 1656, 2 *v. in-fol. v. f. d. s. t.*

443 La medesima Istoria del medesimo PALLAVICINO, ora Cardinale della Santa Romana Chiesa, nuovamente ritoccata dall' Autore, *Roma*, Biagio Diversin, è Felice Cesaretti, 1664, 3 *vol. in-4. v. f. d. s. t.*

444 Les Nouvelles Lumieres politiques pour le Gouvernement de l'Eglise, *ou l'Evangile nouveau du Cardinal* PALLAVICIN, révélé par lui dans son Hist. du Concile de Trente, (par LE NOIR, Théologal de Sées), *Amst.* 1676, *in·12.*

445 Les mêmes, *sans date*, (frontispice mss.), *in 4. v. b.*

446 Istoria del Concilio Tridentino, da fra Paolo

CONCILES.

SARPI, (Pietro SOAVE Polano, Paolo SARPIO, Veneto) dell' ordine dei Servi; con note critiche, iftoriche e theologiche di Pietro Francefco LE COURRAYER, Canonico Regolare di S. Genovefa, *Londra*, Fratelli de Tournes, 1757, 2 vol. in-4. v. m.

447 Petri SUAVIS Polani Hiftoriæ Concilii Tridentini libri octo, ex italicis fummâ fide ac curâ latini facti, editio quinta, *Gorinchemi*, Paulus Vink, 1658, in-4. vél.

448 Hiftoire du Concile de Trente, de Fr. Paolo SARPI, trad. par le fieur DE LA MOTHE JOSSEVAL (AMELOT DE LA HOUSSAYE), avec des remarques hiftoriques, politiques & morales, *Amft.* G. P. & J. Blaeu, 1683, in-4. v. f.

449 La même, *Amft.* (Trévoux) 1704, in-4. baz. — Double vendre.

450 La même, trad. par le P. Pierre-François LE COURRAYER, *Amft.* (Paris) 1751, 3 vol. in-4. gr. pap. v. m. — Double vendre.

451 Relation Hiftorique & Apologétique des fentimens & de la conduite du P. LE COURRAYER, avec les preuves juftificatives, *Amft.* Compagnie, 1729, 2 vol. in-12. mar. r.

452 Della Malignita Iftorica difcorfi tre di A***. B***. contro Pier-Francefco le Courayer, nuovo interprete della Iftoria del Concilio di Trento di Pietro Soave, *Bologna*, Lelio dalla Volpe, 1757, in-8. v. m.

453 La Vie du P. Paul (Pierre Sarpi, connu fous le nom de Fra-Paolo) trad. de l'Italien par F. G. C. A. P. D. B., *Leyde*, Elzevier, 1661, in-12. mar. rouge.

SAINTS PERES, OU OUVRAGES DES AUTEURS ECCLÉSIASTIQUES.

Traités fur la Morale des SS. Peres.

☩ 454 Défense des SS. Peres accusés de Platonisme, *Paris*, le Conte & Montalant, 1711, *in-*4. *v. f. d. f. tr.*

☩ 455 Traité de la Morale des Peres de l'Eglise, où en défendant un article de la préface sur Puffendorf, contre l'apologie de la morale des Peres du P. Ceillier, Bénédictin, on fait diverses réflexions sur plusieurs matieres importantes, par Jean BARBEYRAC, *Amft.* Pierre de Coup, 1728, *in-*4. *v. f.*

☩ 456 Le même, *Amsterdam*, Herman Uytwerf, 1728, *in-*4. *gr. pap. v. f. d. f. tr.*

Ouvrages des SS. Peres Grecs.

☩ 457 La vita di Mose, composta da FILON Giudeo in lingua greca, e tradotta da Giulio BALLINO, in volgare italiana, *Venetia*, Nicolò Bevilacqua, 1560, *in-*4. *vél.*

☩ 458 Sancti BARNABÆ, Apostoli, Epistola catholica, (græcè & latinè) ab antiquis olim Ecclesiæ Patribus, sub ejusdem nomine laudata & usurpata, nunc primùm è tenebris eruit, notisque & observationibus illustravit D. Hugo MENARDUS, Benedictinus. Opus posthumum, edente D. Luca DACHERY, *Parisiis*, Simeon Piget, 1645, *in-*4. *v. f. d. f. tr.*

☩ 459 DIONISIO Areopagita delle divini nomi, trad. dal R. P. Don VALERIANO, Canonico Lateranense; con alcuni bellissimi trattati della facilità del ben operare, delle sette beatitudini, della oratione dominicale & dell'amor divino, *Venetia*, Rutilio Bergominerio, 1563, *in-8. vel.*

460 CLEMENTIS, Romani Episcopi, ad Corinthios epistola, prior (græcè) ex laceris reliquiis vetustissimi exemplaris Bibliothecæ Regiæ eruit, lacunas explevit, latinè vertit, & notis brevioribus illustravit Patricius JUNIUS, *Oxonii*, Joh. Lichfield, 1633, *in-4. v. f. d. f. tr.*

461 POLYCARPI & IGNATII Epistolæ, (græcè) unâ cum vetere vulgatâ interpretatione latinâ, ex trium mss. codicum collatione, integritati suæ restitutâ, accessit & Ignatianarum Epistolarum versio antiqua alia, ex duobus manuscriptis in angliâ repertis, nunc primùm in lucem edita; quibus præfixa est, non de Ignatii solùm & Polycarpi scriptis, sed etiam de apostolicis constitutionibus & canonibus Clementi Romano tributis, Jacobi USSERII, Archiepiscopi Armachani dissertatio, *Oxoniæ*, Hen. Hall, 1648, *in-4. v. f. d. f. tr.*

462 Supplément à la Dissertation sur le Sermon de S. Polycarpe, *ou* correction des fautes, additions & omissions survenues dans l'impression qui en a été faite sans la participation de l'Auteur, *Liege*, Jean Henri, *sans date, in-12. v. f. d. f. tr.*

463 Sancti IGNATII, Martyris, Epistolæ genuinæ, (græcè) ex Bibliothecâ Florentinâ : adduntur ejusdem Epistolæ quales vulgò circumferuntur, ad hæc S. BARNABÆ Epistola, accessit universis translatio vetus, edidit & notas addidit Isaacus VOSSIUS, *Londini*, Joan. Gellibrand, 1680, *in-4. v. f. d. f. tr.*

THÉOLOGIE.

464 Ejusdem, Epistolæ genuinæ juxta exemplar Mediceum (græcum) denuò recensitæ, unà cum veteri versione latinâ : annotationibus Joan. PEARSONI & Thomæ SMITHI illustratæ; accedunt acta genuina Martyrii S. IGNATII, epistola S. POLICARPI ad Philippenses, & Smyrnensis Ecclesiæ Epistola de S. Polycarpi martyrio, cum veteribus latinis versionibus, & annotationibus ejusdem SMITHI, *Oxoniæ*, è theatro Sheldoniano, 1709, *in-4. v. f.*

465 Sancti JUSTINI, Philosophi & Martyris, Opera, *græcè*, *Lutetiæ*, Robertus Stephanus, 1551, *in fol. v. f. d. f. tr.*

466 Ejusdem Opera quæ extant omnia, necnon TATIANI adversùs Græcos Oratio, ATHENAGORÆ, Philosophi Atheniensis, legatio pro Christianis, S THEOPHILI Antiocheni tres ad Antolycum libri, HERMIÆ, Philosophi, irrisio Gentilium Philosophorum : item in appendice, supposita Justino Opera cum actis illius Martyrii & excerptis operum deperditorum ejusdem Justini & Tatiani & Theophili, cum mss. codicibus collata, ac novis interpretationibus, notis, admonitionibus & præfatione illustrata, operâ & studio unius ex Monachis Congregationis S. Mauri, (D. Prud. MARAN) gr. & lat. *Parisiis*, Carolus Osmond, 1742, *in-fol. v. m.*

467 Les Œuvres de S. JUSTIN, mises de grec en françois par Jean DE MAUMONT, *Paris*, Vascosan, 1554, *in-fol. l. r. v. br.*

468 ATHENAGORA, Atheniese, Philos. Christiano, della riserruttione de morti, *in-4. cart.*
  Sans titre, sans indication d'Imprim. de ville & d'année, avec des chiffres & des signatures, en beaux caract. ronds.

* Version omise par Dupin, Cawe, Casimir Oudin, J. Alb. Fabricius, le nouv. éditeur de la Bibl. de Haym. le P. Paitoni de Sommasque, auteur de la Bibliotheque de Volgarizzatori, qui est dans la raccolta de Calogera ; Argelati, Maittaire & Orlandi.

469 Il medesimo, della risurrettione de' morti, tradotto in lingua italiana da Girolamo FALETI, con una oratione della nativita di Christo, composta dal medesimo Faleti, *Venetia*, Aldo, 1556, *in*-4. *v. f. d. s. tr.*

470 ORIGENIS contra Celsum libri octo, ejusdem Philocalia, (græcè) Gulielmus SPENCERUS utriusque operis versionem recognovit, & annotationes adjecit, *Cantabrigiæ*, Joan. Field, 1658, *in*-4. *v. f. d. s. tr.*

471 Traité d'ORIGENE contre Celse, traduit du grec, par Elie BOUHEREAU, *Amst.* Desbordes, 1700, *in*-4. *v. br.*

472 ORIGENES defensus, sive Origenis Adamantii præsb. vita, virtutes, documenta : item veritatis super ejus vitâ, doctrinâ, statu, exacta disquisitio, auctore Petro HALLOIX, Societ. Jesu, *Leodii*, Hovii, 1648, *in-fol. v. br.*

473 EUSEBII, POLYCHRONII, PSELLI, in Canticum Canticorum expositiones, græcè, Joann. MEURSIUS primus nunc è tenebris eruit & publicavit, *Lugd. Batav.* Elzevir, 1617, *in*-4. *v. m.*

474 EUSEBIO Pamphilo della preparatione Evangelica, *Venetia*, Michele Tramezzino, 1550, *in*-8. *vel.*

475 Collectio nova Patrum & Scriptorum Græcorum, EUSEBII Cæsariensis, ATHANASII & COSMÆ Ægyptii (græcè) ; hæc nunc primùm ex mss. codicibus græcis, italicis, gallicanisque eruit, latinè vertit, notis & præfationibus illus-

travit D. Bernardus DE MONTFAUCON, Ordinis S. Benedicti, *Parisiis*, Claudius Rigaud, 1706, 2 vol. in-fol. *v. f. d. s. tr.*

476 Divi BASILII Magni, Cæsariensis Episcopi, eruditissima opera, interpretes Johan. ARGYROPILUS, Georg. TRAPEZUNTIUS, Raph. VOLATERRA, RUFFINUS, Presbyter, Monodia GREGORII, Nazian. (*Coloniæ*) Eucharius Cervicornus, 1523. = Divi GREGORII, Episc. Nazianzeni, de Theologiâ, libri V, nuper è græco sermone in latinum à Petro MOSETTANO, Protegense, traducti, *Basileæ*, Joan. Frobenius, 1523, *in-fol. mar.*

477 Harangue de S. BASILE-le-Grand à ses jeunes Disciples & Neveux; quel profit ils pourront recueillir de la lecture des livres grecs des Auteurs profanes, ethniques & payens, traduite de grec en notre langue, par Claude DE PONTOUX, *Paris*, Jehan le Royer, 1561, *in-8.* (demi goth.) *v. f. d. s. tr.*

478 CYRILLI, Archiepiscopi Alexandriæ, de exitu animæ sermo. Joannes DAMASCENUS, de Resurrectione. Idem, de Paradiso, (græcè) *Paris.* Christianus Wechelus, 1537, *in-16. v. f. d. s. tr.*

479 Apologie de S. GREGOIRE Nazianzene, en laquelle principalement il déclare la charge & devoir d'un Evesque & autres Prélats de l'Eglise, traduite en françois, par Jehan DELAVARDIN, Abbé de l'Estoile, (*Paris*) Guillaume Chaudiere, 1574, *in 8. v. f. d. s. tr.*

480 DIDYMI Alexandrini, de Trinitate libri, nunc primùm græcè editi, latinè conversi, ac notis illustrati à Joh. Aloysio MINGARALLIO, *Bononiæ*, à Vulpe, 1769, *in-fol. v. f.*

481

SAINTS PERES GRECS.

481 Divi GREGORII, Episc. Nysseni, de creatione hominis liber, interprete DIONYSIO, Romano exiguo, & alia ejusdem Authoris opera, *Coloniæ*, Novesianus, 1537, *in-fol. v. f.*

482 Joannis CHRYSOSTOMI, de orando Deo, orationes duæ, (græcè) *Parisiis*, Christianus Wechelus, 1538, *in-16. v. f. d. s. tr.*

483 Ejusdem Libellus, quod nemo leditur nisi à se ipso, *Parisiis*, Guiot, *in-4. cart.*

* Edition inconnue à Orlandi, pag. 90 & 311, & à Maittaire, pag. 256 & seq. indicis tom. I.

Long. lignes au nombre de 36 sur les pages qui sont entieres en lettres de somme, sans chiffres, & indication d'année, mais avec un titre & des signatures, en tout 16 f.

Il y a sur le verso du dernier, la marque de Guiot, (ou Gui) Marchant, que la Caille (pag. 66) & Orlandi (pag. 230 & 231) ont mentionnée; elle représente les deux notes *sol la*, avec ces deux mots latins à côté,

Fides
Ficit

Il y a au-dessous de ces deux notes & de ces mots latins, deux mains jointes ensemble.

C'est mal à propos qu'Orlandi a lu *sufficit* pour *ficit*, qui est une abréviation de ce mot.

On lit sur les deux côtés & au bas de cette marque, les mots Guiot Marchant.

484 Traicté de S. Jehan CHRISOSTOME, que nul n'est offensé, sinon par soy-mesme, recentement traduit en langue francoise, *Paris*, Adam Saulnier, 1543, *in-8. v. f. d. s. tr.*

485 Le Sacerdoce du même, trad. en franc. *Paris*, Vitré, 1650, *in-12. v. f. d. s. tr.*

486 Vie de S. Jean Chrysostome, par MENART, *Paris*, Savreux, 1665, 2 *vol. in-8. v. m.*

487 SYNESII, Episcopi Cyrenes, opera quæ extant

Tome I. F

omnia, (græcè) interprete Dionysio PETAVIO, Aurelianensi, Societatis Jesu Presbytero, cujus ista studio ex veterum, præsertìm christianissimi Regis, codicum fide recensita ac notis illustrata, & eadem modò omnia secundâ hâc edit. multò accuratiora & uberriora prodeant, *Lutetiæ Parisiorum*, Sebastianus Cramoisy, 1633, *in-fol. v. m.*

488 Les Narrations, *ou* Discours de S. NIL, ancien Hermite du mont Sina, cont. la persécution & le martyre des Hermites du mesme lieu, avec la captivité & la délivrance de Théodule son fils, mis nouvellement en françois, *Paris*, Jean Gaillard, 1649, *in-8. v. f. d. f. tr.*

489 THEODORETI, Episcopi Cyri, de Providentiâ, sermones X, latinitate donati, Rodolpho GUALTHERO Tigurino interprete, nunquam antehàc visi nec editi, *Tiguri*, 1546, *in-8. v. f. d. f. tr.*

490 THEODORET, de la Providence, & son Discours de la divine Charité, trad. en franç. par l'Abbé LE MERE, *Paris*, Lambert & Durand, 1740, *in-8. m. r. d. f. tr.*

491 Di THEODORETO, Vescovo di Ciro, sermoni dieci della Providenza di Dio, tradotti dal greco in lingua volgare, *Vinegia*, Gabriel Giolito de Ferrari e Fratelli, 1551, *in-12.* (fig.) *v. f. d. f. t.*

492 Li medesimi, *Vinegia*, Gabriel Giolito de Ferrari e Fratelli, 1552, *in-12. v. m.*

493 Discorsi del medesimo, intitolati: la purga delle passioni dé Gentili, è la cognitione della verita Evangelica, estratta dalla loro Filosofia, in lingua volgare tradotti da Dardi BEMBO, ne quali si veggiono le opinioni di quanti Filosofi, che dal principio del mondo sino alla

SAINTS PERES GRECS.

noſtra redentione hanno ſcritto; & in quali coſe, et da che prendeſſero errore; in oltre, dove & quando ſi deſſe principio alle arti & ſcienze; & quali ne furono gl' inuentori, *Venetia*, Giovanni Alberti, *in*-4. *v. f.*

494 L'Echelle ſainte, *ou* les degrez pour monter au Ciel, compoſéz par S. Jean CLIMAQUE, Abbé du monaſtere du mont Sinaï, & Pere de l'Egliſe grecque, par ARNAULD D'ANDILLY, *Paris*, Pierre le Petit, 1668, *in*-8. *v. b. fil. d'or.*

495 Sermoni di Giovanni CLIMACO, Abbate nel monte Sinai, nè quali diſcorrendo ſi perla ſcala di trenta gradi, ſimilia gli anni della pienezza dell' età di Gieſu Chriſto ſecondo la carne, s'inſegna il modo di ſalire alla perfettione della vita monaſtica, religioſa e ſanta; con le allegationi della Sacra-Scrittura, *Venetia*, Pietro Bertano, 1607, *in*-8. *vel.*

496 Vitæ & res geſtæ SS. Barlaam, Eremitæ, & Joſaphat, Indiæ Regis, S. Jo. DAMASCENO auctore, Jac. BILLIO PRUNÆO interprete, *Antuerpiæ*, vidua & hæredes Joan. Belleri, 1602, *in*-12. *v. f. d. ſ. tr.*

497 Hiſtoire de Barlaam & Joſaphat, compoſée par S. Jean DAMASCENE, & trad. par F. Jean DE BILLY, avec la Vie de S. Jean Damaſcene, & l'Homélie de S. Jean CHRISOSTOME, intitulée, de la comparaiſon du Roy & du Moyne, *Paris*, Chaudiere, 1574, *in*-8. *v. f.*

498 Hiſtoire de Joſaphat, Roi des Indes, tirée de S. Jean DAMASCENE, trad. par le P. Ant. GIRARD, Jeſuite, *Paris*, veuve Camuſat, (1642) *in*-12. *v. m.*

499 Hiſtoria de los dos ſoldados de Chriſto

THÉOLOGIE.

Barlaam y Josafat, escrita por San Juan Damasceno, Doctor de la Yglesia Griega, trad. por Juan DE ARCE, Solorzeno, *en Madrid, Juan Flamenco*, 1608, *in-8. v. m.*

500 Vita del S. Giosafat convertito da Barlaam, ristampata, e di varie figure adornata, *Messina, Bisagni*, 1678, *in-8.* (fig.) *v. f. d. s. tr.*

501 Storia dé SS. Barlaam e Giosaffatte, ridotta alla sua antica purità di favella, coll'ajuto degli antichi testi a penna, *Roma*, Giov. Maria Salvioni, 1734, *in-4. v. br.*

502 OECUMENII Commentaria in novi Testamenti tractatus, scilicet in acta Apostolorum, omnes Pauli Epistolas, Epistolas catholicas omnes, accesserunt ARETHÆ, Cæsareæ Cappadociæ Episcopi, explanationes in Apocalypsin, nunc primùm græcè & latinè edita, interprete Joann. HENTENIO, *Lutetiæ Paris. Morellus*, 1630, 2 *vol. in-fol. v. f. d. s. tr.*

503 THEOPHYLACTI, Archiepiscopi Bulgariæ, Commentarii in quatuor Evangelia, nunc primùm græcè & latinè editi, *Lutet. Paris. Morellus*, 1631, *in-fol. v. f. d. s. tr.*

Collections, Extraits & Histoires des SS. Peres & des Auteurs Ecclésiastiques, Grecs & Latins, & des Monumens Ecclésiastiques.

504 Monumenta SS. Patrum Ortodoxographa, hoc est, Theologiæ Sacro-sanctæ Fidei Doctores numero circiter LXXXV, partìm græci, partìm latini, quorum quidam hactenùs non editi latuerunt, collecta à Georgio FABRICIO, *Basileæ*, 1569, 2 *vol. in-fol. v. f.*

505 Step. BALUZII Miscellanea, ceu Collectio veterum Monumentorum quæ hactenùs latuerant in variis codicibus ac Bibliothecis, *Parif.* Muguet, 1678, 7 *vol. in-*8. *v. br.*

506 Thomæ ITTIGII, de Bibliothecis & Catenis Patrum, variiſque veterum Scriptorum Eccleſiaſticorum collectionibus, tractatus, variis obſervationibus & animadverſionibus refertus, *Lipſiæ*, Lankiſius, 1707, *in-*8. *v. f.*

507 Spicilegium SS. Patrum, ut & Hæreticorum, ſeculi poſt Chriſtum natum I, II & III, quorum vel integra monumenta, vel fragmenta, partìm ex aliorum Patrum libris jam impreſſis collegit, & cum codicibus manuſcriptis contulit, partìm ex mſſ. primùm edidit, ac ſingula tam præfatione, quàm notis ſubjunctis illuſtravit Joannes-Erneſtus GRABIUS. Editio altera, priori auctior & emendatior, *Oxoniæ*, è theatro Sheldoniano, 1714, 2 *vol. in* 8. *v. br.*

508 Vindiciæ veterum Codicum confirmatæ, in quibus plures Patrum atque Conciliorum illuſtrantur loci; Eccleſiæ de trinâ Deitate dicenda traditio aſſeritur: Ratramnus & Gotheſcalcus purgantur ab injectis ſuſpicionibus, & quædam Pyrrhoniſmi ſemina noviſſimè ſparſa reteguntur & convelluntur, Aut. D. Petro COUSTANT, Ord. S. Benedicti, *Lutetiæ Parif.* Joan. Bapt. Coignard, 1715, *in-*8. *vel.*

509 Theſaurus Monumentorum eccleſiaſticorum & hiſtoricorum, ſive Henrici CANISII lectiones antiquæ, ad ſeculorum ordinem digeſtæ, variiſque opuſculis auctæ, quibus præfationes hiſtoricas, animadverſiones criticas, & notas in ſingulos Auctores adjecit Jac. BASNAGE, *Antuerpiæ*,

86 THÉOLOGIE.

Rudolphus & Gerhardus Wetstenii, 1725, 6 vol. in-fol. v. f.

☩ 510 Græcæ Ecclesiæ vetera Monumenta, edente Ang. Mar. BANDINO, græcè & latinè, *Florentiæ*, typis Cæsaris, 1762, 3 vol. in 8. v. m.

☩ 511 La Solitude chrétienne, où l'on apprendra, par les sentimens des SS. Peres, combien on doit desirer de se séparer du monde, autant qu'on le peut, lorsqu'on veut travailler sérieusement à son salut; *Paris*, Ch. Savreux, 1658, 3 vol. in-12. v. br.

☩ 512 Tre Testimonii fedeli Basilio, Cipriano, Ireneo, da MUTIO Justinopolitano, *Pesaro*, Barth. Cesano, 1555, in-8. vel.

☩ 513 Discours sur le dénombrement des Docteurs de l'Eglise, (par Simon DE VOYON) *Orléans*, Rabier, 1565, in-4. v. m.

☩ 514 Elenchus Scriptorum in sacram Scripturam, tam græcorum quàm latinorum, in quo exhibentur eorum gens, patria, professio, religio, librorum tituli, volumina, editiones variæ, quo tempore claruerint, vel obierint, elogia item aliquot Virorum clarissim. quibus præmissa sunt S. Biblia, partesque Bibliorum variis linguis, variis vicibus edita, opera Guil. CROVÆI, *Londini*, Pitts, 1672, in-12. v. f.

Double ch. à vendre a l'exception dela critique de Richard Simon, conservée.

☩ 515 Nouvelle Bibliothéque des Auteurs Ecclésiastiques, depuis les Apôtres jusqu'au XVIIIe siecle, avec l'Histoire des Auteurs séparés de la communion de l'Eglise Romaine, & des controverses en matieres Ecclésiastiques, par L. ELLIES DUPIN, continuée par l'Abbé GOUJET, avec la critique, par Richard SIMON, *Paris*, Pralard, 1688 & suiv. 50 vol. in-8. mar. r. & v. f. d. s. t.

516 Casimiri OUDINI, commentarius de Scriptoribus Ecclesiæ antiquis, illorumque scriptis, tam impressis quàm manuscriptis, adhuc extantibus in celebrioribus Europæ Bibliothecis, à Bellarmino Possevino, Philippo Labbeo, Guilielmo Caveo, Ludov. Elliâ Dupin & aliis omissis, ad annum 1460, cum multis dissertationibus in quibus insigniorum Ecclesiæ Autorum opuscula atque alia argumenta notabiliora accuratè & prolixè examinantur, *Francofurti ad Mœnum*, Maur. Georg. Weidmannus, 1722, 3 *vol. in-fol. v. m.*

517 Joan. Andreæ BOSII, introductio in notitiam Scriptorum Ecclesiasticorum, Jo. Franc. BUDDEI, Jo. Gerh. MEUSCHENI & Thomæ CRENII observationibus aucta atque illustrata, ejusque opuscula historiæ & antiquitatum sacrarum, collecta & edita curâ & studio Jo. Georgii WALCHII, *Jenæ*, Bielckius, 1723, *in-8. v. f.*

518 Bibliotheque portative des Peres de l'Eglise, qui renferme l'Hist. abr. de leur vie, l'Analyse de leurs principaux écrits, les endroits les plus remarquables de leur doctrine sur le dogme, la morale & la discipline, &c. par TRICALET, *Paris*, Lottin l'aîné, 1758 — 1762, 9 *vol. in-8. v. m.*

519 Dictionnaire historique des Auteurs Ecclésiastiques, *Lyon*, veuve Bessiat, 1767, 4 *v. in-8. v. m.*

Ouvrages des SS. Peres Latins.

520 M. MINUCII Felicis, Octavius, (ceu de verâ religione) cum integris omnium notis ac commentariis, novâque recensione Jac. OUZELII, cujus & accedunt animadversiones, insuper Joan. MEURSII notæ, & liber Jul. FIRMICI MATERNI

de errore profanarum Religionum, *Lugd. Batav.* Hackius, 1672, *in-*8. *v. f. d. f. tr.*

521 Idem, cum notis variorum, ex recensione Jac. GRONOVII, accedunt Cæcil. CYPRIANUS de Idolorum vanitate, & Julius FIRMICUS MATERNUS, de errore profanarum Religionum, *Lugd. Batav.* Boutestein, 1709, *in-*8. *v. f. d. f. tr.*

522 Le même, trad. par Guil. DUMAS, *Paris,* Dubray, 1637, *in-*4. *v. f. d. f. tr.*

Doubles à Vendre

523 Le même, trad. par D'ABLANCOURT, *Paris,* Barbin, 1660, *in-*12. *v. f.*

524 S. IRENÆI, Episcopi Lugdunensis, fragmenta anecdota, quæ ex Bibliothecâ Taurinensi eruit, latinâ versione notisque donavit, duabus dissertationibus de oblatione & consecratione Eucharistiæ illustravit, denique Liturgia græca Jo. Ern. GRABII, & dissertatione de præjudiciis Theologicis auxit Christophorus Matthæus PFAFFIUS, *Hagæ-Comitum*, Henricus Scheurlerius, 1715, 2 *vol. in-*8. *v. m.*

525 Henrici DODWELLI dissertationes in Irenæum, accedit Philippi SIDETÆ fragmentum de successione Catechistarum Alexandrinorum, hactenùs ineditum, cum notis ejusdem DODWELLI, *Oxoniæ*, è Theatro Sheld. 1689, *in* 8. *v. m.*

526 Q. Septimii Florentis TERTULLIANI, Apologeticus, cum notis variorum, edente Sigeberto HAVERCAMPO, *Lugd. Batav.* Severinus, 1718. = Jo. Laur. MOSHEIM disquisitio chronolog. critica de verâ ætate apologetici à Tertulliano conscripti, initioque persecutionis Severi, *Lugd. Batav.* Severinus, 1720, *in-*8. *v. f. d. f. tr.*

527 Apologétique de TERTULLIEN, ou Défense des Chrétiens contre les accusations des Gentils,

SAINTS PERES LATINS. 89

trad. par GIRY. Nouvelle édition avec le texte latin à côté, augmentée d'une differtation critique touchant Tertullien & fes Ouvrages *, *Amft.* Thomas Lombrail, 1701, *in-*8. *baz.*

* Ce n'eft qu'un extrait tiré d'une differtation latine très-favante & très-eftimée.

528 La couronne du Soldat, livre premierement efcrit en latin, par le même, environ l'an 200, & maintenant mis en francoys par Audebert MACERÉ, *Paris*, Michel Vafcofan, 1563, *in-*8. *v. f. fil. d'or d. f. tr.*

529 Deux Traités du même, l'un des parures & ornemens, l'autre des habits & accouftremens des femmes Chreftiennes, avec un Traité de S. CYPRIEN, touchant la difcipline & les habits des filles. = Traité de l'eftat honnête des Chrétiens en leur accouftrement, *Geneve*, de Laon, 1580, *in-*8. *v. m.*

530 Hiftoire de Tertullien & d'Origenes, par DE LA MOTTE, *Paris*, Joffet, 1676, *in-*8. *v. f.*

531 Cæcilii CYPRIANI Sermo de Oratione dominicâ, *Pater nofter*, in quo docet quâ potiffimum oratione uti, & qualiter ad eam accedere, & quo geftu corporis & modo vocis conveniat, qui fe Chriftianum effe afferit, *in-*4. *fans date, cart.*

Long. lig. lettres rondes, fans titre, avec des fignatures, huit feuil. en tout.

532 Les Œuvres de S. CYPRIEN, Evêque de Carthage & Martyr, trad. en franç. par LOMBERT, avec des remarques & une nouvelle Vie de S. Cyprien, tirée de fes écrits, *Paris*, André Pralard, 1672, *in-*4. *mar. r.*

THÉOLOGIE.

533 Dissertationes Cyprianicæ ab Henrico Dodwello, *Oxoniæ*, è Theatro Sheldon. 1684, in-8. *v. f.*

534 Joannis Meursii Criticus Arnobianus; item Hyocriticus Minutianus, *Lugd. Batav.* Elzev. 1599, in-8. *v. f.*

535 Luc. Cœlii Lactantii Firmiani opera quæ extant, cum selectis variorum commentariis, operâ & studio Servati Gallæi, *Lugd. Batav.* Hackius, 1660, in-8. *v. f.*

536 Eadem, recensuit, variantibus lectionibus, annotationibus, castigationibus ac dissertationibus illustravit F. Eduardus à S. Xaverio, *Romæ*, Angelus Rotilius, 1754, 14 vol. in-8. *v. f. d. f. tr.*

537 Ejusdem de mortibus Persecutorum, cum notis Steph. Baluzii liber, accesserunt variorum animadversiones Gisb. Cuperi, Jo. Columbi; Tho. Spark, Nic. Toinardi, Jo. Georg. Grævii, Tho. Gale, Eliæ Boherelli, recensuit Paul. Bauldri; addita Henr. Dodwelli dissertatio de Ripâ Strigâ, Theod. Ruinart, præfatio ad acta Martyrum, *Traj. ad Rhenum*, Broedelet, 1693, in-8. *v. f.*

538 Ejusdem Lactantii, divinarum institutionum libri, de irâ Dei, de opificio Dei, epitome in libros suos acephalos; Phœnix carmen de Dominicâ Resurrectione; & Tertulliani Apologeticus adversùs Gentes, *Venetiis*, Aldus, 1515, in-8. *v. f.*

539 Lactance Firmian, des divines institutions contre les Gentils & Idolâtres, trad. par René Fame, Notaire, *Paris*, Galiot du Pré, 1546, in-8. *v. f.*

540 La même traduction, *Paris*, Jean Ruelle, 1555, 1 tom. 2 vol. in-16. (avec fig.) mar. bl.

541 Gli Uffici di S. AMBRUOGIO, Vescovo di Milano, tradotti in volgar fiorentino, per Francesco CATTANI da Diacceto, colle annotazioni del medesimo, *Fiorenza*, Lorenzo Torrentino, 1558, in-4. vel.

542 L'Essamerone del medesimo, tradotte in volgar fiorentino, per lo medesimo CATTANI, libri VI, *Fiorenza*, Lorenzo Torrentino, 1560, in-8. vel.

543 Lettere di Q. Aurelio SIMMACO, fatte di latine volgari, dal Gio. Antonio TEDESCHI, *Roma*, Girolamo Mainardi, 1724, in-4. v. m.

544 Pauli OROSII historiarum libri VII adversùs Paganos, ut & Apologeticus contra Pelagium de arbitrii libertate, cum notis Franc. FABRICII Marcodurani, & Lud. LAUTII, recensuit, suisque animadversionibus nummisque antiquis illustravit Sigebertus HAVERCAMPUS, *Lugd. Batav.* Potuliet, 1738, in-4. v. m.

545 Marii MERCATORIS opera, Stephanus BALUZIUS, Tutelensis, ad fidem veterum codicum mss. emendavit & notis illustravit, *Parif.* Franciscus Muguet, 1684, in-8. m. r.

546 Opera Divi HIERONYMI, *Basileæ*, 1524 & 1526, 9 tom. 7 vol. in-fol. v.f.

547 Epistole di S. GIROLAMO, Dottore della Chiesa, scritte à diverse persone, mentre ch'egli era nell' Eremo, con una regola del temporale, e spiritual vivere, per le Monache ne Monasteri, nuovamente tradotte di latino in lingua toscana, per Giovan Francesco ZEFFI, Fiorentino, *Venetia*, Giunti, 1562, in-4. v.f. d.f. tr.

THÉOLOGIE.

✠ 548 Vindiciæ editionis S. AUGUSTINI, à Benedictinis adornatæ, adversùs epistolam Abbatis Germani, Auctore D. B. DE RIVIERE, (seu Domno DE MONTFAUCON,) *Romæ*, Jac. Komarck, 1699, *in*-12. *v. f. d. s. tr.*

✠ 549 Eædem, *Antuerpiæ*, Jo. Jacobus Komark, 1700, *in*-8. *v. f. d. s. tr.*

✠ 550 Plainte de l'Apologiste des Bénédictins, aux Prélats de France, (sur les libelles diffamatoires que l'on répand contre ces Religieux & contre leur édition de S. Augustin, avec une sommation aux Auteurs de ces libelles de paroître devant l'Archevesque de Paris), avec la lettre du Cardinal CANTELMI au R. P. D. Bern. de Montfaucon, sur son Apologie de la nouvelle édit. de S. Augustin, (par D. Franc. LAMY,) *in*-8. *v. f. d. s. tr.*

✠ 551 Lettre d'un Abbé Commendataire, aux RR. PP. Bénédictins de la Congrégation de Saint-Maur, (au sujet de l'édit. de S. Augustin), *Paris*, 1699, *in*-12. *v. f. d. s. tr.*

✠ 552 Lettre de l'Abbé D***, aux RR. PP. Bénédictins de la Congrégation de S. Maur, sur le dernier tome de leur édition de S. Augustin, (par le P. LANGLOIS), *Paris*, 1699. ⎯Réflex. sur la lettre d'un Abbé d'Allemagne, aux Bénédictins, sur le même volume, (par D. Denys DE SAINTE-MARTHE), 1699, *in*-12. *v. f. d. s. t.*

✠ 553 Lettre d'un Théologien, à un de ses Amis, sur un libelle qui a pour titre: Lettre de l'Abbé ***, aux RR. PP. Bénédictins de la Congrégation de S. Maur, sur le dernier tome de leur édition de S. Augustin, (par Dom Franç. LAMY, Bénédictin), 1699, *in*-8. *v. f. d. s. tr.*

SAINTS PERES LATINS.

554 Lettre d'un Ecclésiastique, au R. P. E. L. J. ✟ ſur celle qu'il a écrite aux RR. PP. Bénédictins de la Congrégation de S. Maur, touchant le dernier tome de leur édition de S. Auguſtin, *Oſnabruck*, Frédérick Bielck, 1699, *in-*12. *v. f. d. ſ. tr.*

555 La Ciudad de Dios di S. AUGUSTIN, Obiſpo ✟ Hiponenſe, en veynte y dos libros, contienen los principios, y progreſſos deſta ciudad, con una defenſa de la Religion chriſtiana contra los errores, y las calunias de los Gentiles; traduzidos de latin en romance, por Antonio DE ROYS, y Rocas; *en Amberes.*, Geronymo Verduſſen, 1676, *in-fol. baz.*

556 Les Livres de S. AUGUSTIN, contre les Philoſophes Académiciens, avec le Traité de la ✟ grace & de la liberté, trad. en franç. par DE VILLEFORE, *Paris*, Elie Joſſet, 1703, *in*-12. *v. m. d. ſ. tr.*

557 Les Soliloques, les Méditations & le Manuel du même, traduction nouvelle avec des notes; ✟ ſeconde édition revue & retouchée par l'Auteur, (DUBOIS), *Paris*, Imbert de Bats, 1700, *in*-12. *v. brun.*

558 Les Livres de S. AUGUSTIN, de la maniere d'enſeigner les principes de la Religion chrétienne à ceux qui n'en ſont pas encore inſtruits, ✟ *ch. à* de la vertu de continence & de tempérance, de *vendre* la patience, & contre le menſonge, *Paris*, André Pralard, 1678, *in*-12. *v. brun.*

559 Le Livre de S. AUGUSTIN, de la foi, de l'eſpérance & de la charité, pour ſervir de ma- ✟ nuel & d'un abrégé de la doctrine du Chriſtianiſme, trad. en franç. par Antoine ARNAULD,

avec le latin enfuite, revu exactement fur fix anciens manufcrits, *Paris*, Ant. Vitré, 1648, *in*-8. *v. m.*

✝ 560 Le même, *Paris*, André Pralard, 1685, *in*-12. *v. brun.*

✝ 561 Les fix Livres de S. AUGUSTIN contre Julien, Défenfeur de l'héréfie Pelagienne, trad. en franç. *Paris*, François Babuty, 1736, 2 *vol. in*-12. *v. m.*

✝ 562 Les deux Livres de S. AUGUSTIN, fur les mariages adulteres, traduits en françois, avec le texte latin à côté, des notes & une diſſertation, *Paris*, G. Defprez, 1763, *in*-12. *v. m.*

✝ 563 Speculum peccatoris editum à Beato AUGUSTINO, (fine anno nec urbis nomine, fed circà 1490), *in*-4. *cart.*

Typis vulgo *de fomme* dictis, fine titulo, reclam. ciffris, primâ litterâ initiali, fex folia complectens.

✝ 564 Opufcule de S. AUGUSTIN, de l'efprit & de la lettre, traduit par Valentin DU CAURROY, *Paris*, Vafcofan, 1551, *in*-4. *v. f.*

*D. ch. à ✝ 565 Le même, trad. par DU BOIS, *Paris*, Jean
more)* Bapt. Coignard, 1700, *in*-12. *v. brun.*

✝ 566 Traduction du Livre de S. AUGUSTIN, de la correction & de la grace, avec des fommaires de la doctrine contenue en chaque chapitre, par Antoine ARNAULD, nouvelle édit. *Paris*, André Pralard, 1685. = Decret de l'inquifition de Rome fur XXXI propofitions, avec une lettre écrite à un Prélat de la Cour de Rome à ce fujet, *Cologne*, Nicolas Schoute, 1691, *in*-12. *v. br.*

✝ 567 Les deux Livres de S. AUGUSTIN, de la prédeftination des Saints, & du don de la perféverance, avec les lettres 105, 106 & 107 de ce

SAINTS PERES LATINS.

S. Docteur, *Paris*, Jacques Eſtienne, 1715.
= Le Livre de S. AUGUSTIN, de l'eſprit & de la lettre, traduit en franç. par DUBOIS, *Paris*. J. B. Coignard, 1725, *in*-12. *v. brun.*

568 De la ſainte Virginité, diſcours traduit de S. AUGUSTIN, avec quelques remarques pour la clarté de la doctrine, par Claude SEGUENOT, Preſtre de l'Oratoire, *Paris*, Jean Camuſat, 1638, *in*-8. *v. f.*

569 Les Traités de S. AUGUSTIN ſur l'Evangile de S. Jean, & ſon épître aux Parthes, traduits en franç. *Paris*, Jean-Baptiſte Coignard, 1700, 4 *vol. in*-8. *v. f.* — *D: Changé à vendre.*

570 Réflexions de S. AUGUSTIN, ſur la Vie de Jeſus-Chriſt, *Paris*, Lambert Roulland, 1683, *in*-8. *v. br.*

571 Lettres de S. AUGUSTIN, trad. (par DU BOIS) *Paris*, Coignard, 1684, 2 *vol. in-fol.* gr. pap. mar. r. d. ſ. t. — *changé à vendre.*

572 Sancti Patris noſtri PAULINI, Patriarchæ Aquilejenſis, opera, ex editis ineditiſque primùm collegit, notis & diſſertationibus illuſtravit, addita duplici actorum veterum appendice, Joannes Franciſcus MADRISIUS, Utinenſis, Congregationis Oratorii Presbyter, *Venetiis*, ex Typ. Pitterianâ, 1737, *in-fol.* (*fig.*) *v. f. d. ſ. tr.*

573 Traité de VINCENT Lirinenſe, pour la vérité & antiquité de la Foy catholique, contre les prophanes nouveautés de toutes héréſies, compoſé par l'Auteur en latin, au tems du Concile d'Epheſe, environ l'an 425, & mis en notre langue vulgaire, revu & corrigé par G. RUZÉ, Conſeſſeur du Roi & Eveſque d'Angers, *Paris*, Fed. Morel, 1580, *in*-8. *v. f. d. ſ. tr.*

THÉOLOGIE.

574 Avertiſſemens du même, touchant l'antiquité & l'univerſalité de la Foy catholique, trad. par DE FRONTIGNIERES, *Paris*, Journel, 1684, *in-12. v. m.*

575 La même traduction, nouvelle édit. avec des remarques & une diſſert. ſur l'ouvrage, *Paris*, Jacq. le Febvre, 1686, *in-12. v. m.*

576 Conférences de CASSIEN, trad. en franç. par DE SALIGNY, Docteur en Théologie, *Paris*, Charles Savreux, 1665, 2 *vol. in-8. v. m.*

577 Opera di Giovanni CASSIANO, delle coſtitutioni & origine de Monachi, & de remedij & cauſe de tutti li vitij ; dove ſi recitano ventiquattro ragionamenti de i noſtri antiqui Padri, tradotta per Fra. Benedetto BUFFI, Heremita, dell' ordine di Camaldoli, di latino in volgare, *Venetia*, Michele Tramezzino, 1563, *in-4. v. f.*

578 THEODORI, Arch. Cantuarienſis, Pœnitentiale, edente Jacob. PETIT, *Lutetiæ*, Dupuis, 1677, 2 *vol. in-4. v. f. d. ſ. tr.*

579 Sancti LEONIS Magni, Papæ primi, opera omnia, nunc primùm epiſtolis XXX tribuſque de gratiâ Chriſti opuſculis auctiora, innumeris mendis expurgata, appendicibus, diſſert. notis, obſervationibuſque illuſtrata ; accedunt S. HILARII, Arelatenſis Epiſcopi, opuſcula, vita & apologia, unà prodit è tenebris genuinus codex Canonum & Conſtitutorum Sedis Apoſtolicæ, *Lutetiæ Pariſiorum*, Joan. Bapt. Coignard, 1675, 2 *vol. in-4. v. brun.*

580 Sanctæ Eccleſiæ Lugdunenſis, ſeu S. REMIGII, Archiepiſcopi, & FLORI, Diaconi Eccleſiæ Lugdunenſis, libri quatuor de Gratiâ & Prædeſtinatione ; accedunt primi ſex canones Concilii Valentini

SAINTS PERES LATINS.

lentini III, S. PRUDENTII, Episcopi Trecensis recapitulatio operis sui de Prædestinatione; FLORI sermo de Prædestinatione, & epistola ejusdem, ut videtur, FLORI, nunc primùm edita, curante P. F. F. *Romæ*, Marcus Palearinius, 1771, 2 *vol. in-*12. *v. m.*

581 Sancti CÆSARII, Episcopi Arelatensis, Homiliæ XIV; Stephanus BALUZIUS, Tutelensis, nunc primùm edidit, notisque illustravit, *Paris.* Franciscus Muguet, 1669, *in-*8. *v. f.*

582 Les Morales de S. GRÉGOIRE, Pape, sur le Livre de Job, trad. en franç. (par DE LAVAL), *Paris*, le Petit, 1666, 3 *vol. in-*4. *mar. r. d. f. t.*

583 Eximii Doctoris Beati GREGORII, Papæ, Trentenarius, unà cum quibusdam novis Missis, atque cum Communi, ac etiam Missis votivis, *Lugd.* Franç. Fradin, 1500, *in-*8. *cart.*

Typis vulgo *de somme* dictis, aliis majoribus, aliis minoribus, rubro & nigro colore, sine reclamantibus & registro.

584 Le Livre de S. GRÉGOIRE le Grand, du soin & du devoir des Pasteurs, trad. par J. LE C. C. de S. (Jean LE CLERC, Curé de Soisy, proche Provins), *Paris*, André Pralard, 1670, *in-*12. *v. m.*

585 ATTONIS, sanctæ Vercellarum ecclesiæ Episcopi, opera, ad autographi Vercellensis fidem nunc primùm exacta, præfatione & commentariis illustrata à Car. BURONTIO, *Vercellis*, Panialis, 1768, *in-fol. v. f.*

586 LUPI Servati de tribus quæstionibus, libero arbitrio, prædestinatione & Sanguinis Christi taxatione superfluâ, liber singularis, (1649) *in-*8. *v. f.*

Tome I. G

THÉOLOGIENS

D. échangé a vendre

587 Liber de ætatibus mundi & hominis, absque A, absque B, Auctore Fabio Claudio Gordiano Fulgentio, eruit è manuscriptis codicibus P. Jac. Hommey, Augustinianus, & notis illustravit; editio altera auctior, *Pictavii*, 1696, *in-8. v. f. d. f. tr.*

588 Traité de Bertram, Prestre, à Charles le Chauve, Roi de France, du Corps & du Sang de Notre Seigneur Jesus-Christ, 1600, *in-8. v. f. d. f. tr.*

589 Petri Abælardi, S. Gildasii, Abbatis, & Heloïsæ, conjugis ejus, Cœnobii Paraclitensis Abbatissæ, opera nunc primùm ex mss. cod. eruta, & cum præfatione apologetica pro Petro Abælardo, per Franciscum Amboesium (Andream Quercetanum), & censura Doctorum Parisiensium, in lucem edita studio ac diligentiâ ejusdem Petri Quercetani, *Parisiis*, Nic. Buon, 1616, *in-4. v. f. d. f. tr.*

590 Histoire d'Eloïse & d'Abelard, avec la lettre passionnée qu'elle lui écrivit, *la Haye*, van Dale, 1693, *in-12. v. f. d. f. tr.*

591 Sancti Bernardi, primi Abbatis Clarevallensis, opera omnia, denuò post Joann. Merlonem Horstium recognita, & in meliorem ordinem digesta, novis præfationibus, notis & observationibus locupletata & illustrata, secundis curis D. Johannis Mabillon, Monachi Benedictini, *Parisiis*, Joan. Guignard, 1690, 2 *vol. in-fol.* grand papier.

592 Meditationes ejusdem, (circà 1490), *in-4.* goth. cart.

Typis vulgo *de somme* dictis, sine reclam. cifris, litteris initialibus, 15 folia complectens.

593 L'Eschelle des Cloistriers, *ou* de la maniere de prier, faite en latin par S. BERNARD, premier Abbé de Clairvaux, mise en franç. par F. Julian WARNIER, Prieur de Longpont en Soissonnois, *Paris*, George Jouvenel, 1607, *in-12. v. m.*

594 Sermons choisis du même, distribués par ordre, pour l'Avent, le Carême & toutes les solemnités de l'année, par DE VILLEFORE, *Paris*, Guillaume Desprez, 1737, *in-12. v. m.*

595 Les Sermons du même, sur le Pseaume, *Qui habitat in adjutorio*, &c. preschez à ses Religieux durant le Carême; avec les deux Sermons de S. AUGUSTIN sur le même Pseaume, trad. en franç., seconde édition, *Paris*, Charles Savreux, 1668, *in-12. v. br.*

THÉOLOGIENS.

Introduction à la Théologie en général.

596 Christ. Math. PFAFFII, introductio in historiam Theologiæ literariam, notis amplissimis illustrata, *Tubingæ*, Joan. Georg. & Christianus Godof. Cotta, 1724—1726, *3 vol. in-4. veau mar.*

597 Exercitia & Biblioth. studiosi Theologiæ, Autore Gisberto VŒTIO, Theologiæ in Acad. Ultrajectinâ Professore, *Rheno-Trajecti*, Willhelmus Strick, 1644, *1 tom. 2 vol. in-12. v. m.*

Traités de la Théologie des Grecs.

598 De Græcæ Ecclesiæ hodierno statu Epistola, Autore Thomâ SMITH, Ecclesiæ Anglicanæ Presbytero, editio secunda, ab Autore longè

100 THÉOLOGIENS

auctior & emendatior, *Londini*, Moses Pitt, 1678, *in-8. v. f.*

599 Eadem, editio nova, auctior & emendatior, *Trajecti ad Rhenum*, Franciscus Halma, 1698, *in-8. v. f.*

600 Status præsens Eccl. Græcæ in quo etiam causæ exponuntur cur Græci moderni novi Testamenti editiones in græco-barbara lingua factas acceptare recusent; præterea additus est in fine status nonnullarum controversiarum ab Alexand. HELLADIO, Nat. Græc. *Lipsiæ*, 1714, *in-8. cart.*

601 Histoire de l'état présent de l'Eglise Grecque & de l'Eglise Arméniene, par le Chevalier RICAUT, traduite de l'Anglois par DE ROSEMOND, *Middelbourg*, Horthemels, 1692, *in-12. veau fauve.*

602 La même, *Amsterd.* Brunel, 1698, *in-12. v. m. d. s. t.*

603 La même, revue, corrigée & augmentée, *Amst.* Jacques Desbordes, 1710, *in-12. v. m.*

604 Jo. Georgii WALCHII, Historia controversiæ Græcorum Latinorumque de processione Spiritûs Sancti, *Jenæ*, Jo. Fridericus Ritterius, 1751, *in-8. v. f.*

605 Leo ALLATIUS de Templis Græcorum recentioribus, de narthece Ecclesiæ veteris, necnon de Græcorum hodie quorumdam opinationibus, *Coloniæ Agrippinæ*, Kalcovius, 1645, *in-8. v. f. d. s. t.*

606 Leonis ALLATII, de utriusque Ecclesiæ Occidentalis atque Orientalis perpetuâ in dogmata consensione de Purgatorio, (gr. & lat.), *Romæ*, Jos. Luna Maronita, 1655, *in-8. vel.*

607 Cérémonies & Coutumes des Chrétiens Orien-

taux, par Rich. SIMON, *Trévoux*, Ganeau, 1737, *in*-12. *v. f.*

THÉOLOGIENS DE L'ÉGLISE LATINE.

Histoire de la Théologie latine.

608 De libris Latinorum ecclesiasticis Schediasma, Authore Nicolao-Petro SIBBERN, *Nurembergæ*, 1706, *in*-8. *cart.*

SCHOLASTIQUES.

Théologiens Scholastiques & leurs Interprêtes.

609 Summa edita à Sancto Thomâ DE AQUINO de articulis Fidei & Ecclesiæ sacramentis, circà 1490, *in*-4. *goth. cart.*
Typis *de somme* dictis, sine reclamantibus, cifris, litteris initialibus, titulo, 12 folia complectens.

610 Quaternarius ejusdem, circà 1495, *in* - 4. *goth. cart.*
Typis *de somme* dictis, 6 folia non ciffrata complectens.

611 Questiones Magistri Petri DE AYLLIACO, Cardinalis Cameracensis, super libros Sententiarum, unà cum laudibus Theologiæ, & quibusdam quæstionibus de potestate Ecclesiæ in suis vesperiis disputatis, *sine anno*, *in*-4. *gothique, v. m. d. s. t.*

612 Opera JO. DE BASSOLIO, Doctoris subtilis, Scoti fidelis Discipuli, in quatuor Sententiarum libros aurea, *Parisiis*, Franciscus Regnault, 1516, *in*-fol. *v. m.*

613 De Deo ejusque operibus commentaria in pri-

miam partem S. Thomæ Aquinatis, Autore F. Francifco Cumel, Palentino Apintia apud Salmanticenfes Theologo, inftituti B. Mariæ de Mercede de obfervantia Ordinis Redemptorum, nunc denuò emendatus, & ex fecundâ Autoris recognitione, cum plerifque additionibus, *Salmanticæ*, Joannes Ferdinandus, 1590, 2 vol. *in-fol. v. m.*

614 Vita D. Thomæ Aquinatis, Othonis Vænii ingenio & manu delineata, *Antuerpiæ*, fumptibus Othonis Vænii, 1610, *in-fol. fig. v. ec.*

615 Textus Summularum Magiftri Petri Hyfpani, *Parifiis*, Petrus Levent, 1488, *in-8. cart.*

(*Ad calcem*) Petri Hyfpani, Viri doctiffimi, Ord. Prædicatorum Summularum liber, Dyalecticæ artis fundamentum, Parifius impreffus in vico S. Jacobi, per Petrum Levent, explicit feliciter. Anno Domini milleſimo quadringentefimo octuagefimo octavo, die vero XXVII menfis Auguftini.

Typis vulgo *de fomme* dictis, fine ciffris, reclamantibus, regiftro, litteris initialibus in hoc tamen exemplari depictis, parvis tantum indicantibus, 135 folia complectens.

616 Nicol. de Clemangiis opera omnia, conjecturis notifque ornavit, & primus edidit Joan. Lydius, cum ejus gloffario latino-barbaro, *Lugduni-Batav.* Elzevir, 1613, *in-4. v. f.*

617 Ejufdem, de lapfu & reparatione juſtitiæ libellus, ejufdem difputatio fuper materia Concilii generalis, item libellus Apoftolorum nationis gallicanæ, cum conftitutione facri Concilii Bafilien. & arrefto curiæ Parlamenti, fuper Annatis non foluendis, 1519. = Ejufdem, libri quinque tum pii, tum eruditi, de filio prodigo; de fructu Eremi; de fructu rerum adverfarum; de novis celebritatibus non inftituendis ; de

DE L'ÉGLISE LATINE. 103

Præsulibus Simoniacis; *Parisiis*, de Aarra, 1521, *in-*4. *v. f. d. f. t.*

618 Idem, de corrupto Ecclesiæ statu, *Parisiis*, Joannes Corrozetus, 1562, *in-*8. *v. f. d. f. t.*

619 Resolutiones Theologicæ difficultatum contingentium in Belgio, per Lud. Bertr. LOTH, *Duaci*, Bellerus, 1653, *in-fol. v. br.*

620 Melchioris CANI, Episcopi Canariensis, ex ordine Prædicatorum, opera, in hâc primùm editione clariùs divisa, & præfatione illustrata à P. Hyacintho SERRY, *Vindobonæ*, Joannes-Paulus Kraus, 1754, 2 *vol. in-*4. *v. m.*

Traités généraux & abrégés de la Théologie Scholastique.

621 Mandement de Monseig. l'Evêque de Noyon, nommé à l'Archevêché de Rouen, *sur les institutions Théologiques du P. Juenin*, avec un abrégé de ce même Mandement, accompagné de quelques notes, & suivi d'une explication de la doctrine des institutions touchant le Jansénisme & la matiere de la grace; & d'une dénonciation de diverses propositions de ce Mandement, (*sans nom de Ville, ni d'Imprimeur*), 1708, *in-*8. *v. f. d. f. t.*

622 Jo. Francisci BUDDEI, Theol. Institutiones Theologiæ dogmaticæ, variis observationibus illustratæ, *Lipsiæ*, Thomas Fritschius, 1724, *in-*4. *velin.*

623 Ejusdem Isagoge historico theologica, ad Theologiam universam singulasque ejus partes, cum supplementis, *Lipsiæ*, 1730, Fritschius, 2 *vol. in-*4. *v. f.*

624 Nicolai GURTLERI, Theol. Doct. Institutiones

Theologicæ, ordine maxime naturali difpofitæ ac variis accefsionibus auctæ; adjecta eft in fine Matthiæ MARTINII, S. Liter quondam apud Bremenfes P. P. Epitome S. Theologiæ methodicæ difpofitæ, *Marburgi-Cattarum*, Philippus-Cafimirus Mullerus, 1732, *in*-4. *v. m.*

625 Profperi LAMBERTINI, Cardin. Archiepifcopi Bononienfis, poftea BENEDICTI XIV, Pontificis Maximi, Inftitutiones Ecclefiafticæ, quas latinè reddidit Ildephonfus à S. CAROLO fcholarum piarum, Rector Collegii Urbani de propaganda fide, editio fecunda, *Monachii & Ingolftadii*, Joannes-Franc. Xav. Cratz, 1765, *in*-4. *v. m.*

Traités particuliers de la Théologie Scholaftique.

Traités touchant Dieu.

626 Tractatus de Deo ipfiufque proprietatibus, Autore Carolo VUITASSE, *Parifiis*, Philippus-Nicolaus Lottin, 1718, 3 *vol. in*-12. *baz.*

627 Dello Specchio delle opere di Dio, nello ftato di natura, libri 3, di Partenio ETIRO, (Pietro ARETINO), *Venetia*, Marco Ginemmi, 1635, *in* 24. *v. f.*

628 Politica di Dio Governo di Chr... N. S. fcritta con le penne de' Sacri Evangeli..., da D. Franc. di QUEVEDO Villiegas, trad. dallo fpagnolo da Mich. FERÉ, *Venezia*, Alvife Pavino, 1709, *in*-8. *baz.*

629 Les antiquitéz & fingularitéz du monde, aufquelles eft traicté de la Sapience divine, & des chofes admirables, tant céleftes que terreftres, par le Seigneur du PAVILLON, près Lorriz, *Lyon*, Benoît Rigaud, 1578, *in*-16. *v. m.*

Traités touchant la Trinité.

630 Disputatio theologica de Trinitate adversùs disceptationem hæretici Antitrinitarii anonymi, auctore Jos. DE VOISIN, *Parisiis*, Simeon Piget, 1647, *in-*12. *v. f. d. s. tr.*

631 Apologie du système des Saints Peres sur la Trinité, contre les Tropolâtres & les Sociniens, par l'Abbé FAYDIT, *Nancy*, Barbier, 1702, *in-*8. *v. m.*

632 Tractatus de Sanctissimâ Trinitate, autore D. Carolo VUITASSE, *Parisiis*, Philippus Nicolaus Lottin, 1718, 2 *vol. in-*12. *v. m.*

633 Fr. Jo. Franc. Bernardi Mariæ DE RUBEIS, ordinis Prædicatorum, de tribus in Cœlo Testibus, Patre, Verbo & Spiritu Sancto, qui tres unum sunt, I epist. Joan. cap. V, ⅴ. 7, Dissertatio adversùs Samuelem Crellium, aliosque, *Venetiis*, Occhi, 1755, *in-*4. *v. f. d. s. tr.*

Traités touchant la Personne du Verbe & son Incarnation.

634 Tractatus de singulari puritate & prærogativa Conceptionis Salvatoris nostri Jesu-Christi, editus per Fr. Vincent. DE BANDELIS, & Epistola narrativa disputationis de Conceptione B. Virg. Mariæ, & Epistola B. BERNARDI de festo Conceptionis B. Virginis, *Francof.* 1481, *in-*4. *v. f.*

635 D. Joachimi VADIANI ad Joan. Zuiccium epistola, in quâ post explicatas in Christo naturas diversas, & personam ex diversis naturis unam, Jesum Salvatorem nostrum, vel in gloriâ veram esse creaturam, tùm oraculis Scripturarum, tùm

† Interpretum authoritate docetur & demonstratur; accedit antilogia ad Gasparis Schuenckfeldii argumenta, quibus Christum in gloriâ receptum, ampliùs creaturam nullo modo esse contendit, *Tiguri*, Frosch, (*absque anni indicatione*) *in-8. v. f.*

☩ 636 Monarchia del Nostro Signor Jesu-Christo, di Gioan-Ant. PANTHERA, Parentino, *Vinegia*, Gab. Giolito de Ferrari, 1545, *in-8. v. f. d. s. t.*

† 637 De veritate humanæ naturæ Jesu Christi, ab Ant. SADEELE, (*Paris.*) 1585, *in-8. v. f.*

☩ 638 Tractatus de Incarnatione Verbi divini, autore LE GRAND, editio secunda, *Parisiis*, Jacobus Gabriël Clousier, 1774, 3 *vol. in-12. v. m.*

☩ 639 F. Cornelii CURTII liber de Clavis Dominicis, *Antuerpiæ*, Aertssens, 1634, *in-12. mar. r.*

☩ 640 Jo. Jac. CHIFFLETII de linteis sepulchralibus Christi Servatoris, crisis historica, *Antuerpiæ*, Plantinus, 1624, *in-4. v. f.*

double changé à vendre

☩ 641 La sacra Historia della santissima Sindone di Cristo Signor Nostro, raccolta compendiosamente da gravi Autori, *Napoli*, Gio. Battista Fontana, 1722, *in-12. cart.*

☩ 642 Histoire ou bref Traité du saint Suaire de N. S. Jesus-Christ, prétieuse relique de la maison de Savoie, qui se garde à Turin, par P. François VICTON, Minime, *Paris*, Seb. Cramoisy, 1634, *in-8. v. f. d. s. tr.*

☩ 643 Dominici GEORGII de monogrammate Christi Domini dissertatio, quâ mos vetustissimus sacrosancti Christi nominis per litteras compendiarias exorandi, & monumenta veterum Christianorum, ex cœmeteriis urbis sacræ effossa, à calumniis Jacobi Basnagii vindicantur, *Romæ*,

Bernabò, 1738, (*fig.*) == Differtatio philologica, quâ nonnulla monimenta facræ vetuftatis ex mufeo Victorio deprompta, æri incifa tabula vulgantur, expenduntur, illuftrantur, *Romæ*, ex Typographeio Palladis, 1751. == Paulli M. PACIAUDI, Clerici regul. diatribe quâ græci anaglyphi interpretatio traditur, *Romæ*, Nicolaus & Marcus Palearini, 1751, *fig.* == Ejufdem de umbellæ geftatione commentarius, *Romæ*, Nicolaus & Marcus Palearini, 1752, *fig.* == Ejufdem de athletarum ΚΥΒΙΕΤΗΣΕΙ in Palæftra Græcorum commentariolum, *Romæ*, fratres Palearini, 1756, *fig.* == Lettera fopra una medaglia di Carino Imperatore, e Magnia Urbica Augufta fua conforte, fcritta dal Barone Filippo DE STOSCH, *Firenze*, Gio. Paulo Giovannelli, 1755, *in*-4. *fig. v. m.*

643 *bis* De Cruce ftationali inveftigatio hiftorica, ☩ Joannis CIAMPINI, *Romæ*, Buagnus, 1694. == Ejufdem facro-hiftorica difquifitio de duobus emblematibus in quorum altero præcipuè difceptatur, an duo Philippi Imperatores fuerint Chriftiani, *Romæ*, Komarck, 1691, *in* 4. *fig. v. b.*

644 L'Homme-Dieu, *ou* le parallele des actions ☩ divines & humaines de Jefus-Chrift, par HENRYS, Avocat du Roi au Préfidial de Foreft, *Lyon*, Jean-Pierre Chancel, 1645, 2 *v. in*-4. *v. f.*

Traité touchant le S. Efprit.

645 De peccato in Spiritum Sanctum, differtatio ☩ theologica quam in Acad. Lipfienfi publico examini fiftit Joan. Adam SCHERZERUS, Egranus, *Lipfiæ*, Fridericus Lanckifch, 1663, *in*-4. *v. f.*

Traités des Anges & des Démons.

646 Malleorum quorumdam maleficarum, tam veterum quàm recentiorum Authorum, tomi duo; quorum primus continet, I. Malleum maleficarum Fr. Jacobi SPRENGER, & Fr. HENRICI, Inſtitoris Inquiſitorum. II. Fr. Joannis NIDER, Theologiæ Profeſſoris, librum unum (nempe quintum) fornicatii, qui tractat de maleficis & eorum deceptionibus; ſecundus verò tomus cont. Tractatus VII, ibi ſpeciatìm nominatos, omnes de integro, nunc demùm in ordinem congeſtos, notis & explicationibus illuſtratos, atque ab innumeris, quibus ad nauſeam uſquè ſcatebant mendis, in uſum communem vindicatos, *Franc.* 1582, 2 *vol. in-*8. *v. mar.*

647 De Idolatriâ magicâ Diſſertatio Joannis FILESAGI, Theologi Pariſienſis, *Francf. ad Mœnum*, Jacobus Godefridus Seyler, 1670, *in-*8. *v. f. d. f. tr.*

648 Traité des Anges bons & mauvais, (par le Préſident JOLY), *Dijon*, Edme Bidault, 1770, 3 *vol. in-*12. *v. m.*

Traités de la nature de l'Homme & de ſa chûte.

649 Cogitationum novarum de primo & ſecundo Adamo, ſive de ratione ſalutis per illum amiſſæ, per hunc recuperatæ compendium, *Amſtelæd.* Irenæus Aſpidius, 1700, *in-*8. *v. f. d. f. t.*

650 R. P. Franciſci PARTINGERI, Soc. Jeſu, ratio ſtatûs animæ immortalis aſceticè, hiſtoricè, polemicè, commodo eorum, qui aut in domi-

nico Ecclesiæ agro, ad procurandam animarum messem, aut inter gentem convulsam & dilaceratam, ad extirpanda vitiorum & hæreseon zizannia, concionibus destinantur; ex divinis Scripturis, SS. PP. commentariis, controversarum in fide quæstionum Scriptoribus, vitæque spiritualis Magistrorum commentationibus, ac historiarum monumentis, compendiosa methodo combinata, præmissis singula antè capita brevioribus dissertationibus, quibus aut virtus commendatur, aut exagitatur vitium; opus à mendis plurimis hâc secundâ editione purgatum, *Pedeponti*, Joan. Gastl, 1755, 2 *vol. in-8. v. m.*

651 Dignité de la nature humaine considérée en vrai Philosophe & en Chrétien, par M. l'Abbé DE VILLIERS, *Paris*, d'Houry, 1778, *in-12. v. m.*

Traités du Libre Arbitre, de la Grace & de la Prédestination.

652 Laurentius VALLA de Libero Arbitrio, Apologia ejusdem adversùs calumniatores, quando super fide suâ requisitus fuerat. Item, contra Bartoli libellum, de insigniis & armis, epistola, ubi acutissimi viri judicium acerrimum, & raram variamque eruditionem probabit lector, *Basileæ*, 1526, *in-8. v. f. d. s. tr.*

653 Zodiacus christianus, seu signa 12 divinæ Prædestinationis, unà cum 12 symbolis quibus signa illa adumbrantur, à Raphaële SADELERO imaginibus (numero 16) exornatus, *Monaci*, Raphael Sadelerus, 1618, *in-8. fig. v. f. d. s. tr.*

654 Iddio operante, autore Tomaso ROCCABELA, *Venetia*, Gio. Pietro Pinelli, 1645. =Prencipe

deliberante, del medesimo, *Venetia*, Gio. Pietro Pinelli, 1646. == Prencipe morale del medesimo, *Venetia*, Gio. Pietro Pinelli, 1645, *2 part.* == Prencipe prattico, del medesimo, *Venetia*, Gio. Pietro Pinelli, 1645, *in-4. vel.*

655 L'autorité de S. Augustin & de S. Thomas dans l'Eglise Catholique, établie par la tradition du témoignage perpétuellement rendu à leur doctrine; ouvrage publié en françois conformément au Traité latin d'un Théologien de Vienne en Autriche, pour servir d'introduction à la Bibliotheque intéressante, *ou* Recueil de monumens qui établissent le suprême empire de Dieu sur la volonté de l'homme, *Francf. sur le Mein*, (*Toulouse*) 1773, *2 vol. in-12. v. f. d: f. tr.*

Traités concernant les Disputes sur la Grace, à l'occasion du Livre de Jansenius & de la Morale des Jésuites.

656 Défense de la Foi de l'Eglise Catholique, contre le deffy des Ministres Calvinistes de Bois-le-Duc, par JANSENIUS, Docteur de Louvain, & depuis Evêque d'Ipre, *Paris*, Ant. Vitré, 1651, *in-12. v. f. d. f. t.*

657 Nouv. Apologie de la sainte Doctr. de Jansenius, Evêque d'Ipres, touchant les cinq propositions, suivies de la Réponse à la critique qu'André Van-der Schuur en a faite, par Gilles DE VITTE, *Rome*, 1756, *in-12. v. m.*

658 Renversement de la Religion & des Loix divines & humaines, par toutes les Bulles & Brefs donnés depuis près de 200 ans, contre Baius, Jansenius, les cinq Propositions pour le

formulaire, & contre le P. Quefnel, *Rome*, 1756, 2 *vol. in*-12. *v. m.*

659 Recueil de quelques Lettres très-importantes efcrites fur la condamnation de cinq Propofitions de Cornelius Janfenius, fait par le commandement de l'Evêque de Grenoble, pour l'inftruction de fon Diocèfe, *Grenoble*, Ant. Verdier, *in*-8. *v. f. d. f. t.*

660 Les Sentimens des plus confidérables Cafuiftes, fur la probabilité des opinions dans la Morale, par le P. Jean FERRIER, de la Comp. de Jefus, *Tolofe*, Fr. Boude, 1659, *in*-8. *v. m.*

661 Doctrinæ Jefuitarum præcipua capita, à doctis quibufdam Theologis retexta, folidis rationibus teftimoniisque facrarum Scripturarum & Doctorum veteris Ecclefiæ confutata, *Rupellæ*, Theop. Regius, 1589, 6 *vol. in*-8. *cart.*

662 Maximiliani SANDÆI caftigatio Confcientiæ Jefuiticæ, cauteriate confictæ in Hollandia à Jac. Laurentio, *Herbipoli*, Schwindtlauff, 1617, *in*-8. *v. f. d. f. t.*

663 Avertiffement contre une Doctrine préjudiciable à la vie de tous les hommes, & particuliérement des Rois & Princes Souverains, enfeignée à Paris par les Jéfuites, *fans nom de Ville*, 1643, *in*-8. *v. m.*

664 Les Impoftures & Ignorances du libelle intitulé: *Théologie Morale des Jéfuites*; par l'Abbé BOISIC, *fans nom de Ville*, 1644, 2 parties, 1 *vol. in*-8. *v. f.*

665 Tyrannomanie Jéfuitique, par A. DU VOYER, *Villefranche*, Bontemps, 1648, *in*-8. *v. m.*

666 La Morale des Jéfuites, extraite fidélement de leurs livres, par Antoine ARNAULD, Doc-

THÉOLOGIENS

teur de Sorbonne, *Mons*, Waudret, 1667, *in*-4. *v. f.*

☩ 667 Morale pratique des Jésuites, représentée en plusieurs histoires arrivées dans toutes les parties du Monde, extraite ou de livres, ou de mémoires autorisés & très-seurs, par le même, *Cologne*, Quentel, 1669, *in*-12. *v. f.*

☩ 668 La même, *Cologne*, Quentel, 1669 & 1695, 8 *vol. in*-12. *v. br. d. f. t.*

☩ 669 Dénonciation faite à tous les Evêques de l'Eglise de France, par le corps des Pasteurs & autres Ecclésiastiques du second Ordre, des Jésuites & de leur doctrine, (*sans nom de Ville ni date*) *in*-4. *v. f.*

☩ 670 Lettre à l'Evêque de Tournay, par laquelle on lui dénonce la pernicieuse doctrine que les Jésuites enseignent dans son Séminaire, *Amst.* 1709, *in*-8. *v. f. d. f. tr.*

☩ 671 Parallele de la doctrine des Payens avec celle des Jésuites, & de la Constitution *Unigenitus*, *sans nom de Ville*, 1726, *in*-4. *v. f.*

☩ 672 Maximes de la morale des Jésuites, prouvées par les extraits de leurs livres déposés au Greffe du Parlement, *ou Table des assertions*, *Paris*, 1762, *in*-12. *v. m.*

☩ 673 Les Provinciales, *ou Lettres écrites par Louis* DE MONTALTE (Blaise PASCAL) à un Provincial de ses amis, & aux Jésuites, sur la morale & la politique de ces Peres, avec les notes de Guillaume DE WENDROCK, (Pierre NICOLE) traduites en françois par Mademoiselle DE JONCOURT, *Cologne*, de la Vallée, 1739, 4 *vol. in*-8. *v. br.*

☩ 674 Le Provinciali, *o Lettere scritte da Luigi*
DI

DE L'ÉGLISE LATINE. 113

di Montalto, ad un Provinciale de suoi amici, colle annotazioni di Guglielmo Wendrok, tradotte nell' italiana favella con delle nuove annotazioni, *Venezia*, 1761, 6 *vol. in*-8. *v. m.*

675 Lettres au R. P. Alexandre, en faveur de l'Auteur de *la nouvelle réponse aux Lettres Provinciales*, touchant les équivoques & les restrictions mentales, 1696, *in*-12. *cart.*

676 Réponse aux *Lettres Provinciales*, ou Entretiens de Cléandre & d'Eudoxe, par le P. Daniel, *Amst.* (Rouen) 1697, *in*-12. *v. m.*

677 Apologie des *Lettres Provinciales*, contre les *Entret. de Cléandre & d'Euxode*, *Delft*, 1697. 2 *vol. in*-12. *v. br.*

678 Les Imaginaires & les Visionnaires ; Traité de la Foy humaine ; Jugement équitable, tiré des Œuvres de Saint Augustin ; Lettres de Nicolas Pavillon, Evêque d'Alet, à M. Hardouin de Perefixe, Archevêque de Paris, par Nicole, *Cologne*, Marteau, 1683. *in*-8. *mar. cit.*

679 Rem. chrétiennes & catholiques sur le livre de la *fréquente Communion*, qui a paru nouvellement sous le nom de M. Antoine Arnauld, &c. *Paris*, 1644, *in*-8. *v. m.*

680 Recueil de diverses pieces, publiées pour la *traduction du nouveau Testament imprimé à Mons*, *Cologne*, Schouten, 1669, 3 *vol. in*-8. *v. f. d. f. tr.*

681 Nouvelle Défense du *nouveau Testament imprimé à Mons*, avec la continuation (par Antoine Arnauld) *Cologne*, Schouten, 1680, 2 *v. in*-8. *m. cit. d. f. t.*

682 Secrets découverts, (*sans frontispice*) *in*-12. *v. m.*

Tome I.   H

THÉOLOGIENS

✠ 683 Le Miroir sans Tache, par l'Abbé VALENTIN, *Paris*, 1680, *in-12*.

✠ 684 Beste à Sept Testes, *ou* Beste Jésuitique, Conférences entre Théophile & Dorothée, dans lesquelles on fait voir quelle est la politique, ou l'esprit des Jésuites, & l'union inséparable qu'il y a entre les maximes de morale qu'ils ont soutenues, & leur grace suffisante, donnée à tout le monde sans exception, qui est le principe d'erreur d'où ils les ont fait naître, *Cologne*, (*Paris*) 1693, *in-12. v. br.*

✠ 685 Le Pere Bouhours, Jésuite, convaincu de ses calomnies anciennes & nouvelles contre MM. de Port-Royal, *ou* Recueil des divers Ecrits faits contre ses deux lettres & d'autres libelles, avec une Réponse au nouvel écrit intitulé: *Lettre à l'Auteur des Avis importans, &c.* ou *Apologie du Pere Bouhours*, *Amsterdam*, 1700, *in-12. v. br.*

✠ 686 Lettres de l'Auteur des Réflexions sur le Bref de Notre Saint-Pere le Pape Benoît XIII, aux Dominicains, adressée à l'Auteur du Thomisme triomphant, 1716, *in-4. cart.*

✠ 687 Mandement du Cardinal de Bissy, par lequel il condamne le livre intitulé: *Lettres Théologiques contre le Mandement & Instruction Pastorale de Monseigneur Henry de Thiard de Bissy, Evêque de Meaux, sur le Jansénisme*, portant condamnation des *Institutions Théologiques du P. Juenin*, avec une Instruction pastorale qui contient la réfutation du même livre, *Paris, Louis Sévestre*, 1716, *in-4. cart.*

✠ 688 La Constitution Unigenitus, avec des remarques, *sans date, in-12. v. b.*

689 Pieces diverses relatives à la Constitution Unigenitus, 4 vol. in-8. encadrés in-4. v. br.

CONTENANT

Entretiens d'un Jésuite avec une Dame, avec la suite, 1733. ══ Constit. du Pape Clément XI, du 8 Septembre 1713. ══ Entret. de la Comtesse ***, par rapport à la Religion, 1734. ══ Le Curé acceptant désabusé, 1734. ══ Entret. sur les Miracles, *Bruxelles*, 1732. ══ Instr. théologiq. *Utrecht*, 1733. ══ Lettres à un Ecclésiastique, sur la Justice chrétienne, 1733. ══ Enchaînement des vérités proposées dans l'Ecriture, *Leerdam*, 1733. ══ Différentes pieces mss. extraites de beaucoup d'ouvrages.

690 Traité sur l'obéissance due aux Bulles dogmatiques émanées du Saint-Siege, en forme de Loix & de Constitutions, *in-4. cart.*

691 Mémoire, dans lequel on fait voir la nécessité d'un Concile général pour remédier aux maux de l'Eglise, & où l'on déduit les motifs de l'appel interjetté au futur Concile de la Constit. de Notre Saint Pere le Pape, du 8 Septembre 1713, *in-4. cart.*

692 Témoignage des anciens Evêques d'Arles, contre la doctrine de la Constitution Unigenitus, avec une réfutation de deux lettres de l'Archevêque d'Arles au Card. de Noailles, 1717, *in-12. v. m.*

693 Instruction pour calmer les scrupules que l'on s'efforce de jetter dans les consciences timorées, au sujet de la Constitution Unigenitus, & de l'appel qui en a été interjetté, *sans nom de Ville*, 1718, *in-12. v. m.*

694 Les Hexaples, *ou* les six Colonnes sur la Constitution Unigenitus, avec l'Histoire du livre des *Réflexions morales du P. Quesnel*, & de

ce qui s'eſt paſſé au ſujet de la Conſtitution juſqu'à préſent, *Amſt.* Nic. Potgietter, 1721 &
ſuiv. 11 *vol. in-4. v. b.*

☦ 695 Lettre d'un Théologien ſur l'accommodement,
où l'on examine ſi toutes les Egliſes particulieres de la France ſont obligées d'en appeller
au Concile général, & les appellans de renouveller leur appel, nonobſtant la Déclaration du
4 Août 1720, qui impoſe ſilence, & l'Arrêt
du Conſeil d'Etat du 19 Avril 1722, qui déclare la Conſtitution généralement reçue dans
l'Egliſe, avec quelques éclairciſſemens ſur le devoir des Egliſes étrangeres à l'égard de la Conſtitution Unigenitus, 1722, *in-4. cart.*

☦ 696 Obſervation ſur le Mandement par lequel
M. le Card. de Noailles a accepté la Conſtitution Unigenitus, & ſur la formule de cette
acceptation, 1722, *in-4. cart.*

☦ 697 Inſtructions en forme de Catéchiſme, au
ſujet de la Bulle Unigenitus. = Entretien du
Prêtre Euſebe & de l'Avocat Théophile, ſur
la part que les Laïcs doivent prendre à l'affaire
de la Conſtitution Unigenitus, & de l'appel qui
en a été interjetté en 1724. = Recueil de cantiques & chanſons à ce ſujet, 1723, *in-12. v. b.*

☦ 698 Preuves de la liberté de l'Egliſe de France
dans l'acceptation de la Conſtitution Unigenitus, *ou* Recueil des ordres émanés de l'autorité
ſéculiere, pour y faire recevoir cette Bulle,
Amſt. Nicolas Potgietter, 1726, *in-4. cart.*

☦ 699 Supplément du Recueil des ordres émanés
de l'autorité Souveraine, pour faire recevoir la
Conſtitution Unigenitus, pour les mois de Juillet juſqu'à Novembre 1726, *in-4. cart.*

DE L'ÉGLISE LATINE.

700 Consultation des Avocats du Parlement de Paris, au sujet du Jugement rendu à Embrun, contre M. l'Evêq. de Senez, *Par.* 1728, *in-*4. *cart.* ☩

701 Défense de la Consultation des Avocats du Parlement de Paris, en faveur de M. l'Evêque de Senez, contre l'Ordonnance & Instruction Pastorale de M. l'Evêque de Luçon, avec des Remarques sur l'avis & jugement de Messieurs les Evêques assemblés au Louvre, & sur les Mandemens de M. le Cardinal de Bissy & de M. l'Archevêque de Cambray, au sujet de la même Consultation, 1729, *in-*4. *cart.* ☩

702 Mandement & Instruction Pastorale de l'Archevêque-Duc de Cambray, au sujet d'un Ecrit qui a pour titre : *Consultation de MM. les Avocats du Parlement de Paris, au sujet du Jugement rendu à Embrun contre M. l'Evêque de Senez*, Paris, Marc Bordelet, 1729, *in-*4. *cart.* ☩

703 Catéchisme historique & dogmatique sur les contestations qui divisent l'Eglise, où l'on montre quelle a été l'origine & le progrès de ces disputes, & où l'on fait des réflexions qui mettent en état de discerner de quel côté est la vérité, la Haye, 1729, 2 *vol. in-*12. *v. m.* ☩

704 Traité Théologique & Philosophique de la Vérité, Utrecht (Paris) 1731, *in-*8. encadré *in-*4. = La Constitution Unigenitus, avec des remarques & des notes, Paris, 1733, *in-*8. encadré *in-*4. *v. b.*

705 Le Naturalisme des quatre Requêtes, montré dans le faux de ces pieces, dans la fausseté des requérantes, & dans la physique des opérations qu'on y donne pour des miracles (*Par.* 1736) *in-*12. *v. m.* ☩

H iij

THÉOLOGIENS

✝ 706 Explication abrégée des principales questions qui ont rapport aux Affaires présentes, (*sans nom de Ville.*) 1731, *in-*12. *v. f. d. s. t.*

✝ 707 Réflexions sur l'Histoire de la captivité de Babylone, & suite de cet Ouvrage, 1732, *in-*8. encadré *in-*4. *v. b.*

✝ 708 La Vérité persécutée, *la Haye*, 1733, 2 part. *in-*8. encadrées *in-*4.

✝ 709 La Vérité combattue & victorieuse dans tous les âges; & Essai d'un parallele du tems de Jesus-Christ & des nôtres, pour servir d'instruction & de consolation dans les épreuves dans lesquelles nous vivons, *Francfort*, Schœneberg, (*Paris*), 1733, 2 vol. *in-*12. encadrés *in-*4. *v. brun.*

✝ 710 Remarques sur les principales erreurs d'un livre intitulé : *L'Ancienne nouveauté de l'Ecriture Sainte, ou l'Eglise triomphante en terre,* par ARNAULD, seconde édition, revue, corrigée & augmentée, *Paris*, Barth. Alix, 1735, *in-*12. *v. f. d. s. t.*

✝ 711 Examen de la Consultation au sujet des convulsions, *Paris*, 1735, *in-*4. *v. m.*

✝ 712 Défense & Justification des Requêtes de Charlotte de la Porte, Denise Regnié & Marguerite-Catherine Turpin, contre les Réflexions de M. F***. 1736, *in-*4. *cart.*

✝ 713 Recueil de Pieces *in-*8. & *in-*4., concernant M. François de Pâris, & la Constitution Unigenitus, &c. 13 vol. *in-*4. *v. br.*

CONTENANT

La Vie de M. Pâris, Diacre, *Bruxelles*, Foppens, (*Par.*) 1721. ══ Vie de M. de Pâris, Diacre du Dio-

DE L'ÉGLISE LATINE. 119

cese de Paris, *en France*, 1731. ⸺ La Vie de M. Fr. de Pâris, Diacre, 1731. ⸺ Apologie de Cartouche, *ou le Scélérat sans reproche, par la grace du P. Quesnel, la Haye*, Pierre du Marteau, (*Paris*). ⸺ Histoire de la Vie & du Procès du fameux Louis-Dominique Cartouche & de plusieurs de ses Complices, *Amst.* Pierre Marteau, (*Paris*). ⸺ Cartouche, *ou les Voleurs*, coméd. en prose, par LE GRAND, *la Haye*, (*Paris*), 1731. ⸺ Le Vice puni, *ou* Cartouche, poëme, nouv. édition, *Paris*, Pierre Prault, 1725. ⸺ Apologie des Miracles faits & à faire au tombeau de M. Pâris, avec les Litanies & Cantiques en l'honneur du B. Diacre, *Bruxelles*, 1732. ⸺ Abrégé chronolog. des principaux événemens qui ont précédé la Constit. Unigenitus, qui y ont donné lieu, ou qui en sont les suites, avec les 101 Propositions du P. Quesnel, mises en parallele avec l'Ecriture & la Tradition, *Utrecht*, Corn. Guill. le Febvre, 1730. ⸺ Dissert. sur les Miracles, & en particulier sur ceux qui ont été opérés au tombeau de M. de Pâris, &c. avec la relat. & les preuves de celui fait en la personne d'Anne le Franc, 1731. ⸺ Lettre sur le même Miracle. ⸺ Mandem. de l'Archev. de Paris, sur la précédente Dissertation, *Paris*, P. Simon, 1731. ⸺ Lettre d'un Théologien à son Ami, au sujet de ce Mandement. ⸺ La feuille des nouv. Ecclés. au sujet de ce Mandement. ⸺ 2ᵉ Lettre d'un Ecclés. à son Ami, sur ce Mandement. ⸺ Lettre Past. de l'Evêque de Marseille, *Marseille*, J. P. Brebion. ⸺ Lettre de l'Auteur de la Dissert. sur les Miracles, à un de ses Amis, au sujet de l'object. de M. l'Archevêque de Sens, contre les Miracles des Appellans. ⸺ Acte d'appel au Parlement interjetté par Anne le Franc. ⸺ Requête présentée au Parlem. par la même. ⸺ Lettre d'un Chirurgien de S. Cosme, sur ledit Miracle. ⸺ Lettre au sujet du Mandem. de l'Archev. de Paris, mss. ⸺ Dissert. où l'on montre que des Miracles opérés par degrés, ou accompagnés de douleurs, n'en sont pas moins de vrais Miracles, & ont été regardés comme tels dans l'Antiquité. ⸺ Déclaration de l'Abbé le Franc, frere d'Anne le Franc. ⸺ Decretum Romanum, mss. ⸺ Priere à Dieu pour l'intercession de Fr. Pâris. ⸺ Arrêt du Parlement pour suppression de deux

Decrets de la Cour de Rome, *Paris*, P. Simon, 1731. ═ Les Miracles futurs de l'Evêque d'Utrecht, proposés par souscription, 1731. ═ Liste de quelques Miracles opérés par l'intercession de M. de Pâris, mss. ═ Relation du Miracle opéré sur un jeune Savoyard, âgé de seize ans. ═ Relation de la guérison de Madame le Moine, Religieuse, mss. ═ Déclaration faite par Gab. Gautier, veuve de Pierre Delorme, des dispositions dans lesquelles elle est allée au tombeau de M. de Pâris. ═ Hist. de l'Abbé Bescherant, mss. ═ Lettre au sujet des choses singulieres & surprenantes qui arrivent en la personne de l'Abbé Bescherant, à S. Médard, 1731. ═ 2ᵉ Lettre où l'on prouve, par des faits, qu'il n'y a rien de miraculeux dans toutes les agitations & les contorsions de l'Abbé de Bescherant. ═ 3ᵉ Lettre où l'on démontre, par des principes physiques, que la guérison de l'Abbé Bescherant ne seroit pas impossible à la longue. ═ Hist. de M. de la Porte, Régent de Philosophie au College du Plessis, Auteur des trois Lettres précédentes, mss. ═ Essai de physique, où l'on démontre, par les regles de la nature, comment se font les convulsions qui attaquent les malades au tombeau de M. de Pâris, & sur le chemin qui y conduit. ═ Réponse à tous les écrits qui ont paru contre l'Abbé Bescherant, & les Miracles qui s'operent à S. Médard. ═ Requête présentée à M. l'Archevêque par les Curés de Paris, au sujet des Miracles qui s'operent au tombeau de M. de Pâris, 1731. ═ Histoire de cette Requête, mss. ═ 2ᵉ Requête au même, par les mêmes, 1731. ═ Relat. des Miracles de S. Pâris, avec un Abrégé de la Vie du Saint, *Bruxelles*, 1731. ═ Lettre de Mylord de ***, à un Seigneur Anglois, Voyageur à Paris, au sujet des Miracles qui s'y font journellement, 1731. ═ Elévation de cœur à Dieu, sur les maux de l'Eglise, & sur les merveilles qui s'operent au tombeau du B. F. Pâris. ═ Priere d'un Malade qui demande à Dieu sa guérison par l'intercession de M. Pâris. ═ Le triomphe des Appellans sur l'autorité de l'Eglise. ═ Lettre écrite au Roi par l'Assemblée du Clergé, en 1730. ═ Histoire d'un Convulsionnaire, à Sainte-Genevieve, & Procès-verbaux à ce sujet, mss. ═ Procès-verbaux de plusieurs

DE L'ÉGLISE LATINE.

Médecins & Chirurg. au sujet des convulsions, *Paris*, veuve Maziere, 1732. ═ Evénemens arrivés à S. Médard, mss. ═ Nouv. découverte de remedes infaillibles pour la guérison de differ. maladies trouvés sur le tombeau de Nostradamus. ═ Priere pour demander à Dieu la grace d'une véritable & parfaite conversion, *Amst.* (*Paris*) 1733. ═ Relat. du miracle opéré sur Charlotte Regnault, 1732. ═ Relat. de la mort de D. Maurice Roussel, Chartreux. ═ Ordonnance du Roi pour que la porte du petit cimetiere de S. Médard soit fermée. ═ Ordonnance de l'Archevêque de Paris, pour les Prêtres qui célebrent la sainte Messe dans l'Eglise de S. Médard, du 30 Janvier 1732, mss. ═ Recueil des miracles opérés au tombeau de M. de Pâris, 1731. ═ Arrêt du Conseil d'Etat, qui ordonne que par le Sieur Herault, Lieutenant de Police, il sera informé des faits avancés dans plusieurs écrits concern. le tombeau de M. de Pâris, mss. ═ Réflex. sur les miracles opérés au tombeau de M. de Pâris, au sujet d'un écrit: *Recueil des informations concern. les miracles opérés au tombeau de M. Pâris.* ═ Mandem. de l'Archev. de Paris, qui condamne trois Vies de M. de Pâris. ═ Feuille des nouv. Ecclés. du 15 Mars 1732. ═ Prieres pour les besoins pressans de l'Eglise, 1732. ═ Arrêt du Conseil concern. les contestations entre les Curé & Marguilliers de S. Médard, mss. ═ 2e Recueil des miracles opérés par l'intercession de M. Pâris, 1732. ═ Litanies des Saints. ═ 1e Lettre de M. ***, à un ami de Paris, pour lui faire part de ses réflexions sur les miracles opérés au tombeau de M. de Pâris. ═ 2e Lettre de M. l'Abbé de Lisle, sur les miracles de M. de Pâris. ═ 3e Lettre du même. ═ Arrêt du Conseil, du 24 Avril 1732, qui condamne ces seconde & troisieme lettres à être lacérées & brûlées, mss. ═ Constitution du Pape Clément XI, du 8 Septembre 1713. ═ Priere à Dieu par l'intercession de M. de Pâris. ═ Explication abrégée des principales questions qui ont rapport aux affaires présentes, 1731. ═ Réponse à tous les écrits qui ont paru contre l'Abbé de Bescherant, 2e lettre. ═ Déclar. de Guill. Bordonnay, au sujet de sa guérison miraculeuse au tombeau de M. de Pâris, 1732. ═ Déclaration de Madame le Moine, au sujet de sa guérison. ⹀ 3ᵉ Recueil des miracles opérés au tombeau de M. de Pâris. ⹀ Réflex. sur l'ordonnance du Roi, pour que la porte du petit cimetiere soit fermée, 1732. ⹀ L'ordonnance du Roi à ce sujet. ⹀ Catéchisme des nouveaux Disciples de S. Augustin, tiré de leurs ouvrages, *Utrecht*, (*Par.*) 1732. ⹀ Instr. sur l'obéissance due aux décisions de l'Eglise. ⹀ Abrégé hist. & chronolog. des faits concern. la relig. jusqu'en 1733, *Francfort*, (*Paris*) 1732. ⹀ Mandement de l'Evêque de Laon, du 1 Juillet 1732, qui condamne la lettre de plusieurs Curés de Paris à l'Archev. ⹀ Dissert. sur les miracles que l'on attribue aux reliques de M. Pâris, par M. A. E. V. DES VŒUX, *Leyde*, Verbeck, 1732. ⹀ Lettre d'un nouveau Converti, à son frere encore Protestant, au sujet des miracles de M. Pâris, 1732. ⹀ Lettre de l'Evêque de Senez, aux Religieuses de ***. ⹀ Mandatum Arch. Aquensis. ⹀ Constitution du Pape Clement XI, du 8 Septembre 1713. ⹀ Acte pardevant Notaire, du miracle opéré en la personne de Mˡˡᵉ Hardouin. ⹀ Cantique sur ce miracle. ⹀ Relation de la maniere dont Gabrielle Gautier, veuve Delorme, a été frappée d'une paralysie subite au tombeau de M. de Pâris, 1732. ⹀ Lettre de l'Ev. d'Auxerre & de Senez, à M. Chaulin. ⹀ 4ᵉ Lettre de l'Abbé de Lisle, sur les miracles de M. de Pâris. ⹀ Mandement de l'Evêque de Laon, au sujet du miracle opéré en la personne de J. B. le Doulx. ⹀ Lettre de l'Abbé du Guet, à un Professeur d'un College d'Oratoire. ⹀ Lettre d'un Docteur de Paris, à un Ecclésiastique de Province, concern. les nouv. ecclésiast. ⹀ Mandement de l'Archev. de Paris, du 27 Avril 1732, contre les nouvelles ecclésiast. ⹀ Lettre des Curés de Paris à l'Archev. au sujet du précédent mandement. ⹀ Réponse à la précédente lettre des Curés, mss. ⹀ Arrêt du Parlement, du 13 Juin 1732, concern. le mandement de l'Archev. de Paris. ⹀ Arrêt du Conseil, du 16 Juin 1732, contre le précédent arrêt du Parlement. ⹀ Mém. touchant les vertus & les miracles de M. de Pâris. ⹀ Examen des vertus & miracles de M. de Pâris. ⹀ Abrégé chronolog. des princip. événemens qui ont précédé la Const. Unigenitus, 1732. ⹀ Lettre apologé-

DE L'ÉGLISE LATINE. 123

tique au sujet des miracles de M. de Pâris. ══ Arrêt du Conseil concern. les appellations & demandes des Marguilliers de S. Médard, mss. ══ Arrêt du Conseil, du 3 Mai 1732, concern. les ouvrages sur la Constitution & les miracles de M. Pâris. ══ Mandement de l'Evêque de Laon, du 1 Décembre 1731, contre plusieurs écrits & libelles. ══ Déclaration de Madame de Megrigny, Bénédictine, au sujet de sa guérison miraculeuse par l'intercession de M. Pâris. ══ Lettre au sujet de ce miracle. ══ Lettre de l'Evêque de Troyes, à l'Evêque d'Auxerre, sur ce miracle. ══ Mandement de l'Evêque d'Amiens, à l'occasion du sieur Devesque & son épouse, qui avoient des convulsions à Abbeville. ══ Récit de la mort du S. Robert, Prêtre, après qu'il se fut fait mettre sur la tête de la poussière du tombeau de M. de Pâris. ══ Lettre sur la mort surprenante du garçon Chirurgien de M. Lombard, nommé Jean de la Croix. 1732. ══ Avertissement de l'Evêque de Marseille. ══ Lettre du P. Chamillard, Jésuite, sur le bruit qui avoit couru de sa mort & de son appel de la Constitution. ══ Lettre d'Amolon, Archev. de Lyon, à Theutbald, Evêque de Langres, au sujet des faux miracles à Dijon, vers l'an 844. ══ Mandement de l'Archevêque de Cambray, du 23 Juin 1732, contre les vies de M. Pâris, *Paris*, Bordelet, 1732. ══ Feuille des nouvelles eccléfiastiques du commencement de 1733. ══ Extrait d'une lettre au sujet de la these du S. Anharam, Hibernois, mss. ══ Arrêt du Parlem. du 7 Janvier 1733. ══ Lettre de M. Texier, Prés. au Présidial de Blois, au sujet de la guérison miraculeuse de son fils, opérée par l'intercession de M. Pâris. ══ Lettre de M. de ***, converti à l'occasion du fameux miracle de Blois. ══ Relat. faite par M. Texier, de la maladie & guérison miraculeuse de son fils, &c. 1733. ══ Copie d'une lettre de M. Texier, à un de ses amis à la Fleche, mss. ══ Abrégé hist. des libertés de l'Eglise Gallicane, 1733. ══ Extrait d'une lettre du P. le Sueur, Chan. régulier, au sujet du miracle opéré à Orléans, sur Mademoiselle Richome. ══ Lettre de l'Evêque de Montpellier, à M. de Saint-Florentin, au sujet de la lettre circulaire du Roi, qui ordonne de chanter le *Te Deum*, &c. ══ Lettre de M. ***, sur la crainte & la confiance, 1734. ⸺ Lettre de M. P.***, pour répondre à quelques difficultés, au sujet de la crainte. ⸺ Lettre de M. Petit-Pied, à M. P.... ⸺ Copie d'une lettre écrite de Hollande, sur un miracle arrivé dans ce pays-là. ⸺ Déclar. du P. Colinet, Prêtre de l'Oratoire, au sujet de la guérison miraculeuse de Madame de Megrigny, Religieuse Bénédictine. ⸺ Eclaircissement sur la crainte servile & la crainte filiale, 1734. ⸺ De l'utilité de la crainte, par Antoine ARNAULD. ⸺ 3ᵉ Lettre de M. P.... conten. de nouv. éclaircissemens sur la confiance & la crainte, 1734. ⸺ Mandem. de l'Evêque d'Auxerre, à l'occasion du miracle opéré dans la ville de Seignelay, 1734. ⸺ Arrêt du Conseil, qui en ordonne la suppression, du 28 Mars 1734. ⸺ Lettre de l'Evêque d'Auxerre, au sujet de la réfutation des anecdotes, &c. ⸺ Relation de la mort de J. Fr. le Toupon. ⸺ Lettre de l'Evêque de Marseille, portant condamnation de cette relation. ⸺ Plan d'une dissertation sur l'accord de la crainte & de la confiance chrétienne, 1734. ⸺ La vérité du miracle opéré dans la personne de Marguerite Hutin, 1734. ⸺ Lettre d'Auxerre, sur le miracle opéré à Seignelay. ⸺ Arrêt du Parlem. du 16 Avril 1734, contre l'instr. sur l'obéiss. due aux décisions de l'Eglise, &c. ⸺ L'autorité des miracles des appellans, 1734. ⸺ Discours sur les miracles de M. Pâris, 2 *part.* ⸺ Courtes réflex. d'un Laïc, sur l'arrêt du Conseil, contre le mand. de M. d'Auxerre, 1734. ⸺ Lettre d'un Laïc, à l'Auteur du supplément aux nouvelles ecclésiastiques, concern. le mandement de M. d'Auxerre, sur le miracle opéré à Seignelay. ⸺ Défense de M. NICOLE, sur la maxime de la plus grande autorité visible, 1734, 2 *lettres.* ⸺ Réponse sur une question captieuse qu'on fait sur la bulle Unigenitus, 1734. ⸺ Arrêt du Conseil, du 25 Mai 1734, qui supprime la lettre pastorale de l'Archevêque d'Embrun. ⸺ Arrêt du Conseil, qui supprime la relat. de ce qui s'est passé au sujet de l'arrêt du Conseil, du 26 Janvier 1734. ⸺ 6ᵉ Recueil des miracles opérés sur le tombeau de M. Pâris. ⸺ Lettre d'Auxerre, au sujet du miracle de Seignelay. ⸺ Consultation sur la jurisdict. & approb. nécessaires pour confesser, 1734. ⸺ Etrennes Jansénistes, 1733. ━━ Premier discours sur les miracles de M. Pâris. ━━ 5ᵉ Recueil des miracles de M. de Pâris. ━━ Instruction pastorale de l'Evêque de Montpellier, au sujet des miracles que Dieu fait en faveur des appellans de la Bulle Unigenitus, 1733. ━━ Arrêt du Conseil, du 25 Avril 1733, qui la supprime. ━━ Lettre de l'Evêque de Montpellier, au Roi, au sujet de cet arrêt. ━━ Extrait d'une lettre au sujet de cette instr. past. mss. ━━ Lettre écrite de Province à Paris, sur les affaires du tems, 1733. ━━ Déclar. de Pierre Gautier, au sujet de sa guérison miraculeuse, opérée par l'intercession de M. Pâris. ━━ Acte au sujet de la guérison de Marg. Loysel, dite de Sainte-Clotilde, Religieuse du Calvaire. ━━ Copie d'une lettre écrite de Montpellier. ━━ Lettre de l'Abbé Bescherant, à l'Abbé d'Asfeld. ━━ Détail de la maladie de Marie de Pannetier, mss. ━━ Ce qui est arrivé au sujet de la guérison de la veuve Raudot, mss. ━━ Dissert. sur les miracles. ━━ Dialogue sur les affaires du tems. ━━ Acte de la révocation de la signature du formulaire. ━━ Extrait d'une lettre sur les immunités de l'Eglise, mss. ━━ Eclaircissement sur les miracles opérés par l'intercession de M. Pâris, *Paris*, 1733, 2 part. ━━ Elévat. de cœur à Dieu, sur les maux de l'Eglise, & sur les merveilles qui s'operent au tomb. de M. Pâris. ━━ Lettre du R. P. Fouquet, Prêtre de l'Oratoire, à l'Evêque de Senez. ━━ Mém. sur les droits du second ordre du Clergé, en France, & additions, 1733. ━━ Relation de la mission faite à Aix par les Jésuites. ━━ Instr. past. de l'Evêque de Montpellier, au sujet des miracles que Dieu fait en faveur des appellans de la Bulle Unigenitus, 1733. ━━ Arrêt du Conseil contre cette instr. pastor. ━━ Lettre de l'Evêque de Montpellier, au Roi, sur cet arrêt du Conseil. ━━ Lettre d'un Catholique Franc. sur les miracles de M. Pâris. ━━ Instr. past. de l'Evêque de Troyes, pour la défense des *Elévat. à Dieu*, par M. BOSSUET, *Paris*, Barthel. Alix, 1733. ━━ Requête du même au Parlem. ━━ Arrêt du Parlem. pour M. l'Ev. de Troyes, contre Mich. Fichaut, Prêtre du diocese de Quimper, &c. ━━ 2ᵉ Instr. past. de l'Evêque de Troyes, sur les *Méditat. sur l'Evangile*, *Paris*, Barthel. Alix, 1734. ━━ 4ᵉ Lettre de l'Ev. d'Auxerre, au sujet de la seconde lettre de l'Archevêque de Sens. ⚌ Mém. touchant l'assemblée prochaine de l'Oratoire. ⚌ 7ᵉ & 8ᵉ Recueils des miracles opérés sur le tombeau de M. Pâris. ⚌ Lettre de M. du Guet, à M. van Espen, 1733. ⚌ Relation de la vie & la mort du P. Arnoul, Camaldule. ⚌ Requête des Marguilliers de S. Médard. ⚌ La Femme Docteur, ou la Théologie tombée en quenouille, comédie en cinq actes en prose, *Liege*, (*Paris*) 1731. ⚌ La critique de la Femme Docteur, comédie en cinq actes en prose, *Londres*, (*Paris*) 1731. ⚌ 9ᵉ Recueil des miracles opérés sur le tombeau de M. Pâris. ⚌ Lettre de l'Abbé Deaubonne, à un de ses amis. ⚌ Relation du miracle opéré en la personne de Pierre Douesnelle, 1734. ⚌ Extr. d'une lettre sur ce miracle, mss. ⚌ Lettre de plusieurs Archevêques & Evêques, au Roi, & réponse. ⚌ Acte de Madame de Berenghen, Abbesse de Faremoutier, 1734. ⚌ Lettre de l'Evêque de Babylone, aux Missionnaires de Tunquin, *Utrecht*, (*Paris*) 1734. ⚌ Avertissem. de l'Evêque de Montpellier, au Chapitre de sa Cathédrale, 1734. ⚌ 10ᵉ Recueil des miracles opérés sur le tombeau de M. Pâris. ⚌ Portrait des Jésuites. ⚌ Mandem. de l'Evêque de S. Papoul, sur les affaires de l'Eglise, 1735. ⚌ Lett. de l'Evêque de S. Papoul, à M. de Montpellier. ⚌ Manifeste de Mˡˡᵉ le Maure, sur sa retraite de l'Opéra. ⚌ Arrêt du Conseil, du 2 Avril 1735, contre le mandement de l'Evêque de S. Papoul. ⚌ Arrêt du Parlem. de Toulouse, du 5 Avril 1735, contre le même. ⚌ Parodie de l'arrêt du Conseil, contre le mandement de M. de S. Papoul. ⚌ Arrêt de Momus, qui supprime le manifeste de Mademoiselle le Maure, mss. ⚌ Lettre de l'Evêque d'Auxerre, à l'Evêque de S. Papoul. ⚌ Lettre des Avocats du Parlement de Paris, à l'Evêque de S. Papoul. ⚌ Arrêt du Parlement, du 2 Avril 1735, qui supprime cette lettre. ⚌ Mandement de l'Archevêque d'Embrun, sur celui de M. de S. Papoul. ⚌ Mandement de l'Evêque de Marseille, sur le mandement de l'Evêque de S. Papoul. ⚌ Mandement de l'Evêque de Laon, sur le mandement de l'Evêque de S. Papoul. ⚌ Arrêt de la Bazoche, contre le mandement de l'Evêque de Laon. ⚌ Mandement de l'Evêque de Châlon, contre le mandement de l'Evêq.

de S. Papoul. ⟹ Lettre de l'Abbé de..., à l'Evêque de Chaalons sur-Saone, sur son mandement contre celui de M. de S. Papoul. Les Appellans confondus dans la personne de l'Evêque de S. Papoul, 1735. ⟹ Entretien sur le mandement de l'Evêque de S. Papoul. ⟹ Arrêt du Conseil, du 24 Avril 1735, au sujet des écrits publiés à l'occasion du mand. de l'Evêque de S. Papoul. ⟹ Fable allégorique. ⟹ Mandement de l'Evêque d'Auxerre, pour permission de manger des œufs pendant le carême de 1735. ⟹ Lettre de plusieurs Evêques, au Pape, sur la condamnation de leurs lettres, mandem. & instr. pastor. en latin & en franç. ⟹ Relat. de la maladie & de la guérison miraculeuse de Mademoiselle du Moulin, 1735. ⟹ Dénonciation des erreurs de l'Evêque de Troyes, *Avignon*, Jos. Chastel, 1735. ⟹ Arrêt du Parlement, du 2 Juillet 1735, contre cette dénonciation. ⟹ Lettre de l'Evêque de Laon. ⟹ Arrêt du Parlement du 13 Juin 1735, qui supprime la lettre pastor. de l'Archevêque de Cambray. ⟹ Mém. au Roi, par l'Archev. de Cambray, sur cet arrêt. ⟹ Arrêt du Conseil, du 10 Mai 1735, concernant cet Arrêt. ⟹ Lettre pastor. de l'Archevêque de Cambray, pour faire part à ses Diocésains de cet Arrêt du Conseil. ⟹ Requête au Parlement, par l'Evêque de Montpellier, touchant le titre de très-Chrétien. ⟹ Lettre contre les Journalistes de Trévoux, sur la continuation de l'Histoire ecclésiast. de Fleury. ⟹ Lettre de l'Evêque de Chaalons sur-Saone, à l'Evêque de Laon. ⟹ 2ᵉ Lettre du même. ⟹ Lettre à l'Assemblée du Clergé, *Paris*, 1735. ⟹ Relation du miracle sur Jacques Violette, Tapissier. ⟹ Discours à Henri IV, par Arnauld, & Consult. de Chev. du Moulin, sur les Jésuites, 1735. ⟹ Lettre d'un Chevalier de Malthe, à un Docteur de Sorbonne, sur les affaires du tems. ⟹ Consult. des Avocats du Parlement de Bretagne, sur le refus des Sacremens. ⟹ Mémoire justificat. de la possession de huit personnes de la paroisse de Landes. ⟹ Remontrances de quelques Curés du diocese à l'Evêque, au sujet de la doctrine du Catéchisme qu'il vient de donner dans son diocese. ⟹ Lettre de l'Archev. de Sens, au sujet de sa conduite dans les affaires présentes de la religion, 1735. ⟹ Arrêt du Conseil, du 1 Mai 1735, qui supprime la lettre de l'Evêque de Verdun, à l'Evêque de Laon. ⹀ Acte de protestation de l'Evêque de Sisteron, mss. ⹀ Ordonn. de l'Archev. de Paris, sur les miracles de M. Pâris. ⹀ Juste milieu qu'il faut tenir dans les disputes de religion. ⹀ Discours sur les nouv. ecclésiast. ⹀ Deux lettres de l'Evêque de Senez, 1736. ⹀ Acte du Dépôt de la requête, pour informer des miracles attribués à M. de Pâris. ✠ Suite de la Femme Docteur, comédie en cinq actes en prose, *Liege*, (*Paris*) 1732. ⹀ Les Quakres François, *ou les nouv.* Trembleurs, comédie en trois actes en prose. ⹀ Le Saint déniché, *ou la Banqueroute des marchands de miracles*, comédie en cinq actes en prose. ⹀ Arlequin esprit follet, comédie en trois actes en prose, 1732. ✠ Les deux harangues des habitans de Sarcelles, à l'Archevêque de Paris, & Philotanus, (en vers) 1731. ⹀ Le porte-feuille du Diable, *ou suite de Philotanus*, poëme, 1733. ⹀ 3e Harangue des habitans de Sarcelles, (en vers) *Aix*, 1732. ⹀ Remontrances des habitans de Sarcelles, au Roi, (en vers) *Rotterdam*, (*Paris*) 1732. ⹀ Remercimens des habitans de Sarcelles, au Roi, (en vers) 1733. ⹀ Complim. des Sarcellois, à M. de Vintimille, (en vers). ⹀ Harangue des habitans de Sarcelles, au Roi, (en vers) 1733. ⹀ Les nouv. Appellans, *ou la Bibliotheque des Damnés*, (en vers). ⹀ Chorographus, *ou la réjouissance infernale*, poëme, 1732. ⹀ Histoire véritable, (en vers) 1731. ⹀ Mercure ecclésiastique, *ou Journal hist. des ouvrages du tems*, *Utrecht*, (*Paris*) 1733.

714 La vérité des Miracles opérés par l'intercession de M. Pâris, démontrée contre M. l'Archevêque de Sens, par M. DE MONTGERON, Conseiller au Parlement, *Utrecht*, 1737, 2 *vol. in*-4. *fig. v. b.*

715 Lettres à l'Auteur du Traité des Miracles, 1667, 2 *part.* 1 *vol. in*-12. *v. b.*

716 Dissertation sur les Miracles, pour servir d'éclaircissement au système de l'impuissance des Causes secondes, par M. DE KERANFLECH, *Rennes,*

DE L'ÉGLISE LATINE.

Rennes, Julien-Charles Vatar, 1772, in-12. v. f. d. f. t.

717 Mémoire sur l'obligation dans laquelle sont tous les Prêtres d'administrer les Sacremens dans les cas de nécessité résultans de refus injustes, & sur le droit qu'ont les Juges séculiers de les y contraindre, *Paris*, in-12. v. m.

718 Réponse à la Consultation de quarante Docteurs en Droit Canon, sur les refus des Sacremens faits aux Jansénistes, Appellans & Quesnellistes, notoires d'une notoriété de fait, in-12. v. m.

719 Instruction Pastorale de M. l'Evêque d'Auxerre, contre la These soutenue en Sorbonne par l'Abbé de Prades le 18 Novembre 1751, *Auxerre*, 1752, in-12. cart.

720 Lettres à l'Evêque d'Angers, au sujet d'un prétendu extrait du Catéchisme de Montpellier, autorisé par ce Prélat, *Toulouse*, 1752, in-12. veau mar.

Traités de la Mort.

721 Dialogue de la Vie & de la Mort, composé en toscan par Innocent RINGHIERE, Gentilhomme Boulougnois, nouuellement traduict en françois par Jehan LOUVEAU, Recteur de Chastillon de Dombes, *Lyon*, Robert Granjon, (caractere de civilité) 1557, in-12. m. r.

722 Le même, *Lyon*, Granjon, (caractere de civilité) 1558, in-8. baf.

723 Le Tableau de la Mort, (par M. le Marquis CARACCIOLI,) *Avignon*, Chambeau, 1761, in-12. v. m.

Tome I.

Traités du Purgatoire & du Paradis.

724 Lezzioni di Pier-Francisco GIAMBULLARI, del sito del Purgatorio, dela carita, degli infusi celesti, del' ordine dello universo, *Firenze*, 1551, *in*-8. *v. f.*

725 Deux Traités Catholiques ; le premier est de l'existence du Purgatoire des Chrétiens imparfaits après cette vie mortelle ; le second, est de la qualité & condition des ames séparées des corps mortels, par René BENOIST, Angevin, *Paris*, Michel de Roigny, 1588, *in*-8. *v. f. d. sur t.*

726 L'Advocat des ames du purgatoire, composé par le R. P. Claude DE BONNYERS, de la Compagnie de Jesus, *Dijon*, Philib. Chavance, 1651, *in*-12. *v. f.*

727 Traités des récompenses & des peines éternelles, tirés des livres saints, par M. l'Abbé LE PELLETIER, Chanoine de l'Eglise de Reims, *Paris*, Huart & Moreau fils, 1747, *in*-12. *baz.*

Traités de l'Antechrist & de la Fin du Monde.

728 Discours des terribles & merveilleux signes évidens de l'advénement de l'Antechrist, & de la fin & consommation du monde. = Discours touchant l'estat de la religion chrestienne, avec les raisons qui les doivent esmouuoir d'abjurer & renoncer tant à la secte luthérienne que calviniste, & autres hérésies de ce tems, *Par.* Choffin, 1587. = Attestations par les chevaliers

de saint Jean de Hierusalem en l'isle de Malthe, de la naissance de l'Antechrist né en Babylone; ensemble les signes espouvantables apparus en l'air, *Liege*, Streel, 1623. = L'aveuglement misérable des ministres prétendus réformez, par un de leurs gens, n'agueres retiré d'entr'eux, *Paris*, Binet, 1599, *in-8. v. f.*

729 De l'avenue de l'Antechrist, comment & en quel temps il viendra; de la consommation du monde, & du second avenement de N. S. J. C., par P. V. C. (Pierre-Victor CAYET) *Par.* Richer, 1602, *in-8. v. m.*

730 De Antichristo libri undecim, F. Thoma MALVENDA, Setabitano, ordinis Prædicatorum descriptore, *Romæ*, Carolus Vullietus, 1604, *in-fol. v. f. d. s. tr.*

731 Advertissement à tous chrétiens sur le grand & espouvantable advenement de l'Antechrist, & fin du monde, par le sieur V., *Paris*, Nicolas Rousset, 1618, *in-8. v. f.*

732 Traité de l'Antechrist, où sont réfutez quelques erreurs qui ont paru depuis peu touchant ce sujet, par André POIRIER, *Paris*, Sara, 1655, *in-12. v. br.*

733 Représentation (en figures gravées) du Jugement universel, par le sieur ARDAXE, *sans date. in-4. v. b.*

Traités touchant la Sainte Vierge.

734 Roberti GAGUINI, generalis ministri Ordinis Sanctissimæ Trinitatis, & Redemptionis Captivorum, Tractatus de Conceptione Beatissimæ Virginis Mariæ, contra Vincentium de Castro-

novo, & alia in eandem poëmata, per Franc. Danielem MAILLET, Mathurinum, *Parisiis*, Carolus Chastellain, 1617, *in-8. v. f. d. s. t.*

735 Ferdinandi-Quirini DE SALAZAR, Conchensis è Societate Jesu in Complutensi collegio sacrarum literarum Interpretis, pro Immaculata Deiparæ Virginis Conceptione defensio, *Compluti*, Joannes Gratianus, 1618, *in-fol. v. f. d. s. tr.*

736 Prescriptions touchant la Conception de N. D., 1676, *in-12. v. f. d. s. tr.*

737 Histoire de la fête de la Conception de la Sainte Vierge, & des contestations excitées dans l'Eglise sur la qualité de cette Conception, *Cologne*, Libraires associés, 1740, *in-8. v. f. d. s. t.*

738 La Beata Vergine incoronata del MUTIO Justinopolitano; cioè la Vita della Gloriosa Vergine madre del Signore, insieme con la Historia di dodici altre Beate Vergini, *Pesaro*, Girolamo Concordia, 1567, *in-4. vel.*

739 Breve discorso sopra la vita è laude della beatiss. Verg. e Madre del Figliuol di Dio, di M. Chiara MATRAINI, Gentildonna Luchese, con alcune annotationi nel fine, del R. don Giuseppe NOZZAGRAGNO Napoletano, Canonico regulare del Salvatore, *Lucca*, Vincenzio Busdraghi, 1590, *in-4. vel.*

Traité de l'Ecriture Sainte & de la Tradition.

740 Joann. DRIEDONIS de ecclesiasticis Scripturis & dogmatibus Libri, *Lovanii*, Gravius, 1533, *in-fol. v. f.*

Traités sur la Constitution, les Marques & les Caractères de l'Eglise.

741 Responfe à ceux qui appellent idolâtres les chreſtiens catholiques, obéiſſans à l'Egliſe de Jeſus-Chriſt, leſquels ſont, à la vérité, les vrais adorateurs & les eſleus & enfans de Dieu, heritiers de ſes promeſſes; en laquelle eſt familierement monſtré que c'eſt qu'adoration; à qui eſt due adoration, & quelle difference il y a entre l'adoration des creatures, & la vraye & ſouveraine, laquelle eſt due à Dieu ſeulement, comme auſſi que c'eſt que adorer en eſprit & en verité; y ſont auſſi adjouſtez quelques petits traictez de l'adoration de la croix, & de la maniere de mediter la paſſion de Jeſus-Chriſt, par René BENOIST, Docteur en Théologie, *Paris*, Guill. de la Noue, 1586, *in-*8. *v. m.* ☩

742 Deux briefs diſcours, l'un de l'Egliſe & de ſes Paſteurs, & l'autre de l'Euchariſtie, par J. DAVY Sr DU PERRON, & DE LA GUETTE, Conſeiller d'Eſtat, *Par.* David Douceur, 1610, *in-*8. *v. m.* ☩

743 Scogli del Chriſtiano Naufragio, quali va ſcoprendo la Santa Chieſa di Chriſto (da M. Ant. DE DOMINIS) 1618, *in-*8. *v. éc.* ☩

743 *bis* Les mêmes, trad. en françois, *la Rochelle*, Jean Hebert, 1618, *in-*8. *v. f. d. ſ. tr.* ☩

744 Traité chronologique, contenant pluſieurs remarques ſur les ſacerdoces des loix de nature de Moyſe & de grace, avec les ordres différens qui compoſent la Hiérarchie eccléſiaſtique, par le R. P. Fr. BOURGOING, *Paris*, Louis Boulanger, 1645, *in-*8. *v. f. d. ſ. t.* ☩

☩ 745 Discours des marques de l'Eglise, par And. FREMYOT, Archevêque de Bourges, *Paris*, Touſ. du Bray, 1610, *in-*8. *v. m.*

☩ 746 De l'unité de l'Eglise, *ou* réfutation du nouv. ſyſtême de M. Jurieu, *Paris*, Guill. Deſprez, 1687, *in-*12. *v. b.*

☩ 747 Lettres à l'Evêque de Soiſſons ſur les promeſſes faites à l'Egliſe, où l'on réfute le nouveau ſyſtême de ce Prélat, & où l'on établit les vrais principes touchant les promeſſes faites à l'Egliſe, 1729, *in-*4. *cart.*

☩ 748 Inſtruction paſtorale ſur l'Egliſe, par demandes & par réponſes, adreſſée par l'Evêque de Sées au Clergé de ſon Dioceſe, avec ſon mandement pour la publication de cette inſtruction, *Paris*, veuve Mazieres, 1730, *in-*4. *cart.*

☩ 749 Controverſe pacifique ſur l'autorité de l'Egliſe, *ou* lettres de M. D. C. à M. l'Evêque du Puy (M. LE FRANC DE POMPIGNAN,) avec les réponſes de ce Prélat, *Paris*, Chaubert, 1758, *in-*12. *v. m.*

✝ 750 Traité du légitime miniſtere de l'Egliſe, par M. l'Abbé EYMERIC, *Paris*, Deſprez, 1770, 2 *vol. in-*12. *v. m.*

Traités des Perſonnes Eccléſiaſtiques.

☩ 751 De Epiſcopalis & Sacerdotalis muneris præſtantia, JOANNIS-CHRYSOSTOMI, Epiſcopi Conſtantinopolitani cum Baſilio Magno diſſertatio, per Janum CORNARIUM, Medicum, latinè conſcripta, nuncque primùm in lucem edita, *Baſileæ*, Joannes Oporinus, 1544, *in-*8. *v. f. d. ſ. t.*

✝ 752 Manipulus Curatorum (auctore Guidon. DE

MONTE-ROCHERII,) (circa ann. 1490,) in-4. *v. f.*

753 Perfonarum rerumque ecclefiafticarum inviolabilis libertatis breve fcutum ; quo ecclefiaftici viri refque, adverfus exactiones, tributaque fubfidiaria vindicantur ac propugnantur : eâdemque operâ docetur, quot & quantas utilitates Refpublica Chriftiana confequeretur, fi bonorum Ecclefiæ diftributio viris dignis committeretur, auctore Jacobo RUFFO, Domino temporali du Buiffon, *Parifiis*, Nicolaus Chefneau, 1576, *in-8. v. f. d. f. t.*

754 Bafilicon Philactirion, par lequel il fe prouue apertement qu'il eft néceffaire, utile & honorable à l'Eglife catholique, qu'il y aye des Religieux, & iceux de divers ordres, diftinguez par différens habits, regles & conftitutions, comme il s'eft vu de toute ancienneté : & que ce n'eft chofe nouvelle quitter & abandonner le monde, pour faire vœu d'obeiffance, chafteté & pauureté, par R. P. F. Etienne DE CYPRE DE LUSIGNAN, de l'ordre des F. Prefcheurs, *Paris*, Guil. le Noir, 1585, *in-8. v. f. d. f. t.*

755 De la fainteté & des devoirs de la vie monaftique, par BOUTHILLIER DE RANCÉ, Abbé de la Trappe, feconde édition, *Paris*, François Muguet, 1683, 2 *vol. in-12. v. br.*

756 Eclairciffemens de quelques difficultés que l'on a formées fur le précédent Ouvrage, par le même, feconde édition, augmentée, *Par.* Fr. Muguet, 1586 (pour 1686,) *in-12. v. b.*

757 Traité des études monaftiques, avec une lifte des principales difficultez qui fe rencontrent en chaque fiecle dans la lecture des Originaux,

& un catalogue de livres choisis pour composer une Bibliotheque ecclésiastique, par Dom Jean MABILLON, Bénédictin, seconde édition, revue & corrigée, *Paris*, Charles Robustel, 1692, 2 *vol. in-12. v. br.*

758 Quatre Lettres à M. l'Abbé de la Trappe, où l'on examine sa *réponse au Traité des études monastiques*, & quelques endroits de son *Commentaire sur la Regle de Saint Benoit*, *Amst.* (*Paris*) 1692. = Recueil de quelques pieces qui concernent les quatre lettres écrites à M. l'Abbé de la Trappe, *Colog.* (*Paris*) 1693, *in--12. v. b.*

759 Réflexions sur la *réponse de M. l'Abbé de la Trappe au Traité des études monastiques*, seconde édition, revue & corrigée, *Paris*, Charles Robustel, 1693, 2 *vol. in-12. v. b.*

760 Discorso supra l'obligo delle persone ecclesiastiche à sagri studii, dall' Abate Agostino-Maria TAJA, *Roma*, Zenobi, 1703, *in-12. veau mar.*

Traités des Lieux saints, des Temples, &c.

761 Traicté contenant l'origine des temples des Juifs, Chrétiens & Gentils, & la fin calamiteuse de ceulx qui les ont pillez, démoliz & ruinez, ensemble la fin tragique de ceulx qui ont détruict anciennement les temples spirituels & simulachres de Dieu, par Jean DE MARCOUVILLE, *Paris*, Jean Dallier, 1563, *in-8. v. f. d. s. t.*

762 Discours enseignant la distinction des places en l'Eglise pour les clercs & pour les laïques, *Lyon*, J. Champion, 1651, *in-12. v. f. d. s. tr.*

DE L'ÉGLISE LATINE.

763 Le même, avec un Traité des armoiries, comme elles ne doivent être tolérées dans les Eglises & sur les ornemens, tiré du Cardinal Gabriel Paleose, Archevêque de Bologne-la-Grasse en Italie, *Lyon*, Jean Grégoire, 1664, *in*-12. *v. f. d. s. t.*

Traités des Ornemens de l'Eglise, & des Habits des Ecclésiastiques.

764 J. B. Thiers, de stola in Archidiaconorum visitationibus gestandâ à Parœcis disceptatio, *Parisiis*, du Puys, 1674, *in*-12. *v. m.*

765 Thomæ Bartholini, de cruce Christi, hypomnemata IV, *Amstelodami*, Frisius, 1670, *in*-12. *v. f. d. s. t.*

766 J. Revii, Libertas christiana circa usum capillitii defensa, seu disputationes de comâ, *Lug. Batav.* Wyngaerden, 1647, *in*-16. *v. f.*

767 Joh. Pierrii Valeriani, Apologia pro Sacerdotum barbis, cui accesserunt Musonius & Hospinianus de ratione comæ & barbæ, *sine urbis nomine*, 1683, *in*-24. *v. f. d. s. tr.*

768 Histoire des Perruques des Ecclésiastiques, par J. B. Thiers, *Paris*, 1690, *in*-12. *v. f.*

Traités des Fêtes de l'Eglise, des Indulgences & du Jubilé.

769 De Festorum Dierum imminutione liber pro defensione Constitutionum Urbani VIII, & Gallicanæ Ecclesiæ Pontificum, auctore Joan. Bapt. Thiers, Carnotensi, *Parisiis*, Vidua Joannis du Puys, 1677, *in*-12. *v. f.*

138　THÉOLOGIENS

☩ 770 Entretien sur les abus du tems qui précede le Carême, & qu'on appelle dans le monde, le *Carnaval, Orléans,* Pierre Rouzeau, 1700, *in*-12. *v. f. d. s. t.*

☩ 771 Traité des Confréries, par Jean SAVARON, *Paris,* Pierre Chevalier, 1604, *in*-8. *v. f. d. s. t.*

☩ 772 Discours pour convaincre l'incrédule, ramener le protestant, convertir le pécheur, former le vrai juste, & enseigner aux fideles à faire un saint usage des indulgences & du jubilé, par M. l'Abbé DE MARIS, Curé de Gourdon, *Par.* Barbou, 1777, *in*-12. *v. f. d. s. t.*

☩
☩ 773 Aviso a los dela Iglesia Romana, sobre la indiccion del jubileo por la Bulla del Papa Clemente Octavo, *en casa de* Ricardo del Campo, 1600, *in*-8. *v. f. d. s. tr.*

☩ 774 Istoria degli Anni Santi dal loro principio al presente del 1750, tratta in gran parte da quella del P. L. F. Tommaso-Maria ALFANI, dell Ord. de' Predicatori da Dom. Maria MANNI, con aggiunte notabili del medesimo di memorie, d'inscrizioni, di medaglie, *Firenze,* Gio-Batista Stecchi, 1750, *in*-4. *v. m.*

Traités concernant le Culte religieux, la Superstition & l'Idolâtrie.

☩ 775 Du culte des Saints, & principalement de la très Sainte Vierge Marie, par NEERCASSEL, Evêque de Castorie, de la traduction de M. L. R. A. D. H. F. (M. LE ROY, Abbé de Haute-Fontaine) *Paris,* Guillaume Desprez, 1679, *in*-8. *v. b.*

☩ 776 Traduction de la lettre d'Eusebe, Romain,

## DE L'ÉGLISE LATINE. 139

à Théophile, François, sur le culte des Saints inconnus, *Paris*, Jean Muſier, 1698, *in*-12. *veau mar.*

777 De l'honneur qu'on doit à Dieu dans ſes Myſteres & dans ſes Saints, les jours conſacrés à ſon culte, *Paris*, Guillaume Deſprez, 1726. ⸗ Prieres à Jeſus-Chriſt, *ou* Pſeaume ſur l'eſ-pérance qu'on doit avoir en lui (en vers) ; & Réflexions ſur les principales vérités chrétiennes contenues dans ce Poëme, *Paris*, Jacques Col-lombat, 1725, *in*-12. *v. b.*

778 Orthodoxæ fidei Controverſa, lib. III de Re-liquiis Sanctorum, liber IV de Miraculis, autore Carolo SCRIBANIO, Societatis Jeſu Theologo, *Antuerp.* Joannes Moretus, 1609, *in*-8. *v. mar.*

779 Dell' imagini ſacre dialoghi del R. P. D. Conſtantino GHINI da Siena, Canonico Regol. della Cong. del Salvatore, *Siena*, Luca Bonetti, 1595, *in*-4. *fig. v. éc. d. ſ. t.*

780 Joan. Maria Salvioni, de Sacris Imaginibus muſivi operis, à S. Xyſto Papa III, poſt œcu-menicam ſynodum Epheſinam in baſilica Li-beriana conſtructis, & de dominicæ nativitatis præſepi, ac venerabilibus cunis infantiæ Chriſti Domini ibidem cuſtoditis, diſſert. duæ, à Franc. BLANCHINO, *Romæ*, Joan. Maria Salvioni, 1727, *in-fol. vél.*

781 Proſperi Card. LAMBERTINI, poſtea BENE-DICTI XIV, P. M. commentarii duo de D. N. Jeſu Chriſti, Matriſque ejus feſtis, & de Miſſæ ſacrificio, retractati atque aucti, ex italico in la-tinum ſermonem vertit Michael-Angelus DE GIACOMELLIS, ſecundùm exemplar, *Patavii*, typis Seminarii recuſum, 1752, *in-fol. v. m.*

782 Discorso intorno all'origine, antichità, virtù, beneditione & cerimonie, che usa il Sommo Pont. in benedire gl' Agnus Dei, da F. Vincenzo BONARDO, Romano, dell' Ordine de' Predicatori, Vescovo di Hierace, *Roma*, Alexandro Zannetti, 1621, *in* 8. *cart.*

783 Parere del Conte Vincentio BIANCHI, intorno alli Caratteri, che sono sopra il manico del coltello di S. Pietro, posto ultimamente nella chiesa Ducale di S. Marco in Venetia, *Venetia*, Marco Ginami, 1620, *in*-4. *cart.*

784 Discours de la dévotion à Notre-Dame du Puy, par le P. Odo DE GISSEY, Jésuite, *Lyon*, Muguet, 1620, *in*-8. *v. f.*

785 Traité de l'origine & des miracles du Pain béni de S. Nicolas de Tolentin, recueilli de plusieurs Auteurs, par le P. André GELSOMIN de Cortone, de l'Ordre des Hermites de S. Augustin, trad. en franç. par C. G. B. *Bourg en Bresse*, Jean Tainturier, 1628, *in*-12. *v. f. d. s. t.*

786 Traité des superstitions qui regardent les Sacremens, par J. B. THIERS, *Paris*, Compagnie, 1741, 4 *vol. in*-12. *v. m.*

787 Traités singuliers & nouveaux contre le paganisme du Roy boit, par Jean DESLYONS, *Paris*, Ch. Savreux, 1670, *in*-12. *v. f.*

Ecrits concernant les Cultes Chinois.

788 Apologia de' Padri Domenicani, Missionarii della China, overo risposta al libro del P. LE TELLIER, Gesuita, intitulato: *Difesa de' nuovi Christiani*, ed alla dichiarazione del Padre LE GOBIEN, della medesima Compagnia, sopra

DE L'ÉGLISE LATINE. 141

gli onori che i Chinesi fanno à Confusio ed à morti, di un Religioso Dottore di Teologia dell' ordine de' Predicatori, *Colonia*, gli Heredi di Cornelio d'Egmond, 1699, *in-*8. *v. f. d. s. tr.*

789 Difesa de Missionari Cinesi, della Comp. di Giesù, in riposta alla sopra ditta *Apologia*, *Viterbo*, Martinelli, 1700, *in-*8. *parch.*

790 Il disinganno contraposto da un Religioso dell' Ordine de' Predicatori, alla *Difesa de' Missionarii Cinesi, della Compagnia di Giesù*; opera d'un Religioso Teologo della medesima Compagnia ; & ad un' altro libricivolo intitolato : *Esame dell' Autorità, e vera intelligenza delle testimonianze delli Scrittori Giesuiti allegate in prova del fatto da' moderni Impugnatori de' Riti Cinesi*, *Colonia*, il Berges, 1701, 2 vol. *in-*8. *parch.*

791 Esame dell' autorità, e vera intelligenza delle testimonianze degli Scrittori Giesuiti, allegate in prova del fatto da moderni Impugnatori de Riti Cinesi, 1701, *in-*8. *v. br.*

792 Discrepanze, o contradizioni intorno al fatte tra moderni Impugnatori de' Riti Cinesi, *Colonia*, 1300, (pour 1700). == Nota d'alcuni fatti che si affermano dagl' Impugnatori di tutti i Riti Cinesi, ma si niegano da i difensori di molti di detti Riti, intorno à Riti spettanti à Confusio. == Lettera di Mgr Maigrot, Vescovo Cononense, Vicario Apostolico della China, al Nicolo Charmot, trad. dal francese nell' italiano, *Colonia*, Corn. d'Egmond, *in-*8. *parch.*

793 Lettera di risposta ad un Amico del Padre suo Anani, sopra la *lettera concernente i Riti della China del Padre Luigi le Comte della Compagnia*

di *Giesù*. ⁼Poscritta allo stesso Amico del Padre suo Anani, sopra l'*Apologia de' PP. Gesuiti*, fatta contro l'*Apologista de' Domenicani*, a favore della Compagnia, e delle ceremonie di China, *Colonia*, gli Heredi d'Egmond, 1700, *in-8. cart.*

794 Poscritta allo stesso Amico del Padre suo Anani, sopra l'*Apologia de PP. Gesuiti* fatta contro l'*Apologista de Domenicani*, a favore della compagnia e delle ceremonie di China, *Colonia*, gli Heredi d'Egmond, 1700, *in-8. carton.*

795 Raccolta di varie principali scritture de' Padri della Compagnia di Giesù, e de' Signori Missionarij del Clero secolare di Francia, sopra la controversia delle idolatrie e superstizioni della China, *Colonia*, 1700, *in-8. v. f. fig.*

796 Historia cultûs Sinensium, seu varia scripta de cultibus Sinarum, inter Vicarios Apostolicos, Gallos aliosque Missionarios & Patres Societatis Jesu controversis ; adjuncta appendice Scriptorum Patrum Societatis Jesu de eadem controversia, autore R. P. ALEXANDRO, Ordinis FF. Prædicatorum, *Coloniæ*, 1700, *in-8. v. f. d. s. t.*

797 Estratto del trattato composto dal Fr. Francesco VARO, de l'Ordine de' Predicatori, Vicario Apostolico e Vescovo nominato di Canton, circa il Culto, Offerte, Riti e Ceremonie, che pratticano i Chinesi in honore del loro maestro Confusio, e Progenitori defunti, *Colonia*, 1700, *in-12. v. f. fig.*

798 Memorie istoriche della controversia de' Culti Chinensi ; lettera de' Signori Superiore e Diret-

tori del Seminario delle Missioni straniere di Parigi, al Sommo Pontefice Innocenzio XII, intorno all' idolatrie e superstizioni della China, in italiano e in francese; due pareri di cento venti Dottori dell' Università di Parigi, con una raccolta di varie principali Scritture de' Padri della Compagnia de Giesù, e de' Signori Missionarii del Clero secolare di Francia, sopra la medesima controversia, *Colonia*, 1700, *in-*8. *fig. parch.*

799 Lettere ad un' Abbate di qualita, intorno alla materia d'uno scritto intitolato: *Lettera di Monsign. Luigi de Cicè, nominato dalla Sancta Sede al Vescovado di Sabula &c. a i RR. Padri Gesuiti sulle idolatrie, e superstizioni della Cina.* Colonia, 1701, *in-*8. *cart.*

800 Dimostrazione della giustizia de' Giesuiti nella causa Cinese, consistente in cento ragioni generali e particolari, *Colonia*, 1701, *in-*8. *cart.*

801 Difesa del Giudizio formato dalla S. Sede Apostolica, nel di 20 Novembre 1704, pubblicato in Nankino dal Card. di Tournon, alli 7 Febbrajo 1707, intorno a' riti e cerimonie Cinesi, contro un libello sedizioso intitolato: *Alcune riflessioni intorno alle cose presenti della Cina*, opera di un Dottor della Sorbona, trasportata del manoscritto francese da un Religioso Italiano, *Torino*, Gio Battista Fontana, 1709, *in-*4. *cart.*

802 Réflexions sur les Cultes de la Chine, avec la réponse à ces réflexions, l'un & l'autre en italien, & trad. en franç. 1710, *in-*4. *v. m.*

Traités des Sacremens de l'Eglise.

803 Histoire des Sacremens, ou de la maniere dont ils ont été célébrés & administrés dans l'Eglise, & de l'usage qu'on en a fait depuis le tems des Apôtres jusqu'à présent, par le R. P. Dom CHARDON, Bénédictin, *Paris*, Guill. Desprez, 1745, 6 vol. *in*-12. *v. m.*

804 De re Sacramentaria contra perduelles Hæreticos, libri X, curâ & studio R. P. F. Renati-Hyacinthi DROUIN, Ord. Prædic. editio tertia, cum notis & additionibus P. F. Joan. Vincentii PATUZZI, necnon P. F. Caroli-Ludovici RICHARD, ejusdem Ordinis, *Parisiis*, L. Cellot, 1773 & seq. 8 vol. *in*-12. *v. m.*

805 Otthonis SPERLINGII J. C. de baptismo Ethnicorum dissertatio, *Hauniæ*, ex typographeo Regis & Universitatis privilegiis munito, 1700, *in*-8. *cart.*

806 Isaaci JUNDT, arg. de susceptorum baptismalium origine commentatio, *Argentorati*, Johannes-Gothofredus Bauerus, 1755, *in*-4. *v. f.*

807 Sensuiuent les sept degrez de leschelle de penitance, figurés & exposés au vray sur les sept Psaulmes pénitentielz, composés par ung tressouuerain Docteur en Théologie nommé Maistre Pierre DE ALIACO, approuué en toutes ses Oeuures, publiquement alegue, *in*-4. *goth. sans date, ni nom de Ville, ni d'Imprimeur, v. f.*

(*On lit à la fin*) Sy fine le liure des sept degrés de leschelle, contenant méditations deuotes sur les sept Psaulmes pénitentielz.

Caractere dit anc. batarde, sans titre, reclam. chiffres, lettres initiales, mais seulement petites, 36 feuillets.

808

DE L'ÉGLISE LATINE.

808 Discorsi della Penitenza sopra i sette Salmi penitentiali di David, di Nic. Vito DI GOZZE, ne' quali, oltre à la piena cognitione della salutifera penitenza, si confutano alcune opinioni degli Heretici, & particolarmente in materia della predestinatione, *Venetia*, Aldo, 1589, *in-8. vél.* ✠

809 Académie des Pécheurs, par Philippe Bosquier, *Arras*, Ralet, 1599, *in-8. v. f.* ✠

810 La Philosophie chrétienne, ou du retour de l'homme à Dieu, par Benjamin JAMIN, *Paris*, Ch. Chapellain, 1606, *in-12. v. m.* ✠

811 Advertissement aux Confesseurs, par François DE SALES, Evesque de Geneve, avec une maniere devote pour dignement & avec fruit recevoir le précieux Corps de Jesus-Christ, *Lyon*, Jean Charuet, 1617, *in-12. v. m.* ✠

812 Le même, *Caen*, Claude Poisson, 1622, *in-24. v. m.* ✠

813 Le même, *Paris*, Huré, 1647, *in-24. v. m.* ✠

814 Bref Traicté de la Pénitence & de ses parties, avec un examen général pour faire confession de toute sa vie, composé en italien par le P. Vincent BRUNO, de la Comp. de Jesus, *Paris*, Cl. Chapellet, 1622, *in-24. v. m.* ✠

815 Delineata pœnitentia Evangelici David, Ps. 50, *Miserere mei, Deus*, (xx iconibus eleganter in æs incisis repræsentata). Delineata communio immaculata, cantus insignium Virginum, Hymnus *Pange lingua*, &c. (VI iconibus eleganter in æs incisis à Joan. Mechelen excusis), *Antuerpiæ*, Gerardus Wolsschatius, 1629, *in-8. fig. v. f. d. s. t.* ✠

816 La doctrine de la Pénitence, extraite des ✠

Tome I. K

Ordonnances synodales d'Ant. GODEAU, Evesque de Grasse, *Paris*, veuve J. Camusat, 1650, *in*-12. *v. m.*

817 Nouvelle méthode pour se disposer aisément à une bonne & entiere confession de plusieurs années, en moins de deux heures, & rendre un compte exact de toutes les fautes que l'on peut avoir commises, même durant toute sa vie, pourvu que l'on observe soigneusement ce qui y est prescrit, (*ou* Confession coupée), par R. P. Christophe LEUTBREWER, Religieux de l'Ordre de S. François, & mise en nostre langue pour la commodité de ceux qui n'entendent pas la latine, sixieme édition, *Paris*, Nic. & Jean de la Coste, 1659, *in*-12. *v. m.*

818 De verâ communione Corporis & Sanguinis Domini nostri Jesu-Christi, quâ verè credentes in Cœnâ mysticâ fruantur, orthodoxa & solida, ex verbo Dei desumpta assertio, scripta & ædita ad calumniarum abstersionem & piorum institutionem, authore Joanne Barone A KITLITZ, (*sans date, ni nom de Ville*), *in*-8. *v. f. d. s. tr.*

819 Brevis admonitio de re eucharistica, continens, I. Consilium Filii Dei instituentis Euchariftiam; II. Consilium Satanæ quo Dei consilium conatur evertere; III. Quibus mediis consilio Satanæ possit iri obviàm, scripta à C. ELÆODO, *Tyrgadæ*, (*sans date*), *in*-8. *v. f. d. s. tr.*

820 De cœnâ & calice Domini, quoad Laïcos & Clericos non celebrantes, libri tres, in quibus omnia quæ ad hanc rem pertinent, ex antiquis recentioribusque Theologis collecta, probè digeruntur, ac in examen vocantur, & Hære-

ticorum explosis erroribus, orthodoxa fides asseritur, Gaspare CASALIO, Lairensium Episcopo, auctore, *Venetiis*, Jordanus Zileti, 1563, *in-4. v. f.*

821 Traité de BERTRAM, Prestre, du Corps & du Sang de Nostre Seigneur Jesus-Christ, 1600, *in-8. v. f. d. f. t.*

822 Preuves de la sainte Messe par textes de l'Escriture saincte, produits par les SS. Peres, séants ès Conciles des quatre premiers siecles, présentées au Roi, & prononcées à S. Germain de l'Auxerrois, par François VERON, Missionnaire, *Paris*, J. Mestais, 1623, *in-8. v. f. d. f. t.*

823 De Transsubstantiatione liber, Simplicio VERINO auctore, contra H. Grotium, *Hagiopoli*, Theodorus Eudoxus, 1646, *in-8. v. f. d. f. tr.*

824 Abrégé du livre intitulé : *L'Eucharistie paisible, ou la paix des sçavans & le repos des simples touchant l'usage de la Pénitence & de la Communion*, avec un tempérament de doctrine tiré de l'Escriture, des Conciles, des Peres & particulierement de S. Augustin, par le R. P. DU BOSC, Cordelier, *Paris*, François Piot, 1648, *in-8. v. m.*

825 De Communione veteris Ecclesiæ syntagma, ex Bibliothecâ Johannis Jonstoni, Doct. Medici, *Amstelædami*, ex officinâ Elzevirianâ, 1658, *in-12. v. f.*

826 Traité de la défense du sang, avec les témoignages tant des Peres que des Conciles qui ont été de ce sentiment, *Cologne*, J. le Blanc, 1678, *in-12. v. m.*

827 Traité de la Comm. sous les deux especes, par

K ij

Jacques-Bénigne BOSSUET, *Paris*, Cramoify, 1686, *in*-12. mar. r.

828 Agneau Pafcal, *ou* explication des cérémonies que les Juifs obfervoient en la manducation de l'Agneau de Pâques, appliquées dans un fens fpirituel à la manducation de l'Agneau divin dans l'Euchariftie, *Cologne*, d'Egmont, 1686, *in*-8. m. r. l. r. d. f. t.

829 Préfence corporelle de l'homme en plufieurs lieux, prouvée poffible par les principes de la bonne philofophie, par l'Auteur des lettres à un Américain, (M. DE LIGNAC) *Paris*, Rozet, 1764, *in*-12. v. m.

830 Leonis ALLATII de ætate & interftitiis in collatione Ordinum etiam apud Græcos fervandis, *Romæ*, Mafcardus, 1638, *in*-8. v. f. d. f. t.

831 Commentarius de facris Ecclefiæ ordinationibus, fecundùm antiquos & recentiores, Latinos, Græcos, Syros & Babylonios, auctore Johanne MORINO, *Antuerpiæ*, Lucas, 1695, *in-fol.* v. br.

832 Differtation du Pere le Courrayer, fur la fucceffion des Evêques Anglois & fur la validité de leurs ordinations, réfutée par le P. HARDOUIN, *Paris*, Couftelier, 1724, 2 *vol. in-*12. v. f.

833 La défenfe des ordinations anglicanes, réfutée par le même, *Paris*, Chaubert, 1727, 2 *vol.* in-12. v. brun.

834 Nullité des ordinations anglicanes, *ou* réfutation de la *Differt.* fur la validité des ordinations des Anglois, par le R. P. Michel LE QUIEN, *Paris*, Simart, 1725, 2 *vol.* in-12. v. f.

Ouvrages divers, & Extraits & Mélanges de la Théologie Scholastique.

835 Traité enseignant d'où procede la diversité des opinions des hommes; ensemble l'excellence de la Loy chrestienne par sus toutes les autres, par Jean DE MARCONVILLE, *Paris*, Dallier, 1563, in-8. *v. f.*

836 De la guerre continuelle & perpétuel combat des Chrétiens contre leurs plus grands & principaux ennemis, (la chair, le monde, le diable) mis en françois par F. M., (Fed. MOREL), *Paris*, 1564, in-8. *v. f. d. s. t.*

837 Essais de Jéremie FERRIER, 1601, *sans nom de Ville*, in-16. *v. f. d. s. tr.*

838 Miscellaneorum Theologicorum quibus non modo Scripturæ divinæ, sed & aliorum classicorum Auctorum plurima monumenta explicantur atque illustrantur, libri quatuor, plurimarum observationum in hâc editione insigni auctario locupletati, auctore Nicolao FULLERO, Ecclesiæ Cathedralis Sarisburiensis Canonico, *Heidelbergæ*, hæredes Lazari Zeizneri, 1618, in 8. *vel.*

839 Le tableau des véritez chrestiennes, conten. les résolutions de plusieurs belles questions théologiques & morales, traduict de l'italien, du R. P. Ange DELY, Observantin Milannois, par J. SAULNIER, *Paris*, Jean Corrozet, 1645, in-8. *cart.*

840 Joannis MALDONATI, Soc. Jesu Presbyteri, opera varia theologica, nunc primùm in lucem edita; his accesserunt ejusdem Auctoris præfa-

tiones, orationes & epistolæ, *Lutetiæ Parisior.* Andr. Pralard, 1677, 3 *tom. 1 vol. in-fol. v. b.*

☩ 841 Guil. SALDENI otia theologica, *Amst.* Boom, 1684, *in-4. v. br.*

☩ *ϑ. ch. à vendre* 842 Les Œuvres de Messire Charles-Joachim COLBERT, Evêque de Montpellier, *Cologne*, 1740, 3 *vol. in-4. gr. pap. m. r. d. s. t.*

☩ 843 Examen des défauts théologiques, où l'on indique les moyens de les réformer, *Amsterd.* Uytwerf, 1744, 2 *vol. in-12. v. œ. d. s. tr.*

☩ 844 Dictionnaire universel, dogmatique, canonique, historique, géogr. & chronologique des sciences ecclésiastiques, par le P. RICHARD, *Paris*, Rollin, 1760—1765, 6 *vol. in-fol. v. m.*

☩ 845 Dictionnaire philosopho-théologique, contenant l'accord de la véritable Philosophie avec la saine Théologie, & la réfutation des faux principes établis dans les écrits de nos Philosophes modernes, (par M. PAULIAN), *Nismes*, Gaudes, 1770, *in-8. v. m.* 8446

☩ 846 Bibliotheque ecclésiastique par forme d'instructions dogmatiques & morales sur toute la Religion, par l'Abbé GUYON, *Paris*, Delalain, 1771, 8 *vol. in-12. v. m.*

THÉOLOGIENS MORAUX ET CASUISTES.

Traités généraux & particuliers de la Théologie Morale.

☩ 847 Jo. Francisci BUDDEI, institutiones Theologiæ moralis, variis observationibus illustratæ, *Lipsiæ*, hæredes Thomæ Fritsch, 1727, *in-4. v. m. d. s. t.* 8886

DE L'ÉGLISE LATINE.

848. Herm. BUSEMBAUM Theologia moralis, aucta à R. P. Claud. LA CROIX, *Coloniæ*, 1741, 2 vol. in-fol. v. br. ☩

849 Theologia naturalis, sive liber creaturarum, specialiter de homine & de naturâ ejus in quantùm homo, & de his quæ sunt ei necessaria ad cognoscendum seipsum & Deum & omne debitum ad quod homo tenetur & obligatur tam Deo quàm proximo, *Parisiis*, Johannes Petit, 1509, in-8. l. r. cart. +

Typis *de somme* dictis, duabus columnis, sine reclamantibus, ciffris, registro.

850 Les regles de la Morale chrestienne, recueillies du nouveau Testament par S. BASILE le Grand, Archevesque de Césarée, & accompagnées d'explications des difficultés qui se rencontrent dans les textes que ce Pere allégue, *Paris*, C. Savreux, 1661, in 12. v. br. ☩

851 Traité de Morale, (par le P. MALLEBRANCHE), *Rotterdam*, Leers, 1684, 2 part. 1 vol. in-12. v. m. ☩

852 L'Evangile illuminé, *ou la démonstration de ses secrets par la raison naturelle, figurée par la lumiere de la comete de 1680*, in-4. fig. cart. ☩

853 Instruction pour les Nicodémites, où après avoir convaincu ceux qui sont tombez de la grandeur de leur crime, on fait voir qu'aucune violence ne peut dispenser les hommes de l'obligation de professer la vérité, par J. G. P., *Amst.* Wolfgang, 1687, in-12. v. m. ☩

854 La doctrine ancienne du premier, deuxiéme, troisiéme & dernier Jugement, très-utile & nécessaire à tous Chrestiens, pour les induire à se ☩

K iv

hafter à bien faire, cependant qu'ils ont le tems; & prier qu'ils foyent faits dignes d'éviter l'ire à venir, & de pouvoir fubfifter devant le Throne judicial de Noftre Seigneur Jefus-Chrift, *fans nom de Ville ni d'Imprimeur*, 1592, *in-8. v. f. d. f. tr.*

855 Morale chrétienne rapportée aux inftructions que Jefus-Chrift nous a données dans l'Oraifon dominicale, par FLORIOT, avec les textes latins en marge, *Paris*, Defprez, 1709, *in-4. gr. pap. mar. r.*

856 Parallele de la Morale chrétienne, avec celle des anciens Philofophes, pour faire voir la fupériorité de nos faintes maximes fur celles de la fageffe humaine, par le P. Michel MOURGUES, Jéfuite, *Bouillon*, 1769, *in-12. v. m.*

Traités de la Religion, des Loix & des Préceptes, de la Confcience, &c.

857 Les délices de l'efprit, dialogues, (fur la religion & la morale chrétienne), *in-4. cart.*

858 Les principes de la faine Philofophie conciliés avec ceux de la religion, *ou la Philofophie de la religion*, par l'Auteur de la Théorie des êtres fenfibles, (M. l'Abbé PARA), *Paris*, Charles-Antoine Jombert, pere, 1774, 2 *vol. in-12. v. f. d. f. tr.*

859 Commentaria magiftri Petri DE DSOMA in Symbolum, *Quicumque vult falvus effe. Parifiis*, Petrus Levet, (circa 1490), *in-4. cart.*

Typis vulgo *de fomme* dictis, fine reclamantibus, ciffris, litteris initialibus, parvis tantum indicantibus, cum infigni Typographi in titulo, 18 folia complectens.

DE L'ÉGLISE LATINE. 153

860 Joan. Paponis CROZETTI, in sextum Decalogi præceptum, *non mœchaberis*, libri IV, Lyon, Jean de Tournes, 1552, *in*-4. *m. v. l. r.*

861 De la plus solide, la plus nécessaire & souvent la plus négligée de toutes les dévotions, par J. B. THIERS, *Paris*, de Nully, 1702, 2 *vol. in*-12. *v. f.*

862 La loi naturelle, par M. ROUSSEL, *Paris*, Humblot, 1769, *in*-12. *v. m.*

863 Traité des scrupules, de leurs suites dangereuses, de leurs remedes, de leurs causes, de leurs especes, (par DUGUET), *Paris*, Estienne, 1718, *in*-12. *mar. citr. d. f. tr.*

864 Placide à Maclovie, sur les scrupules, par l'Auteur des Pensées théologiques, (D. JAMIN) *Paris*, Bastien, 1774, *in*-12. *v. f.*

Traités du Prêt & de l'Usure, de la Restitution, des Loteries, &c.

865 Traité des prêts de commerce, ou de l'intérêt légitime ou illégitime de l'argent, par M...., *Paris*, Vincent, 1759 & 1770, 5 *vol. in*-12. *v. m.*

866 Lettre à M. l'Archevêque de Lyon, dans laquelle on traite du prêt à intérêt, par M. PROST DE ROYER, (Lyon) 1769, *in*-8. *v. m.*

867 Traité de l'usure & des intérêts, *Paris*, Vallat-la-Chapelle, 1769, *in*-12. *v. f.*

868 Principes théologiques, canoniques & civils sur l'usure, par M.***, *Paris*, de Levaque, 1769, 3 *vol. in*-12. *v. m.*

869 Traité de la restitution des grands, par JOLY, 1665, *sans nom de Ville.* = Lettre d'un Prestre à un Confesseur, sur la matiere des restitu-

tions des grands, *in-*12. *mar. v. d. f. tr.*

870 Critique historique, &c. sur les loteries anciennes & modernes, spirituelles & temporelles des Etats & des Eglises, trad. de l'ital. de G. LETI, *Amst.* Boeteman, 1697, 2 *vol. in-*12. *v. f.*

871 Dissertation des loteries, par le P. C. F. M. (MENESTRIER), *Lyon*, Bachelu, 1700, *in-*12. *baz. br.*

Traités des Jeux & des Spectacles.

872 Question chrétienne touchant le jeu, addressée aux Dames de Paris par Théotime, savoir si une personne addonnée au jeu se peut sauver, & principalement les femmes, troisième édition, *Paris*, Jean Mestais, 1634, *in-*8. *v. m.*

873 La défence des Dames, ou bien réponse au livre intitulé : Question chrétienne touchant le jeu, addressée aux Dames de Paris, par le S^r DE LA FRANCHISE, *Paris*, Pierre Targa, 1634, *in-*8. *baz.*

874 Conversations morales sur les jeux & les divertissemens, par F. DU TREMBLAY, *Paris*, Pralard, 1685, *in-*12. *v. br.*

875 Traité des jeux & des divertissemens qui peuvent être permis & défendus aux Chrétiens selon les regles de l'Eglise, par Jean-Bapt. THIERS, *Paris*, Dezallier, 1686, *in-*12. *mar. verd, d. f. tr.*

876 Traité contre les danses & les comédies, par S. Charles BORROMÉE, *Paris*, Soly, 1664, *in-*12. *v. f.*

877 Question si les danses sont défendues aux Chrétiens, décidée par la S. Ecriture, les Conciles, les

DE L'ÉGLISE LATINE. 155

SS. Peres, &c. *Mons*, Grégoire, 1698, *in*-12. *v. m.*

878 Inſtructions morales & populaires ſur les ſpectacles & les danſes, recueillies de quelques ſermons prêchés par un Miſſionnaire, &c. *Cologne*, Wilmer, *ſans date, in*-8. *mar. r. d. ſ. t.*

879 Premiere atteinte contre ceux qui accuſent les comédies, par une Demoiſelle Françoiſe D. B. *Paris*, Richer, 1603, *in*-12. *pap. v. m.*

880 La même, *Paris*, Richer, 1609, *in*-12. *pap.*

881 Inſtruction chrétienne touchant les ſpectacles publics des comœdies & tragœdies; où eſt décidée la queſtion, s'ils doivent eſtre permis par le Magiſtrat, & ſi les Enfans de Dieu y peuvent aſſiſter en bonne conſcience, par André RIVET, *la Haye*, le Maire, 1639, *in*-12. *parch.*

882 Della chriſtiana moderatione del theatro, del P. Gio. Domenico OTTONELLI, *Fiorenza*, Franceſchini, 1648, *in*-4. *v. ſ.*

883 Diſſertation ſur la condamnation des Théâtres, *Paris*, Pepingué, 1666, *in*-12. *v. f. d. ſ. t.* 2. *ch. à vendre*

884 La même, *Paris*, le Febure, 1694, *in*-12. *v. f. d. ſ. t.*

885 Traité de la comédie & des ſpectacles (par M. le Prince DE CONTY, *Paris*, Promé, 1667, *in*-8. *v. f. d. ſ. t.*

886 La défenſe du *Traité du Prince de Conty*, touchant la comédie & les ſpectacles, par DEVOISIN, *Paris*, Billaine, 1671, *in*-4. *v. br.*

887 Lettre d'un Docteur de Sorbonne, à une perſonne de qualité, ſur le ſujet de la comédie, *Paris*, Mazuel, 1694, *in*-12. *pap.*

888 Réponſe à la lettre du Théologien défenſeur de la comédie, par LE LEUEL, *Paris*, Girard, 1694, *in*-12. *pap.*

156 THÉOLOGIENS

☩ 889 Sentimens de l'Eglise & des SS. Peres, pour servir de décision sur la comédie & les comédiens, *Paris*, Coignard, 1694, *in*-12. *v. f. d. s. t.*

☩ 890 Décision faite en Sorbonne, touchant la comédie, & réfutat. des sentimens relâchés d'un nouv. Théologien, touchant la comédie, par M. l'Abbé L. P****, (Laurent PEGUVIER), *Paris*, Coignard, 1694, *in*-12. *v. br.*

D. ch. à vendre

☩ 891 Réfutation d'un écrit favorisant la comédie, imprimé au commencement des pieces de Théâtre de Boursault, (par DE LA GRANGE) Chanoine de S. Victor, *Paris*, Couterot, 1694, *in*-12. *pap.*

☩ 892 Maximes & réflexions sur la comédie, par Jacques-Benigne BOSSUET, *Paris*, Anisson, 1694, *in*-12. *m. r. d. s. t.*

☩ 893 Discours sur la comédie, (par le P. LE BRUN) *Paris*, Guerin, 1694, *in*-12. *v. br.*

☩ 894 Le même, seconde édit. augmentée, *Paris*, Delaulne, 1731, *in*-12. *v. m.*

☩ 895 Dissertation préliminaire de M. DE S...., à M. l'Abbé C...., sur le poëme dramatique, où l'on examine s'il est permis d'aller à la comédie, d'en faire & d'en représenter ; & où l'on répond aux objections du Prince de Conty, Bossuet, Nicole & autres, *Amsterd.* (*Paris*), 1729, *in*-12. *pap.*

☩ 896 Histoire de la comédie & de l'opéra, où l'on prouve qu'on ne peut y aller sans pécher, par LALOUETTE, *Paris*, Josse, 1697, *in*-12. *v. br.*

☩ 897 Lettre deuxiéme & troisiéme sur cette question, s'il est permis de jouer, d'aller à l'opéra, à la comédie & au bal, *Toulouse*, Douladoure, 1701, *in*-4. *baz.*

DE L'ÉGLISE LATINE.

898 Discours sur les spectacles, trad. du latin du P. Charles PORÉE, par le P. BRUMOY, Jésuite, *Paris*, Coignard, 1733, *in*-4. *v. f.*

899 Nouvelles observations, au sujet des condamnations prononcées contre les comédiens, par FAGAN, *Paris*, Chaubert, 1751, *in*-8. *v. m.*

900 Essai sur la comédie moderne, où l'on réfute les *nouv. observations de Fagan, au sujet des condamnations prononcées contre les comédiens*, suivi d'une hist. abrégée des ouvrages qui ont paru pour & contre la comédie depuis le dix-septiéme siecle, par M. L. J. D. B., *Paris*, Pissot, 1752 *in*-8. *v. m.*

901 Libertés de la France contre le pouvoir arbitraire de l'excommunication, par Mademoiselle CLAIRON, *Amst.* (*Paris*), 1761, *in*-12. *v. m.*

902 Mémoire à consulter sur la question de l'excommunication que l'on prétend encourue par le seul fait d'Acteurs de la comédie françoise, (par LERIDENT), *Paris*, 1761, *in*-12. *v. br.*

903 Essai sur les moyens de rendre la comédie utile aux mœurs, par M. DE B***, *Paris*, Debure pere, 1767, *in*-12. *v. m.*

904 De la réformation du théâtre, par L. RICCOBONI, & des moyens de rendre la comédie utile aux mœurs, par M. DE B***, *Paris*, Debure pere, 1767, *in*-12. *v. m.*

905 Lettres de M. Desp. de B*, (DESPRÉS DE BOISSY), sur les spectacles, *Paris*, 1769, *in*-12. *v. m.*

158 THÉOLOGIENS

Traités des Vertus Théologales.

✠ 906 La Foi dévoilée par la raison dans la connoissance de Dieu, de ses mysteres & de la nature, par PARISOT, Maître des Comptes, premiere édition, *Paris*, 1681, *in*-8. *m. r.*

✠ 907 L'usage de la Raison & de la Foi, *ou* l'accord de la foi & de la raison, par Pierre-Silvain REGIS, *Paris*, Cusson, 1704, *in*-4. *v. br.*

✠ 908 L'accord de la Foi avec la Raison dans la maniere de présenter le systême physique du monde, & d'expliquer les différens mysteres de la Religion, *Cologne*, (*Par.*), 1757, 3 *part.* 2 *vol. in*-12. *v. m.*

✠ 909 L'Eleve de la raison & de la foi (par M. DE BERNIERE,) *Mans*, Charles Monnoyer, 1771, 2 *vol. in*-12. *v. f. d. s. t.*

✠ 910 Lettre sur l'espérance & la confiance chrétienne, 1739, *in*-4. *cart.*

✠ 911 Exhortation au peuple François, pour exercer les œuvres de miséricorde envers les pauvres, par Frere Jean DE BILLY, Chartreux, avec le combat de tristesse & d'espérance, par Jacques DE BILLY, Abbé de S. Michel en l'Her. *Paris*, Guil. Chaudiere, 1584, *in*-8. *v. f. d. s. t.*

✠ 912 Icones operum misericordiæ cum Julii-Roscii HORTINI sententiis & explicationibus pars prior eorum quæ ad corpus pertinent, *Romæ*, Marius Cartarius, 1586, *in-fol. fig. v. f. d. s. tr.*

✠ 913 Réflexions sur la miséricorde de Dieu, par Madame la Duch. DE LA VALLIERE, *Paris*, David, 1731, *in*-12. *v. f. d. s. t.*

DE L'ÉGLISE LATINE.

914 Les mêmes, *Paris*, Savoye, 1754, *in-12.* mar. bleu d. f. t.

915 Tractatus de informatione repellenda, vel non; cum multis aliis materiis ad hanc materiam pertinentibus, *in-*4. v. f. d. f. t.

Long. lig. lettres *de fomme*, avec un titre, sans chiffres, sans indication d'imprimeur & d'année, mais à Spire, vers l'an 1490.

* Il y a une faute sur le titre de cette édition; il doit y avoir *infamatione*, au lieu d'*informatione*.

916 Description du sainct séjour & demeure royal des sept œuvres de miséricorde, dans lequel se recognoist le soulagement des pauvres, par Pierre COLLART, *Paris*, Joseph Guerreau, 1618, *in-*8. v. m.

917 L'avocat des pauvres, *ou de l'obligation qu'ont les Bénéficiers de faire un bon usage des biens de l'Eglise, & d'en assister les pauvres*, par J. B. THIERS, *Paris*, Dupuis, 1676, *in-12.* v. f. d. f. t.

918 Catéchisme des riches, *Troyes*, veuve d'Edme Prevost, 1711, *in-*8. v. f. d. f. t.

919 Explication des qualités ou des caractères que S. Paul donne à la charité, nouvelle édit. revue, corrigée, & augmentée, par DUGUET, *Amsterdam*, (*Paris*) 1727, *in-12.* v. b.

920 Tableau de l'humanité & de la bienfaisance, *ou Précis historique des charités qui se font dans Paris*, *Paris*, Musier fils, 1769, *in-12.* veau mar.

Traités des Vertus Morales.

921 Les fausses opinions du monde, *ou le monde*

combattu dans ses maximes criminelles, par le R. P. Yves de Paris, Capucin, *Paris*, Laugronne, 1688, *in-12. v. f.*

922 Discours contre les femmes desbraillées, par P. Juvernai, seconde édition, *Paris*, Proudhomme, 1637, *in-8. v. f. fil. & tr. dorés.*

à Vendre 923 Le même, troisieme édit. *Paris*, le Mur, 1637, *in-8. v. m.*

924 Traité contre le luxe des coëffures, par D. V. *Paris*, Couterot, 1694, *in-12. v. f.*

Double à Vendre 925 De l'abus des nudités de gorge, *Bruxelles*, Foppens, 1675, *in-12. v. f.*

926 L'amante, overo sollevatione dalla bellezza dell' amata alla bellezza di Dio, da Gabriel Zinano, *Reggio*, Hercoliano Bartholi, (*senza anno.*) *in-8. cart. marb.*

927 Trattato della Verginita & dello stato Verginale, composto per il R. P. D. Basilio Gradi da Ragusa, Monaco della Congregatione Casinense, hora Vescovo di stagno in Dalmatia, *Roma*, Bartholomeo Bonfadino, 1584, *in-8. v. f. d. s. t.*

928 Michaelis Amati presbyteri Neapolitani de piscium atque avium esûs consuetudine apud quosdam Christi fideles in Antepaschali jejunio, quam memorat Socrates lib. v. suæ Histor. Eccles. cap. xxij, Dissertatio historico-philologico-moralis, editio secunda. = Troylianæ animadversiones adversûs Michaelis Amati præcedentem Dissertationem, ad trutinam revocantur & exploduntur, *Patavii*, Josephus Corona, 1725, *in-4. v. f. d. s. tr.*

929 L'Ambassade de la Princesse crainte de Dieu, fille du Dieu vivant & de la Justice, par le P.

P. Jacques SALIAN, de la Compagnie de J. Paris, Séb. Chappelet, 1630, in-8. v. f. d. f. t.

Traités des Vices & des Péchés, & des Cas de Conscience.

930 Le monde renversé sens dessus dessous; Traicté auquel est montré par maintes belles raisons que le peché a jetté une horrible confusion en l'Uniuers; fait premiérement par F. J. AFFINATI D'ACUTO, de l'Ordre des F. Prescheurs, & mis en françois par F. G. C. (Gaspard CORNUERE) Bachelier en Théologie du même Ordre, *Paris*, François Huby, 1610, in-8. v. f.

931 Les pechez cachez de chaque chretien en l'exercice de sa profession, sont les causes du grand nombre des reprouvez, & les moyens de faire son salut, sont enseignez à chacun en sa condition. *Paris*, Nego & Pierre de Bats, 1680, in-12. v. br.

932 Traité du mal & de la réparation, par le Président JOLY, *Dijon*, Edme Bidault, 1770, 2 vol. in-12. v. m.

933 Traité de la satire, où l'on examine comment on doit reprendre son prochain, & comment la satire peut servir à cet usage, par l'Abbé DE VILLIERS, *Paris*, Anisson, 1695, in-12. v. b.

934 Le fouet des paillards, *ou* juste punition des voluptueux & charnels, conforme aux Arrêts divins & humains, par M. L. P. *Rouen*, Vereul, 1628, in-12. v. m.

935 Récolte ou moisson que Satan a faite chez lui en 1748, *ou* Critique sur l'état présent du concubinage, de l'adultere, & d'autres vices

Tome I. L

qui sont présentement si communs sur la terre, trad. de l'Anglois par James DE LA COUR, Francfort, 1749, in-8.

✝ 936 Eunuchi, nati, facti, mystici, ex sacra & humana literatura illustrati, opus Theoph. RAYMAUDI, Soc. Jesu; Zacharias Pasqualigus puerorum emasculator ob musicam quo loco habendus. Responsio ad quæsitum per epistolam J. HERIBERTI Cæmeliensis, *Divione*, Philibertus Chavance, 1655, in-4. *v. f. d. s. tr.*

✝ 937 Le fléau de la calomnie, *ou* Traité contre les mesdisans & détracteurs de la renommée du prochain & des puissances ecclésiastiques & temporelles, recueilli fidelement des Auteurs sacrés & profanes, tant anciens que modernes, par Pierre BERNARD, Dauphinois, *Lyon*, P. Bernard, 1615, *in-12. v. m.*

✝ 938 Le Directeur des consciences scrupuleuses, examinant tous leurs scrupules, & enseignant la maniere de les guérir, selon la doctrine de Gerson, des Théologiens & des Peres de la vie spirituelle, par le P. Collomban GILLOTTE, Religieux Pénitent du troisiéme Ordre de Saint-François, nouvelle édition, revue, corrigée & aug., *Paris*, Charles Huart, 1722, *in-12. v. b.*

Traités de Morale sur les Sacremens.

✝ 939 Eruditorium Confessorum, fratris Hieronymi SAVONAROLE, Ferrariensis, Ord. Prædicatorum, venundatur ab Joanne-Parvo Henrico Jacobi & Ascensio, 1510, in-8. goth. *v. f. d. s. t.*

(*Ad calcem.*) Finem cepit in edibus Ascensianis, ad xiiij cal. Octob. anno M. D. X. ad calculum romanum. Typis vulgo *de somme* dictis, sine reclam. cifris, registro.

DE L'ÉGLISE LATINE. 163

940 La Théologie germanicque, livret auquel est traité comment il faut dépouiller le vieil homme & vestir le nouveau, *Anvers*, Chr. Plantin, 1558, *in-8. v. f. d. s. t.*

941 Manuale de Confessori, nel quale si contiene la universale & particolare decisione di tutti i dubbii che nelle Confessioni de peccati sogliono occorrere, con cinque commentarii, cioe de cambii, dell' usure, della simonia, della difesa del prossimo, del furto notabile, & una questione della irregolarita, composto da Martino AZPLIQUETA, Navarro, & tradotto di spagnuolo in italiano, dal R. P. F. Cola DÉ GUGLINISI, dell' ordine di S. Francesco di Paula, nuovamente ristampato, & aggiuntivi dieci preludii, come nel latino, tradotti da Gio GIOLITO, *Vinegia*, i Gioliti, 1582, *in-4. vel.*

942 De la prudence des Confesseurs, & autres qualitez requises au devoir de leur charge, du latin du R. P. Valere REGINAL, de la Compagnie de Jesus, translaté en françois par Et. LA PLONCE-RICHETTE, Chanoine de Grenoble, *Lyon*, Antoine Pillehotte & Jean Caffin, 1626, *in-8. cart.*

943 Instruction Pastorale de Monseigneur (DE RASTIGNAC) Archevêque de Tours, sur la Justice chrétienne, par rapport aux Sacremens de Pénitence & de l'Eucharistie, *Par.* Desprez, 1749, *in-12. v. f. d. s. t.*

944 La même, *Paris*, Guillaume Desprez, 1749, *in-4. cart.*

945 Instruction sur les dispositions qu'on doit apporter aux Sacremens de Pénitence & d'Eucharistie, tirée de l'Ecriture Sainte, des Saints

Peres, & de quelques autres saints Auteurs, où les fideles apprendront la conduite qu'ils doivent observer à l'égard de ces deux sacremens, avec un examen de conscience fort utile pour les personnes qui ont dessein de faire une confession générale, (par Treuvé) nouvelle édition, revue, corrigée & augmentée, *Paris*, Guillaume Desprez, 1722, *in-12. v. b. d. s. t.*

946 Les Pénitentes illustres, par J. Baudoin, *Paris*, Remy, 1647, *in-8. m. r. d. s. t.*

947 Orpheus Eucharisticus, sive Deus absconditus humanitatis illecebris, illustriores mundi partes ad se pertrahens, ultroneas arcanæ majestatis adoratrices, opus in varias historicorum emblematum æneis tabulis incisorum centurias distinctum, quæ strictâ solutâque oratione explanantur, tomus primus primam centuriam complectens, authore P. Augustino Chesneau, Ordinis Eremitarum sancti Augustini, *Parisiis*, Florentinus Lambert, 1657, *in-8. fig. v. m.*

948 Emblêmes sacrez sur le Sacrement de l'Eucharistie, par le même, *Paris*, Lambert, 1667, *in-8. fig. veau brun.*

Mélanges de Théologie morale.

949 Ricordi di Sabba da Castiglione, di nuovo corretti, & ristampati, *Venetia*, Paolo Gerardo, 1560, *in-4. vél.*

950 Selva odorifera di Mutio Justinopolitano, ove si insegna Christianamente vivere ributtando la heretica pravità, *Venetia*, Gio-And. Valvassori detto Guadagnino, 1572, *in-4. vel.*

DE L'ÉGLISE LATINE. 165

951 Sentimens d'un Chanoine sur divers Traités de morale, (*Par.*) 1708, *in-12. v. m.*

952 L'homme du monde éclairé, entretiens, par D. CHAUDON, de l'Ordre de Cluny, *Paris*, Moutard, 1774, *in-12. v. f.*

Conférences, Traités, Instructions, Essais & Lettres sur divers points de Morale & de Piété.

953 Conférences sur les Mysteres, par le P. Joseph-Romain JOLY, Capucin, *Paris*, Claude Hérissant, 1771, 3 *vol. in-12. v. f. d. f. t.*

954 Johan.-Bapt. THIERS defensio adversus Joh. de Launoy appendicem ad dissertationem de auctoritate negantis argumenti, *Parisis*, Léonard, 1664, *in-8. v. f.*

955 Traité du souverain bien, par LA TOUR, *Paris*, le Mire, 1640, *in-12. v. f. d. f. t. l. r.*

956 Traité sur la priere publique, & sur les dispositions pour offrir les Saints Mysteres & y participer avec fruit, par DUGUET, *Paris*, Etienne, 1707, *in-12. mar. cit. d. f. t.*

957 Dissertations théologiques & dogmatiques, 1°. sur les exorcismes & les autres cérémonies du Baptême; 2°. sur l'Eucharistie; 3°. sur l'usure, par le même, *Paris*, Labottiere, 1727, *in-12. mar. cit.*

958 Discours sur divers sujets de religion & de morale, par M. FLEXIER de Reval, *Luxembourg*, les héritiers d'André Chevalier, 1777, 2 *vol. in-12. v. m.*

959 Essais de morale contenus en divers traitez, sur plusieurs devoirs importans, avec l'explication des Epîtres & Evangiles de l'année, par

L iij

166 THÉOLOGIENS

✚ NICOLE, *la Haye*, Moëtjens, 1688 & 1690, 9 *vol. in*-18. *mar. bl. d. f. t.*

✚ 960 Nouveaux essais de morale, contenant plusieurs traités sur différens sujets, par le même, *Paris*, Desprez, 1699, *in* 12. *m. r. d. f. t.*

✚ 961 Les mêmes, avec les instr. sur le Décalogue, les Sacremens, le Symbole, le Pater, & le traité de la priere, *Paris*, 1715 & suiv. 22 *vol. in*-18. *v. m.* on a gardé 2 vol. de cette collection.

à vendre

✚ 962 L'esprit de NICOLE, *Paris*, Desprez, 1765, *in*-12. *v. m.*

Traité de prieres

✚ 963 Lettres sur divers sujets de morale & de piété, (par DUGUET) *Paris*, Etienne, 1735 & 1737, 9 *vol. in*-12. *m. cit. d. f. t.*

CATÉCHISTES ET PRÉDICATEURS.

Catéchismes.

✚ 964 Catechismus, ex decreto Concilii Tridentini, ad Parochos, Pii Quinti Pont. Max. jussu editus, *Romæ*, Paulus Manutius, 1566, *in-fol. v. f. d. f. t.*

✚ 965 Instruction catholique pour le peuple de Languedoc, par BORRYER, *Pezenas*, Martel, 1672, *in*-8. *v. b.*

✚ 966 Catéchisme du Diocese de Meaux, par Jacques-Bénigne BOSSUET, *Paris*, Cramoisy, 1687, *in*-12. *mar. r. d. f. t.*

✚ 967 Manuel de la jeunesse, *ou* Instructions familieres en dialogues, sur les principaux points de la religion, *Paris*, Fournier, 1771, 2 *vol. in*-12. *v. m.*

✚ 968 Catéchisme imprimé par ordre de Jacques

DE L'ÉGLISE LATINE. 167

Potier de Novion, Evêque d'Evreux, pour être enseigné dans son Diocèse, *Evreux*, veuve de F. P. de la Londe, 1708, *in-12. v. m.*

969 Catéchisme & ample déclaration de la doctrine chrestienne, composé par le Cardinal Bellarmin, & traduit d'italien en françois par Robert Crampon, Parisien, Secrétaire de l'Evêque d'Avranches, *Lyon*, Abraham Cloquemin, 1604, *in-12. v. m.*

970 Catéchisme historique contenant en abrégé l'histoire sainte & la doctrine chrétienne, par l'Abbé Fleury, *Paris*, Aubouin, 1690, 2 vol. *in-12. fig. v. f. d. f. t.*

971 Le même, *Paris*, Emery pere, 1721, *in-12. veau brun.*

972 Mandemens & Lettres Pastorales de M. Esprit Flechier, *Paris*, Etienne, 1712, *in-12. v. br.*

973 The Catechism, or christian Doctrine by way of question and answer, drawn chiefly from the express word of god, and other pure sources, *Paris*, James Guerin, 1742, *in-8. v. m.*

PRÉDICATEURS.

Traités sur la Prédication & le Ministere de la Chaire.

974 De la prédication, par M. l'Abbé Coyer, *in-12. v. f. d. f. tr.*

975 La même, *Paris*, Duchesne, 1766, *in-12. veau mar.*

976 Le ministere victorieux de l'envie, par Du Faur, *Paris*, Sebastien Cramoisy, & Gabriel Cramoisy, 1653. *in-4. cart.*

L iv

Homélies.

977 L'année Evangélique, *ou* Homélies sur les Evangiles des Dimanches de l'année, par Joseph LAMBERT, nouvelle édition, *Paris*, Comp. des Libraires, 1764, 7 *vol. in*-12. *v. f. d. s. t.*

978 Homélies théologiques & morales de PALAFOX, sur la Passion de Jesus-Christ, trad. par AMELOT DE LA HOUSSAIE, *Paris*, Boudot, 1691, *in*-12. *v. br.*

Sermons.

979 Epistola in Sermonem Patris Leonelli, Episcopi Concordiensis, & in Germania apostolici legati, à Joh. ZUFFATO, *sine anno*, sed circa 1478, *in*-4. *cart.*

980 Sermones aurei & pulcherrimi, variis scripturarum doctrinis referti, de tempore per totum anni circulum, editi à sacre Theologie professore Jacobo DE VORAGINE, ordinis Predicatorum, quondam episcopo Januensi, *Parisiis*, Franciscus Regnault, (got. 2 col.) *in*-8. *v. f. d. s. t.*

981 Fundamentum aureum omnium anni Sermonum, N. DE GORRA, *Parisiis*, de la Barre, 1509, *in*-8. *got. v. f.*

982 Sermones Fratris Gabrielis BARLETTE, Ordinis Fratrum Predicatorum, de tempore Adventûs, Quadragesime, Pasche, Ascensionis, Pentecostes, de Sanctis, *Hagenau*, Joan. Rynman, 1518, *in*-4. *goth. v. f. d. s. t.*

983 Sermones dominicales totius anni, per F.

Guillelmum Pepin, secunda pars, *Parisiis*, Parvus, 1527, *in-8. v. f.*

984 R. P. Roberti Messier, Ordinis Minorum, super Epistolas & Evangelia totius Quadragesimæ, Sermones divinarum scripturarum sententiis uberius abundantes, *Par.* Andreas Boucard, (2 colum.) 1530, *in-8. got. v. f. d. f. t.*

985 Lux Evangelica sub velum sacrorum emblematum (104 in æs inciforum) recondita in anni Dominicas, selecta historia & morali doctrina varie adumbrata, per Hen. Engelgrave, Societatis Jesu, *Coloniæ*, Jacobus à Meurs, 1655, 2 *vol. in*-12. *fig. v. br.*

986 Traité en forme de Sermons, extrait de plusieurs lieux de saint Jean Chrysostôme, prouvant que la conversion du monde par la prédication des Apôtres, est claire démonstration de la foy chrétienne, *Paris*, Michel Vascosan, 1555, *in*-8. *v. f. d. f. t.*

987 Recueil des Sermons faicts par François Le Picau, Doyen de Saint Germain-l'Auxerrois à Paris, *Lyon*, Benoist Rigaud, 1574, *in*-16. *v. éc. d. f. t.*

988 Huict Sermons de la résurrection de la chair, prononcez au château du Bois de Vincennes durant le temps de parade & deuil de Charles IX, Roy de France, vrayement piteux & débonnaire, propugnateur de la foy, & amateur des bons esprits, par A. Sorbin, dit de Saincte-Foy, son Predicateur, *Paris*, Guillaume Chaudiere, 1574, *in*-8. *v. f. d. f. t.*

989 L'Académie des pécheurs, bastie sur la parabole du prodigue évangelic, par F. Philippe Bosquier, Montois, de l'Ordre de S. Fran-

çois, en la Province de Flandres, *Mons*, Ch. Michel, 1596, *in-*8. *v. f. d. f. t.*

✠ 990 Le Fouet de l'Académie des pécheurs, baſtie ſur la famine du prodigue évangelic, par le même, *Arras*, Guillaume de la Riviere, 1597, *in-*8. *v. f. d. f. tr.*

✠ 991 Sermons ſur toute la parabole du prodigue evangelique, par le même, *Paris*, de Varennes, 1612, *in-*8. *v. f.* 4 vol.

✠ 992 Traité du ſecond avénement du Fils de Dieu, contenant ſept Sermons, recueillis des Exhortations Capitulaires du P. Guillaume Bourg-Labbé, Prieur-Vicaire de l'Abbaye Saint-Victor-lez-Paris, (par F. J. Heurtault) *Paris*, J. Corbon, 1597, *in-*12. *v. m.*

✠ 993 Sermons ſalutaires ſur tous les jours de l'Advent, pour conduire les ames pechereſſes au chemin du Ciel, compoſez & préchez par le R. P. Antoine de Lor, Carme, *Toloſe*, Pierre Boſc, 1623, 2 *vol. in-*8. *cart.*

✠ 994 Les Myſteres du Royaume de Dieu, qui eſt la Sainte Egliſe, contenus dans les SS. Evangiles, diſtribuez pour tous les Dimanches de l'année, expliquez en autant de Sermons, compoſez & preſchez par le R. P. Simon Mars, Recollet, *Douay*, Michel Maireſſe, 1691, *in-*4. *v. f. d. f. t.*

✠ 995 Diadême brillant de l'Immaculée des Reines, *ou* Couronne des douze Eſtoiles, qui ſont douze Panégyriques à l'innocence originelle de la très-pure Mere de Dieu, par le P. Philippe Parmentier, Réc. *Mons*, Grégoire, 1695, *in-*8. *v. f.*

✠ 996 Eloges de Saint Joſeph, réduits en cinq pieces,

consacrées aux cinq personnes de la Sainte Famille, par le même, *Mons*, Havart, 1698, *in* 8. *v. f.*

997 Panegyriques & autres Sermons preschez par Esprit FLECHIER, *Paris*, Anisson, 1696, *in*-4. *gr. pap. v. f. d. f. t.*

998 Les mêmes, *Paris*, Anisson, 1697, 2 *vol. in*-12. *v. br.*

999 Les mêmes, *Lyon*, Bruyset, 1729, 3 *vol. in*-12. *v. br.*

1000 Panégyrique de S. Hilaire, par l'Abbé BASTIDE, *Par.* veuve Thiboust, 1705, *in*-12. *v. m.*

1001 Recueil de Sermons sur les Evangiles de Carême, & sur plusieurs autres sujets, (par MASSILLON,) 1706, 4 *vol. in*-12. *v. m. d. f. t.*

1002 Les mêmes, *Trévoux*, 1708, 5 *vol. in*-12. *v. m. d. f. t.*

1003 Panégyriques des Saints, & Sermons pour l'Avent, le Carême, & divers sujets, par Ant. ANSELME, *Paris*, P. F. Giffart, 1718 & 1731. 7 *vol. in*-8. *v. f. d. f. tr.*

1004 Sermons du P. DE LA RUE, *Paris*, Rigaud, 1719, 4 *vol. in*-8. *v. f. d. f. tr.*

1005 Sermons du P. CHEMINAIS, *Paris*, Josse, 1730. 5 *vol. in*-12. *m. v. d. f. t.*

1006 Sermons choisis sur les Mysteres, la vérité de la Religion, différens sujets de la Morale chrétienne, &c. (par le P. MOLINIER) *Par.* 1732—1734, 14 *vol. in*-12. *v. f. d. f. t.*

1007 Nouveaux Sermons pour l'Avent, le Carême, l'Octave du Saint-Sacrement, & Sermons détachés, avec des Panégyriques & des Retraites, par D. JEROSME, Feuillant, *Liege*, Broncart, 1738, 5 *vol. in*-12. *v. f.*

172 THÉOLOGIENS

✠ 1008 Sermons choisis pour le Carême, par le P. Surian, de l'Oratoire, & depuis Evêque de Vence, *Liege*, Broncard, 1738, 2 vol. in-12. veau fauve.

✠ 1009 Petit Carême, du même, *Paris*, Nyon, 1778, in-12. v. f. d. f. tr.

✠ 1010 Les Sermons du R. P. de la Boissiere, Prêtre de l'Oratoire, *Paris*, Ganeau, 1738, 6 vol. in-12. v. f.

✠ 1011 Panégyriques des Saints, par l'Abbé Trublet, *Par.* Briasson, 1764, 2 vol. in-12. v. m.

✠ 1012 Sermons pour l'Avent & le Carême, & quelques principales Fêtes de l'année, par le P. du Rivet, *Tournay*, veuve Varlé, 1768, 4 vol. in-12. v. m.

à vendre

✠ 1013 Sermons ou Discours sur différens sujets de piété & de religion, par le P. Chapelain, *Paris*, Nyon, 1768, 6 vol. in-12. v. m.

à vendre

✠ 1014 Sermons, Mysteres & Panégyriques, par D. Sensaric, *Paris*, Desaint, 1771, 4 vol. in-12. v. m.

✠ 1015 Sermons prêchés à Toulouse, par le R. P. Pompée de Tragopone, Capucin, *Eleutheropolis*, (*Amst.*) 1772, in-12. v. f. d. f. t.

✠ 1016 Sermons pour l'Avent, pour le Carême & les principales Fêtes de l'année, prêchés par le R. P. H. Griffet, *Liege*, (*Avignon*) 1773, 3 vol. in-12. v. f. d. f. t.

✠ 1017 Discours prononcés en différentes solemnités de piété, par M. Couturier, *Paris*, Brocas, 1774, in-12. v. m.

Double à vendre.

✠ 1018 Sermons de l'Abbé Poulle, *Paris*, Mérigot le jeune, 1778, 2 vol. in-12. v. m.

✠ 1019 Sermons du P. Pierre-Claude Frey de

Neuville l'aîné, *Rouen*, Laurent Dumesnil, 1778, 2 *vol. in*-12. *v. m.*

1020 Sermons sur les Mysteres & sur la Morale, par M. l'Abbé Pleuvry, *Paris*, Mérigot le jeune, 1778, *in*-12. *v. m.* ☩

1021 Eloge à l'allemande des Réflexions sur les Sermons nouveaux de Bossuet, par M***, *Eleutheropolis*, 1773, *in*-8. *v. f. d. f. t.* ☩

1022 Le Prediche del Gran Basilio arcivescovo di Cesarea, di Cappadocia, gia raccolte dà suoi scritti, per Symeoni, & hora nuovamente trapportate nella toscana favella, da Giul. Ballino, *Venetia*, Giovan-Andrea Valvassori, 1566, *in*-8. *vel.* ☩

1023 Varii Sermoni di Santo Agostino, & d'altri Catholici, & antichi Dottori, utili alla salute dell'anime, messi insieme, & fatti volgari da Galeazzo vescovo di Sessa, *Vinegia*, Gabriel Giolito de' Ferrari, 1568, *in*-4. *v. m. d. f. t.* ☩

1024 Li medesimi, raccolti insieme, e fatti volgari da D. Raffaello Castrucci, Monaco della Badia di Firenze, ad imitatione di Galeazzo vescovo di Sessa, con alcune Homelie dell'Autore non prima date in luce, *Fiorenza*, i Giunti, 1572, *in*-4. *v. f. d. f. t.* ☩

1025 I quattri libri de Sermoni di S. Cipriano, di San Bernardo, di Santo Anselmo & d'altri Santi, e dottori Cattolici, tradotti in lingua toscana per Don Serafino Fiorentino, Monacho Casinense, *Fiorenza*, Bartolomeo Sermartelli, 1572, *in*-4. *v. f. d. f. t.* ☩

1026 Expositione & Prediche sopra l'Exodo: & ad altri diversi propositi: ultimamente composte & predicate dal R. P. F. Hieronymo Savo- ☩

THÉOLOGIENS

NAROLA da Ferrara dell ordine delli fratri Pre. *Venetia*, Lazaro di Soardi, 1515. ⹀ Prediche del medesimo sopra Ezechiel., *Bologna*, Benedetto di Hector, 1515, *in*-4. *v. f. d. f. t.*

1027 Prediche per anno del medesimo, sopra gli Propheti, cioe sopra Ruth, Michea e David, &c. dopoi la festa della Pascha, *Venetia*, Lazaro di Soardi, 1513. ⹀ Prediche facte in diversi tempi, sopra alcuni Psalmi e Evangelii, e della reformatione della chiesa, da medesimo, *Venetia*, Lazaro di Soardi, *in*-4. goth. *v. f. d. f. tr.*

1028 Le medesime, sopra Paralipo, xx cap. sopra *ascendens Christus in altum*, sopra Zuane, xv cap. sopra tutto Ruth, propheta, sopra tutto Michea propheta, sopra *quare fremuerunt*, ps. 2. sopra *lætamini in Domino*, ps. 31, sopra *Domine, quare multip*. ps. 3, sopra *Deus meus, refugium*, ps. 45, sopra *magnus Deus*, ps. 47, sopra Esaïa propheta, 6 cap. sopra Ecclesiastico, 7 capito; novissimamente reviste & con molti antiqui exemplari de parola in parola scontrade, & reposto à i suoi proprii lochi tutte le cose truncade per do altre anteriore impressione Venete in diversi tempi facte, una per la insulsa memoria d'i quondam Lazaro di Soardi, (1513.) altra per la vivente ignorantia de un tal qual suo sequace sotto millesimo & zorno in quelle contignudi, *Venetia*, Cesaro Arrivabeno, 1520, *in*-4. goth. *v. f. d. f. t.*

1029 Prediche utilissime per Quadragesima del medesimo, sopra Amos propheta, & sopra Zacharia propheta, & parte etiam sopra li Evangelii occorente, & molti Psalmi de David, novissimamente reviste, & con molti exemplari scontrade, & reposto ai suo lochi tutte le cose

DE L'ÉGLISE LATINE. 175

trunchade per la impreſſione Veneta de Lazaro facta del 1514, *Venetia*, Ceſaro Arrivabeno, 1519, *in-4. goth. v. f. d. ſ. t.*

1030 Le medeſime, prediche di SAVONAROLA, noviſſimamente con diligentia corrette, *Vinegia*, Thomaſo Bottietta, 1544, *in-8. v. f. d. ſ. tr.*

1031 Le medeſime, *Venetiis*, Alouixe de Tortis, 1544, *in 8. vél.*

1032 Prediche del medeſimo, ſopra il Salmo, *quam bonus Iſrael Deus*, predicate in Firenze in uno Adv. nel 1493, dal medemo poi in latina lingua raccolte, & da Fra. Girolamo GIANNOTTI, da Piſtoia, in lingua volgare tradotte, reviſte & emendate, & in toſcha impreſſe, *Vinegia*, Agoſtino de Zanni, 1528, *in-4. vél.*

1033 Prediche ſopra Job, del medeſimo, fatte in Firenze l'anno 1494, nuovamente venute in luce, con una lettera mandata à ſuo Padre, quando entrò nella Religione, *Venetia*, Niccolo Baſcarini, 1545, *in-8. v. f. d. ſ. t.*

1034 Del medeſimo, nella prima epiſtola di San Giovanni, & altri luoghi della Sacra Scrittura ſermoni XIX, di maraviglioſo artificio ad infocarne nell' amor di Jeſu-Chriſto, *Venetia*, 1556, *in-8. v. f. d. ſ. t.*

1035 Prediche di Cornelio MUSSO, Veſcovo di Bitonto, con molta diligenza corrette, *Vinetia*, Gabriel Giolito di Ferrarii, 1572, 3 *vol. in-4. v. m.*

1036 I quattro libri delle prediche del medeſimo, di nuovo riordinate, & poſte le lor materie, e ſoggetti per alfabeto, *Torino*, gl' heredi del Bevilacqua, 1579, 2 *vol. in-4. v. ſ. d. ſ. t.*

1037 Prediche del medeſimo, ſopra il Simbolo de

gli Apostoli ; le due dilettioni di Dio e del Prossimo ; il sacro Decalogo & la Passione di nostro Signor Giesu-Christo, descritta da S. Giovanni Evangelista, predicate in Roma l'anno 1542, *Venetia*, Giunti, 1590, *in-4. vel.*

1038 Prediche Quadragesimali del medesimo, sopra l'epistole & evangeli correnti, per i giorni di Quaresima, e per li due primi giorni di Pasqua, e sopra il cantico di Maria Vergine per li sabbati, con la vita dell' Autore, *Venetia*, Giunti, 1596, 2 vol. *in-4. v. f. d. s. tr.*

1039 Prediche di Girolamo SERIPANDO, Arcivescovo di Salerno, che poi fu Cardinale & Legato al Concilio di Trento, sopra il Simbolo de gli Apostoli, dichiarato co Simboli del Concilio Niceno, & di S. Athanasio, *Venetia*, al segno della Salamandra, 1567, *in-4. vel.*

1040 Prediche del R. Dom Gabriel FIAMMA, Canonico regolare Lateranense, fatte in vari tempi, in vari luoghi, & interno a vari soggetti, nelle quali si contengono molti ricordi, utili & necessari, per far profito nella vita spirituale, & per fuggir gli errori di questi tempi, *Vinegia*, Francesco Senese, 1570, *in-8. vel.*

1041 Tre prediche di PANIGAROLA, Vescovo di Asti, fatte da lui in Parigi, postillate dal R. P. Isidoro ROTA, Venetiano minore osseruante, *Asti*, Virgilio Gio. Grandi, 1592, *in-8. vel.*

1042 Prediche del medesimo, fatte da lui fuor de' tempi Quadragesimali, in varij luochi & à varie occasioni più illustri, postillate dal medesimo Isidoro ROTA, *Venetia*, Gio Battista Ciotti, 1596. == Tre Prediche del medesimo, fatte da lui in Parigi, postillate dal Isidoro ROTA,

Rota, *Asti*, Virgilio Gio. Grandi, 1592.
== Predica de i miracoli della Natività del Signore, fatta in Bologna la notte di natale, da Panigarola dall' anno 1575, *Asti*, Virgilio Gio. Grandi, 1592, *in-8. m. r.*

1043 Prediche quadragesimali del medesimo, predicate da lui in San Pietro di Roma, l'anno 1577, *Venetia*, gli heredi di Marchiò Sessa, 1600, *in-4. v. f.*

1044 La quaresima del medesimo, (con figure intagliate in rame) *Bergamo*, Comin Ventura, 1605, *in-8. fig. baz.*

1045 Leçons catholiques sur les doctrines de l'Eglise, divisées en trois parties, I. la premiere, apprête les armes pour combattre les Hérétiques; II. la seconde, pour les endommager; III. la tierce, pour se défendre contre iceux, prononcées à Turin, l'an 1582, par commandement & en présence de Charles-Emanuel, Duc de Savoie & Prince de Piémont, &c. par François Panigarole, Milannois, de l'Ordre de l'Observance, trad. d'Italien en franç. par G. C. T., (Guill. Chappuis, Tourangeau) *Lyon*, Jean Stratius, 1585, *in-8. mar. v. l. r.*

1046 Quaresimale di Paulo Segneri, della Compagnia di Giesu, *Firenze*, Jacopo Sabatini, 1679, *in-fol. v. f. d. f. tr.*

   * Avec un très-beau frontispice gravé en taille-douce à Rome en 1679, par le célebre C. Bloemaert, d'après Cyrus Ferrus; ce carême est de xl sermons.

1047 Sermons de l'advenement du benoît S. Esprit le jour de la Pentecoste, trad. de l'italien en franç. par J. Berson, Docteur en Théologie. Item, interprétations d'aucunes paroles &

Tome I. M

l'accomodation d'icelles à ladite histoire, par le mesme Translateur, avec toutes ses prédications faites ce Karesme dernier à Saint Jacques-de-la-Boucherie, reduites par quadrains, contenans toute la substance, *Paris*, P. l'Huillier, 1574, *in*-8. *v. m.*

ASCÉTIQUES OU MYSTIQUES, C'EST-A-DIRE, AUTEURS QUI ONT ÉCRIT DES MATIERES DE SPIRITUALITÉ.

Auteurs de la Théologie Mystique.

✝ 1048 Bibliotheque ascétique, *ou* Sentimens des SS. Peres & des Auteurs ecclésiastiques sur les plus importans sujets de la Morale chrétienne, par le P. JEROSME, Augustin, *Paris*, Desprez, 1761 & 1769, 7 *vol. in*-12. *v. m.*

✝ 1049 Recueil des prophéties & révelations tant anciennes que modernes, de Sainte BRIGIDE, S. CYRILLE & autres Saints, *Troyes*, du Ruau, *sans date, in*-8. *d. s. tr.*

✝ 1050 La premiere partie du même Recueil, *Paris*, Sertenas, 1561, *in*-8. *v. m.*

✝ 1051 Recueil chrétien, où sont une prophétie de Sainte Brigide, Royne d'Ecosse, &c. par Guill. DE BONNET, Baron d'Aumales, extraict de l'historiale descript. d'Ethiopie, où sont des prophéties confirmatives de celles qui sont cy-devant, *Paris*, Chevalier, 1611, *in*-8. *v. m.*

✝ 1052 Les Œuvres excellentes & la vie admirable de Sainte MECTHILDE, trad. par Jacques FERRAIGE, Prêtre, *Paris*, Soly, 1623, *in*-8. *v. f. d. s. t.*

DE L'ÉGLISE LATINE.

1053 Æreoplaſtes theo-ſophicus, ſive Eicones Myſ-
ticæ, (58) rarâ ſolertiâ ac ſagacitate ſingulari
effictæ, eæque æri inciſæ, integram veræ θεοσοφιας
rationem mirâ dexteritate adumbrantes, evo-
lutione latinâ ex Sacris Scripturis, &c. nunc
illuminatæ ab Heurico-Oræo ASSNHMS, *Francofurti*, Jacobus de Zetter, 1644, *in*-4. *fig.
v. f. d. ſ. tr.*

1054 De Imitatione Chriſti, libri IV, *Pariſiis*,
Boudet, 1743, *in*-8. *m. r. d. ſ. tr.*

1055 L'Imitation de Jeſus-Chriſt, traduite en françois avec les caractères de Moreau, *Paris*, 1643,
in 8. *fig. v. m. d. ſ. tr.*

1056 Imitation de Jeſus-Chriſt, trad. par Heri-
bert Ros-WEYDE, Jéſuite, *Paris*, Imp. Roy.
1652, *in*-8. *gr. pap. mar. r. d. ſ. t.*

1057 De l'Imitation de Jeſus-Chriſt, trad. par DE
BEUIL, (Iſ. LE MAISTRE DE SACY) *Paris*,
Savreux, 1662, *in*-24. *fig. mar. r. doublé de
mar. d. ſ. tr.*

1058 La même traduction, *Paris*, Deſprez, 1709,
in-8. *mar. r. l. r. d. ſ. t.*

1059 Imitation de Jeſus-Chriſt, trad. par l'Abbé
DE CHOISY, *Paris*, Dezallier, 1692, *in*-12.
m. r. d. ſ. t.

1060 L'Imitation de Jeſus-Chriſt, traduct. nouvelle, avec une pratique & une priere à la fin
de chaque chapitre, par le R. P. DE GONNE-
LIEU, de la Compagnie de Jeſus, nouvelle édition, *Paris*, Claude Robuſtel, 1727, *in*-8.
fig. mar. bleu.

1061 Opera ſpirituale del R. P. D. Tomaſſo Mal-
leolo DA CHEMPIS, Canonico Regolare, nella
quale ſi contengono diverſi trattati, tutti ripieni

di belliſſimi concetti, & ammaeſtramenti ſpirituali, appartenenti non meno à Laïci, che à Religioſi, i quali deſiderano di vivere catolicamente & chriſtianamente, nuovamente tradotta dal larino in lingua italiana, da Borgaruccio BORGARUCCI, con molta diligenza riviſta, corretta & data in luce, *Vinegia*, Gaſparo & Dominico dalla Speranza, 1568, *in-*4. *v. f. d. ſ. tr.*

* Belle édition ; elle a été inconnue à Haym, à ſon nouvel Editeur & à Fontanini ; Argelati & Apoſtolo Zeno l'ont citée.

1062 Dell' Imitatione di Chriſto, libri quattro, di Tomaſo DE KEMPIS, Canonico Regolare dell' Ordine di S. Agoſtino, volgarmente intitolato, Giovan GERSONE, e di nuovo diligentemente reviſti e corretti, *Roma*, Gio. Franc. Buagni, 1694, *in-*24. *v. br.*

1063 Los IV libros de la Imitacion de Chriſto, y menoſprecio del mundo, compueſtos en latin por el Tomas DE KEMPIS, Canoñigo Reglar de S. Auguſtin, y traduzidos nuevamente en eſpannol por el P. Juan. Euſebio NIEREMBERG, de la Compannia de Jeſus. Van annadidos los dictamenes de eſpiritu y perfeccions ſacados de las obras del miſmo P. Juan Euſebio, *en Amberes*, en la Oficina Plantiniana, 1656, *in-*16. *v. m.*

1064 Thomas à Kempis vindicatus per unum è Canonicis Regularibus, *Paris*; Cramoiſy, 1641, *in-*8. *v. f. d. ſ. t.*

1065 Georgii HESERI, Dioptra Kempenſis, qua Thomas à Kempis demonſtratur verus Auctor librorum de Imitatione Christi, *Ingolstadii*, Ederus, 1650, *in-*12. *v. f. d. f. t.*

1066 Refutatio eorum quæ contra Thomæ Kempensis vindicias scripsere D. Rob. Quatremaires & de Launoy, in quâ Thomæ Kempensi asseruntur libri IV de Imitatione Christi, & sustinetur evictio fraudis, quâ nonnulli usi hoc operis cuidam ignoto Joan. Gerseni concessêre, per J. FRONTONEM DUCÆUM, *Parisiis*, Cramoisy, 1650, *in-*8. *v. f. d. f. t.*

1067 Joannes Gersen librorum de Imitatione Christi, contra Thomam à Kempis vindicatum à Joan. Frontono, author assertus à D. Roberto QUATREMAIRES, Benedict. *Parisiis*, Billaine, 1649, *in-*8. *v. f. d. f. tr.*

1068 Joannes Gersen, auctor lib. de Imitatione Christi, iterùm assertus à Roberto QUATREMAIRES, contra refutationem Joan. Fronteau, *Parif.* Billaine, 1650, *in-*8. *v. f. d. f. t.*

1069 Libri de Imitatione Christi, Joanni Gerseni, iterato asserti, maximè ex fide mss. exemplarium quæ ejus nomen præferunt, *Parisiis*, Billaine, 1674, *in-*8. *v. f. d. f. t.*

1070 Argumentum chronologicum contra Kempensem, quo Thomam à Kempis non fuisse, nec esse potuisse autorem librorum de Imitatione Christi, adversùs Joan. Frontonem (Thomam à Kempis vindicatum) demonstratur, per Franciscum VALGRAVIUM. = Dissertatio continens judicium de Auctore librorum de Imitatione Christi, auctore Joan. DE LAUNOY, *Paris.* Billaine, 1650, *in-*12. *v. f. d. f. t.*

1071 Ejusdem Joannis LAUNOII dissertatio de auctore librorum de Imitatione Christi, quâ respondetur iis quæ Joan. Fronto in refutatione adversariorum Thomæ Kempensis adduxit, *Lutetiæ*, Martin, 1663, *in*-8. *v. f. d. f. t.*

1072 Vindiciæ Kempenses adversùs Franc. Delfau, Benedictinum, auctore R. P., Canonico Regulari, *Parisiis*, Cramoisy, 1677, *in*-8. *v. f. d. f. tr.*

1073 Animadversiones in vindicias Kempenses, à R. P. (TESTELLET) adversùs D. Franc. Delfau, novissimè editas, *Parisiis*, Billaine, 1677, *in*-8. *v. f. d. f. t.*

1074 Requeste servant de factum au procès entre Gabriel NAUDÉ, Prieur de l'Artige, demandeur en suppression d'injures & calomnies, contre D. Placide Roussel, Prieur de S. Germain-des-Prez, & D. Robert Quatremaires son Religieux, & aussi contre D. François Valgrave, Religieux Bénédictin & Prieur de Launay, défendeurs ; auquel procès ledit Naudé soutient véritable la relation par lui donnée en la ville de Rome en 1641, & imprimée de nouveau sur la fin de cette présente requeste, touchant certain mss. du livre *de Imitatione Christi*, seconde édition, *sans indication d'année* (1650). == Placet imprimé des PP. Bénédictins, demandeurs en fait de main-levée contre Gabriel Naudé, défendeur ; avec les réponces & corrections dudit Naudé, pareillement demandeur en réparations d'injures & calomnies écrites contre luy par lesdits Bénédictins défendeurs, au sujet de la relation par luy faite dès l'année 1641, sur la fausseté de certains mss. du livre *de Imitatione Christi*, dont les Bénédictins se veulent servir pour oster ledit livre à Thomas de Kempis, son légitime Autheur, & le donner à un supposé Jean Gersen, qu'ils disent avoir été Religieux de l'Ordre de S. Benoît, ensemble un advis sur le factum desdits Peres Bénédictins, *in-4. v. f. d. f. t.*

1075 Copie de deux lettres écrites par Chiffler, touchant le véritable Auteur de l'Imitation de Jesus-Christ, avec un advis sur le factum des Bénédictins, *sans nom de Ville ni date, in-8. v. f. d. f. t.*

1076 Causæ Kempensis conjectio pro curiâ Romanâ, Gab. NAUDÆO actore, & sodales quosdam Benedictinos quinque falsitatum arcessente, scripta, *Parisiis*, Cramoisy, 1651, *in-8. v. f. d. f. t.*

1077 Georgii HESERI adversùs Pseudo-Gerseniftas, præmonitio nova, cum indice operum omnium Thomæ de Kempis ex mss. pervetustis nuper eruto & notis illustrato, *Parisiis*, Cramoisy, 1651, *in-8. v. f. d. f. t.*

1078 Testimonium adversùs Gerseniftas triplex, Lucæ Holstenii, Leonis Allatii, Camilli de Capua, Benedictini, ab Ant. Franc. PAYEN, *Parisiis*, Cramoisy, 1652, *in-8. v. f. d. f. tr.*

1079 Remarques sur un livre intitulé : *la Contestation touchant l'Auteur de l'Imitation de Jesus-Christ*, rendue manifeste par l'opposition de toutes les preuves proposées par les Bénédictins & Chan. Reguliers; avec les preuves justificatives du droict de Thom. à Kempis, par Jean DE LAUNOY, *Paris*, Martin, 1663, *in-8. v. f. d. f. tr.*

1080 Septuaginta Palmæ, seu sacer panegyricus in laudem librorum Thomæ à Kempis de Imitatione Christi, ex hominum piorum elogiis LXX concinnatus à Georgio HESERO, *Ingolstadii*, Ostermayr, 1681, *in*-12. *v. m.*

1081 Giovanni Gersen, Abate dell' Ordine di S. Benedetto, sostenuto autore de libri dell' Imitazione di Gesu Cristo, contra il sentimento dell' autore della Dissertazione premessa alla nuova italiana traduzione de' medesimi libri pubblicata in Lucca l'anno 1733, për D. Virginio VALSECHI, Monacho Casinense, *Firenze*, 1724, *in*-8. *v. f. d. s. t.*

1082 Les principes & les regles de la vie chrétienne, traité composé en lat. par le Card. BONA, & trad. en franç. par COUSIN, seconde édition, *Paris*, Damien Foucault, 1676, *in*-12. *v. br.*

1083 La main qui conduit au Ciel, du Card. BONA, nouvelle traduction, *Paris*, Jean Couterot & Louis Guerin, 1690, *in*-12. *v. br.*

1084 Le cerf spirituel, exprimant le sainct desir de l'ame d'estre avec son Dieu, selon qu'il est insinué au Psalme de David, 41, qui commence, *Quemadmodum desiderat cervus*, par Pierre DORÉ, de l'Ordre des FF. Prêcheurs, *Paris*, Jehan Ruelle, *in*-16. *v. f.*

1085 Les saintes curiosités, par P. CLEMENT, Chan. Régulier, *Langres*, Boudrot, *sans date*, *in*-8. *v. m.*

1086 Le remede de l'ame, *Paris*, Jehan Sainct Denys, *in*-18. (goth.) *v. f. d. s. t.*

Caractere *anc. batarde*, sans reclames, chiffres, registre, 36 feuillets.

1087 Vergier spirituel & mystique, remply tant de nouveaux que des anciens fruits de l'ame fidele, diſtingué par aucunes figures monſtrant les commencementz de la création du monde, avec quaſy tout le decours de la vie de Chriſt: & à l'auſtre coſté des figures par oraiſons fidélement appartenantes à la matiere. En oultre aucunes figures de ſainctz ou ſainctes précongneuz de Dieu prédeſtinez, appellez, juſtifiez & finablement par iceluy magnifiez: avec aucunes autres choſes fort profitables à l'homme chreſtien, tirées hors de la ſaincte eſcripture, faict & ordonné par Guilhielme DE BRANTEGHEN de Aloſt, Religieux de l'Ordre des Chartreux en Anvers, *Anvers*, Guillaume Vorſterman, 1535, *in-8. goth. fig. en bois, v. f.*

1088 Le gaſteau ſpirituel compoſé de la plus ſaine mâne de l'Ecriture ſainte, pour nourrir l'ame du Chreſtien, & le transformer lui-même en la viande céleſte, par F. Charles DE LOUVENCOURT, Chanoine Régulier, *Paris*, François Huby, 1603, *in-12. v. f.*

1089 Le preſſoir myſtique, par J. D'INTRAS, *Paris*, Foüet, 1605, *in-12. pap.*

1090 Pieuſes récréations du R. P. Angelin GAZÉE, œuvre remply de ſainctes joyeuſetés & divertiſſemens pour les ames devotes, mis en franç. par REMY, *Rouen*, veuve du Boſc, 1647, *in-12. v. f. d. ſ. t.*

1091 Le miroir de la piété chrétienne, par Flore DE SAINT-FOY, *Liege*, Bonard, 1676, *in-12. v. brun.*

1092 Sentimens chrétiens ſur les principales vérités de la religion, par le P. BUFFIER, *Paris*, Mongé, 1718, *in-18. fig. v. m.*

1093 La Devotion reconciliée avec l'Eſprit, (par

M. LE FRANC DE POMPIGNAN, Evêque du Puy), *Montauban*, Teulieres, 1755, *in* 12. *v. mar.*

✠ 1094 Voyage au temple de la Piété, par M. COMPAN, *Paris*, Merigot le jeune, 1769, *in*-12. *v. mar.*

✠ 1095 L'ame éclairée par les oracles de la Sagesse, dans les Paraboles & les Béatitudes évangéliques, & l'ame intérieure, *ou* conduite spirituelle dans les voies de Dieu, par M. BAUDRAND, *Lyon*, freres Perisse, 1776, 2 *vol. in*-12. *v. m.*

✠ 1096 Traité de la joie de l'ame chrétienne, par le P. Ambroise DE LOMBEZ, Capucin, *Paris*, P. G. Simon, 1779, *in*-12. *v. m.*

✠ 1097 Lectures chrétiennes sur différens sujets de piété, pour tous les jours du mois, par l'Auteur de l'Imitation de la Vierge, *Paris*, Ch. P. Berton, 1779, *in*-12. *v. m.*

✠ 1098 La dévotion éclairée, *ou* magasin des dévotes, par Madame LE PRINCE DE BEAUMONT, *Lyon*, Pierre-Bruyset-Ponthus, 1779, *in*-12. *v. mar.*

✠ 1099 Fratris Hieronymi SAUONAROLE de Ferrariis, Ordinis Predicatorum, expositio in Psalmos *Miserere mei*, *Deus*, *Qui Regis Israël*, & tres versus Psalmi *In te*, *Domine*, *speravi*, (*Parif.* Jodocus-Badius Ascensius, circa 1510) *in*-8. *goth. v. f. d. s. tr.*

Typis vulgo *de somme* dictis, sine reclamantibus, ciffris, registro.

✠ 1100 Ejusdem expositio Orationis Dominice, & sermo ejusdem in vigiliâ Nativitatis Domini coràm fratribus habitus, *in edibus* Magistri Bertholdi Rembolt & Jodoci-Badii Ascensii, 1510, *in-8. goth. v. f. d. f. tr.*

Typis vulgo *de somme* dictis, sine reclamantibus, ciffris, registro.

1101 Apologia del R. Padre Fra. Tommaso NERI, ✠ dell' Ordine de' Frati Predicatori, in difesa della dottrina del R. P. F. Girolamo Savonarola, del medesimo Ordine, data nuovamente in luce, *Fiorenza*, i Giunti, 1564, *in-8. vél.*

1102 Libro de la vita mirabile & dottrina santa, ✠ de la beata Caterinetta da Genoa, nel quale si contiene una utile & catholica dimostratione & dechiaratione del purgatorio, *Genoua*, Antonio Bellono, 1551, *in-8. v. f. d. f. t.*

1103 Vita della B. CATERINA ADORNI da Genova, ✠ con un dialogo tra l'anima, il corpo, l'humanità, l'amor-proprio & il Signore, composto dalla medesima, nuovamente ricorretta & ristampata, *Venetia*, Lucio Spineda, 1601, *in-8. v. mar.*

1104 La disciplina de gli spirituali di F. Domenico CAVALCA, de l'Ordine de Frati Predicatori, *Fiorenza*, Bartholomeo Sermartelli, 1569, ✠ *in-8. vél.*

1105 Il Cristiano instruito nella sua legge, ragionamenti morali dati in luce da Paolo SEGNERI, ✠ della Compagnia di Giesù, *Firenze*, Stamperia di S. A. S., 1686, 3 vol. *in-4. v. f. d. f. tr.*

1106 L'incredulo senza scusa opera di Paolo SEGNERI della Compagnia di Giesù, dove si ✠ dimostra che non può non conoscere quale sia la vera religione, chi vuol conoscerla, *Firenze*, Stamperia di S. A. S., 1690, *in-4. v. mar.*

188 THÉOLOGIENS

1107 Le combat spirituel, nouvellement traduit de l'italien, par le R. P. D. Alexis DU BUC, Supérieur des Théatins, avec une dissertation sur le véritable Auteur, *Paris*, Ch. Osmont, 1696, *in*-12. *baz.*

1108 Le combat spirituel, traduit de l'italien & augmenté de la paix de l'ame & du bonheur d'un cœur qui meurt à lui-même pour vivre à Dieu, par le P. J. BRIGNON, de la Compagnie de Jesus, *Paris*, le Mercier fils & Morin, 1726, *in*-24. *v. brun.*

1109 Les sept méditations de Sainte THERESE, sur le Pater, trad. par ARNAULD D'ANDILLY, *Paris*, Roulland, 1703, *in*-12. *mar. bl. doublé de mar. d. s. tr.*

1110 L'esprit de Sainte Therese, recueilli de ses œuvres & de ses lettres, avec ses opuscules, *Lyon*, Pierre Bruyset-Ponthus, 1775, *in*-8. *v. m.*

1111 Pseaumes de D. ANTOINE, Roi de Portugal, trad. par DURYER, *Rouen*, Berthelin, 1673, *in*-12. *v. f. d. s. t.*

TRAITÉS GÉNÉRAUX DE LA THÉOLOGIE MYSTIQUE.

Traités de la Perfection Chrétienne.

1112 Necessaria ad salutem Scientia partim necessitate medii, partim necessitate præcepti, per icones (ligneos) quinquagenta-duo repræsentata, autore R. P. Judoco ANDRIES, è Societate Jesu, *Antuerpiæ*, Cornelius Woons, 1654, *in*-12. *fig. v. f. d. s. t.*

1113 Le Livre intitulé la Dyete de Salut, faict

par Monseigneur Sainct-Pierre DE LUXEM-
BOURG, exortant une sienne sœur à despri-
sement du monde & des choses mondaines, pour
plus facilement parvenir au Royaulme de Paradis (1487) in-4. goth. v. f. d. s. t.

Caractere dit *anc. batarde*, sans reclames, chiffres, registre, 39 feuillets.

1114 Le portraict des ames cherubines, où se voyent leurs faces & leurs aîles : dont elles s'ellevent aux riches courronnes, & aux plus belles sceances du Paradis, composé par le R. P. Frere Michel LE CONTE, Vicaire-Général de l'Ordre de Saint-Jerosme, de la Congrégation du bienheureux Pierre de Pise, de la Maison du Mont de Calvaire de Charleville, *Charleville*, Gedeon Poncelet, 1647, *in-*8. *v. f.*

1115 Le Pedagogue chretien, ou la maniere de vivre chrestiennement, par le R. P. Philippe D'OULTREMAN, Jésuite, *Paris*, Henault, 1652, *in-*8. *veau mar.*

1116 Le même, contenant les deux premiers points de la perfection chrétienne, mis en meilleur françois par RAULT, *Rouen*, le Brun, 1671, 2 *tom.* 1 *vol. in-*4. *v. b.*

1117 L'esprit du Christianisme, (par le P. RAPIN) seconde édition, *Paris*, Sebast. Mabre-Cramoisy, 1674. == La perfection du Christianisme, tirée de la morale de Jesus-Christ, & l'importance du salut, par le même, seconde édition, *Paris*, Sébastien Mabre-Cramoisy, 1677, *in-*12. *v. b.*

1118 Regle à l'enfance de Jesus, modele de perfection pour tous les estats, tirée de la Sainte-

Ecriture & des Peres, par les réflexions de plufieurs perfonnes interieures, feconde édition, augmentée, *Lyon*, Ant. Briaffon, 1690. *in-16. v. m.*

1119 Esortatione alla Vita Criftiana e confermatione della fede, fcritta da Lorenzo GIACOMINI, *Fiorenza*, Jacopo Giunti, 1571, *in-8. v. f.*

1120 Le chemin de la perfection, tiré des Œuvres de Sainte Thérefe, trad. par ARNAULD D'ANDILLY, *Paris*, 1697, *in-12. mar. bleu doublé de mar.*

Traités de la Vie fpirituelle.

1121 Libri Fratris Hieronymi (SAVONAROLÆ) de Ferraria, Ordinis predicatorum, de Simplicitate chriftiane vite, *Parifiis*, Joannes Parvus ipforum impreffore Afcenfio, 1511, *in-8. got. v. f. d. f. tr.*

Typis vulgo *de fomme* dictis, fine reclamantibus, ciftris, regiftro.

1122 Antonii SUCQUET, e Societate Jefu, via vitæ æternæ iconibus (32) (in æs incifis) illuftrata per Boetium à Bolswert, *Antuerpiæ*, Martinus Mutius, 1620, 1 *tom.* 2 *vol. in-8. fig. v. f. d. f. tr.*

1123 Le Pélerin véritable de la Terre-Sainte, auquel foubs le difcours figuré de la Jérufalem antique & moderne de la Paleftine, eft enfeigné le chemin de la célefte, *Paris*, Feburier, 1615, *in-4. v. f.*

1124 Stadio del Curfore Chriftiano, il quale fotto al lieve pefo di Chrifto c'indrizza alla meta; cioè al fegno, e termino della vita eterna, composto dal Padre F. Antonio ULSTIO, Canonico dell' Ordine di Santo-Agostino, & nuovamente tradotto di latino in volgare dal S. Lodovico DOLCE, *Vinetia*, Gabriel Giolito di Ferrarii, 1568, *in*-4. *v. f. d. f. t.*

TRAITÉS PARTICULIERS DE LA THÉOLOGIE MYSTIQUE.

Traités de l'Amour divin.

1125 Schola cordis, sive aversi à Deo cordis ad eumdem reductio, & instructio, auctore D. Benedicto HŒFTENO, Ultrajectino, Ordinis S. Benedicti, (cum 55 iconibus eleganter in æs incisis) *Antuerpiæ*, Joannes Meursius, 1633. *in*-8. *fig. v. f. d. f. t.*

1126 Les Allumettes du feu divin pour faire ardre les cueurs humains en l'amour de Dieu, où sont déclairez les principaulx articles & mysteres de la passion de Nostre Saulveur Jesus, avec les voyes de Paradis que a enseignées nostre benoist Saulveur Jesus en son Evangile, par F. Pierre DORÉ, Docteur en Theologie, de l'Ordre de Saint-Dominique, avec les voyes de Paradis que a enseignées nostre benoist Saulveur, pour la réduction du pauvre pecheur, par le même, *Paris*, en la rue neufue Notre-Dame, à l'enseigne Saint-Nicolas, 1538 *in*-8. *got. v. f. d. f. t.*

1127 Le Triomphe de l'Amour, & l'eschelle de la Gloire, par Saint-Raymond LULLE, trad. du latin en françois par Jean D'AUBRY, *Par. sans date*, *in*-4. *v. m.*

1128 Les 365 demandes & réponses de l'Hermite Blaquerne, touchant l'amy & l'aymé, trad. de Raymond LULLIUS, par G. CHAPPUIS, *Paris*, Brumen, 1586, *in-*16. *v. m.*

1129 Les Roses de l'amour céleste, fleuries au verger des Méditations de S. Augustin, par DE ROZIERES DE CHAUDENAY, *Saint-Mihiel*, Dubois, 1619, *in-*8. *fig. mar. r. d. s. t.*

1130 Les Triomphes de l'amour de Dieu, en la conversion d'Hermogenes, par F. Philippe D'ANGOUMOIS, Capucin, *Par*. Buon, 1625, *in-*4. *fig. v. f.*

1131 Les Mysteres de l'amour divin, avec des réflexions, *Paris*, Mariette, 1719, *in-*12. *fig. v. m.*

1132 Chemin de l'amour divin, description de son palais, & des beautés qui y sont renfermées, par M***. (GRISEL) *Paris*, Chardon, 1746, *in-*12. *v. f.*

Traités de Jesus-Christ, de la Sainte Vierge & des Saints.

1133 De vita & beneficiis Salvatoris Jesu-Christi devotissimæ meditationes cum gratiarum actione, *in-*16. *sans date, ni nom de Ville, ni d'Imprimeur, v. f. d. s. t.*

Typis vulgo *de somme* dictis, sine reclamantibus, ciffris, litteris initialibus, registro.

1134 Precordiale Sacerdotum, universis & singulis Domini Jesu passionis ejusque matris Mariæ & passionis dolorissimæ devotis zelatoribus saluberrimum, singulisque diebus per ebdomadam

dam divisum, *Parisiis*, Joh. Petit, 1509, *sans frontispice*, got. *in-*16. *v. m.*

Typis vulgo *de somme* dictis, sine reclam. ciffris, registro.

1135 Paradisus Sponsi & Sponsæ : in quo messis mirrhæ & aromatum, ex instrumentis ac mysteriis passionis Christi colligenda, ut ei commoriamur ; & Pancarpium Marianum, septemplici titulorum serie distinctum : ut in B. Virginis odorem curramus, & Christus formetur in nobis, auctore P. Joanne DAVID, Societatis Jesu Sacerdote, (cum 102 tabulis eleganter à Theodoro Galle in æs incisis) *Antuerpiæ*, J. Moretus, 1607, *in-*8. *v. f. d. s. t.*

1136 Fasciculus Myrrhæ, sive considerationes variæ de vulneribus Christi, compositus per A. R. P. Vincent. CARAFFAM, Societ. Jesu, nunc Præpositum generalem, *Lublini*, Georgius Forsterus, 1646, *in-*24. *mar. r. l. r.*

1137 Triumphus Crucis : de veritate fidei, Fra. Hieronymi (SAVONAROLE) de Ferraria, Predicatoris, *Venetiis*, Lazarus de Soardis, 1504, *in-*8. *v. f. d. s. t.*

Typis vulgo *de somme* dictis, sine reclam. ciffris, registro.

1138 Regia via crucis, auctore D. Benedicto HÆFTENO, Ultrajectino, Ordinis S. Benedicti (cum 38 tabellis eleganter in æs incisis), *Antuerpiæ*, Balthasar Moretus, 1635, *in-*8. *fig. v. f. d. s. tr.*

1139 Perpetua Crux, sive passio J. Christi à puncto incarnationis ad extremum vitæ ; iconibus quadragenis (ligneis) explicata, *Antuerpiæ*, Cor-

Tome I. N

nelius Woons, 1649. = Altera perpetua Crux Jesu-Christi, à fine vitæ usque ad finem mundi, in perpetuo altaris sacrificio; quod ostenditur idem esse, cum sacrificio aræ crucis. Interseruntur 40 iconibus (ligneis) affectus pii, & proposita, *Antuerpiæ*, Cornelius Woons, 1649, *in*-12. *fig. v. f. d. s. t.*

1140 Justi LIPSII, de Cruce libri tres ad sacram profanamque historiam utiles, unà cum notis, editio ultima, seriò castigata, *Amstelod.* Andreas Frisius, 1670, *in*-12. *fig. v. f. d. s. t.*

1141 Titulus sanctæ Crucis, seu historia & mysterium tituli sanctæ Crucis Domini nostri Jesu-Christi, libri duo, authore Honorato NICQUETO, è Societate Jesu, *Antuerpiæ*, Andreas Frisius, 1670, *in*-12. *v. f. d. s. t.*

1142 Mysteres de la vie, passion & mort de Jesus-Christ nostre Seigneur, reduicts en devotes méditations & aspirations, par P. Jean BOURGOYS, de la Compagnie de Jesus, enrichis de 76 figures gravées en taille-douce par Bœtius à Bolswert, *Anvers*, Henri Aertssens, 1622, *in*-18. *v. f. d. s. t.*

1143 Tableaux où sont représentées la Passion de N. S. J. C., & les actions du Prêtre à la Sainte Messe, par MONGIN, *Metz*, 1661, *in* 8. *fig. v. m.*

1144 Les quinze effusions du sang de Jesus-Christ (avec figures gravées en bois,) *in*-18. *v. f. d. s. t.*

1145 Pelerinage du Calvaire sur le Mont-Valerien, par M. DE PONTBRIAND, *Paris*, Babuty fils, 1763, *in*-12. *m. bl. d. s. t.*

1146 Pianto della Marchesa di PESCARA sopra la

passione di Christo, oratione della medesima, sopra l'Ave Maria, oratione fatta il venerdi santo, sopra la passione di Christo, *Venetia*, Aldus, 1556, *in-8. vel.*

1147 Dolori di Giesu, di Maria, e di Gioseppe, da Mich. CICOGNA, *Venetia*, Piertz, 1683, *in-12. fig. v. m.*

1148 Corona mistica Beate Virginis Mariæ ad laudem ejus (circa 1490) *in-4. cart.*

Typis *anc. batarde* dictis, sine titulo, reclamantibus, cifris, litteris initialibus, parvis tantum indicantibus, 32 folia complectens.

1149 In quindecim Mysteria sacri Rosarii Deiparæ Virginis Mariæ exercitationes, per P. Jo. BOURGESIUM, Malbodiensem, e Societ. Jesu, figuris æneis (XV) expressa per Carolum Malleriis, *Antuerpiæ*, Henricus Aertssius, 1622, *in-8. v. f. d. f. t.*

1150 Sacrum Oratorium piarum imaginum immaculatæ Mariæ & animæ creatæ ac baptismo, pœnitentia & Eucharistia innovatæ; ars nova bene vivendi & moriendi, sacris piarum imaginum emblematis figurata & illustrata, autore R. P. Petro BIVERO, Societatis Jesu, *Antuerpiæ*, Balthasar Moretus, 1634, *in-4. v. d. f. t.*

1151 Perpetuus gladius Reginæ Martyrum ab Annuntiatione usque ad obitum; septem celebriora gladii illius mysteria, iconibus ligno incisis (VII) exprimuntur, *Antuerpiæ*, Cornelius Woons, 1650, *in-12. fig. v. f. d. f. t.*

1152 Les merveilles du sacré Rosaire de la très Sainte Vierge, par le R. P. Reginald CAVANAC, *Jacob. Par.* Huré, 1629, *in-16. v. m.*

196 THÉOLOGIENS

✠ 1153 La Dévotion au grand Saint Jean-Baptiste, avec la vérité de ses Reliques renouvellée, *sans date, ni nom de Ville, in-12. v. m.*

Traités de l'Oraison & disputes sur le Quiétisme.

✠ 1154 Advertissement apologét. au peuple francois, avec briefve responfe aux quinze raisons par lesquelles un certain personnage a tasché reprendre la maniere de prier à la fin des Sermons, par Arnauld SORBIN, dit de Saincte-Foi, Theologal de Toulouse, *Paris,* Guillaume Chaudiere, 1575, *in-8. v. f. d. s. t.*

✠ 1155 Explication de l'Oraison Dominicale, composée des pensées & des paroles mêmes de S. Augustin, qu'on a extraites avec une très-exacte fidélité, où l'on explique les secrets de l'humilité chrétienne, & toute la substance de la divine morale de Jesus-Christ, *Paris,* Guil. Desprez, 1674, *in-12. v. brun.*

L'Auteur de cet ouvrage s'est caché sous ces noms, Philarunus Palæologus, Monachus; il l'a composé en latin, & il est mort vers l'an 1672.

✠ 1156 Explication des maximes des Saints sur la vie intérieure, par François DE SALIGNAC DE LA MOTTE-FENELON, *Paris,* Pierre Aubouin, 1697, *in-12. m. r. d. s. tr.*

2. ch. à vendre.

✠ 1157 Recueil de Lettres, tant en prose qu'en vers, sur *l'Explication des maximes des Saints, sans nom de Ville,* 1699, *in-8. pap.*

Double à vendre.

✠ 1158 Le Télémaque spirituel, *ou le Roman mystique sur l'amour divin & sur l'amour naturel,* condamné par le Pape Innocent XII, & tous les Evêques de France, dans *l'Explication*

DE L'ÉGLISE LATINE. 197

des *maximes des Saints sur la vie intérieure*, sans nom de Ville, 1699, in-12. v. m.

1159 Relation des actes & délibérations concernant la Constitution d'Innocent XII, du 12 Mars 1699, portant condamnation & prohibition du livre intitulé: *Explication des maximes des Saints sur la vie intérieure*, par Fr. de Salignac-Fénélon, Archevêque de Cambray, avec la délibération prise sur ce sujet le 23 Juillet 1700, dans l'assemblée du Clergé à S. Germain-en-Laye, *Paris*, Fr. Muguet, 1700, in-4. v. f.

1160 Histoire du Quillotisme, ou de ce qui s'est passé à Dijon au sujet du Quiétisme, avec une réponse à l'apologie en forme de Requête produite au procès criminel, par Claude Quillot, Prêtre de Dijon, ci-devant déclaré atteint & convaincu du Quiétisme par Sentence de l'Official de Dijon, & de depuis, les mêmes charges subsistantes, mis hors de cause par le même Juge, *Zell*, Henriette Hermille, 1703, in-4. v. f.

1161 Lettre de M. R., Avocat au Parlement de Dijon, à l'occasion de l'*Histoire du Quillotisme*, sans date, ni nom de Ville, in-4. v. m.

1162 Recüeil de diverses pieces concernant le Quiétisme & les Quiétistes ou Molinos, ses sentimens & ses disciples, *Amst.* Wolfgang, 1688, in-12. m. bl. l. r. d. f. tr.

Pratiques & Exercices de Piété, Prieres & Oraisons dévotes, Sentences & Maximes chrétiennes, Lettres spirituelles, Soliloques, Entretiens, Retraites, &c.

1163 Méthode & Pratique des principaux exercices de piété, *Paris*, Jacques Etienne, 1710, *in*-12. *v. br.*

1164 La même, seconde édition, augmentée de plusieurs exercices sur la Confession, la Communion & la Sainte Messe, *Paris*, Jacques Estienne, 1711, *in*-12. *v. brun.*

1165 Traité de la lecture chrétienne, dans lequel on expose des regles propres à guider les fideles dans le choix des livres, & à les leur rendre utiles, par D. Nicolas JAMIN, Religieux Bénédictin, *Paris*, J. Fr. Bastien, 1774, *in*-12. *v. f. d. s. tr.*

1166 Il Paragone della Vergine, & del martire, e una oratione d'ERASMO Roterdamo à Giesu Christo, tradotti per Lodovico DOMENICHI, con una dichiaratione sopra il Pater nostro, del S. Giovanni PICO DELLA MIRANDOLA, tradotta per Frosino LÆVINO, *Fiorenza*, Lorenzo Torrentino, 1554, *in*-8. *v. f. d. s. t.*

1167 Rapport des Chrétiens & des Hébreux, & un Discours préliminaire sur la Loi de Nature, pour servir d'introduction au rapport de la Loi de Grace, avec des prieres à chaque chapitre pour en recueillir les fruits, *Paris*, Cl. Hérissant fils, 1754 & 1755, 3 *vol. in*-12. *v. m.*

1168 Instructions & Maximes pour les personnes qui veulent vivre chrétiennement dans le monde, & principalement pour les femmes & filles, avec des sentimens choisis des Peres de l'Eglise, par rapport aux mêmes sujets, *Paris*, Jacques Estienne, 1719, *in-*12. *v. brun.*

1169 Maximes chretiennes & morales, par le R. P. D. Armand-Jean BOUTHILLIER, Abbé de la Maison-Dieu Notre-Dame de la Trappe, *Paris*, Florentin & Pierre Delaulne, 1698, 2 *vol. in-*12. *v. b.*

1170 Les mêmes, seconde édition, *Paris*, Florentin & Pierre Delaulne, 1702, 2 *vol. in-*12. *v. f. d. s. tr.*

1171 Les Epîtres spirituelles du bienheureux François DE SALES, Evêque & Prince de Geneve, Fondateur de l'Ordre de la Visitation Saincte-Marie, quatrieme édition, revue, corrigée & augmentée, *Lyon*, Vincent de Cœursillys, 1634, 2 *vol. in-*8. *cart.*

1172 Discours & Lettres du R. P. Charles DE CONDREN, second Supérieur-Général de l'Oratoire, troisieme édition, *Paris*, Sébastien Huré, 1647, 2 *vol. in-*8. *cart.*

1173 Lettres spirituelles de Louis-François-Gabriel d'Orléans DE LA MOTTE, Evêque d'Amiens, *Paris*, Charles-P. Berton, 1777, *in-*12. *veau mar.*

1174 Entretiens d'une ame pénitente avec son Créateur, mêlés de réflexions & de prieres relatives aux divers événemens de la vie, nouvelle édition, par M. le B*** C. R. *Lille*, J. B. Henry, 1771, 2 *vol. in-*12. *v. m.*

1175 Retraite chrétienne sur les vérités du salut, par le P. NEPVEU, *Paris*, 1704, 2 *v. in-*12. *mar. cit. doublé de mar.*

✠ 1176 Retraite spirituelle du R. P. LA COLOMBIERE, Jésuite, Lyon, Bruyset, 1739, in-12. v. m.

✠ 1177 Exercices de dix jours de retraite pour toute sorte de personnes, & en particulier pour celles qui sont consacrées à Dieu dans l'état religieux, par M. l'Abbé DE MARSIS, Paris, Vincent, 1775, 2 vol. in-12. v. f. d. f. tr.

Méditations, Considérations, Reflexions & Pensées Chrétiennes.

8002 ✠ 1178 Le Bréviaire des Courtisans, par DE LA SERRE, Paris, (Amst.) 1671, in 12. fig. v. f.

✠ 1179 Méditations sur l'histoire & la concorde des Evangiles, par un Docteur de Sorbonne, (M. FEYDEAU,) Lyon, Léonard Plaignard, 1690, 3 vol. in 12. v. br.

✠ 1180 Le Char sacré de l'Aurore de grace, ou Horloge spirituelle roulante sur vingt-quatre heures, qui sont vingt-quatre considérations sur les principaux mystères de la vie de la Reine des Cieux, Œuvre composée premièrement par le P. François DE CONIOLAN, Capucin, & rendue nouvellement françoise par un Religieux du même Ordre, Lyon, Louys Muguet, 1628, in-8. baz.

✠ 1181 Considérations sur les Œuvres de Dieu dans le regne de la Nature & de la Providence, pour tous les jours de l'année, ouvrage trad. de l'allemand de C. C. STURM, la Haye, P. Fréderic Gosse, 3 vol. in 8. v. m

✠ 1182 Sentimens d'un cœur pénitent, (par M. le Duc DE S. AIGNAN,) Paris, Cramoisy, 1680, in-8. v. f.

1183 Réflexions sur les huit Béatitudes du Sermon de Jesus-Christ sur la Montagne, *Paris*, Roulland, 1688, *in*-18. *fig. mar. verd d. s. t.*

1184 Pensées & Réflexions ingénieuses, tirées des Philosophes anciens & modernes, & des Peres de l'Eglise, où sont renfermés les principaux devoirs de la vie honnête & chrétienne, par le P. BOUHOURS, *Paris*, Girin, 1699, *in*-12. *v. b.*

1185 Réflexions chrétiennes & morales sur des endroits choisis des quatre Evangélistes & des Actes des Apôtres, *Paris*, Boudot, 1701, *in*-12. *veau brun.*

1186 Réflexions chrétiennes sur divers sujets de morale, par le P. Jean CROISET, de la Comp. de Jesus, nouvelle édition, revue, corrigée & augmentée, *Paris*, Edme Couterot, 1707, *in*-12. *veau brun.*

1187 Sentimens de piété, par SALIGNAC DE LA MOTTE-FENELON, *Paris*, Babuty, 1719, *in*-12. *v. b.*

1188 Sentimens de piété pour animer les actions d'un chrétien pendant la journée, par Joseph BRUNET, douzieme édition, *Paris*, Claude-J.-B. Hérissant, 1737, *in* 16. *v. f.*

1189 La Morale du nouveau Testament, partagée en réflexions chrétiennes pour chaque jour de l'année, par le P. DE LA NEUVILLE, de la Comp. de Jesus, *Paris*, Jean-Thomas Hérissant, 1758, 4 vol. *in*-12. *v. f. d. s. t.*

1190 Pensées & Réflexions de M. DE RANCÉ, Abbé de la Trappe, *Paris*, Vente, 1767, *in*-12. *veau mar.*

1191 Courtes pensées chrétiennes, ou Passages

sur l'Ecriture Sainte, qui peuvent servir de regles dans les actions principales de la vie, avec une instruction familiere pour les personnes qui vivent en communauté, par M. DE C. L. H. D. *Paris*, P. A. le Mercier, 1697, *in-*24. *v. b.*

1192 Pensées pieuses, tirées des réflexions morales du nouveau Testament, *Paris*, André Pralard, 1711, *in-*8. *v. b.*

Préparations à la mort.

1193 Des. ERASMI, Roterdami, liber de præparatione ad mortem, *Parisiis*, Christianus Wechelus, 1542, *in-*8. *v. f. d. s. t.*

1194 Traité de la préparation à la mort heureuse, & de l'immortalité de l'ame, tiré du latin du R. P. F. L. BLOSIUS, par P. MOTIN, (sans frontispice,) 1604, *in-*12. *v. m.*

1195 Le Chrétien désabusé du monde, *Paris*, Thierry, 1670, *in-*12. *v. m.*

1196 Le Réveil-Matin des Dames, par LA SERRE, *Bruxelles*, 1671, *in-*12. *v. f.*

1197 Considérations chrétiennes sur la mort, revues & augmentées de plusieurs titres très-utiles pour l'intelligence de ces considérations, & d'une préparation très-chrétienne pour se disposer tous les ans à la mort, troisieme édition, augmentée de la passion de N. S. Jesus-Christ, selon les quatre Evangélistes, & des Pseaumes de la Pénitence, par le P. CRASSET, *Paris*, la veuve de Guillaume Desprez, 1710, *in-*12. *v. f. d. s. t.*

1198 Exercice de la mort que faisoit la vénérable Mere MARIE de Jesus d'Agreda, traduit de l'espagnol par le P. Thomas CROSET, Récol-

DE L'ÉGLISE LATINE.

let, auquel on a ajouté une idée générale que le même Pere donne de toutes les matieres qui se trouvent dans les livres que la vénérable Mere Marie a écrits sous le titre de la *Cité mystique de Dieu*, *Bruxelles*, François Foppens, 1713, *in*-12. *v. f. d. f. tr.*

1199 Le bonheur de la mort chrétienne, par Simon-Michel TREUVÉ, *Paris*, Joffe, 1714, *in*-12. *mar. n. d. f. t.*

1200 La maniere de se préparer à la mort pendant la vie, qui peut servir pour une retraite de huit jours, par le P. François NEPVEU, de la Compagnie de Jesus, nouvelle édition, revue, corrigée & augmentée, *Paris*, Jean-B. Delespine, 1716, *in*-12. *v. m.*

1201 Les saints désirs de la mort, par le R. P. LALLEMAND, *Paris*, Joffe, 1737, *in*-12. *m. v. d. f. t.*

DEVOIRS DES DIFFÉRENS ETATS.

Devoirs du Chrétien dans les différens âges, emplois & situations.

1202 Speculum Peccatorum aspirantium ad solidam vitæ emendationem, sive admiranda S. Augustini conversio, historica ejusdem narratione, discursibus moralibus, & emblematis adornata, auctore P. F. Jo. MANTELIO, Ordinis Eremit. S. Augustini, *Antuerpiæ*, Henricus Aertssens, 1637, *in*-4. *fig. v. f. d. f. t.*

1203 Excellens discours touchant le repos & contentement de l'esprit, avec un Discours sur la tranquillité de l'ame, par Jean DE L'ESPINE, mis en lumiere par S. G. S., *Geneve*, Boreau, 1599, *in*-16. *v. f. d. f. t.*

✠ 1204 Le bonheur des Sages & le malheur des curieux, par le fieur DU SOUHAIT, *Lyon*, Pillehotte, 1600, *in*-12. *m. r. d. f. t.*

✠ 1205 Le Socrate chrétien, par DE BALZAC, & autres Œuvres du même Auteur, *Rouen*, 1661, *in*-12. *m. r.*

✠ 1206 Conduite fpirituelle pour une perfonne qui veut vivre faintement, par le R. P. Claude FRASSEN, Cordelier, *Paris*, Edme Couterot, 1667, *in*-12. *v. b.*

✠ 1207 Les Préceptes de la morale chrétienne, *ou* le Miroir du fage, par DE LA SERRE, *Par.* Cardin Befongne, 1671, *in*-12. *v. f.*

✠ 1208 Les Heures de la journée chrétienne, où font enfeignées les voyes du falut, *Par.* J. Boudot, 1699, *in*-12. *m. r.*

✠ 1209 Les Confeils de la Sageffe, *ou le* recueil des maximes de Salomon, les plus néceffaires à l'homme pour fe conduire fagement, avec des réflexions fur ces maximes, (par le P. BOUTAUT) *Paris*, Chrift. David, 1700, 2 *vol. in*-12. *v. b.*

✠ 1210 Les mêmes, *Par.* 1727, 2 *v. in*-12. *m. r. d. f. t.*

✠ 1211 Les mêmes, *Paris*, 1736, 2 *vol. in*-12. mar. rouge *d. f. t.*

✠ 1212 Les charmes de la fociété du chrétien, *Paris*, Jacques Eftienne, 1730, *in*-12. *v. b.*

✠ 1213 Le Philofophe chrétien, (par le Roi STANISLAS,) (avec des changemens écrits à la main par le P. DE MENOU,) 1749, *in*-12. *pap.*

✠ 1214 Jouiffance de foi-même, par le Marquis CARACCIOLI, *Francfort*, Baffompierre, 1759, *in*-12. *v. m.*

DE L'ÉGLISE LATINE.

1215 Conversation avec soi-même, par le même, *Liege*, Bassompierre, 1759, *in-*12. *v. m.*

1216 Le langage de la Raison, par le même, *Paris*, Nyon, 1763, *in-*12. *v. m.*

1217 Art de se tranquilliser dans tous les événemens de la vie, tiré du latin d'Antoine Alphonse DE SARASA, *Strasbourg*, Konig, 1764, *in-*8. *v. f.*

1218 L'Art de se taire, principalement en matiere de religion, par l'Abbé DINOUART, *Paris*, Desprez, 1771, *in-*12. *v. m.*

1219 La Consolation du chrétien, *ou* Motifs de confiance en Dieu dans les diverses circonstances de la vie, par M. l'Abbé ROISSARD, *Paris*, Humblot, 1775, 2 *vol. in-*12. *v. m.*

1220 Placide à Scolastique, sur la maniere de se conduire dans le monde, par rapport à la religion, (par Dom JAMIN,) *Paris*, J. F. Bastien, 1775, *in-*12. *v. m.*

1221 Fiori di consolatione, ad ogni fedel Christiano necessarii à passare le onde di queste miserie humane, senza rimaner sommerso, con i rimedi ad ogni infirmità spirituale, composti delle sententie della sacra Scrittura, & de santi Dottori Catolici, *Vinegia*, Gabriel Giolito de Ferrari, 1558, *in-*8. *v. f.*

1222 Il saggio Christiano, morale, e politico per l'acquisto dell'una, e dell'altra felicita, e per formare gl'eccellenti heroi in virtu & in governo, effigiato con le penne delle scritture sacre, da R. P. Arcangelo DI S. GIOSEPPE, Carmelitano Scalzo, *Genova*, Benedetto Celle, 1669, *in-*4. *vel.*

De la Vocation à l'Etat Ecclésiastique & des Devoirs des Ecclésiastiques.

1223 Tractatus breuis Domini BONADUENTURE, de modo se preparandi ad celebrandam missam, (sine anno nec urbis nomine, sed circa 1490,) *in-4. cart.*

Typis vulgo *de somme* dictis, sine titulo, reclamantibus, ciffris, litteris initialibus, cum insigni ad calcem, 8 folia complectens.

1224 Tractatus Corporis Christi, quomodò Sacerdotes se debeant habere erga Euchariftiam confecrandam, unà cum AUGUSTINO de dignitate Sacerdotum, *Paris.* Georgius Mittelhus, (circa 1490) *in-4. cart.*

Typis vulgo *de somme* dictis, duabus columnis, sine reclam. ciffris, 22 folia complectens.

1225 Domini HUGONIS, primi Cardinalis Ordinis Predicatorum tractatus amantissimus qui speculū ecclesie inscribitur, (sine anno & urbis nomine, sed circa 1490,) *in-4. cart.*

Typis vulgo *de somme* dictis, sine titulo, reclamantibus, ciffris, litteris initialibus, parvis tantùm indicantibus, 14 folia complectens.

1226 Embryologia sacra, sive de officio Sacerdotum, Medicorum, & aliorum circà æternam parvulorum in utero existentium salutem, Libri IV, Franc.-Em. CANGIAMILA, Panormitanæ Ecclesiæ Canonico, auctore ac interprete, *Panormi*, Franc. Valenza, 1758, *in-fol. fig. v. f. d. s. tr.*

1227 Seconde remonstrance aux Prêtres, Religieuſes & Moynes, qui, ſoubs le pretexte d'un licite mariage, ont commis abhominable inceſte & ſacrilege, où eſt monſtré evidemment qu'il n'eſt impoſſible, ſoit aux hommes ou aux femmes, de vivre en perpetuelle continence, par la grace de Dieu, Autheur M. René BENOIST, Angevin, Docteur en Théologie, *Paris*, N. Cheſneau, 1565, *in-*8. *v. f. d. ſ. t.*

1228 Lettres ſur quelques points de la diſcipline de l'Egliſe, où l'on expoſe ce qui a été réglé par les SS. Canons, touchant la conduite des Eccléſiaſtiques, par LE COCQ, *Caen*, le Roy, 1769, *in* 12. *v. f.*

1229 Idea de el Buen Paſtor, copiada per los SS. Doctores, repreſentada en empreſas ſacras con aviſos eſpirituales, morales, politicos, y economicos, para el govierno de un Principe eccleſiaſtico, por el Padre Franciſco NUNNEZ DE CEPEDA, de la Compag. de Jeſus, *en Leon*, Aniſſon, y Poſuel, 1682, *in-*4. *fig. vel.*

1230 Inſtruction pour les Curez, Vicaires, Maiſtres d'Ecoles d'Hoſpitaulx, & toutes autres qualités de gens deſirant le ſalut de leurs ames, compoſée par Maiſtre Jean GERSON, jadis Chancelier de l'Egliſe de Noſtre-Dame de Paris, veu & viſité par Meſſieurs les Docteurs de la Faculté de Théologie de l'Univerſité de Paris, *Paris*, Guillaume Thibouſt, 1556, *in-*16. *veau mar.*

1231 La Reigle & Guide des Curez, Vicaires, & tous Recteurs des Egliſes parochiales, en ce qui appartient au devoir de leur charge & pluſieurs choſes concernantes leur Office, & principalement touchant l'adminiſtration des

Sacremens, par François RICHARDOT, Evêque d'Arras, *Paris*, Nicolas Chesneau, 1564, *in-8.* *v. f. d. f. tr.*

☩ 1232 Stella Clericorum, (sine urbis nomine, circa 1490,) *in-4. cart.*

Typis *de somme* dictis, sine reclamantibus, ciffris, litteris initialibus, parvis tantum indicantibus, 14 folia complectens.

☩ 1233 Eadem, (circa 1490,) *in-4. cart.*

Typis *de somme* dictis, cum titulo, cui insigne ligno incisum, sine reclamantibus, ciffris, litteris initialibus, parvis tantùm indicantibus, cùm versibus in laudem libelli ad calcem, 14 folia complectens.

☩ 1234. De corona, tonsura & habitu Clericorum, locuples cùm veterum, tùm recentiorum canonum, Pontificiarumque constitutionum, &c. collectio, cui accessit multiplicium rationum auctoritas, cum responsionibus ad oppositiones in contrarium proponi solitas, studio & operâ Gast. CHAMILLARD, in Sorbona Professoris Regii, *Paris.* Georg. Josse, 1659, *in-8. vél.*

☩ 1235 De l'office & préséance de l'Ecclésiastique & du Magistrat, 1591, *in 8. v. f. d. f. t.*

☩ 1236 Le Clerc tonsuré sans tonsure, sans habit, sans modestie, & dans la transgression des principales obligations de sa profession, par LAMBERT, Curé de la Bruere, *la Fleche*, veuve George Griveau, 1663, *in-12. v. f.*

☩ 1237 Il Clero Secolare nel suo splendore o vero della vita comune chericale, trattato di Pompeo SARNELLI, *Roma*, nella stamperia della Camera Apostolica, 1688, *in-4. baz.*

Vie

DE L'ÉGLISE LATINE.

Vie religieuse.

1238 Remede préservatif, tant aux Religieuses qu'à leurs Supérieurs & Gouverneurs, comme aussi à ceux du monde qui les fréquentent indiscretement & scandaleusement, prins & tiré des SS. Peres & Docteurs de l'Eglise catholique, & des Bulles & Constitutions apostoliques, avec plusieurs autres Traictés & Sermons de S. BERNARD, trad. & colligé par P. PINCHART, *Paris*, P. Chevallier, 1601, *in-8. v. f. d. s. t.*

1239 Hipparque, ou Religieux Marchand, dispute entre Mediastin & Timothée, sçavoir *quelle sorte de négociation répugne à l'Etat Religieux*, esmue & fortement agitée de part & d'autre à l'occasion d'une Bulle de Rome, par laquelle il est défendu aux Religieux, nommément aux Jésuites, d'exercer aucun trafic, par René DE LA VALLÉE, trad. en françois, 1645, *in-8. v. f. d. s. t.*

1240 Le même, sous le titre de *Moine Marchand*, *Amst.* 1761, 2 part. 1. vol. *in-12. v. m.*

1241 Traité de la clôture des Religieuses ; où l'on fait voir que les Religieuses ne peuvent sortir de leur clôture, ni les personnes étrangeres y entrer sans nécessité, par J. B. THIERS, *Paris*, Dezallier, 1681, *in-12. v. f.*

1242 L'Image d'une Religieuse parfaite & d'une imparfaite, (par DE MALSAGNE,) *Paris*, Desprez, 1693, *in-12. v. brun.*

1243 Oratorio de i Religiosi, & Esercitio de i virtuosi, composto da Don Antonio di GUEVARA, dell' ordine regolare di San Francesco,

Tome I. O

vescovo di Mondogneto, tradotto di spagnuolo in italiano, per Pietro LAURO, & nuovamente corretto, & revisto da REMIGIO Fiorentino, *Vinegia*, Gabriel Giolito de Ferrari, e fratelli, 1556, *in-8. v. m.*

Devoirs des Rois, Princes, Officiers, des Pères de famille & des Enfans, des Maîtres & des Serviteurs.

✠ 1244 Histoires mémorables des grands & merveilleux jugemens & punitions de Dieu avenues au monde, principalement sur les grands, à cause de leurs méfaits, contrevenans aux commendemens de la Loy de Dieu, par Jean CHASSANION, *sans nom de Ville*, Lepreux, 1586, *in-8. v. m.*

✠ 1245 Les devoirs des Grands, par le Prince DE CONTY, avec son testament, *Paris*, Denis Thierry, 1666, *in-8. v. b.*

✠ 1246 Les mêmes, *Paris*, Denis Thierry, 1667, *in-12. v. m.*

✠ 1247 La Cour Sainte, *ou* Institution chrétienne des Grands, avec les exemples de ceux qui, dans les Cours, ont fleury en sainteté, par N. CAUSSIN, *Lyon*, Borue, 1669, *in-fol. v. f. d. s. t.*

✠ 1248 Le Militaire chrétien, par M. l'Abbé DE MAUGRE, Curé de Gentilly, *Paris*, veuve Duchesne, 1779, *in-12. v. m.*

1249 L'Origine & source de tous les maux de ce monde, par l'incorrection des peres & meres envers leurs enfans, & l'inobédience d'iceux, ensemble de la trop grande familiarité & liberté donnée aux servans & servantes, avec un petit discours de la visitation de Dieu envers son peuple chrestien, par afflictions de guerre, peste & famine, par Artus DESIRÉ. *Lyon*, Michel Jove, 1573, *in*-16. *v. m.*

1250 Regles chrétiennes, établies sur les maximes de Jesus-Christ & de l'Eglise, pour vivre saintement dans le mariage, où les fideles apprendront ce qu'ils sont obligés de faire dans ce sacrement, & combien il leur est important de travailler à l'éducation de leurs enfans, *Paris*, Guillaume Desprez, 1666, *in*-12. *v. b.*

1251 Regole de la vita matrimoniale utili à qualunche persona che desidera vivere nel timor di Dio & stato del santo matrimonio, composte dal R. P. F. CHERUBINO, da Spoleti, *Roma*, Vincenzo Lucrino, 1553, *in*-8. *v. f. d. s. t.*

1252 Manuel de la Jeunesse, *ou* Instructions familieres en dialogues, sur les principaux points de la religion, pour disposer la jeunesse à la premiere Communion, nouvelle édition, revue, corrigée & considérablement augmentée, *Par.* Fournier, 1778, 2 vol. *in*-12. *v. m.*

1253 Les devoirs des maîtres & des domestiques, par Claude FLEURY, *Paris*, Pierre Aubouin, 1688, *in*-12. *v. b.*

Conduite des Dames, & Instructions pour les Filles.

1254 Figures mystiques du riche & précieux cabinet des dames, où sont représentées au vif, tant les beautés, parures & pompes du corps féminin, que les perfections, ornemens & atours spirituels de l'ame, par A. DUCHESNE, *Par.* du Bray, 1605, *in*-12. *m. r. d. s. t.*

O ij

✠ 1255 Conduite d'une dame chrétienne, pour vivre saintement dans le monde, (par Duguet,) Paris, Etienne, 1730, in-12. m. cit. d. f. t.

✠ 1256 La Pomme de grenade mystique, ou Instit. d'une Vierge chrétienne, & de l'ame dévote, pour se disposer à l'advenement de son époux Jesus-Christ; de l'appareil, &c. & logis qu'elle lui doit preparer, par F. Pierre Crespet, Paris, de la Noue, 1586, in-8. v. m.

✠ 1257 Instruction pour une jeune Princesse, ou l'idée d'une honnête femme, par de la Chetardye, Paris, Girard, 1688, in-12. v. f.

✠ 1258 L'Education des Filles, par M. l'Abbé de Fénélon, avec instruction pour une jeune Princesse, par de la Chetardye, Amst. Schelte, 1697, in-12. v. f.

Controversistes ou Auteurs qui ont écrit pour la défense de la Religion.

Traités généraux de la Vérité de la Religion Chrétienne.

Auteurs Catholiques.

✠ 1259 Maphei Vegii, de perseverantiâ Religionis, Parisiis, Rembolt, 1511, in-4. v. f. l. r.

✠ 1260 Marsilio Ficino, della Religione christiana, opera utilissima e dottissima, e dall' Autore istesso tradotta in lingua toscana, di nuovo ristampato & con diligenza ricorretto, Fiorenza, Giunti, 1568. = Di Marsilio Ficino, della vita sana, libri II, ne quali si insegna il modo del mantenersi in sanità & in lunga vita alle persone che fanno professione di lettere, *Fiorenza*, i Giunti, 1568, *in*-8. *vél.*

1261 Petri Danielis HUETII, Demonstratio Evangelica, *Parisiis*, Stephanus Michallet, 1679, *in-fol. v. f. d. f. tr.*

1262 Ejusdem Alnetanæ quæstiones de concordiâ rationis & fidei, *Cadomi*, Cavelier, 1690, *in*-4. *mar. r.*

1263 Analysis divinæ fidei, seu de fidei christianæ resolutione, libri II, autore Henrico HOLDEN, *Parisiis*, Jacobus & Matthæus Villery, 1685, *in*-12. *v. b.*

1264 Discours du Ciel & de la Terre sur le différent de deux amans de diverse religion, où l'un & l'autre, pour leur intérest, apportent toutes les raisons qui en tel cas peuvent estre alléguées, & enfin le Destin, qu'ils ont choisi pour leur juge, donne son arrêt en faveur du Ciel, par Charles BERNARD, Dauphinois, *Paris*, P. du Crocq, 1610, *in*-8. *v. f. d. f. t.*

1265 Question de ce tems, à sçavoir si chacun se peut sauver en sa religion, par le R. P. Estienne BINET, de la Compagnie de Jesus, *Vienne*, Jean Poyet, 1629, *in*-12. *v. m.*

1266 Le Philosophe indifférent, par le R. P. DU BOSC, Cordelier, *Paris*, Antoine de Sommaville, 1644, 2 *vol. in*-4. *v. m.*

1267 Réflexions sur la Religion chrétienne, par Louis FERRAND, Avocat en Parlement, avec l'apologie de la réponse de Joseph à Apion, *ou l'éloge de la Bible*, *Paris*, André Pralard, 1679, 2 *vol. in*-12. *v. br.*

1268 Quatre dialogues sur l'immortalité de l'ame, sur l'existence de Dieu, sur la Providence, sur la Religion, (par MM. DE CHOISY & D'ANGEAU), *Paris*, Cramoisy, 1684, *in*-12. *v. f. d. f. tr.*

1269 Les mêmes, *Paris*, Musier fils, 1768, *in* - 12. *v. m.*

1270 Altération du dogme théologique par la philosophie d'Aristote, *ou* fausses idées des Scholastiques sur toutes les matieres de la Religion, (par l'Abbé FAYDIT), *sans nom de Ville*, 1696, *in*-12. *v. f.*

1271 Pensées de Blaise PASCAL, sur la Religion & sur quelques autres sujets, *Amst.* Mortier, 1688, *in*-12. *v. f.*

1272 Les mêmes, nouvelle édition, corrigée & augmentée (par VOLTAIRE), *Londres*, 1776, *in* 8. *v. f. d. f. tr.*

1273 Blasii PASCHALIS scriptoris inter Gallos acutissimi, profundissimique, de veritate Religionis christianæ, opus posthumum, redditum latinè, interprete P. A. U. J. (Philippo-Adamo ULRICH), Professore in Universitate Wirceburgenci, *Wirceburgi*, Joannes-Jacobus-Christophorus Kleyer, 1741, *in*-8. *v. m.*

1274 Discours sur les pensées de PASCAL, où l'on essaie de faire voir quel estoit son dessein, avec un autre discours sur les preuves des Livres de Moyse, par le Sieur DE LA CHAISE, *Paris*, Desprez, 1672, *in*-12. *v. f. d. f. tr.*

1275 Traité de la doctrine chrétienne & orthodoxe, dans lequel les vérités de la Religion sont établies sur l'Ecriture & la Tradition, & les erreurs opposées détruites par les mêmes prin-

DE L'ÉGLISE LATINE. 215

cipes, par Louis ELLIES DU PIN, *Paris*, And. Pralard, 1703, *in*-8. *v. f. d. f. t.*

1276 Lettres sur divers sujets concernant la Religion & la métaphysique, par François DE SALIGNAC DE LA MOTTE FÉNÉLON, *Paris*, Jacq. Estienne, 1718, *in*-12. *v. f.*

1277 La Religion chrétienne prouvée par les faits, avec un discours historique & critique sur la méthode des principaux Auteurs qui ont écrit pour & contre le Christianisme, par l'Abbé HOUTTEVILLE, *Paris*, G. Dupuis, 1722, *in*-4. *v. f.*

1278 La même, *Amst.* du Sauzet, 1744, 4 *vol. in*-12. *v. m.*

1279 Lettre de R. Ismael Ben Abraham, à l'Abbé Houtteville, sur son livre de *la Religion chrétienne prouvée par les faits*, *Paris*, Cl. Thiboust, 1722, *in*-12. *v. f. d. f. t.* — *changé à vendre*

1280 Lettres de l'Abbé ***, (GUYOT DES FONTAINES), à l'Abbé Houtteville, au sujet du même livre, *Paris*, Pissot, 1722, *in*-12. *v. br.*

1281 Idée de la Religion chrétienne, où l'on explique succinctement tout ce qui est nécessaire pour être sauvé, *Paris*, Jouenne, 1723, *in*-12. *fig. v. br.*

1282 Recueil de dissertations sur quelques principes de Philosophie & de Religion, par le P. GERDIL, *Paris*, Chaubert, 1760, *in* 12. *v. m.*

1283 Le Philosophe chrestien, *ou* lettres à un Jeune-Homme entrant dans le monde, sur la vérité & la nécessité de la Religion, *Avignon*, 1765, *in*-8. *v. m.*

1284 La Religion chrétienne éclairée par le dogme & par la prophétie, (par le P. JOLY), *Dijon*,

O iv

216 THÉOLOGIENS

Edme Bidault, 1770, 4 vol. in-12. v. m.

✝ 1285 Les Américaines, *ou* la preuve de la Religion chrétienne par les lumieres naturelles, par Madame LE PRINCE DE BEAUMONT, *Lyon, Bruyſ. Ponthus*, 1770, 6 vol. in-12. v. m.

D. ch. à vendre

✝ 1286 Le Chrétien catholique inviolablement attaché à sa Religion, par la consideration de quelques-unes des preuves qui en établissent la certitude, par Nicolas-Joseph-Albert DE DIESSBACH, de la Compagnie de Jesus, *Turin*, Jean-Baptiste Fontana, 1771, 3 vol. in-8. fig. v. m.

✝ 1287 L'esprit des Apologistes de la Religion chrétienne, *ou* réunion des preuves les plus sensibles & les plus convaincantes qui ont servi pour sa défense, avec les réponses aux principales difficultés, par un Prêtre du diocese de Reims, *Bouillon*, Jean Brasseur, 3 vol. in-12. v. m.

doub-ch à vend. ✝ 1288 Dissertation critique sur la vision de Constantin, par M. l'Abbé DU VOISIN, Docteur de Sorbonne, *Paris, du Puis*, 1774, in-12. v. f. d. ſur t.

✝ 1289 L'utilité temporelle de la Religion chrétienne, par le R. P. Hubert HAYER, Récollet, *Paris*, G. Desprez, 1774, in-12. v. f. d. ſ. t.

Auteurs Luthériens, Calvinistes, Anglicans, &c.

✝ 1290 Hugo GROTIUS, de veritate Religionis chriſtianæ, editio adcuratior, quam tertium recenſuit, notulisque illustravit Joannes CLERICUS, cujus accessêre de eligenda inter Christianos diſſentientes sententia, & contra indifferentiam Religionum, libri II, *Hagæ-Comitis*, fratres Vaillant, 1724, in-8. v. m.

1290 *bis* L'Athée convaincu en quatre sermons, ✠ par Frid. SPANHEIM, *Leyde*, Daniel à Gaesbeeck, 1676, *in*-8. *v. f.*

1291 Traité de la vérité de la Religion chrétienne, ✠ par Jacques ABBADIE, *la Haye*, (*Par.*) 1741, *à vendre* 3 *vol. in*-12. *v. br.*

1292 Réflexions sur les cinq Livres de Moyse, pour établir la vérité de la Religion chrétienne, par ✠ P. ALLIX, *Londres*, B. Griffin, 1687, *in*-8. *v. f. d. f. t.*

1293 La Religion chrétienne démontrée par la ✠ conversion & l'apostolat de S. Paul, trad. de l'anglois de Mylord George LYTTELTON, avec deux discours sur l'excellence intrinseque de l'Ecriture Sainte, trad. de l'angl. de Jérémie SEED, *Paris*, Tilliard, 1754, *in*-12. *mar. r. d. f. t.*

1294 De la Religion chrétienne, ouvrage traduit ✠ de l'ang. d'ADDISSON, par Gabriel SEIGNEUX de Correvon, avec une préface, un discours préliminaire, des notes & des dissertations du Traducteur, qui y a joint une dissertation de feu M. DE CHESEAUX, sur l'année de la naissance ✠ de N. S. & celle de sa mort, nouvelle édition, *Geneve*, Cl. Philibert & Barth. Chirol, 1771, 3 *vol. in*-8. *v. f. d. f. t.*

TRAITÉS PARTICULIERS DE LA VÉRITÉ DE LA RELIGION CHRÉTIENNE.

Traités contre les Athées, Déistes, Impies, &c.

1295 L'Ateista convinto dalle sole ragioni, dell ✠ Abbate Filippo-Maria BONINI, *Venetia*, Pezzana, 1665, *in*-12. *v. br.*

✠ 1296 Jugement & censure du livre de la *Doctrine curieuse de François Garasse*, Paris, 1623, in-8. *v. f. d. f. tr.*

N. B. On lit dans une note manuscrite au frontispice de ce volume, que cet ouvrage est de M. François Augier.

✠ 1297 Entretien d'un Philosophe chrétien & un Philosophe Chinois, sur l'existence & la nature de Dieu, (par le P. MALLEBRANCHE) *Paris*, David, 1708, *in*-12. *v. f.*

✠ 1298 Démonstration de l'existence de Dieu, tirée de la connoissance de la nature, & proportionnée à la foible intelligence des plus simples, (par DE FÉNÉLON), *Paris*, Jacques Estienne, 1713, *in*-12. *v. m. d. f. t.*

✠ 1299 Jo. Alberti FABRICII, delectus argumentorum & syllabus scriptorum, qui veritatem Religionis christianæ adversùs Athæos, Epicureos, Deistas seu Naturalistas, Idololatras, Judæos & Muhammedanos, lucubrationibus suis asseruerunt: præmissa est EUSEBII Cæsariensis, præmium & capita priora demonstrationis evangelicæ, grecè & lat. *Hamburgi*, Felginer, 1725, *in*-4. *v. m.*

✠ 1300 Joan. Francisci BUDDEI, Théol. D., theses theologicæ de Atheismo & superstitione, variis observationibus illustratæ, quibus suas annotationes adjecit Joannes LULOFS, Philos. Math. & Astron. Professor in Academiâ Lugduno-Batavâ, *Lugduni-Batavorum*, Joan. le Mair, 1747, *in*-4. *v. f. d. f. t.*

✠ 1301 Eædem, quibus dissertationem contra Atheos adjecit Hadr. BWRT, *Lugduni-Batav.* 1757, *in*-8. *v. f.*

DE L'ÉGLISE LATINE. 219

1302 Examen des faits qui servent de fondement à la Religion chrétienne, précédé d'un court traité contre les Athées, les Matérialistes, les Fatalistes, par M. l'Abbé LE FRANÇOIS, *Paris*, Lacombe, 1767, 3 *vol. in*-12. *v. f. d. s. t.*

1303 L'existence de Dieu, démontrée par les merveilles de la nature, par M. BULLET, *Paris*, Delalain, 1768, *in*-8. *baz.*

1304 La Religion révélée, défendue contre les ennemis qui l'ont attaquée, par le R. P. LE BALLEUR, Cordelier, *Paris*, Rozet, 1768, 5 *vol. in*-12. *v. m.*

1305 La seule véritable Religion, démontrée contre les Athées, les Déistes & tous les Sectaires, par M. l'Abbé HESPELLE, Docteur de Sorbonne, *Paris*, Hérissant, 1774, 2 *vol. in*-12. *v. f. d. s. t.*

1306 Conférences, *ou* discours contre les ennemis de notre sainte Religion, par M. BEURIER, Prêtre-Eudiste, *Paris*, Charles-Pierre Berton, 1779, *in*-8. *v. m.*

1307 Questions diverses sur l'incrédulité, (par M. LE FRANC DE POMPIGNAN, Evêque du Puy), *Paris*, Chaubert, 1751, *in*-12. *mar. r. d. s. tr.*

1308 Les mêmes, *Paris*, Chaubert, 1757, *in*-12. *v. mar.*

1309 Principes de Religion, *ou* préservatif contre l'incrédulité, (par ROUSSEL), *Paris*, Prault le jeune, 1751, *in*-12. *v. m.*

1310 L'Incrédule détrompé & le Chrétien affermi dans la foy par les preuves de la Religion, par M. l'Abbé DE PONTERIAND, *Paris*, Coignard, 1752, *in*-8. *mar. r.*

1311 L'incrédulité convaincue par les prophéties, par (M. LE FRANC, Evêque du Puy) *Paris*, Chaubert, 1759, *in*-4. *v. m.*

1312 Observations sur les savans incrédules, & sur quelques-uns de leurs écrits, par Jacq. Franc. DELUC, *Geneve*, 1762, *in*-8. *v. m.*

1313 Lettres flamandes, *ou* hist. des variations & contradictions de la prétendue Religion naturelle, *Lille*, Danel, 1752, 2 *vol. in*-12. *v. f.*

1314 Instruction pastorale de M. LE FRANC, Evêque du Puy, sur la prétendue philosophie des Incrédules modernes, *au Puy*, Clet, 1763, *in*-4. *v. m.*

1315 Le Pyrrhonien raisonnable, *ou* méthode nouvelle proposée aux Incrédules, par l'Abbé DE ***, *la Haye*, (*Par.*) 1765, *in*-12. *v. m.*

1316 L'Incrédule convaincu, *ou* fondemens de la Religion chrétienne, en trois dialogues, entre un jeune Gentilhomme & son Tuteur, traduit de l'anglois, *Paris*, Despilly, 1766, *in*-12. *v. f. d. s. t.*

1317 Traité contre l'incrédulité, recueilli des divers écrits de Saint Augustin, par M. l'Abbé D'A***, *Paris*, Crapart, 1769, 2 *vol. in*-12. *v. mar.*

1318 L'Incrédule conduit à la Religion catholique par la voie de la démonstration, *ou* dissertations polémiques & démonstratives contre les Incrédules, les Athées & les Déistes, *Tournay*, Adrien Serré, 1769, *in*-12. *v. f. d. s. t.*

1319 La vérité de la Religion catholique, démontrée contre toutes les sectes, *ou* deuxieme partie du livre intitulé: *L'Incrédule conduit à la Religion catholique par la voie de la démonstration;*

dissertations contre les Hérétiques, *Tournay*, ✠
Adrien Serré, 1772, *in*-8. *v. f. d. s. t.*

1320 Dictionnaire philosophique de la Religion, ✠
où l'on établit tous les points de la Religion,
attaqués par les Incrédules, & où l'on répond à
toutes leurs objections, (par l'Abbé NONNOT-
TE), *sans nom de Ville, ni d'Imprimeur,* 1772,
4 *vol. in*-12. *v. f. d. s. t.*

1321 Le même, *Lyon.* Regnault, 1773, 4 *vol.* ✠
in-12. *v. f. d. s. t.*

1322 Anti-Dictionnaire philosophique, pour ser- ✠
vir de commentaire & de correctif au Dictionnaire philosophique & aux autres livres qui ont
paru de nos jours contre le Christianisme ; ouvrage dans lequel on donne en abrégé les preuves de la Religion, & la réponse aux objections
de ses adversaires, avec la notice des principaux
Auteurs qui l'ont attaquée, & l'apologie des
grands Hommes qui l'ont défendue, quatrieme
édition corrigée, considérablement augmentée
& entierement refondue sur les mémoires de
divers Théologiens, (par Dom CHAUDON,
Moine de Cluny,) *Paris*, Saillant & Nyon,
(*Avignon*) 1775, 2 *vol. in*-8. *v. m.*

1323 Réponses critiques à plusieurs difficultés pro- ✠
posées par les nouveaux Incrédules sur divers
endroits des Livres saints, par M. BULLET,
Professeur de l'Université de Besançon, *Paris*,
Charles-Pierre Berton, 1773 — 1774, 2 *vol.
in*-12. *v. m.*

1324 L'autorité des Livres de Moyse, établie & ✠
défendue contre les Incrédules, par M. l'Abbé
DU VOISIN, *Paris*, Charles-Pierre Berton,
1778. *in*-12. *v. mar.*

1325 Certitude des principes de la Religion, contre les nouveaux efforts des Incrédules, par M. REGNIER, *Paris*, Nyon, 1778, 2 *vol. in*-12. *v. mar.*

1326 Della origine del male contra Baile, nuovo syftema antimanicheo del Padre Francefco-Antonio PIRO, Minimo. ⸗Orazione del P. Gherardo DE ANGELIS, Minimo, fcritta al medefimo Piro, intorno al fuo nuovo fiftema dell' *Origine del male*, *Napoli*, nella Stamperia de' Muzj, 1749, *in*-8. baz.

1327 Lettre à un Gentilhomme de Province, *ou* réfutation d'un libelle intitulé: *Zoroaftre*, 1751, *in*-12. *v. m.*

1328 Réflexions fur quelques vérités importantes attaquées dans plufieurs écrits de ce tems, par BOUDIER DE VILLEMAIRE, *Paris*, Jorry, 1752, *in*-12. *v. m.*

1329 Preuves de la Religion de Jefus-Chrift, contre les Spinofiftes & les Déiftes, par M. LE FRANÇOIS, *Paris*, Hériffant, 1754, 4 *vol. in*-12. *v. m.*

1330 Les Efprits-forts de l'antiquité Germanique & Septentrionale, comparés aux Incrédules modernes, differtat. trad. de l'allem. de Gottfried SCHÜTZE, *Bruxelles*, Foppens, 1755, *in*-12. *v. mar.*

1331 Effai fur la foibleffe des Efprits-forts, par J. T. DE S. Z. C. D. S. E. R. *Amft.* (*Paris*), 1761, *in*-12. *v. m.*

1332 L'homme moral oppofé à l'homme phyfique, lettres philofophiques, où l'on réfute le Déifme du jour, par M. R., *Touloufe*, 1756, *in*-12. *v. m.*

DE L'ÉGLISE LATINE. 223

1333 Lettres critiques, *ou* analyse & réfutation de divers écrits modernes contre la Religion, par l'Abbé GAUCHAT, *Paris*, Cl. Hériffant, 1758 & 1763, 19 *vol. in*-12. *v. m.*

1334 L'Anti-sans-soucy, *ou* la folie des nouv. Philosophes, Naturalistes, Déistes & autres Impies, dépeinte au naturel, augm. de preuves & de réflexions, par M. FORMEY, *Bouillon*, Limier, 1761, 2 *vol. in*-8. *v. m.*

1335 Réflexions sur le système des nouveaux Philosophes, *Francfort*, (*Paris*), 1761, *in*-12. *v. mar.*

1336 Le Philosophe dithyrambique, (par le P. FIDEL DE PAU, Capucin,) *Paris*, Delormel, 1765, *in*-12. *v. m.* — *Double à vendre.*

1337 Apologie de la Religion chrétienne, contre l'Auteur du *Christianisme dévoilé*, & contre quelques autres critiques, par M. BERGIER, *Paris*, Humblot, 1769, 2 *vol. in*-12. *v. m.* — *D. à vendre.*

1338 Pensées anti-philosophiques, *Paris*, Pillot, 1770, *in*-12. *v. f.*

1339 La nouvelle Philosophie dévoilée, & pleinement convaincue de lèse-majesté divine & humaine au premier chef, (*Paris*) 1770, *in*-12. *v. m.*

1340 Lettre sur les ouvrages philosophiques condamnés par l'arrêt du Parlement du 18 Août 1770, *Paris*, Vente, 1771, *in*-8. *v. f. d. s. t.*

1341 Le mauvais dîner, *ou* lettres sur le dîner du Comte de Boulainvilliers, par le P. Louis VIRET, Cordelier, *Paris*, Bailly, 1770, *in*-8. *v. m.* — *Double à vendre.*

1342 Nos Philosophes déconcertés, étrennes dédiées à leurs crédules, admirateurs & dupes, *la Haye*, (*Geneve*) 1770, *in*-8. *v. f. d. s. t.*

THÉOLOGIENS

✠ 1343 L'homme confondu par lui-même, par le Marquis DE ***, *Bouillon*, Soc. Typogr. 1770, *in*-12. *v. m.*

✠ 1344 L'insuffisance de la Religion naturelle, prouvée par les vérités contenues dans les livres de l'Ecriture Sainte, par le P. Henri GRIFFET, *Liege*, Baſſompierre, 1770, 2 *vol. in*-12. *v. m.*

✠ 1345 Entretiens philoſophiques ſur la Religion, *Paris*, Moutard, 1771, *in*-12. *v. f.*

✠ 1346 Suite des Entretiens philoſophiques ſur la Religion, *Paris*, N. L. Moutard, 1772, *in*-12. *v. f. d. ſ. tr.*

✠ 1347 Obſervations ſur l'incrédulité des Philoſophes modernes, *Sedan*, Jaquemart, 1771, *in*-12. *v. m.*

✠ 1348 La nouvelle philoſophie réfutée par elle-même, ouvr. dans lequel on renverſe le ſyſtême des Matérialiſtes, ſuivi de l'examen du livre de *l'Eſprit d'Helvetius*, par le P. HYACINTE, *Avignon*, 1771, *in*-12. *v. f.*

✠ 1349 La vérité de la Religion chrétienne, prouvée à un Déiſte, par l'Abbé PEY, *Paris*, Humblot, 1771, 2 *vol. in*-12. *v. m.*

✠ 1350 L'anti-Déiſme, *ou* portrait des Incrédules, propre à en donner une juſte idée. = Réflexions anti-philoſophiques, *ou* le bon uſage de la raiſon, pour ſervir de remede à l'incrédulité, *Amſt.* (*Par.*) 1772, *in*-12. *v. f. d. ſ. t.*

✠ 1351 Lettre à M. D. V. (M. de Voltaire) par un de ſes Amis, ſur l'ouvrage intitulé : *l'Evangile du jour*, *Paris*, Gueffier, 1772, *in*-8. *v. m.*

✠ 1352 Penſées théologiques relatives aux erreurs du tems, par le R. P. JAMIN, Bénédictin, *Bruxelles*, S'terſtevens, 1772, *in*-12. *v. m.*

1353 La Nature en contraste avec la Religion & ✠
la Raison, *ou* l'ouvrage qui a pour titre : *de la Nature*, condamné au tribunal de la Foi & du bon sens, & réfutation de l'*Alambic moral*, par le R. P. Ch. L. RICHARD, Dominicain, *Paris*, J. Fr. Pyre, 1773, *in-*8. *v. f. d. f. t.*

1354 Le Comte de Valmont, *ou* les égaremens ✠
de la raison, lettres recueillies & publiées par M...., *Paris*, Moutard, 1774 & 1778, 5 *vol. in-*12. *fig. v. f. d. f. tr.*

1355 Dictionnaire philosopho-théologique portatif, contenant l'accord de la véritable philosophie avec la saine théologie, & la réfutation ✠
des faux principes établis dans les écrits de nos Philosophes modernes, avec des notes à la fin de l'ouvrage, analogues aux principaux articles de ce Dictionnaire, (par M. PAULIAN), *Paris*, (*Nismes*) 1774, *in-*8. *v. f d f. t.*

1356 L'irréligion dévoilée & démontrée contraire ✠
à la saine philosophie, par P. J. BOUDIER DE VILLEMAIRE, Ecuyer, *Paris*, du Four, 1774, *in-*12. *v. m.*

1357 L'irréligion dévoilée, *ou* la philosophie de ✠
l'honnête-homme, par le même, *Paris*, Monory, 1779, *in-*12. *v. f. d. f. t.*

1358 Précis des argumens contre les Matérialistes, ✠
avec de nouvelles réflexions sur la nature de nos connoissances, l'existence de Dieu, l'immatérialité & l'immortalité de l'ame, par J. DE PINTO, *la Haye*, Pierre-Frédéric Gosse, 1774, *in-*8. *v. f. d. f. tr.*

1359 Les droits de la vraie Religion soutenus contre ✠
les maximes de la nouvelle philosophie, par M. l'Abbé FLORIS, *Paris*, Charles-Pierre Ber-

ton, 1774, 2 parties 1 vol. in-12. v. f. d. f. tr.

✠ 1360 Les contradictions du livre intitulé : de la *Philosophie de la Nature*, avec un discours préliminaire sur la Religion chrétienne, contre les Philosophes de nos jours, *in-12. v. f. d. f. t.*

✠ 1361 Entretiens philosophiques & critiques sur plusieurs points d'Histoire & de Morale, ou examen des principes de la philosophie moderne dans les matieres de Religion & de critique, par M. P. P. C., *Paris*, 1775, 2 part. 1 vol. *in-12. v. f.*

✠ 1362 La nouvelle philosophie à vau-l'eau, ou le Philosophe du tems, confondu par la présence du Roi, dialogue moral, par M. DUVAL, *Paris*, Musier pere, 1775, *in-8. v. m.*

✠ 1363 Lettres d'une mere à son fils, pour lui prouver la vérité de la Religion chrétienne, par la raison, la révélation & les contradictions dans lesquelles tombent ceux qui la combattent, troifieme édition, *Paris*, Nyon l'aîné, 1776, 3 vol. *in-12. v. m.*

✠ 1364 Observations sur un ouvrage intitulé : le *Systême de la Nature*, divisées en deux parties, par M. DE B., *Paris*, Debure pere, 1776, *in 8. v. m.* 633.*ter. S. et a.*

✠ 1365 Mémoires philosophiques du Baron DE ***, Chambellan de Sa Majesté l'Imperatrice-Reine, (par M. l'Abbé DE CRILLON) *Paris*, Berton, 1777, 2 vol. *in 8. fig. v. f. d. f. t.*

✠ 1366 De la Religion, par un homme du monde, où l'on examine les différens systêmes des Sages de notre siecle, & l'on démontre la liaison des principes du Christianisme avec les maximes fondamentales de la tranquillité des Etats, (par

M. GIN) *Paris*, Moutard, 1778—1779, 4 vol. in-8. *v. m.*

1367 Catéchisme philosophique, *ou recueil d'observations propres à défendre la Religion chrétienne contre ses ennemis*, par M. l'Abbé FLEXIER DE RÉVAL, seconde édition, corrigée & considérablement augmentée, *Paris*, Charles-Pierre Berton, 1777, *in-8. v. m.*

1368 Le philosophe Catéchiste, *ou entretiens sur la Religion*, *Paris*, Humblot, 1779, *in-12. v. mar.*

Traités contre les Juifs & les Mahométans.

1369 Perfection de la Religion Christiana en la qual se convence la perfidia de los Judios, las cismas de los hereges, y secta Mahometana con muchas declaraciones de la Sancta Scriptura ; escrita en castellano por Don Joan DE SANCTA-MARIA, Turco de nacion convertido à la fe catholica, *Brusellas*, Fernando de Hœymaecker, 1622, *in-4. cart.*

1370 Raymundi-Martini DE PENNAFORT, ordinis Prædicatorum, Pugio fidei adversùs Mauros & Judæos, cum observationibus Josephi DE VOISIN, & introductione Jo. Benedicti CARPZOVII, qui simul appendicis loco, HERMANNI Judæi opusculum de sua conversione ex mss. Bibliothecæ Paulinæ Academiæ Lipsiensis recensuit, *Lipsiæ*, Hæredes Friderici Lanckisi, 1687, *in-fol. v. f. d. s. t.*

1371 Johannis ANDREÆ, Mauri olim & Legisperiti Mahometani, confusio Sectæ Mahometanæ, interprete ex idiomate italico Johanne LAU-

P ij

TERBACH, in Noſcowitz J. U. D., *Trajecti ad Rhenum*, Johannes à Waeſberge, 1656, *in-*8. *v. ſ. d. ſ. t.*

TRAITÉS EN FAVEUR DE LA RELIGION CATHOLIQUE.

Traités de la Religion Catholique en général.

1372 Les articles concernant la vraie Religion & ſaincte Foy Catholique, compoſez par les Docteurs de l'Univerſité de Louvain, confirmez par Sa Majeſté Impériale, (en lat. & fr.) *Louvain*, Renier Velpen, 1545, *in-*4. *v. f. d. ſ. t.*

1373 Difeſa della ſanta fede Catolica contra l'hereſie, compoſta con le autorita della ſacra Scrittura dal medeſimo & nuouamente ſtampata, *Venetia*, Fr. Ziletti, 1574, *in-*4. *v. f. d. ſ. t.*

1374 La Foy du Frere Gabriel du Puy-Herbault, Relig. de Haulte Bruyere, envoyée à une Dame d'Orléans, & reſponſe à icelle, *Orléans*, Louys Rabier, 1565, *in-*8. *v. f. d. ſ. t.*

* Livre omis par la Croix du Maine & par ſon nouvel Editeur, voyez tome I, page 254.

1375 Cenſura Sacræ Facultatis Theologiæ Pariſienſis in librum qui inſcribitur : *Antonii Sanctarelli ex Soc. Jeſu, tractatus de hæreſi, ſchiſmate, apoſtaſia, ſollicitatione in Sacramento Pœnitentiæ, & de poteſtate Summi Pontificis in his delictis puniendis*, Romæ, apud hær. Bart. Zannetti, 1625, Superiorum permiſſu. Cum decreto Univerſitatis Pariſienſis, & epitome obſervationum in cenſuram ex ſacra Scriptura, ſanctis decretis & canonibus Conciliorum, operibus SS. Patrum & aliorum, de mandato D. Rectoris, *Parisiis*, Petrus Durand, 1626. == Decretum sacræ Congreg. Cardinalium ad indicem librorum eorumque permissionem, prohibitionem, &c. (lat. & gall.) 1632. == Disceptatio de Secretis Societatis Jesu, inter Joannem, Canonicum Uratislaviensem, Ludovicum, Jurisconsultum Brandeburgicum, P. Adamum Contzen, Societat. Jesu, habita, *Lugd.* Claudius Cayne, 1617. == Responſe d'un Etudiant en l'Univerſité de Paris, à un ſien amy, qui ſe plaignoit du dereglement qu'il diſoit eſtre dans les Colleges d'icelle Univerſité. Cette lettre contient une partie des grands avantages qu'ont les Jéſuites en France ſur les Regens de Paris, & ce qui en peut avenir, 1616, *in-8. v. b.*

1376 Expoſition de la doctrine de l'Egliſe Catholique, ſur les matieres de controverſe, par Jacques-Bénigne Bossuet, *Paris*, Cramoiſy, 1686, *in-12. v. m.*

1377 Entretiens où l'on explique la doctrine de l'Egliſe Catholique par la ſainte Ecriture, & où on fait un juſte diſcernement de ſa croyance d'avec celle des proteſtans, par l'Abbé Gould, *Paris*, Coignard, 1727, *in-12. v. b.*

1378 Traité des principes de la foy chrétienne, par J. J. Duguet, *Paris*, Cavelier, 1737, 3 vol. *in-12. v. f.*

1379 Les droits de la Religion Chrétienne & Catholique ſur le cœur de l'homme, par M. Bellet, *Montauban*, Jean-Pierre Fontanel, 1764, 2 vol. *in-12. v. m.*

1380 Accord du Chriſtianiſme & de la Raiſon,

P iij

par Gauchat, *Paris*, Cl. Hériffant, 1768, 4 vol. *in*-12. *v. m.*

Traités contre les Héréfies, & en particulier contre les Grecs & les Luthériens.

☩ 1381 Alphonfi DE CASTRO Zamorenfis, ordinis Minorum, adverfùs omnes Hærefes, lib. xiv, *Parifiis*, Gyrault, 1543, *in-fol. v. f.*

☩ 1382 Catholique remonftrance aux Roys & Princes Chreftiens, à tous Magiftrats & Gouverneurs de Républiques, touchant l'abolition des herefies, troubles & fcifmes qui regnent aujourd'hui en la Chreftienté, efcripte en latin par M. Jean DE LA VACQUERIE, de nouveau mife en françois, *Paris*, Cl. Fremy, 1560, *in-*8. *v. f. d. f. t.* 8592.

☩ 1383 Ad edicta veterum Principum de licentia Sectarum in Chriftiana Religione. Item Methodus contra fectas, quam fequuti funt primi Catholici Imperatores, per F. Claudium DE SAINTES, Lutetiæ Theologum, *Parifiis*, Claudius Fremy, 1561, *in-*8. *v. f. d. f. t.*

☩ 1384 Deux Epîtres aux defvoyez de la Foy, par Gentian HERVET d'Orlians, *Anvers*, J. Mollins, 1561, *in-*8. *v. f. d. f. t.*

☩ 1385 Deux Traictez ou Opufcules: l'un en forme de remontrances, *de non conveniendo cum hæreticis*; l'autre, par forme de confeil & aduis: *de non ineundo cum muliere hæretica à viro catholico conjugio*; aufquels eft monftré par la parolle de Dieu & probations catholiques, que la frequentation avec les Heretiques, & le mariage avec une Huguenotte, eft interdit & défendu aux Catholiques, & des inconuenients qui s'en enfuyuent, par F. M. HYLARET, Engoulmoifin, *Orléans*, Olivier Boynard, 1587, *in*-8. *v. f. d. f. tr.*

1386 Difcorfi del R. P. Donn' Hippolito CHIZ- ✠ ZOOLA, Canonico Regolare Lateranenfe, per confutar le particolari herefie, *Venetia*, And. Arrivabene, 1562, *in*-4. *vel.*

1387 Hiftoire critique de la créance & des cou- ✠ tumes des Nations du Levant, publiée par DE MONI, (le R. P. Richard SIMON,) *Francfort*, Arnaud, 1684, *in*-12. *v. f.*

1388 Defenfe de la perpetuité de la Foy, contre ✠ les calomnies & fauffetez du livre de J. Aymon, intitulé : *Monumens authentiques de la Religion des Grecs*, par Eufebe RENAUDOT, *Paris*, Gabriel Martin, 1709, *in*-8. *v. b.*

1389 Apologia Monafticæ Religionis diluens nugas ✠ Erafmi, à Lodovico CARVAÏALO, Minorita, edita. Item, Epiftolæ aliquot ERASMI, Roterodami, fanè quam lepidiffimæ, quas nuper in lucem emifit, 1529, *in*-8. *v. f. d. f. tr.* *8577.*

1390 Il Modello di Martino Lutero, per G. Ja- ✠ copo MORONESSA da Lezze Monacho Celeftino, (libri III.) *Vinegia*, Gabriel Giolito de Ferrari, & fratelli, 1555, *in*-8. *v. f. d. f. tr.*

1391 Contre la nouvelle apparition de Luther ✠ & de Calvin, fous les réflexions faites fur l'Edit touchant la réformation des Monafteres, avec un échantillon des fauffetez & des erreurs contenues dans le *Traité de la puiffance politique, touchant l'âge néceffaire à la profeffion folemnelle des Religieux*; fans nom de Ville, 1669, *in*-12. *baz.* *1242. fur.*

1392 La Conférence du Diable avec Luther, ✠

contre le saint Sacrifice de la Messe, avec la réfutation d'un Ecrit fait par M. Ereïter, Ministre de l'Ambassadeur de Suede, pour défendre cette Conférence, & l'examen de quatre endroits du dernier Livre de Claude, Ministre de Charenton, intitulé : *La Defense de la Réformation*, dont le premier regarde cette Conférence, par Nicolas PILON, nouvelle édition, *Paris*, Charles Saillant, 1740, *in*-8. *v. m.*

Traités contre les Calvinistes.

✠ 1393 Articuli reprobati Parisius, *Paduæ*, Matheus Cardonis de Vindesgretz, *in*-4. *v. f. d. s. t.*

✠ 1394 Entretiens d'un Convertisseur de France avec un Protestant réfugié en Hollande, en présence d'un nouveau converti, qui demande d'être éclairci sur quelques difficultés touchant l'Eucharistie, *in*-12. *v. brun. sans frontispice.*

✠ 1395 Response à quelque Apologie que les heretiques, ces jours passés, ont mis en auant sous ce tiltre : *Apologie ou Deffense des bons Chrestiens contre les ennemis de l'Eglise Catholique*, Auteur, Antoine DE MONCHI, surnommé DEMOCHARES, Docteur en Théologie à Sorbonne, *Paris*, Claude Fremy, 1560, *in*-8. *v. f. d. s. t.*

✠ 1396 Demandes & Répliques à J. Calvin, sur son Livre *de la Prédestination*, recueillies des Œuvres d'un Auteur incogneu, par A. DUVAL. *Paris*, Nic. Chesneau, 1561, *in*-8. *v. f. d. s. t.*

✠ 1397 Briefve Apologie contre Calvin & ses complices, touchant l'administration des Sacremens, & la maniere de faire les prieres en l'Eglise, & que les traductions de Marot & Beze ne doivent être appellées Pſalmes de David, par F. Fremin CAPITIS, de l'Ordre de S. Franç. *Rheims*, J. de Foigny, 1563, *in-8. v. f. d. ſ. t.*

1398 Apologie contenant ample diſcours, expoſition, reſponſe & deffenſe de deux conférences avec les Miniſtres extraordinaires de la Religion pretendue reformée en ce Royaume, par Claude D'ESPENCE, Théologien en l'Univerſité de Paris, *Paris*, Nic. Cheſneau, 1568, *in-8. v. f. d. ſ. t.*

1399 Chreſtien Advertiſſement aux refroidis & eſcartez de l'ancienne Egliſe Cathol., Romaine & Apoſtolique, contenant une exhortation ſalutaire pour reprendre le chemin qu'ils ont delaiſſé, par Jehan DE MARCONVILLE, *Paris*, Dallier, 1571, *in-8. v. f.*

1400 Confeſſion de Foy, faicte par H. S. DU ROSIER, avec abjuration & déteſtation de la profeſſion hugüenotique, enſemble la refutation de pluſieurs poincts, mis en avant par Calvin & Beze, contre la Foy & Egliſe Apoſtolique, *Paris*, Nivelle, 1573, *in 8. v. f. d. ſ. t.*

1401 Le vrai Réveil-Matin des Calviniſtes & Publicains françois, où eſt amplement diſcouru de l'auctorité des Princes, & du devoir des ſujets envers iceulx, par Arnault SORBIN, *Paris*, Chaudiere, 1575, *in-8. v. f.*

1402 Le Retour d'un Gentilhomme à la Catholique, par Jean DE LAVARDIN, Abbé de l'Eſtoile, *Paris*, Robert le Fizellier, 1582, *in-8. v. f. d. ſ. t.*

1403 Lettioni ſopra dogmi fatte da Franc. PANIGAROLA, Minore Oſſervante, nelle quali da lui dette Caluiniche: come ſi confonda la maggior parte della dottrina di Gio. Calvino, e con che ordine si faccia, doppò la lettera si dismostrerà, *Ferrara*, Giulio Vasalini, 1585, in-8. vel.

☦ 1404 Litearchie contre les pernitieux esprits, libelles, calomnies & apologies n'agueres faictes par aucuns heretiques ennemis de Dieu, du Roy & des Princes Chrestiens, au scandale de l'Eglise Catholique, Apostolique & Romaine, pour la conversion des devoyez, restitution de l'Estat, & assopissement de ces troubles, reveue & corrigée par les Docteurs, 1587, in-8. v. f. d. sur tr.

☦ 1405 Ad Tractatum *de Clericis præsertim Episcopis, qui participarunt in diuinis scienter & sponte cum Henrico Valesio post Cardinalicidium*, Responsio, 1589, in-8. v. f. d. s. t.

☦ 1406 Thériaque & Anthidot préparé pour chasser le venin, poison, ou peste des Heretiques & Athées politiques de la France, par le Seigneur B. D. B., *sans nom de Ville*, 1590, in-8. v. f.

☦ 1407 Remonstrance contenant une instruction chrestienne de quatre poincts à la Noblesse de France, laquelle faisant profession en apparence de la Religion Chrestienne, Catholique, Apostolique & Romaine, suit néantmoins le parti de l'heretique, & employe ses armes pour maintenir l'heresie; où il est amplement traicté de la puissance de l'Eglise & de l'excommunication, par Matthieu DE LAUNOY, Chanoine de Soissons, *Paris*, Rollin Thierry, 1591, in-8. v. f. d. s. t.

☦ 1408 Anti - Philologie, *ou* Contre - façon du sieur de la Valletrie, pour responce à ung libelle à lui envoyé, contenant tous les poincts plus spirituels dont les Catholiques leurs associez, font triomphe d'accuser d'infidelité les Catholiques unis, & qui ne veulent pas recognoistre le Roy de Navarre pour leur Roy comme eux, *Paris*, 1592, *in-8. v. f. d. s. tr.*

1409 Theologorum Parisiensium ad illustrissimi Cardinalis Placentini postulata, super propositione in libello quodam factionis Navarrenæ contenta, responsum; quo dictæ propositionis censura continetur, cum ejusdem censuræ assertione, ac probatione, *Romæ*, Gulielmus Faciottus, 1593, *in-8. v. f. d. s. t.*

1410 Idem, *Parisiis*, Robertus Nivelle, 1593, *in-8. v. f. d. s. t.*

1411 Proposition faite aux Ministres qu'on appelle de la Religion prétendue réformée, sur une brieve & facile résolution du different de la Religion, par P. Victor CAYET, *Paris*, Philippe Dupré, 1597, *in-8. v. f. d. s. t.*

1412 La tromperie des Ministres, qu'on appelle, qu'ils font à leurs gens, qui les suivent, avec la tyrannie qu'ils exercent contre leurs compagnons, & la surprise dont ils usent envers les Pasteurs & Docteurs Catholiques, par le même, *Paris*, Philippe Dupré, 1597, *in-8. v. f. d. s. t.*

1413 Examen des lieux alleguez par Duplessis-Mornay, en l'Epistre liminaire du livre contre la Messe, par Jules-Cæsar BULENGER, Docteur en Théologie, *Paris*, Claude Morel, 1598, *in-8. v. f. d. s. t.*

1414 La Saincte Messe declarée & defendue contre les erreurs sacramentaires de nostre temps, ramassez au livre de l'*Institution de l'Eucharistie de*

THÉOLOGIENS

du Plessis, par le P. Louis RICHEOME, Provençal, de la Compagnie de Jesus, *tome 2, contenant les 3e & 4e livres, Bordeaux*, Millanges, 1600, *in*-8. *v. m.*

1415 Examen du Livre du sieur du Plessis contre la Messe, composé par Jacques DAVY, lors Evêque d'Evreux, maintenant Cardinal DU PERRON, publié par Nic. COEFFETEAU, *Evreux*, Ant. le Marié, 1618, *in*-8. *v. f.*

1416 Actes de la Conférence tenue entre l'Evêque d'Evreux (Jacques Davy du Perron) & le sieur du Plessis (Mornay), en présence du Roi, le 4 Mai 1600, avec la réfutation des faux discours de la même Conférence, par le même Evêque d'Evreux, *Evreux*, le Marié, 1602, *in*-8. *mar. r.*

1417 Torrent de feu sortant de la face de Dieu, pour dessecher les eaux de Mars, encloses dans la chaussée du Molin d'Ablon, où est amplement prouvé le Purgatoire & suffrages pour les trespassés, & sont decouvertes les faussetés & calomnies du Ministre Molin, composé par le R. P. F. Jacques SUARES DE SAINTE-MARIE, Observantin Portugais, *Paris*, Michel Sonnius, 1603, *in*-8. *v. f. d. s. t.*

1418 La Fournaise ardente & le Four de Reverbere pour évaporer les prétendues eaux de Siloé, & pour corroborer le Purgatoire, contre les heresies, erreurs, calomnies, faussetés & cavillations ineptes du prétendu Ministre du Moulin, *Paris*, Fleury Bouriquant, 1603, *in*-8. *v. f. d. s. t.*

1419 Teratologie, *ou* Discours des signes & prodiges par lesquels Dieu a de tout temps menacé, accompaigné de plusieurs instructions chrestiennes & advertissements aux Catholiques contre les fausses assertions des Calvinistes, par Jean LANDREY, *Clermont*, Durand, 1603, *in-8. mar. verd, d. f. t.*

1420 Anti-Calvinomantie, *ou Abregé de lieux communs, en forme de theses, des vingt-six principaux poincts que les Calvinistes dénient à l'Eglise Catholique, Apostolique & Romaine, avec la genealogie des heresies descendues aux Gaules depuis l'an 1409*, par Loys DE MONTGOMMERY, Seigneur de Corbouzon, *Paris*, Fleury Bourriquant, 1604, *in-12. v. m.*

1421 Combat de l'Heresie & de la Foy, contenant la résolution des plus grands différens de la Religion, par la pure parole & propre bouche de Jesus-Christ, avec la réponse à Philippe de Marnix, sieur du Mont de Sainte-Aldegonde, (par M. N. L. M.) *Paris*, Ant. Rousset, 1605, *in-8. v. m.*

1422 La nullité de la Religion pretendue reformée, *ou Response à un libelle diffamatoire intitulé: Simple & véritable Discours de ce qui s'est passé en la Conférence commencée à Caen entre quelques Ministres & le P. Gonthier, Jésuite*, faict par D. L. Gentilhomme Breton, *la Fleche*, 1606, *in-12. v. f. d. f. tr.*

1423 Response faite à la lettre d'un Ministre anonyme, escrivant à une Dame du pays de Berry, où sont décidez plusieurs points de controverses contenus en ladite lettre, insérée au commencement du livre, par Fr. Gilles REGNARD, Religieux de l'Ordre de Saint-François de l'Observance, *Par.* Edme Martin, 1611, *in-8. v. m.*

✟ 1424 Le Magot Genevois, descouvert ès Arrêts du Synode national des Ministres reformez, tenu à Privas l'an 1612, *sans nom de Ville, ni d'Imprimeur*, 1613, *in*-8. *v. f. d. s. t.*

✟ 1425 Le même, (édition différente, dans laquelle on trouve *le Mémoire de Gautier, Commandant de Pecais, contre Bantillon, & l'Epitre abrégée à tous les bons François de l'une & l'autre Religion,*) Gentilly, le Natié, 1613, *in*-8. *v. f. d. s. t.*

✟ 1426 L'Anti-Ministre, *ou* Réplique à l'examen des Ministres prétendus réformés de Paris, où il est traicté de l'Eglise & de la forme de son gouvernement, par DE SOULAS, *Paris*, Perrin, 1613, *in*-8. *v. m.*

✟ 1427 Déclaration des circonstances & principaux motifs qui ont esmeu Josué GUIBERT, jadis Ministre de la Religion prétendue réformée, à se ranger en l'Eglise catholique, apostolique & romaine, par laquelle est monstré que l'Eglise catholique, apostolique & romaine est la vraye & seule Eglise, vers laquelle tous doivent venir pour être sauvés, & hors laquelle il n'y a que damnation & mort, *Paris*, le Bouc, 1613, *in*-8. *v. m.*

✟ 1428 La Généalogie des Hérétiques sacramentaires, *ou* Catalogue des sectes qui ont oppugné le Saint-Sacrement de l'Eucharistie, depuis N. S. Jesus-Christ jusqu'à présent, par André DU SAUSSAY, *Paris*, Perrin, 1614, *in*-8. *v. f. d. s. t.*

✟ 1429 Oporini GRUBINII Legatus Latro, hoc est: Definitio Legati Calviniani, ex qua Catholici Reges ac Principes, quantum Calvinianis Legatis fidei habere debeant, conjicere possunt.

Item Relatio de latrocinio, quod Regis Angliæ Legatus adversùs Gasp. Sciopium Madriti nuper suscepit undecim percussoribus ad ejus cædem constitutis, deque miraculoso auxilio, quod B. Virgo eidem Sciopio præstitit, *Ingolstadii*, Ederus, 1615, *in-*12. *v. f. d. s. t.*

1430 De la volonté de Dieu & de l'Eucharistie, ✠ Traité auquel est défendue la réelle presence du précieux corps & sang de Jesus-Christ au S. Sacrement de l'Autel, contre les erreurs & fausses assertions des Ministres de France, compilées par le sieur du Moulin, Ministre, & par lui mesme publiées en un sien Traité de la toute-puissance & volonté de Dieu, par F. François PRADIER, de Vic, Cordelier, *Paris*, Anthoine Champenois, 1617, *in-*8. *v. m.*

1431 Impiétés & Atheismes évidens des heresiar- ✠ ches Huguenots, sur tous les points de doctrine, controversés entr'eux & nous ; ensuite les effets miserables & deplorables de leurs doctrines; de plus, la refutation facile des subtilités malicieuses & frivoles, desquelles ils ont accoustumé de se servir en leurs Synodes, presches & écrits, par BOURGUIGNON, *Paris*, Giffart, 1617, *in-*8. *v. m.*

1432 Propositions touchant les marques de la ✠ vraye Eglise, adressées aux Ministres de France, en conséquence de la lettre & articles, enuoyez aux Ministres assemblez au Colloque en la Ville de Blois, le 14 Juillet 1618, par Daniel MOLARD, pour lors de la Religion prétendue réformée, maintenant conuerty à l'Eglise catholique, apostolique & romaine, *Blois*, Philippe Cottereau, 1618, *in-*8. *v. m.*

THÉOLOGIENS

1433 L'autorité de Noſtre S. Pere le Pape, efficacement & clairement verifiée par l'authentique temoignage de Saint Jeroſme & autres Peres, & la refutation de tout ce que Jean Martinet, Miniſtre de Saillans, a peu controuver au contraire ; enſemble la nouvelle reunion de Mar. Elias, Patriarche de Babylone, à l'Egliſe Romaine, par le R. P. Pierre BIARD, Grenoblois, de la Comp. de Jeſus, *Lyon*, Jean Lautret, 1619, *in-8. v. m.*

1434 Le Rabelais reformé par les Miniſtres, & nommément par P. du Moulin, pour réponſe aux bouffonneries inſerées en ſon livre de *la vocation des Paſteurs*, par François GARASSE, Jéſuite, *Toul*, Martel, 1621, *in-8. m. r. d. ſ. t.*

1435 Methode nouvelle, facile & ſolide de convaincre de nullité la Religion prétendue reformée en tous les poinɛts controverſez, *ou la deſtruction totale de l'hereſie, par la ſeule Eſcriture Saincte*, expoſée ſelon la même Eſcriture par les SS. Peres ſeants ès Conciles des quatre premiers ſiecles, de l'impreſſion de Baſle, &c. avec l'examen, ſelon ceſte methode, de toute la confeſſion de foy & du catechiſme des Miniſtres ; la refutation de poinɛt en poinɛt du *bouclier de foy*, & des *fuittes & evaſions de du Moulin*, & du *deſeſpoir de Ferry*, Miniſtres : Apologie pour le Cardinal du Perron, contre Turretin : Reſponſe generale à tous les livres de Calvin, Beze, du Pleſſis-Mornay, Kemnitius, Vorſtius, aux confeſſions d'Auſbourg, de Saxe, d'Angleterre, & à tous les livres & preſches des Miniſtres, paſſez, preſens & futurs, & cartels de deffy adreſſez auxdits Miniſtres pour l'uſage

DE L'ÉGLISE LATINE. 241

l'ufage des Miffionnaires de la Congrégation de la propagation de la foy, par François VERON, Miffionnaire, *Paris*, Jofeph Cottereau, 2 *vol. in-*8. *v. f. d. f. t.*

1436 Publique déclaration de foy faite dans l'Eglife Cathédrale de Nifmes en 1623, par Pierre DE VEZE, fur les principaux motifs de fa converfion au giron de l'Eglife chreftienne & catholique, où font defcouvertes mille & mille méchancetés des Miniftres prétendus de France, avec les noms d'une trentaine des plus mauvais, marqués en gros caractères, *Avignon*, Branereau, 1623, *in-*8. *v. m.*

1437 La Corneille de Charenton defpouillée des plumes des oifeaux de Geneve & Sedan, & deffy au S.ʳ Meftrezat, & à fes collegues, Miniftres, fur fon livre intitulé: *De la Communion à Jefus-Chrift au Sacrement de l'Euchariftie, contre les Cardinaux Bellarmin & du Perron*, defrobé & tranfcript du livre de Turretin, Miniftre de Geneve, intitulé: *De la Communion à Jefus-Chrift, où eft répondu à ce qu'a dit contre icelle le Cardinal du Perron, & du Bouclier de du Moulin*, mis aux pieds du Roi, par François VERON, Docteur en Théologie, & Prédicateur de Sa Majefté pour les controverfes, *Paris*, Jean Meftais, 1624, *in-*8. *v. f. d. f. t.*

1438 La Saincte Bible de rechef abandonnée par les Miniftres de Charenton, *ou* Conference entre le P. Veron, Prédicateur du Roy pour les controverfes, & le fieur Daillé, Miniftre de Charenton: recognoiffance du Miniftre de ne pouvoir faire lire un feul mot exprès en la Saincte Efcriture de fa confeffion de foy, ès poincts

Tome I.   Q

controverſez, que les Miniſtres ont adjouté à leurs propres Bibles, &c., ſes fuittes honteuſes après ces adveus, recherché ſouvent dans ſa propre maiſon; & converſions enſuivies de pluſieurs Gentilshommes & Bourgeois, *Paris*, François Julliot, *in-8. v. f. d. ſ. t.*

✠ 1439 Pratique de l'Egliſe primitive, recueillie des textes du Droit civil, pour faire voir que la Religion catholique romaine lui eſt conforme, & que S. Pierre en eſt le ſeul fondateur, par J. DE LESCORNAY, Advocat en Parlement, *Par.* J. Gaillard, 1647, *in-8. v. m.*

✠ 1440 L'extinction du ſchiſme, ou le retour des Proteſtans à l'Egliſe, par DE LA MILLETIERE, *Paris*, Vitré, 1650, *in-8. v. m.*

✠ 1441 Diſcours contre les révoltés, *ſans nom de Ville*, 1661, *in-8. v. m.*

✠ 1442 Réveille-Matin à double montre, une qui guide au précipice, & l'autre à la gloire, par le ſon duquel ceux qui font profeſſion de la Religion prétendue reformée doivent s'éveiller du ſommeil de la mort, auquel ils ſont léthargiquement endormis, & charitablement conviez d'entrer au ſein de l'Egliſe romaine, ſeule eſpouſe de Jeſus-Chriſt, pour y chanter d'un ton uniforme les louanges de ſon eſpoux, par Frere Illuminé FAVEROT, de Turin, Récollet, *Grenoble*, André Gallé, 1670, *in-8. v. f. d. ſ. t.*

✠ 1443 Préjugés légitimes contre les Calviniſtes, par P. NICOLE, *Paris*, Savreux, 1671, *in-12. v. f.*

✠ 1444 La créance de l'Egliſe grecque, touchant la tranſubſtantiation, défendue contre la réponſe du Miniſtre Claude, au livre de M. Arnaud, par le P. DE PARIS, Professeur en Théologie, *Paris*, Savreux, 1672, *in-*12. *v. f.*

1445 Réponse à l'Ecrit d'un Ministre sur plusieurs points de controverse, & particulierement sur l'honneur & l'invocation de la très-Sainte Vierge & des Saints, où l'on fait voir à une personne qui l'a donné, la nullité des raisons qu'elle prétend avoir pour justifier sa séparation d'avec l'Eglise romaine, par BRUZEAU, Prêtre, *Paris*, J. Delaunay, 1678, *in-*8. *v. m.*

1446 Apologie pour les Catholiques, contre les faussetés & les calomnies d'un livre intitulé : *la Politique du Clergé de France*, par ARNAUD, *Liege*, veuve Bronkart, 1682, (1681) 2 *vol. in-*12. mar. r. d. f. t.

1447 Remarques sur une lettre de M. Spon, de la Religion prétendue réformée, contenant les raisons qui font prendre aux prétendus réformés la Religion catholique pour nouvelle, & la leur pour ancienne, & qui leur font croire qu'en y demeurant ils mettent leur salut en assurance, par le même ARNAUD, *Anvers*, Pierre le Fevre, 1681, *in-*12. *v. f. d. f. tr.*

1448 Conférence avec M. Claude, Ministre de Charenton, sur la matiere de l'Eglise, par J. Benigne BOSSUET, *Paris*, Seb. Mabre Cramoisy, 1682, *in-*12. *v. b.*

1449 Les prétendus réformés convaincus de schisme, *ou* Réponse aux *considérations sur les lettres circulaires de l'assemblée du Clergé de* 1682, par Pierre NICOLE, *Paris*, Guillaume Desprez, 1684, *in-*12. *v. f. fil. dor. d. f. t.*

1450 Motifs de la conversion de S. Augustin à la foi catholique, pour servir de modele aux

Proteſtans, *Paris*, Thierry, 1685, *in*-12. *v. f. d. ſ. tr.*

1451 Hiſtoire des variations des Egliſes proteſtantes, par Jacques-Bénigne BOSSUET, Évêque de Meaux, *Paris*, veuve de Sebaſtien Mabre Cramoiſy, 1688, 2 *vol. in*-4. *v. b.*

1452 La même, avec la défenſe de cette hiſtoire, avertiſſemens aux Proteſtans, & inſtruction paſtorale ſur les promeſſes de J. C. à ſon Egliſe, *Paris*, Cellot, 1770, 5 *vol. in*-12. *v. m.*

1453 Défenſe de l'hiſtoire des variations, contre la réponſe de M. Baſnage, par Jacques-Bénigne BOSSUET, *Paris*, Aniſſon, 1691, *in*-12. *m. r.*

1454 Moyen de réunir les Proteſtans avec l'Egliſe Romaine, publié par Jean-Pierre CAMUS, Eveſque du Belley, ſous le titre de l'*Avoiſinement des Proteſtans vers l'Egliſe Romaine*, nouv. édit. corrigée & augmentée de remarques pour ſervir de ſupplément, par Rich. SIMON, *Paris*, Louis Coignard, 1603, *in*-12. *v. br.*

1455 Avis, *ou* réflexions pour Meſſieurs de la Religion prétendue réformée en France, par PECHIN, *Langres*, Perſonne, 1719, *in*-4. *v. f.*

1456 Recueil de diverſes objections que font les Proteſtans contre les Catholiques, ſur quelques articles de foy controverſés, & les réponſes des Catholiques auſdites objections, (par l'Abbé GOULDE), *Paris*, Coignard fils, 1735, *in*-12. *m. r. d. ſ. t.*

1457 Le Proteſtant cité au tribunal de la parole de Dieu dans les ſaintes Ecritures, au ſujet des points de foi controverſés, trad. de l'anglois, *Paris*, Deſpilly, 1765, *in*-12. *v. f. d. ſ. t.*

DE L'ÉGLISE LATINE.

Traités contre les Anglicans, Sociniens, Anabaptistes & Auteurs d'erreurs particulieres.

1458 La Religion catholique souſtenue en tous les poincts de ſa doctrine, contre le livre adreſſé aux Rois, Potentats & République de la Chreſtienté, par Jacques I, Roy d'Angleterre, d'Eſcoſſe & d'Irlande, par T. Pelletier, *Paris*, Jean Jannon, 1610. = La converſion du Sieur Pelletier à la foy catholique, en laquelle il repréſente au naïf les vrayes & infaillibles marques de l'Egliſe, contre les erreurs & fauſſes opinions des Calviniſtes, *Paris*, Jean Jannon, 1610, *in*-8. *v. f. d. ſ. t. l. r.*

1459 L'éternité des peines de l'enfer contre les Sociniens, par l'Abbé de Cordemoy, *Paris*, Jean-Baptiſte Coignard, 1697, *in*-12. *v. br.*

1460 Jacobi Comitis Acami, de pædobaptiſmo ſolemni in Eccleſiâ latinâ & græcâ, ſive de perpetuo Eccleſiæ ritu ac dogmate baptizandorum cùm infantium, tum adultorum in pervigiliis Paſchæ & Pentecoſtes, adversùs Anabaptiſtas & Socinianos, epiſtola ad Anabaptiſtam Londinenſem hiſtoriæ eccleſiaſticæ, & linguæ græcæ Profeſſorem, adjecta in fine ejuſdem Anabaptiſtæ epiſtola gallico ſermone conſcripta, *Romæ*, Angelus Rotilius, 1755, *in*-4. *v. f.*

1461 Le mentite Ochiniane del Mutio Juſtinopolitano, *Venegia*, Gabriel Giolito de Ferrari e Fratelli, 1551, *in*-8. *v. f. d. ſ. t.*

1462 L'Anti-Bernier, *ou nouv.* Dictionnaire de Théologie, par l'Auteur des P... A... (*Geneve*) 1770, 2 *vol. in*-8. *v. m.*

THÉOLOGIENS HÉTÉRODOXES, LUTHÉRIENS.

Ouvrages de Luther & des principaux Auteurs Luthériens.

✠ 1463 Opera omnia Martini LUTHERI, *Witebergæ*, Lehmanus, 1554 & *seq.* 7 vol. *in-fol. v. f.*

✠ 1464 ERASMI Rot. detectio præstigiarum cujusdam libelli germanicè scripti, ficto Autoris titulo cum hâc inscriptione : *Erasmi & Lutheri opiniones de Cœnâ Domini*, *Basileæ*, Joan. Frobenius, 1526, *in-8. v. f. d. s. t.*

Editio primigenia & rara.

✠ 1465 Ejusdem, adversùs febricitantis cujusdam libellum responsio, *sine Typographi & Urbis indicatione*, 1529, *in-8. v. f. d. s. t.*

Rare & premiere édit. elle est citée dans la liste de Wechel.

Ce livre a été fait pour répondre au reproche avancé par Louis Carvailus, dans son Ouvrage, *Apologia Monasticæ Religionis*, qu'Erasme cherchoit à détruire toutes les Religions.

✠ 1466 Johannis LARITII, Nobilis Poloni, historiæ de origine & rebus gestis Fratrum Bohemicorum, liber octavus, qui est de moribus & institutis eorum ob presentem rerum statum seorsim editus, adduntur tamen reliquiorum VII librorum argumenta, & particularia quædam excerpta, atque in gratiam Fratrum Polonorum de primæ Ecclesiarum Fratrum in Poloniâ origine succincta narratio, 1649, *in-8. cart.*

✠ 1467 Johannis Henrici URSINI Spirensis, de Ecclesiarum Germanicarum origine & progressu, ab ascensione Domini, usque ad Carolum Magnum, compendium historicum cum appendicibus variarum quarundam lectionum & observationum, *Norimbergæ*, Johannes Tauberus, 1664, *in-*8. *v. br.*

Traités Théologiques.

1468 Adami TRIBBECHOVII de Doctoribus scholasticis, & corruptâ per eos divinarum humanarumque rerum scientiâ liber, cui accessit Joan. Christoph. HEUMANNI præfatio de Theologiâ & Philosophiâ scholasticâ, & vita Tribbechovii, Scriptore Will. Ernesto TENZEOLIO, *Genæ*, Bielckius, 1719, *in*-8. *v. f.*

1469 Continuationem de Cruce, dissertatione graduali publico examini submittit Jacobus GESELIUS, G. fil. Dal. (*Upsaliæ*), 1694, *in*-8. *cart.*

1470 Lux in tenebris, hoc est, prophetiæ donum quo Deus Ecclesiam Evangelicam (in Regno Bohemiæ & incorporatis Provinciis) sub tempus horrendæ ejus in Evangelio persequutionis, extremæque dissipationis, ornare ac paternè solare dignatus est ; submissis de statu Ecclesiæ in terris, præsenti & mox futuro, per Christophorum Cotterum Silesium, Christinam Poniatoviam Bohemam, & Nicolaum Drabicium, Moravum, revelationibus verè divinis, ab anno 1616 usque ad annum 1656, continuatis, quæ nunc è vernaculo in latinum fideliter translatæ, oraculi Dei jussu in lucem dantur, *sine Urbis nomine*, 1657, *in*-4. *v. f.*

THÉOLOGIENS

1471 Joh. Ant. VENERII, de oraculis & divinationibus antiquorum tractatus, *Basileæ*, Henr. Petrini, 1628, *in-4. v. f. d. s. t.*

1472 Ant. VAN DALE, dissertationes duæ, de oraculis veterum Ethnicorum, cui accedunt dissertatiunculæ de statuâ Simoni Mago erectâ, de actis Pilati, & de consecrationibus, *Amsterd.* Boom, 1700, *in-4. v. m.*

Double à vendre.

1473 L'estat de l'Eglise, avec le discours des temps depuis les Apostres jusques au présent, augmenté & reveu tellement en cette édition, que ce qui concerne le Siége Romain & autres Royaumes, depuis l'Eglise primitive, jusques à ceux qui regnent aujourd'huy, y est en brieves annales proposé. = Item, un traité de la Religion & République des Juifs, depuis le retour de l'exil de Babylone, jusques au dernier saccagement de Jérusalem, par Paul EBER, Ministre de Wittemberg, *sans indication de Ville*, Jean Bavent, 1582, *in-8. v. éc. d. s. t.*

1474 Articulus de Ecclesiâ verâ & Christo, itemque de Ecclesiâ Romanâ & Pontifice Romano, quæstionibus & responsionibus ex Scripturâ Sacrâ pertractatus, confutatis è contrà Patronorum Sedis Pontificiæ sophismatis & argumentis, auctore Ægidio HUNNIO, *Francofurti*, Spies, 1591, *in-8. v. f.*

1475 De Clericorum cum fœminis cohabitatione, licita ne ea sit an non, tractatus ethicus in quinque distinctus sermones, omnes in panegyrico Acad. Duacensis concessu habitos, quando sex creandi essent Theologiæ Magistri, auctore Mathia Boisemio, Amsterodamensi, Primario in Universitate Duacensi ejusdemque Cancellario, *Duaci*,

LUTHÉRIENS.

Joannes Bogardus, 1586, in-8. v. f. d. f. tr.

1476 De miraculis quæ Pythagoræ, Apollonio Thyanensi, Francisco Assisio, Dominico & Ignatio Loyolæ tribuuntur, libellus, editio nova, multis adnoramentis aucta, auctore PHILELEUTHERO, Helvetio, *Edimburgi*, Petrus Fox, 1755, in-8. v. f. d. f. t.

Traités de Morale, Sermons & Mystiques.

1477 Stanislai KONARSKI è Scholis piis, de Religione honestorum hominum, *Varsaviæ*, Typis Regiis, 1771, in-8. v. f. d. f. t.

1478 Discours chrétiens, *Amsterd.* Marc-Michel Rey, 1773, in-8. v. f. d. f. tr.

1479 Gothofredi ARNOLDI historia & descriptio Theologiæ mysticæ, seu Theosophiæ arcanæ & reconditæ, itemque veterum & novorum mysticorum, *Francofurti*, Fritsch, 1702, in-12. v. f.

TRAITÉS POLÉMIQUES.

Traités généraux.

1480 Tractatus generales & speciales de controversiis fidei, per Adrianum & Petrum DE WALENBURCH, *Coloniæ Agrippinæ*, Joannes-Wilhelmus Friessis, 1670, 2 vol. in-fol. vél.

1481 Via ad pacem ecclesiasticam in quâ continentur : Confessio fidei, secundùm Conc. Trid. Confessio fidei Augustana, Consultatio CASSANDRI, & annot. H. GROTII in consultatione Cassandri; Poëma de Baptismate, Poëma de Eucharistiâ, Disquisitio Pelagiana, per H. GROTIUM, 1642, in-8. v. f. d. f. t.

1482 Jo. Henr. HEIDEGGERI, in viam concordiæ Proteſtantium eccleſiaſticæ manuductio, *Amſt.* Henricus Wetſtenius, 1687, *in-8. v. m.*

Traités particuliers.

Traités contre les Catholiques Romains.

1483 Reſponſio Urbani RHEGII ad duos libros de Miſsâ, Joan. Eccii, quibus Miſſam eſſe ſacrificium ex Scripturis oſtendere, & adverſæ partis objecta diluere conatur, *Auguſtæ*, Vindel. 1529, *in-8. v. f.*

1484 Adversùs Synodi Tridentinæ reſtitutionem ſeu continuationem, à Pio IV, Pontifice, indictam, oppoſita gravamina, quibus cauſæ neceſſariæ & graviſſimæ exponuntur, quare ea Electoribus cæteriſque Imperii Principibus & Ordinibus Auguſtanæ confeſſionis, neque agnoſcenda neque adeunda fuerit, è germanico in latinum converſa à D. Laurentio TUPPIO, Pomerano, Scholæ Agentoratenſis Juriſconſulto, *Argentorati*, Samuël Emmel, 1565, *in-4. v. f. d. ſ. t.*

1485 Anatome Papiſmi fœditatem & novitatem ejus renudans & refutans, quatuor partibus, ſive quatuor generalibus continuandæ è Babylone myſtica ſeparationis cauſis, comprehenſa, Sacræ Scripturæ & ſanioris Eccleſiæ antiquitate demonſtrata, à Joh. Melch. STEINBERGIO, *Hornæ*, Tobias Jacob, 1668, 2 *vol. in-4. v. f. d. ſ. tr.*

1486 Revelatio Dæmonolatriæ inter Chriſtianos, ſeu victoria Proteſtantium contra Dæmonolatras Pontificios, Græcos, Arianos, &c. ad fundamentalem totius Christianismi reformationem, Josiæ novi fœderis, appendicis loco subjuncta, à Daniële Zwickero, *Amsterodami*, 1672. ═ Compelle intrare, seu tractatus tractatuum de contradictione, quâ ferè solâ, probè cognitâ, pleræque hodiernæ Ecclesiæ, miserè (proh dolor !) collapsæ, nominatìm verò Romana, Græca, Lutherana & Calviniana, si velint, instaurari, & ad pacem mutuò colendam adduci facillimo negocio possunt, ab eodem, *in-4. cart.*

1487 Rome protestante, *ou témoignages de plusieurs Catholiques Romains, en faveur de la créance & de la pratique des Protestans*, *Londres* (France) 1678, *in-12. v. m.*

1488 La politique du Clergé de France, *ou entret. curieux de deux Catholiques Romains, sur les moyens dont on se sert aujourd'hui pour détruire la Religion protestante dans ce Royaume*, par Pierre Jurieu, dern. édit. augmentée d'une lettre de J. Spon au P. la Chaise, du projet pour la réunion des deux Religions, des remarques sur le projet, & de plusieurs autres lettres, *la Haye*, Barent Beeck, 1682, *in-12. m. r.*

1489 Derniers efforts de l'innocence affligée, *la Haye*, Arondeus, 1682, *in-12. mar. r. d. s. t.*

1490 La vérité de la Religion protestante, opposée aux nouveaux préjugés des Docteurs catholiques, par Pfaffius, Docteur en Théologie de la Faculté de Tubinge, *Tubinge*, Jean-Georg. Cotta, 1719, *in-8. v. f. d. s. t.*

1491 Joh. Justi Losii commentatio de occultatione librorum quorumdam sacrorum per Doctores Judæos olim tentata, *Helmstadii*, Christ. Fred. Weygand, 1736, *in-8. cart.*

☨ 1492 Recueil de plusieurs écrits, où est celui des Questions proposées à résoudre à tous les Pasteurs de l'Eglise de Hollande, au sujet du Conciliabule d'Utrecht, du 13 Septembre 1763, par M. AHUYS, Pasteur d'Amsterdam, *Amst.* 1764, *in-*12. *cart.*

☨ 1493 Lettre encyclique à MM. les Pasteurs de l'Eglise de Hollande, contre le Conciliabule d'Utrecht de Septembre 1763, *Amst.* 1765, *in-*12. *cart.*

Traités contre les Calvinistes, les Sociniens, les Athées, les Déistes, &c.

☨ 1494 Enchiridion controversiarum, quas Augustanæ confessionis Theologi habent cum Calvinianis, auth. Luca OSIANDRO, Lucæ filio, *Tubingæ*, Gruppenbachius, 1603, *in-*8. *v. f.*

☨ 1495 La conférence de Jesus-Christ en la Synagogue de Capharnaum, contre la manducation intentionnelle que les Hérétiques de ce tems ont inventée contre la vérité, *in-*4. *v. m.*

1496 Defensio fidei catholicæ de satisfactione Christi, adversùs Faustum Socinum Senensem, scripta ab Hugone GROTIO, *Salmurii*, Renatus Pean, 1675, *in-*12. *v. f.*

☨ 1497 De Servetianismo, seu de Antitrinitariis, D. Johannes WIGANDUS, *Regiomonti Borussiæ*, hæredes Johannis Daubmanni, 1575, *in-*8. *v. f. d. f. t.* (rarus.)

☨ 1498 Dissertatio epistolaris de Mino Celso, Senensi, rarissimæ disquisitionis in Hæreticis coercendis quatenùs progredi liceat, auctore Claudio item allobroge homine fanatico ac SS. Triadis hoste aliisque præscripta à Joan. Georgio Schelhornio, Bibliothecario Memmingensi, *Ulmæ*, Dan. Bartholomæus & Filius, 1748, *in*-4. *v. f.*

1499 Antonii Reiseri Augustani, de origine, progressu & incremento Antitheismi, seu Atheismi, epistolaris dissertatio, ad Spizelium, *Augustæ Vindelicorum*, Gottlieb Goebelius, 1669, *in*-8. *v. f. d. s. t.*

1500 Réfutation des Athées & des Déistes, en allemand, 1712, *in*-8. *m. r.*

1501 Examen des *Lettres sur la Religion essentielle*, trad. du latin de Jacques Breitinguer, *Zurich*, Orelle, 1741, *in*-8. *v. f.*

1502 Théologie de l'eau, *ou* essai sur la bonté, la sagesse & la puissance de Dieu, manifestées dans la création de l'eau, trad. de l'allemand par Jean-Alb. Fabricius, *Paris*, Chaubert, 1743, *in*-8. *v. m.*

1503 Théologie des Insectes, *ou* démonstration des perfections de Dieu, dans tout ce qui concerne les Insectes, trad. de l'allemand de Lesser, avec des remarques de Pierre Lyonnet, *la Haye*, Swart, 1742, 2 *vol. in*-8. *v. f. d. s. t.*

1504 De Manichæismo renovato, D. Joannes Wigandus, Episcopus Pomezaniensis, *Genæ*, Tobias Steinmannus, 1587, *in*-4. *cart.*

1505 Joh. Henr. Ursini, de Zoroastre Bactriano, Hermete Trismegisto, Sanchoniatone Phænicio, eorumque scriptis, & aliis contra Mosaïcæ Scripturæ antiquitatem exercitationes familiares, quibus Christophori Arnoldi spicilegium accessit, *Norimbergæ*, Michael Endterus, 1661, *in*-8. *v. f. d. s. t.*

✠ 1506 Entretiens de Maxime & de Thémiste, *ou* Réponse à l'*Examen de la Théologie de Bayle*, par JAQUELOT, *Rotterdam*, Leers, 1707, 2 part. 1 vol. in-12. v. f.

SACRAMENTAIRES, ZUINGLIENS, CALVINISTES, &c.

Ouvrages des principaux Auteurs Sacramentaires.

✠ 1507 Rodolphi GUALTHERI, pro Huld. Zuinglio & operum ejus editione apologia, *Tiguri*, Frofch, 1545, *in*-8. v. f.

✠ 1508 Enarratio in Evangelium Matthæi, & de Mifsâ & imaginibus, à Jo. ŒCOLAMPADIO, *Bafileæ*, 1536, *in*-8. v. f.

✠ 1509 Ejufdem dialogus, quo Patrum fententiam de Cœnâ Domini, bonâ fide explanat, Huldr. ZUINGLII confeffio fidei, Phil. MELANCHTONIS judicium de controverfiâ Cœnæ Dominicæ, Joh. Jac. GRYNÆI exomologefis, *Bafileæ*, Waldikirchius, 1590, *in*-8. v. f.

✠ 1510 Antithefis & compendium evangelicæ & papifticæ Doctrinæ, undè nullo negotio quivis intelliget quantùm inter fe hodie partes diftent, & quid partium quælibet vel probet vel improbet, authore Heinrycho BULLINGERO, *fine Urbis indicatione*, apud Chriftophorum Frofchoverum, 1551, *in*-8. v. f. d. f. t.

✠ 1511 Ejufdem de Scripturæ Sanctæ præftantiâ, dignitate, excellentiffimâque authoritate, perfectione, vel fufficientiâ, claritate item, facilitate, perfpicuitateque, & vero earum ufu, piiffima doctiffimaque differtatio, in quâ excuritur celebris illa quæftio: *Utrum Scriptura canonica*

SACRAMENTAIRES.

authoritatem habeat ab Ecclesiâ, an potiùs Ecclesia authoritatem accipiat à Scripturâ? Undè & de Ecclesiâ, ejus dignitate, officiisque, de traditionibus omnibusque aliis hujus causæ adjunctis disseritur, simul & ad objecta omnia respondetur, *Tiguri*, Christ. Frosch, 1571, *in-8. v. f. d. s. t.*

1512 La maniere de cognoistre & discerner la vraye & ancienne Religion & Doctrine qui est celle des Prophetes, de Jesus-Christ & de ses Apostres, d'avec la faulse & nouvelle, du Pape & de ses Sectateurs, faicte par articles opposez l'un à l'autre, par Henry BULLINGER, Ministre du saint Evangile à Zurich, (*sans nom de Ville ni d'Imprimeur*) 1562, *in-8. v. f. d. s. t.*

Ouvrages de Calvin & de ses Sectateurs.

1513 Joannis CALVINI, Noviodunensis, opera omnia, editio omnium novissima, ad fidem emendatiorum codicum quàm accuratissimè recognita, & indicibus locupletissimis adornata, *Amstelodami*, vidua Joannis-Jacobi Schipperi, 1671, 9 *vol. in-fol. v. br.*

Elenchus totius operis ex proximâ post præfationem paginâ singuli tomi, anno 1667 impressi.

Tom. I. continet Commentaria in Pentateuchum & Librum Josuæ.

II. Homilias in Samuëlem, & conciones in Jobum.

III. Comment. in Psalm. & Isaiam.

IV. Prælectiones in Jeremiam & Ezechiëlem.

V. Prælectiones in Daniëlem & Prophetas majores.

VI. Comment. in Evangelia & Acta Apostolorum.

VII. Comment. in Epist. Pauli & Canonicas.

VIII. Opuscula varia theologica.

IX. Institutiones Religionis christianæ quibus subjunguntur epistolæ & responsa ad diversos.

1514 Jacobi SADOLETI epistola ad Senatum Populumque Genevensem, quâ in obedientiam Romani Pontificis eos reducere conatur, & Joan. CALVINI responsio, *Argentorati*, Rihelius, 1539, *in-8. v. f.*

1515 Dix-huit Sermons de Jean CALVIN, auxquels entre autres poincts, l'histoire de Melchisedec & la matiere de la justification sont déduites, avec l'exposition de trois cantiques, assavoir, de la Vierge Marie, de Zacharie & de Simeon, *sans nom de Ville*, Pierre Anastase, 1560, *in-8. v. f. d. s. t.*

1516 Sermons du même sur les dix Commandemens de la Loi donnée de Dieu par Moyse, autrement appelez le Décalogue, recueillis sur le champ & mot à mot de ses prédications, lorsqu'il preschoit le Deuteronome, sans que depuis y ait esté rien adjouté ne diminué, *Geneve*, François Estienne, 1562, *in-8. v. f. d. s. tr.*

1517 Deux Congrégations proposées par le même, du second chapitre de l'Epistre de S. Paul aux Galatiens, vers. onzieme. Item, l'exposition du quarante-troisieme dimanche du Catéchisme, où est exposée la derniere requeste de l'oraison de N. S. J. C. *sans nom de Ville*, Michel Blanchier, 1563, *in-8. v. f. d. s. t.*

1518 Institution de la Religion chrestienne, nouvellement mise en quatre livres, & distinguée par chapitres, en ordre & methode bien propre, par le même, *Lyon*, Pierre Haultin, 1565, *in-fol. v. f. d. s. t.*

1519 Traittez divers pour l'instruction des Fideles qui résident & conversent ès lieus & païs ésquels
il

SACRAMENTAIRES.

il ne leur eſt permis de vivre en la pureté & liberté de l'Evangile, reveus & augmentez, par Pierre VIRET, *Geneve*, Jean Rivery, 1559, *in*-16. *v. f. d. ſ. t.*

1520 Admonition & conſolation aus Fideles, qui délibérent de ſortir d'entre les Papiſtes, pour éviter idolâtrie, contre les tentations qui leur peuvent advenir, & les dangers auſquels ils peuvent tomber en leur yſſue, par le même, 1559, *in*-8. *v. f. d. ſ. t.*

1521 Le monde à l'empire, (c'eſt-à-dire, empirant, *pejor factus*) & le monde démoniacle, fait par dialogues, reveu & augmenté, par le même, *Geneve*, Guill. de Laimarie, 1579, *in*-8. *v. f. d. ſ. t.*

1522 La doctrine nouvelle & ancienne, nouvellement reveue ſelon la vérité de l'Ecriture Sainte, & augmentée outre les précédentes édit. 1561, *in*-16. *v. f. d. ſ. t.*

1523 Tractatio de repudiis & divortiis, ex Theodori BEZÆ Vezelii, prælectionibus, *Genevæ*, Criſpinus, 1569, *in*-8. *v. f.*

1524 Ejuſdem, tractatio de poligamiâ & divortiis, *Genevæ*, Criſpinus, 1571, *in*-8. *v. f.*

1525 Ejuſdem, quæſtionum & reſponſionum chriſtianarum libellus, in quo præcipua chriſtianæ Religionis capita proponuntur, (*Genevæ*) Criſpinus, 1571, *in*-8. *v. f.*

1526 Ejuſdem, epiſtolarum theologicarum liber, *Genevæ*, Vignon, 1575, *in*-8. *v. f.*

1527 Andreæ RIVETI opera theologica, *Roterodami*, Leers, 1651, 3 *vol. in-fol. v. f.*

1528 Simonis EPISCOPII opera theologica, *Londini*, Pit, 1665 & 1678, 2 *vol. in-fol. vél.*

Tome I. R

258 THÉOLOGIENS

1529 Lamberti VELTHUYSII opera omnia, quibus accessêre duo tractatus, prior de articulis fidei fundamentalibus, alter de cultu naturali, *Roterodami*, Leers, 1680, 2 *vol. in-*4. *v. f.*

1530 Les Œuvres posthumes de M. CLAUDE, *Amsterdam*, Pierre Brunel, 1688 & 1690, 5 *vol. in-*8. *veau*.

Très-belle édition & peu commune.

CONTENANT

Traité de l'Eucharistie. — De la composition d'un Sermon. — Traité de Jesus-Christ. — Du péché contre le S. Esprit. — De la justification. — De lapsu Angelorum. — Comment. sur l'Epître de S. Paul aux Romains. — De electione & reprobatione. — De statu innocentiæ primi hominis. — De lapsu primorum parentum. — Lettres.

1531 Analecta historico-theologica, sequentibus octo dissertationibus proposita. I. De necessitate reformationis superiori seculo instituta. II. De Heptaplis Parisiensibus, seu Bibliis Regiis. III. De Jubilæo Judaïco, Christiano & Pontificio. IV. Judicia Hebræorum & Arabum de terræ motibus. V. De usu linguæ hebrææ contra Pontificios & Anabaptistas. VI. De usu linguæ arabicæ in Theologiâ, Medicinâ, Jurisprudentiâ, Philosophiâ & Philologiâ. VII. Introductio ad lectionem Patrum. VIII. De usu Patrum : accessit appendix, de civili Patriarchæ Constantinopolitani confessione, Scripturæ & Patrum testimoniis vestita, vitâ, scriptis & martyrio, collecta & edita à Johanne-Henrico HOTTINGERO, *Tiguri*, Johannes-Jacobus Bodmerus, 1652, *in-*8. *v. f. d. s. t.*

SACRAMENTAIRES.

1532 Adriani A CATTENBURGH bibliotheca Scriptorum Remonstrantium, cui subjunctum est specimen controversiarum inter Remonstrantes & Socinum ejusque asseclas. *Amstel.* Lakeman, 1728, *in-8. v. f. d. f. t.*

Traités Théologiques.

1533 Arrêts du Synode national des Ministres reformés, tenu à Paris en l'année 1612, (*sans frontispice*) *in-8. v. m.*

1534 Apologia delle Chiese riformate del Piemonte circa la loro confessione di fede e la continua successione di esse, contra le gavillationi e calonnie del Priore Marco-Aurelio Rorenco di Lucerne, per Antonio LEGERO, *Geneva*, Francesco Bonoard, 1662, *in-8. v. f. d. f. t.*

1535 A miei carissimi in Cristo e onorati Fratelli della Valtellina, Chiavena e Piur, che concilio desiderino gl' amatori della renascente doctrina del Vangelo, e che concilio si celebri tutta via in Trento, (*sans date*) *in-8. baz.*

1536 Epistre exhortatoire à tous ceux qui ont cognoissance de l'Evangile, les admonestant de cheminer purement & vivre selon iceluy, glorifiant Dieu & édifiant le prochain par paroles & par œuvres, & sainte conversation, par Guill. FAREL de Gap. (*sans nom de Ville ni d'Imprimeur*) 1544, *in-12. v. f. d. f. t.*

1537 Stephani RITTANGELII veritas Religionis christianæ in articulis de Trinitate & Christo, ex Scripturâ, Rabbinis & cabbala probata; præfixa est Johannis VANDER WAEYEN, Limborgianæ responsionis discussio, *Franequeræ*, Wibius Bleck, 1699, *in-8. v. f. d. f. t.*

R ij

260 THÉOLOGIENS

1538 Disputationes de argumentis, quibus efficitur, Christum priùs fuisse, quàm in utero Beatæ Virginis secundùm carnem conciperetur, in Academiâ Salmuriensi variis temporibus habitæ, edente Josuê PLACÆO, *Salmurii*, Joh. Lesnerius, 1649, *in-4. v. m.*

1539 Eædem, *Salmurii*, Lesnerius, 1660, *in-4. veau fauve.*

1540 Des Sybilles célébrées, tant par l'Antiquité payenne que par les SS. PP., par David BLONDEL, *Paris*, Perier, 1649, *in-4. v. f.*

Double à vendre

1541 Le monde enchanté, *ou* examen des communs sentimens touchant les esprits, leur nature, leur pouvoir, leur administration & leurs opérations, & touchant les effets que les hommes sont capables de produire par leur communication & leur vertu, par Balthasar BEKKER, Pasteur à Amsterdam, traduit du hollandois, avec le Traité historique des Dieux & des Démons du Paganisme, & quelques remarques critiques sur le système de Bekker, per Benjamin BINET, S. Th. C., *Amsterd.* (*Trévoux*) 1694 & 1696, 7 *vol. in-12. baz.*

1542 Excellent discours de la vie & de la mort, par Philippe DE MORNAY, *Paris*, Thomas Perier, 1580, *in-16. v. f. d. f. t.*

1543 Traicté pour oster la crainte de la mort & la faire desirer à l'homme fidele, avec une brieve declaration de la résurrection des morts, avecques quelques prieres & méditations, P. M. J. D. L. E. *la Rochelle*, H. Haultin, 1589, *in-8. v. f. d. f. t.*

1544 L'Antichristo di Ridolfo GUALTERO, cioè cinque homilie nelle quali si prova che il Papa

SACRAMENTAIRES.

Romano è quel vero & grande Antichristo, il quale predissero li Profeti, Christo, & gli Apostoli dover venire, & doversi da noi schiffare, *absque anni & Urbis indicatione*, in-8. *v. f.*

1545 Harmonie des prophéties anciennes avec les modernes sur la durée de l'Antechrist, & les souffrances de l'Eglise, *Cologne*, Marteau, 1686 & 1687, 2 vol. in-12. *mar. r. d. s. t.*

Traités de l'Eglise, des Personnes & Choses Ecclésiastiques.

1546 Posnaniensium assertionum de Christi in terris Ecclesia, quænam & penes quos existat, propositarum a Monachis novæ Societatis, quam Societatem Jesu non sine blasphemia nominant, analysis & refutatio, per Ant. SADEELEM, *Genevæ*, Chouetus, 1583, in-8. *v. f.*

1547 Le Temple de Dieu, *ou* Discours de l'Eglise, de son origine & de son progrès, & de l'excellence des perfections de l'Eglise chrestienne, (par Christophe JUSTEL,) *Sedan*, Jean Jeannon, 1618, in-8. *v. f. d. s. t.*

1548 L'Anti-camus, *ou* censure des erreurs de M. du Bellay, touchant l'estat des Religieux, où principallement est refuté son livre *de la désappropriation claustralle, & de la pauvreté évangélique*, *Douay*, Guillaume Beaulieu, 1634, in-8. *v. m.* (*le tit. est mss.*)

1549 Apologia pro sententia Hieronymi de Episcopis & Presbyteris, autore Davide BLONDELLO, *Amst.* Joan. Blaeu, 1646, in-4. *v. f. d. s. t.*

1550 Apologie des Eglises réformées de l'obéissance du Roi & des estats généraux de la souveraineté de Béarn, qui rend manifeste & notoire la justice des oppositions par eux formées contre l'exécution de la main-levée des biens ecclésiastiques de ladite souveraineté, appendances & dépendances d'icelle, par un sommaire & véritable récit des choses plus mémorables advenues en Béarn & en Navarre, pour le rétablissement de la religion réformée, depuis le regne du Roy Henry & de la Royne Marguerite, bisayeule de Sa Majesté, jusques à présent, *Orthes*, (*sans nom d'Imprimeur,*) 1618, *in-8. v. m.*

✠ 1551 La divine Melodie du S. Psalmite, & la pieuse utilité de chanter les Pseaumes en l'Eglise réformée, par Jérémie DE POURS, *Middelbourg*, Moulert, 1644, *in-4. v. f. d. s. t.*

✠ 1552 Aspergille chrestien, *ou* réfutation des erreurs de Thomas Ravenel Augustin, en son Traicté *de l'antiquité, propriété & miraculeux effects de l'Eau-bénite*, par Estienne MONSENGLARD, Ministre de la parole de Dieu en l'Eglise de Mer-sur-Loire, *Saumur*, Sceyola, 1624, *in-8. v. s.*

✠ 1553 Indulgences & privileges pour ceux qui portent la ceinture faussement attribuée à S. Augustin, avec une briefve explication qui en descouvre la valeur, 1624, *in-8. v. m.*

Traités des Sacremens.

✠ 1554 Locus de unico Christi sacerdotio & sacrificio, adversùs commentitium missæ sacrificium, theologici & scholastici tractatus, autore SADEELE, *Morgiis*, le Preux, 1583. = Ejusdem

SACRAMENTAIRES. 263

locus de verbo Dei scripto, adversùs humanas traditiones, *Morgiis*, le Preux, 1584, *in*-8. *v. f.*

1555 Ejusdem, de vera peccatorum remissione adversùs humanas satisfactiones, & commentitium Eccles. Romanæ purgatorium disputatio, *Morgiis*, le Preux, 1583, *in* 8. *v. f.*

1556 Johannis JEZLERI, Scaphusiani, de diuturnitate belli eucharistici liber unus : in quo causæ notantur, per quas hactenus videtur stetisse, quominus partes litem sustinentes inter se sint reconciliatæ, *Tiguri*, Christ. Froschoverus, 1584, *in*-8. *v. f. d. f. tr.*

1557 De l'institution, usage & doctrine du S. Sacrement de l'Eucharistie en l'Eglise ancienne, comment, quand, & par quels degrez la Messe s'est introduite en sa place, le tout en quatre livres, par Philippe DE MORNAY, Seigneur du Plessis-Marli, derniere édition, revue par l'Autheur, *la Rochelle*, 1599, *in*-8. *v. f. d. f. t.*

1558 Traicté de la vraye participation du corps & du Sang de Notre Seigneur Jesus-Christ, avec une homélie de la disposition que le chrestien doit avoir pour se présenter à la Sainte Cene du Seigneur, par Nicolas VIGUIER, Ministre du S. Evangile en l'Eglise de Bloys, *Geneve*, Samuel Boreau, 1607, *in*-8. *v. m.*

1559 L'Anti-barbare, *ou* du langage incogneu tant ès prieres des particuliers, qu'au service public, où aussi sont représentées les clauses principales de la Messe qui scandaliseroient le peuple s'il les entendoit, par Pierre DU MOULIN, Ministre de la parole de Dieu en l'Eglise de Sedan, *Sedan*, J. Jannon, 1629, *in*-8. *v. f. d. f. t.*

1560 Du langage incogneu tant ès prieres des particuliers qu'au service public, par le même, *Geneve*, P. Aubert, 1629, *in*-8. *v. f. d. s. t.*

1561 Esclaircissements familiers de la controverse de l'Eucharistie, tirez de la parole de Dieu & des escrits des Saints Peres, par David BLONDEL, Ministre du sainct Evangile, *Quevilly*, Jacques Cailloüé, 1641, *in* 8. *v. f. d. s. t.*

1562 Discours de la maniere dont Jesus-Christ nous est donné tant en l'Evangile qu'au Sacrement de l'Eucharistie, par Jacq. MESTREZAT, Ministre du S. Evangile, *Charenton*, L. Vendosme, 1647, *in* 8. *v. f. d. s. t.*

1563 Dispute de l'Eucharistie, par David DERODON, *Geneve*, P. Aubert, 1655, *in*-8. *v. m.*

1564 Histoire de l'Eucharistie, par Matthieu DE LARROQUE, *Amsterdam*, Elzevir, 1669, *in*-4. *mar. rouge.*

Traités de Morale.

1565 Art de se connoître soi-même, ou la recherche des sources de la morale, par Jacq. ABBADIE, *la Haie*, Balderen, 1700, *in*-12. *v. f.*

1566 Le même, seconde édition, augmentée. *Lyon*, Anisson & Posuel, 1701, *in*-12. *v. b.*

1567 De naturali Religione liber in tres partes divisus, ubi falsa candidè refelluntur, vera probantur vel deteguntur, ac orthodoxarum Ecclesiarum fratres ad concordiam vocantur, autore Petro CHAUVIN, *Roterodami*, Petrus Vander-Slaart, 1693. == Eclaircissemens sur un livre de la Religion naturelle, composé par P. Chauvin, qui servent en même tems de réponse aux remarques qu'un Théologien d'Hollande

SACRAMENTAIRES.

a fait sous le nom de M. DE VRIGNY, par J.
M.... Rotterdam, P. Vander-Slaart, 1693,
in-8. v. f. d. f. ir.

1568 Traité de la Religion Naturelle, par MARTIN, Amst. Brunel, 1713, in-8. v. m.

1569 Dialogues sur la Religion entre un Protestant & un Catholique romain, Geneve, Fabri, 1713, in-12. imparf. v. ec.

1570 Traité contre l'impureté, par J. F. OSTERVALD, Amst. Jordan, 1712, in-8. v. m. 9236

Catéchistes & Prédicateurs.

1571 Abrégé de la voie de Salut, ou Déclaration familiere de la verité chrestienne, par forme de Catechisme, pour confirmer les catholiques & instruire les douteux ou errants, jouxte la copie de Liege, 1633, in-12. v. m.

1572 Trois Sermons sur ces mots de S. Paul, en la premiere aux Thessaloniciens, ch. 5, vers. 9: N'esteignez point l'Esprit, par Samuel DURANT, Ministre de la parole de Dieu en l'Eglise de Paris, Sedan, Jean Jeannon, 1623, in-12. v. m.

1573 Six Sermons de la reconciliation de l'homme avec Dieu, preschés par Gilbert PRIMEROSE, Ministre du S. Evangile, Sedan, 1624, in-8. v. m. 9259

1574 Discours de la Grace contre les prétendus mérites & la justification par les œuvres, par Jean MESTREZAT, Ministre du S. Evangile, Charenton, Melchior Mondiere, 1638, in-8. v. m. 9124

1575 La nécessité de bien vivre, ou trois Sermons faits sur l'Epître aux Coloss., chap. 3, v. 12, par Paul BERTRAND, Ministre du S. Evangile en l'Eglise de Coses, Paris, L. Vendôsme, 1650, in-12. v. m.

THÉOLOGIENS

✚ 1576 Dialogue rustique d'un prestre de village, d'un berger, le censier & sa femme, très-utile pour ceux qui demeurent ès pays où ils n'ont le moyen d'estre instruits par la prédication de la parole de Dieu, par J. D. M. 1650, *in-16. m. r. d. s. tr.*

✚ 1577 Les mêmes, *Leyden*, des Planques, 1664, *in-12. v. f.*

✚ 1578 Les caracteres du Chrestien & du Christianisme, marqués dans trois sermons sur divers textes de l'Evangile, avec des réflexions sur les afflictions de l'Eglise, preschez par ABBADIE, *la Haye* (Rouen) 1695, *in-12. v. b.*

✚ 1579 Sermons sur diverses matieres importantes, par FABRI, Pasteur de l'Eglise de Geneve, *Geneve*, Fabri & Barrillot, 1713, 2 *vol. in-8. veau brun.*

✚ 1580 Sermons sur divers textes de l'Ecriture Sainte, par Jacques SAURIN, Pasteur à la Haye, *Lausanne*, Marc-Michel Bousquet, 1759, 12 *vol. in-8. v. m.*

Double à vendre

✚ 1581 Principes de la Religion & de la morale, extraits des Œuvres de Jacques SAURIN, par PICHON, *Par.* Vente, 1768, 2 *v. in-12. v. m.*

✚ 1582 Esprit de Saurin, *ou* Extraits analysés de ses Sermons, *Paris*, Nyon l'aîné, 1776, 2 *vol. in-12. v. m.*

Traités de Piété & de Spiritualité.

✚ 1583 Terra pacis; vrai tesmoignage de la terre spirituelle de paix, qui est la terre spirituelle de promission, & la sainte cité de paix ou Jerusalem celeste, & du saint & spirituel peuple de qui elle est habitée, & de la voye spirituelle par laquelle on y est conduict, mis en lumiere par H. N. & par lui de nouveau reveu & declaré plus amplement, *Cologne*, Nic. Bohm-Bargen, 1580, *in-8. v. f.*

1584 Traicté des tentations, & moyens d'y resister. == Excellent Traicté de la Justice chrestienne. == Traitté consolatoire & fort utile contre toutes afflictions qui adviennent ordinairement aux fideles chrestiens, composés par Jean DE SPINA, Ministre de la parole de Dieu en l'Eglise d'Angers, *Lyon*, 1584, *in-12. v. m.*

1585 Voyage de Bethel, où sont representez les devoirs de l'ame fidele, en allant au temple, & en retournant, avec des prieres & méditations pour ouir salutairement la parole de Dieu, & participer dignement à la sainte cene du Seigneur, par J. DE FOCKUEMBERGUES, *Charenton*, 1665, *in-12. v. m.*

1586 Toutes les Œuvres d'Antoinette BOURIGNON, *Amsterdam*, R. & G. Wetstein, 1717, 19 *vol. in-8. v. f. d. s. t.*

TRAITÉS POLÉMIQUES.

Traités généraux.

1587 Epistolæ de dissidiis Religionis, Jacobi SADOLETI, Jac. OMPHALII, & Joan. STURMII, *Argentorati*, Mylius, 1539, *in-8. v. f.*

1588 Discours contenant les moyens certains pour cognoistre par toutes personnes facilement les erreurs, tant pour se garder d'y tomber, que pour s'en pouvoir relever, où semblablement est monstré qu'il est impossible de faire cesser les heresies par l'assemblée d'un Concile ou par la dispute, envoyé premierement escrit à la main aux habitans de la Rochelle, à la fin duquel est la seconde lettre escrite par l'Autheur aux Maire & Echevins de cette Ville, (*sans nom de Ville, ni d'Imp.*) 1586, *in-8. v. m.*

1589 Le Picque-bœuf des heretiques échauffé par une remonstrance charitable adressée au sieur Benjamin de Rohan, Sieur de Soubize, jadis protecteur de Saint-Jean-d'Angely, faitte par la charité reformée des anciens & consistoriaux de l'Eglise prétendue de Sanlourna-sur-Guy, proche de Cluny en Bourgoigne, & mise au net par Arphaxad DE LA MARTONNELLE, Ministre de la parole du Seigneur à Geneve, G. A. F. *Lyon, jouxte la copie imprimée à Geneve, par Lamech le Chasseur*, 1621, *in-8. v. f.*

1590 Moyens sûrs & honnetes pour la conversion de tous les heretiques, & avis & expédiens salutaires pour la réformation de l'Eglise, *Cologne, Marteau*, 1681, 2 t. 1 vol. *in-12. v. f.*

1591 Traité de la maniere d'examiner les différens de Religion, par Michel LE VASSOR, *Amst. Brunel*, 1697, *in-12. v. br.*

1592 Entretiens des Voyageurs sur la mer, où l'on traite de plusieurs affaires concernant l'estat & la religion, par N. FLOURNOIS, Ministre de Geneve, *Cologne, Marteau*, 1715, 4 vol. *in-12. v. f.*

1593 Les mêmes, nouvelle édition, revue & corrigée, *la Haye, Vander Kloot*, 1715 & 1740, 4 vol. *in-12. v. f. d. s. t.*

SACRAMENTAIRES.

TRAITÉS POLÉMIQUES PARTICULIERS.

Traités contre les Catholiques Romains.

1594 Réponse faite le quatrieme jour de Septembre 1561, par M. Theodore DE BESZE, Ministre du S. Evangile, en la presence de la Royne mere, les Roy & Royne de Nauarre, les Princes du Sang & Conseil priué, sur ce que le Cardinal de Lorraine avoit repliqué, contre ce qui auoit esté proposé en la premiere journée du colloque par ledit de Besze, au nom des Eglises reformées, avec une autre briefue response faite par ledit de Besze, le 26 dudit mois, sur certains articles de replique, mis en auant par ledit Cardinal, 1561, in-8. *v. f. d. f. t.*

1595 Traité contenant le moyen de mettre d'accord ceux qui sont de diverses opinions touchant le Sacrement de l'Eucharistie, qui est la sainte cene de N. S., *sans nom de Ville*, Pinereul, 1571, in-8. *v. f.*

1596 Response apologétique de Philippe DE MARNIX, Sieur du Mont S. Aldegonde, à un libelle fameux, intitulé, *Antidote ou contre-poison*, &c. auquel l'honneur des Ministres & du Ministere de la parole de Dieu, étoit prophanement vilipendé, Leyden, J. Paedts, 1598, in-8. *v. f. d. f. tr.*

1597 Articles des Ministres, & autres, appellés par Madame, pour la conférence proposée entr'eux & M. l'Evêque d'Evreux, avec les responses & repliques des uns & des autres, *Evreux*, le Marié, 1602, in-8. *v. f. d. f. t.*

1598 Anatomie du livre du sieur Coeffeteau, intitulé: *Réfutation des faussetés contenues en la deuxieme édition de l'Apologie de la Cene du Ministre du Moulin*, par Pierre DU MOULIN, Ministre, *Geneve*, Esaie le Preux, 1610, *in-8. veau mar.*

1599 Le Juge des controverses de ce tems, distingué en deux parties; la premiere prouve que l'authorité souveraine doit être assignée & resignée à la seule Escriture & non pas à la tradition des Peres, derivée par succession de temps en temps en l'Eglise; la seconde est un examen d'aucunes principales controverses, pour réponse à François de la Beraudiere, dit Sigon, Abbé de Nouaillé, par Jacq. CROZE, Loudunois, Pasteur en l'Eglise de Civray en Poictou, *Niort*, Jean Baillet, 1610, *in-8. v. m.*

1600 Responce aux questions de Jehan Gonterit, Jésuite, par Gilbert PRIMEROSE, Pasteur de l'Eglise reformée de Bourdeaux, *Bergerac*, Gilbert Vernoy, 1614, *in-8. v. f. d. s. tr.*

1601 Resolution des doutes, *ou* sommaire décision des controverses entre l'Eglise reformée & l'Eglise romaine, par Fr. MONGINOT; Traicté contenant les causes & raisons qui ont meu ledit Fr. Monginot à sortir de l'Eglise romaine, pour se ranger à l'Eglise reformée, *Die*, 1617, *in-8. v. m.*

1602 Rome au secours de Geneve, *ou* Traité auquel est justifiée la doctrine des Eglises reformées, par la Sentence de plusieurs Docteurs de l'Eglise romaine, *Charenton*, J. Berjon, 1619, *in-8. v. f. d. s. tr.*

1603 Bouclier de la Foy, *ou* defence de la con-

SACRAMENTAIRES.

feſſion de la foy des Egliſes reformées du Royaume de France, contre les objections du ſieur Arnoux, Jeſuite; livre auquel ſont décidées toutes les principales controverſes entre les Egliſes réformées & l'Egliſe romaine, par Pierre DU MOULIN. = Fuites & euaſions du ſieur Arnoux, Jeſuite, Traicté auquel ſont examinées les cauſes pour leſquelles il refuſe de reſpondre aux dix-ſept demandes des Paſteurs de l'Egliſe de Paris, où auſſi eſt examiné le Traicté des cinq euaſions qu'il a adiouſté à l'examen de noſtre confeſſion, par le même DU MOULIN, *Sedan*, Jean Jeannon, 1621, 2 *vol. in-8. v. f. d. ſ. t.*

1604 Reſponſe à quatre demandes faites par un Gentilhomme de Poictou, par le même DU MOULIN, *Sedan*, Abdias Buizard, 1623, *in-8. veau mar.*

1605 Le Miroir du temps paſſé à l'uſage du temps préſent, à tous bons Peres Religieux & vrais Catholiques non paſſionnez;

> La tranſmontaine Faction,
> A fait, par ſubtil monopole,
> Du Manteau de Religion,
> Une Roupille à l'Eſpagne.

(*ſans nom de Ville, ni d'Imprimeur,*) 1625, *in-8. v. f. d. ſ. t.*

1606 Le Miroir de la vérité & du menſonge, ſervant d'apologie à l'innocence iniquement attaquée, &c. contre la rebellion, l'impoſture & la contradiction, (*ſans frontiſpice,*) *in-8. v. m.*

1607 La Paſque de Charenton, par J. BEDÉ, Sieur de la Gourmandiere, & la cœne apoſtolique, avec la Meſſe Romaine, *Charenton*, L. de Vendoſme, 1639, *in-8. v. m.*

☩ 1608 Lettre de M. Blondel à M. de la Haye, touchant la prétendue nécessité de la puissance du Pape en l'Eglise, proposée par le sieur DE LA MILLETIERE, *Charenton*, Louis de Vendosme, 1640, *in-*8. *v. f. d. s. t.*

☩ 1609 Mosis AMYRALDI, de secessione ab Ecclesia romana, deque ratione pacis inter Evangelicos in religionis negotio constituendæ, disputatio; *Salmurii*, Isaacus Desbordes, 1647, *in-*8. *v. s. d. s. tr.*

☩ 1610 Eclaircissement des controverses Salmuriennes, *ou défense de la doctrine des Eglises reformées*, par P. DU MOULIN, *Geneve*, Aubert, 1649. ══ Trois Sermons faits en présence des Peres Capucins, par le même, *Geneve*, Chouet, 1641. ══ Le Capucin, par le même, réformé du Journal des Capucins, par François CLOUET, *in-*8. *v. éc.*

☩ 1611 La vie & religion de deux bons Papes, Léon premier & Grégoire premier, où est montré que la doctrine & religion de ces Pontifes tant célebres, est contraire à la Religion romaine de ce temps, par Pierre DU MOULIN, Pasteur, *Sedan*, François Chayer, 1650. ══ Relation veritable du succez de la demission que la Reine de Suede fit de son quartier à Rome le 30 Avril 1687, *Rome*, Jacques le Sincere, 1687. ══ Recueil de quelques pieces concernant l'affaire des quartiers à Rome, *Cologne*, Pierre Marteau, 1687. Lettre de quelques Protestans pacifiques, au sujet de la réunion des Religions, à l'Assemblée du Clergé de France qui se doit tenir à Saint-Germain-en-Laye le mois de May 1685, *in-*12. *v. f.*

SACRAMENTAIRES.

1612 L'Anti-Papifme revelé, ou les rêves de l'Anti-Papifte, *Geneve*, Lapret, 1767, *in-12. v. m.*

1613 Réponfe aux deux Traitez intitulez: *la perpetuité de la Foy de l'Eglife catholique, touchant l'Euchariftie*, *Charenton*, Anth. Cellier, 1665, *in-8. v. f. d. f. t.*

1614 Réponfe au livre de M. Arnaud, intitulé: *la perpetuité de la Foy de l'Eglife catholique, touchant l'Euchariftie defendue*, par Jean CLAUDE, *Quevilly*, Jean Lucas, 1670, *in-4. v. b.*

1615 Réponfe au livre de M. de Meaux, intitulé : *Conference avec M. Claude*, par Jean CLAUDE, Miniftre de Charenton, *la Haye*, Arnout Leers, 1683, *in-8. vél.*

1616 Monumens authentiques de la Religion des Grecs, & de la fauffeté de plufieurs confeffions de foi des Chrétiens Orientaux, produites contre les Theologiens reformés, par les Prelats de France & les Docteurs de Port-Royal, dans leur ouvrage de la *perpetuité de la Foy de l'Eglife catholique*, par Jean AYMON, *la Haye*, Charles Delo, 1708, *in-4. v. f. d. f. t.*

1617 La fauffe antiquité, *ou demonftrations de la méprife du fieur Boireau, Jefuite, qui a pretendu prouver l'antiquité de fon Eglife par un chapitre fuppofé à S. Auguftin*, par A. MAGENDIEU, M. de L. P. D. D., (Miniftre de la parole de Dieu,) *Amfterdam*, 1670, *in-8. v. f. d. f. t.*

Tome I. S

Traités contre les Athées, Anabaptistes, Juifs, &c.

1618 Joan. PYTHII Responsio exetastica ad tractatum incerto autore, (Isaaco PEREYRO) editum, cui titulus *Præadamitæ, Lug. Batav.* Elzevier, 1656, *in-*12. *v. f.*

1619 Joh. HILPERTI, Disquisitio de Præadamitis, anonymo exercitationis & systematis theologici auctori opposita, *Amst.* Joh. Janston, 1656, *in-*12. *v. f.*

1620 Arcana Atheismi revelata philosophicè & paradoxè refutata examine *tractatûs theologico-politici*, per Franc. CUPERUM, Amstelodamensem, duobus libris comprehensa; priori ipse tractatus examinatur atque refellitur: altero ipsissima atheorum, primò contra sacram Scripturam, deindè contra religionem & Dei existentiam argumenta explicantur atque enervantur, & Deum esse novis argumentis demonstratur, *Roterodami*, Isaacus Næranus, 1676, *in-*4. *v. f. d. s. t.*

1621 La gloire de Jesus-Christ, *ou* Procès sacré des Chrétiens contre les Turcs, les Juifs & les Payens, par A. MAGENDIEU, *Amst.* Jacob le Jeune, 1672, *in-*8. *v. f. d. s. t.*

ANGLICANS.

Ouvrages des principaux Auteurs Anglicans, & Traités théologiques généraux & particuliers.

1622 Defensio fidei Nicænæ ex scriptis quæ extant Catholicorum Doctorum, qui intra tria prima

ANGLICANS.

Ecclesiæ christianæ secula floruerunt, auctore Georg. BULLO, *Oxonii*, è Theatro Sheldon, 1688, in-4. *v. f. d. s. tr.*

1623 Dissertation sur les tremblemens de terre & les éruptions de feu qui firent échouer le projet formé par l'Empereur Julien de rebâtir le Temple de Jérusalem, par WARBURTON, trad. de l'anglois, *Paris*, Tilliard, 1764, 2 *vol. in*-12. *veau f.*

1624 Le sens littéral de l'Ecriture Sainte, défendu contre les principales objections des Anti-Scripturaires & des Incrédules modernes, trad. de l'anglois de STACKHOUSE, avec une dissertation du Traducteur sur les Démoniaques de l'Evangile, *la Haye*, Gallois, 1741, 3 *vol. in*-8. *v. f.*

1625 Disputationes de Deo & Providentiâ divinâ, auth. Sam. PARKERO, *Londini*, M. Clark, 1678, *in*-4. *v. f. d. s. t.*

1626 Dissertation théologique & critique, dans laquelle on tâche de prouver, par divers passages des Saintes Ecritures, que l'ame de Jesus-Christ étoit dans le Ciel une intelligence pure & glorieuse, avant que d'être unie à un corps humain dans le sein de la bienheureuse Vierge Marie, *Londres*, Henry Crouch, 1739, in-8. *v. marbré.*

1627 Nouveaux Essais sur la bonté de Dieu, la liberté de l'homme & l'origine du mal, trad. de l'ang. de CHUBB, *Amst.* Changuion, 1732, *in*-12. *v. m.*

1628 Essais sur la Providence & sur la possibilité physique de la résurrection, trad. de l'anglois du Docteur B***, *Amsterdam*, Ledet, 1731, *in*-12. *v. m.*

THÉOLOGIENS

1629 Les témoins de la résurrection de Jesus-Christ, examinés & jugés selon les regles du Barreau, pour servir de réponse aux objections du sieur Woolston & de quelques autres Auteurs, trad. de l'angl. avec une dissertation hist. sur les écrits de Woolston, sa condamnation & les écrits publiés contre lui, par A. LE MOYNE, la Haye, Gosse, 1732, in-8. v. br. d. s. tr.

Doubles à vendre.

1630 Traité sur les miracles, dans lequel on prouve que le diable n'en sauroit faire pour confirmer l'erreur; & que ceux qu'on lui attribue, ne sont qu'un effet de l'imposture ou de l'adresse des hommes, & où l'on examine le système établi par Sam. Clarcke, dans son *Traité sur la Religion naturelle & chrétienne*, par Jacq. SERCES, Amst. Humbert, 1729, in-12. v. f.

1631 Dissertation sur les miracles, cont. l'examen des principes posés par Dav. Hume, dans son *Essai sur les Miracles*, composée en angl. par Georg. CAMPBELL, trad. par M. Jean DE CASTILLON, Utrecht, Spruyt, 1765, in-12. v. m.

Double à vendre.

1632 Collection de lettres sur les miracles, par MM. THERO, COVELLE, NEEDHAM, BEAUDINET & MONTMOLIN, Neufchâtel, 1765, in-8. v. m.

1633 Lettre sur l'enthousiasme, trad. de l'angl. la Haye, Johnson, 1709, in-12. v. br.

1634 De la félicité de la vie à venir & des moyens pour y parvenir, trad. de l'angl. Amst. Gallet, 1700, 2 vol. in-8. v. m.

1635 Du Jugement dernier, par Guil. SHERLOCK, trad. de l'anglois par David MAZEL, Amsterd. Humbert, 1712, in-8. v. m. d. s. t.

ANGLICANS.

1636 De la mort, par le même SHERLOCK, trad. de l'angl. par le même MAZEL, *Amst.* Humbert, 1712, *in-8. v. m. d. s. t.*

1637 De l'immortalité de l'ame & de la vie éternelle, par le même SHERLOCK, trad. de l'angl. *Amst.* Humbert, 1708, *in-8. v. m. d. s. t.*

1638 Recherches sur la nature du feu de l'Enfer, & du lieu où il est situé, traduit de l'angl. de SWINDEN, par BION, *Amst.* Westeins, 1728, *in-8. fig. v. s.*

1639 De statu mortuorum & resurgentium liber, accesserunt epistolæ duæ circa libellum de Archæologis Philosophis, autore Thoma BURNETIO, S. T. P. *Londini,* 1723, *in-4. v. m.*

1640 Idem, *Londini,* 1727, *in-8. v. s.*

1641 Origines Ecclesiasticæ, sive de jure & potestate Ecclesiæ christianæ exercitationes, authore Herberto THORNDICIO, Westmonasteriensis Ecclesiæ Canonico, *Londini,* T. Roycroft, 1674, *in-fol. baz.*

1642 Dissertation sur la validité des Ordinations des Anglois, & sur la succession des Evêques de l'Eglise anglicane; avec les preuves justificatives des faits avancés, (par le P. LE COURAYER) *Bruxelles,* t'Sterstevens, 1723, *2 vol. in-12. v. s.*

1643 Défense de *la Dissertation sur la validité des Ordinations des Anglois,* contre les différentes réponses qui y ont été faites, avec les preuves justific. des faits avancés dans cet ouvr. (par le P. LE COURAYER) *Bruxelles,* t'Serstevens, 1726, *2 tom. 4 vol. in-12. v. s.*

1644 Apologie pour l'honneur du mariage des Personnes ecclésiastiques, traduite de l'anglois de Jos. HALL, par Thom. JAQUEMOT, *Geneve*, Chouet, 1667, *in-12. mar. cit. d. s. t.*

1645 Traité des anciennes cérémonies, ou Histoire contenant leur naissance & accroissement, leur entrée en l'Eglise, & par quels degrez elles ont passé jusques à la superstition, par Jonas PORRÉE, quatrieme édition, reveue & augmentée, *Quevilly*, Jacques Lucas, 1673, *in-8. v. f. d. s. t.*

1646 Guilielmi WALLI historia Baptismi infantum, duabus partibus comprehensa, quarum prior, eorum qui quatuor primis sæculis fuerunt Scriptorum vel pro pædobaptismo vel contra eumdem testimonia universa procul partium studio collecta sistit, posterior varia quæ ad juvandam illam historiam vel illustrandam faciunt complectitur, ex anglico latinè vertit, nonnullis etiam observationibus & vindiciis auxit Joan. Ludovicus SCHLOSSER, Pastor, *Hamburgi*, Georgius-Guilielmus Rump, 1748 & 1753, *2 vol. in-4. v. m.*

1647 Historia transsubstantiationis papalis, cui præmittitur, atque opponitur, tùm S. Scripturæ, tùm veterum Patrum, & reformatarum Ecclesiarum doctrina catholica, de sacris Symbolis, & præsentia Christi in Sacramento Eucharistiæ disquisitio historica, à Joh. CORIN, Episcopo Dunelmensi, *Londini*, Thom. Roycroft, 1675, *in 8. v. br.*

1648 Réponse au libelle de Samuel Parker, où l'on réfute tout ce qu'il a avancé pour l'abolution du Test. pour la transsubstantiation, & pour justifier l'Eglise romaine d'idolâtrie, trad. de l'angl. *Colog.* Marteau, 1688, *in-12. v. f. fil d'or.*

ANGLICANS.

Traités de Morale.

1649 Réflexions occasionnelles sur différens sujets, avec un discours préliminaire sur cette maniere de méditer, par R. BOYLE, (en anglois) Londres, Henry Herringman, 1669, *in-*8. *v. f. d. f. tr.*

1650 Ebauche de la Religion naturelle, par WOLASTON, trad. de l'angl. avec un supplément & addit. *la Haye*, Swart, 1726, *in-*4. *v. m.*

1651 Pensées secrettes *ou* Réflexions sur la Religion, avec des résolutions pratiques qui en sont tirées, & réflexions sur la vie chrétienne, &c. par Guillaume BEVERIDGE, Evêque de Saint-Asaph. trad. de l'angl. *Amst.* Wetsteins & Smith, 1731, 2 tom. 1 vol. *in-*12. *v. b.*

1652 Dissertations sur l'union de la Religion, de la morale & de la politique, tirées de WARBURTON, par M. SILHOUETTE, *Londres*, Darrés, 1742, 2 vol. *in-*12. *v. m.*

1653 Cours de lectures sur les questions les plus importantes de la métaphysique, de la morale & de la théologie, traitées dans la forme géométrique, trad. de l'angl. de DODRIGGE, *Liege*, Plomteux, 1768, 4 vol. *in-*12. *v. m.*

Prédicateurs & Traités de Spiritualité.

1654 Sermones funebres vulgares litteraliterque pronunciandi. Item, Sermones nuptiales pulcherrimi, (per Fratrem GREGORIUM, Britannicum) *Venetiis*, Petrus Bergomensis, 1505. *in-*8. *v. f.*

THÉOLOGIENS

✠ 1655 Several discourses, by John TILLOTSON; published from the originals by Ralph BARKER, *London*, Chiswell, 1698, *in*-8. *v. br.*

✠ 1656 Discours contre la transubstantiation, par TILLOTSON, Archev. de Cantorbery, traduit de l'angl. par Jean BARBEYRAC, *Amsterdam*, P. Humbert, 1726, *in*-12. *v. éc.*

✠ 1657 Sermons upon several occasions, by W. SHERLOCK, the second edition, *London*, Daniel Brown, 1713, 2 *vol. in*-8. *v. b.*

✠ 1658 Sermons de SHERLOCK, Evêque de Londres, trad. de l'angl. par le P. HOUBIGANT, Prêtre de l'Oratoire, *Lyon*, Benoît Duplain, 1768, *in*-12. *v. f. d. s. t.*

D: ch: à vendre. ✠ 1659 Sermons pour les jeunes Dames & les jeunes Demoiselles, par M. James FORDYCE, trad. de l'angl. (par M. Robert ESTIENNE) *Paris*, les freres Estienne, 1778, *in*-12. *v. m.*

TRAITÉS POLÉMIQUES.

Traités Polémiques généraux.

✠ 1661 Défense de la Religion, tant naturelle que révélée, contre les Infideles & les Incrédules, traduite de l'anglois de Gilb. BURNET, *la Haye*, Pierre Paupie, 1738 & *suiv.* 6 *vol. in*-12. *baz.*

✠ 1662 Histoire naturelle de la Religion, trad. de l'angl. de HUME, avec un examen critique & philosophique de cet ouvrage. = Dissertation sur les passions, sur la tragédie, sur la regle du goût, trad. de l'angl. du même, *Amst.* (*Lyon*) 1759, *in*-8. ~~baz~~ *v. m.*

ANGLICANS.

1663 Nouvelle démonstration évangelique, par J. LELAND, trad. de l'angl. avec des notes & remarques, *Liege*, Plomteux, 1768, 4 *vol. in-12. v. m.*

1664 Réflexions sur les causes de l'incrédulité, par rapport à la Religion, par Duncan FORBES de Culloden, trad. de l'angl. par M. E. (EIDOUS) *Paris*, Pillot, 1768, *in-12. v. m.*

1665 Ouvrages de FORBES, cont. des Pensées sur la Religion naturelle & révélée, des réflexions sur l'incrédulité, traduits de l'angl. par le R. P. HOUBIGANT, de l'Oratoire, *Lyon*, Berthoud, 1769, *in-8. v. m.*

TRAITÉS POLÉMIQUES PARTICULIERS.

Traités contre les Catholiques Romains.

1666 Defensio sacri Episcoporum & Sacerdotum cœlibatûs, contra impias & indoctas Petri Martyris Vermelii nugas & calumnias, quas ille Oxoniæ in Angliâ, duobus retrò annis in Sacerdotalium nuptiarum assertionem temerè effutivit, per Ricardum SMYTHÆUM, Anglum, Theologiam profitentem. = Ejusdem de votis monasticis contra eundem Martyrem, ac ejus furfuris alios, brevis libellus; uterque nunc denuò prodit tersiùs & emaculatiùs, non sine haud pœnitenda accessione & locupletatione, ac succinctâ libelli cujusdam Joannis Poneti, Angli, refutatione, *Lutetiæ Parisiorum*, Reginaldus Calderius & Claudius ejus filius, 1550, *in-8. v. f. d. s. tr.*

1667 Matthæi SUTLIVII de Purgatorio adversùs

THEOLOGIENS

Rob. Bellarmini de purgatorio disputationem, Hanoviæ, Antonius, 1603, *in-*8. *v. f.*

1668 Ejusdem, de Pontifice Romano, ejusque injustissima in Ecclesiâ dominatione, adversùs Robertum Bellarminum & universum Jebusitarum sodalitium, libri V, *Hanoviæ*, Guilielmus Antonius, 1605, *in-*8. *v. f. d. s. t.*

1669 Responce claire & solide à un *Discours sur la présence du Corps du Seigneur au Sacrement*, faict par F. Jean JOURNÉ, Jacobin, en forme de dialogue, & addressé à un de l'Eglise reformée de Chasteaudun, par Alexandre SIMON, Escossois, Pasteur de ladicte Eglise de Chasteaudun, 1605, *in-*8. *v. m.*

1670 Censura librorum apocryphorum veteris Testamenti, adversùs Pontificios, imprimis Rob. Bellarminum, à Joh. RAINOLDO Anglo, *Oppenheimii*, Gallerus, 1611, 2 *vol. in-*4. *v. f.*

1671 Le Papisme au dernier soupir, où l'on fait voir par l'Ecriture, par la raison & par des argumens solides, la nécessité absolue d'établir une loi pour la mutilation des Ecclésiastiques Papistes dans la Grande-Bretagne, comme l'unique moyen, non-seulement d'y extirper le Papisme, mais encore de prévenir toutes les rébellions & invasions futures, humblement soumis à la sagesse du Gouvernement, & à l'attention sérieuse de tous ceux qui aiment véritablement notre constitution & notre Religion, avec une liste des Séminaires & des Maisons religieuses établies dans les pays étrangers, & entretenues par les Papistes Anglois, trad. de l'anglois, *la Haye*, Jean Zwan, 1747, *in-*8. *v. f. d. s. t.*

ANGLICANS. 283

Traités contre les Sociniens, les Déistes, Impies, Juifs, &c.

1672 Dissertatio de Socino & Socinianismo, authore Geo. ASHWELLO, *Oxoniæ*, Hall, 1680, *in*-8. *v. b.*

1673 Stultitia & irrationabilitas Atheismi, demonstrationibus ab emolumento atque voluptate vitæ religiosæ, facultatibus animæ humanæ, structura corporis animati, origine & compage mundi evicta, octo orationibus sacris habitis, à Richardo BENTLEY ; subjungitur oratio exequialis dicta in funer. Rob. Boyle, à D. GILBERTO, Episcopo Sarum, in latinum vertit Dan. Ern. JABLONSKI, *Berolini*, Rudiger, 1696, *in*-8. *v. b.*

1674 Historia Atheismi breviter delineata, à Jenkino THOMASIO, Cambro-Britanno, cui accedit Samuelis CLARK, tractatus de existentia & attributis Dei, contra Spinosam atque Hobbesium, anglicè conscriptus, jam autem latinè redditus, cum præfatione Christiani Gotlib. SCHWARZII, *Altorfii Noricorum*, Jod. Guil. Kohlesius, 1713, *in*-8. *v. f. d. s. t.*

1675 Defensio Religionis, necnon Mosis & Gentis Judaïcæ contra duas dissertationes Joh. Tolandi, quarum una inscribitur *Adœsidæmon*, altera verò *Antiquitates Judaïcæ*, à Jacobo FAYO, in Ecclesia Ultrajectino-Britannica sacrorum mysteriorum Interprete, *Ultrajecti*, Guilielmus Broedelet, 1709, *in*-8. *v. f. d. s. t.*

1676 L'Existence de Dieu démontrée par les merveilles de la nature, traduite de l'anglois de Bern. NIEUWENTYT, *Paris*, Jacq. Vincent, 1725, *in*-4. *v. br.*

1677 Théologie astronomique, *ou* Démonstration de l'existence des attributs de Dieu, par l'examen & la description des cieux, trad. de l'anglois de Guill. Derham, par Bellanger, Docteur de Sorbonne, *Paris*, Chaubert, 1729, in-8. *v. b.*

1678 Théologie physique, *ou démonstration de l'existence & des attributs de Dieu*, tirée des œuvres de la création, par le même Derham, trad. par Jacques Lufneu, *Rotterd.*, Beman, 1730, in-8. *v. f.*

1679 Ouvrages de M. Lesley, contre les déistes & les Juifs, trad. de l'angl. par le R. P. Houbigant, *Paris*, Lottin l'aîné, 1770, in-8. *v. m.*

1680 Réflexions philosophiques sur le *système de la nature*, par M. Holland, *Paris*, Valade, 1773, 2 part. 1 vol. in-12. *v. f. d. f. t.*

1681 Le vrai sens du *système de la nature*, Ouvrage posthume de M. Helvetius, *Londres*, 1774, in-8. *v. f. d. f. t.*

Anti-Trinitaires, ou Sociniens.

Ouvrages des principaux Auteurs Anti-Trinitaires ou Sociniens.

1682 Fausti Socini Miscellanea, hoc est, scripta theologica, seu tractatus breves de diversis materiis, *Racoviæ*, Sebastianus Sternacius, 1611, in-8. *v. f. d. f. tr.*

1683 Ejusdem, breves quidam de diversis materiis ad Christianam Religionem pertinentibus tractatus, *Racoviæ*, Sebastianus Sternacius, 1618, in-8. *v. f. d. f. t.*

ANTI-TRINITAIRES. 285

1684 Ejusdem, de sacræ Scripturæ auctoritate libellus, cui addita est summa Religionis Christianæ ejusdem SOCINI, utrumque ex italico in latinum conversum, *Racoviæ*, Sebastianus Sternacius, 1611, *in-8. v. f. d. s. t.*

1685 Ejusdem, Christianæ Religionis brevissima institutio, per interrogationes & responsiones, quam Catechismum vulgò vocant, opus imperfectum, *Racoviæ*, Sebastianus Sternacius, 1618, *in-8. v. f. d. s. tr.*

* Il faut qu'on trouve à la fin de ce livre, *Fragmentum catechismi prioris, Fausti Senensis qui periit in Cracoviensi rerum ipsius direptione*, pour qu'il soit complet.

1686 Ejusdem, assertiones theologicæ de trino & uno Deo, adversùs nouos Samosatenicos, unà cum animaduersionibus ejusdem quæ plenæ responsionis loco esse possunt, editio secunda, *Racoviæ*, Sebastianus Sternacius, 1611, *in-8. v. f. d. s. t.*

1687 Defensio animaduersionum Fausti Socini Senensis, in *Assertiones theologicas de trino & uno Deo*; adversùs Gabrielem Eutropium, Canonicum Posaaniensem, ab eodem Fausto SOCINO conscripta, *Racoviæ*, Sebastianus Sternacius, 1618, *in-8. v. f. d. s. tr.*

Editio primigenia & rara.
Ce Traité est réimprimé dans le tome II de la Bibl. des Freres Polonois. Voyez Sandius, page 81.

1688 Ejusdem, tractatus de Deo, Christo, & Spiritu Sancto, *Racoviæ*, Sebastianus Sternacius, 1611, *in-8. v. f. d. s. t.* rarus.

1689 Refutatio libelli, quem Jac. Wiekins Jesuita, anno 1590, polonicè edidit, de divinitate Filii Dei & Spiritus Sancti; ubi eâdem operâ refellitur quidquid Rob. Bellarminus itidem Jesuita, disputationum suarum tomo primo, secundæ controversiæ generalis libro primo, de eadem rescripsit: ante biennium pro iis conscripta, qui in Regno Poloniæ, & Magno Ducatu Lithuaniæ, patrem tantùm Domini nostri Jesu-Christi, illum unum Deum Israëlis esse affirmant, hominem autem illum Jesum Nazarenum, qui ex Virgine natus est, nec alium præter aut ante ipsum, Dei filium unigenitum & agnoscunt, & confitentur, anno quidem superiore polonicè, nunc verò etiam latinè edita & ab ipso auctore Fausto SOCINO recognita, 1594, *in-8. v. f. d. s. t.*

✝ 1690 Fragmenta duorum scriptorum Fausti SOCINI Senensis, in quorum priore sententiam eorum, qui Jesum Christum Dei Filium unum illum & altissimum Deum esse, vel saltem antequam ex Maria nasceretur, reipsa extitisse affirmant, argumentis allatis refellere; in posteriore ad rationes adversariorum, quibus tres in unica Dei essentia personas adstruere conantur, respondere instituerat, *Racoviæ*, Sebastianus Sternacius, 1619, *in-8. v. f. d. s. t.*

✝ 1691 Tractatus de Ecclesia, Fausti SOCINI Senensis, *Racoviæ*, Sebastianus Sternacius, 1611, *in-8. v. f. d. s. tr.* rarus.

✝ 1692 Ejusdem, tractatus de justificatione, *Racoviæ*, Sebastianus Sternacius, 1611, *in-8. v. f. d. s. t.* rarus.

✝ 1693 Quòd Regni Poloniæ & Magni Ducatus Lithuaniæ homines, vulgò Evangelici dicti,

ANTI-TRINITAIRES. 287

qui solidæ pietatis sunt studiosi, omninò deberent se illorum cœtui adjungere, qui in iisdem locis falsò atque immeritò Arriani atque Ebionitæ vocantur, ex scriptis Fausti SOCINI Senensis, *Racoviæ*, Sebastianus Sternacius, 1611, in-8. *v. f. d. s. t.*

1694 De loco Pauli Apostoli in epistola ad Rom. cap. septimo, Fausti SOCINI, cum nobiliss. quodam viro Disputatio; ante annos triginta, sub nomine Prosperi DYSIDÆI edita, nunc verò denuò excusa. In qua id præcipuè quæritur, utrùm Apostolus illic sub sua ipsius persona de seipso jam per Christi Spiritum regenerato, necne loquatur, editio secunda, *Racoviæ*, Sebastianus Sternacius, 1612, in-8. *v. f. d. s. tr.* ✠

1695 Ejusdem, defensio *Disputationis suæ de loco septimi capitis Epistolæ ad Romanos*, sub nomine Prosperi DYSIDÆI, ante 12 annos, ab se editæ, adversùs reprehensiones N. N. Ministri (ut vocant) Evangelici nuper scriptas, & ab amico ad se missas, anno à Christo nato 1595, *Racoviæ*, Sebastianus Sternacius, 1618, in-8. *v. f. d. s. t.* rarus. ✠

1696 Ejusdem, commentarius in Epistolam Johannis Apostoli primam, *Racoviæ*, Typis Sternacianis, 1614, in-8. *v. f. d. s. t.* ✠ *doub. ch à vendre*

1697 Ejusdem, lectiones sacræ, quibus auctoritas sacrarum literarum præsertim Novi Fœderis asseritur, opus imperfectum, *Racoviæ*, Sebast. Sternacius, 1618, in-8. *v. f. d. s. t.* rarus. ✠

1698 Ejusdem, ad amicos epistolæ; in quibus variæ de rebus divinis quæstiones expediuntur, multaque sacrarum litterarum loca explanantur, additæ sunt paucæ aliorum ad Socinum epistolæ, ✠

ad quas ipse respondet, *Racoviæ*, Sebastianus Sternacius, 1618, *in-8. v. f. d. f. t.*

✝ 1699 Disputatio de adoratione Christi, habita inter Faustum Socinum & Christianum Francken; necnon fragmenta responsionis fusioris, quam F. Socinus parabat, ad *Francisci Davidis de Christo non invocando scriptum*: aliaque nonnulla ad hoc argumentum pertinentia, *Racoviæ*, Sebastianus Sternacius, 1618, *in-8. v. f. d. f. tr.*

✝ 1700 Commentarius in epistolam Pauli Apostoli ad Galatas, ex prælectionibus potissimum Johannis CRELLII, Ecclesiæ Racoviensis Ministri conscriptus, à Joan. SCHLICHTINGIO a Bukorviec, ejusdem Ecclesiæ Ministro, *Racoviæ*, typis Sternacianis, 1628, *in-8. v. f. d. f. tr.* (rarus).

✝ 1701 Bibliotheca Anti-Trinitariorum, sive catalogus Auctorum qui dogma de tribus in unico Deo per omnia æqualibus personis vel impugnarunt, vel docuerunt solum Patrem D. N. J. C. esse illum verum seu altissimum Deum, per Christophorum SANDIUM; accedunt alia quædam scripta quæ compendium hist. eccles. Unitariorum qui Sociniani vulgò dicuntur, exhibent, *Freistadii*, Aconius, 1684, *in-8. v. f. d. f. t.*

✝ 1702 Impartial history of Michael Servetus, burnt alive at Geneva for heresie, *London*, Ward, 1724, *in-8. v. b.*

Traités théologiques.

✝ 1703 Adami GOSLAVII à Bebelno, disputatio de Personâ, in quâ Jacobo Marrini, Professori Witembergensi,

Witembergenfi, ea in libro secundo de tribus Elohim refellere enitenti, quæ ab Auctore contra Bartholomæum Keckermannum, parte tertiâ disputata sunt, tum de ratione Personæ in genere sumptæ, tum de definitione divinæ Personæ, à Justino, ut vulgò creditur, tradita, respondetur, *Racoviæ*, Sebastianus Sternacius, 1620, *in*-8. *v. f. d. s. t.*

1704 Liber de Christo, vero & naturali Dei Filio, liber unus, oppositus ei, quem sub eodem titulo Martinus Smiglecius, Jesuita, edidit, & refutatio libelli ejusdem Smiglecii, quem *de satisfactione pro peccatis nostris* inscripsit, autore Valent. SMALCIO, cœtus Racoviensis Ministro, *Racoviæ*, typis Sternacianis, 1616. = Notæ in libellum Martini Smiglecii, Jesuitæ, quam refutationem vanæ dissolutionis nodi sui Gordii appellat, *Racoviæ*, typis Sternacianis, 1614. = Refutatio orationum Joan. Vegelii & Joach. Peuschelii, quibus Photinismum se hoc anno Altorfii retractasse gloriantur, scripta à Valentino SMALCIO, *Racoviæ*, Sebast. Sternacius, 1617. = Tractatus de Ecclesiâ & missione Ministrorum Alberti BORKOWSKI, quo Socinum cum Theophilo impugnare, & Miedziborium defendere conatur, brevis refutatio, scripta à Theophilo NICOLAIDE, *Racoviæ*, typis Sternacianis, 1614. = Homiliæ decem supra initium cap. I. Evangelii D. Joannis, habitæ & scriptæ anno 1605, quibus addita est paraphrasis super idem initium Evangelii, autore Valentino SMALCIO, *Racoviæ*, typis Sternacianis, 1615, *in*-4. *v. f.*

1705 Nodi Gordii à Martino Smiglecio nexi

dissolutio facta per Johannem VOLKELIUM, *Racoviæ*, Sebastianus Sternacius, 1613, *in-*8. *v. f. d. s. tr.*

1706 Declaratio sententiæ de caussis mortis Christi, Johannis CRELLII Franci, edita à Joanne STOINSKI, C. R. M. (Catholicæ Religionis Ministro) 1637, *in-*8. *v. f. d. s. t.*

Traités Polémiques.

1707 Joann. VOLKELII, Misnici, de verâ Religione, libri quinque, quibus præfixus est Joan. CRELLII, Franci, liber de Deo & ejus attributis, & nunc demùm adjuncti ejusdem de uno Deo Patre, libri duo, in quibus multa etiam de Filii Dei & Spiritûs Sancti naturâ disseruntur, ità ut unum cum illis opus constituant, *Amst. in-*4. *v. f. d. s. t.*

1708 Religio Sociniana, seu Catechesis Raccoviana major, publicis disputationibus, (inserto ubique formali ipsius Catecheseos textu) refutata, autore Nicolao ARNOLDO, *Franequeræ*, Idoardus Albertus, 1654, *in-*4. *v. f. d. s. t.*

1709 Equitis Poloni apologia adversùs edictum Ordinum Hollandiæ & West-Frisiæ, die 19 Septembris 1653, quo Socinianæ doctrinæ propagatio coercetur, examinata à Joan. COCCEIO, *Lugduni-Batavorum*, Joh. Elzevirius, 1656, *in-*4. *v. f. d. s. t.*

QUACKERS OU TREMBLEURS.

1710 Apologie de la véritable Théologie chrétienne, ainsi qu'elle est soutenue & prêchée par le Peuple appellé par mépris, les Trembleurs, écrite en latin & en angl. par Robert

BARCLAY, & trad. en franç. *Londres*, T. Sowle, 1702, *in*-8. *v. m.*

Mélanges de la Théologie des Hétérodoxes.

Traités sur la Tolérance.

1711 Examen pacifique de la doctrine des Huguenots, prouvant contre les Catholiques rigoureux de noftre temps, & particulierement contre les objections de la reponse faicte à l'apologie catholique, que nous qui fommes membres de l'Eglife catholique, apoftolique & romaine, ne devrions pas condamner les Huguenots pour Hérétiques, jufqu'à ce qu'on ait fait nouvelle preuve, *Paris*, 1589, *in*-8. *v. f. d. f. t.*

1712 Commentaire philofophique fur ces paroles de Jefus-Chrift, *Contrains-les d'entrer*, trad. de l'anglois de J. F. (Jean FOX DE BRUGGS), *Cantorbery*, Litwel, 1686, 3 *vol. in*-12. *v. b.*

1713 Avis important aux Réfugiez fur leur prochain retour en France, par C. L. A. A. P. D. P. (Pierre BAYLE) *Amfterd.* le Cenfeur, 1690, *in*-12. *parch.*

1714 La défenfe des Réfugiez, contre l'*Avis aux Réfugiez*, *Deventer*, 1691, *in*-12. *v. b.*

1715 De la tolérance des Religions, lettres de M. de Leibnitz & réponfes de M. Pelliffon, *Paris*, Aniffon, 1692, *in*-12. *v. br.*

1716 Les droits de Dieu, de la nature & des gens, tirés d'un livre de M. ABBADIE, intitulé: *Défenfe de la Nation Britannique, ou Réponfe à l'avis aux Réfugiés*; on y a ajouté un difcours de NOODT, fur les droits des Souverains, *Amft.* 1775, *in*-12. *v. f. d. f. t.*

AUTEURS

1717 Johannis LOCKII epistola de tolerantiâ, accedit Samuëlis STRIMESII, de pace ecclesiasticâ dissertatio, *Amstelodami*, Janssonio-Waesbergii, 1705, *in-12. v. f. d. s. t.*

1718 Liberté de conscience resserrée dans des bornes légitimes, *Lond.* 1754, 2 *vol. in-12. v. m.*

1719 Lettre d'un Patriote sur la tolérance civile des Protestans de France, *sans nom de Ville*, 1756, *in-8. m. r. d. s. t.*

1720 L'esprit de Jesus-Christ sur la tolérance, pour servir de réponse à plusieurs écrits, & particulierement à l'*Apologie de Louis XIV*, sur la révocation de l'Edit de Nantes, &c. *sans nom de Ville*, 1760, *in-8. v. m.*

1721 L'accord de la Religion & de l'Humanité sur l'intolérance, (*Paris*) 1762, *in-12. v. m.*

1722 Principes politiques sur le rappel des Protestans en France, par M. TURMEAU DE LA MORANDIERE, Membre de Sociétés d'Agriculture, *Paris*, Valleyre fils, 1764, 2 *tom. 1 vol. in-12. v. m.*

AUTEURS D'ERREURS PARTICULIERES.

Athées, Impies, Libertins.

1723 De Religione Gentilium errorumque apud eos causis, auth. Edoardo HERBERT de Cherbury, *Amst.* Blaev, 1663, *in-4. v. f.*

1724 Apologia pro Jul. Cæsare Vanino & Theatrum Fati, sive Scriptorum de Providentiâ, Fortunâ & Fato, autore Petr. Frid. ARPE, *Rott.* Fritsch, 1712, *in-8. v. éc. d. s. t.*

1725 De vitâ & scriptis famosi Athei Julii Cæsaris Vanini, tractatus singularis in quo genus, mores & studia cum ipsa morte horrenda, è scriptis suis & rarioribus & aliis fide dignis Auctoribus selecta sunt, & ne cui offendiculo forent, errores illius simul sunt refutati à Johanne Mauritio SCHRAMM, *Custrini*, Godofredus Heinichius, 1709, *in-*4. *v. f. d. s. t.*

1726 Idem, editione secunda aucta & correcta à Johanne Mauritio SCHRAMMIO, *Custrini*, Godofr. Heinichius, 1715, *in-*8. *v. f. d. s. t.*

1727 Histoire véritable de l'exécrable Docteur Vanini, autrement nommé Luciolo, bruslé tout vif ce Quaresme dernier à Tholose, *Paris*, Soubron, 1619, *in-*8. *v. f. d. s. t.*

1728 La vie & les sentimens de Lucilio Vanini, (par David DURAND) *Rotterdam*, Fritsch, 1717, *in-*12. *v. f.*

1729 Universæ naturæ theatrum, authore Jo. BODINO, *Lugduni*, Roussin, 1596, *in-*8. *v. f.*

1730 Le même, trad. par Franc. DE FOUGEROLLES, *Lyon*, Pillehotte, 1597, *in-*8. *v. m.*

1731 De naturalismo, cum aliorum, tum maximè Jo. BODINI, Schediasma L. Jo. DIECMANNI, *Lipsiæ*, Gleditschius, 1684, *in-*12. *v. f. d. s. t.*

1732 Le Divorce céleste, causé par les dissolutions de l'espouse Romaine, trad. de Ferrant PALLAVICINI, *Villefranche*, Gibault, 1644. = Dialogue entre deux Gentilshommes volontaires, sur la guerre présente d'Italie contre le Pape, tité de l'italien, *in-*12. *mar. r. d. s. t.*

1733 Le même, (autre édition plus récente) sans nom de Ville, ni d'Imprimeur, *in-*12. *v. m.*

1734 Thomæ BROWN, Religio Medici, cum annotationibus, *Argentorati*, Jo. Frid. Spoor, 166*in-*8. *v. f. d. s. t.*

294 AUTEURS

✠ 1735 Eadem, *Argentorati*, Spoor, 1677, *in-8. v. f.*

✠ 1736 L'hiſtoire des Sevarambes, trad. de l'angl. par D. V. D. E. L. (Denys VAIRASSE, d'Alais en Languedoc) *Paris*, Barbin, 1677, 5 *part.* 4 *vol. in*-12. *v. f.*

✠ 1737 Voyages & aventures de Jacq. MASSÉ, *Bourdeaux*, l'Aveugle, 1710, *in*-8. *m. r. d. ſ. t.*

✠ 1738 Examen du Diſcours ſur la liberté de penſer, par D. CROUZAS, &c. *Bruxelles*, 1715, & *Londres*, 1766, 3 *tom.* 2 *vol. in*-12. *v. m.* & *v. éc. d. ſ. t.*

✠ 1739 Letters to Serena: containing, the origin and force of prejudices. The hiſtory of the ſoul immortality among the hætheus. The origin of idolatry, and reaſons of hætheniſm. As alſo, a Letter to a Gentleman in Holland, ſhowing Spinoſa's ſyſtem of philoſophy to be without any principle or foundation. Motion eſſential to matter; in anſwer to ſome remarks by a noble Friend on the confutation of Spinoſa, by TOLAND, *Londres*, Bern. Lintot, 1704, *in*-8. *v. m.*

✠ 1740 Bayle en petit, *ou anatomie de ſes ouvrages, ſans nom de Ville*, 1738, *in*-12. *v. f.*

✠ 1741 Analyſe raiſonnée du même, *Lond.* (*Par.*) 1755, 8 *vol. in*-12. *mar. r.*

✠ 1742 Penſées libres ſur la Religion, l'Egliſe & le bonheur de la Nation, trad. de l'angl. du Docteur B. M., par M. VAN EFFEN, *Amſterdam*, François l'Honoré, 1738, 2 *tom.* 1 *vol. in*-12. *v. f.*

✠ 1743 Hiſtoire philoſophique de la Religion, *Liege*, Clément Plomteux, 1779, 2 *vol. in*-8. *v. m.*

D'ERREURS PARTICULIERES.

Spinosistes, Préadamites, Fanatiques & Opinions singulieres.

1744 Vie de Benoît Spinosa, tirée de ses écrits, par Jean COLERUS, *la Haye*, Johnson, 1706, *in*-8. *v. f. d. s. t.*

1745 Systema theologicum ex Præ-adamitarum hypothesi. Præ-adamitæ sive exercitatio super versibus Epistolæ D. Pauli ad Romanos, quibus inducuntur primi homines ante Adamum conditi, authore Isaaco PEYRERIO, *Amsterdam*, 1655, *in*-4. *v. f. d. s. t.*

1746 Avertissemens prophétiques d'Elie MARION, l'un des Chefs des Protestans qui avoient pris les armes dans les Cevennes, *ou* Discours prononcez par sa bouche sous l'opération du S. Esprit, & fidélement reçus dans le tems qu'il parloit, *Londres*, Roger, 1707, *in*-8. *v. b.*

1747 Clavis prophetica, *ou* la Clef des Propheties de MARION, & des autres Camisars, avec quelques réflexions sur les caracteres de ces nouveaux Envoyez, & de M. F...., leur principal Secrétaire, trad. de l'anglois, *Londres*, 1707, *in*-8. *v. f. d. s. tr.*

1748 Guillelmi POSTELLI de universitate, libri duo, in quibus astronomiæ doctrinæve coelestis compendium, *Lugduni-Batav.* Maire, 1635, *in*-12. *v. f. d. s. t.*

1749 Ejusdem absconditorum à constitutione mundi clavis, quâ mens humana tam in divinis, quàm in humanis pertinget ad interiora velaminis æternæ veritatis, unà cum appendice pro pace Religionis christianæ, editore Francisco

DE MONTE SANCTO, *Amst.* Janssonius, 1646, *in-24. v. f.*

1750 Les très-merveilleuses victoires des Femmes du nouveau monde, & comment elles doibvent à tout le monde par raison commander, & même à ceulx qui auront la monarchie du monde vieil; à la fin est adjoutée la doctrine du siecle doré, ou de l'évangelike regne de Jesus, Roy des Roys, par G. POSTEL, sur l'imprimé à *Paris*, 1553, édition contrefaite, *in-8. mar. r. d. s. t.*

1751 Nouveaux éclaircissemens sur la vie & les ouvrages de Guillaume Postel, par le P. DES BILLONS, de la Compagnie de Jesus, *Liege*, J. J. Tutot, 1773, *in-8. v. f. d. s. t.*

1752 Le Ciel réformé, essay de traduction de partie du *Spaccio della bestia trionfante, sans nom de Ville ni d'Imprimeur*, 1750, *in-12. v. b.*

1753 Lettres sur la Religion essentielle à l'homme, distinguée de ce qui n'en est que l'acccessoire, *Londres*, 1739, 2 *vol. in-12. m. r. d. s. t.*

1754 Les mêmes, *Londres*, 1756, 5 *part.* 3 *vol. in-8. v. m.*

1755 Recherches philosophiques sur les preuves du Christianisme, par C. BONNET, *Geneve*, Philibert, 1770, *in-8. v. m.*

1756 La Palingenesie philosophique, *ou idées sur l'état passé & sur l'état futur des êtres vivans*, ouvrage qui contient principalement le precis des recherches sur le Christianisme, par le même, *Geneve*, Philibert, 1769, 2 *vol. in-8. v. m.*

Mahométans, &c.

1757 Machumetis, Saracenorum principis, ejufque fucceſſorum, vitæ, doctrina, ac ipfe Alcoran, quæ ante annos 400, D. PETRUS, Abbas Cluniacenſis, ex arabica lingua in latinam transferri curavit; his adjunctæ funt confutationes multorum authorum arabum, græcorum, & latinorum, unà cum Phil. MELANCHTONIS, præmonitione; adjecti funt etiam de Turcarum, five Sarracenorum origine ac rebus geſtis, à 900 annis ad noſtra uſque tempora, libelli, hæc omnia in unum volumen redacta, operâ & ſtudio Theod. BIBLIANDRI, (*Tiguri*) 1550, *in-fol. v. f. d. f. t.*

1758 Alcorani textus univerfus (arabicè) ex correctioribus Arabum exemplaribus fummâ fide, atque pulcherrimis characteribus deſcriptus, eademque fide, ac pari diligentia ex arabico idiomate in latinum tranſlatus; appoſitis unicuique capiti notis, atque refutatione, in qua ad Mahumetanicæ fuperſtitionis radicem fecuris apponitur, & Mahumetus ipfe gladio fuo jugulatur; his omnibus præmiſſus eſt prodromus, auctore Ludovico MARRACCIO, è Congregatione Clericorum Regularium Matris Dei, *Patavii*, ex Typographia Seminarii, 1698, 2 *vol. in-fol. v. f. d. f. t.*

1759 Alcoran de Mahomet, trad. par DURYER, *Paris*, de Sommaville, 1647, *in-4. v. f.*

1760 Le même, *la Haye*, Moetjens, 1683, *in-12. v. m. d. f. t.*

1761 Le même, avec des obſervations hiſtoriques & critiques sur le mahométisme, traduit de l'Anglois de George SALE, *Amst.*, Merkus, 1770, 2 *vol. in-* 12. *fig. v. m.*

1762 Histoire de l'Alcoran, où l'on découvre le système politique & religieux du Faux-Prophète, & les sources où il a puisé sa législation, par M. TURPIN, *Paris*, de Hansy, 1775, 2 *vol. in-*12. *v. f. d. s. tr.*

1763 Hadriani RELANDI, de Religione Mohammedica, libri duo, editio altera auctior, *Trajecti ad Rhenum*, Gulielmus Broedelet, 1617, *in-*8. *v. f. fig.*

1764 Zend-avesta, ouvrage de ZOROASTRE, cont. les idées théologiques, physiques & morales de ce Législateur, les cérémonies du culte religieux qu'il y a établi, & plusieurs traits relatifs à l'ancienne hist. des Perses, trad. par M. ANQUETIL DU PERRON, *Paris*, Tilliard, 1771, 3 *tom.* 2 *vol. in-*4. *v. f.*

Double à vendre

ADDITIONS A LA THÉOLOGIE.

1765 Bibliotheca historico-philologico-theologica, (in octo classes distributa, quarum singula sex fasciculos continet) *Bremæ*, Rodolphus Hofferus, 1718 — 1727, 48 part. 16 *vol. in-*8. *v. m.*

1766 Jo. Georgii WALCHII Bibliotheca theologica selecta litterariis adnotationibus instructa, *Jenæ*, vidua Crœckeriana, 1757 à 1765, 4 *vol. in-*8. *v. m.*

1767 Vie d'Adam avec des réflexions, trad. de l'ital. de LOREDANO, *Paris*, Couterot, 1711, *in-*12. *mar. rouge.*

A LA THÉOLOGIE.

1768 Flegra in Betuglia, istoria e osservazioni di Luigi MANZINI. *Bologna*, Domenico Barbieri, 1649, *in-*4. *v. m.*

1769 Vita di Maria Vergine e di San Giovanni Battista, scritta del Padre Abate Don Silvano RAZZI, Camaldolense, e da lui di nuovo rivista & ampliata, *Fiorenza*, Filippo Giunti, 1590, *in-*4. *v. f. d. f. t.*

1770 Ant. BINÆI de Calceis Hebræorum libri II; accedit somnium de laudibus critices, *Dordraci*, Goris, 1682, *in-*12. *fig. v. f. d. f. t.*

1771 Mart. GEIERI, de Ebræorum luctu, lugentiumque ritibus, è sacris præcipuè, necnon R. mosis B. MAIMON tit. Efel, aliisque, editio altera, correctior & auctior, *Lipsiæ*, Hæredes Henningi Grossii, 1666, *in-*12. *vel.*

1772 Des prieres & oraisons qui se doivent conformer toutes à l'Ecriture Sainte, selon que l'Eglise catholique les reigle & ordonne, par Blaise DE VIGENERE, *Paris*, l'Angelier, 1595, 1 *tom.* 2 *vol. in-*12. *v. f. l. r. d. f. t.*

1773 Menologium Cistertiense, notationibus illustratum, autore Chrysost. HENRIQUEZ, Hortensi, Ord. Cistertiensis Historiographo generali ; accedunt seorsim regula, constitutiones & privilegia ejusdem Ordinis ac Congregationum monasticarum & militarium quæ Cistertiense institutum observant, *Antuerp.* Balth. Moretus, 1630, 1. *tom.* 2 *vol. in-fol. v. f. d. f. t.*

1774 Regis Angliæ, HENRICI VIII, epistola de Synodo Vincent. *Vitemb.* Lufft, 1539, *in-*8. *v. f.*

1775 L'essamerone (di S. AMBRUOGIO, Vescovo di Milano, trad. in volgar fiorentino) per Francesco CATTANI, da Diacceto, Patrizzio &

Tome I.

300 ADDITIONS A LA THÉOLOGIE.

Canonico Fiorentino & Prothon. Apostol. *Fiorenza*, Lorenzo Torrentino, 1563, in-4. vél.

✞ 1775 * Histoire des derniers Chapitres généraux de la Congrégation de S. Maur, où l'on voit l'irrégularité de ses Assemblées, l'opposition de ce Corps à la Bulle Unigenitus, & par quelles intrigues on est enfin parvenu à faire souscrire un décret favorable à cette Bulle dans le Chapitre de 1733. 1736, in-4. cart.

✞ 1776 Second recueil des miracles opérés par l'intercession de M. de Pâris, cont. les XIII relations présentées à l'Archevêque par les Curés de Paris, *sans nom de Ville*, 1732, in-12. v. m.

Double à vendre

✞ 1776 * Vie de M. de Pâris, Diacre du diocèse de Paris. en France, 1731, in-12. v. f.

Double à vendre

Double à vendre ✞ 1777 La même. en France, 1733, in-12. v. br.

✞ 1777 * Catéchisme du livre de l'*Esprit*, par GAUCHAT, (*Par.*) 1758, in-12. v. m. 1110. *S. et a.*

✞ 1778 Lettre à M. *** au sujet du livre de l'*Esprit*, Amsterd. 1759, in-8. v. m. 1112. *S. et a.*

✞ 1778 * Pensées diverses contre le système des Matérialistes à l'occasion du *Système de la nature*. Paris, Lambert, 1771, in-12. v. m.

✞ 1779 Principes contre l'incrédulité à l'occasion du *Système de la nature*, par CAMUSET, Paris, Pillot, 1771, in-12. v. m

✞ 1779 * La conférence des Ministres, accordée & puis refusée par eux, avec les Docteurs de l'Eglise catholique, apostolique & romaine. Paris, Richer, 1602, in-8. v. f. d. s. t.

JURISPRUDENCE.

JURISPRUDENCE.

Prolégomenes, & Histoire de la Jurisprudence & des Jurisconsultes.

1780 Nouvelle Bibliotheque historique & chronologique des principaux auteurs & interpretes du droit civil, canonique & particulier, avec les caracteres de leurs esprits, & des jugemens sur leurs ouvrages, ensemble l'idée d'un bon Juge, & une dissertation touchant les Coutumes, par Denis SIMON, *Paris*, Pepie, 1692, 2 *vol. in-*12. *v. f. d. f. ir.*

1781 Bibliotheca juris selecta, secundùm ordinem literarium disposita, & ad singulas juris partes directa, accessit bibliotheca selectissima juris studiorum, quam primùm digessit Burcardus-Gottholf. STRUVIUS, emendavit & copiosè locupletavit Christianus-Gottlieb. BUDER, editio septima, *Jenæ*, Christian. Henr. Cuno, 1743, *in-*8. *v. m.*

1782 Martini LIPENII, Bibliotheca realis juridica, post Friderici Gottliebii STRUVII curas recensuit opus, innumeros errores sustulit, ultra dimidiam partem optumis libris & dissertationibus fere omnibus auxit, & accuratum scriptorum indicem adjecit Gottlob-Augustus JENICHEN, *Lipsiæ*, Fridericus Matthias Frisius, 1736, *in-fol. cart.*

1783 Joannis HEUMANNI, Jur. Prof. in Academia Altorfina, apparatus Jurisprudentiæ literarius, *Norimbergæ*, Joannes-Georgius Lochnerus, 1752, *in*-8. *v. m.*

1784 Georgii BEYERI, de utili & necessaria autorum juridicorum & juris arti inservientium notitia, schediasma exhibens indicem autorum, quos recitandos & excerpendos sibi proposuit, cum specimine futuri laboris duas autorum decades sistente, secunda editio, priori pluribus auctior & emendatior, additis duobus speciminibus aliis II. & III. nuncupatis, recitante & excerpente Georgio BEYERO, *Lipsiæ*, Hæredes Grossiani, 1726, *in*-8. *cart.*

1785 Ejusdem, notitia Auctorum juridicorum diversi generis, libris iterum locupletata, auctore D. Henrico-Gottlieb. FRANCKE, continuatio quinta, *Lipsiæ*, in Officina Grossiana, 1758, *in*-8. *v. f.*

1786 De sectis & philosophia Jurisconsultorum opuscula, collegit, recognovit & præfatione de elogiis Jctorum rom. ac progammate de disputatione fori auxit Gottlieb. SLEVOGTIUS, *Jenæ*, sumptibus viduæ Meyerianæ, 1724, *in*-8. *carton.*

1787 Chr. Henr. TROTZ, Jcti, Tractatus juris de memoria propagata, seu de studio veterum memoriam sui propagandi, *Trajecti ad Rhenum*, Abrah. Van Paddenburg, 1774, *in*-8. *v. m.*

1788 Herm. Fred. KAHRELI, Institutiones juris universi, in quibus initia Jurisprudentiæ tum naturalis, tum civilis ex veris ducta fontibus, apta compositione doctrinarum, exponuntur, & ea, in quibus utrumque jus consentit vel dissentit, quàm brevissimè explicantur, viaque ad solidam jurium scientiam ac interpretationem

JURISPRUDENCE.

monstratur, *Francofurti & Hornbornæ*, in Officina Moelleriana, 1762, *in*-8. *v. f.*

1789 Caroli Ferd. HOMMELII, Jurisprudentia numismatibus illustrata, necnon sigillis, gemmis, aliisque picturis vetustis variè exornata, libri duo, *Lipsiæ*, Joannes Wendlerus, 1763. = Christiani Adolphi KLOTRII, auctuarium Jurisprudentiæ numismaticæ, à Car. Ferd. Hommelio editæ, *Lipsiæ*, Joan. Wendlerus, 1765, *in*-8. *cart.*

1790 Essai sur l'histoire générale des Tribunaux des Peuples, tant anciens que modernes, *ou* Dictionnaire historique & judiciaire, contenant les anecdotes piquantes & les jugemens fameux des tribunaux de tous les tems & de toutes les nations, par M. DES ESSARTS, Avocat, *Paris*, Nyon l'aîné, 1778 — 1780, 6 *vol. in*-8. *v. m.*

1791 De veteribus Jureconsultis commentarius, è quorum legibus Justitiæ romanæ templum extructum est, à Nicolao HENELIO JCto Sacr. Cæsar. Majest. instructus, *Lipsiæ*, Tobias Riesen, 1654, *in*-8. *v. m.*

1792 Les vies des plus célebres Jurisconsultes de toutes les nations, tant anciens que modernes, par F. Cl. TAISAND, *Paris*, Sevestre, 1721, *in*-4. *v. b.* — *Double à Vendre*

1793 Vitæ clarissimorum JCtorum, N. Boerii, A. Augustini, F. Hottomanni, B. Brissonii, P. Pithoei, G. Budæi, A. Goveani, J. Cujacii, J. Bertrandi, G. Panciroli, ex recensione & cum notis Frider. Jac. LEICKHERI, *Lipsiæ*, Mic. Gudtherus, 1686, *in*-8. *vel.*

1794 Memoria Gregorii Haloandri JCti, & instauratoris jurisprudentiæ, commentatione historica renovata, auctore Georg. Laurentio HAUSFRIZ, Norimbergensi, *Norimbergæ*, Joannes Stein, 1736, *in-8. v. éc.*

1795 Everardi OTTONIS, Jurisconsulti & Antecessoris, de vita, studiis, scriptis & honoribus Servii Sulpicii, Lemoniæ, Rufi, Jurisconsultorum Principis, liber singularis; ejusdem, P. Alfenus Varus, ab injuriis veterum & recentiorum liberatus, *Trajecti ad Rhenum*, Johan. Broedelet, 1737, *in-8. v. m.*

1796 Vie de Van Espen, Docteur ès Droits & Professeur dans l'Université de Louvain, où l'on trouve des éclaircissemens historiques sur tous les écrits ci-devant imprimés de ce Docteur, & sur ceux qui sont contenus dans le nouveau supplément, aux différentes collections de ses Œuvres, par M. ***, Licencié ès Droits, *Louvain*, Libraires associés, 1767, *in-8. v. f. d. f. t.*

Dictionnaires, Extraits & Dissertations de Jurisprudence.

1797 Vocabularium Juris utriusque ex variis ante editis, præsertim ex Al. SCOTI, Jo. KAHL, Barn. BRISSONII, & J. Gottl. HEINECCII, accessionibus; opera & studio B. Philip. VICAT, Juris utriusque D. & Professoris, *Lausannæ*, Marc.-Mich. Bousquet, 1759, *3 vol. in-8. v. f. d. f. t.*

1798 Dictionnaire portatif de Jurisprudence, par M. D. P. D. C. (M. DE FREZEL DE LA COMBE), *Paris*, le Clerc, 1763, *3 vol. in-8. v. f.*

1799 Répertoire universel & raisonné de Jurisprudence civile, criminelle, canonique & bénéficiale,

DROIT CANONIQUE.

néficiale, publié & mis en ordre par M. G****
(GUYOT) ancien Magistrat, *Paris*, J. D. De-
rez, 1775, 4 *vol. in-8. v. mar.*

1800 Encyclopédie de Jurisprudence, ou Dictionnaire complet, universel, raisonné, historique & politique de Jurisprudence civile, criminelle, canonique & bénéficiale, de toutes
les nations de l'Europe, par une Société de
Jurisconsultes, de Publicistes & de Gens de
Lettres, *Bruxelles*, J. L. de Boubers, 1777
& 1780, 7 *vol. in-4. dont 4 v. m. & 3 en feuil.*

1801 Jo. Petri DE LUDEWIG, Ducatus Mag-
deb. Cancellarii, dissertationes selectæ, præsertim juridicæ, *Halæ Vened.* in Officina Hier-
wirthiana, 1748, 3 *vol. in-4. v. f. d. s. t.*

1802 Mélanges de Jurisprudence, *Paris*, Colom-
bier, 1778, *in-8. v. m.*

DROIT CANONIQUE.

Histoire & Institutions du Droit Canonique.

1803 Histoire du Droit canonique & du gouvernement de l'Eglise, par M*****, *Paris*,
Wario, *sans date*, *in-12. v. m.*

1804 Christophori Matthæi PFAFFII, origines
juris ecclesiastici, una cum dissertationibus juris ecclesiastici Historicis, *Tubingæ*, Scara-
melei, 1756, *in-4. veau marb.*

1805 Institution au droit ecclésiastique, par
Fleury, *Paris*, Emery, 1721, 2 *vol. in-12. v. m.*

1806 Claudii FLEURY, Institutiones juris ecclesiastici, latinas reddidit, & cum animadversionibus Julii Henningi BOEHMERI J. C. edidit
Joannes-Daniel GRUBER, editio quarta, *Ra-*

Tome I. V

(*Genevæ*) Fratres de Tournes, 1768, 1 tom.
2 vol. in-8. v. m.

✠ 1807 Histoire & Institutes du Droit Canonique, par M. Durand de Maillane, en latin, trad. en franç. *Lyon*, J. Mar. Bruyset, 1770, 10 vol. in-12. v. m.

Interprêtes du Droit Canonique, Décrétales des Papes, Bulles, &c.

✠ 1808 Les Regles du Droit Canon, dans le même ordre qu'elles sont disposées au dernier titre du cinquieme livre du Sexte, & au dernier titre du cinquieme livre des Décrétales, trad. en françois avec des explications & des commentaires sur chaque regle, par J. C. Dantoine, nouvelle édition, revue & corrigée, *Liege*, 1775, in-4. v. m.

✠ 1809 Pseudo-Isidorus & Turrianus vapulantes, ceu editio & censura epistolarum quas urbis Romæ præsulibus, à B. Clemente ad Siricium Isidorus cognomento Mercator supposuit; Franc. Turrianus defendere conatus est; recensuit, & notis illustravit Dav. Blondellus, *Genevæ*, Chouet, 1628, in-4.

✠ 1810 Animadversioni Chiffletianæ animadversio repensa cum fœnore ab Armando Valetta, cui accedit Marii Woenneloki epistola ad Alexandrum Gambacurtam J. C. Parisiensem, *Divione*, P. Palliot, 1662, in-4. v. f. d. s. t.

✠ 1811 Philippi Priorii, de Literis Canonicis dissertatio, cum appendice de Tractatoriis & Synodicis, *Parisiis*, Ludovicus Billaine, 1675, in-8. v. f. d. s. t.

DROIT CANONIQUE.

1812 Riflessioni sopra i due nuovi Brevi dati dalla corte di Roma, sotto il nome del P. P. Clemente XIII, all' arcivescovo di Parigi, e al Duca di Lorena re di Polonia, *Lugano*, Giuseppe Bettinelli, 1765, *in-8. cart.*

1813 La Translation de la Bulle de la Croisade, (du 1 Juin 1516) de latin en francoys, *sans nom de Ville, ni date, in-4. got. cart.*

 Caractere *anc. batarde*, sans reclames, chiffres, 12 feuillets.

1814 Epistola di Papa Pio II, a Mahometto II, Gran Turco, *sans date, nom de Ville ni d'Imprimeur, in-8. baz.*

Regles de la Chancellerie Romaine, Décisions de la Rote, &c.

1815 Regule Cancellarie Apostolice (LXX): cum earum notabili & subtilissima glosa nuper correcta, remendata, & multis additionibus, non tam nitide quàm utiliter decorata, *Roma, in Campo Flore.* = Regule, ordinationes, & constitutiones Cancellarie Julii II, Pape, scripte & correpte in cancellaria apostolica, *Florentiæ*, An. de Tubinis, & An. de Ghyrlandis, 1502. = Nove regule Cancellarie per Julium Papam II, super gratiis expectativis per ipsum dandis edite, *in-4. goth. c. m. cart.*

1816 Tractatus de supplicatione ad sanctissimum à Litteris & Bullis Apostol. nequam & importunè impetratis in perniciem reipublicæ, regni, aut regis, aut juris tertii præjudicium, & de earum retentione interim in senatu, authore Dom. Franc. SALGADO de Somora, *Ma-*

triti, Maria de Quinnones, 1639, *in-f. v. ée.*

1817 Il Tribunale della S. Rota Romana descritto da Domenico BERNINO, *Roma*, Bernabo, 1717, *in-fol. fig. baf.*

1818 Decisiones Rotæ sacri Palatii apostolici Avenionensis, nunc primùm in lucem emissæ, & cum suo debito splendore per eorum auctorem traditæ & completæ, auctore Ant. D. Hieron. A LAURENTIIS Avenionensi, utriusque juris comite & ejusdem Rotæ decano, cum repetitione illius difficillimæ legis, *si emancipati*, ubi alta & profunda collationum materia disseritur & declaratur, cum multis responsis eamdem materiam concernentibus, *Lugduni*, in officina Juntarum, apud Horatium Cardon, 1600, *in-fol. v.f.d.f.t.*

1819 Simonia curiæ Romanæ, Carolo V, Cæsare Augusto, à S. Rom. Imp. Electoribus, & Principibus, Comitiis Norinbergensibus, anno 1522, oratori Pontificio proposita; ab iisdem in oppositis Concilio Tridentino gravaminibus summatim repetita, visa dignissima quæ S. Imp. Electoribus, Principibus, cæterisque ordinibus novâ hac editione in memoriam revocarentur, quibus ejus seculi Papæ Adriani sexti literæ ejusque Legati propositio, & ad eam Principum responsio præmittuntur. D. Friderichi II, D. Ferdinandi & D. Maximiliani II, Imp. Rom. de eadem querulæ literæ, ut & variæ Curiæ Romanæ deglubitivæ taxæ annatarum, Pœnitentiariæ cancellariæ subnectuntur, olim edita, nunc recusa, *Francofurti*, Biermannus, 1612, *in-4. v.f.*

DROIT CANONIQUE.

Regles des Ordres Monastiques.

Regle de S. Benoiſt & Ouvrages qui la concernent.

1820 Bref du Pape Grégoire XV pour la réformation des Monaſteres des Ordres de Saint-Auguſtin, S. Benoiſt, Clugny & Ciſteaux, avec les Lettres-Patentes pour ſon exécution, *Paris*, Julliot, 1622. = Articles faits par l'ordonn. du Cardinal de la Rochefoucault, pour ce reſtabliſſement; *Paris*, Julliot, 1623. = Conſtitutions pour les Congrégations de Religieux eſtablies en l'Ordre de S.-Auguſtin, *Paris*, Julliot, 1623. = Articles particuliers pour l'Ordre de Cluny & la Congrégation de Saint-Maur, *Paris*, Julliot, 1623. = Pour l'Ordre de Ciſteaux. = Réglem. pour la réception à l'habit & à la profeſſion de ces quatre Ordres. = Différentes commiſſions pour les viſites, *Paris*, Julliot, 1723. = Examen d'une apologie pour les Chanoines réguliers de l'Ordre de Saint-Auguſtin, *Paris*, Julliot, 1624, *in-8*. *v. f. d. ſ. t.*

1820 * Regula S. P. Benedicti & Conſtitutiones Congregationis S. Mauri, *Pariſiis*, Deſprez, 1770, *in-8. v. f. d. ſ. t.*

1821 Placitum magni conſilii pro Benedictinorum Congregatione, adversùs majoris monaſterii Monachos, *Pariſiis*, Thierry, 1606, *in-8. v. f. d. ſ. tr.*

1822 Statuts pour les Religieux de l'Ordre de S. Benoiſt, du monaſtere de S. Denys en France, (1614) *in-12. v. m.*

JURISPRUDENCE.

1823 Recueil de Mémoires concernant les Bénédictins, 2 *vol. in*-4.

CONTENANT

Mémoire pour les Abbés, Prieurs & Religieux des Abbayes de S. Vincent du Mans, de S. Martin de Sées, de S. Sulpice de Bourges, de S. Alire de Clermont & de S. Augustin de Limoges, *Paris*, Mich. Lambert, 1764. ===== Mémoire pour l'Archevêque de Lyon, & autres nommés aux Abbayes mentionnées ci-dessus, *Paris*, Chardon, 1764, avec les Pieces justificat. ===== Précis pour les Brévetaires du Roi sur les précédentes Abbayes, contre les Bénédictins, *Par.* Chardon, 1764. ===== Lettres-Patentes du Roi, concernant la disposition des revenus de l'Abbaye de S. Vincent du Mans. ===== Discours d'un de MM. de Grand'Chambre au Parlement, au sujet d'un écrit anonyme contre le régime de la Congrégation de S. Maur. ===== Arrêt du Parlement qui supprime cet écrit. ===== Réglemens nouveaux du Chapitre général de la Congrégation de S. Maur, tenu dans l'Abbaye de Marmoutier en 1763. ===== Requête au Roi, par les Religeux de S. Germain-des-Prés. ===== Réclamation des Religieux des Blancs-Manteaux, contre la *Requête des Religieux de S. Germain-des-Prés*. ===== Lettre de M. de Saint-Florentin, pour le maintien de l'Ordre dans l'état où il est. ===== Requête au Roi par le Supérieur Général, le Régime & la plus nombreuse partie de la Congrégation de S. Maur, contre l'entreprise des Religieux de l'Abbaye de S. Germain-des-Prés, *Paris*, Vallat-la-Chapelle, 1765. ===== Lettre du Supérieur Général, du 6 Août 1765. ===== Observ. sur les conclusions de la Requête des Appellans, par un Religieux de la Congrégation de S. Maur. ===== Mémoire pour D. Jos. Delrue, Supérieur Général, contre D. Jean Faure, &c. *Paris*, Lambert, 1764. ===== Mémoires pour D. J. Faure, *Toulouse*, veuve J. P. Robert, 1765. ===== Mémoire en réponse pour D. Jos. Delrue, *Toulouse*, Joseph Dalles. ===== Idée sommaire des demandes évoquées au Conseil, & formées contre le Général, par D. Faure, &c. ===== Défense de D. Grég. Tarisse, Supér. Général, contre les Favonites. ===== Arrêt du Conseil qui ordonne la convocation d'un Chapitre général à Saint-Denis. ==== Lettre de D. Delrue, à ce sujet. ==== Arrêt du Conseil qui ordonne la séparation du Chapitre général tenu à Saint-Denis. ==== Lettre de D. Delrue à ce sujet. ==== Noms des Supérieurs. ==== Arrêt du Conseil pour nommer la Commission concern. les Ordres religieux. ==== Arrêt du Conseil qui confirme les Bulles, &c. de la Congrégation de S. Maur. ==== Arrêt du Conseil qui ordonne de dresser un état de tous les Religieux, des revenus, &c. de cet Ordre.

1824 Guide spirituelle tirée de la reigle de S. Benoît, pour le soulagement des ames qui desirent vivre selon l'esprit de la même reigle, par le R. P. D. Philippe FRANÇOIS, Bénédictin, *Paris*, veuve C. Chastellain, 1622, 2 *vol. in-8. cart.*

1825 Dissertation sur l'Hémine de vin & sur la livre de pain de S. Benoît & des autres anciens Religieux, où l'on représente l'esprit des Pères & des Fondateurs, touchant le jeûne & la tempérance, & l'on recherche la juste proportion des poids & des mesures des anciens avec les nôtres, avec une dissertation sur l'année, le jour & l'heure de la mort de S. Benoît, *Paris*, Desprez, 1688, *in-8. v. b.*

Regle de Cîteaux & de S. François, &c.

1826 Nomasticon Cisterciense seu antiquiores Ordinis Cisterciensis constitutiones, à R. P. D. JULIANO, ejusdem Ordinis Abbate, collectæ & notis & observationibus adornatæ, *Parisiis*, Gervasius Alliot, 1664, *in-folio v. f. d. f. t.*

1826 * Du premier esprit de l'Ordre de Cîteaux, par Dom. JULIEN, *Paris*, Aliot, 1653, *in-4. v. f. d. f. tr.*

JURISPRUDENCE.

1827 L'ancien gouvernement de l'Ordre de Cisteaux, par l'Abbé DE FOURCAMONT, *Paris*, Coignard, 1674, *in-*12. *v. f. d. s. t.*

1828 Le véritable gouvernement de l'Ordre de Cisteaux, pour servir de réponse à plusieurs libelles & factums qui ont été donnés au public contre la vérité du régime de cet Ordre, & au préjudice de la jurisdiction de l'Abbé de Cisteaux, qui en est le Pere, le Chef & le Supérieur général, *Paris*, Sébast. Mabre Cramoisy, 1678, *in-*4. *v. f. d. s. t.*

1829 La maniere de tenir le Chapitre général de l'Ordre de Cisteaux, (par D. Louis MECHET) *Paris*, Leonard, 1683, *in-*4. *v. f. d. s. t.*

1830 Diritto del P. Abate generale di Cistello, sopra i monast. Cistercienfi di Sicilia, *in-*4. *v. m.*

1831 Recueil de Mémoires pour & contre les Général & Abbés de l'Ordre de Cisteaux, depuis 1760, jusqu'en 1766, *in-*4. *v. f. d. s. t.*

1831 * Plaidoyé pour Jacq. de Baudry, prétendu Religieux Cordelier, qui contient l'histoire de sa vie & un traité touchant la validité des vœux des Religieux, par Bénigne LORDELOT, *Paris*, Bienfait, 1681, *in-*12. *v. br.*

1832 Factum pour les Religieuses Cordelieres lès-Provins, contre les PP. Cordeliers, par Alexand. VARET, *Doregnal*, Braessem, 1679, *in-*12. *m. r.*

1832 * Toilette de l'Archev. de Sens, ou Réponse au précédent factum, *sans nom de Ville*, *in-*12. *v. br.*

Regle des Jésuites, & Ouvrages qui la concernent.

1833 Protocatastasis, seu prima Societatis Jesu institutio restauranda Summo Pontifici, latino-

DROIT CANONIQUE.

gallica expostulatione proponitur, Theophili Eugenii zelo, Patrum Societatis voto, 1614. = Théophile Eugene au Roy de France & de Navarre, Louys XIII, pour la réformation des Jésuites en France; & Théophile aux pieds du Pape Paul V, pour la réduction de l'Ordre des Jésuites, 1614. *in-8. v. f. d. s. t.*

1834 Déclaration de l'Institut de la Compagnie de Jesus, en laquelle sont contenues par déduction les responses aux principales objections faites jusques à présent contre les Jésuites, *Paris*, Cl. Chappelet, 1615, *in-8. v. f. d. s. t.*

1835 Corpus Institutorum Societatis Jesu, & epistolæ præpositorum generalium, & catalogus Provinciarum, Domorum, Collegiorum ejusdem Societatis, *Antuerpiæ*, Meursius, 1709, 2 *tom.* 4 *vol. in-4. v. b.*

1836 Institutum Societatis Jesu, auctoritate Congregationis generalis XVIII, meliorem in ordinem digestum, auctum & recusum, *Pragæ*, in Collegio Societ. Jesu, 1757, 2 *vol. in-fol. v. f.*

1837 Observations sur l'Institut de la Société des Jésuites, *Avignon*, 1761, *in-12. v. m.*

1838 Coup-d'œil sur l'Arrest du Parlement de Paris, du 6 Août 1761, concernant l'Institut des Jésuites, *Avignon*, Chambeau, (1761) *in-12. v. m.*

1839 Réponse à un libelle intitulé: *Idée générale des vices principaux de l'Institut des Jésuites*, *Avignon*, Chambeau, 1761, *in-12. v. m.*

1840 Réflexions critiques sur la réponse à l'Auteur de l'*Idée générale des vices principaux de l'Institut des Jésuites*, sans date, ni nom de Ville, *in-12. v. m.*

JURISPRUDENCE.

1841 Mémoire concernant l'Institut, la doctrine & établissement des Jésuites en France, *Rennes*, Vatar, 1762, *in*-12. *v. m.*

1842 Apologie générale de l'Institut & de la doctrine des Jésuites, *sans nom de Ville*, (1763) *in*-8. *v. m.*

1843 Regulæ Societatis Jesu, *Parisiis*, Foüet, 1620, *in*-12. *m. r.*

1844 Regulæ Societatis Jesu, auctoritate septimæ Congregationis generalis auctæ, *Antuerpiæ*, Meursius, 1633, *in*-8. *v. f.*

1845 Discours du P. Mariana, des grands défauts qui sont en la forme du gouvernement des Jésuites, trad. d'espagnol en franç. *sans nom de Ville*, 1625, *in*-8. *baz.*

1845 * Il medesimo Discorso, tradotto di spagnuolo in francese, e dal francese in italiano, (*sans frontispice*) *in*-8. *v. éc.*

1846 Litteræ apostolicæ, quibus institutio, confirmatio & varia privilegia Societatis Jesu continentur, *Antuerpiæ*, Meursius, 1635, *in*-8. *v. f.*

1847 Decreta Congregationum generalium Societatis Jesu, *Antuerpiæ*, Meursius, 1635, *in*-8. *v. f.*

1848 Canones Congregationum generalium Societatis Jesu, *Antuerpiæ*, Meursius, 1635, *in*-8. *v. f.*

1849 Ratio atque institutio studiorum Societatis Jesu, *Antuerpiæ*, Meursius, 1635, *in*-8. *v. f.*

1850 De ratione discendi & docendi ex decreto Congregat. generalis XIV, auctore Josepho Juventio, Societatis Jesu, *Francofurti*, Thomas Fritsch, 1706, *in*-8. *v. éc.*

1851 Ordinationes præpositorum generalium com-

DROIT CANONIQUE. 315

munes toti Societati, *Antuerpiæ*, Meurſius, 1635, *in*-8. *v. f.*

1851 * Compendium privilegiorum & gratiarum Societatis Jeſu, *Ant.*, Meurſius, 1635, *in*-8. *v.f.*

1852 Inſtructiones ad Provinciales & Superiores Societatis Jeſu, ut directiones tantùm ſeorſim impreſſæ, *Antuerp.* Meurſius, 1635, *in*-8. *v. f.*

1852 * Directorium in exercitia ſpiritualia S. P. N. Ignatii, *Antuerpiæ*, Meurſius, 1635, *in*-8. *v.f.*

1853 Epiſtolæ præpoſitorum generalium ad Patres & Fratres Societatis Jeſu, *Antuerpiæ*, Meurſius, 1635, *in*-8. *v. f.*

1853 * Index generalis in omnes libros Inſtituti Societ. Jeſu, *Ant.*, Meurſius, 1635, *in*-8. *v.f.*

1854 Conſtitutiones Societatis Jeſu, & examen cum declarationibus, *Antuerpiæ*, Meurſius, 1635, *in*-8. *v. f.*

1854 * Conſtitutions des Jéſuites, avec les déclarations, traduites en franç. avec le texte à côté, (*Paris*) 1762, 3 *vol. in*-12. *v. m.*

1855 Avis paternels d'un Militaire à ſon fils Jéſuite, *ou* lettres dans leſquelles on développe les vices de la conſtitution des Jéſuites, (*Par.*) 1760, *in*-12. *v. m.*

1855 * Secret du gouvernement jéſuitique, *ou* Abrégé des conſtitutions de la Société de Jeſus, (*Par.*) 1761, *in*-12. *v. m.*

1856 Plaidoyers contre les Jéſuites, diſcours de M. l'Avocat Général & arrêts de la Cour de Parlement, *Paris*, 1761, *in*-12. *v. m.*

1857 Compte rendu par M. le Préſident Rolland, de ce qui a été fait par les Commiſſaires nommés par les Arrêts des 6 Août & 7 Septembre 1762, *Paris*, 1763, *in*-4. *v. f.*

JURISPRUDENCE.

1858 Extraits des assertions dangereuses que les soi-disans Jésuites ont, dans tous les tems, soutenues & enseignées dans leurs livres, *Paris*, Simon, 1762, 4 *vol. in-12. v. m.*

1859 Les mêmes, *Paris*, Simon, 1762, *in-4. v. m.*

1860 Ordonnance & instruction pastorale de M. l'Evêque d'Alais, au sujet des *Assertions*, *Aix*, David, 1764, *in-12. v. f.*

1861 Recueil complet, par ordre de dates, de tous les Arrêts du Parlement, Déclarations & Lettres-Patentes du Roi, concernant les ci-devant soi-disans Jésuites avec le compte rendu par M. Omer Joly-de-Fleury, Avocat-Général, *Paris*, Simon, 1763, *in-4. cart.*

1861 * Compte rendu des constitutions & de la doctrine des soi-disans Jésuites, par les Conseillers-Commissaires au Parlement séant à Metz, 1762, *in-4. cart.*

1862 Deux comptes rendus des constitutions des Jésuites, par M. Louis-René DE CARADEUC DE LA CHALOTAIS, 1762, *in-4. x. m. cart.*

1863 Les mêmes, (*Par.*) 1762, *in-12. v. m.*

1864 Second compte rendu, par le même, (*Par.*) 1762, *in-12. v. m.*

1865 Remarques sur un écrit intitulé : *Compte rendu des constitutions des Jésuits, par M. Louis-René de Caradeuc de la Chalotais*, *Paris*, (1762) *in-12. v. m.*

1866 Compte rendu des constitutions des Jésuites, par le Procureur Général du Parlement de Toulouse, 1762, *in-12. v. m.*

1867 Compte rendu des constitutions des Jésuites, par Jean-Pierre-Franç. RIPART DE MON-

DROIT CANONIQUE. 317

CLAR, Procureur-Général du Parlement de Provence, (*Par.*) 1763, *in-12. v. m.*

1868 Le même, 1763, *in-4. cart.*

1869 Comptes rendus des établiſſemens, de l'inſtitut & de la doctrine des ſoi-diſans Jéſuites, par le Parlement de Dijon, *ſans nom de Ville*, 1763, *in-12. v. m.*

1870 Répoſe de René DE LAFON, pour les Religieux de la Compagnie de Jeſus, au plaidoyé de Simon Marion, avec quelques notes, *Villefranche, Grenier*, 1599, *in-8. v. m.*

1870 * Procès de Henry Garnet, Provincial des Jéſuites d'Angleterre, exécuté à mort à Londres le 28 Mars 1606, trad. mot à mot de l'Anglois; plus, le banniſſement des Moines, Prêtres, Jéſuites, Séminaires hors du Royaume de la Grande-Bretagne, *ſans nom de Ville*, 1607, *in-8. m. r.*

1871 Reſponſe aux invectives contenues en un livre intitulé : *le grand Coliſée*, baſti d'injures contre les Camarades & Compagnons de J. C. imprimé à Sainct-Gervais en 1611, par M. D. L. G. Baile, Jéſuite, *ſans date ni nom d'Imprimeur, imprimé pour la troiſieme fois, in-8. v. m.*

1872 Plaidoyé de Pierre DE LA MARTELLIERE, pour l'Univerſité de Paris, contre les Jéſuites, *Paris, Petit-pas*, 1612, *in-8. v. m.*

1873 Le même, *même date, même format, & cependant édit. différente, v. f. d. ſ. t.*

1874 Advis & notes donnés ſur quelques Plaidoyez de Maiſtre Louis SERVIN, Advocat du Roy, cy-devant publiez en France, au préjudice de la Religion catholique, de l'honneur du Roy Très-Chreſtien & de la paix de ſon

Royaume, par Louys RICHEOME, de la Comp. de Jesus, *Caen*, Georges de la Mariniere, 1615, *in*-8. *v. f. d. s. t.*

1875 La vérité défendue pour la Religion catholique en la cause des Jésuites, contre le *Plaidoyé d'Antoine Arnauld*, par François DES MONTAIGNES, *Turin*, Gaillard, 1615, *in*-8. *v. m.*

1876 Tableau racourci des Jésuites, par D. C., *Toulouse*, Jean Boude, 1621, *in*-8. *v. f. d. s. t.*

1877 Advertissement pour les Universitez de France, contre les Jésuites, par Gasp. FROMENT, *Paris*, 1624, *in*-8. *v. m.*

1878 Confutatio collectionis locorum, quos Jesuitæ compilarunt, tanquam sibi contumeliosos & injuriosos, ex defensione epistolæ Galliæ Episcoporum & Censuræ Sacræ Theologiæ Facult. Parisiensis, à Petro AURELIO edita, 1633, *in*-8. *v. f. d. s. t.*

1879 Traités pour la défense de l'Université de Paris, contre les Jésuites, *Par.* 1643, *in*-8. *baz.*

1880 Requeste, procès-verbaux & advertissemens de l'Université pour faire condamner la doctrine des Jésuites, *Paris*, Jacquin, 1644, *in*-8. *v. f. d. s. tr.*

1881 Le philosophisme des Jésuites de Marseille, en deux parties; la premiere contient les intrigues, injustices, surprises, &c. qu'ils ont employées pour s'y faire fonder trois chaires de Théologie, en Octobre 1689. La seconde, comment le philosophisme y a été introduit dès le mois suivant, renouvellé au commencement de 1691, & frauduleusement rétracté le 25 Juin de la même année, par le P. BEON, leur Profeſſeur en Théologie, *Avignon*, (*Amſt.*) 1692, *in*-12. *v. m.*

1882 La politique des Jéſuites démaſquée, & l'appel juſtifié par les principes des libertés de l'égliſe gallicane, dans l'examen des mandemens de M. l'Evêque d'Apt, des 30 Avril & 20 Décembre 1717. 1719. = Lettre à l'Evêque d'Apt, ſur ſon mandement du 20 Décembre 1717, *in*-12. *v. b.*

1883 Dénonciation faite à tous les Evêques de l'Egliſe de France, par le corps des Paſteurs & des autres Eccléſiaſtiques du ſecond ordre, zélés pour la conſervation du dépôt de la foi & l'honneur de l'Epiſcopat, des Jéſuites & de leur doctrine, *Paris*, (*Amſt.*) 1727, *in*-4. *v. br.*

1883 * La même, *Paris*, 1762, *in*-8. *v. m.*

1884 Motif des Juges du Parlement de Provence, qui ont été d'avis de condamner le P. J. B. Girard, Jéſuite, 1733, *in*-4. *v. f.*

1884 * Mémoire où l'on dévoile la fourberie des RR. PP. Jéſuites, dans l'affaire d'Ambroiſe Guys, avec le recueil de toutes les pieces concernant cette affaire, *ſans nom de Ville*, 1733, *in*-4. *v. f. d. ſ. t.*

1885 Procès contre les Jéſuites, pour ſervir de ſuite aux Cauſes célebres, *Breſt*, (*Amſterd.*) 1750, *in*-12. *v. m.*

1885 * Le même, avec beaucoup d'augmentations, *Douay*, (*Amſt.*) 1761, *in*-12. *v. m.*

1886 Recueil des Decrets apoſtoliques & des Ordonnances du Roi de Portugal, concernant la conduite des Jéſuites dans le Paraguai, &c. l'attentat du 3 Septembre 1758, les ſuites de cet attentat, &c. trad. conformément à la col-

JURISPRUDENCE.

lection imprimée en 1759, avec les Mandemens des Evêques de Portugal, trad. sur les originaux, &c. *Amsterd.* Mich. Rey, 1760, 3 vol. *in-8. v. m.*

1886 * Problême historique qui des Jésuites, ou de Luther & Calvin, ont le plus nui à l'Eglise chrétienne? La solution de ce problême découvrira la véritable cause des maux qui affligent l'Eglise & le Royaume de France, & le seul moyen efficace qu'on puisse prendre pour les faire cesser, *Avignon,* (*Paris*), 1757, 2 vol. *in-12. v. f. d. s. t.*

1887 Les Jésuites criminels de lèse-majesté dans la théorie & dans la pratique, *la Haye,* (*Par.*) 1758, *in-12. v. m.*

1888 Mémoire à consulter & consultation, pour Jean de Lioncy, contre le corps & société des Jésuites, *Paris,* le Prieur, 1761, *in-4. cart.*

1888 * Mémoire sur les demandes formées contre le Général & la Société des Jésuites, au sujet des engagemens du Pere de la Valette, *Paris,* 1761, *in-12. v. m.*

1889 Lettre de M. l'Evêque de ***, à M. l'Archevêque de ***, 8 Septembre 1761, *Avignon,* Chambeau, 1762, *in-12. v. m.*

1890 Instruction pastorale de l'Archevêque de Paris, sur les atteintes données à l'autorité de l'Eglise par les jugemens des Tribunaux séculiers, dans l'affaire des Jésuites, *Paris,* 1763, *in-12. v. m.*

1891 La même, avec l'Arrêt du Parlement du 21 Janvier 1764 qui la condamne, *Paris,* 1763, *in-4. v. m.*

1892 Nouvelles observations sur les jugemens rendus

rendus contre les Jésuites, *Bourdeaux*, 1763, *in-12. v. m.*

1893 Bref du Pape Clément XIV, qui supprime l'Ordre des Jésuites, (en lat. & en françois) *Rome*, (*Paris*) 1773, *in-8. v. f. d. s. t.*

Regles des Chevaliers de S. Jean de Jérusalem ou de Malthe, de ceux de S. Etienne & du S. Esprit. &c.

1894 Statuti della Religione de Cavalieri Gierofolimitani, tradotti di latino in lingua toscana dal R. F. Paolo DEL Rosso di detto ordine, con la giunta de Privilegii conceduti da Papa Pio IV, alla medesima Religione, & un breve raccolto dell' origine, e fatti di quella, nuovamente ristampati, *Firenze, Filippo Giunti e fratelli*, 1570, *in-8. v. f.*

1895 Gli statuti della sac. Religione di S. Gio. Gerosolimitano, con le ordinationi del Capitolo generale celebrato nell' anno 1603, dall gran Maestro F. Alofio de Vignacourt, aggiuntivi li privilegii, & il modo di darla croce, e di far li meglioramenti alle commende, *Roma, Stampatori Camerali*, 1609. 2 *vol. in-4. v. f.*

1896 Li medesimi, con le ordinationi del Capitolo generale celebrato nell' anno 1631, *Borgo nuovo, Antonio Scionico*, 1719. == Urbani Papæ VIII, Cæremoniale super electione Magni Magistri Hospitalis S. Joannis Hierosolimitani, *Burgo novo, Antonius Scionicus*, 1635. == Privilegii della sacra Religione di San Giovanni Gerosolimitano, *Borgo nuovo, Antonio Scionico*, 1718. == Ceremoniale del Urbano Papa

JURISPRUDENCE.

Ottavo sopra l'elesione del gran Maestro dello spedale di S. Gio. Gerosolimitano, *Borgo nuovo*, Antonio Scionico, 1718. == Compendio alfabetico de ſtatuti della ſacra Religione Gerosolimitana, *Borgo nuovo*, Antonio Scionico, 1718, *in-fol. v. m.*

1897 La forme de donner l'habit aux Chevaliers Religieux de l'Ordre de Saint-Jean de Jeruſalem, *Paris*, veuve d'Houry, 1729, *in-4. baſ.*

1898 Statuti, e conſtitutioni del l'ordine de Cavalieri di Santo Stefano, fondato e dotato da Coſimo Medici, Duca II di Fiorenza e di Siena, hoggi Gran Duca di Toſcana, con le faculta e privilegii conceſſi dalla Santita di Papa Pio Quarto, e da ſua Altezza, e con le dichiarationi, & additioni fatte in detto ordine per tutto l'anno 1565, *Fiorenza*, Lorenzo Torrentino, 1562, *in-4. v. f. d. ſ. t.*

1898* Li medeſimi, con le dichiarationi & additioni fatte ſino à queſto anno 1567, *Fiorenza*, 1565 & 1567, *in-4. v. ſ.*

1899 Li medeſimi, con le dichiarationi & additioni fatte in detto ordine per tutto l'anno 1569, *Firenze*, Filippo Giunti e fratelli, 1571, *in-4. v. ſ. d. ſ. t.*

1900 Li medeſimi, riſtampati con aggiunte, *Firenze*, Franc. Onofri, 1665, *in-4. v. ſ. d. ſ. tr.*

1901 Parere ſopra la cauſa del priorato, di Roberto Papafava, del Cavaliere Battiſta Guarini, *Verona*, Girolamo Diſcepolo, 1586, *in-4. cart.*

1902 Statuts de l'Ordre du Saint-Eſprit, eſtably par Henri III en 1578, *Paris*, Imp. Royale, *in-4.* 1703. *gr. pap. l. r. mar. bl.*

DROIT CANONIQUE.

1902 * Diplomata pontificia & regia Ordini regulari & hospitali Sancti Spiritûs Monspeliensi concessa, cum aliquot notis latinis & gallicis, gravioris momenti observationibus, nonnullis constitutionibus præfixis, per Frat. Joannem-Antonium Tousart, Sacerdotem, *Parisiis*, Jac. le Febvre, 1723, 2 *tom.* 1 *vol. in-fol. v. m. d. s. t.*

1902 ** Le livre des Ordonnances des Chevaliers de Saint-Michel, *Paris*, 1664, *in-8. v. f. d. f. tr.*

1903 Statuts de l'Ordre de S.-Michel, *Paris*, Imp. Roy. 1725, *in-4. gr. pap. mar. r.*

1903 * Institution & Statuts de l'Ordre des Chevaliers de la Cajote, *Cologne*, Marteau, 1683, *in-12. v. f. d. f. t.*

Regles des Colléges, Séminaires, Congrégations particulieres, Communautés, Confrairies, Hôpitaux, &c.

1904 Statuta fidelissimæ nationis Picardiæ, recognita, reformata & confirmata, *Parisiis*, Thiboust, 1675, *in-12. v. f. d. f. t.*

1905 Status de la Faculté de Médecine, en l'Université de Paris, avec les pieces justificatives de ses privileges, & des droits & soumissions à elle deubs par les Apothicaires & Chirurgiens, recueil fait & mis en ordre par Denis Puylon, Doyen de ladite Faculté, *Par.* Fr. Muguet, 1672, *in-4. v. b.*

1906 Traduction des Statuts des Docteurs-Régens de la Faculté de Médecine en l'Université de Paris, par Michel BERMINGHAM, Chirurgien, *Paris*, de Poilly, 1754, *in*-8. *cart.*

1907 Statuta Universitatis Juristarum Patavini gymnasii, unà cum literis ducalibus & omnibus reformationibus in hunc usque diem factis, *Patavii*, Hieronymus de Gibertis, 1550. = Statuta Universitatis Artistarum & Medicorum Patavini gymnasii denuò correcta & emendata, (libri iv) *Patavii*, Innocentius Ulmus, 1570. = Statuta Dominorum Artistarum Achademiæ Patavinæ (libri iij) *sine anno & loci indicatione*, *in*-4. *v. f. d. f. t.*

1908 Premier & second Mémoire contenant les raisons pour lesquelles il est très-important de ne pas retirer le Séminaire de Liege des mains des Théologiens séculiers, & de n'en pas donner la conduite aux Peres Jésuites, avec deux Lettres d'un Ecclésiastique de Liege, contenant le récit de l'intrusion violente du Pere Louis Sabran, Jésuite Anglois, dans la présidence du Séminaire de Liege. = Motif de droit, ou Défense du Séminaire de Liege, & du droit de MM. ses Proviseurs, contre l'entreprise & les libelles des Jésuites Anglois de cette Ville. = Calomnie du Pere Louis Sabran, Jésuite, intrus dans le Séminaire de Liege, *sans date, ni nom de Ville, ni d'Imprimeur*, *in*-12. *v. f. d. f. tr.*

1908 * Cérémonial des Peres de la Doctrine Chrétienne, par le P. Jean VINCENT, *Paris*, Josse, 1667, *in*-12. *v. m.*

1909 Declaration de l'Institut de la Congrégation de Notre-Dame du Refuge, *Paris*, Sassier, 1657, *in*-8. *v. f. d. f. t.*

DROIT CANONIQUE.

1909 * Conſtitutions de la Congrégation des Filles de l'Enfance de N. S. J. C., *Toulouſe*, Boſc, 1664, *in-*12. *v. m.*

1909 * * Les conſtitutions du Monaſtere de Port-Royal du Saint-Sacrement, *Mons*, Migeot, 1665, *in-*12. *m. bl. à comp.*

1910 Regles de la Société ou Confrérie établie entre MM. les Militaires, ſous la protection de la Sainte Vierge, enſemble des cantiques ſpirituels, par le R. P. F. Roche, Cordelier, *Metz*, Antoine, 1703, (en vers) *in-*8. *v. m.*

1910 * Conſtitutions des Filles Hoſpitalieres de S. Joſeph, (*ſans nom de Ville, ni date*) *in-*12. *v. m.*

1911 Les Edits, Ordonnances & Reglemens ſur l'adminiſtration du revenu des Hôtels-Dieu, Hôpitaux, Leproſeries, Maladreries, & autres lieux pitoyables de ce Royaume; enſemble la fondation & inſtitution de la maiſon & charité chreſtienne fondée en la Ville de Paris, & premierement commençant aux Faulx-bourgs Sainct Marcel, *Paris*, (*ſans nom d'Imprim.*) 1585, *in-*8. *v. f. d. ſ. t.*

1912 L'Hoſpital général de Paris, avec pluſieurs Declarations, Arreſts, Reglemens, & autres pieces relatives audit Hoſpital général, *Paris*, Franç. Muguet, 1676 & ſuiv. *in-*4. *v. f. d. ſ. t.*

1912 * Récit de ce qui s'eſt paſſé tendant à la conſtruction d'un nouvel Hôtel-Dieu, année 1773, avec le plan pour la conſtruction d'un nouvel Hôtel-Dieu, *Paris*, P. G. Simon, 1773, *in-*4. *gr. pap. m. r.*

1913 Projet d'un Hôpital de malades ou Hôtel-Dieu, dans lequel les malades, couchés chacun ſeul dans un lit, recevroient les meilleurs ſe-

X iij

cours avec le moins de frais possible, par M. R***, Paris, veuve Duchesne, 1776, in-4. br.

1914 Institution de l'aumosne générale de Lyon, ensemble l'économie & reglement qui s'observe dans l'Hospital de Nostre-Dame de la Charité, où sont les pauvres renfermez de ladite aumosne, revue & augmentée, quatrieme édit. Lyon, 1639, in-4. v. f. d. f. tr.

1915 Statuts & Réglemens de l'Hôpital général de la charité, & aumône générale de Lyon, Lyon, Aymé de la Roche, 1742, in-4. m. r.

Droit Ecclésiastique de France.

Histoire.

1916 Histoire du Droit public, ecclésiastique françois, par M. D. B. (DU BOULLAY), Londres, (Paris) sans date, 2 vol. in-4. gr. pap. v. f. d. f. t.

Canons de l'Eglise de France, Pragmatique-Sanction, Concordats, Régale, Indult.

1917 Constitutiones Synodales civitatis & Diocesis BELVACENSIS, per Carolum DE VILLERS, Episcopum Belvacensem editæ & promulgatæ Belvaci, anno 1531, feria quarta ante festum Pentecostes in sua synodo generali, Parisiis, Simon. Colinæus, 1531, in-8. v. f. d. f. t.

1918 Oratio ad sacram synodum Metropolitanæ Ecclesiæ ROTHOMAGENSIS, subscriptos locos accuratè perstringens, de necessitate conciliorum ac synodorum, de vocatione pastorum, de abroganda Beneficiorum pluralitate, de pastorum

DROIT CANONIQUE. 327

regulari residentia, de sacerdotum sacro cœlibatu, authore F. Claud. SPINÆO, Ordinis Prædicatorum, *Parisiis*, Joan. Foucherius, 1559, *in*-8. *v. f. d. s. t.*

1919 La Pragmatique-Sanction, trad. en franç. avec Guillermus PARALDI, de la pluralité des bénéfices, *Paris*, le Noir, 1513, *in*-4. got. *v. f.*

1920 La Pragmatique-Sanction, contenant les décrets du Concile national de l'Eglise Gallicane, assemblé en la Ville de Bourges, au règne du Roy Charles septiesme, avec le concordat d'icelle entre François premier & le Pape Léon dixiesme, *Paris*, Gilles Corrozet, 1561, *in*-8. *v. f. d. s. t.*

1921 Concordata inter Papam Leonem decimum & Regem Franciscum hujus nominis primum, anno 1517, quibus fuêre addita: 1°. declaratio & designatio primi mensis post publicationem in quo beneficia vacantia sunt debita & affecta graduatis simpliciter; 2°. litteræ quibus Dominus noster Rex constituitur protector ac defensor hujusmodi concordati; 3°. prorogatio ad consenciendum concordato per prelatos, *Parisiis*, Durand Gerlier, circà an. 1518, *in*-8. got. *v. f. d. s. t.*

Typis vulgo *de somme* dictis, sine reclam. registro, 36 folia complectens.

1922 Eadem, (eodem Paginarum numero, sed tamen altera editio præcedenti inferior). = Subtilis & preclarus Heliæ quondam Turonensis archiepiscopi tractatus editus tempore Ludovici XI, Regis Franciæ, quod defensorium concordatorum non immeritò potest intitulari, eò quod continere videatur & amplecti motiva, rationes & causas concordatorum initorum inter Leonem decimum, Papam, & Regem Franciscum hujus nominis primum, nusquam cis Alpes caracteribus impressoriis antehac redactus, *Parhisius*, Durandus Gerlier, 1518, *in-8. v. f. d. s. tr.*

Typis *de somme* ac præcedenti, sine reclamantibus, registro, titulus & monitum lectoribus, 2 folia non cifrata, opus 27 cifrata, index 7 non cifrata, complectunt.

1923 Concordatorum inter Papam Leonem X, & Franciscum I, & regnum, editorum cum interpretationibus Petri REBUFFI, prima nondum typis demandata pars ad Rub. *de reservationibus* protensa, *Parisiis*, Joan. Parvus, 1539, *in-4 v. f. d. s. t.*

1924 Commentarius ad edictum Henrici secundi contra parvas datas & abusus Curiæ Romanæ, & in antiqua edicta & senatusconsulta Franciæ contra annatarum & id genus abusus, multas novas decisiones juris & praxis continens, authore Carolo MOLINÆO, *Lugduni*, Antonius Vincentius, 1552, *in-4. v. f. d. s. t.*

1925 Trattato generale della Regalia, tradotto dal francese, 1682, 4 *part.* 1 *vol. in-4. v. m.*

1926 Traité de l'Indult du Parlement de Paris, ou du droit que le Chancelier de France, les Présidens, Maîtres des Requêtes, Conseillers & autres Officiers du Parlement, ont sur les prélatures séculieres & régulieres du Royaume, par le Président COCHET DE SAINT-VALIER, *Paris*, Nyon fils, 1747, 3 *vol. in-4. v. f.*

1927 Dissertation sur l'Indult du Parlement, contenant les expédiens sûrs d'en rendre la jouissance prompte & utile, avec les moyens de réformer les abus du dévolut, par l'Abbé RICHARD, *Paris*, Lefebvre, 1723, *in-8. v. m.*

Libertés de l'Eglise Gallicane.

1928 Les Libertez de l'Eglise gallicane, par P. PITHOU, *Paris*, Mamert Patisson, 1594, *in-8. v. f. d. f. t.*

1929 Commentaire sur le Traité des libertés de l'Eglise gallicane, ensemble trois autres Traités, 1°. de l'origine & du progrès des interdits ecclésiastiques; 2°. des informations de vie & mœurs des nommés aux Evêchés par le Roy; 3°. Histoire de l'origine de la Pragmatique-sanction, faite par le Roy Charles VII, l'an 1439, & des concordats faits l'an 1515, par P. DU PUY, *Paris*, Sébastien Cramoisy, 1652, *in-4. v. b.*

1930 Le même, nouvelle édition, corrigée & augmentée de notes & d'une préface historique, avec un recueil de preuves, par l'Abbé LENGLET DUFRESNOY, *Paris*, Jean Musier, 1715, 2 *vol. in-4. gr. pap. mar. r. d. f. t.*

1931 Remontrance du Clergé de France faite au Roy, le 13 Octobre 1585, par l'Evesque & Comte de Noyon, Pair de France, assisté des Cardinaux de Bourbon & de Guyse, Archevesques, Evesques, & autres Deputez dudit Clergé, à l'assemblée generale d'iceluy tenue en l'Abbaye de Saint-Germain-des-Prez lez-Paris, audit mois d'Octobre 1585, *Paris*, Jean Richer, 1585, *in-8. v. f. d. f. t.*

1932 Humbles requestes & remontrances faites au Roy pour le Clergé de France tenant ses

Eſtats, par Anthoine LE BAGUE, *Paris*, Pierre Gueau, 1588, *in-8. v. f. d. f. t.*

1932 * Anti-Choppinus, imò potius epiſtola Nicodemi TURLUPINI, (Jean HOTMAN, Sieur de Villiers) de Turlupiniis, ad Renatum Choppinum de Choppinis, *Carnuti*, 1592, *in-8. v. f.*

1933 Eſtat de l'Egliſe gallicane durant le ſchiſme, extraict des regiſtres & actes publiques, (en latin & en françois) *Paris*, Mamert Patiſſon, 1594, *in-8. v. f. d. f. t.*

1934 Expoſition de la doctrine de l'Egliſe gallicane, par rapport aux prétentions de la Cour de Rome, (par DUMARSAIS) *Geneve*, (Par.) 1757, 3 part. 1 vol. *in-12. v. m.*

Double à vendre

Affaires & Mémoires du Clergé de France.

1935 Les remonſtrances faictes à Louis XI, ſur les priviléges de l'Egliſe gallicane, & les plainctifs & doléances du peuple; plus, l'inſtitution & ordonnance des Chevaliers de l'Ordre des Très-Chrétiens Roys de France, avec la forme & l'ordre de l'aſſemblée des trois Eſtats tenus en la ville de Tours, ſoubs le regne de Charles VIII, & ce qui y fut remonſtré, décidé & ordonné, *Paris*, Dallier, 1561, *in-8. v. f.*

1936 Procès-verbal de l'Aſſemblée générale du Clergé de France, tenue à Paris en 1650, *Paris*, Antoine Vitré, 1650, *in-fol. v. f. d. f. t.*

1937 Defenſe de la déclaration faite par le Clergé de France ſur la Puiſſance eccléſiaſtique, le 19 Mars 1682, par J. B. BOSSUET, Evêque de Meaux, en lat. & en franç. *ſans nom de Ville*, (Paris) 1735, 2 tom. 1 vol. *in-4. v. m.*

Double à vendre

DROIT CANONIQUE. 331

1938 La même, en françois seulement, 1736, in-4. cart.

1939 La clef des Mystères, relativement aux décimes du Clergé, in-8. v. m.

1940 Lettres, *Ne repugnate vestro bono*, (concernant la prétention du Clergé, par rapport à l'exemption du vingtieme) *Londres*, (*Paris*) 1750. = Mandement de l'Evêque de Marseille, du 25 Décembre 1750, & de l'Evêque d'Uzez, du 15 Décembre 1750, portant condamnation de ces lettres, in-12. v. m.

1941 Recueil de pieces concernant les affaires présentes du Clergé de France, avec des remarques particulieres sur chacune, *Londres*, (*Par.*) 1750, 4 vol. in-12. v. b.

CONTENANT

Quatre Lettres, *ne repugnate vestro bono*, 1750. ━ Remontrances du Clergé présentées au Roi, le 24 Août 1749, au sujet de la levée du vingtieme. ━ Réponse aux *Lettres contre l'immunité des biens ecclésiastiques*, 1750. ━ Suite de cette réponse. ━ Cinq lettres & réflexions sur un écrit intitulé : *Lettre d'un Imprimeur de Londres*, 1750. ━ Extrait du procès-verbal de l'assemblée du Clergé, 1750. ━ Extrait des procès-verbaux du Clergé, qui prouvent évidemment que les dons offerts aux Rois par le Clergé, ont toujours été demandés, accordés & reçus comme dons gratuits, libres & volontaires. ━ Observ. sur un écrit intitulé : *Extrait du procès-verbal de l'Assemblée du Clergé*, 1750. ━ Examen impartial des *Immunités ecclésiastiques*, 2 part. 1751. ━ Lettre touchant l'usage des biens ecclésiastiques, & s'il est permis d'en faire des acquêts, 1689.

1942 Les commentaires des *Lettres ne repugnate*, ou défense desdites lettres, contre les différentes

JURISPRUDENCE.

critiques qu'on en a faites, par ÆRITREUS, Peçkin, 1750, in-12. v. m.

1943 Recueil pour & contre les Immunités ecclésiastiques, 2 vol. in-12. v. m.

CONTENANT

Lettres *ne repugnate vestro bono*, Londres, (Par.) 1750. (4 lettres). ══ Remont. du Clergé au Roi, le 24 Août 1749, au sujet de la levée du vingtieme. ══ Lettre du Roi, *mss.* ══ Réponse aux *Lettres contre l'Immunité des biens ecclésiastiques*, avec la suite, 1750, (5 lettres). ══ Réflexions sur un écrit intitulé : *Lettre d'un Imprimeur de Londres*. ══ Lettre d'un Imprimeur de Londres au Défenseur du Clergé de la France, au sujet de la réponse aux *lettres contre l'Immunité des biens ecclésiastiques*, Londres, (Par.) 1750. ══ Discours des Commissaires du Roi, à l'Assemblée du Clergé, du 17 Août 1750. ══ Déclarat. du Roi, du 17 Août 1750, concernant les déclarations des biens du Clergé. ══ Défense de l'immunité des biens ecclésiastiques, *Londres*, (Par.) 1750. ══ Necesse est ut veniant scandala, 1750. ══ La voix du Prêtre, *Utrecht*, (Par.) 1750. ══ Les obligations indispensables du C. de Payer le V, *Avignon*, (Par.) 1750. ══ La voix du Sage & du Peuple, *Amsterd.* (Par.) 1750. ══ Ce qu'on a dit, ce qu'on a voulu dire, lettre à Madame Folio. ══ Ce que l'on doit dire, réponse de Madame Folio.

1944 Examen impartial des Immunités ecclésiastiques, *Londres*, (Par.) 1751, in-12. v. m.

1945 Cinq lettres en réponse aux *lettres contre l'Immunité des biens ecclésiastiques*, 1750. ══ Réflexions sur un écrit intitulé : *Lettre d'un Imprimeur de Londres*, sans nom de Ville, in-12. v. m.

1946 Tradition des faits qui manifestent le système d'indépendance que les Evêques ont opposé dans les différens siecles aux principes invariables de la Justice souveraine du Roi sur tous ses sujets indistinctement, & la nécessité de laisser agir les Juges séculiers contre leurs entreprises, pour maintenir l'observation des loix & la tranquillité publique, *Paris*, *in-12. v. m.*

1947 Lettres à MM. les Commissaires nommés par le Roi, sur l'affaire du Parlement, au sujet du refus des Sacremens, 1752, *in-12. v. m.*

1948 Traité des droits de l'Etat & du Prince sur les biens possédés par le Clergé, *Paris*, Vincent, 1766, 6 *vol. in-12. v. m.*

1949 L'accord des Loix divines, ecclésiastiques & civiles, relativement à l'état du Clergé, contre l'ouvrage qui a pour titre : l'*Esprit* ou *les principes du Droit canonique*, par le P. Ch. L. RICHARD, de l'Ordre des FF. Prêcheurs, *Paris*, Moutard, 1775, *in-12. v. m.*

1950 Manuel ecclésiastique de discipline & de droit, *ou* sommaire des mémoires du Clergé, rédigé par ordre alphabétique, contenant tout ce qui concerne la discipline & le régime actuel de l'Eglise de France, ses libertés, ses droits & priviléges, & ceux de ses Membres, par MM. les Abbés GARREAU & L. B. D. C., *Paris*, Guillaume Desprez, 1778, *in-8. v. m.*

1951 Du droit du Souverain sur les biens-fonds du Clergé & des Moines, *Naples*, (1772) *in-8. v. m.*

Droit Ecclésiastique étranger.

1952 Vindiciæ Ecclesiasticæ quibus edita à Principe Bethlen in Clerum Hungariæ decreta, divinis, humanisque legibus contraria, ipso jure nulla esse demonstrantur, authore Petro PAZ-

JURISPRUDENCE.

MANY, Archiepiscopo Strigoniense, *Viennæ Austriæ*, Wolfgangus Schump, 1620, *in-4. cart.*

Traités du Droit Canonique.

Traités généraux.

☩ 1953 Repetitio elegantissima de statu Monachorum, Canonicorum Regularium, cum conclusionibus & correlariis, per Johannem DE BREITEMBACH, utriusque juris Doctorem, jura canonica ordinarie legentes facta, in quâ jura episcopalia, que Episcopus in Ecclesias & Clericos sue Dyocesis habet, & an Monachi & alii Religiosi ad ea teneantur, ac jura parrochialia, que ad Rectorem Ecclesie parrochialis spectant, necnon plura de Prelatis, Clericis, Monachis & ceteris Religiosis, notanda, & prerogative officij predicationis, ac verbi Dei predicatorum, quorum ordo in Ecclesiâ Dei precipuus est, continentur, *sans date, ni nom de Ville, ni Imprimeur, in-4. cart.*

Lettres de somme.

Double ☩ ch. à vendre 1954 Code ecclésiastique, *ou questions importantes sur la Jurisdiction ecclésiastique, les bulles & autres expéditions de Cour de Rome, les Ordres religieux, les Portions congrues, & sur plusieurs articles de l'ordonnance de 1667, concernant les Procédures,* par M. Jean COUDERT DE CLOZOL, Avocat, *Paris*, Grangé, 1775, 2 *vol. in-8. v. m.*

☩ 1955 Code de la Religion & des mœurs, par M. l'Abbé MEUSY, *Paris*, Humblot, 1770, 2 *vol. in-12. v. m.*

TRAITÉS PARTICULIERS DU DROIT CANONIQUE.

Loix Ecclésiastiques en général, de la Hiérarchie & de la Puissance Ecclésiastique.

1956 Samuelis PETITI diatriba de jure Principum, edictis Ecclesiæ quæsito, nec armis adversùs Temerantes aut Antiquantes vindicato, cui accedit de sacrorum dissidiorum causis, effectis & remediis, Tractatus, *Amstelodami*, Ludovicus Elzevirius, 1649, *in-8. v. f. d. s. t.*

1957 Traité de la Hiérarchie céleste, pris de Monseigneur S. Denys, Martyr, Apôtre & Patron de France, (par Fr. MARILLAC,) *Tolose*, Jacq. Colomiés, 1555, *in-4. mar. r.*

1958 Lettre de M. Bochart, à M. Morley, Chapelain du Roi d'Angleterre, pour respondre à trois questions : I. de l'ordre épiscopal & presbyterien ; II. des appellations des jugemens ecclésiastiques ; III. du droit & de la puissance des Roys, *Paris*, Louis Vendosme, 1650, *in-8. v. f. d. s. t.*

1959 De Republicâ ecclesiasticâ, libri X, auctore Marco-Antonio DE DOMINIS, Arch. Spalatensi, *Londini*, Jo. Billius, 1617 & 1658, *3 vol. in-fol. v. f.*

1960 Simonis VIGORII opera ecclesiastica & canonica, *Parisiis*, Petrus Aubouyn, 1683, *4 tom. 1 vol. in-4. v. b.*

Contenta in IV voluminibus.

I. Commentarium in responsionem synodalem Concilii Basileensis, de legitima Concilii generalis & Papæ

JURISPRUDENCE.

auctoritate ; II. Apologia contra Vallam, in quâ Sacerdotii & Imperii jura expenduntur ; III. Assertio fidei catholicæ ex quatuor prioribus Conciliis œcumenicis ; IV. de l'Etat & Gouvernement de l'Eglise.

1961 Justini FEBRONII de statu Ecclesiæ & legitimâ potestate Romani Pontificis, liber singularis, ad reuniendos dissidentes in Religione Christianos compositus, *Bullioni*, Evrardus, 1763, *in-4. v. m.*

1962 Idem, editio altera, priore emendatior & multò auctior, *Bullioni*, Guillemus Evrardus, 1765 — 1770, 2 *vol. in-4. v. f. d. f. t.*

1963 De l'état de l'Eglise & de la puissance légitime du Pontife Romain, (traduit du latin de FEBRONIUS) *Wurtzbourg*, Muller, 1766, 2 *vol. in-12. v. éc. d. f. t.* [changé à vendre]

1964 Le même, par L. D. L. S. *Paris*, Merlin, 1769, 2 *vol. in-4. v. f.*

1965 La chimere deffaicte, ou réfutation d'un libelle séditieux, tendant à troubler l'Estat, sous prétexte d'y prévenir un schisme, par Sulpice DE MANDRINY, Sieur de Gazonval, (le Sieur SIRMOND) *Paris*, Barthelemy Lorge, 1640, *in-4. v. f. d. f. t.*

* Ce livre est contre l'*Optatus gallus.* Voici les matieres qui y sont traitées : le Roy ; le Cardinal ; le Cardinal d'Amiens ; les libertés de l'Eglise gall. la Bulle de Boniface VIII ; le Concile de Lyon ; les Annates; les Mariages.

1966 Nicolai RIGALTII dissertatio censoria super editione libelli parænetici, (Optati galli) *de cavendo schismate*, *Lutetiæ*, Mathurinus du Puis, 1640, *in-4. v. f. d. f. t.*

1967 De consensu Hierarchiæ & Monarchiæ, adversùs

versus *parœneticum Optati galli*, (Car. Her-
sent) Schismatum fictoris libri sex. I. De scopo
Parœnetici ; II. de falso schismatis augurio ;
III. de somnio Patriarchatûs ; IV. de legitimo
libertatis Ecclesiarum patrocinio ; V. de subsi-
diis ecclesiasticis erga S. Pontificem & Regem ;
VI. de justitiâ edicti connubialis lucubratio
Isaacii HABERTI, Theologi, *Parisiis*, Petrus
Blaise, 1640, *in-*4. *v. f. d. s. t.*

1968 Michaelis RABARDEI, è Societate Jesu,
Optatus Gallus de cavendo schismate, &c. be-
nigna manu sectus, *Parisiis*, vidua Jo. Camusat,
1641, *in-*4. *v. f. d. s. t.* 785-jur.

De la Puissance spirituelle du Pape.

1969 De potestate Papæ, an & quatenus in Reges
& Principes seculares jus & imperium habeat,
Guil. BARCLAII, J. C. liber posthumus, *Mussi-
ponti*, Franciscus du Bois, &c. 1609, *in-*8.
v. f. d. s. tr.

1970 Remonstrance & conclusions des Gents du
Roi & arrest de la Cour de Parlement, du
26 Novembre M. DC. X. sur le livre intitulé :
*Tractatus de potestate Summi Pontificis in rebus
temporalibus adversùs Guilielmum Barclaium,
auctore S. R. E. Cardinali Bellarmino*, imprimé
à Rome en l'an 1610. Ex verbis Domini Jesu-
Christi in Evangelio secundùm Marcum, c. x.
Scitis (inquit Jesus ad Discipulos) *quia hi qui
videntur principari gentibus, dominantur eis ;
& Principes eorum potestatem habent ipsorum.
Non ita est in vobis.* Ex Evangelio secundùm
Lucam, cap. XXII, *Reges gentium* (ait Jesus
Discipulis suis) *dominantur eorum, & qui potes-*

Tome I. Y

tatem habent super eos benefici vocantur; vos autem non sic, Parisiis, 1610, *in-*4. *v. m.*

✠ 1971 Antonii AUGUSTINI, Archiepiscopi Tarraconensis, de Pontifice Maximo, de Patriarchis & Primatibus, de Archiepiscopis, &c. *Romæ*, Phæus, 1611 & 1617, 2 *vol. in-fol. v. f.*

✠ 1972 Doctrine hérétique-schismatique, & contraire aux loix du Royaume, touchant la Primauté du Pape, enseignée par les Jésuites dans leur Collége de Caën, l'an 1644, avec les écrits qu'ils ont dictez sur cette matiere, dont on a plusieurs originaux, *in-*4. *cart.*

✠ 1973 Cl. SALMASII librorum de primatu Papæ, pars prima, cum apparatu, accessère de eodem primatu NILI & BARLAAMI tractatus græcè & latinè, *Lugduni Batavor.* ex Officinâ Elzeviriorum, 1645, *in-*4. *v. f. d. s. t.*

✠ 1974 De l'autorité de S. Pierre & de S. Paul, qui réside dans le Pape, Successeur de ces deux Apôtres, où sont représentez les sentimens des Ecritures, des Saincts Peres, & particulierement des Papes, & de toute l'Eglise romaine sur cette matiere, pour servir de responsse aux accusations qu'on a formées contre cette proposition du livre de la fréquente Communion; *que S. Pierre & S. Paul sont les deux Chefs de l'Eglise, qui n'en font qu'un*, (Paris) 1645, *in-*4. *cart.*

✠ 1975 Enormita inaudite nuovamente uscite in luce contro il decoro dell' Apostolica Sede Romana in duo libri intitolati, l'uno *dell' arrogante potestate de' Papi in diffensa delle immunità Chiesa Gallicana*, l'altro *del diritto di Regalia, che tienne il Ré christianissimo, Jure Coronæ, in-*

dependentemente da Sommi Pontefici di conferire benifitij ecclefiaftici, etiandio con cura d'anime, con poteftà maggiore di quella de' Vefcovi, ed uguale à quella de' Papi. Colle contra rifpofte dell' Cavallier Sigifmondo, CAMPEGGI Anconitano (P. Xantes MARIALES) alla curiofità di tutt' Europa doppo la Dea liberatrice, *Franchfort*, (in Italia) Gio. Giorgior Betlimgem, 1649, *in-4. v. m.*

1976 Reginaldi POLI, Cardinalis Britanni, pro ecclefiafticæ unitatis defenfione libri IV, in quibus conatus eft maximo ftudio Ecclefiæ Romanæ primatum conftabilire; adjectum eft etiam quorundam aliorum graviffimorum virorum de Pontificis Romani primatu judicium, *Argentorati*, Wendelinus Richelius, 1655, *in-fol. v. f.*

1977 L'Eglife de France affligée, où l'on voit d'un côté les entreprifes de la Cour contre les libertés de l'Eglife ; & de l'autre, les duretés avec lefquelles on traite en ce Royaume les Evêques, les Prêtres, les Religieux & Religieufes, & les autres perfonnes de piété, qui n'approuvent pas les entreprifes de la Cour, ni la doctrine des Jéfuites, par Franç. POITEVIN, *Cologne*, 1688, *in-12. m. r.*

1978 L'efprit de Gerfon, *ou* Inftructions catholiques touchant le Saint Siege, *Londres*, (*Par.*) 1710, *in-12. v. éc. d. f. t.*

1979 Traité de l'autorité du Pape, dans lequel fes droits font établis & réduits à leurs juftes bornes, & les principes des libertés de l'Eglife gallicane juftifiés, (par M. POUILLY DE BURIGNY) *la Haye*, de Rogiffart, 1720, 4 *vol. in-12. v. éc. d. f. t.*

JURISPRUDENCE.

1980 De la Primauté du Pape, en lat. & en franç. Londres, 1769, in-4. v. m.

De la Puissance Royale, considérée relativement à la Puissance Ecclésiastique.

1981 Traité de la puissance & autorité des Roys, & de par qui doyvent estre commandez les Diettes ou Conciles, les Estats convoquez, en quel lieu & degré doyvent estre assis les Roys, les Gens d'Eglise, les Nobles & le menu Peuple, trad. du latin de Claude GOUSTÉ, Prévost de Sens, 1561, in-8. v. m.

1982 Guilielmi BARCLAII, de regno & regali potestate adversùs Buchananum, Brutum, Boucherium & reliquos Monarchomacos, libri VI, *Parisiis*, Guilliem. Chaudiere, 1600, in-4. baz.

1983 Le droit des Roys, contre le Cardinal Bellarmin & autres Jésuites, par J. BEDÉ, *Franckental*, 1611, in-8. v. m.

1984 Libre discours contre la grandeur & puissance temporelle du Pape, pour la défense de nostre Roy Très-Chrestien & des libertez de l'Eglise gallicane, (à l'occasion du *Livre du P. Santarel*) Paris, in-8. v. f. d. s. t.

1985 Déclaration de Jacques I, Roy de la Grand'-Bretaigne, pour le droit des Rois & indépendance de leurs Couronnes, contre la harangue du Cardinal du Perron, prononcée en la Chambre du Tiers-Estat, le 15 Janvier 1615, *Londres*, Jehan Bill, 1615, in-4. v. f.

1985* De la dignité du Roy, où est monstré & prouvé que Sa Majesté est seule & unique en terre vraiment sacrée de Dieu & du Ciel, par

Louis Roland, Professeur en l'Université de Paris, *Paris*, Jean Beffin, *in-8. v. f. d. f. t.*

1985 ** Discours de la souveraineté des Roys, par Moyse Amyraut, 1650, *in-8. v. f. d. f. t.*

1986 Traité du pouvoir absolu des Souverains, pour servir d'instruction, de consolation & d'apologie aux Eglises réformées de France qui sont affligées, *Cologne*, Cassander, 1685, *in-12. v. f. d. f. t.*

1987 Avis salutaire sur la puissance des Roys, & sur la liberté des peuples, *Cologne*, Marteau, 1688, *in-12. v. m.*

1988 La souveraineté des Roys, défendue contre l'*Histoire latine de Melchior Leydecker*, *Paris*, Josset, 1704, *in-12. v. b.*

1989 Du pouvoir des Souverains & de la liberté de conscience, trad. du latin de Noodt, par J. Barbeyrac, *Amsterdam*, Lombrail, 1707, *in-12. v. b.*

1990 Francesco Bellisomo, Abbate di S. Maria ad Perticas, dell' autorita degl' Imperatori nel Governo esteriore degl' affari ecclesiastici, *Giena*, Francesco Bortoletti, 1728, *in-8. parch.*

Accord de la Puissance Royale & de la Puissance Ecclésiastique.

1991 De la Puissance ecclésiastique & politique, en lat. & en franç. (par Edmond Richer) *Caen*, 1612, *in-8. v. f. d. f. t.*

1992 Recueil de pieces sur cet Ouvrage, *in-8. v. f. d. f. t.*

Contenant

Declaratio Edmundi Richerii, Doctoris sacræ Theologiæ Parisiensis, super editione libelli sui : *de ecclesiasticâ & politicâ Potestate*, en lat. & en françois,

Parif. Nicolaus Pelu, 1623. ━━ Déclaration & proteftation du même, faite entre les mains du Cardinal de Richelieu, 1632. ━━ Advis d'un Docteur de Paris, fur cet Ouvrage, *Paris*, 1612. ━━ La Monarchie de l'Eglife contre les erreurs de cet Ouvrage, enfemble la cenfure du mefme livre, faite par les Prélats, Lyon, Loys Muguet, 1612. ━━ Cenfure de cet Ouvrage, par les Evêques de la province de Sens, avec la réfervation des droicts du Roy & de la Couronne de France, droicts, immunitez & libertez de l'Eglife gallicane, publiée le 18 Mars 1612, par l'ordonnance de l'Euefque de Paris, & quelques procédures contre ladicte cenfure, 1612. ━━ Lettre envoyée à Edmond Richer, par un fien Amy, qui charitablement luy monftre les erreurs de fon liure, & le conuie de les effacer, *non tantùm atramento, fed etiam lacrymis*, comme il a promis au Parlement, le premier Février 1612, & à la Faculté, tant en l'Affemblée tenue au College de Sorbonne, le premier jour de Juin fuivant, qu'en plufieurs autres Congrégations de ladite Faculté, 1614.

1993 Advis d'un Docteur de Paris, fur un efcrit intitulé : *De la Puiffance eccléfiaftique & politique*, (fans frontifpice) *in-8. v. m.*

1994 Vindiciæ doctrinæ majorum Scholæ Parifienfis, feu conftans & perpetua Scholæ Parifienfis doctrina, de autoritate & infallibilitate Ecclefiæ in rebus fidei & morum, contra defenfores Monarchiæ univerfalis & abfolutæ Curiæ Romanæ, autore Edmundo RICHERIO; accefferunt notæ in cenfuram Hungaricam IV propofitionum Cleri gallicani, acceffit etiam fumma eorum quæ acta funt Parifiis in difputationibus Capituli generalis Dominicanorum, die 26 Maii 1611, *Coloniæ*, Balt. ab Egmond, 1683, 2 *vol. in-4. v. f. d. f. t.*

1995 Vie d'Edmond Richer, par Adrien BAILLET, *Liege*, (*Rouen*) 1714, *in-12. v. f.*

1996 Petri DE MARCA, Archiepiscopi Parisiensis, dissertationes posthumæ, sacræ & ecclesiasticæ, editæ operâ & studio Pauli DE FAGET; accesserunt epistolæ BALUZII, occasione harum dissert. scriptæ, cum responsis DE FAGET ad easdem, 1669, *in*-12. *v. m.*

1997 Traité de la Puissance ecclésiastique & temporelle, par L. ELLIES DU PIN, *Paris*, 1724, *in*-8. *v. f. d. s. t.*

1998 Le même, revû & augmenté par M. l'Abbé DINOUART, *Paris*, Desaint, 1768, 3 *vol. in*-12. *v. m.*

1999 Le véritable usage de l'autorité séculiere dans les matieres qui concernent la Religion, par M. l'Evêque D. P. (l'Evêque Dupuy), (M. LE FRANC) *Avignon*, Girard, 1753, *in*-12. *v. m.*

2000 Principes sur l'essence, la distinction & les limites des deux Puissances spirituelle & temporelle, ouvrage posthume du P. DE LA BORDE, de l'Oratoire, avec les pieces justificatives, *Par.* 1753, *in*-12. *v. f. d. s. t.*

Traités concernant les Prélats, les Cardinaux, les Elections, &c.

2001 Casus in quibus Episcopi ex permissione sacrorum Conciliorum generalium & Canonum, possunt subditos dispensare, prout patet per jura singulis articulis & casibus apposita, cum opinionibus Doctorum illis locis notatis determinantium, necnon Episcoporum præeminentie, edita & extracta de multis jurium codicibus per Johannem RANDIN; cum forma faciendi dispensationes, necnon nomine Ecclesiarum quarum Rec-

JURISPRUDENCE.

tores tenentur ad Synodum episcopalem, ac casus in quibus Papa dispensare non potest, ac nomina illorum qui tenentur venire ad Synodum Officialis Parisiensis, (*Parisiis*) Jacobus Guillotoys, 1512, *in-4. cart.*

2002 L'idea del Prelato, trattato di Baldovino DI MONTE Simoncelli, nel quale sotto la persona del Cardinale Antonio-Dionisio di Monte, ammaestrante Gio. Maria suo nipote; che fupoi Giulio terzo, si ragiona dé modi, che tenere, o schifare si debbono da un Prelato nella corte di Roma, *Firenze*, Zanobi Pignoni, 1616, *in-4. vél.*

2003 Walonis MESSALINI, de Episcopis & Presbyteris, contra Dion. Petavium dissertatio, *Lugduni-Batavorum*, Maire, 1641, *in-8. v. f.*

2004 De la sainteté & des devoirs de l'Episcopat, selon les SS. Peres & les Canons de l'Eglise, *Liege*, Baisompierre, 1769, 3 *vol. in-12. v. m.*

2005 Traité du pouvoir des Evêques, lorsqu'il y a empêchement de s'adresser au Saint Siege, de pourvoir au spirituel, soit pour les dispenses, soit pour tous les cas réservés au Pape, traduit du portugais d'Antonio PEREIRA, de la Congrégation de l'Oratoire, (par M. PINAULT) avec des notes du même, (*Lyon*) 1772, *in-8. v. f. d. f. t.*

2006 Pauli CORTESII, Protonotarii Apostolici, de Cardinalatu libri III, *in Castro Cortesio*, Symeon-Nicolai Nardi, 1510, *in-fol. v. f. d. f. t.* (rare, premiere édit.)

(*Ad calcem*) Finis trium librorum de Cardinalatu, ad Julium secundum, Pont. Max. per Paulum Cortesium Protonotarium Apostolicum, quos Simeon-Nicolai

DROIT CANONIQUE. 345

Nardi, Senenfis, aliàs Rufus Calchographus imprimebat in Caftro Cortefio, die decimâ quintâ Novembris 1510, Pontificatûs ejufdem S. D. N. Papæ Julii anno octavo.

Longues lig. lettres rondes, fans titre, avec des fignatures, des chiffres & un regiftre, fans reclames, fans grandes lettres initiales, mais feulement des petites qui les défignent.

2007 Del Cardinale di Fabio ALBERGATI, Gentilhuomo Bolognefe, libri tre, *Bologna*, gli Heredi di Gio. Roffi, 1599, *in*-4. *v. m.*

2008 Il Cardinalifmo di Santa Chiefa, (da Gregor. LETI) *Amft.* Elzevir, 1668, 3 *vol. in*-12. *v. f.*

2009 De la dignité de Cardinal, par AUBERY, *Paris*, Dupuis, 1673, *in*-12. *m. r.*

2010 Il Cardinale della S. R. Chiefa pratico di Gio. Battifta DE LUCA, nell' ozio Tufculano della primavera dell' anno 1675, con alcuni fquarci della relazione della corte circa le Congregazioni, e le cariche Cardinalizie, *Roma*, Stamperia della Camera Apoftolica, 1680, *in*-4. *v. marb.*

2011 De facrarum electionum jure & neceffitate ad Ecclefiæ gallicanæ redintegrationem, à G. GENEBRARDO, Aquarum-Sextiarum Archiep. *Parifiis*, Sebaftianus Nivellius, 1593, *in*-12. *v. f. d. f. tr.*

2012 Expofition du droit de M. le Cardinal de Furftenberg, poftulé Archevêque & Electeur de Cologne, contre la prétendue élection de M. le Prince Jofeph-Clément de Baviere, traduit du latin, avec les actes pour fervir de preuves, *Paris*, Jean-Baptifte Coignard, 1688, *in*-4. *v. f.*

2013 Pre-Seance pour les Abbez reguliers ou commendataires, contre les Archediac., Doyens,

Preuosts & autres telles dignitez ecclésiastiques, par Sebastian ROUILLARD, Advocat en Parlement, *Paris*, Gilles Robinot, 1608, *in-8. v. f. d. f. t.*

Traités de la Jurisdiction Ecclésiastique.

☩ 2014 Lucii ANTISTII Constantis, de jure Ecclesiasticorum, liber singularis, *Alethopoli*, Caius-Valerius Pennatus, 1665, *in-8. v. f.*

☩ 2015 Commentaire sur l'Edit du mois d'Avril 1695, concernant la Jurisdiction ecclésiastique, par M. ***, (JOUSSE) Conseiller au Présidial d'Orléans, nouvelle édit. revue, corrigée & augmentée, *Paris*, de Bure pere, 1764, *2 vol. in-12. v. m.*

☩ 2016 Traité du délict commun & cas privilegié, ou de la puissance légitime des Juges séculiers sur les personnes ecclésiastiques, par B. M., (Bénigne MILLETOT) *Paris*, du Carroy, 1611, *in-8. v. f.*

☩ 2017 Deffense du traicté du délict commun & cas privilégié en la distinction des deux Puissances ecclésiastique & séculiere, en vers lat. & franç. *Dijon*, Guyot, 1611, *in-8. mar. r. d. f. t.*

2018 Recueil de toutes les pieces qui concernent le différent du P. Jacques Desmothes, de la Comp. de Jesus, avec les Curez de la mesme Ville, touchant la Confession paschale, & le Jugement définitif de l'Archevêque de Reims, rendu sur cette affaire le 22 Mars 1687; on y a joint quelques autres pieces curieuses, qui regardent la jurisdiction & la dignité de l'Eglise métropolitaine de Reims, *Paris*, Fr. Muguet, 1687, *in-4. v. br.*

DROIT CANONIQUE.

2019 Traité de l'autorité des Rois, touchant l'administration de l'Eglise, par M. Omer TALON, Avocat Général; avec quelques pieces qui ont rapport à la matiere, *Amsterd.* (*Paris*) 1700, *in*-12. *v. br.*

2020 Plaidoyé pour la Fierte de Rouen, par J. DE MONTEREUL, *Paris*, Sebast. Cramoisy, 1608, *in*-8. *v. f. d. f. t.*

2021 Les Plaidoyers faicts au Grand-Conseil sur le privilege de la Fierte prétendu par les Doyen, Chanoines & Chapitre de l'Eglise cathédrale de Rouen, & les Arrêts sur ce intervenus, *Paris*, Barth. Macé, 1608, *in*-8. *v. f. d. f. t.*

2022 Plaidoyers & réponses concernant les privileges de la Fierte-Saint-Romain, par Guillaume DE SERISAY, Jean DE MONSTRUEL, Denis BOUTHILLER, *Paris*, Macé, 1611, *in*-8. *v. f.*

Traités de la Jurisdiction concernant les Légats, les Eglises Cathédrales, les Chanoines.

2023 Facultates Hippolyto, Sanctæ Mariæ in Acquiro Diacono, Cardinali Ferrariensi nuncupato, in Regno Franciæ à latere Legato, per Pium Papam IV concessæ, & per Germanum de Magdalena in artibus Magistrum, Literarum apostolicarum ejusdem Legationis Scriptorem, pro primo ad prothotypum recognitæ, *Parisiis*, Joannes Dallier, 1561, *in*-8. *v. f. d. f. t.*

2024 Traicté des droicts, prérogatives & prééminences des Eglises cathédrales dans les Conciles provinciaux, par Jean FILLEAU, Advocat au Parlement de Paris, *Paris*, Franç. Targa, 1628, *in*-8. *v. f. d. f. t.*

JURISPRUDENCE.

2025 Traité des obligations des Chapitres des Eglises cathédrales, tant pendant que le Siege épiscopal est rempli, que durant la vacance du Siege, par DUCASSE, *Toulouse*, Birosse, 1762, *in-*4. *v. m.*

2026 Défense du Chapitre de l'Eglise d'Angers, contre les calomnies publiées contre la procession du Sacre, (par Jacques EVEILLON, Chanoine d'Angers) *sans nom de Ville*, 1624, *in-*8. *v. f. d. s.*

2027 La Sausse-Robert justifiée, *sans nom de Ville*, 1679, *in-*8. *v. m.*

2028 Procédures faites au Conseil du Roi pour la Primatie de Lyon, sur la Province de Normandie, *sans date*, *in-fol. v. b.*

2029 Recueil des mémoires pour M. l'Archevêque de Rouen, Primat de Normandie, contre M. l'Archevêque de Lyon, Primat des Gaules, avec l'arrêt qui maintient ledit Archevêque de Rouen en sa qualité de Primat, & dans le droit de relever immédiatement du Saint-Siege, *Rouen*, Eustache Viret, 1703, *in-*4. *v. b.*

2030 Examen de certains privileges & autres pieces pour servir au procès entre M. l'Archevêque de Tours & le Chapitre de Saint-Martin de cette Ville, *in-*4. *v. f. d. s. t.*

2031 Factum pour les Doyen, Chanoines & Chapitre de l'Eglise métropolitaine de Sens, dépendans immédiatement du Saint Siege, pour servir de réponse à celui de l'Archevêque de Sens, Primat des Gaules & de Germanie, *Paris*, Cl. Nego, *in-*4. *v. f. d. s. t.*

2032 Recueil des pieces du procès de M. L. Henry de Gondrin, Archevêque de Sens, Primat des

Gaules & de Germanie, contre le Chapitre de Sens, *Paris*, Fréd. Léonard, 1670, *in-4. v. b.*

2033 Réflexions fur la procédure des Doyen, Chanoines & Chapitre de Vezelay, pour fervir de factum à l'Evêque d'Autun, contre lefdits Doyen, &c. (par Jean DE LAUNOY, Docteur de Paris) & toutes les pieces relatives audit procès, *fans date, in-4. mar. r.*

2034 Eclairciffemens fur l'antiquité, la dignité cléricale, & les jugemens rendus au droit des Chanoines réguliers, pour fervir de réponfe au mémoire, & à la réplique des PP. Bénédictins de Lorraine, prétendans la préféance dans les Affemblées eccléfiaftiques & civiles fur les Chanoines réguliers des mêmes Pays, 1700, *in-8. v. f. d. f. t.*

2035 Marcelli ANCYRANI, (J. BOILEAU) difquifitiones de refidentia Canonicorum, quibus acceffit alia de tactibus impudicis, an fint peccata mortalia vel venalia, cum colloquio critico de Sphalmatis virorum in re litteraria illuftrium, *Parifiis*, Couterot, 1695, *in-8. v. br.*

2036 Le miroir des Chanoines, par Vital BERNARD, *Paris*, Quefnel, 1630, *in-8. v. m.*

2037 Conftitutions des Tréforier, Chanoines & Collége de la Sainte-Chapelle royale du Palais, *Paris*, Cloufier, 1779, *in-8. v. m.*

Traités de la Procédure civile en matiere canonique, des appellations comme d'abus, des Bénéfices, Portions congrues, Penfions, &c.

2038 Traité de la Jurifdiction eccléfiaftique contentieufe, *ou* théorie & pratique des Officia-

JURISPRUDENCE.

lités, & autres Cours ecclésiastiques, pour les procédures civiles, (par DE BREZOL) *Paris*, Desprez, 1769, 2 *vol. in*-4. *v. m.*

2039 Traité des Appellations comme d'abus, par Edmond RICHER, 1763, 2 *tom.* 1 *vol. in*-12. *v. m.*

2040 Eorum quæ apud Gallos de toto Pontificii juris corpore, & maximè in Beneficialibus usu recepta sunt, brevis enucleatio, authore Petro FONTEIO, Pictone, *Parisiis*, Abel Langelier, 1597, *in*-8. *v. f. d. s. t.*

2041 Historia del Padre Paolo SARPI, dell' Ord. de Servi, sopra li Beneficii ecclesiastici, *Colonia Alpina*, Pi. Albertino, 1675, *in*-12. *v. m.*

2042 Traité des Benefices de Fra-Paolo SARPI, avec des notes, (par AMELOT DE LA HOUSSAYE) *Amst.* Westein, 1692, *in*-8. *v. f. d. s. t.*

2043 Le même, *Amst.* (*Rouen*) 1706, *in*-12. *mar. r. d. s. t.*

2044 Histoire de l'origine & du progrès des revenus ecclésiastiques, par J. ACOSTA, (Ric. SIMON) *Francfort*, (*Rouen*) 1703, *in*-12. *v. b.*

2045 La même, *Basle*, (*Paris*) 1706, 2 *vol. in*-12. *v. b.*

2046 Dictionnaire historique, critique, politique & moral des Bénéfices, contenant tous les établissemens ecclésiastiques, tant séculiers, réguliers, qu'hospitaliers, militaires de la France, où l'on trouvera les titres de tous les bénéfices, le nom des patrons & des collateurs, avec une note historique sur chacun d'eux, & sur les personnages célébres ou intéressans qui y reposent, par M. H. D. C. Avocat en Parlement, *Paris*, D. C. Couturier pere, 1778, *tome* 1, *in*-8. *v. m.*

DROIT CANONIQUE.

2047 Ragioni del Regno di Napoli, nella causa de' suoi beneficii ecclesiastici, che si tratta nel Real Consiglio dalla Maestà del Re, nuovamente à tale affare ordinato, *in-4. v. m.*

2048 Considerazioni sopr'al nuovo libro intitolato : *Regni Neapolitani erga Petri cathedram Religio adversùs calumnias anonymi vindicata*, distinte in cinque parti; volume primo, della parte I, *Cologna*, Pier. Martello, 1709, *in-4. bas.*

2049 Traité historique des Ecoles épiscopales & ecclésiastiques, pour les droits des Chantres, Chanceliers & Ecolastres des Eglises cathédrales de France, & contre les entreprises de ceux qui troublent l'ordre qui doit y être maintenu, &c. par Claude JOLY, *Paris*, Muguet, 1678, *in-12. v. f. d. s. t.* — *Double changé à Naudre.*

2050 Commentaire sur l'Edit du mois de Mai 1768, *ou* Traité des portions congrues, conformément à la Jurisprudence actuelle des différentes Cours du Royaume, par M. CAMUS, Avocat au Parlement, *Paris*, veuve Desaint, 1776, 2 *vol. in-12. v. m.*

2051 Tractatus de Pensionibus ecclesiasticis, Hieronymo GYGANTE Forosempronensi, authore, *Lugduni*, Guilielmus Rovilius, 1545, *in-8. v. f. d. s. t.*

2052 Dissertation sur les pensions selon les libertez de l'Eglise gallicane, (par M. MENESSIER, Prêtre,) *Rouen*, Eustache Viret, 1671, *in-12. v. b.*

JURISPRUDENCE.

Traités du Droit de Patronage, des Droits honorifiques, des Collations, de la pluralité des Bénéfices, des Résignations.

✠ 2053 Mémoire sur le Patronage & sur les droits honorifiques des Patrons & Hauts-justiciers, Paris, Hériffant, 1768, in-8. v. m.

✠ 2054 Traité des Droicts honorifiques des Seigneurs ès Eglises, sixieme édition, revue & augmentée de notables authoritez, curieuses remarques, & nombre d'Arrests, par Mathias MARESCHAL, Paris, J. Gosselin, 1631, 2 vol. in-8. cart.

✠ 2055 Le même, avec le traité du droit de patronage & des dixmes, &c., par Denys SIMON, avec des nouvelles observations par DANTY, Paris, Robustel, 1724, 2 vol. in-12. v. br. d. s. t.

✠ 2056 Mémoires pour l'Université de Paris, & les Graduez par elle nommés, contre les Estats de Flandres, l'Université de Douay, les Eschevins de la même Ville, & les pourveus par les Ordinaires, contenant la deffense du droit de nomination de ladite Université de Paris sur les collateurs du Comté de Flandre, de la Flandre gallicane, & du Diocese de Tournay, & particulier sur les Benefices dépendans des Eglises collégiales de S. Pierre de la Ville de Lille, de S. Amé de la Ville de Douay, & de l'Abbaye de S. Sauveur d'Auchin, où il est traité de la nature des concordats passez entre le S. Siege & les Nations, des droits & reserves des Papes sur les Benefices ausquels ils ont renoncé par les concordats, & de l'effet de la collation, si elle suit les regles & les usages du lieu du collateur,

DROIT CANONIQUE.

collateur, & de la scituation du Benefice conferé, par François CUVELIER, Avocat au Parlement de Paris & de ladite Université, *Par. R. J. B. de la Caille, in-*4. *v. f. d. s. t.*

2057 Mémoires sur la collation des Canonicats de l'Eglise cathédrale de Tournay, faite par les Etats-Généraux des Provinces-Unies, recueillis par LENGLET DU FRESNOY, Prêtre Licentié en Théologie, *Tournay,* Louis Varlé, 1711, *in-*8. *v. f. d. s. t.*

2058 (Jacobus BOILEAU,) de re Beneficiaria, sive quæstio an & quibus in casibus liceat homini Christiano, absque culpâ & peccato, plura Beneficia ecclesiastica possidere, (*Parisiis,*) 1710, *in*·12. *v. brun.*

2059 Stimulus Beneficiatorum saluberrimus, quo presertim personalem residentiam negligentes, & periculosam pluralitatem Beneficiorum uti semper licitam præ se ferentes, spiritualibus punguntur aculeis, recalcitrantes & variis apparentiis hos errores defensantes, quibus apertissime convincuntur, ac ut resipiscant quibusdam telis concitantur charitativis, *Coloniæ,* in officina literaria ingenuorum filiorum Quentell. 1509, *in-*4. *got. cart.*

In titulo hi duo versus leguntur :

Si quis sicut mille vult uti beneficiis,
Ille sicut mille ardebit in suppliciis.

2060 Plaidoyé de Louys Seruin, Aduocat en Parlement, pour Maistre Jehan Hamilton, Ecossois, Licentié en la Faculté de Théologie, présenté par l'Université de Paris, pourueu de la Cure de S. Cosme & S. Damian, Appellant,

Tome I. Z

JURISPRUDENCE.

& Demandeur en complainéte; contre Maiftre Pierre Tenrier, foy-difant pourueu en Cour de Rome par refignation de feu Maiftre Claude Verforis, dernier Curé de ladicte Cure, Intimé, & oppofant à la complaincte. Après ce Plaidoyé eft la replique dudict Seruin, contre la defenfe de Maiftre Antoine Loifel, Aduocat de Tenrier; en ce plaidoyé font traictez trois poincts principauls; le premier, fur la qualité de l'Univerfité, fi c'eft un corps lay ou eccléfiaftic, & quel eft le droit de patronage, en vertu duquel le Recteur a prefenté Hamilton; le fecond, fi les Efcoffois font capables de tenir benefices en France par l'alliance des lettres & des armes; le troifieme, fur la reigle *de Publicandis refignationibus*, Paris, Adrian Perrier, 1586, *in-8. v. f. d. f. t.*

✠ 2061 Le même, Paris, Jean de Heuqueville, 1603, *in-8. v. f. d. f. t.*

Traités des Biens propres & de la Succeffion des Clercs réguliers, des Droits & Privileges des Clercs & des Curés, des Sépultures & Dixmes.

✠ 2062 Plaidoyez fur le droit d'aifneffe des gens d'Eglife, & fur leurs biens propres & particuliers, par Julien PELEUS, avec l'Arreft de la Cour intervenu fur iceux, Paris, veuve Cl. de Monftr'œil, 1616, *in-8. v. f. d. f. t.*

Double a Vendre. ✠ 2063 Traité de la depouille des Curés, dans lequel on fait voir que les Archidiacres n'ont nul droit fur les meubles des Curés decedés, (par J. B. THIERS) Paris, Defprez, 1683, *in-12. v. f.*

✠ 2064 Apologie pour Henry-Louis Chaftaigner 1790.)(

DROIT CANONIQUE.

de la Rochepozay, Evêque de Poitiers, contre ceux qui difent qu'il n'eft pas permis aux Eccléfiaftiques d'avoir recours aux armes en cas de néceffité, avec une lifte des Prélats qui ont pris les armes, par l'Abbé DE S. CYRAN, 1615, *in-8. v. f.*

2065 Moyens de faux de Maître Eftienne Gueniard, Curé de Vireaux, contre les Prieur & Religieux de l'Abbaye de Saint-Pierre de Flavigny, (par Jacques-Auguft. DE CHEVANNES, Avocat,) 1668, *in-4. v. f. d. f. t.*

2066 Tractatulus de fepultura & jure fepulchri, authore P. V. PALMA CAJETANO, *Parifiis*, Phil. à Prato, 1597, *in-8. v. f. d. f. t.*

2067 Decima Cleri fecularis in regno Poloniæ defenfa, contrà exemptiones Patrum Societatis, per Joannem MARKIEWICZ, Canonicum Pofnanienfem, *Paris*, 1644, *in-4. v. f. d. f. tr.*

2068 Traité hiftorique & chronologique des dixmes, fuivant les Conciles, Conftitutions canoniques, Ordonnances & Coutumes du Royaume, conformément aux Arrêts, par Mich. DU PERRAY, *Paris*, Damien Beugnié, 1719, *in-12. v. f.*

2069 Principes & ufages concernant les dîmes, par Louis-François DE JOUY, Avocat au Parlement, nouvelle édition, revue, corrigée, & confidérablement augmentée, *Paris*, Durand neveu, 1775, *in-12. v. m.*

Traités fur les Réguliers.

2070 Effai hiftorique & critique fur les privileges & exemptions des Réguliers, *Paris*, Defaint, 1769, *in-12. v. m.*

… JURISPRUDENCE.

2071 L'Apocalypse de Meliton, *ou* Révélation des mysteres cenobitiques par Meliton, (le P. Pithois,) Minime, *S. Léger*, Charlier, 1668, *in*-12. *m. r.*

2072 Essai philosoph. sur le Monachisme, par M. L. (M. Linguet,) *Paris*, 1775, *in*-8. *v. m.*

2073 Question politique où l'on examine si les Religieux rentés sont utiles ou nuisibles à l'Etat, par D. B. G., *sans nom de Ville*, 1762, *in*-12. *v. m.*

2074 Moyen de rendre nos Religieuses utiles, & de nous exempter des dots qu'elles exigent, 1761, *sans nom de Ville*, *in*-12. *v. m.*

2075 Réflexions sur la stabilité de l'Etat Religieux, 1772, *in*-12. *v. éc.*

2076 Lettres d'un Religieux à son Supérieur-général, sur la réforme des Communautés religieuses, *Paris*, 1767, *in*-12. *v. m.*

2077 De l'autorité du Roy touchant l'âge nécessaire à la profession solemnelle des Religieux, par N. le Vayer, Avocat, *Paris*, Jac. Cottin, 1669, *in*-12. *v. m.*

2078 Mémoire sur les Professions religieuses, en faveur de la raison, contre les préjugés, *Avignon*, 1766, *in*-12. *v. m.*

Traités des Sacremens de l'Eucharistie, de l'Ordre, & du Mariage.

2079 Dissertation sur l'honoraire des Messes, *sans nom de Ville*, 1748, *in*-8. *v. f.*

2080 Casp. Ziegleri, de Diaconis & Diaconissis veteris Ecclesiæ, liber commentarius, *Wittebergæ*, Hæredes Jobi Wilhelmi Fincelii, 1678, *in*-4. *cart.*

DROIT CANONIQUE.

2081 Sylvæ nuptialis libri sex, in quibus ex quæstione, *an sit utile nubere, vel non*, plurimæ quæstiones in practica quotidie occurrentes enucleantur, authore Joan. NEVIZANO, *Lugduni*, Frellonii, 1545, *in-8. v. f. d. s. t.*

2082 Code matrimonial, par M. *** (LERIDENT,) *Paris*, Hérissant fils, 1770, 2 *vol. in-4. v. m.*

2083 Commentaire de Loys LE CARON, Advocat en la Cour de Parlement de Paris, sur l'Edict des secondes nopces, *Lyon*, Ben. Rigaud, 1573, *in-8. v. f. d. s. t.*

2084 Traicté des secondes nopces & du droit de reversion, par Cosme BECHET, Advocat en Parlement, *Saintes*, Jean Bichon, 1633, *in-8. v. f. d. s. t.*

2085 Essay de dissertation sur les loix des secondes nôces, & notamment sur l'article 279 de la Coutume de Paris, (attribué à M. DUPLESSIS DE LA DAVIERE, Avocat) *Paris*, Grégoire-Ant. Dupuis, 1737, *in-12. v. brun.*

2086 Eponge des Notes, pour servir de réponse aux remarques d'un anonyme, mises en marge d'une Consultation sur *le Traité de l'impuissance*, *Luxembourg, in-12. sans date, pap.*

2087 Réponse au Mémoire & à la Consultation de M. Linguet, touchant l'indissolubilité du mariage, *Paris*, Mich. Lambert, 1772, *in-12. v. f. d. sur t.*

2088 Traité des Eunuques, dans lequel on explique toutes les différentes sortes d'Eunuques, quel rang ils ont tenu, & quel cas on en fait, &c. : on examine principalement s'ils sont propres au mariage, & s'il leur doit être permis

JURISPRUDENCE.

de fe marier, par C. D'OLLINCAN (ANCILLON) Trevoux, 1707, in-12. v. m.

2089 Commentarii BERMONDI CHOVERONII, in titulum *de publicis Concubinariis*, Spinæ, Albinus, 1597, in-8. v. f. d. f. t.

2090 Recueil fur la queftion de favoir fi un Juif, marié dans fa religion, peut fe remarier après fon baptême, lorfque fa femme juive refufe de le fuivre & d'habiter avec lui, (par M. LINGUET) *Paris*, Cellot, 1761, 2 vol. in-12. v. m.

2091 Mémoire théologique & politique au fujet des Mariages clandeftins des Proteftans de France, *fans nom de Ville*, 1755, in-8. m. r. d. f. t.

2092 Recueil de deux Mémoires concernant le mariage des Proteftans de France, *Paris*, Nyon l'aîné, 1776, in-8. v. f. d. f. t.

CONTENANT

Réponfe au *Mémoire théologique & politique fur les mariages clandeftins des Proteftans de France*, 1756. — La voix du Patriote catholique oppofée à celle des faux Patriotes tolérans, 1756.

2093 Dialogue entre un Evêque & un Curé fur les mariages des Proteftans, 1775, in-12. v. f. d. f. t.

2094 Dialogue entre un Evêque & un Curé fur les mariages des Proteftans, (Paris) 1775, in-12. v. m.

2095 Suite du Dialogue fur les mariages des Proteftans, *ou Réponfe de M. le Curé de ****, à l'Auteur d'une brochure intitulée : *les Proteftans déboutés de leurs prétentions*, Paris, 1776, in-12. v. f. d. f. t.

2096 Lettres de deux Curés des Cevènes, fur la validité des mariages des Proteftans, & fur leur exiftence légale en France, *Londres*, (*Par.*) 1779, 2 part. 1 vol. *in*-8. *v. f. d. f. t.*

2097 Alphonfi A CARENZA, JCti Hifpani, tractatus juridicus & practicus de partu, de ejus conceptione, formatione, de fœtu in utero, de pofthumis, de conditione partûs, expofitione, fuppofitione, ventre exfecto, tempore partûs vario, (ubi & de anni computatione prolixè agitur,) abortivo monftruofo, numerofo partu, fuperfœtatione, generatione, fuccubis, cum diatriba ejufdem, fuper primore temporum doctrina in libris Pat. Dionyfii PETAVII contenta : ubi agitur de anno Hebræorum, Ægyptiorum, Græcorum, & Romanorum; additæ infuper Caroli-Annibalis FABROTI, Antecefforis Aqui-Sextienfis, exercitationes duæ ; I. de tempore humani partûs, II. de numero puerperii, *Genevæ*, Joannes de Tournes, 1629, *in*-4. *v. f. d. f. t.*

2098 Staniflai ORICHOVII Rutheni, de lege cœlibatûs, contrà Syricium in concilio habita oratio, ejufdem Staniflai ad Julium tertium fupplicatio de approbando matrimonio à fe inito, item de bello adversùs Turcas fufcipiendo, Turcicæ duo, *Bafileæ*, Joan. Oporinus, 1551, *in*-8. *v. m.*

2099 Recherches philofophiques & hiftoriques fur le Célibat, *Geneve*, J. L. Pellet, 1781, *in*-8. broché.

Traité fur les Fêtes.

2100 Mémoire eccléfiaftique & politique, concernant la tranflation des Fêtes aux Dimanches, en faveur de la population, *Philadelphie*, 1765, *in*-12. *v. f.*

JURISPRUDENCE.

Traités de la Procédure criminelle en matiere canonique.

Du Tribunal de l'Inquisition & de sa Procédure.

2101 Historia della sacra Inquisitione composta gia dal R. P. Paolo (SARPI,) Servita, ed hora la prima volta posta in luce, *Serravalle, Fabio Albicocco, in-*4. *v. b.* (premiere édit. peu commune & bien exécutée.)

2102 Discorso dell' origine, forma, leggi, ed uso dell' ufficio dell' Inquisitione, nella citta, e dominio di Venetia, dal medesimo, 1639, *in-*4. *v. f.*

2103 L'Inquisizione processata opera storica, e curiosa, *Colonia*, Paolo della Tenaglia, 1681, 2 tom. 1 vol. *in-*12. *v. br.*

2104 Philippi A LIMBORCH, Historia Inquisitionis, cui subjungitur liber sententiarum Inquisitionis Tholosanæ, ab anno Christi 1307 ad 1323, *Amst.* Henr. Werstenius, 1692, *in-f. v. f.*

2105 Contrà l'offizio dell' Inquisizione, *in-*4. *cart.* (*sans frontisp.*)

2106 Relation de l'Inquisition de Goa, *Paris*, Horthemels, 1688, *in-*12. *v. f. fig.*

2107 Le Manuel des Inquisiteurs, à l'usage des Inquisitions d'Espagne & de Portugal, *ou abrégé de l'ouvrage intitulé :* Directorium Inquisitorum, composé vers 1358 par Nicolas EYMERIC, avec une courte hist. de l'établissement de l'Inquisition dans le Royaume de Portugal, tirée du latin de Louis A PARAMO, *Lisbonne,* (*Paris*) 1762, *in-*12. *v. f.*

2108 Inquisitum ex vario crimine defensum, insimulque acta inquisitionalia, extrahendi modum,

DROIT CANONIQUE.

necnon indicia gravantia, quæque pro defensione inquisiti faciunt, in usum praxeos sistit Lic.-Salom.-August. CLAUDERUS, (germanicè) *Altenburgi*, Joh. Ludovicus Richterus, 1715, *in*-4. *v. éc.*

Des Crimes en matiere canonique, du Judaïsme, de l'Hérésie, de l'Homicide, de l'Adultere, de la Polygamie.

2109 Abrégé du procès fait aux Juifs de Metz, avec trois Arrêts du Parlement, qui les déclarent convaincus de plusieurs crimes, *Paris*, Léonard, 1670, *in*-12. *v. f. d. s. tr.*

2110 Epistola Gerardi NOVIOMAGI, ad Carolum Quintum, in qua tractatur, *utrum Hæretici jure suppliciis adfici possint*, *necne*, sine urbis nomine, 1528, *in*-8. *v. f.*

2111 Response d'un Gentilhomme François à l'avertissement des Catholiques Anglois, en laquelle il traite la question, *si pour chasser l'hérésie, il faut tuer les hérétiques & leur faire la guerre? sans nom de Ville*, 1587, *in*-8. *v. m.*

2112 Heriberti ROS-WEYDI, de fide hæreticis servanda dissertatio, in qua, *quæ de Husso historia est*, excutitur, *Antuerpiæ*, Moretus, 1610, *in*-8. *v. m.*

2113 Traité de l'absolution de l'hérésie, réservée au Pape & aux Evêques, à l'exclusion des Chapitres & des Réguliers, par J. B. THIERS, *Lyon*, Léon Plaignard, 1695, *in*-12. *v. m. d. s. t.*

2114 L'Accord parfait de la nature, de la raison, de la révélation & de la politique, traité dans lequel on établit *que les voyes de rigueur,* en matiere de religion, blessent les droits de l'humanité, & sont également contraires aux lumieres de la raison, à la morale évangélique, & au véritable intérêt de l'Etat, (par M. DE FORBIN,) Cologne, 1753, 2 vol. in-12. v. m.

2115 Réflexions d'un Citoyen catholique sur les Loix de France, relatives aux Protestans, par M. DE VOLTAIRE, Maestricht (Geneve,) 1778, in-8. v. f. d. s. t.

2116 Discours de M. SERVAN, dans la cause d'une femme protestante, Grenoble, Grabit, 1767, in-12. v. m.

2117 Recueil intéressant de plaidoyers, dans la cause d'une femme protestante, Geneve, 1778, in-8. v. m.

2118 Tribonianus, sive errores triboniani de pœna parricidii, auctore Joann.-Franc.-Francisci F. RAMOS, J. C. Salmanticensi, Lugduni-Batavorum, Janssonii Vander Aa, 1728, in-4. v. b.

2119 Traicté du divorce par l'adultere, sçavoir s'il est permis à l'homme ou à la femme en ce cas de se remarier, Paris, Nicolas Rousset, 1629, in-8. v. f. d. s. t.

2120 Traité de l'adultere considéré dans l'ordre judiciaire, par M. FOURNEL, Avocat au Parlement, Paris, Jean-François Bastien, 1778, in-12. v. m.

2121 Electuaire souverain pour servir d'antidote contre la paillardise, peste contagieuse des ames, par Claude LE BRUN DE LA ROCHETTE, Jurisconsulte Beaujolois, Lyon, Pierre Rigaud, 1615, in-12. v. f. d. s. tr.

2122 Discussion si la Polygamie est contre la loi

naturelle ou divine, tant de l'ancien que du nouveau Testament; de ce qui a donné lieu de l'interdire aux Chrétiens; si les Souverains chrétiens sont autorisés de la réintroduire dans leurs Etats, & de quelle maniere ils pourroient s'y prendre sans occasionner des désordres dans les ménages, par Louis Comte DE RANTZOW, Saint-Petersbourg, 1774, in-8. v. f. d. s. t.

Traités de l'Usure, des Sortiléges, Maléfices, &c.

2123 Défense des contrats de rentes rachetables des deux côtez, communement usités en Hollande, *ou réflexions sur la Lettre de M.***, Docteur de Sorbonne, du 25 Mars 1730, à M. van Erckel, Doyen du Chapitre catholique d'Utrecht, touchant la matiere de l'usure, par rapport à ces contrats*, Amsterd. Nic. Potgieter, 1730, in-4. cart.

2124 Traité des intérêts des créances, suivant les loix & usages observés tant en pays coutumier qu'en pays de droit-écrit, par Bertrand-Louis LE CAMUS D'HOULOUVE, ancien Avocat, Paris, Fr. Amb. Didot l'aîné, 1774, in-12. v. éc.

2125 Moyens d'extirper l'usure, *ou projet d'établissement d'une caisse de prêt public à six pour cent, sur dettes actives, &c. à huit, sur nantissemens mobiliers, modéré à six pour les ouvriers, laboureurs, artisans, jusques à 200 l. & gratis aux pauvres pour un mois, jusques à 12 l.; projet formé d'après les loix relatives à ces sortes d'établissemens, suivi de plusieurs plans, pour en faire & assurer les fonds*, par un Avocat au Parlement, P. DE S. L. (PREVOST DE

364 JURISPRUDENCE.

SAINT-LUCIEN) Paris, l'Esclapart, 1775, in-12. v. m.

2126 Les mêmes, nouvelle édition, contenant les lettres-patentes de création du Mont-de-piété de Paris en 1777, Paris, l'Esclapart 1778, in-12. v. m.

2127 Traité de l'usure, servant de réponse à une Lettre de M. Prost de Royer, Procureur Général de la ville de Lyon; & au Traité anonyme sur le même sujet, imprimé à Cologne en 1769, par M. Etienne SOUCHET, Avocat, Paris, Bastien, 1776, in-12. v. m.

2128 Histoire des Monts-de-Piété, avec des réflexions sur la nature de ces établissemens, par CERETTI, Padoue, (Par.) 1752, in-12. v. m.

2129 Advis aux Criminalistes sur les abus qui se glissent dans les procès de sorcellerie, par le P. N. S. J., Théologien Romain, mis en franç. par F. B. DE VELLEDOR, Lyon, Cl. Prost, 1660, in-8. v. m.

2130 Defensio compendiosa certisque modis astricta, probæ (vt loqvvntvr) aqvæ frigidæ, quâ in examinatione maleficarum judices hodiè vtuntur, avtore Jacobo RICKIO, Colon. Agrip. Joannes Gymnicus, 1698, in-8. v. f. d. s. t.

2131 Malleus Maleficarum maleficas & earum hæresim framea conterens, ex variis Auctoribus compilatus; editio novissima, infinitis penè mendis expurgata, cui accessit fuga dæmonum & complementum artis exorcisticæ, Lugduni, Claud. Bourgeat, 1669, 3 tom. 2 vol. in-4. v. b. Seconde édition du N°. 646.

2132 Le thrésor & entiere histoire de la triomphante victoire du corps de Dieu sur l'esprit

DROIT CANONIQUE. 365

maling Beelzebub, obtenue à Laon l'an 1566, par J. Boulase, Prestre, Professeur au Collége de Mont-Agu, *Paris*, Nic. Chesneau, 1578, *in-4. v. f.*

2133 Cinq Histoires admirables, esquelles est monstré comme miraculeusement par la vertu & puissance du Saint Sacrement de l'Autel, a esté chassé Beelzebub, Prince des Diables, avec plusieurs autres Démons, qui se disoyent estre de ses subjects, hors des corps de quatre diverses personnes, le tout advenu en 1582 en la ville de Soissons, recueillies des actes d'un Notaire Royal, par D. Charles BLENDEC, Religieux, *Paris*, Chaudiere, 1582, *in-8. m. r.*

2134 Histoire admirable & véritable des choses advenues à l'endroict d'une Religieuse-Professe du couvent des Sœurs-Noires de la ville de Mons en Hainault, âgée de vingt-cinq ans, possédée du Maling Esprit, & depuis délivrée, avec les attestations de plusieurs personnages illustres, *Paris*, Blaise, 1586, *in-8. v. m.*

2135 La même, *sans date, ni nom de Ville*, *in-8. v. m.*

2136 Discours véritable sur le fait de Marthe Brossier, prétendue démoniaque, *Paris*, Patisson, 1599, *in-8. v. f. d. s. t.*

2137 Le même, avec l'arrêt de la Cour de Parlement de Paris, *jouxte l'exemplaire imprimé à Paris*, 1599, *in-8. broché.*

2138 Discours sommaire des sortiléges, vénéfices & idolâtreries, tiré des procès criminels, jugez à Montmérillon en 1599. == Apologie aux difficultéz proposées sur l'histoire de la possession & conversion d'une pénitente, &c. *in-8. v. m.*

JURISPRUDENCE.

2139 Discours des marques des sorciers & de la réelle possession que le diable prend sur le corps des hommes, sur le subject du procez de l'abominable & détestable Sorcier Louys Gaufridy, Prestre bénéficié en l'Eglise parrochiale des Accoules de Marseille, qui n'aguieres a esté exécuté à Aix par arrest de la Cour de Parlement de Prouence, par Jacques FONTAINE, Conseiller & Médecin ordinaire du Roy, &c. *Paris*, Denis Langlois, 1611, *in-8. v. f. d. s. t.*

2140 Discours des Sorciers, tiré de quelques procès faicts à plusieurs de la même secte, en la terre de S. Oyan-de-Joux, dicte S. Claude, au Comté de Bourgongne, avec une instruction pour un Juge en fait de Sorcellerie, par Henry BOGUET, *Lyon*, Pillehotte, 1602, *in-8. m. r.*

2141 Le même, seconde édition, *Paris*, Binet, 1603, *in-8. v. m.*

2142 Le même, ensemble leurs procès faits depuis deux ans en ça, *Rouen*, Osmont, 1606, *in-12. v. m.*

2143 Histoire admirable de la possession & conversion d'une Pénirente, séduite par un Magicien, la faisant sorciere & Princesse des Sorciers au pays de Provence, conduite à la sainte Baume, pour y estre exorcizée, l'an 1610: ensemble, les actes recueillis par le P. Seb. MICHAELIS, la pneumalogie, *ou Discours des Esprits*, par le même, & l'apologie aux difficultés proposées sur cette Histoire, *Paris*, Chastelain, 1612 & 1613, *in-8. v. f.*

2144 La même, *jouxte la précédente édit.* 1614, *in-8. v. f.*

2145 Réfutation de l'erreur du vulgaire, tou-

DROIT CANONIQUE.

chant les réponses des Diables exorcizez, par Samson BIRETTE, Augustin, *Rouen*, Besongne, 1618, in-12. v. m.

2146 Histoire arrivée à Beauvais, touchant les conjurations & exorcismes faits à Denise de la Caille, possédée du Diable, histoire remplie d'admirables & estranges effects des Démons, *Paris*, Billaine, 1623, in-8. v. f.

2147 Histoire véritable & mémorable de ce qui s'est passé sous l'exorcisme de trois filles possédées, ès pays de Flandres, en la descouverte & confession de Marie de Sains, soy-disant Princesse de la magie, & Simone Dourlet, complice, & autres, où il est aussi traicté de la police du Sabbat, & secrets de la Synagogue des Magiciens & Magiciennes, de l'Antechrist, & de la fin du monde; extrait de différens mémoires, & publié par J. LE NORMANT, Sieur de Chiremont, *Paris*, de Varennes, 1623, 2 vol. in-8. v. m.

2148 Relation des justes procédures observées au fait de la possession des Ursulines de Loudun, & au procès d'Urbain Grandier, avec les théses générales touchant les Diables exorcisés, par le P. TRANQUILLE, Capucin, *Lafleche*, Griveau, 1635, in-12. v. m.

2149 Histoire des Diables de Loudun, ou de la possession des Religieuses Ursulines, & de la condamnation & du supplice d'Urbain Grandier, Curé de la même Ville, *Amsterd.* Wolfgang, 1693, in-12. v. m.

2150 La même, *Amsterdam*, (*Rouen*) 1752, in-12. v. m.

2151 In actiones Juliodunensium Virginum Franc.

JURISPRUDENCE.

PIDOUX, Medici, exercitatio medica, secunda edit. auctior & emendatior, *Pictavii*, Julianus Thoreau, 1635, in-8. v. f. d. ſ. t.

2152 Récit de ce qui s'eſt paſſé aux exorciſmes de pluſieurs Religieuſes de la ville de Louviers, par le P. BERNARD & LE GAUFFRE, *Paris*, Alliot, 1643, in-8. v. m.

2153 Hiſtoire de Magdeleine Bavent, Religieuſe du monaſtere de S. Louis de Louviers, avec ſa confeſſion générale & teſtamentaire, où elle déclare les abominations, impiétez & ſacrileges qu'elle a pratiqués & veu pratiquer au Sabat par pluſieurs & diverſes perſonnes, tant hommes que femmes, & ceux qu'elle y a remarquez; enſemble l'arreſt donné contre Mathurin Picard & Thomas Boullé, brûlez pour le crime de magie, l'un vif & l'autre mort, & auſſi l'arreſt du Conſeil d'Eſtat donné en faveur de la petite Mere Françoiſe, de la Place Royale, *Paris*, 1652, in-4. v. f.

2154 La Piété affligée, *ou* Diſcours hiſtorique & théologique de la poſſeſſion des Religieuſes dittes de Saincte Elizabeth de Louviers, par le P. Eſprit DU BOSROSGER, Capucin, *Rouen*, Jean le Boulanger, 1652. == Hiſt. de Marthe Broſſier, prétendue poſſédée, tirée du latin de Jacq. Aug. de Thou, avec quelques remarques & conſidérations générales ſur cette matiere, tirées pour la pluſpart auſſi du latin de Bartholomæus Perdulcis, Médecin de Paris, par le Sieur CONCUARD, Médecin, *Rouen*, Jacq. Hérault, 1652, in-4. v. m.

2155 La même Piété affligée, *Amſt.* Schaier, 1700, in-12. mar. v.

2156

2156 Relation de l'état de quelques personnes prétendues possédées, faite d'autorité du Parlement de Toulouse, par François BAYLE & Henry GRANGERON, Médecins, où ces Docteurs expliquent clairement par les véritables principes de la physique, des effets que l'on regarde ordinairement comme prodigieux & surnaturels, *Toulouse*, veuve Fouchaef, *in*-12. *v. f.*

2157 Factum & arrest du Parlement de Paris contre des Bergers sorciers, exécutés dans la Province de Brie, (*Amst.*) 1695, *in*-8. *v. m.*

2158 Abrégé de l'histoire prodigieuse de Beret, du Comtat d'Avignon, avec une dissertation pour distinguer les vraies possessions d'avec les fausses, & un abrégé d'un livre intitulé : *Triomphe du T. S. Sacrement de l'Autel, sur le Démon*, Paris, 1732, *in* 12. *v. m.*

2159 Dissertation sur les maléfices & les Sorciers selon les principes de la théologie & de la physique, où l'on examine en particulier l'état de la fille de Tourcoing, *Tourcoing*, 1752, *in*-12. *v. m.*

Traités des Censures ecclésiastiques, Interdits, &c.

2160 Raccolta de gli scritti usciti fuori in istampa, e scritti a mano, nella causa del P. Paolo V, co' Signori Venetiani, secondo le stampe di Venetia, di Roma, & altri luoghi, *Coira*, Paolo Marcello, 1507, (lege 1607) 2 tom. 1 vol. *in*-4. *v. f. d. s. t.*

2161 L'examen de P. Paul (SARPI), Religieux de l'Ordre de Servi, contenant la response aux censures du Pape Paul V, contre la République de Venise, trad. d'italien en franç. (Par.) 1606, in-8. v. f. d. f. t.

✠ 2162 Rifposta del Card. BELLARMINO, à due libretti, uno de quali s'intitola : *Rifpofta di un Dottore di Theologia ad una lettera fcrittagli da un Rever. fuo amico, sopra il Breue di cenfure dalla Santità di Paolo V, publicate contra li Sign. Venetiani*; & l'altro, *Trattato & refolutione fopra la validita delle fcommuniche di Gio Gerfone, Theologo & Cancellier Parifino*, tradotto dalla lingua latina nella volgare con ogni fedelta in opufculi due, *Cremona*, Chriftoforo Draconi, & Barucino Zanni, 1606, in-8. cart.

✠ 2163 Refponfe du Cardinal BELLARMIN, au *Traicté des fept Théologiens de Venife, fur l'interdict de N. S. Pere le Pape Paul V, & aux oppofitions de F. Paul Seruite*, contre la premiere efcriture du mefme Cardinal, avec la refponfe du mefme Autheur à la *Defenfe des huict propofitions de Jean Marfille, Napolitain*, 1607, in-8. v. f. d. f. t.

✠ 2164 Opinione del Padre Paolo (SARPI) Servita, Confultor di Stato, come debba governarfi internamente & efternamente la Republica Venetiana, per havere il perpetuo Dominio, con la quale fi ponderano anco gli intereffi di tutti i principi da lui defcritta, *Venetia*, Roberto Meietti, 1685, in-12. cart.

Traités de l'ancienne Difcipline ecclefiaftique, & Répertoires de Droit Canon.

✠ 2165 Refponfe apologétique aux prétendus moyens de nullité, propofez par les Doyen & Chanoines de l'Eglise de Rouen, sur le restablissement de la discipline eccléfiastique, (*sans frontispice*) *in*-8. *v. m.*

2166 Dictionnaire de Droit canonique & de pratique bénéficiale, par DURAND DE MAILLANE, *Lyon*, Duplain, 1770, 4 *vol. in*-4. *v. m.*

DROIT DE LA NATURE ET DES GENS.

Histoire du Droit de la Nature & des Gens.

2167 Bibliographie politique de Gabriel NAUDÉ, contenant les livres & la méthode nécessaire à estudier la politique, trad. du latin en franç. *Paris*, Pelé, 1642, *in*-8. *v. f.*

2168 Notitia Scriptorum Juris naturæ, quorundam elogiis condecorata; accedit ejusdem juris omnium principiorum, quæ Scriptores diversi fovent, inter se collatio, & ex parte conciliatio instituta à Georg. Andr. VINHOLD, Rect. Sch. Cygn., *Lipsiæ*, J. Schuster, 1723, *in*-8. *cart.*

2169 Bibliotheca juris imperantium, sive commentatio de Scriptoribus jurium, quibus summi imperantes utuntur naturæ & gentium publici universalis & principum privati, *Noribergæ*, Monath, 1727, *in*-4. *v. m.*

2170 Christian. Frid. Georg. MEISTERI, Bibliotheca Juris naturæ & gentium, *Goettingæ*, Abraham Vandenhoeck, 1749 & 1757, 3 *vol. in*-8. *v. éc.*

2171 Essai sur l'histoire du droit naturel, (trad. de l'allem. de HUBNER) *Londres*, (*Paris*) 1757 & 1758, 2 *vol. in*-8. *v. m.*

JURISPRUDENCE.

De l'utilité du Droit de la Nature & des Gens dans l'étude du Droit Civil ; ou de l'Esprit des Loix en général.

2172 De usu & authoritate Juris civilis Romanorum, in Dominiis Principum Christianorum, libri duo, authore Arthuro DUCK, *Lipsiæ*, Johan. Luderwaldus, 1676, *in-12. v. f. d. f. t.*

2173 De l'Esprit des loix, ou du rapport que les loix doivent avoir avec la constitution de chaque Gouvernement, &c.; à quoi l'Auteur a ajouté des recherches sur les loix nouvelles (par le Président DE MONTESQUIEU) *Geneve*, 2 *vol. in-4. v. f. d. f. t.*

2174 Défense de l'*Esprit des Loix*, à laquelle on a joint quelques éclaircissemens, (par le même) *Geneve*, (*Par.*) 1750, *in-12. v. f. d. f. t.*

2175 Analyse raisonnée de l'*Esprit des Loix* (par PEQUET), *Geneve*, Chirol, 1771, *in-8. v. m.*

2176 Observations sur l'*Esprit des Loix*, ou l'art de lire ce livre, de l'entendre & d'en juger, par l'Abbé D. L. P. (DE LA PORTE), *Amst.* (Paris) 1751, *in-12. v. m.*

2177 Les mêmes, 3 parties *in-8. mar. rouge.*

2178 Apologie de l'*Esprit des Loix*, ou Réponses aux observat. de L. P. (l'Abbé DE LA PORTE), par DE R. *Amst.* 1751. = Suite de la défense de l'*Esprit des Loix*, ou examen de la réplique du Gazetier ecclésiastique à la *Défense de l'Esprit des Loix*, *Berlin*, 1751 *in-12. v. m.*

2179 L'Esprit des Loix quintessencié, (par l'Abbé DE BONNAIRE) 1751, 2 *vol. in-12. v. m.*

2180 Observations sur le livre de l'*Esprit des*

DROIT NATUREL ET DES GENS. 373

Loix, par CREVIER, Paris, Defaint & Saillant, 1764, in-12. v. m.

2181 Commentaire fur l'*Esprit des Loix*, par DE VOLTAIRE, (Geneve) 1778, in-8. v. f. d. f. t.

Ouvrages des Anciens, fur le Droit de la Nature & des Gens.

2182 La République, le Phédon de PLATON & les politiques d'ARISTOTE, trad. par Loys LE ROY, Par. Morel, 1600, in fol. v. b. l. r. d. f. t.

2183 République de PLATON, ou Dialogue fur la Juftice, trad. par le P. GROU, Jéfuite, *Paris*, Brocas & Humblot, 1762, 2 vol. in-12. v. m.

2184 La même traduction, *Amfterd.* Rey, 1763, 2 vol. in-12. v. m.

2185 La Republica di PLATONE, tradotta dalla lingua greca nella tofcana da Pamphilo FIORIMBENE da Foffembrone, *Vinegia*, Gabriel Giolito de Ferrari & Fratelli, 1554, in-8. v. f. d. f. t.

2186 Francifci PHILELPHI, de morali difciplina, libri V, AVERROIS paraphrafis in libros de *Republica Platonis*, Franc. ROBERTELLI in libros *Politicos Ariftotelis* difputatio, *Venetiis*, Gualterus Scottus, 1552, in-4. v. f.

2187 Loix de PLATON, par le Traducteur de la République, (le P. GROU) *Amft.* Marc-Michel Rey, 1769, 2 vol. in-8. v. f. d. f. t.

2188 Octo Politicorum libri ARISTOTELIS, à Leonardo ARETINO, in latinum verfi, cum commentariis S. THOMÆ, curâ & recognitione Magiftri LUDOVICI, Ordinis Prædicatorum Procuratoris, & NIMIREI, Arbenfis Archidia-

A a iij

coni, *Romæ*, Euchar. Silber, 1492, *in-fol. vél.*
(premiere édit. rare.)

(*In fine*) Impreſſum eſt hoc opus Romæ per Magiſtrum Eucharium Silber, aliàs, Franck, abſolutumque die Jovis xiiii Kal. Aug. anno Dom. M. CCCC. XCII.

Longues lignes, lettres rondes de deux groſſeurs, ſans titre, avec des chiffres au haut des feuillets, & un regiſtre.

2189 Les Politiques d'ARISTOTE, éſquelles eſt montrée la ſcience de gouverner le genre humain en toutes eſpeces d'eſtats publiques, trad. du grec en françois, par LOYS LE ROY, dict REGIUS, *Paris*, Morel, 1576, *in-fol. v. f. l. r.*

2190 Gli Otto libri della Republica, che chiamono Politica di ARISTOTILE, nuovamente tradotti di greco in vulgare italiano, per Ant. BRUCIOLI, *Venetia*, 1547, *in-8. v. f. d. ſ. t.*

2191 La medeſima Politica, ridotta in modo di Parafraſi da Antonio SCAINO da Salo, con alcune annotationi e dubbi, e ſei diſcorſi ſopra diverſe materie civili; cioè, ſopra le leggi, la polit. d'Ariſtot. per diſcernere le Republiche, ſopra l'antica Republ. romana, la monarchia del Turco, e ſopra la Republ. chriſtiana, *Roma*, nelle caſe del Popolo Romano, 1578, *in-4. fig. v. f. d. ſ. t.*

2192 Dela politica overo ſcienza civile ſecondo la dottrina d'Ariſtotile, Libri otto, da Felice FIGLIUCCI, ſcritti in modo di dialogo, *Venetia*, Gio. Battiſta Somaſcho, 1583, *in-4. rél.*

2193 Dello Stato delle Republiche ſecondo la mente di Arioſtotele, con eſſempi moderni Giornate otto, di Nicolo VITO, di Gozzi, con CCXXII avertimenti civili dell' iſteſſo, & una

DROIT NATUREL ET DES GENS. 375

apologia dell' honor civile, *Venetia*, Aldo, 1591, *in-4. v. m.*

2194 M. Tullii CICERONIS, de legibus, lib. III, recensuit, ac Petri VICTORII, Pauli MANUCII, Jo. CAMERARII, Dion. LAMBINI & Fulvii URSINI notis, suas adjecit Joan. DAVISIUS, accedit Hadr. TURNEBI commentarius, editio secunda, *Cantabrigiæ*, Guli. Thurlborn, 1745, *in-8. v. f. d. f. t.*

2195 Traités des Loix de CICERON, trad. par MORABIN, avec des notes, nouvelle édition, *Paris*, Benoît Morin, 1777, *in-12. v. m.*

OUVRAGES DES MODERNES SUR LE DROIT DE LA NATURE ET DES GENS.

Institutions ou Traités élémentaires.

2196 Parallela legis & nummi, quibus triplex juris species naturalis gentium & civilis philologicè exponitur, Autore Francisco BROEO, *Parisiis*, Mathurinus du Puis, 1633, *in-8. v. m.*

2197 Hugonis GROTII, de jure belli & pacis libri, in quibus jus naturæ & gentium, item juris publici præcipua explicantur : accesserunt ejusdem dissertatio de mari libero, & libellus singularis de æquitate, indulgentiâ & facilitate, necnon Joh. Frid. GRONOVII notæ, *Amsterd.* Waesbergius, 1712, *in-8. v. br.*

2198 Le Droit de la guerre & de la paix, par Hugues GROTIUS, trad. par Jean BARBEYRAC, *Double à vendre.* *Amst.* (Trévoux) 1729, 2 *vol. in-4. v. m.*

2199 Jo. Gottl. HEINECCII, J. C. & Anteceff. Prælectiones academicæ, in *Hugonis Grotii de*

A a iv

376 JURISPRUDENCE.

jure belli & pacis libros III, Berolini, Jc. And. Rudigerus, 1744, *in*-8. *v. f. d. f. t.*

2200 Jo. Georgii DE KULPIS, Collegium Grotianum super jure belli ac pacis, anno 1682, in Academia Gieffensi XV exercitationibus primùm institutum, editio quinta, *Francofurti & Lipsiæ*, Joan. Philippus Andreas, 1722, *in*-4. *v. f. d. f. t.*

2201 Ph. Reinh. VITRIARII institutiones juris naturæ & gentium, ad methodum Hug. Grotii conscriptæ, & auctæ à Joh. Jac. VITRIARIO, accedit Joh. Franc. BUDDEI historia juris naturalis, & specimen Jurisprudentiæ historicæ, *Lugduni-Batavorum*, Luchtmans, 1734, *in*-8. *v. f. d. f. t.*

2202 Le droit de la nature & des gens, ou Système général des principes de la morale, de la Jurisprudence & de la politique, trad. du latin du Baron DE PUFFENDORF, avec des notes, par J. BARBEYRAC, *Amsterd.* de Coup, (*Trévoux*) 1712, 2 vol. *in*-4. *v. m.*

2203 Jo. Balth. WERNHERI, JCti, elementa juris naturæ & gentium, editio altera, priori multò emendatior, præmissum est programma, in quo dubia, contra principium juris naturæ mota, diluuntur, *Vitembergæ*, Chr. Theoph. Ludovicus, 1720, *in*-8. *v. m.*

2204 S. PUFFENDORFII, de officio hominis & civis secundùm legem naturalem, libri duo, Everardus OTTO repetita prælectione recensuit & adnotationibus illustravit, accedunt Cl. TITII ad eosdem libros observationes, *Trajecti ad Rhenum*, Joan. Broedelet, 1740, 3 vol. *in*-8. cart.

2205 Les devoirs de l'homme & du citoyen, tels qu'ils lui sont prescrits par la loi naturelle, trad. du latin du Baron DE PUFFENDORF, par Jean BARBEYRAC, *Amsterd.* de Coup, 1715, *in-*8. *v. f.*

2206 Jo. Gottl. HEINECCII, Prælectiones academicæ in *Sam. Puffendorfii, de Officio hominis & civis, libros II*, Berolini, Jo. And. Rudigerus, 1742, *in-*8. *v. f. d. f. t.*

2207 Fundamenta juris naturæ & gentium ex sensu communi deducta, in quibus ubique secernuntur principia honesti, justi ac decori, cum adjuncta emendatione ad ista fundamenta institutionum Jurisprudentiæ divinæ, editio quarta, præcedentibus auctior & correctior, *Halæ & Lipsiæ*, vidua Christ. Salfeldii, 1718, *in-*4. *v. m.*

2208 Justi HENNINGII BOEHMERI, J. C., Introductio in jus publicum universale ex genuinis juris naturæ principiis deductum, & in usum juris publici particularis quarumcunque rerum publicarum adornatum, editio secunda emendatior, *Halæ Magdeburgicæ*, impensis Orphanotrophei, 1726, *in-*8. *v. f. d. f. t.*

2209 Christ. THOMASII, Jcti, institutionum Jurisprudentiæ divinæ, libri III, in quibus fundamenta juris naturalis secundùm hypotheses Puffendorfii perspicuè demonstrantur, & ab objectionibus dissentientium, potissimùm D. Valentini Alberti, Profess. Lipsiensis liberantur; fundamenta itidem juris divini positivi universalis, primùm à jure naturali distinctè secernuntur & explicantur, editio septima, prioribus multò correctior, *Halæ Magdeburgicæ*, vidua Christ. Salfeldii, 1730, *in-*4. *v. m.*

378 JURISPRUDENCE.

2210 Jo. Laur. Fleischeri, Profeff. Juris in Acad. Fridericiana, inftitutiones juris naturæ & gentium, in quibus regulæ jufti, decori atque honefti potiffimùm fecundùm principia Thomafiana diftinctè explanantur & applicantur, *Lipfiæ*, Jo. Samuel Heinfius, 1741, *in-*8. *v. m.*

2211 Nicolai Hieronimi Gundlingii, J. C., jus naturæ ac gentium, connexa ratione novaque methodo elaboratum, & à præfumtis opinionibus aliifque ineptiis vacuum, editio tertia, auctior & emendatior, *Halæ Magdeburgicæ*, in Officina Rengeriana, 1736, *in-*8. *v. f. d. f. t.*

2212 Idem, editio nova, auctior & emendatior, *Genevæ*, Antonius Philibert, 1751, *in-*8. *v. m.*

2213 Juris focialis & gentium ad jus naturale revocati fpecimina VII, auctore Henrico Koehlero, Philofophiæ Profeffore in Academiâ Jenenfi, *Jenæ*, Joh. Adam Melchior, 1737, *in-*4. *v. f. d. f. t.*

2214 Elementa juris Gentium, quæ in Univerfitate Wirceburgenfi publicæ difquifitioni fubmittit Carolus de Colloredo, *Wirceburgi*, Joan. Jacob. Chriftoph. Kleyer, 1740, *in-*4. *v. f. d. f. t.*

2215 Principes du droit naturel, par J. J. Burlamaqui, *Geneve*, Barillot, 1747, *in-*4. *v. m.*

2216 Principes du droit politique, par le même, *Amft. (Paris)* 1751, 2 *vol. in-*8. *v. m.*

2217 Principes du droit naturel & politique, par le même, *Geneve*, Philibert, 1764, 3 tom. 2 *vol. in-*12. *v. f.*

2218 Les mêmes, augmentés par M. de Felice, *Yverdun*, 1766 & 1768, 8 *vol. in-*8. *v. m.*

2219 Jo. Georgii Wagneri, V. J. D., fundamenta juris naturalis & gentium, methodo demonstrativa exhibita, editio secunda, longè desiderata, *Halæ Magdeburgicæ*, Joan. Gottlob Biesvirth, 1750, *in-8. v. m.*

2220 Institutiones juris naturæ & gentium, in quibus ex ipsa hominis natura, continuo nexu omnes obligationes & jura omnia deducuntur, autore Christiano L. B. DE WOLFF, *Halæ Magdeburgicæ*, ex Officinâ Rengerianâ, 1750, *in-8. v. f. d. s. t.*

2221 Les mêmes, trad. en franç. avec le texte à côté, par M. M***, avec des notes (en franç. seulement) dans lesquelles on fait voir la solidité des principes de l'Auteur, l'application de ces mêmes principes au droit public, civil & romain, & l'utilité qu'on peut sur-tout en retirer pour juger les causes relatives au commerce & à la navigation, par Elie LUZAC, Docteur en Droit & Advocat à la Cour de Hollande, *Leyde*, Elie Luzac, 1772, 6 *vol. in-*12. *v. m.* [Double ch. à vendre]

2222 Joach. Georgii DARIES, institutiones Jurisprudentiæ universalis, in quibus omnia juris naturæ socialis & gentium capita, methodo scientifica explanantur, editio sexta, prioribus auctior & castigatior, *Jenæ*, Christ. Henr. Cuno, 1764, *in-8. v. f. d. s. tr.*

2223 Ejusdem observationes juris naturalis, socialis & gentium, ad ordinem systematis sui selectæ, *Jenæ*, Theod. Wilh. Ernest, 1751, 2 *part.* 1 *vol. in-*4. *v. f. d. s. t.*

2224 Introduction à l'étude de la politique, des finances & du commerce, par DE BEAUSOBRE, *Amst.* Schneider, 1765, 2 *vol. in-*12. *v. m.* [Double à vendre]

JURISPRUDENCE.

2225 La même, nouvelle édit. *Berlin*, Chrétien-Frédéric Voss, 1771, 3 *vol. in-*12. *v. f. d. f. t.*

2226 Les principes naturels du droit & de la politique, par D. D. R. (DREUX DU RADIER) *Paris*, Robustel, 1765, 2 *parties* 1 *vol. in-*12. *v. m.*

2227 Précis du droit des gens, de la guerre, de la paix & des ambassades, par M. le Vicomte DE LA MAILLARDIERE, *Paris*, Quillau, 1775, *in-*12. *v. m.*

2228 Le même, avec l'abrégé des principaux traités conclus depuis le commencement du XIVe siecle jusqu'à présent, entre les différentes Puissances de l'Europe, disposés par ordre chronologique, *Paris*, Quillau, 1775 & 1778, 3 *vol. in-*12. *v. m.*

2229 Dictionnaire politique, *ou* Glossaire alphabétique du célebre D. J. VOLKNA, trad. de l'allemand, *Londres*, Meyer, 1762, *in-*12. *v. m.*

2230 Le même, *Paris*, Merlin, 1769, (*Lond.* Meyer, 1762) *in-*12. *v. m.*

De l'état de Nature, considéré dans tous ses rapports, & des Actions morales.

2231 Discours philosophiques sur l'homme, considéré relativement à l'état de nature & à l'état de société, par le P. G. B., *Turin*, Reycends, 1769, *in-*8. *v. m.*

2232 L'homme moral, ou l'homme considéré, tant dans l'état de pure nature, que dans la société, par P. Ch. LEVESQUE, *Amst.* 1775, *in-*8. *v. f. d. f. t.*

2233 Discursus duo philologico-juridici, prior

de cornutis, posterior de hermaphroditis, eorumque jure, uterque ex jure divino, canonico, civili, consuetudinibus feudorum, variisque historiarum monumentis, rerumque antiquarum Scriptoribus, congestus à Jacobo MOLLERO, Cameræ Electoralis Brandeb. Advocato, *Francofurti*, Christoph. Andreas Zeitlerus, 1692, *in-4. v. f. d. f. t.*

2234 Juste LIPSIUS, de la constance, traicté auquel, en forme de devis familier, est discouru des afflictions, & principalement des publiques, & comme il se faut résoudre à les supporter, augmenté d'un épitôme & d'annotations en la marge, troisieme édition, *Paris*, Claude de Monstroeil, 1597, *in-12. v. f. d. f. t.*

2235 La décence en elle-même dans les nations, les personnes & les dignités, prouvée par les faits, par M. CHARPENTIER, *Paris*, Desventes, 1767, *in-12. baz.*

2236 Johannis ROBECK, Calmaria Suedi, exercitatio philosophica de morte voluntaria Philosophorum & bonorum Virorum, etiam Judæorum & Christianorum, recensuit, perpetuis animadversionibus notavit & præfatus est Johan. Nicolaus FUNCCIUS, Marburgensis, *Rintelii*, Joh. Godofr. Enax, 1736, *in-4. v. f. d. f. t.*

2237 Ejusdem, de morte voluntaria exercitatio, sive examen calumniarum, nugarum & fallaciarum, quibus tanquam argumentis utuntur ΕΥΛΟΓΟΥ ΕΞΑΓΩΓΗΣ, consensus generis humani, salutis & gloriæ bonorum virorum honestarumque feminarum hostes & oppugnatores, perpetuis animadversionibus notavit & præfatus est Johannes-Nicolaus FUNCCIUS Marburgensis,

382　JURISPRUDENCE.

Marburgi, Philipp. Casimir. Müller, 1753;
in-4. v. f. d. f. t.

2238 Traité du suicide, ou du meurtre volontaire de soi-même, par Jean DUMAS, Amst.
D. J. Changuion, 1773, in-8. v. f. d. f. t.

2239 Moyens propres à garantir les hommes du suicide, ouvrage dans lequel, après avoir tâché de découvrir les causes du meurtre volontaire de soi-même, on tâche aussi de montrer les moyens de s'en garantir, précédé d'un discours sur l'origine, les progrès du suicide chez les Anglois & les François, par L. P. L. D. Paris, Benoît Morin, 1779, in-12. v. br.

De la Regle des Actions morales, ou des Loix en général.

2240 La regle des devoirs que la nature inspire à tous les hommes, Paris, Briasson, 1758, 4 vol. in-12. v. m.

2241 Précis de l'Ordre légal, Amsterd. (Paris) 1768, in-12. v. m.

2242 Théorie des loix civiles, ou principes fondamentaux de la société, (par M. LINGUET) Londres, (Par.) 1767, 2 vol. in-12. v. m.

2243 Lettres sur la *Théorie des Loix civiles*, par le même, Amsterd. (Par.) 1770, in-12. v. m.

2244 Réponse aux Docteurs modernes, ou apologie de la *Théorie des Loix*, & des *Lettres sur cette Théorie*, avec la réfutation du systême des Philosophes économistes, par le même, (Par.) 1771, 3 part. 2 vol. in-12. v. m.

2245 Dissertation sur les raisons d'établir ou d'abroger les Loix, par FRÉDÉRIC II, Roi de Prusse, avec l'examen de l'ufure, fuivant les principes du droit naturel, par M. FORMEY, *Utrecht*, (*Par.*) 1751, *in*-8. *v. m.*

2246 L'alambic des loix, *ou* obfervations de l'ami des François, fur l'homme & fur les loix, *Hifpaan*, (*Avignon*) 1773, *in*-8. *v. m.*

Principes de la Loi naturelle.

2247 Du droit de nature, par Jacques LES-CHASSIER, Advocat en la Cour de Parlement, *Par.* Claude Morel, 1601, *in*-8. *v. f. d. f. t.*

2248 Henr. KOEHLERI, Juris naturalis ejufque cumprimis cogentis methodo fyftematica propofiti, exercitationes VII, *Francofurti ad Mœnum*, Fr. Varrentrapp, 1738, *in*-8. *v. f. d. f. t.*

2249 P. Cafti-Innocentis AMALDI, O. P. de principiorum legis naturalis traditione, libri III, *Mediolani*, Jofephus-Richinus Malatefta, 1742, *in*-4. *baz.*

2250 Elementa juris naturæ, in ufum auditorum adornata, juncto Joannis-Stephani PUTTERI, & Gottfridi ACHENWALLI, profefforum Goettingenfium ftudio, *Goettingæ*, Joh. Wilhelm. Schmidt, 1750, *in*-8. vel.

2251 Sigifmundi-Ludovici LERBER, Prof. Jur. nat. & civ., in Acad. Bern. de Legis naturalis fumma, liber fingularis, *Tiguri*, Heidegger & Socii, 1752, *in*-4. *v. f. d. f. t.*

2252 Effai fur les principes du Droit & de la Morale, par D'AUBE, *Paris*, Brunet, 1743, *in*-4. *v. f.*

2253 Le Droit des Gens, *ou* Principes de la Loi naturelle, appliqués à la conduite & aux affaires des Nations & des Souverains, par DE VATTEL, *Londres*, (*Laufanne*) 1758, 2 vol. *in*-4. *v. m.*

2254 Queftions de droit naturel, & obfervations fur le *Traité du droit de la nature*, du Baron de *Wolf*, par DE VATTEL, *Berne*, Société Typographique, 1762, *in*-12. *v. m.*

2255 Expofition de la Loi naturelle, par M. l'Abbé B. (BEAUDEAU,) *Paris*, la Combe, 1767, *in*-12. *v. m.*

2256 Les fondemens de la Jurifprudence naturelle, par M. PESTEL, Profeffeur en Droit public à Leyde, traduits du latin fur la feconde édition, *Utrecht*, J. van Schoonhoven & Comp. 1774, 2 part. 1 vol. *in*-8. *v. f. d. f. t.*

Obligations réfultantes de la Loi naturelle.

2257 Iftoria morale di Gifmondo FELORIO Ferrarefe, nella quale fi difcorre di materie de ftati, & di diverfe attioni di prencipi, tanto antichi, quanto del noftro tempo, & fi adducono molte opinioni de filofophi, iftorici, e poeti, cofi greci, come latini, oltre molt'altre cofe curiofe, & degne da faperfi, *Trevigi*, Evangelifta Dehuchino, 1599, *in*-4. vel.

2258 Principes naturels de la morale & de la politique, avec un examen de l'influence du Gouvernement fur les mœurs, *Londres*, (*Rouen*) 1773, 3 vol. *in*-12. *v. f. d. f. t.*

2259 Inftructions d'un pere à fes enfans, fur la nature & fur la Religion, par Abraham TREMBLEY, *Geneve*, Jean-Samuël Cailler, 1775, 2 vol. *in*-8. *v. m.*

DROIT NATUREL ET DES GENS.

2260 Ethocratie, *ou le Gouvernement fondé sur la morale*, *Amst.*, Marc-Michel Rey, 1776, in-4. v. f. d. s. t.

2261 La même, *Amst.*, Marc-Michel Rey, 1776, in-8. v. f. d. s. t.

2262 Le droit de nature, imité du Poëme allemand de LICHTWEHR, par Madame FABER, *Yverdon*, Soc. Typogr., 1777, in-8. v. m.

2263 Trattato della lode, dell' honore, della fama, & della gloria, composto da Franc. DE VIERI, detto il Verino secundo, *Fiorenza*, Georgio Marescotti, 1580, in-8. vel.

2264 Apologie de la louange, son utilité & les justes bornes, avec des médailles sur quelques actions de M. le Duc d'Orléans, Régent, *Par.* Josse, 1717. == Médailles sur la Régence, avec les tableaux symboliques du sieur Paul Poisson de Bourvalais, premier Maltotier du Royaume, & le songe funeste de sa femme, 1716, in-12. v. f. d. s. t.

2265 Le chemin de la gloire, Discours moral & allégorique, par Salomon DE PRIEZAC, Sieur de Sangues, *Paris*, Philip. d'Arbys, 1660, in-8. v. m.

2266 Joannis MEURSII, de Gloria liber unus, cum auctario philologico, *Lugduni-Batavorum*, Andreas Clousquius, 1601, in-8. v. f.

* Typis rotundis & nitidis, longisque lineis. Inter Meursii raros libros rarissimus, præsertim apud Germanos. Vide Vogtium, page 464.

Droits de l'Homme à l'égard des Choses & des Conventions introduites par le Droit des Gens.

2267 Traité du droit de domaine de propriété, par l'Auteur du traité des Obligations, (Pothier) tom. 1, *Paris*, Debure, 1772, *in*-12. *v. f. d. f. t.*

2268 Instruction facile sur les conventions, *ou notions simples sur les divers engagemens qu'on peut prendre dans la société, & sur leurs suites*, *Paris*, Leclerc, 1766, *in*-12. *v. m.*

2269 Hugonis GROTII, Mare liberum, sive de jure quod Batavis competit ad Indicana commercia Dissertatio, *Lugduni-Batavorum*, Ludovicus Elzevirius, 1609, *in*-8. *v. f. d. f. t.*

2270 Joann. SELDENI, Mare clausum, seu de dominio maris libri duo, *Lugduni-Batavorum*, Joannes & Theodorus Maire, 1636, *in*-4. *v. f. d. f. t.*

2271 Idem *juxta exemplar Londinense*, (*Amst.* Elzevir) 1636, *in*-12. *v. f.*

2272 De la saisie des bâtimens neutres, *ou du droit qu'ont les Nations Belligérantes d'arrêter les navires des peuples amis*, par Hubner, *Londres*, 1778, 2 *vol. in*-12. *v. m.*

Traités sur le Commerce en général, & Pratique du Négociant.

2273 Dictionnaire universel de Commerce, par Jacques SAVARY DES BRULONS, continué par Philemon-Louis SAVARY son frere, *Paris*, veuve Etienne, 1741, 3 *vol. in-fol. v. m.*

DROIT NATUREL ET DES GENS. 387

2274 Prospectus d'un nouveau Dictionnaire de Commerce, par M. l'Abbé MORELLET, *Par.* Etienne, 1769, *in*-8. *v. f.*

2275 Dictionnaire du Citoyen, *ou* Abrégé hist. théor. & prat. du Commerce, *Paris*, Grangé, 1761, 2 *vol. in*-8. *v. m.*

2276 Manuel hist. géog. & polit. des Négocians, par le sieur PAGANUCCI, *Lyon*, Bruyset, 1762, 3 *vol. in*-8. *v. m.*

2277 Dictionnaire portatif de Commerce, *Bouillon*, 1770, 4 *vol. in*-8. *v. m.*

2278 Dictionnaire portatif du Commerce, *Par.* Jean-Fr. Bastien, 1777, *in*-12. *v. m.*

2279 Compendio di quelle cose le quali a nobili e Christiani Mercanti appartengono, (del Ant. Maria VENUSTI), *Milano*, Giovan Antonio de gli Antonii, 1561, *in*-8. vel.

2280 Dé Negottii & contratti de Mercanti, & de Negotianti, trattato nel quale con risolutione molto chiara & compendiosa si tratta di vendite, compre, cambi, usure, & restitutione, composto per F. Thomaso MERCATO di Siviglia, dell'Ordine de Predicatori, & tradotto dalla lingua spagnuola nella volgare italiana, *Brescia*, Pietro-Maria Marchetti, 1591, *in*-8. *v. f.*

2281 Breve Trattato delle continuationi dé cambi, in cui si esaminano alcune moderne foggie di cambiare, si mette la pratica; e dichiarano i termini dé Cambisti, di don Bernardo GIUSTINIANO, Chierico Regolare, aggiuntovi l'apologia di D. Hortensio Capellone, *Mondovi*, Giovanni Gislandi, 1621, *in*-4. *v. m.*

2282 I Frutti d'Albaro di Gio. Domenico PERI,

Bb ij

JURISPRUDENCE.

Genovese, *Genova*, Gio-Maria Farroni, 1651; *in*-4. *v. f.*

2283 Pratique générale & méthodique des changes étrangers, par Claude IRSON, *Paris*, Jombert, 1687, *in*-4. *v. b.*

2284 Trésor du Commerce, dans lequel on trouvera tous les moyens dont on se peut légitimement servir pour s'enrichir, trad. de l'Angl. de Thom. MUN, par L. V., *Paris*, Morel, 1700, *in*-12. *v. b.*

2285 Système politique sur le Commerce & la Marine, par DE BOUCIQUAULT, *Par.* 1709, *in*-4. *parch.*

2286 Considérations sur le Commerce & sur l'argent, par LAW, trad. de l'Angl. *la Haye*, Neaulme, 1720, *in*-12. *v. m.*

2287 Art de dresser les comptes des Banquiers, Négocians & Marchands, chacun en leur monnoie, par P. GIRAUDEAU, *Geneve*, 1746, *in*-4. *v. éc.*

2288 La Banque rendue facile aux principales Nations de l'Europe, par le même, *Paris*, Saillant & Nyon, (*Lyon*) 1769, *in*-4. *v. m.*

2289 Essai politique sur le Commerce, par Jean-François MELLON, *Paris*, 1736, *in*-12. *v. f. d. s. tr.*

2290 Réflexions politiques sur les Finances & le Commerce, par DUTOT, *la Haye*, (*Par.*) 1738, 2 vol. *in*-12. *v. f. d. s. t.*

2291 Examen du précédent Ouvrage, par DESCHAMPS, *la Haye*, (*Paris*) 1740, 2 vol. *in*-12. *v. f. d. s. t.*

2292 Jo. Christoph. FRANCKII, Jur. utr. Doct. Institutiones juris cambialis ex legibus cambialibus diversarum gentium, indole negotiationis, moribus Campsorum ac jure communi, nova methodo collectæ usuique academico & forensi accommodatæ, cum præfatione Henrici BROKES, Jurisc., *Francofurti & Lipsiæ*, ex Officinâ Knochio-Eslingeriana, 1751, 2 *vol. in-8. veau m.*

2293 Dissertation sur l'effet que produit le prix de l'intérêt sur le Commerce & sur l'Agriculture, & sur l'état du commerce en France, depuis Hugues Capet, jusqu'à François I, par CLICQUOT BLERVACHE, *Amiens*, veuve Godart, 1755, *in-12. v. m.*

2294 Le Commerce remis à sa place, sans nom de Ville, 1756, *in-12. v. f. d. s. t.*

2295 Remarques sur plusieurs branches de commerce & de navigation, *Paris*, 1757. 2 part. 1 *vol. in-8. fig. cart.*

2296 Les progrès du Commerce, *Paris*, Aug. Martin Lottin, 1760, *in-12. v. m.*

2297 L'Homme désintéressé sur le commerce, la politique, l'agriculture, &c., *Paris*, Valleyre, 1760, *in-12. v. m.*

2298 Le Patriote Artésien, *Par.* Despilly, 1761, *in-8. v. m.*

2299 Jo. Gottl. HEINECCII, Jc. jurium ac Philosoph. in Frideric. Profess. publ. Elementa juris Cambialis, commoda auditoribus methodo adornata; accedunt Ge. Henr. AYRERI, de Cambialis instituti vestigiis apud Romanos diatribe, ejusdem vindiciæ Cambiales; Jo. Frid. ERSENHARTI, Bibliotheca Juris Cambialis; index responsorum Cambialium Francofurtensium, editio septima, prioribus auctior multò atque

JURISPRUDENCE.

emendatior, *Norimbergæ*, Carolus Felseckerus, 1764, in-8. v. f.

2300 La France agricole & marchande, *Avignon* (*Paris*) 1762, 2 vol. in-8. fig. v. m.

2301 Nouvelle France, ou France commerçante, par M. F. X. T., *Londres*, (*Paris*) 1765, in-12. v. f.

2302 Bibliotheque des jeunes Négocians, ou Arithmétique à leur usage, par Jean LARUE, Négociant à Lyon, troisieme édition, revue, corrigée & augmentée, *Lyon*, 1766, 2 vol. in-4. v. f. (le premier vol. est de 1766, le deuxieme de 1758).

2303 Le Banquier & Négociant universel, ou Traité général des changes étrangers & des arbitrages, ou virement de place en place, nouvelle édition augmentée par Thomas DE BLEVILLE, *Paris*, Vincent, 1767, 2 vol. in-4. v. f. d. f. t.

2304 Essai sur le commerce, le luxe, l'argent, l'intérêt de l'argent, les impôts, le crédit public, & la balance du commerce, par David HUME, trad. de l'anglois, *Lyon*, de la Roche, 1767, in-8. v. m.

2305 Le Secrétaire de Banque espagnol & françois, par M. PALOMBA, *Paris*, Briasson, 1768, in-8. v. f.

2306 Le Commerçant politique, *Paris*, Vente, 1768, in-12. v. f.

2307 Traité des arbitrages de la France, dans lequel on trouve le pair ou l'égalité des changes de la France avec toutes les places étrangeres de sa correspondance, & des instr. pour faire connoître les places indirectes qu'on doit préférer pour faire des remises & des traites avec avantage, par Jos.-René RUELLE, *Lyon*, (*Paris*) 1769, *in*-8. *v. m.*

2308 L'Agenda, *ou* Manuel des gens d'affaires, auquel on a joint, 1°. différens tarifs très-nécessaires au commerce & à la vie; 2°. des explications particulieres des divers commerces des principales Villes d'Europe, France & Allemagne, avec la distance d'un endroit à un autre, présentée sur trois tableaux géographiques; 3°. un état des foires & marchés de l'Europe, par ordre alphabétique, avec les routes désignées pour y aller, & leur distance de Paris, *Paris*, Phil.-Den. Langlois, 1772, *in*-8. *v. f. d. s. t.*

2309 La Clef du commerce, *ou* les changes démontrés, contenant la qualité de l'or & de l'argent, avec leurs différens titres, les proportions de l'un à l'autre pour les matieres monnoyées, tant en France que dans toutes les places de sa correspondance, calculées d'après la valeur intrinseque & numéraire, pour laquelle le marc d'or & d'argent pur auroit cours dans chaque Etat; les parités résultantes de ces mêmes valeurs intrinseques, pour l'établissement des changes; le rapport des poids de ces mêmes places avec les poids de France, suivi des tables qui en indiquent la dénomination, le poids, le titre & la valeur en argent de France, & de toutes les monnoies des principaux Etats de l'Europe; avec un traité d'arbitrages ou combinaisons de changes, terminé par de nouveaux tarifs tout faits sur les changes étrangers, avec des observations très-simplifiées pour les faire foi-même, par M. Antoine CROUZET, *Paris*, Dufour, 1773, *in-*8. *v. f. d. f. t.*

2310 Guide du commerce, contenant le commerce de la Chine, celui du Pérou, celui de l'Amérique, avec des modeles d'achat & de vente, &c. la maniere de tenir les livres de comptes en parties simples & en parties doubles, tant en particulier qu'en société, avec instructions & modeles d'iceux, & de billets, de lettres de changes, de rescriptions, d'avals, &c. &c.; la gestion d'une cargaison de navire à l'Amérique; la maniere de traiter, de troquer ou d'acheter les noirs en Afrique, ou vulgairement dit à la côte de Guinée, & d'acheter les retours en Amérique, aussi vulgairement dit aux Isles pour France, & avec des tableaux de traite de Nègres, & d'achat en retour, très-bien gravés en taille-douce, par C.-F. GAIGNAT DE LAULNAIS, ancien Négociant, *Paris*, Despilly, *in-fol. v. f. d. f. tr.*

2311 Le commerce & le gouvernement, considérés relativement l'un à l'autre, par l'Abbé DE CONDILLAC, *Paris*, Jombert & Cellot, 1776, *in-*12. *v. f. d. f. t.*

2312 L'apologie du commerce, essai philosophique & politique, avec des notes instructives, suivi de diverses réflexions sur le commerce en général, sur celui de la France en particulier, & sur les moyens propres à l'accroître & le perfectionner, par un jeune Négociant, *Geneve*, 1777, *in-*12. *v. m.*

2313 Le commerce vengé, *ou* réfutation du discours couronné à l'Académie de Marseille en 1777, sur la question: *quelle a été l'influence*

DROIT NATUREL ET DES GENS.

du commerce fur l'esprit & les mœurs des Peuples, nouvelle édit. aug., *Paris*, G. Desprez, 1779, in-8. veau m.

2314 Almanach des Commerçans, *Paris*, Duchesne, 1764, in-16. v. m.

2315 Almanach général des Marchands, Négocians, Armateurs, & Fabriquans de la France, de l'Europe, & autres parties du monde, année 1775, *Paris*, Grangé, in-8. v. m.

Traités sur le Commerce en particulier.

Commerce de Terre.

2316 Principes sur la liberté du commerce des grains, *Paris*, Desaint, 1768, in-8. v. m.

2317 Représentation aux Magistrats, contenant l'exposition raisonnée des faits relatifs à la liberté du commerce des grains, & les résultats respectifs des réglemens & de la liberté, *Paris*, 1769, in-8. v. m.

2318 Observations sur le commerce des grains, écrites en Décembre 1769, par M......, Avocat, *Paris*, L. Cellot, 1775, in-8. v. m.

2319 Dialogues sur le commerce des bleds, par l'Abbé GALIANI, *Londres*, (*Paris*) 1770. = Lettre d'un Amateur à M. l'Abbé G*** (GALIANI), sur ses *dialogues anti-économistes*, 1770, in-8. v. m.

2320 Réfutation de l'Ouvrage qui a pour titre : *Dialogues sur le commerce des bleds*, *Londres*, (*Paris*) 1770, in-8. v. m.

2321 Récréations économiques, *ou* Lettres de l'Auteur des représentations aux Magistrats, à M. le Chev. Zanobi, principal interlocuteur

JURISPRUDENCE.

des *Dialogues sur le commerce des bleds*, Par. Delalain, 1770, *in-8. v. m.*

2322 L'Intérêt général de l'Etat, *ou* la liberté du commerce des bleds, démontrée conforme au droit naturel & public de la France, à l'intérêt du Souverain & des sujets, avec la réfutation des *Dialogues sur le commerce des bleds*, *Paris*, Defaint, 1770, *in-12. v. m.*

2323 La ferme de Pensylvanie; les avantages de la vertu; plan d'instruction pour le peuple, avec quelques observations sur la liberté du commerce des grains, *Paris*, Ribou, 1775, *in-12. v. m.*

2324 Sur la législation & le commerce des grains, (par M. NECKER,) *Paris*, Pissot, 1775. *in-8. v. f. d. s. t.*

2325 Du commerce des bleds, pour servir à la réfutation de l'ouvrage sur *la législation & le commerce des grains*, *Paris*, Grangé, 1775, *in-8. v. f.*

2326 Analyse de l'ouvrage intitulé, de la législation & du commerce des grains, (par M. l'Abbé MORELLET) Par. Pissot, 1775, *in-8. v. f.*

2327 Eclaircissemens demandés à M. N**, sur ses principes économiques, & sur ses projets de *législation*, au nom des propriétaires fonciers & des cultivateurs François, par M. l'Abbé BAUDEAU, *Paris*, 1775, *in-8. v. f. d. s. t.*

2328 Lettres sur le commerce des grains, par M. **, *Paris*, Couturier pere, 1775, *in-8. cart.*

2329 Lettre d'un Laboureur de Picardie, à M. N***, Auteur prohibitif, Par. 1775, *in-8. cart.*

2330 La culture & le commerce des grains en France, avec des observations sur le commerce

DROIT NATUREL ET DES GENS.

qu'en fait la Ville de Marseille, *Marseille*, J. Mossy, 1776, 2 *vol. in-*12. *v. m.*

2331 Le Mitron de Vaugirard, dialogues sur le bled, la farine & le pain, par M. LACOMBE d'Avignon, *Paris*, 1776, *in-*8. *v. f. d. s. t.*

2332 L'ami du peuple François, *ou* Mémoires adressés à M. Turgot, Contrôleur des Finances, par le fils d'un Laboureur, *Limoges*, 1766, *in-*8. *v. f. d. s. t.* (édition originale.)

2333 Le commerce des vins réformé, rectifié & épuré, *ou* nouvelle méthode pour tirer un parti sûr, prompt & avantageux des récoltes en vins, principalement pour les provinces du Beaujolois, par M. C*** S***, *Lyon*, Berthoud, 1769, *in-*8. *v. m.*

Commerce de Mer & étranger.

2334 Il consolato del mare, nel quale si comprendono tutti gli statuti, & ordini, disposti da gli Antichi, per ogni caso di mercantia & di navigare, con l'aggiunta delle ordinationi sopra l'armate di mare, sicurtà, entrate, & uscite, per G. B. PEDROZZANO, con il Portolano del mare, per Paolo GERARDO, di nuovo con quella più accurrata diligentia, che s'è potuto corretto, & ristampato, *Venetia*, Lucio Spineda, 1612, *in-*4. *v. f.*

2335 Guidon, stile & usance des Marchands qui mettent à la mer, traittant des asseurances, pollices, avaries, lamanages, pilotages, & de marchandises à la mer, des rachapts ou compositions de délaiz, de barat ou baraterie, fret, carqueson, dépredations, prises de navires par les pillarts, argent à profit, le devoir du greffier, des pollices, & autres choses nécessaires pour la navigation, *Rouen*, Martin le Megissier, 1628, *in-*8. *v. m.*

2336 Le commerce maritime fondé sur le droit de la nature & des gens, sur l'autorité des Loix civiles & des traités de paix, & rétabli dans sa liberté naturelle, traduit du latin de PATTIN par D'HERMANVILLE, *Malines*, vander Elst, 1727, *in-*8. *v. b.*

2337 Scriptorum de jure nautico & maritimo fasciculus, Jo. Franc. STYPMANNI, jus maritimum, & nauticum, Reinoldi KURICKE, de adsecurationibus Diatriben, & Jo. LOCCENII jus maritimum complexus. Præfationem de Jurisprudentia, divinarum humanarumque rerum notitia præmisit Jo.-Gottl. HEINECCIUS, Jc. *Halæ Magdeburgicæ*, sumtibus Orphanotrophei, 1740, *in-*4. *vel.*

2338 Relation de l'establissement de la Compagnie Françoise pour le commerce des Indes Orientales, par CHARPENTIER, *Paris*, Seb. Cramoisy, 1665, *in-*4. *v. m.*

2339 Du Commerce & de la Compagnie des Indes, avec l'histoire du systême de Law, par M. DUPONT, *Paris*, Delalain, 1769, *in-*8. *v. m.*

2340 Mémoire sur la situation actuelle de la Compagnie des Indes, avec le supplément, par M. l'Abbé MORELLET, *Paris*, Desaint, 1769. = Doutes d'un Actionnaire sur le *Mémoire de M. l'Abbé Morellet, contre la Compagnie des Indes*, 1769. = Réponse au *Mémoire de M. l'Abbé Morellet sur la Compagnie des Indes*, imprimée en exécution de la délibération de

DROIT NATUREL ET DES GENS. 397

MM. les Actionnaires, prise dans l'assemblée générale du 8 Août 1769, par M. NECKER, *Paris*, Imprimerie Royale, 1769. = Examen de la *Réponse de M. N***, (*Necker*) *au Mémoire de M. l'Abbé Morellet, sur la Compagnie des Indes*, par l'Auteur du Mémoire, M. l'Abbé MORELLET, *Paris*, Desaint, 1769, *in-4. v. m.*

2341 Mémoire sur la Compagnie des Indes ; dans lequel on établit les droits & les intérêts des Actionnaires, en réponse à celui de M. *l'Abbé Morellet*, par M. le Comte DE LAURAGUAIS, *sans nom de Ville*, 1770, 3 part. 1 vol. *in-8. v. m.*

2342 Le même, précédé d'un discours sur le commerce en général, *Paris*, Lacombe, 1769. = Balance des services de la Compagnie des Indes envers l'Etat, & de ceux de l'Etat envers la Compagnie, depuis 1719, jusqu'en 1725, *Paris*, Desventes de la Doué, 1769. = Arrêt du Conseil d'Etat du Roi, concernant le commerce de l'Inde, du 13 Août 1769, *in-4. v. m.*

2343 Lettres d'un Citoyen sur la permission de commercer dans les Colonies, annoncée pour les Puissances neutres, *Paris*, 1756, 2 part. 1 vol. *in-8. v. m.*

2344 Le Guide du commerce de l'Amérique, principalement par le port de Marseille, par M. C. H. *Avignon*, 1777, 2 vol. *in-4. v. f. d. s. t.*

2345 Réflexions historiques & politiques sur le commerce de France avec ses Colonies de l'Amérique, par M. WEUVES le jeune, Négociant, *Paris*, L. Cellot, 1780, *in-8. v. m.*

2346 Recueil d'actes & pieces concernant le commerce de divers pays de l'Europe, contenant les discours prononcés au Parlement d'Angleterre dans la Chambre des Pairs, pour & contre la liberté du commerce du Levant, avec le Bill, ou Loi intervenue, qui étend cette liberté à tous les ports & sujets de la Grande-Bretagne, *Lond.* (*Par.*) 1754. == Essai sur l'admission des navires neutres dans nos Colonies. == Acte du Parlement d'Angleterre connu sous le nom d'acte de navigation, passé en 1660, traduit littéralement de l'anglois avec des notes, *Paris*, Ch.-Ant. Jombert, 1760. == Dissertation sur le commerce, par le Marquis DE BELLONI, Banquier de Rome, trad. de l'italien, *la Haye*, (*Paris*) 1756, in-12. cart.

2347 Dissertation sur la traite & le commerce des Negres, *Paris*, 1764. == Décision théologique sur les actions de la Compagnie des Indes. == Observations de l'Auteur du Traité des prêts de commerce, sur les *principes théologiques, canoniques & civils sur l'usure, Par.* 1769. == Essai sur la nécessité & sur les moyens d'indemniser les propriétaires & les intéressés dans les navires François pris par les Anglois, & retenus induement dans les Etats de S. M. Britannique, & aussi de procurer à la France un grand nombre de frégates propres pour la course, & pour protéger la navigation de nos vaisseaux marchands. == Mémoire sur la navigation & le commerce du Nord, qui a remporté le prix à l'Académie d'Amiens en 1760, par DUVAL, Négociant au Hâvre, *Amiens*, veuve Godart, 1760, in-12. v. m.

DROIT NATUREL ET DES GENS. 399

2348 Lettres d'un Fermier de Penſylvanie aux Habitans de l'Amérique Septentrionale, trad. de l'anglois, *Amſt. (Paris)* 1769, *in-8. v. f.*

2349 Traité de la circulation & du crédit, contenant une analyſe raiſonnée des fonds d'Angleterre, & de ce qu'on appelle commerce ou jeu d'actions, avec une lettre ſur la jalouſie du commerce entre les Puiſſances, *ou* tableau de ce qu'on appelle le commerce, ou plutôt le jeu d'actions en Hollande, la méthode dont on ſe ſert en Hollande pour faire la perception des taxes & des impôts ſur les biens-fonds, & comment on en verſe le provenu dans la caiſſe de l'Etat ; un eſſai ſur le luxe, publié à Amſt. en 1762, & une Lettre ſur le jeu de cartes, imprimée à Londres en 1768, *Amſterd.* Rey, 1771, *in-8. v. m.*

2350 Remarques ſur les avantages & les déſavantages de la France & de la Grande-Bretagne, par rapport au commerce & aux autres ſources de la puiſſance des Etats, trad. de l'Angl. du Chevalier John NICKOLLS, Leyde, 1754, *in-12. v. m.*

2351 Bilan général & raiſonné de l'Angleterre, depuis 1600 juſqu'à la fin de 1761, *ou* Lettres ſur le produit des terres & du commerce de l'Angleterre, par M. V. D. M., *Par.*, 1762, *in-8. v. m.*

2352 Situation des finances de l'Angleterre en 1768, *Paris*, 1768, *in-4. v. m.*

2353 Mémoire ſur l'adminiſtration des Finances de l'Angleterre, depuis la paix, ouvrage attribué à M. DE GRENVILLE, trad. de l'angl. *Mayence, (Paris)* 1768, *in-4. baz.*

JURISPRUDENCE.

2354 Tableau de l'Angleterre, relativement à son commerce & à ses finances, par M. DE GRENVILLE, traduit en françois, *Paris*, Desaint, 1769, *in-8. v. f.*

2355 Commerce de la Grande-Bretagne, & tableaux de ses importations & exportations progressives, depuis l'année 1697, jusqu'à la fin de l'année 1773, par le Chev. Charles WHITWORTH, Membre du Parlement, ouvrage traduit de l'anglois, *Paris*, Imprimerie Royale, 1777, *in-fol. v. m.*

2356 Richesse de l'Angleterre, contenant les causes de la naissance & des progrès de l'industrie, du commerce & de la marine de la Grande-Bretagne, les causes de leur décadence & l'état de ses forces actuelles & de ses ressources, *Vienne*, Jean-Thomas de Trattnern, 1771, *in-4. v. f. d. s. t.*

2357 Le grand trésor historique & politique du florissant commerce des Hollandois dans tous les Etats & Empires du monde, quelle est leur maniere de le faire, son origine, leurs grands progrès, leurs possessions & gouvernement dans les Indes, comment ils se sont rendus maîtres de tout le commerce de l'Europe, quelles sont les marchandises convenables au trafic maritime, d'où ils les tirent, & les gains qu'ils y font, *Rouen*, Ruault, 1712, *in-12. v. br.*

2358 Le commerce de la Hollande dans les quatre parties du monde, *Amsterd.* Changuion, 1768, 3 vol. *in-12. baz.*

Traités

DROIT NATUREL ET DES GENS.

Traités sur les Finances.

2359 Les desirs du Peuple François pour le bien de l'Estat, & les moyens pour réprimer les abus & malversations qui se commettent au maniement des finances, représentez à la Reyne mere du Roy, *in-8. v. f. d. s. t.*

2360 Le Trésor des trésors de France vollé à la Couronne par les incognues faussetez, artifices, & suppositions commises par les principaux Officiers de finance, descouvert & présenté à Louis XIII en l'assemblée des Estats généraux en 1615, par Jean DE BEAUFORT, avec les moyens d'en retirer plusieurs millions d'or, & soulager son peuple à l'avenir, *sans nom de Ville*, 1615, *in-8. v. m.*

2361 Le même, édition différente de la précédente, *sans nom de Ville*, 1615, *in-8. v. f. d. s. t.*

2362 L'Anti-Courtisan, *ou* defense du droit annuel contre les inconvéniens que les courtisans lui imputent, par C. D. P., *Paris*, Matthieu le Maistre, 1617, *in-8. v. f. d. s. t.*

2363 Le même, *Paris*, Matth. le Maistre, 1618, *in-8. v. f. d. s. t.*

2364 La Chasse aux larrons, *ou* avant-coureur de l'histoire de la Chambre de Justice, des livres du bien public, & autres œuvres faits pour la recherche des Financiers & de leurs fauteurs, par Jean BOURGOING, 1618, *in-8. v. f. d. s. t.*

2365 La même, *Paris*, 1625, *in-8. v. f. d. s. t.*

2366 Le tableau de la calomnie en faveur des Financiers, contre les impostures de Bourgoing

Tome I.   Cc

JURISPRUDENCE.

& de ses complices, par un Cavalier François, Paris, 1623, in-8. v. f. d. s. t.

2367 Le Financier citoyen, Paris, 1757, 2 vol. in-12. v. m.

2368 Idée générale des Finances, considérées relativement à toutes les matieres qui appartiennent à cette portion d'administration, par PESSELIER, Paris, 1759, in-fol. cart.

2369 L'Anti-Financier, par DARIGRAND, Amst. (Paris) 1763, in-8. mar. r.

2370 Essais sur les principes des finances, Paris, Prault, 1769, in-8. v. m.

2371 Mémoire sur les finances, contenant un moyen certain pour rembourser la masse de la dette de l'Etat, & assurer la diminution des impôts, Paris, Butard, 1774, in-8. cart.

2372 La Finance politique, réduite en principes & en pratique, pour servir de système général en finance, par M. GROUBER DE GROUBENTALL, premiere partie, nouvelle édit. Paris, J. F. Bastien, 1775, in-8. v. m.

2373 Lettre de M. L. C. à M. Grouber de Groubentall, sur son ouvrage intitulé : la Finance politique, Paris, Pissot, 1775, in-8. cart.

2374 Lettres de M. ****, à différentes personnes sur les finances, les subsistances, les corvées, les communautés religieuses, &c. Amsterdam, Marc-Michel Rey, 1778, in-12. v. f. d. s. t.

Traités sur le Luxe & les Manufactures.

2375 Théorie du luxe, dans lequel on entreprend d'établir que le luxe est un ressort non-seulement utile, mais même indispensablement né-

DROIT NATUREL ET DES GENS.

cessaire à la prospérité des Etats (par M. Du-
MONT), Paris, 1771, in-8. v. m.

2376 Lettres critiques sur le luxe & les mœurs
de ce siecle, par M. BELLIARD, Paris, Mérigot le jeune, 1771, in-12. v. m.

2377 Mémoire sur les manufactures de draps
& autres étoffes de laine, avec une instruction
sur les laines de France & d'Espagne, & sur
les draps, seconde édit. Paris, Saugrain le jeune,
1778, in-12. v. m.

Des Conventions où il entre du hasard.

2378 La Galerie des combinateurs de la loterie
de l'Ecole Royale Militaire, par M. GRAFF,
avec figures, Paris, Couturier, 1773, in-8.
v. f. d. f. t.

DROITS ET DEVOIRS DE L'HOMME CONSIDÉRÉ DANS UNE SOCIÉTÉ.

De la Société en général.

2379 De la Sociabilité, par M. l'Abbé PLUQUET,
Paris, Barrois, 1767, 2 vol. in-12. v. m.

2380 Origine des premieres sociétés, des peuples, des sciences, des arts & des idiomes anciens & modernes, Paris, Lacombe, 1769,
in-8. v. m.

2381 Dictionnaire social & patriotique, ou Précis raisonné des connoissances relatives à l'économie morale, civile & politique, par M. C.
R. L. F. D. B. A. A. P. D. P., Amsterdam,
(Paris) 1770, in-8. v. f. d. f. t.

2382 Le même, sous le titre de Dictionnaire de

JURISPRUDENCE.

recherches historiques & philosophiques, d'anecdotes, de pensées & d'observations intéressantes sur les loix, les arts, le commerce, la littérature, les mœurs & la société en général, *Paris*, Costard, 1775, *in-8. v. f. d. s. tr.*

Ce n'est pas une nouvelle édition; il n'y a que le titre qui soit nouveau.

2383 L'Homme sociable, & lettres philosophiques sur la jeunesse, *Paris*, J.-B. Dessain le jeune, 1772, *in-12. v. f. d. s. t.*

2384 Observations sur les commencemens de la société, par J. MILLAR, Professeur en Droit à l'Université de Glascow, trad. de l'anglois d'après la seconde édition, *Amsterd. (Paris)* 1773, *in-12. v. f. d. s. t.*

2385 Observations sur la distinction des rangs dans la société, par le même, traduites de l'anglois, *Paris*, Pissot, 1778, *in-12. v. m.*

2386 Réflexions philosophiques sur l'origine de la civilisation, & sur les moyens de remédier à quelques-uns des abus qu'elle entraîne, *Par.* le Jay, 1778, *in-8. v. m.*

Des Sociétés simples & primitives.

Du Mariage.

2387 PLUTHARQUE traittant du gouvernement en Mariage, trad. du grec en latin, & du lat. en vulgaire franç. par Mᵉ Jehan LODE, *Par.* Janot, 1536, *in-8. v. f.*

2388 De la Cure familiere, avec aucuns préceptes de mariage extraicts de PLUTHARQUE, aussi un dialogue de la dignité des femmes, trad.

des dialogues de Speron, Italien, *Lyon*, de Tournes, 1546, *in-16. mar. rouge.*

2389 De l'heur & malheur de mariage, ensemble les Loix connubiales de Plutarque, trad. en franç. par J. de Marconville, *Paris*, Dallier, 1571, *in-8. v. f.*

2390 Manuel des Epoux, *ou* Maximes de conduite dans le mariage, traité de Plutarque, trad. par M. ***, (avec un Précis de ce qui s'observoit dans les mariages des Grecs & des Romains), *Paris*, Valade, 1774, *in-12. v. f.*

2391 La Louange de mariage, & recueil des histoires des bonnes, vertueuses & illustres femmes, composé par Pierre de Lesnauderie, *Paris*, Lotrian, *in-4. goth. v. f.*

2392 Francisci Barbari, Patricii Veneti, oratorisque clarissimi, de re uxoria libelli duo, *Parisiis*, Badius Ascensius, 1514, *in-4. v. f. d. f. tr.*

2393 Iidem, præceptis optimis & exemplis uberrimis ex omni græcâ latinâque historiâ collectis, redundantes, *Amstelodami*, Janssonius, 1639, *in-24. baz.*

2394 De l'estat du mariage, trad. du latin de Franç. Barbaro, par Cl. Joly, *Paris*, 1667, *in-12. v. f. d. f. t.*

2395 Claudius Baduellus, de ratione vitæ studiosæ ac literatæ in Matrimonio collocandæ, & degendæ, *Lugduni*, Seb. Gryphius, 1544. = Sexdecim leges connubiales, omnibus jugum Matrimonii subituris perutiles, & necessariæ, *Parisiis*, Michaël Fezandat, 1588, *in-4. v. f. d. f. t.*

2396 Traité de la dignité de mariage, & de l'honnête conversation des gens doctes & lettrez, composé en latin par Cl. BADUEL, & trad. par Guy DE LA GARDE, *Paris*, l'Angelier, 1548, *in-8. v. f. d. s. t.*

2397 Le premier & second livre du Philogame, ou amy des nopces, par François TILLIER, & quelques poésies latines & franç. adressées audit sieur, *Paris*, Bichon, 1586, *in-16. v. f.*

2398 Forest nuptiale, où est représentée une variété bigarrée de divers mariages, selon qu'ils sont observez & pratiquez par plusieurs peuples & nations estranges, avec la maniere de policer, régir & administrer leur famille, par DE COLIERES, *Par.* Bertaut, 1600, *in-12. v. b.*

2399 Dello stato Maritale trattato di Giuseppe PASSI Ravennate, nel quale, con multi essempi antichi e moderni, non solo si dimostra quello che una donna maritata deve schivare, ma quello ancora che fare le convenga, se compitamente desidera di satisfare all'officio suo, *Venetia*, Jacomo-Antonio Somascho, 1602, *in-4. vél.*

2400 Questions plaisantes & récréatives avec leurs decisions, pour se divertir agréablement dans la compagnie des dames, ensemble un discours problématique touchant le celibat & le mariage, où l'on void les raisons qui peuvent persuader ou divertir les jeunes hommes ou les jeunes filles de se faire Religieux, *Paris*, Ch. de Sercy, 1659, *in-12. mar. r.*

2401 Traité de l'excellence du mariage, de la nécessité & des moyens d'y vivre heureux, où l'on fait l'apologie des femmes contre les calomnies des hommes, par Jacques CHAUSSÉ, *Paris*, Perier, 1685, *in-12. v. f. d. s. t.*

DROIT NATUREL ET DES GENS. 407

2402 La femme mécontente de son mari, ou Entretien de deux dames sur les obligations & les peines du mariage, traduit du latin d'E-RASME, par DE LA RIVIERE, *Paris*, veuve Clousier, 1707, *in*-12. *v. f. d. s. t.*

2403 La même, 1708, *in*-12. *v. b.*

2404 Declamatio de arcanis in combinandis nuptiis artibus, quam olim in Acroaterio Philogamborum pronuntiatam, nunc in gratiam ac cautelam omnibus matrimonii Candidatis expertus sistit RUPERTUS, *Francofurti ad Viadrum*, 1732, *in*-8. carton.

2405 La Monogamie, ou l'unité dans le mariage, par DE PRÉMONTVAL, *la Haye*, van Cleef, 1751, 3 *vol. in*-8. *v. m.*

2406 Le Temple de l'hymen, *Par.* Roset, 1771, *in*-12. *v. m.*

Droits des Peres & des Femmes relativement au Mariage, Droits des Domestiques ; de la Servitude.

2407 De la puissance paternelle, contre l'invention de ceux qui, soubs le tiltre de Jésuites, retiroient les enfans de l'obéissance de leurs peres & meres, & ruinoient leurs familles, par P. AYRAULT, *Paris*, Mettayer, 1595, *in*-8. *v. m.*

2408 Georg. Henr. AYRERI, in Academia Georgia Augusta Antecessoris, Specimen politico-juridicum de Gynaecocratia tutelari Viduarum illustrium, pars prima, *Gottingæ*, Joh. Petr. Schmid, 1746, *in*-4. *v. f.*

2409 De Officio Famulorum, per Gilbertum-Cognatum NOZARENUM, *Par.* Christ. Wechelus, 1535, *in*-8. *v. f. d. s. t.*

JURISPRUDENCE.

2410 Trattato dell' obedienza di M. Giovanni PONTANO, nel qual si contengono tutti i precetti & regole appartenenti à chi deve comandare, & à chi deve obedire, secondo la diversità di tutti gli stati de gli huomini, così publici come priuati, tradotto da Jacopo BARONCELLI, Gentilhuomo Fiorentino, *Vinegia*, Gab. Gio. de Ferrari, 1568, in-8. *vél*.

2411 De la liberté & de la servitude, *Paris*, Ant. de Sommaville, 1643, in-12. *v. f. d. s. t.*

2412 Traité sur le gouvernement des Esclaves, par M. PETIT, *Paris*, Knapen, 1777, 2 vol. in-8. *v. m.*

On trouve dans ce livre les loix des François, Espagnols & Anglois sur les Esclaves.

Des Cités ou Corps politiques.

2413 Politiques ou ciuiles Institutions pour bien regir la chose publ. jadis composees en grec par PLUTARCHE, et despuys translatées en Francoys par maistre Geofroy TORI, et Disputation de Phavorin, Philosophe, *Lyon*, Guil. Boulle, 1534, in-16. *v. f. d. s. t.*

2414 Livre très-fructueux & utile à toutes personnes, de l'institution & administration de la chose publique, composé en latin par Franç. PATRICE, & transl. en franç., *Paris*, Galiot Dupré, 1520, in-fol. got. *v. f.*

2415 Le même, *Paris*, Regnault, 1534, in-fol. got. *v. m.*

2416 De Discorsi di Franc. PATRITII, Sanese, Vescovo Gaiettano, soprà alle cose appertenenti ad una citta libera, e Famiglia nobile, libri

DROIT NATUREL ET DES GENS.

nove tradotti in lingua toscana da Giov. FA-BRINI, *Vinegia*, Figliuoli di Aldo, 1545, *in-8. vél.*

2417 Les Six Livres de la République de Jean BODIN, *Par.* Dupuys, 1577, *in-fol. v. b.*

2418 Les mêmes, *Lyon*, Dupuys, 1580, *in-fol. mar. r. l. r.*

2419 Della Republica libri sei, fans date, ni nom de Ville ni d'Imprimeur, *in-fol. cart.*

 Ce livre contient une version des six Livres de la République de Bodin.

2420 Abrégé de la République de BODIN, *Lond.* (Paris) 1755, *2 vol. in-12. v. f.*

2421 Advertissement à M. Jean BODIN, sur le quatrieme Livre de sa république, par Augier FERRIER, Docteur-Médecin, Seigneur de Castillon, Tolosain. Autres Advertissemens dudit Ferrier, sur la loy *Domus D. de Legat.* 1, *Par.* P. Cavellat, 1580, *in-8. v. f. d. s. t.*

2422 Apologie de René HERPIN, pour la République de Jean Bodin, *Paris*, Dupuys, 1581, *in-8. v. f. d. s. t.*

2423 Paradoxes de J. BODIN. Doctes & excellens discours de la vertu, touchant la fin & souverain bien de l'homme, traduicts du latin de l'auteur, par Claude DE MAGDAILLAN, *Paris*, Toussainct du Bray, 1604, *in-12. v. f. d. s. t.*

2424 Parallelo politico delle republiche antiche e moderne, in cui coll'essame de' veri fondamenti de' governi civili, si antepongono li moderni à gli antichi, e la forma della republica Veneta a qualunque altra forma delle republiche antiche, di Pompeo CAIMO, Vdinese, seconda impressione di varie considerationi accresciuta dall'Auttore, *Padova*, il Tozzi, 1627, *in-8. vel.*

2425 Le Corps politique, *ou* Elémens de la loi morale & civile, par Thomas HOBBES, trad. de l'angl. *sans nom de Ville*, 1652, *in-16. v. m.*

2426 Du Gouvernement civil, où l'on traite de l'origine, des fondemens, &c. des sociétés politiques, par LOCKE, trad. de l'angl. *Amsterd.* Wolfgang, 1691, *in-12. v. b.*

2427 Ulrici HUBERI de Jure Civitatis, lib. tres, novam juris publici universalis disciplinam continentes; insertis aliquot de jure Sacrorum & Ecclesiæ capitibus, editio quarta, priore multò locupletior, cum novis adnotationibus & novo indice, *Francofurti & Lipsiæ*, Joh. Fridericus Zeitlerus, 1708, *in-4. v. f. d. s. t.*

2428 L'Esprit des Nations, *la Haye*, (*Paris*) 1753, 2 *vol. in-12. v. m.*

2429 Anti-Contrat social, *ou* réfutation du contrat social de J. J. Rousseau, par P. L. DE BEAUCLAIR, *la Haye*, Staatman, 1764, *in-8. v. m.*

2430 Essai historique & philosophique sur les principaux ridicules des différentes nations, suivi de quelques poésies, par M. G. DOURX, *Amst.* (*Paris*) 1766, *in-12. v. m.*

2431 Discours sur la philosophie de la nation, *Paris*, Merlin, 1767, *in-12. v. m.*

2432 L'Ordre naturel & essentiel des sociétés politiques, par M. DE LA RIVIERE, *Par.* Desaint, 1767, 2 *vol. in-12. v. m.*

2433 Doutes proposés aux Philosophes-économistes sur l'ordre naturel & essentiel des sociétés poli-

DROIT NATUREL ET DES GENS.

tiques, par M. l'Abbé DE MABLY, *Paris*, Nyon, 1768, *in-12. v. m.*

2434 Examen historique & politique du gouvernement de Sparte, *ou* Lettre à un ami sur la législation de Lycurgue, en réponse aux *Doutes proposés par M. l'Abbé de Mably, contre l'ordre naturel & essentiel des sociétés politiques*, par M. VAUVILLIERS, Professeur Royal, *Paris*, Desaint, 1769, *in-12. v. m.*

2435 De l'Orgueil national, trad. de l'angl. de ZIMMERMANN, *Paris*, Delalain, 1769, *in-12 v. m.*

2436 Considérations sur les causes physiques & morales de la diversité du génie, des mœurs & du gouvernement des nations, par L. CASTILHON, *Bouillon*, 1770, 3 *vol. in-12. v. f. d. s. t.*

2437 Traité politique & économique des communes, *ou* Observations sur l'agriculture, sur l'origine, la destination & l'état actuel des biens communs, & sur les moyens d'en tirer les secours les plus puissans & les plus durables pour les communautés qui les possèdent, & pour l'Etat, *Paris*, Desaint, 1770, *in-8. v. f.*

2438 L'Ami du Prince & de la Patrie, *ou* le bon Citoyen, *Paris*, Costard, 1770, *in-8. v. m.*

2439 Mémoires d'un Citoyen, *ou* le Code de l'humanité, *Paris*, Desventes, 1770, 2 *vol. in-12. v. m.*

Traités sur le Bonheur public, & la Population.

2440 Des causes du bonheur public, par l'Abbé GROS DE BESPLAS, *Paris*, Jorry, 1768, *in-8. v. m.*

JURISPRUDENCE.

2441 La Félicité publique considérée dans les paysans cultivateurs de leurs propres terres, trad. de l'italien par VIGNOLI, avec une dissertation couronnée à S. Pétersbourg, sur la question : *est-il plus avantageux à un État que les paysans possèdent en propre du terrain, ou qu'ils n'ayent que des biens-meubles ? & jusqu'où doit s'étendre cette propriété*, par M. BEARDÉ DE L'ABBAYE, *Lausanne*, Grasset, 1770, in-12. v. f. d. s. t.

2442 De la Félicité publique, *ou* Considérations sur le sort des hommes dans les différentes époques de l'histoire, *Amst.* Rey, 1772, 2 tom. 1 vol. in-8. v. f. d. s. t.

2443 Traité du Bonheur public, par L. Antoine MURATORI, trad. de l'ital., avec sa vie & le catalogue de ses ouvrages par Jean-François Soli MURATORI, par L. P. D. L. B. *Paris*, Costard, 1772, 2 vol. in-12. v. m.

2444 Essai sur une amitié patriotique, où l'on propose des moyens infaillibles pour rendre les hommes plus vertueux & meilleurs citoyens, *Paris*, Costard, 1770, in-12. v. m.

2445 Essai sur la différence du nombre des hommes dans les tems anciens & modernes, trad. de l'anglois de WALLACE, par DE JONCOURT, *Londres*, (Par.) 1754, in-8. v. m.

2446 Dissertation historique & politique sur la population des anciens tems, comparée avec celle du nôtre, dans laquelle on prouve qu'elle a été plus grande autrefois qu'elle ne l'est de nos jours, avec quelques remarques sur le *Discours politique de M. Hume, sur la population des anciens tems*, trad. de l'angl. de WALLACE,

DROIT NATUREL ET DES GENS. 413

par M. E., (EIDOUS) *Paris*, Rozet, 1769, *in-8. v. m.*

2447 L'Ami des hommes, *ou* Traité de la population, par M. DE MIRABEAU, *Avignon*, (*Par.*) 1756 & 1760, 5 part. 3 vol. *in-4. m. r.*

2448 L'Homme en société, *ou* Nouvelles vues politiques & économiques pour porter la population au plus haut degré en France, *Amst.* Rey, 1763, 2 tom. 1 vol. *in-8. v. m.*

2449 Des causes de la dépopulation, & des moyens d'y remédier, *Paris*, Deflain junior, 1767, *in-12. v. m.*

2450 Mémoire sur la population, dans lequel on indique le moyen de la rétablir, & de se procurer un corps militaire toujours subsistant & peuplant, *Londres*, (*Paris*) 1768, *in-8. v. m.*

Droits & Devoirs du Citoyen.

2451 Elemens philosoph. du citoyen, traité politique où les fondemens de la société civile sont découverts, par Thomas HOBBES, trad. en françois par un de ses amis, (SORBIERE) *Amst.* Jean Blaeu, 1649, *in-8. v. f. d. f. t. v. m.*

2452 Il Cittadino di republica regolare, sotto titolo di Pensieri Politici overo Avvedimenti civili, del R. P. F. Vangelista SARTONIO da Bologna, Minore Osservante, *Bologna*, Girolamo Mascheroni, 1625, *in-4. vel.*

2453 Il Cittadino di republica, d'Anfaldo CEBA, *Geneva*, Giuseppe Pavoni, 1717, *in-fol. v. f.*

2454 Il Giovanne Cittadino istruito nella scienza civile, e nelle leggi dell'amicizia, opera di Jacopo FACCIOLATI; aggiunte in questa nuova

JURISPRUDENCE.

editione tre fue nuove acroafi, *Napoli*, Stamperia Muziana, 1740, *in-8. baſ.*

2455 L'heureux Citoyen, & recueil de penſées & de maximes, diſcours à J. Jac. Rouſſeau, *Lille*, Panckoucke, 1759, *in-*12. *v. m.*

2456 Nouveautés dédiées à gens de différens états, depuis la charrue juſqu'au ſceptre, *ſans nom de Ville*, (*Par.*) 1724, 2 *vol. in-*12. *v. br.*

DES DIFFÉRENS ORDRES DE CITOYENS.

De la Nobleſſe.

2457 D. Burcard. Gotthelf STRUVII, Juriſprudentia heroica, ſeu jus quo illuſtres utuntur privatum, ex innumeris exemplis actis publicis editis & ineditis atque hiſtoriarum monumentis omnis ævi illuſtratum, quod ex Autoris ſchedis edidit, ſimulque de fontibus juris quo illuſtres utuntur præfatus eſt, Jo. Auguſtus HELLFELD, *D. Jenæ*, Jo. Adamus Melchior, 1743 & 1753, 7 *vol. in-*4. *v. f. d. ſ. t.*

2458 De la Inſtitutione di tutta la vita de l'homo nato nobile e in citta libera, libri X, in lingua toſcana, dove e Peripateticamente e Platonicamente, intorno à le coſe de l'Ethica, Iconomica, e parte de la Politica, e raccolta la ſomma di quanto principalmente può concorrere à la perfetta e felice vita di quella, compoſti dal S. Aleſſandro PICCOLOMINI, *Venetiis*, Hieron. Schotus, 1542, *in-*4. *v. f. d. ſ. t.*

2459 Li medeſimi, di nuovo con ſumma diligentia corretti, & riſtampati, *Vinegia*, Franceſco dell' Imperadori, 1559, *in-*8. *vel.*

2460 Il nobile ragionamenti di Nobilita, di

DROIT NATUREL ET DES GENS. 415

Marco DE LA FRATA & MONTALBANO, *Florenza*, Lorenzo Torrentino, 1548, *in*-8. *vel.*

2461 Discorsi de' principii della nobilta & del governo che ha da tenere il nobile, & il principe nel reggere se medesimo, la famiglia, & la republica: partiti in sei dialoghi, composti per li medesimi, *Venetia*, Erasmo di Vicenzo Valgrisi, 1551, *in*-8. *v. f.*

2462 Simonis SIMONII, de vera Nobilitate, *Lipsiæ*, 1572, *in*-4. *m. r.*

2463 Il Gentilhuomo del MUTIO Justinopolitano, in quale distinto in tre dialoghi si tratta la materia della nobilità, &c., *Venetia*, gli Heredi di Luigi Valvassori, 1575, *in*-4. *vel.*

2464 Traité des Nobles, de l'origine des fiefs & des armoiries, avec une histoire généalogique de la maison de Coucy, & de ses alliances, par François DE L'ALLOUETTE, *Paris*, le Menier, 1577, *in*-4. *v. m.*

2465 Le Bréviaire des Nobles, contenant sommairement toutes les vertus & perfections qui sont requises en un Gentilhomme pour bien entretenir sa noblesse, reveu & augmenté par Jean LE MASLE, avec quelques œuvres poétiques du même, *Paris*, Bonfons, 1578, *in*-12. *m. r.*

2466 Trattato del debito del Cavalliero, di Pomponio TORELLI, *Parma*, Erasmo Viotti, 1596, *in*-4. *vel.*

2467 Trois Traités, sçavoir: de la noblesse de race; de la noblesse civile; des immunités des ignobles, par Florentin DE THIERRIAT, *Paris*, Bruneau, 1606, *in*-8. *v. m.*

2468 L'Homme de qualité, *ou* les moyens de

vivre en homme de bien & en homme du monde, par DE CHALESME, *Paris*, Pralard, 1671, *in*-12. *v. f.*

2469 Traité de la Noblesse, par Gilles-André LA ROQUE, *Paris*, Michallet, 1678, *in*-4. *v. f.*

2470 La Nobiltà in Coppella, in cui si esamina qual sia la vera Nobiltà, opera postuma del Pietro DI BLASIO, *Napoli*, Francesco Mollo, 1680, *in*-8. *v. f.*

2471 Gerh. FELTMANNI, de titulis honorum libri duo, in quibus de variis variarum gentium personarumque titulis edissertatur, multaque & varia juris publici cùm Germanici tùm Belgici argumenta examinantur, & tam rebus gestis quàm nonnullis nuper judicatis illustrantur, *Bremæ*, Hermannus Brauerus, 1691, *in*-12. *v. f. d. s. t.*

2472 La véritable politique des personnes de qualité, *Paris*, Boudot, 1692, *in*-12. *v. br.*

2473 Traité de la véritable Noblesse, & des vertus qui lui conviennent, trad. du latin de CLICTHOVEUS, par M. l'Abbé DE MERY, *Paris*, Desprez, 1761, *in*-12. *v. m.*

2474 Le véritable Mentor, *ou* Education de la Noblesse, par le Marquis CARACCIOLI, *Francfort*, 1759, *in*-12. *v. m.*

2475 L'amata ouero della virtu heroica, di Gabriele ZINANO, *Reggio*, Hercoliano Bartholi, (senza anno), *in*-8. *cart.*

2476 El Heroe de Lorenzo GRACIAN, Infanzon, en esta impression nuevamente corregido. = El Politico D. Fernando el catholico, de Lorenzo GRACIAN, que publica don Vincenzio-Juan de LASTANOSA, con licencia, en Huesca por Juan

DROIT NATUREL ET DES GENS.

J. Nogues, anno 1646, *Amsterd.* Juan Blaeu, 1659, in-12. *v. f. d. s. t.*

2477 Le Héros, trad. de l'espagnol de Balthazar GRACIEN, avec des remarques, par J. DE COURBEVILLE, *Paris*, Pissot, 1725, in-12. *v. f.*

2478 Maximes de Baltazar GRACIEN, trad. de l'espagnol, par J. DE COURBEVILLE, avec les réponses à l'Abbé des Fontaines, sur quelques expressions franç. qu'il condamne dans les traductions de l'Homme universel & du Héros, *Paris*, Rollin, 1730, in-12. *v. b.*

2479 Ecole du Gentilhomme, *ou* Entretiens sur l'héroïsme & le Héros, par M. B. D. G. Lausanne, Verney, 1754, in-12. *m. r.*

2480 Noblesse militaire, *ou* le Patriote François, *Paris*, 1756, in-12. *v. m.*

2481 La Noblesse commerçable, *ou* Ubiquistes, *Amst.* (*Paris*) 1756, in-12. *v. f. d. s. t.*

2482 La Noblesse commerçante, par l'Abbé COYER, *Paris*, Duchesne, 1756, in-12 *m. r.*

2483 Développement & défense du système de la Noblesse commerçante, par M. l'Abbé COYER, *Paris*, Duchesne, 1757, 2 parties 1 volume in-12. *v. m.*

2484 L'une & l'autre, *ou* la Noblesse commerçante & militaire, avec des réflexions sur le commerce, & les moyens de l'encourager, *Mahon*, (*Paris*) 1756, in-8. *v. m.*

2485 Le Conciliateur, *ou* la Noblesse commerçante & militaire, en réponse aux objections faites par l'Auteur de la Noblesse militaire, par M. l'Abbé de ***, *Paris*, Duchesne, 1756, in-12. *v. m.*

2486 Le Citoyen philosophe, *ou* Examen criti-

Tome I. D d

que de la *Noblesse militaire. Sans nom de Ville*, 1756, *in-*12. *v. f. d. f. t.*

2487 Discours de la vaillance, par le sieur DE CHEVALIER, *Paris*, Guillemot, 1618, *in-*8. *v. m.*

2488 Traité de morale sur la valeur, par A. D. C. A. F., *Paris*, Cramoisy, 1774, *in-*12. *v. f. d. f. t.*

2489 Instructions pour les Seigneurs & leurs gens d'affaires, par M. R***, *Paris*, Lottin l'aîné, 1770, *in-*12. *v. m.*

Des Ecclésiastiques, des Artisans, & des Pauvres de la Cité.

2490 Essercitio politico de grandi Ecclesiastici & secolari, del R. P. F. Vangelista SARTONIO, da Bologna, Minore Osservante, *Bologna*, Clementi Ferroni, 1628, *in-fol. v. f. d. f. t.*

2491 Le Socrate rustique, ou Description de la conduite économique & morale d'un paysan philosophe, trad. de l'allemand de M. HIRZEL, *Zurich*, Heidegguer, 1764, *in-*12. *v. m.*

2492 Le même, *Zurich*, Fuesslin, 1768, *in-*12. *v. m.*

2493 Instructions de morale, d'agriculture & d'économie, pour les habitans de la campagne, par M. FROGER, *Paris*, Lacombe, 1769, *in-*8. *v. m.*

2494 Egidii WIITSII, consilium de continendis & alendis Pauperibus, & in ordinem redigendis validis mendicantibus, *Bremæ*, 1651, *in-*8. *v. f. d. f. t.*

2495 Police sur les mendians, vagabonds, joueurs de profession, les intrigans, les filles prostituées, les domestiques hors de maison depuis

DROIT NATUREL ET DES GENS. 419

long-tems, & les gens sans aveu, *Paris*, Dessain junior, 1764, *in-12. v. m.*

2496 Idées d'un Citoyen sur les besoins, les droits & les devoirs des vrais pauvres, *Par.*, Hochereau, 1765, *in-8. v. m.* par l'abbé Baudeau.

2497 Résumé des Mémoires qui ont concouru pour le prix accordé en l'année 1777, par l'Académie de Châlons-sur-Marne, & dont le sujet étoit : *Les moyens de détruire la mendicité en France, en rendant les mendians utiles à l'Etat sans les rendre malheureux.* Châlons-sur-Marne, Seneuze, 1779, *in-8. v. m.*

De la souveraine Puissance & de ses Droits en général.

2498 De l'autorité du Roy, & crimes de leze-majesté, *sans nom de Ville*, 1587, *in-8. v. m.*

2499 De la dignité des Roys & Princes souverains ; du droit inviolable de leurs successeurs légitimes, & du devoir des peuples & subjects envers eux, par F. LE JAY, *Tours*, le Mercier, 1589, *in-8. v. m.*

2500 De l'Œil des Rois & de la Justice, *Par.* l'Angelier, 1595, *in-8. v. f. d. s. t.*

2501 Dialogue du Royaume, auquel est discouru des vices & vertus des Rois, & de leur establissement, de l'estat de la Monarchie & République & de leurs changemens, du devoir & obligation du Roy envers Dieu & le peuple, & des justes causes qui peuvent esmouvoir le peuple à s'eslever & s'opposer à la tyrannie & injustice du Roy, *Paris*, Millot, 1589, *in-8. v. m.*

2502 De l'Excellence & Dignité des Rois, par

D d ij

JURISPRUDENCE.

Pierre CONSTANT, Docteur ès Droicts, *Par.* Jamet Mettayer, 1598, *in-*12. *v. f. d. ſ. t.*

2503 La Couronne Royale, par Charles DE RÆMOND, Abbé de la Frenade, *Paris*, Ch. Seveſtre, 1610, *in-*8. *v. m.*

2504 De l'inviolable & ſacrée perſonne des Roys, contre tous aſſaſſins & parricides qui oſent attenter ſur leurs Majeſtez, par PELLETIER, *Par.* Huby, 1610, *in-*8. *v. f. d. ſ. t.*

2505 De la Souveraineté du Roy, & que Sa Majeſté ne la peut ſoumettre à qui que ce ſoit, ny aliéner ſon Domaine à perpétuité, par J. SAVARON, *Paris*, Mettayer, 1620, *in-*8. *v. f. d. ſ. t.*

2506 Cenſures & concluſions de la Faculté de Théologie de Paris, touchant la *Souveraineté des Rois, la fidélité que leur doivent leurs ſujets, la ſureté de leurs perſonnes, & la tranquillité de l'Etat*, (en latin & en franç.) *Par.* Jean-Bapt. Deleſpine, 1720, *in-*4. *v. f.*

2507 Explication des articles & chefs du crime de leze-majeſté, extraits des anciennes Ordonnances de France, par P. BOUGLER, Bailly d'Aumalle, *Paris*, Nic. Rouſſet, 1622, *in-*8. *v. f. d. ſ. t.*

2508 Le Politique du temps, traitant de la puiſſance, authorité, & du devoir des Princes; des divers gouvernemens, juſques où l'on doit ſupporter la tyrannie, & ſi en une oppreſſion extrême il eſt loiſible aux ſubjets de prendre les armes pour défendre leur vie & liberté; quand, comment, par qui, & par quel moyen cela ſe doit & peut faire, *la Haye*, (France) 1650, *in-*12. *v. f. d. ſ. t.*

DROIT NATUREL ET DES GENS.

2509 Le même, *Amst.* 1704, in-12. v. b.

2510 Casparis ZIEGLERI, Lipsiensis, circa Regicidium Anglorum exercitationes, *Lipsiæ*, Hæredes Henning. Grossi, 1652, in-12. v. f. d. s. t.

2511 Traité contre la rébellion des sujets envers leurs Roys, par Th. BAYLY, *Paris*, 1653, in-8. v. f. d. s. t.

2512 Doctrine de S. Thomas sur le tyrannicide, par le Chevalier DE TREVILLE, ensemble le détail des traitemens qu'a essuyé l'Auteur pour avoir composé cet ouvrage, &c., le tout mis au jour par M. L. D. B., *Paris*, 1764, in-12. v. m.

2513 Essay de politique où l'on traite de la nécessité, de l'origine, des droits, des bornes, & des différentes formes de la souveraineté, selon les principes de l'Auteur de Telemaque, *la Haye*, (France) 2 part. 1 vol. in-12. v. m.

2514 Considérations sur l'inaliénabilité du Domaine de la Couronne, *Paris*, Le Jay, 1775, in-8. v. m.

2515 Essai contre l'abus du pouvoir des Souverains, & juste idée du gouvernement d'un bon Prince, suivi du tocsin contre le despotisme souverain, par M. **, Avocat, *Londres*, 1776, in-8. v. f. d. s. t.

2516 Résolution claire & facile sur la question tant de fois faite de la prise des armes par les inférieurs, où il est monstré par bonnes raisons, tirées de tout droit divin & humain, qu'il est permis & licite aux Princes, Seigneurs & peuple inférieur, de s'armer pour s'opposer & résister à la cruauté & felonnie du Prince supérieur, voire même nécessaire, pour le debvoir duquel on est tenu au pays & République,

JURISPRUDENCE

Basle, Hérit. de Jehan Oporin, 1575, in-16. v. f. d. f. tr.

Du Domaine éminent, ou des Droits du Souverain sur les biens de l'Etat, & sur ceux des Particuliers.

2517 Projet d'une dixme royale, par le Maréchal DE VAUBAN, 1707, in-4. v. br.

2518 Le même, (sans nom de Ville,) 1708, in-8. v. f. d. f. t.

2519 Mémoire sur l'établissement de la taille proportionnelle, 1717, in-4. pap.

2520 Les intérêts de la France mal entendus, par un Citoyen, Amst. (Par.) 1756, 3 vol. in-12. v. m.

2521 Théorie de l'Impôt, par M. DE MIRABEAU, Paris, 1760, in-4. v. m.

2522 Doutes proposés à l'Auteur de la Théorie de l'Impôt, Par. 1761, in-4. v. m.

2523 Les Finances considérées dans le droit naturel & politique des hommes, ou Examen critique de la *Théorie de l'Impôt*, Amst. (Paris) 1762, in-12. v. m.

2524 Le Consolateur, pour servir de réponse à la *Théorie de l'Impôt*, & autres écrits sur l'économie politique, Paris, Valleyre, 1763, in-12. v. m.

2525 Pratique de l'Impôt, ou Vues d'un Patriote, Avignon, 1762, in-12. v. m.

2526 Essai analytique sur la richesse & sur l'impôt, Lond. (Par.) 1767, in-8. v. mar.

2527 Mémoire sur les effets de l'Impôt indirect, sur le revenu des propriétaires des biens-fonds, Londres, (Paris,) 1768, in-12. v. m.

DROIT NATUREL ET DES GENS. 423

2528 Lettres d'un Citoyen fur les Vingtièmes & autres impôts, *Amſterdam*, (*Paris*) 1768, *in-*12. *v. m.*

2529 Du rétabliſſement de l'Impôt dans ſon ordre naturel, *Yverdon*, 1769, *in-*8. *v. m.*

2530 Recherches fur les moyens de ſupprimer les Impôts, précédées de l'examen de la nouvelle ſcience, par M. BEARDÉ DE L'ABBAYE, *Amſt.* Marc-Michel Rey, 1770, *in-*8. *v. m.*

2531 L'Ami des François, *Conſtantin.* (*Geneve*) 1771, *in-*8. *v. f. d. ſ. t.*

2532 Plan d'Impoſition économique & d'adminiſtration des finances, par Rich. DES GLANNIERES, *Paris*, P.-Guil. Simon, 1774, *in-*4. *gr. pap. cart.*

2533 La dixme royale de M. le Maréchal de Vauban comparée avec le plan d'impoſition de M. R. D. G. (Richard des Glanieres), *Paris*, Piſſot, 1776, *in-*8. *v. f. d. ſ. t.*

2534 L'Ami de la France, *ou le Monopoleur converti*, 1775, *in-*8. *v. f. d. ſ. t.*

2535 Le Citoyen Philoſophe, *ou extraits & calculs de la ſcience économique fur l'impôt unique territorial, avec de nouv. réflex. fur tous les plans & projets de finance qui ont paru depuis le mois d'Octobre juſqu'à préſent*, *Paris*, L. Jorry, 1775, *in-*4. *v. b.*

2536 Les intérêts du Roi & ceux du peuple, conſidérés dans la diſtribution des impôts & les autres parties de l'adminiſtration, par M. A de L***, *Paris*, Ph.-Denis Pierre, 1775, *in-*4. *v. m.*

2537 Réflexions philoſophiques fur l'impôt, où l'on diſcute les principes des Economiſtes, &

D d iv

JURISPRUDENCE.

où l'on indique un plan de perception patriotique, accompagnées de notes, par Jér. TIFAUT DE LA NOUE, *Paris*, veuve Barrois & fils, 1775, *in-8. fig. v. f. d. f. t.*

2538 La science du bonhomme Richard, ou Moyens faciles de payer les impôts, trad. de l'angl. *Paris*, Ruault, 1777, *in-12. v. m.*

2539 Erreur & désavantage pour l'Etat de ses emprunts des 7 Janvier & 7 Février 1777, *Basle*, 1777. = Maximes générales d'un bon Gouvernement, suivant les opérations de J. B. Colbert, par M. DE PELLISSERY, *Philadelphie*, 1777, *in-8. v. f. d. f. t.*

2540 Lettres sur l'emprunt & l'impôt, adressées à M. ***, par M. RILLIET DE SAUSSURE, Citoyen de Genève, Conseiller au Grand-Conseil, *Geneve*, 1779, *in-8. v. m.*

2541 Essais sur les ponts & chaussées, la voierie & les corvées, *Amst. (Par.)* 1759, *in-12. v. m.*

2542 Lettre d'un Ingénieur de Province à un Inspecteur des ponts & chaussées, pour servir de suite à l'Ami des Hommes, par M. DE MIRABEAU, *Avignon, (Par.)* 1770, *in-12. v. m.*

2543 Réflexions sur la corvée des chemins, ou Supplément à l'*Essai sur la voierie*, pour servir de réponse à la critique de l'Ami des hommes, *Paris*, Nyon, 1762, *in-12. v. m.*

2544 Lettre à M. Grosley, Avocat au Parlement, sur l'administration des corvées, *sans frontisp. in-8. v. m.*

2545 De l'importance & de la nécessité des chemins publics en France, ainsi que des moyens les plus propres à leur exécution, avec un Précis historique de l'état actuel des Ingénieurs des

DROIT NATUREL ET DES GENS.

ponts & chauſſées, & de leurs diverſes fonctions, *Amſt.* (*Par.*) 1777, *in-*12. *v. f.*

2546 Obſervation ſur les Remontrances relatives aux corvées, *ou* Lettre de M. ***, (1777) *in-*12. *v. m.*

Du Gouvernement de l'Etat en dedans, & du Droit de battre monnoye.

2547 Joannis TAVARDI Borbonienſis, de Juriſdictione & Imperio, *Toloſæ*, Petrus du Puys, 1557, *in-*4. *v. f. d. ſ. t.*

2548 Traité des droits royaux, de bris & de brefs ou ſeaux, leurs cauſes, effets, origine & autres ſingularitez concernantes cette matiere, par Chriſtophle DU BOIS-GELIN, Sieur de la Thoiſſe, *Dinan*, Julien Aubiniere, 1595, *in-*12. *v. mar.*

* On trouve à la page 138 de ce Volume, la Généalogie de la Maiſon de Rohan, d'après les Antiq. de Bretagne de Roch le Bailly.

2549 L'eſprit de la Légiſlation, trad. de l'allemand du Baron DE CREUTZ, par J. F. JUNGERT, *Paris*, Vente, 1769, *in-*12. *v. m.*

2550 Lettres ſur la Légiſlation, *ou* l'Ordre légal dépravé, rétabli & perpétué, par L. D. H., (M. le Marquis DE MIRABEAU) *Berne*, Soc. Typogr. 1775, 3 vol. *in-*12. *v. m.*

2551 Principes de la Légiſlation univerſelle, *Amſterdam*, Marc-Michel Rey, 1776, 2 *vol. in-*8. *v. f. d. ſ. t.*

2552 Des monnoyes, augment & diminution du prix d'icelles, par François GRIMAUDET, Advocat du Roy au Siege Préſidial d'Angers,

Paris, Martin le jeune, 1576, *in*-8. *v. f. d. f. t.*

2553 Discours de Jean BODIN, sur le rehaussement & diminution des monnoyes & le moyen d'y remédier, & responce aux *Paradoxes de M. de Malestroict*, *Paris*, du Puys, 1578. = Paradoxes du Seigneur DE MALESTROICT, *Paris*, du Puys, 1578. = Recueil des principaux advis donnés sur l'établissement du compte par escuz, & suppression de celuy par solz & livres, par Franç. GARRAULT, Sieur des Gorges, *Paris*, du Puys, 1578. = Paradoxe sur le faict des monnoyes, par Franç. GARRAULT, *Paris*, du Puys, 1578, *in*-8. *v. f.*

2554 Jacobi BORNITII, de nummis in Repub. percutiendis & conservandis libri II, ex systemate politico deprompti, *Hanoviæ*, Claudius Marnius, 1608, *in*-4. *vél.*

2555 Traité des monnoyes usées, de leurs cours & de leur pésement, par Ant. DE LA PIERRE, 1651. = Response aux propositions faites au Roy, le mois de Juillet 1653, sur une fabrication de nouvelles monnoyes d'or & d'argent fin, par le même, 1653. = Réponse contre le traité prétendu des liards de cuivre, par le même, *Paris*, 1654. = Réplique à la response que le Traittant de la nouv. monnoye fait publier sous le faux titre de la *vérité découverte*, 1656. = Calcul du revenant-bon, au profit du Traittant, dressé en Décembre 1655, sur le prix des Lys & sur les autres propositions faites au Conseil du Roi, pour la fabrication de cette nouv. monnoye, 1656. = La vérité découverte sur le sujet de la nouv. monnoye, *in*-4. *v. br.*

DROIT NATUREL ET DES GENS. 427

2556 Essai sur les monnoyes, *ou* Réflexions sur le rapport entre l'argent & les denrées, (par M. Dupré de Saint-Maur) *Paris*, veuve Méquignon, 1746, *in*-4. *v. m.*

2557 Lettre sur la monnoye fictive, sur son usage dans le commerce, suivie de la dissertat. sur le commerce, par le Marq. Jerôme Belloni, *la Haye*, (*Par.*) 1765, *in*-8. *v. m.*

2558 Tables des monnoyes courantes dans les quatre parties du monde, avec leur valeur réduite aux especes de France, par Abot de Basinghen, *Paris*, Lacombe, 1767, *in*-8. *v. m.*

Du Gouvernement au dehors, de la Guerre, des Négociations & de la Paix.

2559 De jure belli, I. R. G. (Imperii Rom. Germanici) & speciatìm in interregno, publicè disputabit Johann. Daniel Asmuthius Waldeccus, *Gottingæ*, Abramus Vandenhoeck, 1747. = De multitudine seditiosa juris belli experta, commentatiuncula, per Georgium-Henricum Ayrerum, *Gottingæ*, Jo. Frieder. Hagerus, 1747, *in*-4. *v. m.*

2560 Principes des négociations, pour servir d'introduction au droit public de l'Europe, fondé sur les traités, par M. l'Abbé de Mably, *la Haye*, (*Par.* Nyon) 1757, *in*-12. *v. m.*

2561 Dissertatio de juribus Cæsaris circa negotium pacis, quam in illustri hac Ludoviciana, sub præsidio Bernardi-Ludovici Mollenbecii JCti, subjicit Franciscus-Christophorus de Menshengen, Autor & respondens, *Giffæ*, Johannes Mullerus, 1716, *in*-4. *v. éc.*

JURISPRUDENCE.

2562 De la paix perpétuelle, par le Docteur GOODHEART, (Geneve) *sans date, in-8. v. m.*

Ce nom ne paroît pas le véritable nom de l'Auteur.

2563 Abrégé du projet de paix perpétuelle, par l'Abbé DE SAINT-PIERRE, *Rotterd. Beman,* 1729, *in-*12. *v. f.*

2564 Extrait du projet de paix perpétuelle, de l'Abbé DE SAINT-PIERRE, par J. J. ROUSSEAU, *sans nom de Ville,* 1761, *in-*12. *v. m.*

Histoire & Recueil des Traités de Paix, de Garanties & de Commerce.

2565 Recueil des traitez de paix & d'autres actes publics, &c. faits entre les Empereurs, Rois, &c. depuis J. C. jusqu'à présent, servant à établir les droits des Princes, & de fondement à l'histoire, (par DUMONT) *Amst. veuve Boom,* 1700, 2 *vol. in-fol. v. f.*

2566 Extraits des actes de RYMER, par RAPIN THOYRAS, *Amst. (Trévoux)* 1728, *in-*4. *v. f.*

2567 Préliminaires des traitez faits entre les Rois de France & tous les Princes de l'Europe, depuis le regne de Charles VII, *Paris, Frédéric Léonard,* 1692, *in-*12. *v. f. d. f. t.*

2568 Recueil des traictés de confédération & d'alliance entre la Couronne de France & les Princes & Estats étrangers depuis l'an 1621 jusques à présent, avec quelques autres pieces appartenantes à l'hist. (*Amst.*) 1668, *in-*12. *v. f. d. f. t.*

2569 Recueils de plusieurs traitez de paix entre la France & différentes Couronnes, depuis 1660, jusqu'en 1692, *in-*4. *v. b.*

DROIT NATUREL ET DES GENS. 429

2570 Histoire du Congrès & de la paix d'Utrecht, comme aussi de celle de Rastadt & de Bade, contenant les particularités les plus remarquables & les plus intéressantes desdites négociations, depuis leur premiere ouverture jusqu'à la conclusion de la paix générale, (1668 = 1715) *Utrecht*, Guillaume Van Poolsum, 1716, *in-*12. *v. m.*

2571 Lettres du Comte d'Arlington au Chevalier Temple, contenant une relation exacte des traités de l'Evêque de Munster, de Breda, d'Aix-la-Chapelle & de la triple alliance, (depuis 1665 jusq. 1670) *Utrecht*, Vande-Water, 1701, *in-*12. *v. f. d. f. t.*

2572 Recüeil historique d'actes, négociations & traités depuis la paix d'Utrecht, par J. ROUSSET, *la Haye*, Scheurleer, 1728 — 1740, 14 *vol. in-*8. *v. f.*

2573 Intérêts présents des Puissances de l'Europe, fondés sur les traités conclus depuis la paix d'Utrecht incluf. & sur les preuves de leurs prétentions particulieres, par le même, *la Haye*, (*Trévoux*) 1734 & 1735, 17 *vol. in-*12. *v. f.*

2574 Adami ADAMI, *Episcopi Hierapolitani*, relatio historica de pacificatione Osnabrugo-Monasteriensi ex Autographo Auctoris restituta, atque actorum pacis Vestphalicæ testimoniis aucta & corroborata, accurante Joanne-Godofredo DE MEIERN, *Lipsiæ*, Michael Turpius, 1737, *in-*4. *fig. v. br.*

2575 Recüeil de la négociation de la paix traictée à Cologne en la présence des Commissaires de la Majesté Impériale, entre les Ambassadeurs du Roi Catholique & de l'Archiduc Matthias &

JURISPRUDENCE.

les Eftats du Païs-Bas, fidélement defcrit du protocole defdits Eftats, *Anvers*, Chrift. Plantin, 1580, *in-8. v. m.*

2576 Articles du traicté faict en l'année 1604, entre Henri-le-Grand, Roy de France & de Nauarre, & Sultan Amurat, Empereur des Turcs, par l'entremife de François Savary, Seigneur de Breves, Confeiller d'Eftat, lors Ambaffadeur pour Sa Majefté à la Porte dudit Empereur, (en arabe & en franç.) *Paris*, Eftienne Paulin, 1615, *in-4. v. f. d. f. t.*

2577 Mémoire de M. D. touchant les négotiations du traité de paix fait à Munfter en 1648. = Inftrument, *ou* traité de paix figné & fcellé à Munfter en 1648, *fans nom de Ville*, 1674, *in-12. mar. r. d. f. t.*

2578 Mémoires & négotiations fecretes de la Cour de France touchant la paix de Munfter, *Amft.* Chatelain, 1710, 4 *vol. in-8. mar. bl. l. r. d. f. t.*

2579 Recueil des traitez de paix entre l'Efpagne & la France, *Anvers*, 1650. = Traité de paix entre les Couronnes de France & d'Efpagne en l'Ifle dite des Faifans, le 7 Novembre 1659, *in-12. v. m.*

2580 Hiftoire du traité de la paix conclue fur la frontiere d'Efpagne & de France, entre les deux Couronnes en 1659, avec les conférences entre les deux premiers Miniftres, & un Journal de ce qui s'y eft paffé de plus remarquable, auffi un recueil de diverfes matieres concern. le Duc de Lorraine, *Cologne*, de la Place, 1665, *in-12. v. f.*

2581 Hiftoire de la paix conclue fur la frontiere

DROIT NATUREL ET DES GENS. 431

de France & d'Espagne, entre les deux Couronnes l'an 1659, *Cologne*, de la Place, 1667, *in*-12. *mar. r. d. f. t.*

2582 Histoire des négociations & du Traité de paix des Pyrenées, (en 1659) *Paris*, Briasson, 1750, 2 *vol. in*-12. *v. m.*

2583 Histoire du traité de paix conclue à Saint-Jean-de-Luz, en 1659, trad. de l'ital. du Comte Galeazzo GUALDO PRIORATO, *jouxte la copie imprimée à Cologne*, 1665, *in*-12. *v. f.*

2584 Traité de la paix faite à Nymégen le 10 Août 1678, entre les Ambass. & Plénipotent. de S. M. Très-Chrest. & ceux des Estats-Généraux des Prov. Unies du Pays-Bas, *Amst.* 1678. = Traité de paix entre les Couronnes de France & d'Espagne, conclu à Nimégue, le 17 Septembre 1678, *Amst. in*-12. *v. m.*

2585 Actes & mémoires des négociations de la paix de Nimégue, (en 1679) *Amsterd.* Wolfgang, 1679, 4 *vol. in*-12. *v. f.*

2586 Recueil des traités de paix conclus en 1679, *Paris*, Simon Benard, 1679, *in*-4. *v. f.*

2587 Mémoires politiques pour servir à l'intelligence de l'histoire de la paix de Ryswick, (du 20 Septembre 1697) par DUMONT, *la Haye*, l'Honoré, 1699, 4 *vol. in*-12. *v. f.*

2588 Actes & mémoires des négociations de la paix de Ryswick, *la Haye*, Moetjens, 1699, 4 *vol. in*-8. *v. f.*

2589 Traitez de paix & de commerce, navigation & marine, entre la France & l'Angleterre, conclus à Utrecht le 11 Avril 1713, *sans nom de Ville*, 1713, *in*-8. *v. m.*

2590 Actes, mémoires & autres pieces concer-
Tome I.

JURISPRUDENCE.

nant la paix d'Utrecht, *Utrecht*, Vande-Water, 1714, 4 *vol. in-*8. *v. f.*

2591 Actes, mémoires & autres pieces authentiques concernant la paix d'Utrecht, (avec des armes & des tables généalogiques) seconde édition, augmentée & corrigée, *Utrecht*, Guillaume Vande-Water, 1714 & 1715, 6 *vol. in*-12. *v. br.*

2592 Traité de la barriere des Pays-Bas, entre Sa Majesté Imp. & Cath., Sa Majesté le Roi de la Grande-Bretagne & les Etats-Généraux des Provinces-Unies, conclu & signé à Anvers le 15 Novembre 1715, *sans nom de Ville*, 1715, *in-*8. *v. f. d. f. t.*

2593 Traité entre le Roi, l'Empereur & le Roi de la Grande-Bretagne, pour la pacification de l'Europe, conclu à Londres le 2 d'Août 1718, *Paris*, François Fournier, 1719, *in-*4. *cart.*

2594 Essai historique & politique sur les garanties, & en général sur les diverses méthodes des anciens & des Nations modernes de l'Europe d'assurer les traités publics, (par Pierre-Joseph Neyron) *Gottingue*, Jean-Chrétien Dieterich, 1777, *in-*4. *v. m.*

2595 Théorie des traités de commerce entre les Nations, par M. Bouchaud, *Paris*, veuve Duchesne, 1777, *in-*12. *v. m.*

De la Guerre privée, ou du Duel & Combat singulier.

2596 Duello: libro de Re. &c. & de tutti Armigeri, continente diffide, concordie, pace, casi accadentij & judicij, con ragione, exempli & authoritate

DROIT NATUREL ET DES GENS.

authoritate de Scrittori da SARIS DE PUTEO, *Venetia*, Aurelio Pincio, 1530, *in-8. v. f. d. f. t.*

2597 Il duello di Giovan Battista PIGNA, diviso in tre libri, ne quali dell'honore & del l'ordine della Cavalleria, con nuovo modo si tratta, *Vinegia*, Rutillio Borgominerio da Trino, 1540, *in-8. v. f. d. f. t.*

2598 Il medesimo, *Vinegia*, Vincenzo Valgrisi, 1554, *in-4. v. m.*

2599 Duello del Andrea ALCIATO, fatto di latino italiano: tre consigli apresse de la materia medesima; uno de'l detto ALCIATO, gl'altri del Mariano SOCINO, *Vinegia*, Vincenzo Vaugris, 1545, *in-8. vél.*

2600 Le livre du duel & combat singulier, faict par André ALCIAT, traduit de latin en franç. par J. D. L. F., *Paris*, Jeh. André, 1550, *in-8. mar. r.*

2601 Dialogo dell' honore di Giovanni Battista POSSEVINI Mantovano, nel quale si tratta à pieno del duello, in luce dato dell' Ant. Possevini, di nuovo ristampato, *Vinegia*, Gabr. Giolito de Ferrari & Fratelli, 1553, *in-4. vél.*

2602 Il medesimo, di nuovo ristampato, *Vinegia*, Gabriel Giolito de Ferrari & Fratelli, 1556, *in-4. vél.*

2603 Il medesimo, & di nuovo aggiunto un trattato di M. Antonio POSSEVINI, nel quale s'insegna a conoscere le cose appartenenti all' honore, & a ridurre ogni querela alla pace, & con le apostille nel margine, *Venegia*, Gabriel Giolito de Ferrari, 1559, *in-4. vél.*

2604 Il medesimo, *Vinegia*, Giolito, 1564, *in-8. v. f.*

Tome I.   E e

JURISPRUDENCE.

2605 Il medesimo, *Venetia*, i Gio. 1589, *in-4. vél.*

2606 Contra l'uso dell' duello, per Antonio Massa da Gallese, con una lettera aggionta del medesimo soggetto, *Venetia*, Michele Tramezino, 1555, *in-8. vél.*

2607 I tre libri di Giovan Battista Susio, della ingiustitia del duello, & di coloro che lo permettono, *Vinegia*, Gabriel Giolito de Ferrari, 1558, *in-4. v. f. d. f. t.*

2608 Duello del Fausto da Longiano, regolato a le leggi de l'honore, con tutti li cartelli missivi e risponsivi in querela volontaria, necessaria, e mista, e discorsi sopra del tempo de Cavallieri erranti, de bravi, e de l'eta nostra, ristampato con un discorso del medesimo quali sieno arme da Cavalliere, e con due risposte, l'una ad una scrittura consultata dal Mutio, l'altra ad un Consiglio de l'Alciato giovanne, *Vinegia*, Ruttilio Borgominerio da Trino, 1559. = Contra l'uso del duello, per M. Antonio Massa da Gallese, cosi una lettera aggionta in fine del libro del medesimo soggetto, *Venetia*, Michele Tramezino, 1555, *in-8. v. f. d. f. t.*

2609 La Faustina del Mutio, Justinopolitano, delle arme Cavalleresche, *Venetia*, Vincenzo Valgrisi, 1560, *in-8. v. f. d. f. t.*

2610 Il duello di Mutio, Justinopolitano, con le risposte Cavalleresche, nuovamente dall'Auttore riveduto, con la giunta delle postille in margine, *Vinegia*, Gabriel Giolito de Ferrari, 1560, *in-8. v. f. d. f. t.*

2611 Il medesimo, *Vinegia*, Gio[lito], 1563, *in-8. v. f.*

2612 Il medesimo, di nuovo dall'Autore rive-

DROIT NATUREL ET DES GENS. 435
duto, *Venetia*, Compagnia degl' Uniti, 1585, *in*-8. *vél.*

2613 Il duello di M. Dario ATTENDOLI, con le autorità delle leggi, e de' Dottori, poste nel margine, nuovamente ristampato & da lui corretto, & in molti luoghi ampliato, con la giunta d'un discorso del medesimo, da ridurre ogni querela alla pace, *Vinegia*, Gabriel Giolito de Ferrari, 1564, *in*-8. *vél.*

2614 Dialogo del vero honore militare, nel quale si diffiniscono tutte le querele, che possono occorrere fra l'uno e l'altr'huomo, con molti bellissimi esempi d'antichi e moderni, & si mostra come s'ha da conformare l'honore con la conscienza; con un discorso d'intorno alla nobiltà & origine delle arme, & imprese, & di colori quelle, & ciò che essi vogliono significare, composto da Geronimo DI VRREA, Vicerè di Puglia, & nuovamente tradotta di lingua spagnuola da Alfonso ULLOA, *Venet.* gli heredi di Marchio Sessa, 1569, *in*-8. *m. r.*

2615 Exhortation à la Noblesse pour la dissuader & destourner des duels & autres combats, contre le commandement de Dieu, devoir & honneur dus au Prince, par Arnauld SORBIN, dit de Saint-Foy, *Paris*, Chaudiere, 1578, *in*-8. *v. m.*

2616 Chrétienne confutation du poinct d'honneur sur lequel la Noblesse fonde aujourd'hui ses querelles & monomachies, par F. Christop. DE CHEFFONTAINES, dit Penfentenyou, *Paris*, l'Huillier, 1579. ═ Dialogue du poinct d'honneur, *in*-8. *v. m.*

2617 Traités & advis de quelques Gentils-hom-

JURISPRUDENCE.

mes françois sur les duels & gages de bataille, à sçavoir, Olivier DE LA MARCHE, Jean DE VILLIERS, Sieur de l'Isle-Adam, & Hardouin DE LA JAILLE, *Paris*, Jean Richer, 1586, *in*-8. *v. f.*

2618 Livre des duels, autrement intitulé : l'Advis de gage de bataille, par Olivier DE LA MARCHE, auquel se traite de la façon dont usoient les anciens François à démesler leurs querelles en champ clos, *Paris*, Richer, 1586, *in*-8. *mar. r.*

2619 Trattato di Fabio ALBERGATI, Gentilhuomo Bolognese, del modo di ridurre à pace le inimicitie private, *Bergamo*, Comino Ventura & Comp. 1587, *in*-8. *v. m.*

2620 Il medesimo, in questa terza impressione riveduto, & accresciuto di molte degne cose dal proprio Auttore, *Venetia*, Gio. Battista Ciotti Senese, 1600, *in*-8. *v. m.*

2621 Deux traités, l'un de la guerre, l'autre du duel, par B. DE LOGUE, *sans nom de Ville*, 1588, *in*-8. *v. m.*

2622 Il rimedio supremo del quale può lecitamente l'huomo valersi contra le segnalate ingiurie, dialogo di Gio. Batt. TERZO, nel quale, tra varie maniere di provocare l'avversario al tribunale di Dio, principalmente si disputa dalla citatione alla valle di Giosafat, *Bergamo*, Comin Ventura, 1596, *in*-8. *v. f.*

2623 Discours des querelles & de l'honneur par CHEVALIER, *Paris*, Guillemot, 1598, *in*-8. *v. m.*

2624 Discours des duels, avec l'arrest de Parlement de Tolose, faict sur iceux, par G. D. T. *Tolose*, veuve Colomiez, 1603, *in*-8. *v. m.*

DROIT NATUREL ET DES GENS. 437

2625 Advis sur la présentation de l'édit de S. M. contre les duels, prononcé au Parlement de Tholose, par O. DE TRELLON, *Paris*, Fouet, 1604, *in-8. v. f. d. s. t.*

2626 Discours notable des duels, de leur origine en France, & du malheur qui en arrive tous les jours, au grand intérêt du public, ensemble du moyen qu'il y auroit d'y pourvoir, par Jean DE LA TAILLE, *Paris*, Rigaud, 1607, *in-12. v. f.*

2627 Le combat seul à seul en camp clos, par Marc DE LA BERAUDIERE, avec plusieurs questions propres à ce sujet : ensemble le moyen au Gentilhomme d'éviter les querelles & d'en sortir avec son honneur, en 4 part. *Paris*, Abel l'Angelier, 1608, *in-4. v. f.*

2628 Les ombres des défunts sieurs de Villemor & de Fontaines, au Roi ; discours très-nécessaire des duels, où est monstré le moyen de les arracher entierement, par DE CHEVALIER, *Paris*, Jean Berjon, 1609, *in-12. v. m.*

2629 Recherches sur les duels, par P. BOYSSAT, *Lyon*, Irenée Barlet, 1610, *in-4. v. m.*

2630 Traicté contre les duels, avec l'édict de Philippe-le-Bel, de 1306, par Jean SAVARON, Sieur de Villars, *Paris*, Perier, 1610. *in-8. v. m.*

2631 Anti-duel, *ou* Discours pour l'abolition des duels, contenant deux remontrances ; l'une à la Noblesse, recueillie des derniers propos du Sieur DE BALAGNY ; l'autre à Sa Majesté, par Guillaume JOLLY, *Paris*, Chevalier, 1612, *in-8. v. m.*

2632 Tractatus de duello, in quo quicquid ab utroque jure, à sacro Concilio Tridentino, à

E e iij

Summis Pontificibus de duello sancitum est, præcipuè verò constitutio Clementis VIII, Pontifi. Maximi, accuratissimè explicatur, auctore Alexandro PEREGRINO, Capuano, ex Ordine Clericorum Regularium, *Venetiis*, Petrus Ducinellus, 1614, *in*-4. *v. m.*

2633 Advis & moyens pour empêcher le désordre des duels, proposés au Roi en l'assemblée des Etats-Généraux, par Loys DE CHABANT, Sieur Dumaine, *Paris*, Den. Langlois, 1615, *in*-8. *v. m.*

2634 L'Académiste François, qui propose des moyens pour bannir les duels & pour déraciner les vices qui sont aujourd'hui si fréquens parmy la Noblesse de cet Estat, *Paris*, Guillemot, 1615, *in*-8. *v. m.*

2635 Le vrai honneur contre le commun abus des duels, par Michel LE FAUCHEUR, *Montpellier*, Gilet, 1616, *in*-8. *v. m.*

2636 Le vrai & ancien usage des duels, confirmé par l'exemple des plus illustres combats & deffys qui se soient faits en la Chrestienté, par D'AUDIGUIER, *Paris*, Billaine, 1617, *in*-8. *v. f. d. f. t.*

2637 Antonius MASSA Gallesius, Civis Romanus, contra usum duelli, nunc primùm in Germaniâ editus, curante Christophoro BESOLDO, *Tubingæ*, Eberhardus Vrildius, 1620, *in*-8. *v. f. d. f. t.*

2638 Trattato di Gio. Battista OLEVANO, nel quale col mezo di cinquanta casi, vien posto in atto pratico, il modo di ridurre à pace ogni sorte di privata inimicitia nata per cagion d'honore, aggiontovi un supplemento dell'Autore,

DROIT NATUREL ET DES GENS. 439

& dall'istesso anco corretto & ampliato, *Milano*, Gio. Batt. Bidelli, 1620, *in*-8. *v. m.*

2639 Invective, *ou* discours satyrique contre les duels, par J. Gassion BERGERÉ, *Paris*, Libert, 1629, *in*-8. *v. f. d. s. t.*

2640 Delle mentite & offese di parole, come possino accomodarsi, discorso di Camillo BALDO, accresciuto & corretto dal Vincenzo RAINERI, Bresciano, *Venetia*, Bartolomeo Fontana (1633) *in*-4. *v. m.*

Cette édition est sans date ; celle de 1633 est celle de son Epître dédicatoire.

2641 Delle considerationi & dubitationi sopra la materia delle *Mentite & offese di parole*, libri due, aggionti in questa seconda editione al suo discorso delle mentite da Camillo BALDI, *Venetia*, Bartolomeo Fontana, 1634, *in*-4. *v. m.*

2642 Pauli VOET, Gisb. Fil. Juris in Academiâ Ultraject. Antecessoris, de duellis ex omni jure decisis casibus, liber singularis, editione iteratâ auctus & emendatus, *Ultrajecti*, Johannes à Waesberge, 1658, *in*-12. *v. f. d. s. t.*

2643 Beauté de la valeur & lascheté du duel, par le Comte DE DRUY, *Paris*, Bessin, 1658, *in*-4. *mar. r.*

2644 Recueil des édits, déclarations, arrêts & autres pieces concernant les duels & rencontres, *Paris*, Cramoisy, 1669, *in*-12. *m. r. d. s. t.*

2645 La spada di honore, osservazioni Cavaleresche del Senator Berlingiero GESSI, *Milano*, Lodovico Monza, 1672, *in*-8. *v. m.*

2646 Pareri Cavaléreschi per rappacificare inimicizie private, e lo scettro pacifico, di Berlingiero GESSI, Senatore di Bologna, *Bologna*,

E e iv

JURISPRUDENCE.

l'Erede di Domenico Barbieri, 1675, 2 part. 1 vol. in-4. v. f. d. f. t.

2647 Opere Cavallerefche di Francefco BIRAGO, diftinte in quattro libri, cioè difcorfi, configli e decifioni, *Bologna*, Giofeffo Longhi, 1687. in-4. v. m.

2648 Cavallerefche decifioni del medefimo, *Milano*, Filippo Ghifolfi, 1737, in-8. v. m.

2649 Della fcienza chiamata Cavallerefca, libri tre, opera del Marchefe Scipione MAFFEI, feconda edizione, *Vinegia*, Luigi Pavino, 1712, in-8. vél.

* On trouve à la fin de ce volume une lettre du Chanoine Paolo Maffei de Verone, en latin, contre le duel.

2650 Les préjugés du Public fur l'honneur, par M. DE NESLE, *Paris*, Dehanfy, 1766, 3 vol. in-12. v. m.

2651 Lettre critique à M. de Nefle, fur l'ouvrage qui a pour titre : *les préjugés du Public*, *Paris*, Briaffon, 1748, in-12. v. f. d. f. tr.

Des Officiers délégués au-dedans & au-dehors pour l'exercice de l'Autorité fouveraine.

Des Confeillers d'Etat, des Miniftres, des Ambaffadeurs & des Magiftrats.

2652 Il Configliere di Stato, overo raccolta delle confiderationi più generali intorno al maneggio de publici affari, trafportato dal francefe per Mutio ZICCATTA, *Venetia*, Paolo Baglioni, 1646, in-4. v. f.

2653 Le Miniftre d'Etat, avec le véritable ufage de

DROIT NATUREL ET DES GENS. 441

la politique moderne, par DE SILHON, *Amſt.* Michiels, 1661, 2 *vol. in*-12. *v. f. d. ſ. t.*

2654 Le même, *Paris*, Compagnie, 1665, 2 *part.* 1 *vol. in*-12. *v. f.*

2655 Il Miniſtro di Stato, con li vero uſo della politica moderna, da SILHON, traſportato dal franceſe per Mutio ZICCATTA, *Venetia*, Marco Ginamni, 1739, *in*-4. *vél.*

2656 Il Meſſaggiero, dialogo, overo diſcorſo della virtu feminile, della vertu heroica & della charita, il Gonzaga ſecondo ouero del giuoco, di Torquato TASSO, *Venetia*, Bernardo Giunti e Fratelli, 1582, *in*-4. *vél.*

2657 L'Ambaſſadeur, par le Sieur de Vill. H. (Jean HOTMAN, Sieur de Villiers) *ſans nom de Ville*, 1603, *in*-8. *v. f.*

2658 De la charge & dignité de l'Ambaſſadeur, par le même, ſeconde édition augmentée, *Paris*, Jeremie Perier, 1604. ⎯ Notes ſur cet ouvrage, par DE COLAZON, *Paris*, Robert Colombel, 1604, *in*-8. *v. f. d. ſ. t.*

2659 L'Ambaſciatore di Gaſparo BRAGACCIA, Piacentino, opera diviſa in libri ſei, nella quale ſi hanno avvertimenti politici & morali, per gli Ambaſciatori, & intorno quelle coſe che ſogliono accadere all' Ambaſciarie, tratta dalla pratica, confermata dalla civile e morale, & coll' hiſtoria illuſtrata, *Padoüa*, Franceſco Bolzetta, 1627, *in*-4. *v. m.*

2660 Perfetto Ambaſciatore, da Sigiſmondo A CASTIONO, Monacho Caſſinenſe, *Bononiæ*, Jo. Bapt. Ferronius, 1642, *in*-4. *v. f. d. ſ. t.*

2661 Dénouement de la queſtion qu'il y a touchant le ceremoniel entre les Ambaſſadeurs de

JURISPRUDENCE.

France & ceux de Brandebourg qui se trouvent présentement au traité de paix à Nimweguen, *Aix-la-Chapelle*, 1677, *in-*12. *v. m.*

2662 Mémoires touchant les Ambassadeurs & les Ministres publics, par DE WICQUEFORT, *la Haye*, Steucker, 1677, *in-*8. *v. f. d. s. t.*

2663 L'Ambassadeur & ses fonctions, avec les réflexions sur les *Mémoires pour les Ambassadeurs*, &c. par DE WICQUEFORT, *Cologne*, Marteau, 1690, 2 *vol. in-*4. *v. f.*

2664 Mémoires & instructions pour les Ambassadeurs, ou lettres & négociations de WALSINGHAM, avec les maximes politiques de ce Ministre, & des remarques sur la vie des principaux Ministres & Favoris d'Elizabeth, trad. de l'anglois, *Amsterd.* Georg. Gallet, 1700, *in-*4. *v. f. d. s. t.*

2665 Traité des Ambassades & des Ambassadeurs, *Rotterdam*, Jean Hofhout, 1726. = Les droits des Ambassadeurs & des autres Ministres publics les plus éminens, avec un tableau qui représente les Ministres négocians dans plusieurs Cours de l'Europe pendant les années 1730 & 1731, par Jean Gottlieb UHLICH, Avocat Saxon, *Leipsic*, Martini, *in-*8. *baz.*

2666 Le parfait Ambassadeur, divisé en trois parties, composé en espagnol par Don Antonio DE VERA & DE CUNNIGA, & trad. en franç. par le Sieur LANCELOT, *Paris*, Antoine de Sommaville, 1735, *in-*4. *v. f.*

2667 Traité du Juge competent des Ambassadeurs, tant pour le civil que pour le criminel, trad. du latin de BYNKERSHOEK, par Jean-

DROIT NATUREL ET DES GENS. 443
BARBEYRAC, *la Haye*, Thom. Johnson, 1723, *in-4. baz.*

2668 Mémoires de Monseigneur le Prince DE CONTI touchant les obligations des Gouverneurs de Province & ceux servans à la conduite & direction de sa maison, *Paris*, Cl. Barbin, 1667, *in-8. v. m.*

2669 La imagine del Rettore della bene ordinata città, di Giovanni TATIO, Giustinopolitano, ove si discorrono i modi che dalla Fanciullezza per fin alla età virile, si dobbono tenere da quello che deve esser eletto al governo d'alcuna città, per dar di se sodisfattione à Sudditi, & haverne commendatione dal suo Prencipe; alla quale segue l'institutione del Cancelliero, che deve servire al detto Rettore, del medesimo Auttore, *Vinetia*, Gabriel Giolito di Ferrarii, 1573, *in-4. v. f.*

2670 L'institutione del Cancelliero del medesimo, nella quale ragionandosi dell'ottime qualita che appartengono al Cancelliero che desidera sodisfare al suo Rettore, & conseguirne lode & honore; s'avvertiscono anche molte cose convenienti à Giudici, & ad altri Curiali, che vadano in officio co' reggimenti, *Vinetia*, Gab. Giolito di Ferrarii, 1573, *in-4. vél.*

2671 Traité des violences publiques & particulieres, par Maximilien MURENA, auquel on a joint une dissertation du même Auteur sur les devoirs des Juges, traduction de l'italien, par M. PINGERON, (avec le texte à côté) *Paris*, Delalain, 1769, *in-12. v. f. d. s. t.*

JURISPRUDENCE.

Des Généraux d'Armées, des Officiers & de tous les Militaires en général.

2672 ONOSANDRI Strategicus, sive de Imperatoris institutione liber, græcè, ad codicum mss. fidem expressus, & ex antiquorum Tacticorum potissimum collatione, notis perpetuis criticis emendatus, necnon figuris æri incisis illustratus, unà cum versione gallicâ Baronis DE ZUR-LAUBEN, curâ & studio Nic. SCHWEBELII, *Norimbergæ*, Christianus de Launoy, 1762, *in-fol. v. m.* (fig.)

2673 Bibliotheque militaire, historique & politique, par M. le Baron DE ZURLAUBEN, *Paris*, Vincent, 1760, 3 *vol. in-12. v. m.*

CONTENANT

Le Général d'armée, par ONOSANDER, traduit du grec.== Campagne du grand Condé, en 1674.==Cours du Rhin. == Explication de tous les cols & passages du Dauphiné. == Mémoires sur Arnault de Cervole, ou Cervolles, dit l'Archiprêtre. == Abrégé de la vie d'Enguerrand VII, Sire de Couci. == Mém. politiques. == Relations de batailles.

2674 ONOSANDRO Platonico del l'ottimo Capitano generale & del suo ufficio, tradotto di greco in lingua volgare italiana per Fabio COTTA, Nobile Romano, *Vinegia*, Gabriel Giolito de Ferrari, 1548, *in-8. v. f. d. s. t.*

2675 Trattato brieve dello schierare in ordinanza gli eserciti & dell'apparecchiamento della guerra di LEONE, Imperatore, dalla greca nella nostra lingua ridotto da Filippo PIGA-FETTA, con le annotationi del medesimo ne

DROIT NATUREL ET DES GENS. 445

luoghi che n'hanno meſtieri, *Venetia*, Franceſco de Franceſchi, 1586, *in*-4. *v. f. d. ſ. t.*

2676 Documenti & aviſi notabili di guerra, ne quali s'inſegna diſtintamente tutta l'arte militare, non ſolo di formare gli eſſerciti, & ogni apparecchiamento di guerra, ma anco di ogni maniera di Battaglia, & ogni altra cognitione ſpettante ad informare un perfetto Soldato & Capitano, di LEONE Imperatore, ridotto dalla greca nella noſtra lingua per Filippo PIGAFETTA, con le annotationi del medeſimo né luoghi che n'hanno meſtieri, *Venetia*, Gio. Antonio & Giacomo de Franceſchi, 1602, *in*-4. *v. f. d. ſ. t.*

2677 Inſtitutions militaires de l'Empereur LÉON, trad. par JOLY DE MAIZEROI, *Paris*, Merlin, 1770, 2 *vol. in*-8. *fig. v. m.*

2678 Le parfait Capitaine, autrement l'abrégé des guerres des commentaires de Céſar, augm. d'un traicté de l'intéreſt des Princes & Eſtats de la Chreſtienté, par H. D. R. (HENRI, Duc de Rohan) *Amſt.* 1648, *in*-12. *v. f.*

2679 Le même, 1667, *in*-12. *v. f.* . . . . .

2680 Le même, *Paris*, 1744, *in*-12. *m. r.*

2681 Trattato della guerra, del Soldato, del Caſtellano, & come ha da eſſere uno Général di eſercito, di Lauro GORGIERI, da S. Agnolo in Vado, *Peſaro*, Bartolomeo Ceſano, 1555, *in*-4. *v. f. d. ſ. t.*

2682 Il Capitano generale di Girol. GARIMBERTO, nuovamente mandato in luce, *Venetia*, Giordano Ziletti, 1556, *in*-8. *vél.*

2683 Tre diſcorſi di Meſſer Aſcanio CENTORIO, ſopra l'ufficio d'un Capitano generale di eſſercito, *Vinegia*, Gabriel Giolito de Ferrari, 1558, *in-4. vél.*

2684 Precetti della militia moderna, tanto per mare, quanto per terra, trattati da diversi nobilissimi ingegni, & raccolti con molta diligenza da Girolamo RUSCELLI, ne' quali si contiene tutta l'arte del Bombardiero, & si mostra l'ordine che ha da tenere il Maestro di Campo, quando vuole accampare il suo essercito, *Venetia*, gli heredi di Marchio Sessa, 1568, (avec figures gravées en bois) *in-4. v. f. d. s. t.*

2685 Li medesimi, *Venetia*, gli heredi di Marchio Sessa, 1583, *in-4.* (figures gravées en bois) *v. f. d. s. tr.*

2686 Instruction & devis d'un vray Chef de guerre, *ou* Général d'armée, recueilly des Mémoires de Gaspard DE SAULX, Sieur de Tavanes & Maréchal de France, par Charles DE NEUFCHAISES, Sieur des Francs, & Neveu du Sieur de Tavanes, *Paris*, Jean Hulpeau, 1574, *in-8. v. f. d. s. t.*

2687 Le Maréchal de bataille, par le moyen duquel un simple Soldat se peut rendre capable de commander une armée, contenant le maniment des armes, les évolutions, toutes sortes de bataillons, tant contre l'Infanterie que contre la Cavalerie; différens ordres de batailles, avec un discours sur les considérations que doit avoir un Souverain avant que de commencer la guerre, & un abrégé des fonctions de Généraux d'armées, de Maréchaux-de-Camp & autres principales charges d'icelles, inventé & recueilly par DE LOSTELMAN, Maréchal de bataille des camps & armées de Sa Majesté,

DROIT NATUREL ET DES GENS. 447

Paris, Eſtienne Migon, 1647, in-fol. fig. cart.

2688 Le Maréchal des logis, contenant la charge & parties requiſes à la perſonne d'un Maréchal de camp général, tant pour la Cavalerie que l'Infanterie, par David SOLEMNE, avec figures, Amſt. Janſſon, 1653, in-fol. v. m.

2689 Inſtruction militaire du Roi de Pruſſe pour ſes Généraux, trad. de l'allem. par M. FAESCH, Francfort, (Par.) 1761, in-12. fig. v. m.

2690 L'Officier partiſan & ſtratagêmes des guerres des François, ou leurs plus belles actions militaires, depuis le commencement de la Monarchie juſqu'à préſent, par DE SAINT-GENIÉS, Paris, 1763 & ſuiv. 6 vol. in-12. v. m.

2691 Eſſais ſur le vrai mérite de l'Officier, par D. R. S. Dreſde, (Par.) 1769, in-12. v. m.

2692 Détails militaires dont la connoiſſance eſt néceſſaire aux Officiers, & principalement aux Commiſſaires des guerres, par DE CHENNEVIERES, Paris, Jombert, 1750, 4 vol. in-12. v. m.

2693 Il Soldato, over della fortezza, di Gabriele ZINANO, Reggio, Hercoliano Bartholi, ſenza anno, in-8. cart.

2694 Il Soldato di Domenico MORA, Bologneſe, nel quale ſi tratta di tutto quello che ad un vero Soldato & nobil Cavalliere ſi conviene ſapere, & eſſercitare nel meſtiere dell'arme, Vinetia, Gab. Giolito di Ferrari, 1570, in-4.

De l'Art & de la Diſcipline militaire.

2695 L'arte della guerra di Nic. MACHIAVEGLI, Fiorentino, (libri VII) Venetia, 1540, (& ad calcem 1537) in-8. v. f. d. ſ. t.

448 JURISPRUDENCE.

2696 La medesima, *Vinegia*, Figliuoli di Aldo, 1540, in-8. *fig. v. f. d. f. t.*

2697 La medesima, nuovamente corretta & con somma diligenza ristampata, *Vinegia*, Gabriel Giolito de Ferrari e Fratelli, 1550, in-12. *v. f. d. f. t.*

2698 La medesima, *Vinegia*, Domenico Giglio, 1554, in-12. *v. f. d. f. tr.*

2699 La medesima, 1587, in-8. *v. f. d. f. t.*

2700 L'art de la guerre de Nicolas MACHIAVEL, trad. en franç. *Amsterd.* des Bordes, 1693, in-8. *v. m. d. f. t.*

2701 Instructions sur le fait de la guerre, extraites des Livres de Polybe, Frontin, Végece, Cornazan, Machiavel & plusieurs autres bons Auteurs, par G. DE BELLAY, *Paris*, Vascosan, 1553, in-8. *v. f.*

2702 Della disciplina militare, del Capitano Alfonso ADRIANO, libri III, *Venetia*, Lodovico Avanzo, 1566, in-4. *fig. v. f. d. f. t.*

2703 La milice françoise réduite à l'ancien ordre & discipline militaire des légions, telle & comme la souloyent observer les anciens François, à l'imitation des Romains & des Macédoniens, par LOYS DE MONTGOMERY, *Rouen*, Calles, 1603, in-8. *v. f. d. f. t.*

2704 Instructions militaires, par DE PUISÉGUR, *Paris*, Dumas, 1659, in-8. *v. m.*

2705 Extrait de la premiere partie du Traité de l'Art de la guerre du Maréchal DE PUYSÉGUR, avec des observ. par le Baron DE TRAVERSE, *Basle*, Thourneisen, 1755, 2 tom. 1 vol. in-12. *fig. v. f. d. f. t.*

2706 Pratique & maximes de la guerre, enseignant

DROIT NATUREL ET DES GENS. 449

gnant les charges des Généraux, les devoirs des Officiers, l'ordre de marcher, combattre, &c. avec l'exercice d'Infanterie, par DAIGREMONT, *Paris*, Loison, 1666, *in*-12. *v. f. d. f. t.*

2707 Mémoires du Marquis DE FEUQUIERE, contenant ses maximes sur la guerre, & l'application des exemples aux maximes, *Londres*, (Par.) 1736, *in*-4. *fig. v. f.*

2708 Réflexions militaires & politiques, trad. de l'espagnol du Marquis DE SANTACRUX, par DE VERGY, *Paris*, Guérin, 1738, 11 *vol. in*-12. *v. f.*

2709 Réflexions sur la milice & sur les moyens de rendre l'administration de cette partie uniforme & moins onéreuse, (*Par.*) 1760, *in*-8. *v. m.*

2710 Le militaire citoyen, *ou* l'emploi des hommes, par Jacques DE MALZET, *Paris*, Duchesne, 1760, *in*-8. *v. m.*

2711 Essai sur l'éducation d'un militaire, *Paris*, Lesclapart, 1769, *in*-12. *v. m.*

2712 Essais de principes d'une morale militaire & autres objets, par M. DE ZIMMERMANN, *Amst.* Merlin, 1769, *in*-12. *v. m.*

2713 Le bon Militaire, par M. DE BOUSSANELLE, *Paris*, la Combe, 1770, *in*-8. *v. m.*

2714 Essai d'une morale relative au Militaire François, par M. DE ***, *Paris*, Durand, 1771, *in*-12. *v. m.*

2715 L'esprit du Militaire, par M. D'EY, *Paris*, la Combe, 1771, *in*-8. *v. m.*

2716 Le même, *Paris*, 1772, 2 part. 1 vol. *in*-8. *v. f. d. sur t.*

2717 Le Soldat citoyen, *ou* vues patriotiques sur la manière la plus avantageuse de pourvoir à

Tome I. F f

JURISPRUDENCE.

la défense du Royaume, (Geneve) 1780, in-8. br.

2718 Lettre à M. le Comte de ***, ancien Capitaine au Régiment de ***, sur l'obéissance que les Militaires doivent aux commandemens du Prince, 1774, in-8. v. f. d. f. t.

2719 Réflexions sur la désertion & sur la peine des déserteurs, par M. DE ***, en France, 1768, in-8. v. f. d. f. t.

2720 Considérations sur la constitution de la marine militaire de France, & lettres sur ces considérations, Lond. (Par.) 1756, in-12. m. r.

Traités de Politique militaire.

2721 Discours politique de l'Etat de Rome, sans nom de Ville, 1626, in-8. v. f. d. f. t.

2722 Discours abrégé des asseurez moyens d'anéantir & ruiner la Monarchie des Princes Ottomans, par le Sieur DE BREVES, sans titre, in-4. cart.

2723 Roman Politique sur l'état présent des affaires de l'Amérique, ou lettres sur les moyens d'établir une paix solide & durable dans les Colonies, & la liberté générale du commerce extérieur, Paris, Duchesne, 1757, in-12. v. m.

2724 Mémoire pour les Ministres d'Angleterre, contre l'Amiral Byng & contre l'Auteur du Peuple instruit, ouvrage traduit de l'anglois, (Paris) 1757, in-12. v. m.

2725 Le Politique Indien, ou considérations sur les Colonies des Indes orientales, Paris, la Combe, 1768, in-8. v. m.

2726 Essais politiques sur l'état actuel de quelques Puissances, par M. R. C. B. Londres, (Geneve) 1777, in-8. v. m.

2727 Essai particulier de politique, dans lequel on

DROIT NATUREL ET DES GENS. 451
propose un partage de la Turquie Européenne, par M. C***, (CARA) *Constantinople*, (*Par.*) 1777, *in*-8. *v. m.*

Des Actes des Souverains & de ceux de leurs Ministres.

2728 De sigillorum prisco & novo jure tractatus practicus, auctore Theodoro HOPINGK, Susatensi Westphalo, *Noribergæ*, Wolfgangus Enderus, 1642, *in*-4. *v. b.*

Des différens Systêmes de Gouvernemens; De la Monarchie.

2729 Traité d'Estat, contenant les poincts principaux pour la conservation des Monarchies, par DE JUVIGNY, *Paris*, 1719, *in*-8. *v. m.*

2730 L'Idea della Monarchia di Tomaso TOMASI, *Roma*, l'Herede di Manelfo Manelfi, 1653, *in*-4. *v. f.*

2731 Antonii LEGRAND, Scydromedia seu Sermo, quem Alphonsus DE LA VIDA habuit coram comite de Falmouth, de Monarchia, libri ij, (*sine urbis indicatione*), Johannes Ziegerus, 1680, *in*-8. *v. éc.*

2732 Essai philosophique sur le Gouvernement civil, où l'on traite de la nécessité, de l'origine, des droits, des bornes, & des différentes formes de la souveraineté, par DE RAMSAY, *Londres*, (*Paris*) 1721, *in*-12. *v. f.*

2733 L'utilité du pouvoir monarchique, contenant l'histoire de PHALARIS, avec ses lettres sur le Gouvernement, & les conseils d'Iso-

F f ij

CRATE, ou le modele des Miniſtres, par M. C. DE S. M., *Paris*, 1726, *in-*12. *v. f. d. ſ. t.*

2734 Les maximes du Gouvernement monarchique, pour ſervir de ſuite aux Elémens de la Politique, par le même Auteur, *Londres*, 1778, 4 *vol. in-*8. *v. f. d. ſ. t.*

De l'Ariſtocratie, & de la Démocratie.

2735 XENOPHON, de la République des Lacédémoniens & Athéniens, traduict de grec en françois par C. P. (Claude PINART, Seigneur de Cramaille,) *Paris*, Frédéric Morel, 1579, *in-*4. *cart.*

2736 Carthago, ſive Carthaginenſium Reſpublica, quam ex totius ferè antiquitatis ruderibus primus inſtaurare conatur Chriſtophorus HENDREICK, *Francoſurti ad Oderum*, And. Becmanus, 1664, *in-*8. *v. f. d. ſ. t.*

2737 Dialogo di Leon Battiſta ALBERTI, Fiorentino, de Republica, de vita civile, de vita ruſticana, de fortuna, *Vinegia*, Venturino Raſinello, 1543, *in-*8. *v. f. d. ſ. t.*

2738 Del Governo de i Regni & delle Republiche coſi antiche, come moderne, libri XVIII, ne quali ſi contingono, i Magiſtrati, gli Offici, & gli ordini proprii che s'oſſervano ne predetto principati, di Franceſco SANSOVINO, *Venetia*, Franc. Sanſovino, 1561, *in-*4. *vel.*

2739 Il medeſimo, *Venetia*, Seſſa, 1567, *in-*4. *v. f.*

2740 Miroir politique, contenant diverſes manieres de gouverner & policer les Républiques qui ſont & ont eſté par cy-devant, par Guillaume DE LA PERRIERE, *Paris*, Norment, 1567, *in-*8. *v. m.*

DROIT NATUREL ET DES GENS.

2741 Trattati overo discorsi, di Bartholomeo CAVALCANTI, sopra gli ottimi reggimenti delle Republiche antiche & moderne, con un discorso di M. Sebastiano ERIZO, Gentilhuomo Vinitiano, de governi civili, ne quali con molta dottrina si mostra quanto siano utili i governi publici, & quanto necessarii privati & particolari per conservation del genere humano, dichiarandosi tutte le qualità de gli Stati, *Venetia*, Jacopo Sansovino il giovane, 1571, *in-4. vel.*

2742 Breve institutione del l'ottima Republica, di Jason DE NORES, raccolta in gran parte da tutta la philosophia humana di Aristotile, quasi come una certa introduttione dell'ethica, politica & economica, introduttione del medesimo, ridotta poi in alcune tavole sopra i tre libri della Rhetorica d'Aristotile, *Venetia*, P. Megietti, 1578, *in-4. vel.*

2743 Des intérêts & des devoirs d'un Républicain, trad. de l'italien par M. B., *Iverdon*, 1770, *in-8. v. f.*

2744 De l'état & du sort des Colonies des anciens Peuples, ouvrage dans lequel on traite du gouvernement des anciennes Républiques, de leur droit public, &c. avec des observations sur les Colonies des Nations modernes, & la conduite des Anglois en Amérique, *Philadelphie*, (Geneve) 1779, *in-8. broché.*

2745 Le Frée-Holder, *ou* l'Anglois jaloux de sa liberté, trad. de l'anglois, *Amst.* Uytwerf, 1727, *in-12. baz.*

JURISPRUDENCE.

Systêmes irréguliers ou vicieux.

2746 L'Utopie de Thomas MORUS, traduite par Samuel SORBIERE, *Amsterdam*, Blaeu, 1643, *in*-12. *v. m.*

2747 Tableau du meilleur Gouvernement possible, *ou* l'Utopie de Thomas MORUS, trad. nouvelle, par M. T. ROUSSEAU, *Paris*, Louis Cellot, 1780, *in*-12. *v. m.*

2748 La Republica nuovamente ritrovata, del governo dell'iso, la Eutopia, nella qual si vede nuovi modi di governare stati, reggier popoli, dar leggi à i senatori con molta profondità di sapienza, opera di Thomaso MoRO, Cittadino di Londra, *Vinegia*, 1548, *in*-8. *v. m.*

2749 De la différence du Roi & du Tyran, *Paris*, Rollin Thierry, 1589, *in*-8. *v. f. d. s. t.*

2750 Nicolai KLIMII, iter subterraneum novam telluris theoriam ac historiam quintæ monarchiæ adhuc nobis incognitæ exhibens, *Hafniæ*, Jac. Preussius, 1741, *in*-8. *v. br.*

2751 Idem, editio secunda auctior & emendatior, (cum fig.) *Hafniæ*, Christianus Gottlob Mengelius, 1745, *in*-8. *v. m.*

2752 Voyage de Nicolas KLIMIUS dans le monde souterrain, trad. du latin par DE MAUVILLON, *Copenhague*, Frider. Chrét. Pelt, 1753, *in*-12. *v. m.*

2753 La Tyrannie heureuse, *ou* Cromwel politique, avec ses artifices & intrigues dans tout le cours de sa conduite, par DE GALARDI, *Leyde*, Pauwels, 1671. = Le Cardinal Ma-

DROIT NATUREL ET DES GENS. 455.
zarin joué par un Flamand, *ou* Relation de ce qui se passa à Ostende le 14 Mai 1658, *Cologne*, Marteau, 1671. = La disgrace du Comte d'Olivarez, trad. de l'ital. *in-*12. *m. r.*

Traités sur la science du Gouvernement.

2754 Dell' Introduzzione alla politica, alla ragion di Stato, & alla pratica del buon governo, libri diece, di Pietro-Andrea CANONHIERO, *Anversa*, Joachimo Trognesio, 1614, *in-*4. *vel.*

2755 Science du Gouvernement, par Gaspard DE REAL, *Aix-la-Chapelle*, (*Par.*) 8 *vol. in-*4. *v. m.*

2756 Dictionnaire universel des Sciences morale, économique, politique & diplomatique, *ou* Bibliotheque de l'Homme d'Etat & du Citoyen, (mis en ordre & publié par M. ROBINET,) *Londres*, (Neufchâtel) 1777 — 1779, 11 *vol. in-*4. *v. m.*

N. B. Le tome XI finit à l'article *Christophe.*

2757 Le Politicque compillé, par Charles DE S. GELAIS, *Paris*, le Fevre, 1523, *in-*8. goth. *v. m.*

2758 Della perfettione della vita politica, di P. PARUTA, nobile Vinetiano, libri tre, *Venetia*, Domenico Nicolini, 1579, *in-fol. vel.*

2759 Li medesimi libri della perfettione della vita politica, à quali vi sono state aggiunte le postille ne' margini, & ampliati gli indici, *Venetia*, Domenico Nicolini, 1599, *in-*4. *v. m.*

2760 Les Politiques, *ou* Doctrine civile de Juste LIPSIUS, où est principalement discouru de ce qui appartient à la Principauté, troisieme édit.

F f iv

Paris, Claude de Montr'œil, 1597, *in-*12. *v. f. d. f. tr.*

2761 Dodici libri del governo di Stato, del Cavalier Ciro SPONTONE, *Verona*, Gio. Battista Pigozzo, 1600, *in-*4. *vel.*

2762 Essays politiques & moraux de François BACON, mis en françois par Jean BAUDOIN, *Paris*, Julliot, 1619, *in-*12. *v. m.*

2763 Les mêmes, sous le titre d'Œuvres morales & politiques, *Paris*, Rocolet, 1626, *in-*8. *v. f. d. f. t.*

2764 Elémens de la politique, selon les principes de la nature, par P. FORTIN de la Hoguette, *Paris*, Vitré, 1663, *in-*8. *mar. r.*

2765 Le visioni politiche sopra gli interessi più reconditi di tutti prencipi, e republiche della christianità, divise in varii sogni; e ragionamenti tra Pasquino e il Gobbo di Rialto, *Germania*, (Amst.) 1671, *in-*12. *v. b.*

2766 Politique tirée des propres paroles de l'Ecriture Sainte, ouvrage posthume de Jacques-Bénigne BOSSUET, publié par l'Abbé BOSSUET, *Paris*, P. Cot, 1709, *in-*4. *v. f.*

2767 Joann. Nicolai HERTII, JCti, Elementa Prudentiæ civilis ad fundamenta solidioris doctrinæ jacienda, *Francofurti ad Mœnum*, Fud. Knochius, 1712, *in-*8. *v. f. d. f. t.*

2768 Discours sur le Gouvernement, par Algernon SIDNEY, trad. de l'anglois par P. A. SAMSON, *la Haye*, (Trévoux) 1755, 4 vol. *in-*12. *mar. r.*

2769 Principes de tout Gouvernement; *ou* Examen des causes de la splendeur & de la foiblesse de tout Etat considéré en lui-même, & indé-

DROIT NATUREL ET DES GENS. 457

pendamment des mœurs, *Paris*, Hériffant, 1766, 2 vol. in-12. v. m.

2770 Annales politiques de Charles-Irenée Cas-
TEL, Abbé de Saint-Pierre, *Londres*, (*Par.*) 1758, 2 vol. in-12. v. m. d. f. t.

2771 Les mêmes, nouvelle édition, corrigée & augmentée, *Geneve*, 1767, 2 vol. in-12. v. m.

2772 Nouveau plan de Gouvernement, par le même, *Rotterdam*, (*Par.*) 1762, in-12. v. m.

2773 Inftitutions politiques, par M. le Baron DE BIELFELD, *la Haye*, Goffe, 1760 & 1772, 3 vol. in-4. v. m.

2774 Des véritables intérêts de la Patrie, *Rotterd.* (*Par.*) 1764, in-12. v. m.

2775 L'intérêt public, extrait de l'ouvrage des Intérêts des Nations de l'Europe développés, &c. *Paris*, 1767, in-12. v. m.

2776 Phyfiocratie, ou Conftitution naturelle du Gouvernement le plus avantageux au genre humain, recueil publié par DUPONT, avec les difcuffions & développemens fur quelques-unes des notions de l'économie politique, pour fervir de fuite, *Paris*, 1768, 2 vol. in-8. baf.

2777 Effai d'une defcription générale des peuples policés & non policés, confidérés fous le point de vue phyfique & moral, traduit de l'allemand de STEELES, *Amfterd.*, (*Par.*) 1769, in-12. v. f.

2778 Difcours fur les vrais principes du Gouvernement, *Londres*, 1773, 2 tomes 1 vol. in-8. m. r.

2779 Recherche des vrais principes de l'économie fociale, *Londres*, 1773, 6 vol. in-8. v. f. d. f. t.

2780 De l'Efprit du Gouvernement économique,

par M. Boesnier de l'Orme, *Paris*, Debure freres, 1775, *in-8. v. f.*

2781 Arithmétique politique, & Traité sur l'utilité des grandes fermes & des riches fermiers, & l'état présent de l'agriculture des Isles Britanniques, par M. Young, trad. de l'anglois par M. Freville, *la Haye*, P. Fréd. Gosse, 1775, *2 vol. in-8. v. m.*

2782 Ouvrages polit. & phil. d'un Anonyme, *Lond.* Soc. Typographique, 1776, *in-8. v. f. d. s. t.*

Il y a dans ce Volume trois traités: I. l'ordre essentiel & politique des Puissances; II. Code des Nations; III. Essai politique sur le commerce.

Commentaires politiques sur Tite-Live, Tacite, &c.

2783 Discorsi di Niccolo Machiavelli, Fiorentino, sopra la prima deca di Tito-Livio, *Firenze*, Bernardo di Giunta, 1531. == Il Principe; la vita di Castruccio Castracani da Luca; il modo che tenne il Duca Valentino, per Ammazare Vitellozo, Oliverotto da fermo, il S. Pagolo, & il Duca di Gravina; i ritratti delle cose della Francia, & della Alamagna, per il medesimo, *Firenze*, Bernardo di Giunta, 1532, *in-4. v. f. d. s. t.*

2784 Discorsi del medesimo, sopra la prima deca di Tito-Livio, *Vinegia*, Giovan-Antonio de Nicolini da Sabio, 1537, *in-8. vel.*

2785 I medesimi, divisi in tre libri, novamente ristampati, *Vinegia*, Giovann-Antonio de Nicolini da Sabio, 1540, *in-8. v. f. d. s. t.*

2786 I medesimi, nuovamente corretti, & con somma diligenza ristampati, libri III, *Vinegia*,

DROIT NATUREL ET DES GENS. 459

Figliuoli di Aldo, 1546, *in-8. v. f. d. f. t.*

2787 I medesimi Discorsi, con le istesse parole di Tito-Livio, à luoghi loro ridotte nella volgar lingua, (libri III), nuovamente corretti, & con somma diligenza ristampati, *Vinegia,* Gabriel Giolito de Ferrari e fratelli, 1550, *in-12. v. f. d. f. t.*

2788 I medesimi, novellamente emendati, & con somma cura ristampati, *Palermo,* gli heredi d'Antoniello de gli Antonielli, 1584, *in-8. v. f. d. f. t.*

2789 Discours de l'état de paix & de guerre, de Nicolas MACHIAVEL, sur la premiere décade de Tite-Live & le Prince, trad. d'it. en franç. *Paris,* 1637, *in-4. v. f.*

2790 Discours polit. de MACHIAVEL sur la premiere décade de Tite-Live, trad. nouv., *Amst.* des Bordes, 1691, *in-12. v. m. d. f. t.*

2791 Discorsi sopra Tito-Livio, di Ant. CICCARELLI da Foligno, *Roma,* Bastiano Franceschi, 1598, *in-4. v. f. d. f. t.*

2792 Discorsi di Filippo CAURIANA, sopra i primi cinque libri di Cornelio Tacito, *Fiorenza,* Filippo Giunti, 1597, *in-4. v. f. d. f. t.*

2793 Institutiones Aulicæ, ex C. Tacito cum primis, sed & aliis Historicis, ab authore incerto privatim traditæ, & jam ab Eusebio MEISNERO, publico donatæ, *Amst.* Elzevir, 1642, *in-32. m. r.*

2794 Les Maximes politiques de Tacite, par PUGET DE LA SERRE, *Paris,* Langlois, 1662, *in-fol. gr. pap. cart.*

2795 Commentarii di Trajano BOCCALINI, Romano, sopra Cornelio Tacito, come sono stati

JURISPRUDENCE.

lasciati dall' autore, *Cosmopoli*, Giovanni-Battista de la Piazza, 1677, *in-4. v. m.*

2796 La Bilancia politica di tutte le opere di Trajano BOCCALINI, cioè osservazioni politiche sopra Cornelio Tacito, con avvertimenti di Ludovico DUMAY, e lettere politiche & historiche del medesimo auttore, ricovrate, ristabilite, e raccomodate da Greg. LETI, *Castellana*, Giovanni-Hermano Widerhold, 1678, 3 part. 1 vol. *in-4. v. m.*

2797 Tibere, Discours politiques sur Tacite, par AMELOT de la Houssaye, *Paris*, Léonard, 1684, *in-4. v. f.*

2798 Traité de la pol. privée, tirée de Tacite & de divers Auteurs, *Amst.* Rey, 1768, *in-8. bas.*

2799 L'Heroe overo Scipione Africano il Maggiore, di Gaudentio BRUNOCCI, (libri XII), *Venetia*, Gio-Pietro Brigonci, 1668, *in-12. v. f.*

Observations, Discours, Dissertations politiq. &c.

2800 Le premier Livre des Considérations politiques de Roland PIETRE, *Paris*, Rob. Etienne, 1566, *in-8. v. m.*

2801 Considérations polit. sur les coups d'Etat, par G. NAUDÉ, *Amsterd.* 1667, *in-12. v. f. d. s. t.*

2802 Les mêmes, *Amst.* 1679, *in-12. v. m.*

2803 Considérations politiques sur les intérêts ou les prétensions que la France a sur divers estats, & sur les moyens par lesquels ils pourroient se mettre à couvert des insultes dont ils sont menacés de cète part, (en allemand & en françois,) Gerdrucht, 1683, *in-4. cart.*

2804 Réflexions politiques de Baltasar GRACIAN, sur les plus grands Princes, & particuliérement

DROIT NATUREL ET DES GENS. 461

sur Ferdinand-le-Catholique, trad. de l'esp. avec des notes historiques & critiques, Paris, Alix, 1730, in-12. v. b.

2805 Considérations sur les causes physiques & morales de la diversité du génie, des mœurs & du gouvernement des Nations, tirées en partie d'un ouvrage anonyme, (l'Esprit des Nations) par L. CASTILHON, Bouillon, 1769, in-8. v. m.

2806 Sei Discorsi sopra diverse materie civili, di M. Antonio SCAINO, Roma, nelle case del Popolo Romano, 1578, in-4. v. f. d. s. t.

2807 Discours polit. & militaires du sieur DE LA NOUE, Basle, Forest, 1587, in-8. v. f.

2808 Les divers discours de Laurent CAPELLONI, sur plusieurs exemples & accidens meslez, suivis & advenuz, trad. par LARIVEY, Troyes, le Noble, 1595, in-12. m. r.

2809 Les mêmes, sous le titre de libres & divers Disc. d'Etat, Orléans, Foucault, 1622, in-12. m. r.

2810 Discorsi politici di P. PARUTA, Nobile Vinetiano, nei quali si considerano diversi fatti illustri, e memorabili di principi, e di republiche antiche e moderne, divisi in due libri, aggiontovi nel fine un suo soliloquio, nel quale l'auttore fa un breve essame di tutto il corso della sua vita, Venetia, Dom. Nicolini, 1599, in-4. vel.

2811 Discours politiques de David HUME, trad. de l'angl. Par. Lambert, 1754, 2 v. in-12. m. r.

2812 Le Mercure d'Estat, ou Recueil de divers discours d'Estat, Geneve, Aubert, 1634, in-8. v. f. d. s. t.

2813 Dissertation sur la tolérance des lieux publics à Dijon, jusqu'en l'année 1554, par l'Abbé GAUDRILLET, mss. in-4. pap.

JURISPRUDENCE.

Maximes & Conseils politiques.

2814 Avvertimenti morali del Mutio Justinopolitano, ne quali contengono molte cose appartenenti al viver non men christiano che civile, *Venetia*, Gio. Andrea Valvassori detto Guadagnino, 1572, *in-4. vél.*

2815 Considerationi civili sopra l'historie di Francesco Guicciardini, e d'altri historici trattate per modo di discorso da Remigio, Fiorentino, doue si contengono pretti e regole per principi, per rep., per capitani, per ambasciatori, e per ministri di principi, e s'hanno molti avvedimenti del viver civile, con l'essempio de' maggior principi e rep. di christianita, con alcune lettere familiari del l'istesso sopra varie materie scritte à diversi gentil'huomini, e cxlv advertimenti di M. Francesco Guicciardini, nuovamente posti in luce, *Venetia*, Damiano Zenaro, 1582, *in-4. vel.*

2816 Li medesimi, *Venetia*, Damiano Zenaro, 1603, *in-4. v. m.*

2817 Propositioni, overo considerationi in materia di cose di Stato, sotto titolo di *Avvertimenti, Avvedimenti civili, & concetti politici*, di Francesco Guicciardini, Gio. Franc. Lottini, Francesco Sansovini, di nuovo posti insieme ampliati & corretti, *Vinegia*, Alto bello Salicato, 1598, *in-4. vel.*

2818 Le medesime, *Vinegia*, Alto bello Salicato, 1608, *in-4. v. f.*

2819 Radunanza di Sentenze politiche raccolte da varii auttori, cosi greci come latini, e tradotte in lingua volgare dal Conte Francesco TOMASEVICH, *Milano*, Federico-Francesco Maietta, *in-4. vel.*

2820 Selva di varie sentenze e documenti, per quelli che fanno professione di servire in corte, raccolti da molti famosi & eccellenti Scrittori antichi e moderni per Vincenzo MAGNINI, Fiorentino, né quali, oltre la cognizione che si ha delle cose di corte, s'impara il modo co'l quale l'huomo possa saviamente reggersi nel tempo dell'una e dell'altra fortuna, *Firenze*, Pi. Nesti e Comp. 1629, *in-12. v. f.*

2821 Il Criticon, overo regole della vita politica morale di Don Lorenzo GRACIAN, tradotte dallo spagnuolo in italiano da Gio-Pietro CATTANEO, *Venetia*, Nic. Pezzana, 1685, *in-4. vel.*

2822 Avis au Peuple sur son premier besoin, par M. l'Abbé BAUDEAU, *Paris*, Hochereau, 1768, 3 part. 1 vol. *in-12. v. m.*

2823 Avis aux honnêtes gens qui veulent bien faire, par le même, *Paris*, Desaint, 1768, *in-12. v. m.*

2824 Réflexions sur les avantages de la liberté d'écrire & d'imprimer sur les matieres de l'Administration, *Paris*, les Freres Estienne, 1776, *in-8. cart.*

Vues, Projets, Entretiens, Mémoires, Apologies.

2825 Vues d'un Citoyen, par DE CHAMOUSSET, *Paris*, Mich. Lambert, 1757, 2 tom. 1 vol. *in-12. mar. r.*

2826 Vues d'un Patriote, *Avignon*, (*Paris*) 1761, *in-12. v. m.*

2827 Vues d'un Politique du XVIe siecle, sur la

JURISPRUDENCE.

législation de son tems, également propres à reformer celle de nos jours, *ou* choix des arrêts qui composent le recueil de Raoul Spifame, connu sous le titre de *Dicæarchiæ Henrici Regis christianissimi progymnasmata*, avec des observations par M. AUFFRAY, *Paris*, Claude-Jacques-Charles Durand, 1775, *in*-8. *v. m.*

2828 Les vues simples d'un bon-homme, sur l'administration des bleds, la liberté de la presse, l'abus des petites loges aux spectacles, *Paris*, J. Fr. Bastien, 1776, *in*-8. *v. m.*

2829 Le Reformateur, *Amsterd.* (*Par.*) 1756, 2 *vol. in*-12. *v. m.*

2830 Etrennes aux morts & aux vivans, *ou* projet sur la suppression des cimetieres de Paris, (*Par.*) 1768, *in*-12. *v. f.*

2831 Idées singulieres, par M. N. E. RÉTIF de la Bretonne, contenant le Pornographe, *ou* projet de reglement pour les prostituées, propre à prévenir le malheur qu'occasionne le publicisme des femmes; la Mimographe, *ou* idées pour la réformation du théâtre national; les Gynographes, *Londres*, (*Par.*) 1770 & *suiv.* 4 *vol. in*-8. *v. m.*

2832 Les Gynographes, *ou* idées de deux honnêtes femmes sur un projet de reglement pour mettre les femmes à leur place, & opérer le bonheur des deux sexes, avec des notes hist. & justificatives, suivies des noms des femmes célebres, par N. E. RÉTIF de la Bretonne, *Paris*, Humblot, 1777, 2 part. *in*-8. *br.*

2833 Les rêves d'un homme de bien, qui peuvent être réalisés, *ou* les vues utiles & pratiquables de M. l'Abbé de Saint-Pierre, choisies dans

DROIT NATUREL ET DES GENS.

dans ce grand nombre de projets finguliers, dont le bien public étoit le principe, *Paris*, veuve Duchefne, 1775, *in*-12. *v. f. d. f. t.*

2834 Entretiens de Périclès & de Sully aux Champs-Elifées, fur leur adminiftration, *ou* balance entre les avantages du luxe & ceux de l'économie, *Paris*, Coftard, 1776, *in*-8. *v. m.*

2835

2836 Mémoires politiques fur l'origine des Guerres de l'Europe, par DE VAUCIENNES, *Paris*, (*Amft.*) 1696, 2 tom. 1 *vol. in*-12. *v. f.*

2837 Mémoire préfenté au Roi fur la néceffité d'un reglement général au fujet des enterremens & embaumemens, par Jacques-Jean BRUHIER, Docteur en médecine, feconde édition revue, corrigée & augmentée, *Paris*, de Bure l'aîné, 1749, *in*-12. *v. m.*

2838 Le Publicole François, *ou* mémoires fur les moyens d'augmenter la richeffe du Prince, par l'aifance des peuples, *Paris*, Morin, 1776, *in*-12. *v. m.*

Aphorifmes & Teftamens politiques.

2839 Maffime, regole & precetti di ftato, & di guerra, cavati dai libri degli annali, & dell'iftorie, & dalla vita di Giulio Agricola di Cornelio

Tome I. Gg

Tacito, dai panegirici di Plinio secondo à Trajano Imperatore, di Latino Pacato à Theodosio, Imperatore, & d'altri Autori ad altri Prencipi, per Fabio FREZZA, *Venetia*, Evangelista Deuchino, 1614, *in-8. cart.*

2840 Oraculo manual, y arte de prudencia, sacada delos aforismos que se discurren en las obras de Lorenço GRACIAN, publicala por D. Vicencio Juan DE LASTANOSA, *Amster.* Juan Blaeu, 1659, *in-12. v. f. d. f. tr.*

2841 Recherches politiques très-curieuses, tirées de toutes les histoires, tant anciennes que modernes, *Amsterd.* Casparus Commelin, 1669, *in-12. v. m.*

2842 Massime esempj e trattati pubblici in Tucidide, *Firenze*, Stamperia Imperiale, 1756, *in-8. v. m.*

2843 Testament politique d'Armand DU PLESSIS, Cardinal, Duc DE RICHELIEU, *Amsterd.* Henry des Bordes, 1689, *in-12. v. f. d. f. t.*

2844 Le même, *sous le titre de* Maximes d'Etat, publié par Voltaire, *Paris*, le Breton, 1764, 2 vol. *in-8. v. m.*

On trouve à la fin du second Volume :

Lettre sur le Testament politique du Cardinal de Richelieu. === Extrait de l'histoire du Cardinal de Richelieu. === Epitaphium Cardinalis Armandi de Richelieu. === Lettre de M. ***, aux Auteurs des Mémoires pour l'histoire des sciences & beaux-arts, touchant les nouveaux écrits sur le véritable Auteur du Testament politique du Cardinal de Richelieu. === Doutes nouveaux sur le Testament attribué au Cardinal de Richelieu.

2845 Lettre sur le Testament politique du Car-

DROIT NATUREL ET DES GENS.

dinal de Richelieu, (par M. DE FONCEMAGNE) 1750, in-12. v. f. d. s. t.

2846 L'Alcoran de Louis XIV, *ou* le Teſtament politique du Cardinal Jules MAZARIN, (*ſans frontiſpice*) in-12. v. br.

2847 Teſtament politique de CHARLES, Duc de Lorraine & de Bar, dépoſé entre les mains de l'Empereur Léopold à Preſbourg, le 29 Novembre 1687, en faveur du Roi d'Hongrie & ſes Succeſſeurs arrivans à l'Empire, & le véritable portrait de Guillaume-Henry de Naſſau, *Leipſic*, George Weitman, 1696, in-12. v. f.

2848 Teſtament politique de J. B. COLBERT, où l'on voit ce qui s'eſt paſſé ſous le regne de Louis-le-Grand juſqu'en 1684, (par Sandras DE COURTILZ) *la Haye*, Henry van Bulderen, 1693, in-12. v. f. d. s. t.

2849 Teſtament politique du Marquis de Louvois, premier Miniſtre ſous le regne de Louis XIV, où l'on voit ce qui s'eſt paſſé de plus remarquable en France juſqu'à ſa mort, (par Sandras DE COURTILZ) *Bruxelles*, van Bruningue, 1695, in-12. v. f.

2850 Teſtament politique de Milord BOLINGBROKE, écrit par lui-même, ou conſidération ſur l'état préſent de la Grande-Bretagne, principalement par rapport aux taxes & aux dettes nationales, leurs cauſes & leurs conſéquences, traduit de l'anglois, *Londres*, (Par.) 1754, in-8. mar. r.

2851 Teſtament politique & moral du Prince RAKOCZI, *la Haye*, Scheurleer, 1751, 2 vol. in-12. v. m.

2852 Teſtament politique du Cardinal Jules

JURISPRUDENCE.

ALBERONI, (par MAUBERT) *Lausanne*, Marc-Mich. Bousquet, 1753, *in*-12. *v. m.*

2853 Testament politique de Louis MANDRIN, *Geneve*, 1756, *in*-12. *v. m.*

2854 Testament politique de l'Amiral BYNG, trad. de l'anglois, *Portsmouth*, (*Paris*) 1759, *in*-12. *v. m.*

2855 Testament politique du Maréchal-Duc DE BELLE-ISLE, *Amst.* (*Par.*) 1761, *in*-12. *v. m.*

2856 Le Codicille & l'esprit ou commentaire des maximes politiques du même, avec des notes apologétiques, historiques & critiques, le tout publié par M. D. C***, *la Haye*, veuve van Duren, 1762, *in*-12. *v. m.*

2857 Testament politique du Chevalier WAL-POOLE, *Paris*, H. C. de Hansy, 1767, 2 *vol. in*-12. *v. m.*

2858 Testament politique de M. DE SILHOUETE, 1772, *in*-12. *br.*

2859 Testament, *ou* conseils fidels d'un bon pere à ses enfans, par P. FORTIN, *Paris*, le Petit, 1656, *in*-12. *mar. r. l. r.*

2860 Testament paternel, *ou* avis d'un pere à ses enfans, par M. PALLAS, *Toul*, Nicolas Néez, 1778, 2 *vol. in*-12. *v. m.*

Emblêmes politiques.

2861 Il principe di Giulio Cesare CAPACCIO, tratto da gli emblemi dell' Alciato, con ducento e più avvertimenti politici e morali, *Venetia*, Barezzo Barezzi, 1620, *in*-4. *v. m.*

2862 La chiave del Gabinetto del Gios. Franc. BORRI; relazione della vita del medesimo,

DROIT NATUREL ET DES GENS. 469

istruzioni politiche del medesimo, *Colonia, Martello*, 1681, *in*-12. *v. f. d. ſ. t.*

2863 Fantasie capricciose trasportate in sensi politici e morali, di Ramigdio GLATESECHA Accademico de' fantastici della veneranda assemblea della verita, *Lipsia*, 1710, *in*-4. *mar. r. antiqué, fermoirs d'argent.*

2864 Peristromata Turcica, sive dissertatio emblematica, præsentem Europæ statum ingeniosis coloribus repræsentans, *Lutetiæ - Parisiorum*, Toussaint du Bray, (cum emblematibus rubro & nigro colore impressis.) == Germania deplorata, sive relatio quâ pragmatica momenta belli pacisque expenduntur. == Aulæa Romana contra *Peristromata Turcica* expansa, sive dissertatio emblematica concordiæ christianæ omen repræsentans, (cum sex figuris æneis.) == Gallia deplorata, sive relatio de luctuoso bello quod Rex christianissimus contra vicinos populos molitur, *in*-4. *v. f. d. ſ. t.*

2865 Fables de PILPAY, Philosophe Indien, *ou la conduite des Rois, Paris*, Barbin, 1698, *in*-12. *v. f.*

2866 Les contes & fables indiennes de BIDPAÏ & de LOKMAN, trad. par GALLAND, *Paris*, Ribou, 1724, 2 vol. *in*-12. *v. f. d. ſ. t.*

2867 Les mêmes, trad. d'ALI TCHELEBI-BEN-SALEH, Auteur turc, Ouvrage commencé par GALLAND, continué & fini par M. CARDONNE, *Paris*, Nyon l'aîné, 1778, 3 vol. *in*-12. *v. f. d. ſ. tr.*

2868 Gulistan, *ou l'empire des roses*, par SADI, Prince des Poëtes turcs & persans, trad. en franç. par André DU RYER, Sieur de Malezair,

G g iij

470 JURISPRUDENCE.

Paris, Ant. de Sommaville, 1634, in-8. v. f.

2869 Le même Gulistan, trad. par M. ***, Paris, Compagnie, 1704, in-12. mar. r.

2870 Dendrologie, ou la forest de Dodone, par Jacques HOWEL, Paris, Courbé, 1641, in-4. v. m.

2871 Favole heroiche contenenti le vere massime della politica & della morale, per M. AUDIN, Priore de Termes & de la Fage, trasportate dal francese da Nicolo SALENGIO, Bologna, Gio. Recaldini, 1681, 2 part. 1 vol. in-12. v. m.

Satyres politiques.

2872 De Ragguagli di Parnaso da Trajano BOCCALINI, Romano, centurie duo, con l'aggiunta in questa quarta impressione da molti errori diligentemente espurgata, Venetia, Giovanni Guerigli, 1624, 2 vol. in-4. v. f. d. f. t.

2873 Pietra del Paragone politico, tratta dal Monte Parnaso, dove si toccano i governi delle maggiori monarchie del l'universo, del medesimo, con una nuova aggiunta dell'istesso, Cosmopoli, Giorgio Teler, 1640, in-24. v. m.

2874 La medesima, Cosmopoli, Cornelio Last, 1664, in-32. v. f.

2875 La medesima, Cosmopoli, Zorzi Teler, 1615, in-4. vél.

2876 Pierre de touche politique, tirée du Mont de Parnasse, où il est traité du gouvernement des principales Monarchies du monde, trad. de l'italien de Trajano BOCCALINI, Paris, Villery, 1626, in-8. v. m.

2877 Bizzarrie politiche, over raccolta delle più notabili prattiche di Stato, nella christianità,

DROIT NATUREL ET DES GENS. 471

messa alla luce, da Lorenzo DI BANCO, Goto, *Franechera*, Giovanni d'Arcerio, 1658, *in-12. v. f. d. f. tr.*

2878 Breviarium politicorum, secundùm Rubricas Mazarinicas, *Vesaliæ*, Jacobi à Wesel, 1700, *in-12. v. f. d. f. t.*

Traités particuliers pour les Souverains.

2879 Livre du gouvernement des Rois & des Princes, appellé le secret des secrets, trad. d'ARISTOTE, *sans nom de Ville, ni date, in-4. goth. v. m.*

2880 Le mirouer exemplaire, selon la compilation de GILLES de Rome, du régime & gouvernement des Rois, & avec est compris le secret d'ARISTOTE, appellé le secret des secrets, & les noms des Rois de France, & combien de tems ils ont regné, *Paris*, Guill. Eustace, 1517, *in-4. v. f.*

2881 Il segreto de segreti, la moralita, & la phisionomia d'ARISTOTILE, dove si trattano li mirabili ammaestramenti ch'egli scrisse al Magno Alessandro, si per il reggimento de l'imperio, come per la conservatione de la sanita, & per conoscere le persone à che siano inclinate, fatti nuovamente volgari, per Giovanni MAMENTE, *Vinegia*, Zuan Tacuino da Trino, 1538, *in-4. baz.* (*v. f. d. f. t.*)

2882 Trattato dei Governi di ARISTOTILE, tradotto di greco in lingua vulgare fiorentina, da Bernardo SEGNI, Gentil'huomo & Accademico Fiorentino, *Firenze*, Lorenzo Torrentino, 1549, *in-4. v. f. d. f. t.*

G g iv

JURISPRUDENCE.

2883 Il medesimo, *Vinegia*, Bartholomeo detto l'Imperador, 1551, in-8. *v. f. d. f. t.*

2884 Manuel royal, *ou opuscules de la doctrine & condition du Prince*, tant en profe que rhytme franç.; commentaire de PLUTARQUE, de la doctrine du Prince, tranfl. en franç.; les octante préceptes d'ISOCRATES, du régime & gouvernement du Prince & de la République, auffi tournés en franç. par J. BRECHE, *Tours*, Chercelé, 1544, *in-4. goth. pap.*

2885 Inftitution du jeune Prince, envoyée par ISOCRATES à Nicoclès, fur l'adminiftration d'une Monarchie ou Royaume, mife en franç. par LESLEU MACAUT, *Lyon*, de Tournes, 1547, *in-16. mar. r.*

2886 Hieron, *ou portrait de la condition des Rois*, par XENOPHON, en grec, & trad. par Pierre COSTE, *Amft.* Schelte, 1711, *in-12. v. m.*

2887 Dialogo di XENOFONTE, intitolato Hierone, tradotto in lingua tofcana, *Roma*, 1540, *in-4. cart.*

2888 Conftantini Imper. PORPHYROGENITI, de adminiftrando Imperio, ad Romanum F. liber, Joan. MEURSIUS primus vulgavit græcè, latinam interpretationem, ac notas adjecit, *Lugd. Batav.* Jo. Balduinus, 1611, *in-8. v. m.*

2889 Aureo libro di Marco AURELIO, Imperatore, con l'horologio de' Prencipi, compofto per Don Antonio DI GUEVARA, Vefcovo di Mondogneto, nel quale fono comprefe molte notabili fentenze, & molti effempi fingolari, fpettanti à tutti i Principi chriftiani, & à tutti gli huomini generofi, nuovamente tradotto di lingua fpagnuola in italiana dalla copia origi-

DROIT NATUREL ET DES GENS. 473

nale di esso Autore, con ogni diligenza ristampato, ricorretto, & alla sua integrità ridotto, aggiuntovi il quarto libro del medesimo Autore, *Venetia*, Francesco Lorenzini, da Turino, 1562, *in-4. vél.*

2890 Libro secondo di Marco AURELIO, Imperatore, dall'avreo libro detto horologio de Principi, composto da Don Antonio DI GUEVARA, Vescovo di Mondognetto, in lingua castigliana, non piu veduto & nuovamente tradotto nella italiana per Alfonso DI VLLOA, *Vinegia*, Gabriel Giol. de Ferrari & Fratelli, 1553, *in-8. vél.*

2891 L'orloge des Princes, trad. de l'espagnol d'Ant. DI GUEVARA, par N. DE HERBERAY, Seigneur des Essars, *Paris*, l'Angelier, 1550, *in-8. v. br.*

2892 Le même, *Paris*, Macé, 1566, *in-8. v. f.*

2893 Il Principe di Nicolo MACHIAVELLI, la vita di Castruccio Castracani da Lucca; il modo che tenne il Duca Valentino per ammazzare Vitellozzo, Oliverotto da Fermo, il S. Pagolo, & il Duca di Gravina, descritte per il medesimo; i ritratti delle cose della Francia, e della Alamagna, per il medesimo, nuovamente aggiunti, *Vinegia*, 1538, *in-8. v. f. d. s. t.*

2894 I medesimi, *Vinegia*, Figliuoli di Aldo, 1546, *in-8. v. f. d. s. t.*

2895 I medesimi, *Vinegia*, Gabriel Giolito de Ferrari e Fratelli, 1550, *in-12. v. f. d. s. t.*

2896 I medesimi, *Palermo*, gli heredi d'Antoniello degli Antonielli, 1584, *in-8. v. f. d. s. t.*

2897 Le Prince de Machiavel, trad. par AMELOT de la Houssaye, *Amsterd.* Wetstein, 1686, *in-12. v. br.*

474 JURISPRUDENCE.

2898 Le même Prince de MACHIAVEL, *Amsterd.* (*Par.*) 1694, *in*-12. *v. f. d. s. t.*

2899 Le même, trad. nouv. augm. de plusieurs traités du même Auteur, *Amsterd.* des Bordes, 1696, *in*-12. *v. m. d. s. t.*

2900 Discours sur les moyens de bien gouverner & maintenir en bonne paix un Royaume ou autre Principauté, contre Nic. Machiavel, par Innocent GENTILLET, *sans nom de Ville*, 1579, *in*-16. *v. f.*

2901 Le même, avec la déclaration du même Auteur, pour satisfaire aux plaintifs d'aucuns Italiens, 1576, *in*-8. *v. f.*

2902 Trattato della religione e virtuti, che tener deve il Principe christiano per governare e conservare i suoi stati, contra quel che Nicolò Macchiavelli, dannato Auttore, & i politici, (cosi indegnamente chiamati) di questo tempo empiamente insegnano, scritto per il P. Pietro RIBADENEYRA, della Compagnia di Giesu, e dalla lingua spagnuola nella italiana tradotto per Scipione METELLI da Castelnuovo di Lunigiana, *Genova*, Gioseffo Pavoni, 1598, *in*-4. *v. m.*

2903 Anti-Machiavel, *ou essai de critique sur le Prince de Machiavel*, par FRÉDÉRIC II, Roi de Prusse, publié par DE VOLTAIRE, *la Haye*, Paupie, 1740, *in*-8. *v. m.*

2904 Le même, avec des notes historiques & politiques & plusieurs pieces nouvelles originales, la plupart fournies par VOLTAIRE, *la Haye*, van Duren, 1741, 2 *vol. in*-8. *mar. r.*

2905 L'Anti-Machiavel, par DE VOLTAIRE, enrichi de plusieurs pieces nouvelles & origi-

DROIT NATUREL ET DES GENS. 475

nales, la plupart fournies par lui-même, quatrieme édition, à laquelle on a mis au bas des pages les diverses leçons de toutes les éditions précédentes, *Amst.* Compagnie, 1747, 2 *tom. 1 vol. in-8. vél.*

2906 Fragment de l'*Examen du Prince de Machiavel*, où il est traicté des Confidens, Ministres & Conseillers particuliers du Prince, ensemble de la fortune des Favoris, *Paris*, Pacard, 1622, *in-12. v. m.*

2907 Il sacro regno de'l Gran'PATRITIO, (Francesco PATRIZIO) de'l vero reggimento, e de la vera felicità de'l Principe, e beatitudine humana, *Vinegia*, Comin de Trino di Monferrato, 1547, *in-4. v. f. d. s. t.*

2908 Il Principe di Gio. Battista PIGNA, nel qual si discrive come debba essere il Principe heroico, sotto il cui governo vn felice populo possa tranquilla & beatamente vivere, *Venetia*, Francesco Sansovino, 1561, *in-4. vél.*

2909 I Prencipi di Giovanni BOTERO, Benese, con le aggionte alla ragion di Stato nuovamente poste in luce, *Torino*, Gio. Dominico Tarino, 1600, *in-8. vél.*

2910 Des offices mutuels qui doivent être entre les grands Seigneurs & leurs Courtisans, prins en partie sur le latin de Jean DE LA CASE; plus, du devoir réciproque entre les Maistres & Serviteurs privés, trad. par François DE FERRIS, *Paris*, Mallot, 1571, *in-8. v. m.*

2911 Trattato de gli uffici communi tra gli amici superiori & inferiori, scritto da Giouanni DELLA CASA, *Fiorenza*, Bartolomeo Sermartelli & Taddeo Pavoni Compagni, 1561, *in-8. cart.*

2912 Remonstrance à la Noblesse de France, de l'utilité & repos que le Roy apporte à son Peuple & de l'instruction qu'il doibt avoir pour le bien gouverner, par F. Maurice PONCET, Docteur en Théologie en l'Université de Paris, *Paris*, Michel Sonnius, 1572, in-8. v. f. d. s. t.

2913 Deux notables traités composés par M. D'ESPANCE, dans l'un il est monstré combien les lettres & sciences sont utiles & proufitables aux Rois & Princes, & l'autre contient un discours à la louange des trois lys de France, *Paris*, Auvray, 1575, in-8. v. f. d. s. t.

2914 De la Majesté royale, institution & prééminence, & des faveurs divines particulieres envers icelles, & de la création impériale, depuis le premier Empereur des Romains jusqu'à nostre temps, par Cl. D'ALBON, *Lyon*, Rigaud, 1575, in-8. v. m.

2915 La corona del Principe di Ciro SPONTONE, *Verona*, Girolamo Discepolo, 1590, in-4. vél.

On trouve à la fin une version italienne faite par le même, du dixieme dial. de Platon, *de Justo*, sur la trad. en latin par Ficin.

2916 Discours sur le livre de Balzac, intitulé le Prince, & sur deux lettres suivantes en Décembre 1631, in-8. v. m.

2917 Il libro intitolato la gratia de' Principi, di Federico BORROMEO, Cardinale ed Arcivescovo di Milano, *Milano*, 1632, in-fol. v. m.

2918 Divertissemens, inclinations & perfections royales, par POTIER de Morais, *Paris*, Moreau, 1644, in-8. v. m.

2919 Idea Principis christiano-politici, 101 sym-

DROIT NATUREL ET DES GENS. 477

bolis (æri incisis ac cum textu excusis) expressa à Didaco SAAVEDRA Faxardo, equite, &c. *Amst. Joannes-Jacobi Fil. Schipper*, 1659, *in-12. v. f. d. s. t.*

2920 L'idea di un Prencipe politico-christiano, di D. Diego SAAVEDRA Fachardo, rappresentata con bellissime imprese, quali dimostrano il vero esser politico, con esempi historici e discorsi morali, dall' ultima e più copiosa edizione, hora trasportata dalla lingua spagnuola, dal Signor Dottor Paris CERCHIERI, *Venetia, Marco Garzoni*, 1648, *in-4. fig. v. m.*

2921 L'art de regner, par le P. LE MOYNE, *Paris, Cramoisy*, 1665, *in-fol. mar. r.*

2922 Il Ciro politico, dell' Abate Filippo-Maria BONINI, *Venetia, Nicolò Pezzana*, 1668, 2 *part. 1 vol. in-4. v. m.*

2923 Maximes sur le devoir des Rois & le bon usage de leur autorité, tirées de différ. Auteurs, *en France, (Par.)* 1754, *in-12. v. m.*

2924 Le Prince les délices des cœurs, *ou* traité des qualités d'un grand Roi, & système général d'un sage gouvernement, par M. M***, *Amst. (Liege)* 1751, 2 *vol. in-12. vél.*

2925 Morale des Princes, trad. de l'italien du Comte J. B. COMAZZI, *la Haye, (Par.)* 1754, 4 *vol. in-12. mar. r.*

2926 Les devoirs du Prince réduits à un seul principe, *ou* discours sur la justice, par M. MOREAU, *Versailles, de l'Imprim. du Départ. des Aff. étrang.* 1775, 2 *part. 1 vol. in-8. v. f. d. s. tr.*

JURISPRUDENCE.

Education des Princes.

2927 Tefmoignage de tems, *ou* enfeignemens & exhortemens pour l'inftitution d'un Prince, (tirés des apophtegmes de différ. hommes les plus célebres dans l'antiquité) par Guill. Budé, *Lyon*, 1547, *in-8. v. m.*

2928 La inftitutione del Principe chriftiano, di Mambrino Rofeo da Fabriano, con diligenza emendata, ma etiandio dal medefimo Autore in piu luòghi accrefciuta, *Vinegia*, Vincenzo Valgrifi, 1549, *in-8. v. f. d. f. t.*

2929 La medefima, con l'aggiunta delle apoftille, & d'un trattato intorno all'ufficio del Configlio & Configliere, tratto per Lodouico Dolce dal libro fpagnuolo di Furio Ceriolo, *Vinegia*, Gabriel Giolito de' Ferrari, 1560. *in-8.*

2930 Il medefimo Configlio, *Vinegia*, Gabriel Giolito de Ferrari, 1560, *in-8. v. f.*

2931 Hiftoire de Chelidonius Tigurinus, fur l'inftitution des Princes chrétiens, & origine des Royaumes, trad. du latin en franç. par Pierre Boaistuau, furnommé Launay, *Paris*, Sertenas, 1559, *in-8. v. f. d. f. t.*

2932 Le Pédagogue d'armes pour inftruire un Prince chrétien, & bien entreprendre & heureufement achever une bonne guerre, pour être victorieux de tous les ennemis de fon Etat & de l'Eglife catholique, par Edmond, de la Compagnie de Jefus, *Paris*, Sebaft. Nivelle, 1568, *in-8. v. f. d. f. t.*

2933 L'art de former l'efprit & le cœur d'un

DROIT NATUREL ET DES GENS. 479

Prince, Paris, veuve Thibouſt, 1588, in-8.
v. f. d. ſ. tr.

2934 Le grand vol des Princes, faiſant voir, I. quelle doit eſtre leur ambition pour eſtre véritablement grands, & pour bien eſtablir la durée de leur puiſſance ; II. quels doivent eſtre leurs efforts pour la liberté publique, & pour la ſeureté du commerce entre les peuples, auſquels ils doivent leur protection ; III. quelle doit eſtre leur conduite dans le maniement des affaires de l'Etat & de la guerre ; IV. quelle doit eſtre leur intention dans toutes leurs entrepriſes, pour arriver à une fin heureuſe ; diſcours politique, ſervant d'inſtruction à toute leur vie & de regle à toutes leurs actions, (Paris) 1652, in-4. v. f. d. ſ. t.

2935 Recueil de maximes véritables & importantes pour l'inſtitution du Roi, contre la fauſſe & pernicieuſe politique du Cardinal Mazarin, prétendu Surintendant de l'éducat. de Louis XIV, par Claude JOLY, Paris, 1652, in-8. v. m.

2936 Le même, Paris, (Amſt.) 1653, in-12. vél.

2937 Le même, avec deux lettres apologétiques pour ledit recueil, contre l'extrait du S. N., Avocat du Roi au Chaſtelet, Paris, (Amſt.) 1663, in-12. v. br.

2938 ΒΑΣΙΛΙΚΟΝ ΔΩΡΟΝ, ou Préſent royal de JACQUES I, Roi d'Angleterre, Eſcoce & Irlande, au Prince Henry ſon fils, contenant une inſtruction de bien regner, trad. de l'angl. Rouen, Thomas Daré, in-12. v. m.

2939 Codicille d'or, ou recueil tiré de l'inſtitution du Prince chrétien compoſée par ERASME, mis premièrement en franç. ſous le Roi Fran-

JURISPRUDENCE.

çois I, & à présent pour la seconde fois, avec d'autres pieces, 1665, in-12. v. f. d. f. t.

2940 Traité de l'éducation d'un Prince, avec quelques autres traités sur diverses matieres morales, par DE CHANTERESNE, Paris, Savreux, 1671, in-12. v. f. d. f. t.

2941 Il Chirone itinerante, overo istruzione per un Aio destinato ad assistere a' viaggi di giovine Principe, dal Matteo DEL TEGLIA, di cui s'aggiunge in fine un esemplare spettante alla carica del Segretario, Venezia, Andrea Poletti, 1681, in-8. vél.

2942 La pratique de l'éducation des Princes, conten. l'histoire de Guill. de Croy, Seigneur de Chievres, surnommé le Sage, Gouverneur de Charles-Quint, par VARILLAS, Amst. Wetstein, 1686, in-8. v. f.

2943 Directions pour la conscience d'un Roi, par DE FÉNÉLON, la Haye, (Par.) 1748, in-12. sur pap. in-4. v. m.

2944 La même, la Haye, (Par.) 1748, in-12. v. m.

2945 Institution d'un Prince, ou traité des qualités, des vertus & des devoirs d'un Souverain, par DUGUET, Londres, Nourse, 1739, in-4. mar. cit.

2946 Lettres sur l'éducation des Princes, avec une lettre de Milton, où il propose une nouvelle maniere d'élever la jeunesse d'Angleterre, par DE FONTENAY, Edimbourg, (Par.) 1746, in-12. v. éc.

2947 Lettres à un jeune Prince, par un Ministre d'Etat chargé de l'élever & de l'instruire, (le Comte DE TESSIN) trad. du suédois, Amsterd. van Harrevelt, 1755, in-12. mar. r.

2948

DROIT NATUREL ET DES GENS. 481

2948 Lettres sur l'éducation des Princes, par le Comte DE VAREILLES, *Paris*, Duchesne, 1757, *in-12. v. f. d. s. t.*

2949 Le Gouverneur, *ou* Essai sur l'éducation, par M. D** L** F****, ci-devant Gouverneur de L. A. S. MM. les Princes Ducs de Slefwig-Holstein-Gottorp, *Londres*, J. Nourse, 1768, *in-12. v. f.*

2950 De l'éducation des Princes destinés au Trône, par M. BASEDOW, trad. de l'allemand par M. DE B***, *Yverdon*, Société litt. & typ. 1777, *in-8. v. m.*

De la Raison d'Etat.

2951 Teforo politico, cioè relationi, instruttioni, trattati, discorsi varij di Ambasciatori, pertinenti alla cognitione & intelligenza delli stati, interessi, & dipendenze di i più gran Principi del mondo, terza impressione, *Colonia, Vincenza e Turnoni*, Giorgio Greco, 1598, 1602 & 1605, 3 *vol. in-8. v. m.*

2952 Il medesimo, raccolto per Comin VENTURA, *Milano*, Girolamo Bordone e Compagni, 1600 & 1601, 2 *vol. in-4. v. m.*

2953 Trésor politique, contenant les relations, instr. traictés & divers discours appartenans à la parfaicte intelligence de la raison d'Etat, & de très-grande importance à l'entiere cognoissance des intérêts & revenus des Princes, par N. D. F., *Paris*, Thierry, 1611, *in-4. mar. r.*

2954 Annotationi brevissime, sovra le rime di M. F. P. *Petrarca* lequali contengono molte cose à proposito di ragion civile, con la traduttione della

Tome I. H h

JURISPRUDENCE.

canzona: *Chiare fresche, & dolc' aque, Italia mia, vergine bella; &* del sonetto, *quando veggio dal Ciel scender l'Aurora*, in latin, (da Marc-Antoni-Mantova BENAVIDE) *Padova*, Lor. Pasquale, 1566, *in-*4. 1 él.

2955 Della ragion di Stato libri dieci, con tre libri delle cause, della grandezza, delle città, di Giov. BOTERO, Benese, di nuovo in questa ultima impressione mutati alcuni luoghi dall' istesso Autore, & accresciuti di diversi discorsi, *Venetia*, 1619, *in-*8. baz.

2956 Raison & gouvernement d'Etat, en dix livres, du Seigneur Giovani BOTERO Benese, traduit sur la quatriesme impression italienne, plus ample que les autres premieres, la version répondant à son original, colomne pour colomne, par Gabriel CHAPPUYS, *Paris*, Guill. Chaudiere, 1599, *in-*8. *v. f.*

2957 La quinta essenza della ragion di Stato, tratta da' governi de maggior Prencipi del mondo, parte da Trajano BOCCALINI, & parte da altri acutissimi ingegni, 1619, *in-*8. *v. f. d. s. t.*

2958 Della ragione de gli Stati libri XII, di Gabriele ZINANO, Signor di Bellai, dove si tratta di tutte le spetie, e forze de gli artificij, intorno a tutti gli affari de gli stati, e de' modi d'acquistarli, e stabilirli, e perche si sogliono corrompere, e mutare, si dicono le cagioni, e si dimostra l'arte del conservarli, con due trattati, uno del Segretario, l'altro del Consigliere, *Venetia*, Giovan. Guerigli, 1626, *in-*4. *v. f.*

2959 Dissertatio de ratione Statûs in Imperio ro-

DROIT NATUREL ET DES GENS. 483

mano-germanico, autore Hyppolitho A LAPIDE, *Freistadii*, 1647, *in*-12. *v. f.*

2960 Trutina Statûs politico-christiani, sive discursus juridico-politicus de ratione Statûs à Statistis christianis in regimine politico prudenter adhibenda, in quo de jure potissimùm extraordinario Ministrorum statûs, eorumque officio sine fraudibus machiavellisticis exercendo agitur, *Cosmopoli*, 1687, *in*-8. *v. f. d. s. t.*

2961 Li segreti di Stato de i Prencipi dell' Europa, rivelati da varii Confessori politici, nuovamente ristampati e corretti, con aggiunta considerabile, *Colonia*, Antonio Turchetto, 1676, 3 *vol. in*-12. *v. f.*

Il y a dans le premier Tome deux pieces sur les Jésuites, & une sur la Critique.

Traités concernant les Courtisans.

2962 La vita de' Cortigiani di LUCIANO, Filosofo, dove si mostrano le infinite miserie che essi continuamente nelle corti sopportano, interprete Giulio ROSSELLI, Fiorentino, *Vinegia*, Venturino di Roffinelli, 1542, *in*-8. *baz.*

2963 Il libro del Cortegiano del Conte Baldezar CASTIGLIONE, *Venetia*, Aldo Romano & Andrea d'Asola suo Suocero, 1528, *in-fol. vél.*

Editio magnificentissima.

2664 Il medesimo, *Firenze*, li heredi di Philippo di Giunta, 1528, *in*-8. *vél.*

2965 Il medesimo, *Venetia*, Aldo, 1533, *in*-8. *v. f. d. s. tr.*

2966 Il medesimo, *Firenze*, Benedetto Giunti, 1537, *in*-8. *v. f. d. s. t.*

484 JURISPRUDENCE.

2967 Il Cortegiano, nuovamente stampato, & con somma diligentia revisto, *Venetia*, Gabriel Giolito de Ferrarii, 1541, in-8. v. f. d. f. t.

2968 Il medesimo, *Vinegia*, Figliuoli di Aldo, 1541, in-8. v. f. d. f. t.

2969 Il medesimo, nuovamente ristampato, *Venetia*, Figliuoli di Aldo, 1545, in-fol. vél.

* Edition magnifique, mais différente de celle de 1528, quoiqu'elle paroisse au coup d'œil être la même qu'elle.

2970 Il medesimo, nuovamente revisto per Lodovico DOLCE, *Vinegia*, Gabriel Giolito de Ferrari, 1556, in-8. vél.

2971 Le parfait Courtisan, du Comte Baltazar CASTILLENOIS, trad. par Gabriel CHAPPUIS, avec le texte à côté, *Paris*, Bonfons, 1585. in-8. v. f.

2972 Contra gli oratori italiani, per far apparire non esservi alcun oratore insigne nella lingua italiana, si considera Baldassar Castiglione, ch' è uno de' più celebri dove par la della lingua, e insieme dell' eloquenza, nel primo libro del Cortigiano, libro di Agostino LOCATELLI di Sacille, *Venezia*, Giuseppe Bettinelli, 1739, in-8. baz.

2973 Le mespris de la Court, louange du village, trad. d'espagnol par Ant. ALAIGRE, *Lyon*, Juste, 1543, in-16. goth. baz.

2974 Le même, *Paris*, Saulnier, 1543, in-8. v. m.

2975 Le même, avec beaucoup d'autres pieces, *Paris*, Ruelle, 1550, in-16. mar. r.

Pieces qui y sont contenues :

La parfecte Amye, en vers, par Ant. HEROET, dit la Maisonneufve. === L'Amie de Court, en vers, par

DE BORDERIE. === La contr'amie de Court, en vers, par Ch. FONTAINE. === L'androgyne de PLATON, trad. en vers par Ant. HEROET. === Complainte d'une Dame furprinſe nouvellement d'amour, en vers, par le même. ===L'expérience de Paul ANGIER, contenant une briefve défenſe en la perſonne de l'honneſte amant, pour l'amye de Court, contre la contr'amye, en vers. === Le nouvel amour inventé par PAPILLON, en vers. === Epître à ſon Amy, en abhorrant folle amour, en vers, par Clém. MAROT.

2976 Le même meſpris de la Court, avec les pieces précéd. *Paris*, Briere, 1556, *in*-16. *v. f.*

2977 Le Philoſophe de Court, auteur Philibert DE VIENNE, Champenois, *Lyon*, Jean de Tournes, 1547, *in*-8. *v. f. d. ſ. t.*

2978 Le Favori de Court, contenant pluſieurs advertiſſemens & bonnes doctrines pour les Favoris & autres Seigneurs qui hantent la Court, trad. d'eſpagnol en franç. par Jacques DE ROCHEMORE, *Anvers*, Plantin, 1557, *in*-8. *v. f.*

2979 Le Curial de Me Alain CHARTIER, où il eſt traitté de la vie & mœurs des Courtiſans, & des malheurs & calamités des hommes, qui conviennent fort bien à cet âge, revu par Daniel CHARTIER, *Par.* Chevillot, 1582, *in*-8. *m. bl.*

2980 Le Miſaule, *ou* Haineux de Court, lequel par un dialogiſme & confabulation fort agréable & plaiſante, démonſtre férieuſement l'eſtat des Courtiſans & autres Suivans la Court des Princes, par Gabr. CHAPPUIS, *Paris*, Linocier, 1585, *in*-8. *v. m.*

2981 Ragionamento del Sig. Annibal CUASCO, al D. Lavinia ſua figliuola, della maniera del gouernar ſi ella in corte; andando per Dama, *Turino*, l'herede del Bevilacqua, 1586, *in*-4. *vel.*

JURISPRUDENCE.

2982 Du bonheur de la Cour & vraye félicité de l'homme, *Anvers*, de Nus, 1592, *in*-12. *cart.*

2983 Le Courtisan françois, *Paris*, Guillemot, 1612, *in*-12. *cart.*

2984 La fortune de la Cour, *ou* discours sur le bonheur & le malheur des Favoris, entre les Sieurs de Bussy d'Amboise, & de la Neuville, par C. D. S., Sieur DES ISLES & DE LA NEUVILLE, *Paris*, de Sercy, 1644, *in*-8. *v. m.*

2985 Traité de la Cour, *ou* instruction des Courtisans, par DU REFUGE, *Amst.* Elzevir, 1656, *in*-12. *v. f. d. f. t.*

2986 L'honnête homme, *ou* l'art de plaire à la Court, par FARET, trad. en espag. par Ambrosio DE SALAZAR, *Paris*, Guignard, 1660, *in*-8. *v. m.*

2987 Aristippe, *ou* de la Cour, par DE BALZAC, *Paris*, Billaine, 1669, *in*-12. *mar. r.*

2988 L'Homme de Cour, trad. de l'espagnol de Baltazar GRACIAN, par AMELOT de la Houssaye, *Paris*, veuve Martin, 1684, *in*-4. *v. br.*

2989 L'huomo di Corte, di Baldassar GRAZIANO, tradotto dallo spagnuolo nel francese idioma, e comentato dal Signor AMELOT de la Houssaie, nuovamente tradotto dal francese nell' italiano, e comentato dall' Abate Francesco TOSQUES, *Roma*, Luca-Antonio Chracas, 1698. 2 *vol. in*-8. *v. f.*

2990 Danielis EREMITÆ, aulicæ vitæ ac civilis libri IV, ejusdem opuscula varia, edente Joan. Georg. GRÆVIO, *Ultrajecti*, Broedelet, 1701, *in*-8. *v. f.*

DROIT NATUREL ET DES GENS. 487

Recueils de Traités de Politique.

2991 Tutte le opere di Ni. MACHIAVELLI, divise in V parti, 1550, in-4. v. f.

CONTENANT

Hiſtoria. il Prencipe. Diſcorſi. Vita di Caſtruccio, &c. Arte della guerra. Rime. Mandragola, Clitia, (com. in V atti in proſa.)

2992 Le medeſime, *ſans nom de Ville*, 1550, 2 vol. in-4. v. f.

Avec quelques différences de la précédente.

2993 Le medeſime, di nuovo con ſomma accuratezza riſtampate, *Geneva*, Pietro Alberto, 1550, in-4. v. f.

2994 Le medeſime, di nuovo con ſomma accuratezza riſtampate, 1650, in-4. baz.

2995 Le medeſime, (ſenza nome loci,) 1680, 3 vol. in-12. v. br.

2996 Opere inedite di Nicolo MACHIAVELLI, *Londra*, 1760, in-4. v. f.

2997 Le medeſime, ricavate da' codici Laurenziani, Magliabechiani, Strozziani & altri celebri di Firenze, in proſa & in verſi, *Amſterd.* 1763, in-4. v. m.

Les principales pieces contenues dans ce vol. ſont:

Lettere. l'Andria di Terenzio, trad. in toſcano, (cinq actes en proſe.)

2998 Le medeſime tutte opere, *Parigi*, Marc. Prault, 1768, 8 vol. in-12. v. f.

2999 Le medeſime, con una prefazione di Giuseppe BARETTI, *Londra*, Tommaso Davies, 1772, 3 *vol. in-4. gr. pap. v. f. d. f. t.*

On y trouve de plus que dans les autres;
Il Frate, com. (3 atti in prosa.)

3000 Le restaurateur de l'Estat françois, où sont traittées plusieurs notables questions, sur la police, la justice & la religion, (*Amsterdam*) 1588, *in-8. v. m.*

3001 Opuscula quædam è quibus belli & pacis artes studiosus lector facilè discere poterit, autore Victorio MUTIO, Lucinianensi, *Papiæ*, Jo. Bapt. Vismara, 1594, *in-4. cart.*

* Les deux opuscules qui sont dans ce Volume, ont pour objet, l'un de *Fortitudine*, & l'autre de Re militari.

3002 Traités sur divers sujets intéressans de politique & de morale, trad. de HALLER, (*Paris*) 1760, *in-8. v. m.*

3003 Coup-d'œil intelligent & politique sur la situation actuelle de l'Europe, pour quiconque ne veut pas être étranger dans sa patrie, *Geneve*, 1774, *in-12. v. f.*

Des Devoirs des Sujets.

3004 Traité duquel on peut apprendre en quel cas il est permis à l'homme chrestien de porter les armes, par lequel est respondu à Pierre Charpentier, tendant à fin d'empescher la paix & nous laisser la guerre, par P. FABRE, trad. du lat. 1576, *in-12. v. m.*

3005 De fidelitate subditorum erga Principes, ubi oportune de festivo & solemni Regis Hungaro-

DROIT NATUREL ET DES GENS. 489

rum eligendi & coronandi actu, brevirer & perspicuè disseritur, authore Thoma BALASFI, electo Episcopo Bosznense, præposito Polonienfe, *Coloniæ-Agrippinæ*, Wilhelmus Latzenkirch, 1621, *in*-8. *v. f. d. f. t.*

3006 La guerre libre, traicté auquel est décidée la question, *S'il est loisible de porter armes au service d'un Prince de diverse religion*, la Haye, Maire, 1641, *in*-12. *v. f. d. f. t.*

Traités des Révolutions des Corps politiques, &c.

3007 Présages de la décadence des Empires, où sont mêlées plusieurs observations curieuses touchant la religion & les affaires du tems, *Mekelbourg*, Makelckaw, 1688, *in*-12. *mar. viol.*

3008 Systême de la splendeur des Empires, en forme de spectacle, *Amsterd.* (Par.) 1758, *in*-12. *v. m.*

3009 Arraisonnement fort gentil & profitable sur l'infélicité qui suit ordinairement le bonheur des Grands, avec un beau discours sur l'excellence des Princes du Sang de France qui gouvernent l'Estat du Royaume ; à quoy est adjouté un récit de la misere qui accompaigne les trahistres & rebelles, & les récompenses selon leurs rébellions & demérites, par François DE BELLEFOREST, Commingeois, *Paris*, Jean Hulpeau, 1569, *in*-8. *v. f. d. f. t.*

3010 Le même, *Paris*, Gilles de Saint-Gilles, 1585, *in*-12. *v. f. d. f. t.*

JURISPRUDENCE.

DROIT CIVIL UNIVERSEL.

DROIT ROMAIN.

Institutions, Histoire, &c.

3011 Ulrici HUBERI, juris civilis prælectiones; accedunt scholia D. Christiani THOMASII, & ad pleraque responsiones Auctoris, *Franequeræ*, Henr. Amama, 1687 & 1690, 3 *vol. in-*4. *v. br.*

3012 Elementa juris secundùm ordinem institutionum Justiniani, in usum domesticæ exercitationis, digesta à Johanne VOET, Jurisc. & Antecess. editio quarta, priore curatior, *Lugduni-Batav.* Samuel Luchtmans, 1737, *in-*8. *v. f.*

3013 Principes du droit civil romain, par M. OLIVIER, D. ès D., *Paris*, Mérigot l'aîné, 1776, 2 *vol. in-*8. *v. m.*

3014 L'harmonie & conférence des Magistrats romains avec les Officiers françois, tant laïz qu'ecclésiastiques, où est succinctement traité de l'origine, progrès & jurisdiction d'un chacun, selon que les loix civiles romaines & françoises l'ont permis, par Jean DURET, *Lyon*, Benoist Rigaud, 1574, *in-*8. *v. f. d. s. t.*

3015 De l'origine du droit des Magistrats & des Jurisconsultes, les loix des XII tables, de la signification des mots, & les titres des livres du Digeste, trad. avec des notes, par B. D. F. A. E. P. *Paris*, Piget, 1674, *in-*12. *v. f. d. s. t.*

3016 Jo. Gottl. HEINECCII, JCti, antiquitatum romanarum jurisprudentiam illustrantium syntagma, secundùm ordinem institutionum Justiniani digestum, in quo multa juris romani atque Auctorum veterum loca explicantur atque illustrantur, editio quarta, auctior & emendatior, *Argentorati*, Jo. Reinholdus Dulsseckerus, 1734, 2 *part.* 1 *vol. in-*8. *m. v.*

3017 Francisci Caroli CONRADI, in Academia Julia Jurisconsulti, parerga in quibus antiquitates & historia juris illustrantur varia, juris civilis aliorumque Auctorum loca emendantur, explicantur, *Helmstadii*, Chr. Frid. Weygandus, 1735, *in-*8. *v. éc.*

Droit civil des Juifs, des Grecs & des Romains avant Justinien.

3018 Domitii ULPIANI, fragmenta libri singularis regularum, & incerti Auctoris collatio legum mosaïcarum & romanarum, quibus notas adjecit Joannes CANNEGIETER, Juris civilis Professor in Academia Groningana; accedunt ejusdem disquisitio de notis, & siglis veterum, & observationum miscellanearum liber singularis, *Lugduni-Batavorum*, Sam. & Joh. Luchtmans, 1774, *in-*4. *v. m.*

3019 Jurisprudentia antiqua, continens opuscula & dissertationes quibus leges antiquæ, præsertim mosaïcæ, græcæ & romanæ illustrantur, curante Dan. FELLENBERG, *Bernæ*, Abr. Wagner filius, 1760 & 1761, 2 *vol. in-*4. *v. m.*

3020 Leges Atticæ, Sam. PETITUS collegit, digessit & commentario illustravit, *Parisis*, Morellus, 1635, *in-fol. gr. pap. v.* d. f. t.

3021 De cicuta Atheniensium poena publica, disseret Adrianus-Deodatus STEGERUS, *Lipsiæ*, Jo. Christ. Langenhemius, 1733, *in-*4. *v. m.*

✠ 3022 Gotfridi MASCOVII, de Sectis Sabinianorum & Proculianorum in jure civili diatriba, inferta est difquifitio de Hercifcundis, *Lipsiæ*, Jacobus Schufter, 1728, *in-8. cart.*

✠ 3023 Codex legum antiquarum, quibus accedunt formulæ folemnes prifcæ publicorum privatorumque negotiorum, nunc primùm editæ, & gloffarium vocum difficilium, edente Fr. LINDENBROGIO, *Francofurti*, Marnii, 1613, 2 *v. in-fol. v. f. d. f. t.*

✠ 3024 Jurifprudentia romana & attica, continens varios commentatores, qui jus romanum & atticum, item claflicos aliofque Auctores veteres emendarunt, explicarunt, illuftrarunt, cum præfatione Joannis-Gottliebii HEINECCII, Jcti & Anteceffòris, nempè Francifci BALDUINI, Jcti, opufcula omnia. Bartholomæi CHESII, Jcti, interpretationum juris, libri II, & de differentiis juris liber. Guidi PANCIROLI, Jcti, variarum lectionum, libri III. Samuëlis PETITI, leges atticæ & commentarius, cum animadverfionibus Jac. PALMERII à Grentemefnil, A. M. SALVINII, C. A. DUKERI & P. WESSELINGII, *Lugduni-Batavorum*, Joh. & Herm. Veerbeek, 1738 & 1741, 3 *vol. in-fol. v. f.*

✠ 3025 De lege regia, feu tabula ænea capitolina, notis, animadverfionibus & variis quæftionibus illuftrata per Leopoldum METASTASIUM, Advocatum Romanum, Petri fratrem, *Romæ*, Generofus Salomon, 1757, *in-4. v. m.*

DROIT ROMAIN.

Droit romain depuis Justinien, Corps de Droit civil avec les Commentateurs.

3026 Jo. Salom. BRUNQUELLII, historia juris romano-germanici, à primis Reipublicæ romanæ atque germanicæ initiis ad nostra usque tempora ex suis fontibus deducta; accessit dissertatio præliminaris de linguarum, philosophiæ, antiquitatum, & historiarum studio cum Jurisprudentia jungendo, editio altera, priore multò auctior & castigatior, *Amstel.* Janssonio Waesbergii, 1730, *in-8. v. m.*

3027 Eadem, *Francof.* Mollerus, 1742, *in-8. baz.*

3028 Jo. Augusti HELLFELD, J. U. D., historia juris romani; accedunt leges regiæ XII tabularum, series edicti perpetui & lex Papia Poppæa, *Jenæ*, Jo. Adam. Melchior, 1740, *in-8. cart.*

3029 Historia juris civilis, romani ac germanici, multis observationibus illustrata, auctore Jo. Gottl. HEINECCIO, emendata & aucta studio Joan. Dan. RITTERI, *Lugduni-Batav.* Verbeek, 1748, *in-8. v. m.*

3030 Eadem, cui editioni accedunt notæ ad historiam juris Justiniani & Germanici, necnon historiæ juris gallicani epitome, *Argent.* Joan. Gothofr. Bauerus, 1751, 2 *vol. in-8. v. f. d. f. t.*

3031 Histoire du droit romain, par Cl. Jos. DE FERRIERE, *Paris*, Savoye, 1769, *in-12. v. m.*

3032 D. Justiniani institutionum libri IV, additi sunt tituli digestorum de verborum significatione, & regulis juris, *Lugd. Batav.* Gaesbeeck, 1678, *in-24. gr. pap. v. f. d. f. t.*

3033 Earumdem institutionum juris civilis expositio methodica, Francisci LORRY, Antecessoris Parifienfis, opus pofthumum; acceffit Everardi OTTONIS, de legibus XII tab. diſſertatio, editio nova, *Pariſiis*, Nyon major, 1777, 2 *vol. in-*12. *v. m.*

ch. à vendre

3034 Nouv. traduct. des inſtitutes de l'Empereur JUSTINIEN, avec des obſervations pour l'intelligence du texte, l'application du droit franç. au droit romain, & la conférence de l'un avec l'autre, par Cl. Joſ. FERRIERE, *Paris*, Durand, 1770, 7 *vol. in-*12. *v. m.*

3035 L'inſtitutioni imperiali del Prencipe GIUSTINIANO, Ceſare Auguſto, tradotte in volgare da Franceſco SANSOVINO, con l'iſpoſitione fedelmente cavata da gli Scrittori in queſta materia, *Venetia*, Bart. Ceſano, 1552, *in*-4. *v. m.*

3036 Franciſci HOTOMANI, Juriſconſ., diſputatio de aureo Juſtinianico, adversùs quandam obſervationem de Juſtiniana aurei æſtimatione, *Baſileæ*, Euſebius Epiſcopius, 1584, *in*-8. *v. f. d. ſ. t.*

3037 Pandectæ Juſtinianeæ in novum ordinem digeſtæ, cum legibus codicis & novellis, quæ jus pandectarum confirmant, explicant aut abrogant, (edente Rob. Joan. POTTIER, qui & notas addidit) *Pariſiis*, Deſaint & Saillant, 1748 & 1752, 3 *vol. in-fol. v. m.*

3038 Henrici BRENCMANNI, Jcti & Academici Florentini, hiſtoria Pandectarum, ſeu fatum exemplaris Florentini; accedit gemina diſſertatio de Amalphitana Republica, *Trajecti ad Rhenum*, Guili. Vande Water, 1722, *in* 4. *cart.*

3039 B. BRISSONII, in ſuprema Parifienfi Curia Advocati, de verb. quæ ad jus pertinent ſignificatione libri XIX, per ordinem litterarum

DROIT ROMAIN.

dispositi, indicem memorabilium omnium verborum quæ in libris juris civilis reperiuntur, infinitorumque propè locorum explicationem continentes ; his accesserunt appendix prætermissarum quarumdam vocum, ΠΑΡΕΡΓΩΝ, liber singularis, *Lugduni*, Joannes Tournæsius, 1559, *in-fol. v. m.*

3040 Francisci BALDUINI, Jurisconsulti, Justinianus, sive de jure novo, commentariorum libri iiij ; accessit perpetua notarum series & textura, *Genevæ*, Jac. Chouët, 1596, *in-8. cart.*

3041 De legibus populi romani liber, Francisco HOTOMANO, Jurisconsulto, autore, *Basileæ*, Episcopius junior, 1557, *in-8. v. f. d. s. t.*

3042 Ejusdem, quæstionum illustrium liber, secundâ editione ab Auctore locupletatus, disputatio quædam ejusdem, habita Biturig. Jac. CUJACII, commentarius in L. Frater à Fratre, cui subjuncta est ejusdem Fr. HOT. vetus renovata disputatio in eamdem legem. Item, appendix adversùs novam ejusdem legis interpretationem, quam nuper LESCURIUS, vir eruditissimus, promulgavit in suo Africano, qui & ipse huic appendici additus est, (*Parisiis*) Henr. Stephanus, 1576, *in-8. v. f. d. s. t.*

3043 Antitribonian, *ou* discours d'un grand & rénommé Jurisconsulte de notre temps, sur l'estude des loix, fait par l'advis du Chancelier de l'Hospital, en 1567, & publié nouvellement par NEVELET, Sieur de Dosches, *Paris*, Périer, 1603, *in-8. v. f. d. s. t.*

3044 Vetustalia, seu vetustatis admiranda, quibus Franciscus PTOLEMEUS, Patric. Sen. Pandect. interpres, plurium varietate verborum lusit Idibus

JURISPRUDENCE.

Novembris 1662, *Romæ*. Ignatius de Lazaris, 1664, *in*-8. *v. f.*

3045 Ezechielis SPANHEMII, orbis romanus, sive ad constit. Imperat. Antonini, de statu hominum exercitationes, *Londini*, Churchill, 1703, *in*-4. *v. f.*

3046 Les loix civiles dans leur ordre naturel, le droit public & legum delectus, par DOMAT, nouvelle édition revue, corrigée & augmentée des troisieme & quatrieme Livres du droit public, par D'HÉRICOURT, Avocat au Parlement, des notes de M. DE BOUCHEVRET, sur le *Legum delectus* & de celles de BERROYER & CHEVALIER, *Paris*, Nyon l'aîné, 1767, 2 *vol. in-fol. v. f. d. f. t.*

3047 Gvilielmi PAVW, Jc. Haga-Batavi, varia jvris civilis capita, editio secvnda emendatior, *Hafæ*, Jo. Chrift. Grvnertvs, 1737, *in*-8. *v. éc.*

3048 Jacobi VOORDA, Jurisconsulti, interpretationum & emendationum juris romani lib. III, quibus accedit ejusdem oratio pro decretalibus Pontificum Romanorum epistolis, editio altera denuò recognita & aucta, *Traiecti ad Rhenum*, Abrahamus à Paddenburg, 1768, *in* 8. *v. m.*

3049 Jani A COSTA, Jc. & Antecessoris clariff., prælectiones ad illustriores quosdam titulos locaque selecta juris civilis edidit, notisque illustravit B. VOORDA, *Lugduni-Batav.* Sam. & Joh. Luchtmans, 1773, *in*-4. *v. f. d. f. t.*

3050 Esprit des Loix romaines, trad. du latin de Jean-Vincent GRAVINA, par M. REQUIER, *Paris*, Saillant, 1776, 3 *vol. in*-12. *v. m.*

3051 Les Regles du Droit civil, dans le même ordre qu'elles font disposées au dernier titre du Digeste,

geste, trad. en franç. avec des explications & des commentaires sur chaque regle, par J. B. DANTOINE, nouvelle édition revue & corrigée, Liege, 1775, in-4. v. m.

3052 Apologie contre un livre intitulé: *Catacrise du Droit romain*, Lyon, 1601, in-8. v. f. d. f. t.

Jurisconsultes généraux & universels.

3053 Praxis rerum civilium, cum nonnullis iconibus (ligno incisis) materiæ subjectæ convenientibus, autore Jod. DAMHOUDERIO, Antuerp. J. Bellerus, 1567, in-4. v. m.

3054 Ægidii MENAGII amœnitates Juris civilis, Lutet. Parif. Martin, 1677, in-8. v. f. d. f. t.

3055 Gerardi NOODT, opera omnia juridica, cum ejusdem vita à Joan. BARBEYRACIO, *Lugduni-Batav.* Langerack, 1735, 2 vol. in-fol. v. br.

3056 Corn. VAN BYNKERSHOEK opera omnia juridica, *Lugduni-Batav.*, Kerckhem, 1744 & suiv. 7 vol. in-4. baz.

3056* Joh. Gottlieb HEINECCII opera ad universam Jurisprudentiam, philosophiam & litteras humaniores pertinentia cum supplemento, Genevæ, hæred. Cramer, 1744, 8 vol. in-4. v. m.

Traités particuliers du Droit romain universel.

3057 Lazari BAYFII, annotationes in L. II de captivis & post liminio reversis, in quibus tractatur de re navali, ejusdem annotationes in tractatum de auro & argento leg. quibus vestimentorum & vasculorum genera explicantur. Ant. THYLESII, de coloribus libellus, à coloribus vestium non alienus, *Parisiis*, Rob. Stephanus, 1536, in-4. v. f. d. f. t.

Tome I. I i

JURISPRUDENCE.

3058 Claudii SALMASII, de subscribendis & signandis Testamentis; item, de antiquorum & hodiernorum sigillorum differentia tractatus, contra Desid. Heraldum, *Lugd. Batav.* ex Offic. Elzeviriorum, 1653, *in-8. v. f.*

3059 Emanuëlis DUNII, Jc., de veteri ac novo jure codicillorum commentarius, atque de solemni quinque testium numero, in codicillis vel testamento confirmatis adversùs Justum Henningum Boehmerum; accedit contraria BOEHMERI disputatio de codicillis sine testibus validis, additis animadversionibus, quibus Auctor suo quoquo loco notatur, *Romæ*, Hieronimus Mainardi, 1752, *in-4. v. m.*

3060 Alberti-Dieterici TREKELL tractatio de origine atque progressu testamenti factionis, præsertim apud Romanos, cum præfatione Georg. Christian. GEBAVERI, Jc., *Lipsiæ*, Casparus Fritsch, 1739, *in-4. v. f.*

3061 Christ. Ulrici GRUPEN, de uxore romanâ, cùm ea quæ in manum convenit, farre, coemtione & usu, tum illa quæ uxor tantummodo habebatur, *Hanoveræ*, Nic. Foersterus & fil. 1727, *in-8. fig. v. m.*

3062 Dissertatio de pueris puellisque alimentariis, quam publicæ disquisitioni submittet Ludovicus DE HEMMER, defendente Gothardo FÜRSMANN, *Hauniæ*, Herm. Hen. Rotmerus, 1733, *in-4. fig. v. f.*

3063 Eleytheria, sive de manumissione servorum apud Romanos, libri IV, auctore Wilhelmo A LOON, *Ultrajecti*, Ribbius, 1685, *in-12. v. m.*

3064 Diatriba antiquo-juridica inauguralis, exhibens nonnullas de rebus mancipi, & nec mancipi, earumque mancipatione conjecturas, quam in Acad. Lugd. Batav. publicæ disquisitioni submittit Gerardus MEERMAN, Leydensis, *Lugd. Batav.* Daniel Goetval, 1741, *in-*4. *v. m.*

Droit féodal & criminel.

3065 Jo. LAURENBERGII, Gromatica, qua jus terminale & finium regundorum leges explicantur ; accessêre epigrammata continentia varias historias, & res scitu jucundas, ex græcis latinisque scriptoribus depromptas & exercitationibus arithmeticis accommodatas, (*sine urbis indicatione*) Dan. Paulli, *in-*4. *fig. v. f. d. s. t.* ☦

3066 Juris feudalis hypomnemata Henr. COCCEJI, JCti, in Facult. Viadrina Antecessoris primarii, quarta editio revisa, & cum aliquot præcipuarum difficultatum enodationibus, tum aliàs plurimum aucta, *Trajecti ad Rhenum*, Hermannus Besseling, 1747, *in-*8. *v. f.* ☦

3067 Gottlob-Augusti JENICHEN thesaurus juris feudalis, continens optima atque selectissima opuscula, quibus jus feudale explicatur, illustratur atque emendatur, ab Editore ordinatus, ac suis annotationibus passim & opusculis auctus & locupletatus, *Francofurti ad Mœnum*, Philippus-Henricus Hutterus, 1750—1754, 3 *vol. in-*4. *v. f. d. s. t.* ☦

3068 B. Burc. Gotthelff. STRUVII, JCti, elementa juris feudalis, quæ ex schedis B. Auctoris edidit & prælectionum usibus accommodavit D. Jo. August. HELLFELD, editio tertia, multis locis auctior & emendatior, *Jenæ*, vidua Jo. Adam. Melchioris, 1754, *in-*8. *v. m.* ☦

3069 Les inconvéniens des droits féodaux, (par ☦

JURISPRUDENCE.

M. DE BONEUF) *Paris*, Valade, 1776, *in*-8. *v. f. d. f. t.*

3070 Les mêmes, nouvelle édition, augmentée de fragmens sur l'origine des droits féodaux & de l'examen de la regle, *nulle terre sans Seigneur*, par M. FRANCALBU, *Lond. (Avignon)* 1776, *in*-8. *v. f. d. f. t.*

3071 Recherches & observations sur les loix féodales, sur les anciennes conditions des habitans des villes & des campagnes, leurs possessions & leurs droits, par M. DOYEN, Avocat, *Paris*, Valade, 1779, *in*-8. *v. m.*

3072 De judiciis & pœnis, de officiis vitæ civilis Romanorum, libri II, auctore H. F. S. (SALOMON) *Burdigalæ*, *in*-12. *v. f.*

3073 Discours sur l'administration de la justice criminelle, par M. S**, (M. SERVAN) *Geneve*, 1767, *in*-12. *v. m.*

3074 Observations sur des matieres de Jurisprudence criminelle, trad. du latin de Paul RISI, par M. S. D. C. *Lausanne*, Grasset, 1768, *in*-8. *v. f.*

3075 Traité des délits & des peines, trad. de l'italien, (du Marq. DE BECCARIA, par l'Abbé MORRELET) d'après la troisieme édition, revue, corrigée & augmentée par l'Auteur, avec des additions de l'Auteur qui n'ont pas encore paru, en ital. *Lausanne, (Par.)* 1766, *in*-12. *v. m.*

3076 Commentaire sur le livre des *délits & des peines*, 1766, *in*-8. *v. m.*

3077 Réfutation des principes hasardés dans le traité *des délits & des peines*, par M. MUYART DE VOUGLANS, *Par.* Desaint, 1767, *in*-12. *v. m.*

3078 Traité des vertus & des récompenses, par

DROIT ROMAIN.

Hyacinthe DRAGONETTI, trad. en franç. par M. PINGERON, avec le texte à côté, *Florence, Gravier*, 1767, in-8. v. m.

3079 Le même, (ital. & franç.) *Paris, Panckouke*, 1768, in-12. v. f. d. f. t.

3080 Abrahami WIELINGII, Hammonenfis, de furto per lancem & licium concepto diatribe, *Marburgi in Cattis*, Philippus-Cafimirus Mullerus, 1719, in-8. v. éc.

3081 Platini PLATI, Mediolanenfis, libellus de carcere, (verfibus) (fine anno nec Urbis nomine, fed circa 1490) in-4. cart.

Typis rotundis, fine titulo, reclamantibus, ciffris, primâ litterâ initiali, 10 folia complectens.

3082 De carcere & antiquo ejus ufu ad hæc ufque tempora deducto, Tractatus in duas partes diftributus, quarum altera hiftoriam carceris, altera praxim complectitur, auctore Antonio BOMBARDINO, Patavino, in patrio lyceo rerum criminalium interprete, pars prima, *Patavii*, Joannes Maufré, 1713, in-8. vél. éc.

3083 Difcours philof. & politique fur l'emprifonnement pour dettes, en ital. & en franç. *Paris*, Molini, 1771, in-8. v. f.

3084 Si la torture eft un moyen fûr à vérifier les crimes fecrets, *ou* differtation morale & juridique touchant l'inftruction des procès criminels, par Auguftin NICOLAS, *Amft.* Wolfgang, 1681, in-8. v. br.

3085 Effai fur l'ufage, l'abus & les inconvéniens de la torture, par S. D. C., *Laufanne, Graffet*, 1768, in-8. v. m.

JURISPRUDENCE.

DROIT CIVIL PARTICULIER.

DROIT FRANÇOIS.

Droit public françois.

✠ 3086 Droit public de France, ouvrage posthume, de l'Abbé C. FLEURI publié avec des notes par M. J. B. D'ARAGON, *Paris*, Saillant, 1769, 3 vol. *in-*12. *v. m.*

D. à vendre

✠ 3087 Maximes du Droit public François, tirées des Capitulaires, des Ordonnances du Royaumes, & des autres monumens de l'Histoire de France, *en France*, 1772, 2 *v. in-*12. *v. f. d. s. t.*

✠ 3088 Les mêmes, deuxieme édition, double de la précédente, *Amsterdam*, Marc-Michel Rey, 1775, 2 *vol. in-*4. *v. f. d. s. t.*

Traités généraux de l'Etude du Droit françois universel, Abrégés, Elémens, Manuels & Répertoires de la Jurisprudence françoise.

✠ 3089 Traicté des diverses Jurisdictions de France, des évocations, reiglement de Juges, procès de partage, privileges de Jurisdiction, requêtes civiles, propositions d'erreur, récusations, contrariété & cassation d'Arrests, peremption d'instances & fins de non-recevoir, par Charles CHAPPUZEAU, Avocat au Conseil, *Paris*, Gesselein, 1618, *in-*8. *v. m.*

✠ 3090 De la Pratique & Jurisprudence Françoise, par Fr. SIMON, Procureur-Fiscal de Mereville, *Paris*, N. Rousset, 1622, *in-*8. *v. m.*

✠ 3091 Trésor de la pratique judiciaire, civile & criminelle de Messire A. F., Conseiller d'Estat, enrichi de plusieurs belles & doctes remarques

DROIT FRANÇOIS.

faites par l'Auteur, touchant l'origine des principaux poincts de la pratique, *Paris*, Euftache d'Aubin, 1629, *in-8. v. m.*

3092 Inftitution au Droit François, par ARGOU, revue par M. A. C. BOUCHER D'ARGIS, *Par.* Bailly, 1771, 2 *vol. in-12. v. m.*

3093 Recueil de Jurifprudence civile, par ordre alphabétique, par GUY DU ROUSSEAU DE LA COMBE, *Paris*, Defventes, 1769, *in-4. v. f.*

3094 Collection de décifions nouvelles & de notions relatives à la Jurifprudence actuelle, par DENISART, *Paris*, Defaint, 1771, 4 *volum. in-4. v. m.*

Loix, Edits, Ordonnances & Conftitutions des Rois de France.

3095 Hiftoire des Capitulaires des Rois François fous la premiere & deuxieme race, par Etienne DE BALUZE, *la Haye*, (Paris) 1755, *in-12. v. m.*

3096 Les Nouvelles Ordonnances faites par le Roy notre fire FRANÇOIS I de ce nom, fur le fait des eaux & forêts, chaffes, gabelles, tailles, guerres, & autres bonnes Ordonnances nouv. publiées en la Cour de Parlement, *Par.* Jehan Trepperel, 1513, *in-4. v. f. d. f. t.*

3097 Les Edicts & Ordonnances de FRANÇOIS, Roy de France, deuxième de ce nom, depuis fon advénement à la Couronne jufqu'au jour de fon décès, extraicts des regiftres de la Cour de Parlement, *Paris*, Robert Eftienne, 1567, *in-8. v. f. d. f. t.*

3098 Sommaire expofition des Ordonnances du Roy Charles IX, fur les plaintes des trois Eftats de son Royaume, tenuz à Orléans l'an M. D. LX., par Joachim DU CHALARD, *Paris*, Lucas Brayer, 1562, *in*-4. *v. f. l. r.*

3099 Ordonnances du Roy CHARLES IX, à présent régnant, faites en son Conseil, sur les plaintes, doléances & remonstrances des Députez des trois Estats, tenus en la ville d'Orléans, lues & publiées en la Cour de Parlement, à Paris le samedi 13 jour de Septembre 1561, *Paris*, Jean Dallier, 1561, *in*-8. *v. f. d. s. t.*

✠ 3100 Remonstrances faictes au Roy de France, par les Députez des trois Estats du Duché de Bourgoigne, sur l'Edit de la pacification des troubles du Royaume de France, par lesquelles appert clairement que deux différentes Religions ne se peuvent comporter en mesme Republique, mesmement soubs un Monarque Chrestien, sans la ruyne des sujets de quelque Religion qu'ils soient, & sans la ruyne du Prince qui les tolère, reveues, corrigées & amplifiées, avec annotation & citation des passages en marge, *Anvers*, Guil. Silvius, 1564, *in*-8. *v. f. d. s. t.*

✠ 3101 Remonstrance au Roy Henry III, Roy de France & de Pologne, sur le fait des deux Edits de Sa Majesté, donnés à Lyon, l'un du 10 de Septembre, & l'autre du 13 d'Octobre dernier 1574, touchant la nécessité de paix & moyens de la faire, *Francfort*, 1574, *in*-8. *v. m.*

✠ 3102 Ordonnances du Roy HENRY, troisieme de ce nom, Roi de France & de Pologne, sur les plaintes & doleances faictes par les Deputez des Estats de son Royaume, convoqués & assemblés en la ville de Bloys, publiées en la Cour de

Parlement le 25 jour de Janvier 1580, *Troyes*, Cl. Garnier, 1580, *in-8. v. f. d. f. t.*

3103 Les mêmes, édition différente, *fans front. in-8. cart.*

3104 De la concorde de l'Eſtat, par l'obſervation des Edits de pacification, *Rouen*, J. Petit, 1599, *in-12. v. m.*

3105 Ordonnance du Roy Louis XIII, Roy de France & de Navarre, ſur les plaintes & doléances faittes par les Députez des Eſtats de ſon Royaume, convoquez & aſſemblez en la ville de Paris, en l'année 1614, & ſur les avis donnez à Sa Majeſté par les aſſemblées des notables, tenues à Rouen en l'année 1617, & à Paris en l'année 1626, publiée en Parlement le 15 Janvier 1629, *Paris*, Mettayer, 1629, *in-8. v. f. d. f. t.*

3106 Recueil de toutes les Déclarations du Roy, rendues pour la police, juſtice & finances de ſon Royaume, énoncées en la derniere du mois de Mars 1649, inſérée au préſent recueil, & donnée pour faire ceſſer les mouvemens, & rétablir le repos & la tranquillité publique, avec tous les Arrêts de verification & modification d'icelle, tant du Parlement, Chambre des Comptes, que Cour des Aides, enſemble autres Déclarations des Roys LOUIS XI & HENRY III, avec les articles des Ordonnances de Blois & d'Orléans, pour l'éclairciſſement des articles 13, 14 & 15 mentionnez en la Déclaration du 22 Octobre 1648, & encore une table deſdites Déclarations, avec un abrégé de ce qui y eſt contenu, *Paris*, Imprimeurs & Libraires ordinaires du Roy, 1649, *in-4. v. m.*

JURISPRUDENCE.

3107 Ordonnances de Louis XV, concernant les donations, les infinuations, les teftamens, les fubftitutions, *Paris*, 1759, *in*-24. *baz.*

3108 Calendrier des Loix de la France, *Paris*, Cailleau, 1764 & fuiv. 5 *vol. in*-24. *v. m.*

3109 Recueil, par ordre de dates, des Edits, Déclarations, Lettres-Patentes du Roi, Arrêts de fon Confeil & du Parlement, Chambre des Comptes, Cour des Aides, Grand-Confeil, &c. concernant le Clergé, les finances, le commerce, les réglemens généraux, les établiffemens publics, emprunts Royaux, rentes & rembourfemens, impofitions quelconques, modifications ou fuppreffions d'icelles, depuis 1767 jufqu'en 1780, *Paris*, P. G. Simon, 1767 & fuiv. 11 *vol. in*-4. *v. m. & 6 vol. en feuil.*

3110 Reglement du Roi, & inftructions touchant l'adminiftration des Haras du Royaume, *Paris*, Imp. Royale, 1724, *in*-4. *mar. r. d. f. t.*

Loix & Coutumes générales & particulieres des Provinces & Villes de France, par ordre alphabétique.

3111 Inftitutes coutumieres, ou Manuel de plufieurs & diverfes reigles, fentences & proverbes, tant anciens que modernes du Droit coutumier & plus ordinaire de la France, par A. LOISEL, Advocat en Parlement, *Paris*, Henry Legras, 1637, *in*-8. *v. f. d. f. t.*

3112 Nouveau Coutumier général, ou Corps des Coutumes générales & particulieres de France, & des Provinces connues fous le nom des Gaules, avec les notes de MM. Touff. CHAU-

DROIT FRANÇOIS.

VELIN, Julien BRODEAU, J.-Marie RICARD, Ch. DU MOLIN, François RAGUEAU, & G. Mich. DE LA ROCHEMAILLET; redigé par C. A. BOURDOT DE RICHEBOURG, *Paris*, Brunet, 1724, 4 *vol. in-fol. v. m.*

3113 Remonstrances & advertissemens faits aux ouvertures de la Jurisdiction du Siege présidial d'Angers, par Guy DE LESRAT, Seigneur des Briottieres, Président audit Siege, *Paris*, Nic. Chesneau, 1579, *in-12. v. f. d. f. t.*

3114 Compilation d'auguns priviledges & reglamens dev Pays de Béarn, feyts & octroyats l'intercession devs Estats, ab los serments de delitat devs Seignours à foos subjects à loor Seignov, *Lascar*, G. de la Place, 1633, *in-4. v. f. d. f. t.*

3115 L'usage des Pays de Bresse & de Bugey, leurs statuts, stil & édits, &c. par Charles DE REVEL, Advocat en Parlement, *Mascon*, S. Bonard, 1663, *in-4. v. f.*

3116 Loix municipales & économiques de Languedoc, *Paris*, Didot jeune, 1780, *in-8. br.*

3117 Reglement fait par MM. les Commissaires députés par Sa Majesté pour la réformation des eaux & forêts du département des Duchés de Lorraine & du Barrois, & des Prévotés réunies aux trois Evêchés de Metz, Toul & Verdun, *Metz*, François Bouchard, 1686 & 1693, *in-12. v. m.*

3118 Histoire des loix & usages de la Lorraine & du Barrois dans les matieres bénéficiales, suivie d'une dissertation sur la maniere d'accommoder ces loix & usages à l'Indult du Pape Clément XII, de 1740, & aux Ordonnances

& maximes de France, par François-Thimothée THIBAULT, Procureur-Général de la Chambre des comptes de Lorraine, *Nancy*, P. Antoine, 1763, *in-fol. v. f. d. f. t.*

3119 Réglement général pour tous les Officiers du Bailliage & Siege Préfidial de Montargis, du 11 Janvier 1647, *in-12. v. m.*

3120 Couftumes des Duché, Bailliage, Prévôté d'Orléans, & refforts d'iceux, mifes & rédigées par efcrit par Achilles DE HARLAY, Premier Préfident, Jacques VIOLE & Nicolas PERROT, Confeillers du Roy en fa Cour de Parlement, & Commiffaires par lui ordonnés; & Almanach contenant les jours non plaidoiables qui y font pour le prefent obfervés, *Orléans*, Eloy Gibier, 1587, *in-8. v. f. d. f. t.*

3121 Coutumes des Duché, Bailliage & Prévôté d'Orléans, & reffort d'iceux, avec une introduction générale auxdites Coutumes, & des introductions particulieres à la tête de chaque titre, corrigées & augmentées, dans lefquelles les principes des matieres contenues dans le titre font expofés & développés. Le texte eft accompagné de notes, par M. POTHIER, Confeiller au Préfidial d'Orléans, *Paris*, Debure pere, 1772, *in-4. v. m.*

3122 Le Droit commun de la France & la Coutume de Paris, réduits en principes tirés des Loix, des Ordonnances, des Arrêts, des Jurifconfultes & des Auteurs, & mis dans l'ordre d'un Commentaire complet & méthodique fur cette Coutume, contenant dans cet ordre, les ufages du Châtelet fur les liquidations, les comptes, les partages, les fubftitutions, les

DROIT FRANÇOIS.

dîmes, & toutes autres matieres, nouvelle édit. confidérablement augmentée, par Franç. BOURJON, ancien Avocat au Parlement, revûe, corrigée, & auſſi augmentée d'un grand nombre de notes, *Paris*, Grangé & Cellot, 1770, 2 *vol. in-fol. v. f. d. ſ. t.*

3123 Esprit des Coutumes du Bailliage de Senlis, & les textes tant de la premiere compilation de ces Coutumes & des Ordonnances du Bailliage de Senlis faites en 1493, que des rédactions de 1506, & réformation de 1539, conférées enſemble, avec des notes élémentaires qui déterminent le ſens des articles & des mots obſcurs, par Mᵉ P. F. PIHAN DE LA FOREST, Avocat, *Paris*, Butard, 1771, *in-12. v. f. d. ſ. t.*

3124 Coutumes générales & particulieres du Bailliage de Vermandois, conférées enſemble, avec notes & obſervations par Claude DE LA FONS, Avocat en Parlement, *Metz*, François Bouchard, 1688, *in-12. baz.*

Décisions & Arrêts des Parlemens de France & Jurisconſultes généraux.

3125 Recueil d'Arrêts du Parlement de Paris, pris des Mémoires de Pierre BARDET, Avocat, avec les notes & diſſertations de Claude BERROYER, Avocat, nouvelle édition, revûe & augmentée de pluſieurs notes, obſervations & Arrêts contenans de nouvelles déciſions, par C. N. LA LAURE, Avocat, *Avignon*, P. J. Roberty, 1773, 2 *vol. in-fol. v. f. d. ſ. t.*

3126 Recueil des Arrêts, remontrances & lettres tant du Parlement & Cour des Aides de Paris,

JURISPRUDENCE.

que du Parlement de Rouen, ensemble le recueil des Ordonnances & commissions de MM. les Prévost des Marchands & Eschevins de la Ville de Paris, concernant la levée des gens de guerre, & deniers pour leurs subsistances, sûreté & police de ladite ville de Paris, depuis les mouvemens commencés au sixiéme Janvier dernier, jusqu'à la pacification d'iceux, *Paris*, Imp. & Libraires du Roy, 1649, *in-4. v. m.*

✠ 3127 Recueil d'Arrêts rendus par la Chambre Royale de Nantes, *Nantes*, Verger, *in-12. v. m.*

✠ 3128 Arrest de la Cour de Parlement, du 4 Juillet 1612, entre Françoise de Foix de Candale, demanderesse en requeste & lettres royaulx d'une part, le Duc d'Espernon, tuteur de ses enfans & de deffunte Dame Margueritte de Foix, quand vivoit, sa femme, deffendeur d'autre, sur la question de sçavoir si la demanderesse, ayant fait profession de Religieuse à Xainte, dès l'an 1591, où elle auroit demeuré long-tems, & depuis esté pourvue de l'Abbaye de Sainte Glossine de Metz, où elle a séjourné jusqu'en l'année 1603, & deux ans depuis s'étoit retirée à Verdun, & en l'an 1605, au Monastere du Moncel, jusqu'à la fin de l'an 1610, elle étoit recevable à demander partage des successions de ses pere & mere. En cet Arrêt est inseré le Playdoyé de M. SERVIN, Advocat-Général du Roy, *Paris*, 1612, *in-8. v. m.*

✠ 3129 Les Œuvres de Charles LOISEAU, contenans les cinq livres du droit des Offices, les Traictez des Seigneuries, des Ordres, & simples dignitez, du déguerpissement & délaissement par hypotheque, de la garantie des ren-

DROIT FRANÇOIS. 511

tes, & des abus des Justices de Village, nouvelle édition, reveue, corrigée & augmentée, par Claude JOLY, *Paris*, Fr. Mogé, 1666, *in-fol. v. b.*

3130 Recueil des arrêtés de M. le Premier Président DE LAMOIGNON, *Nancy*, le Clerc, à vendre. 1768, *in-8. v. m.*

3131 Le même, nouvelle édition, revue & corrigée, Par. Jos. Merlin, 1777, *in-4. v. m.*

3132 Œuvres du Chancelier D'AGUESSEAU, Par. Desaint & Saillant, 1759, & suiv. 11 vol. Double à vendre. *in-4. v. m.*

3133 Discours & autres ouvrages du même, *Amst.* (Par.) 1756, 2 vol. *in-8. v. m.*

Décisions particulieres des Parlemens & Tribunaux qui suivent le Droit-écrit ; & Jurisconsultes qui ont traité du Droit romain, accommodé à notre Jurisprudence.

3134 Neuf Remonstrances faictes à l'ouverture du Parlement de Prouence, depuis 1607 jusqu'en 1613, (le frontispice manque) *in-8. v. m.*

3135 Actes de notoriété donnés par MM. les Avocats & Procureurs-Généraux au Parlement de Provence, avec des observations, *Avignon*, veuve Girard, 1772, *in-8. v. m.*

3136 Remonstrances & Discours faicts & prononcez en la Cour & Chambre de l'Edict, établie à Castres d'Albigeois, pour le ressort de la Cour de Parlement de Tholose, par Philippe CANAYE, Seigneur de Fresnes, Président en ladite Cour, *Paris*, Adrian Perier, 1598, *in-8. v. f. d. s. t.*

3137 Huict Remonstrances faites en la Chambre

JURISPRUDENCE.

de la Justice de Guyenne, sur le subject des Edicts de pacification ; plus, une autre remonstrance sur la réduction de la Ville, & restablissement du Parlement de Paris, avec l'extrait d'un Plaidoyé de l'Université, (depuis 1582, jusqu'en 1594,) par M. Ant. LOISEL, Advocat audict Parlement, *Paris*, Abel l'Angelier, 1605, *in-8. v. m.*

✠ 3138 Traité sur différentes matieres de Droit civil, appliquées à l'usage du Barreau, & de Jurisprudence Françoise, par M. POTHIER, Professeur de Droit François en l'Université d'Orléans, *Paris*, Debure pere, 1773, 4 *vol. in-4. v. f. d. s. t.*

✠ 3139 Traité du Contrat de Mariage, par le même, *Paris*, Debure, 1768, 2 *vol. in-12. v. m.*

✠ 3140 Traité des Obligations, selon les regles, tant du for de la conscience, que du for extérieur, par le même, *Paris*, Debure, 1768, 2 *vol. in-12. v. f.*

✠ 3141 Traité du Douaire, par le même, *Paris*, Debure, 1770, *in-12. v. m.*

✠ 3142 Traité du droit d'habitation, des donations entre mari & femme, & du don mutuel, par le même, *Par.* Debure, 1771, *in-12. v. m.*

✠ 3143 Traité de la Communauté, par le même, *Paris*, Debure, 1770, 2 *vol. in-12. v. m.*

✠ 3144 Œuvres posthumes, du même, *Orléans*, Julien-Jean Massot, 1777 & 1778, 3 *vol. in-4. en feuilles.*

✠ 3145 Recueil de Jurisprudence féodale, à l'usage de la Provence & du Languedoc, par M. DE L. T. (M. DE LA TOULOUBRE,) *Avignon*, veuve Girard, 1765, 2 *vol. in-8. v. m.*

3146

DROIT FRANÇOIS.

3146 La Jurisprudence de Guy-Pape, par Nicolas Chorier, avec des remarques & des augmentations, par un Avocat, *Grenoble*, Giroud, 1769, *in*-4. *v. m.*

3147 Questions sur l'Ordonnance de Louis XIV, du mois d'Avril 1667, relatives aux usages des Cours de Parlement, & principalement de celui de Toulouse, par Marc-Antoine Rodier, Avocat, nouvelle édition, corrigée & augmentée, *Toulouse*, Dupleix, 1769, *in*-4. *v. m.*

3148 Questions de Droit, de Jurisprudence & d'usage des Provinces de Droit-écrit du ressort du Parlement de Paris, mises en ordre alphabétique, par M. Mallebay de la Mothe, *Paris*, Laurent Prault, 1770, *in*-12. *v. m.*

3149 Les mêmes, *Paris*, Saugrain, 1773, *in*-12. *v. m.*

Ce n'est pas une nouvelle édition, le titre a seulement été réimprimé.

3150 Institution au droit de légitime, par Pierre Roussilhe, *Avignon*, Delaire, 1770, 2 vol. *in*-12. *v. m.*

Traités particuliers de la Jurisprudence françoise concernant les Substitutions, Successions, &c.

3151 Questions concernant les substitutions, avec les réponses de tous les Parlemens & Cours souveraines du Royaume, & des observations du Chancelier d'Aguesseau, sur lesdites réponses, *Toulouse*, Dalles, 1770, *in*-4. *v. m.*

3152 Traité des Successions, par Denis Le Brun, Avocat au Parlement, avec de nouvelles décisions & des remarques critiques, par Franç.

JURISPRUDENCE.

Bernard ESPIARD DE SAUX, Préfident à Mortier honoraire au Parlement de Befançon, nouvelle édition, augmentée par M. ***, (SERIEUX) ancien Avocat au Parlement, *Paris*, Moutard, 1775, *in-fol. v. m.*

3153 Sommaire explication de l'Edict du Roy, par lequel il ordonne que dorefnavant les meres ne fuccéderont à leurs enfans ès biens provenus du côté paternel, mais feulement ès meubles & conquêts provenus d'ailleurs, par Nicolas MELLIER, Avocat en la Sénéchauffée de Lyon, *Paris*, Gervais Mallot, 1574, *in-8. v. f. d. f. t.*

3154 L'Efprit des Ordonnances & des principaux Edits & Déclarations de Louis XV, en matiere civile, criminelle & bénéficiale, par M. SALLÉ, *Paris*, Bailly, 1771, *in-4. v. f.*

3155 Differtation fur le tenement de cinq ans, où l'on fait voir que cette prefcription ne doit plus être pratiquée dans l'Anjou, le Maine, la Touraine & le Loudunois, & que les inféodations & les enfaifinemens de rentes doivent êtres abolis dans les Coutumes de Senlis, de Valois & de Clermont, par Eufebe DE LAURIERE, Avocat au Parlement, *Paris*, Jacques Morel, 1698. = Bullæ Paparum de cenfibus. = Arrêt du Parlement de Paris, par lequel la Cour a ordonné qu'il ne feroit plus payé de lods & ventes, tant pour l'achat que le rachat des rentes conftituées à prix d'argent, *in-12. v. b.*

3156 Traité de la vente des immeubles par décret, avec un recueil des Edits, Déclarations & Réglemens des Cours Souveraines fur ce

DROIT FRANÇOIS.

sujet, nouvelle édition, revue, corrigée & augmentée, par Louis DE HÉRICOURT, Avocat au Parlement, *Paris*, Despilly, 1771, 2 vol. in-4. *v. f. d. f. t.*

JURISPRUDENCE DES DIFFÉRENS TRIBUNAUX.

Jurisprudence de la Chambre des Comptes, du Grand Conseil, & de la Cour des Aydes.

3157 Mémoire sur les matieres domaniales, ou Traité du Domaine, par LEFEBVRE DE LA PLANCHE, donné par M. LORRY, Avocat, *Paris*, Defaint & Saillant, 1764 & 1765, 3 vol. in-4. *v. m.*

3158 Suitte du Tréfor des Tréfors, & responfe analytique de Jean DE BEAUFORT, aux deux libelles contre luy imprimez, sous le tiltre de *Remonftrances faites à la Chambre des Comptes par les Officiers de Finance, és années 615 & 616*, pour empêcher les preuves de fes dénonciations, avec la Requefte prefentée en ladite Chambre par ledit Beaufort, pour la juftification de la calomnie contre lui inventée par lefdits Officiers de Finance, fous le nom emprunté de Jean Bouvot, & l'Arrêt du Conseil donné fur icelle, 1616, in-4. *v. f. d. f. t.*

3159 Mémoire sur l'affaire du Grand-Conseil, ou Analyfe raifonnée des prétentions élevées par le Grand-Conseil, & des principes & monumens qui démontrent leur illégitimité, avec un recueil des principales pieces indiquées dans ce Mémoire, *Paris*, 1755, in-4. *v. m.*

3160 La Jurifprudence du Grand-Confeil, exa-

JURISPRUDENCE.

minée dans les maximes du Royaume, *Avignon*, 1775, 2 vol. *in*-8. *v. f. d. s. t.*

3161 Nouvel examen de l'ufage général des Fiefs en France, pendant les 11, 12, 13 & 14ᵉ fiecles, par BRUSSEL, *Paris*, Prudhomme, 1727, 2 vol. *in*-4. gr. pap. *v. b.*

3162 Traité des Fiefs, de DUMOULIN, analyfé & conféré avec les autres feudiftes, par M. HENRION DE PENSEY, Avocat au Parlement, *Par.* Valade, 1773, *in*-4. *v. f. d. s. t.*

3163 Traité des Fiefs, par Claude POCQUET DE LIVONNIERE, *Par.* Defpilly, 1771, *in*-4. *v. f.*

3164 Les vrais principes des Fiefs, en forme de Dictionnaire, par DE FREMINVILLE, *Paris*, Valleyre pere, 1769, 2 vol. *in*-4. *v. m.*

3165 Traité des Fiefs, par JACQUET, *Paris*, Samfon, 1763, *in*-12. *v. m.*

3166 Traité du Droit commun des Fiefs, par GOETSMANN, avec la Jurifprudence qui a lieu dans les pays qui font régis par le droit commun des fiefs, & notamment en Alface, *Par.* Defventes, 1768, 2 vol. *in*-12. *v. f. d. s. t.*

3167 Syftême nouveau fur l'origine des Fiefs, pour fervir à la connoiffance de l'hiftoire & à l'intelligence des coutumes, par M. MARCHAND, Notaire à Chartres, *Chartres*, Jouenne, 1776, *in*-8. *v. m.*

3168 Traité fur la matiere des relevemens, felon les Ordonnances, droit & coutume, contenant la maniere comment ès Chanceleries de France font les lettres de relief chacun jour expédiées, (par Matthias FORTIN), reveu, corrigé & augmenté par l'Autheur d'icelui, *Paris*, Vincent Sertenas, 1548, *in*-8. *v. f. d. s. t.*

DROIT FRANÇOIS.

3169 Traité des Justices des Seigneurs, & des droits en dépendans, par JACQUET, *Lyon*, Reguilliat, 1764, *in-*4. *v. m.*

3170 Traité historique & pratique des Droits Seigneuriaux, par J. RENAULDON, *Paris*, Despilly, 1765, *in-*4. *v. f.*

3171 Suite du Discours de l'abus des Justices de Village, traictant de la manutention des Justices Seigneurialles légitimement introduites, *Paris*, Abel l'Angelier, 1604, *in-*8. *v. m.*

3172 Code des Seigneurs hauts-justiciers & féodaux, par M. HENRIQUEZ, *Paris*, Saillant & Nyon, 1771, *in-*12. *v. m.*

3173 Le Livre des Seigneurs, *ou* le Papier tertier perpétuel, qui indique la maniere de renouveller les terriers, & de les rendre utiles à perpétuité, pour la conservation des droits de la Seigneurie, *Paris*, L. Cellot, 1776, *in-*4. *v. m.*

3174 Méthode des Terriers, *ou* Traité des préparatifs & de la confection des terriers, avec la maniere de rendre utiles & d'abréger, pour les rénovations prochaines, les différentes opérations qui ont servi de fondement à la rénovation actuelle, par MM. JOLLIVET freres, Commissaires aux Droits seigneuriaux, (avec quatre modeles, imprimés séparément & une planche,) *Paris*, Musier fils, 1776, *in-*8. *v. f.*

3175 Traité de la Main-morte & des retraits, par F. J. DUNOD, nouvelle édition, augmentée de la lettre d'un Magistrat de Franche-Comté à un Seigneur de la même Province, sur quelques questions importantes de la main-morte, *Paris*, veuve Dupuis, 1760, *in-*4. *v. f.*

JURISPRUDENCE.

3176 Dictionnaire de Législation, de Jurisprudence & de Finances, sur toutes les fermes unies de France, par M. B***, *Avignon*, Chambeau, 1763, *in*-4. *v. f.*

3177 Bail des Gabelles de France, faict à Jean Dugoune, esleu à Xaintes, *Par.* Saugrain, 1617, *in*-12. *v. f. d. f. t.*

3178 Dissertation sur les aides, chevels de Normandie, apellés aides coustumiers, par DE JORT, *Rouen*, Jacques Besongne, 1706, *in*-12. *v. m. d. f. t.*

3179 Instruction pour cognoistre clerement qu'est-ce que c'est que admortissement, et quelles choses sont requises premier et avant que une rente, possession ou heritage baille aulmonne ou vendu à l'Eglise, soit tenu & repuré pour devement admorty, contenant aussi certains articles ou Ordonnances faites par les Roys de France, touchant lesdicts admortissemens & nouveaulx acquestz faicts par les gens d'Eglise, avecque les Lettres-patentes du Roy François, à présent régnant, ausquelles est contenu entiérement et narrée la vraye substance desdicts admortissemens, & l'intention du Roy, selon laquelle se fault nécessairement reigler, *Paris*, en la rue Neuve Notre-Dame, à l'Escu de France, 1520. = Extrait de toutes les Ordonnances Royaulx, réduites à tiltres, selon la forme de la plaidoyerie, depuis le Roy Phelippe-le-Bel, jusqu'à François I, *in*-4. *gothique v. f. d. f. t.*

3180 De l'origine du droit d'amortissement, par Mᵉ Eusebe DE L****, (LAURIERE) Avocat en

Parlement, *Paris*, Jérôme Bobin, 1692, *in-12*. *v. f. d. f. t.*

3181 Traicté de la garantie des rentes, contenant la défense de l'opinion commune sur la clause de fournir & faire valoir, & l'explication des autres clauses apposées communément aux cessions des rentes, reveu, corrigé & augmenté, *Paris*, Pierre Mettayer, 1599, *in-8*. *v. f. d. f. t.*

3182 Traité des Rentes, selon le droit civil & coutumes de diverses Provinces de la France, ensemble les plus notables Edicts & Arrests des Cours souveraines sur icelles, extrait des Mémoires de M. L. B., Avocat au Parlement de Paris, *Paris*, Nicolas Rousset, 1615, *in-8*. *v. f. d. f. t.*

3183 Jurisprudence des Rentes, (par DE BEAUMONT,) *Paris*, Prault pere, 1762, *in-8. v. m.*

3184 Manuel des créanciers & des débiteurs de rentes, où l'on trouve, d'un coup d'œil, ce qu'un capital quelconque (depuis vingt sols jusqu'à cinquante mille livres) donne de rente pour tel nombre d'années, de mois & de jours que ce soit, à cinq pour cent, 1°. sans retenue de vingtieme, 2°. avec déduction du premier ; 3°. avec déduction du second & des quatre sols pour livres, le tout conformément aux Edits & Déclarations du Roi sur ces matieres, *Mirecourt*, Christophe Gauthier, 1771, *in-4. v. f. d. f. t.*

3185 Traité des Immatricules ; *ou* Instructions générales sur les formalités qu'il faut observer dans tous les cas, pour recevoir les rentes & les pensions royales, les décomptes des pensions, & même ceux des rentes lorsqu'elles sont

JURISPRUDENCE.

viagéres, par M. DE MASSAC, *Paris*, 1779, *in*-8. *br.*

3186 Dictionnaire des Aydes, *ou* les Dispositions tant des Ordonnances de 1680 & 1681, que des Réglemens rendus en interprétation, jusqu'à présent distribuées dans un ordre alphabétique, nouvelle édition, revue, corrigée & augmentée, par Pierre BRUNET DE GRANDMAISON, *Paris*, Prault, 1730, *in*-12. *bas.*

3187 Traité des Tailles, et autres charges et subsides, tant ordinaires que extraordinaires, qui se levent en France, & des offices & estats touchant le maniement des finances de ce Royaume, avec leur institution & origine, par Jehan COMBES, Advocat au Siège Présidial d'Auvergne à Riom, seconde édition, *Paris*, Fr. Morel, 1584, *in*-8. *v. f. d. s. t.*

3188 Décisions notables sur les Ordonnances des tailles, aydes & Jurisdiction des esleuz, par N. BAGEREAU, Advocat, *Paris*, Martin Collet, 1624, *in*-8. *v. f. d. s. t.*

Jurisprudence des Eaux & Forêts, Militaire & Maritime.

3189 Ordonnance de LOUIS XIV, sur le fait des eaux & forêts, du mois d'Août 1669, avec les Réglemens rendus en interprétation jusqu'à présent, nouvelle édition, plus correcte que les précédentes, *Paris*, Compagnie des Libraires associés, 1764, *in*-12. *bas.*

3190 Commentaire sur l'Ordonnance des eaux & forêts, du mois d'Août 1669, (par M. JOUSSE,) *Paris*, Debure, 1772, *in*-12. *v. f. d. s. t.*

DROIT FRANÇOIS. 521

3191 Dictionnaire raisonné des eaux & forêts, par M. CHAILLAND, *Paris*, Ganeau, 1769, 2 *vol. in*-4. *v. m.*

3192 Dictionnaire portatif des eaux & forêts, par M. MASSÉ, *Paris*, Vincent, 1766, 1 *tom*. 2 *vol. in*-8. *v. m.*

3193 Instruction abrégée pour les Gardes des eaux & forêts, par DE FROIDOUR, *Paris*, Charpentier, 1688, *in*-12. *v. f. d. s. tr.*

3194 Instruction pour les ventes des bois du Roi, par DE FROIDOUR, avec des notes tirées des meilleurs Auteurs, sur la matiere des eaux & forêts, & des Ordonnances de 1669, 1667 & 1670, par M. BERRIER, Maître-Particulier des eaux & forêts, *Paris*, Brunet, 1759, *in*-4. *v. m.*

3195 Code des Chasses *ou* nouveau Traité du droit des chasses, suivant la Jurisprudence de l'Ordonnance de Louis XIV, du mois d'Août 1669, mises en conférence avec les anciennes & les nouvelles Ordonnances, Edits, Déclarations, Arrêts, Réglemens, & autres Jugemens rendus sur le fait desdites chasses, où l'on a joint les notes des meilleurs Auteurs, & des nouvelles remarques pour l'intelligence de cette Jurisprudence, quatriéme édition, *Paris*, Compagnie des Libraires, 1765, 2 *vol. in*-12. *v. f. d. s. t.*

3196 Essai historique & légal sur la chasse, *Par.* le Jay, 1769, *in*-12. *v. f.*

3197 Plan Topographique de la capitainerie de la varenne du Louvre, divisé en douze cantons, 1759, *in*-8. *m. r.*

3198 Code Militaire, *ou* Compilation des Ordonnances des Rois de France, concernant les gens de guerre, par DE BRIQUET, nouvelle édition, augmentée des dernieres Ordonnances, *Paris*, Nyon, 1761, 8 *vol. in*-12. *v. m.*

3199 Instruction pour la cavalerie de l'armée du Roi, commandée par M. le Maréchal Duc de Broglie, *Francfort*, (*Paris*) 1760, *in*-12. *v. m.*

3200 Instruction que le Roi a fait expédier pour regler provisoirement l'exercice de ses troupes d'infanterie, du 11 Juin 1774, avec figures, *Versailles*, de l'Imprimerie du Roi, département de la guerre, 1774, *in-fol. fig. br.*

3201 Ordonnance du Roi, pour régler l'exercice de ses troupes d'infanterie, du premier Juin 1776, *Paris*, Imprimerie Royale, 1776, *in-fol. fig. v. f. d. s. t.*

3202 Brevis Introductio in notitiam legum nauticarum, & scriptorum juris reique maritimæ, à B.-Andrea LANGE in lucem emissa, jam verò multis in locis correctiùs edita, *Lubecæ*, Petrus Bockmannus, 1724, *in*-8. *cart.*

3203 Ordonnance de LOUIS XIV, donnée au mois d'Août 1681, touchant la marine, *Paris*, Thierry, 1681, *in*-4. *v. f. d. s. t.*

Jurisprudence, Droits & Priviléges des Offices de France, & des Officiers de Judicature; Edits & Traités sur l'Administration de la Justice.

3204 Nouveau stile de la Chancellerie de France & des Chancelleries establies près les Parlements, avec les reglements des Chancelleries & taxes des sceaux, le tout nouvellement reveu, corrigé & augmenté de plusieurs lettres & clauses nécessaires à icelles ; plus, le Guidon des

DROIT FRANÇOIS. 523

Secrétaires, avec tables très-amples, *Paris*, Etienne Richer, 1635, 2 vol. *in-8. cart.*

3205 Tarif des droits du sceau, arrêté au Conseil, en exécution de différens édits, la liste des Archeveschez, Eveschez & Présidiaux du Royaume, *Paris*, veuve Laurent Rondet, 1704, *in-4. mar. bl.*

3206 Mémoire sur la question de préséance pour les Ducs & Pairs de France, contre le Maréchal de Luxembourg, *Paris*, Sevestre, 1693, *in-12. v. m.*

3207 Mémoire pour la Noblesse de France, contre les Ducs & Pairs, (par DE BOULAINVILLIERS) *sans date*, *in-12. v. br.*

3208 Requête de la Noblesse, contre les fausses prétentions des Ducs & Pairs, 1716.=Requête du Parlement au Duc d'Orléans, Régent, & autres pièces relatives au même sujet, *in-8. v. b.*

3209 Dissertation sur l'origine, les droits & prérogatives des Pairs de France, où l'on examine si le Parlement en corps peut décréter un Pair de France, sans ordonner préalablement la convocation des Pairs, & si cette convocation n'est nécessaire que lorsqu'elle est requise par l'accusé, (*Paris*) 1753, *in-12. mar. r.*

3210 Questions de droit public, (sur les Pairs de France & le Parlement) *Amsterd.* 1770, *in-8. v. f.*

3211 Mémoire sur le droit des Pairs de France d'être jugés par leurs Pairs, (*sans nom de Ville, ni d'Imprimeur*), 1771, *in-8. v. f. d. s. t.*

3212 Recueil des écrits qui ont été faits sur le différend d'entre les Pairs de France & les Présidens au Mortier du Parlement de Paris, pour

JURISPRUDENCE.

la maniere d'opiner aux lits de Justice, *Paris*, 1771. = Monumens précieux de la sagesse & de la fermeté de nos Rois pour le maintien de leur autorité, *Paris*, 1771, *in-4. br.*

3213 Mémoire de M. le Duc d'Orléans, sur son appanage, *Paris*, 1771, *in-4. v. f.*

3214 Recueil général des pieces touchant l'affaire des Princes légitimes & légitimés, *Rotterdam*, 1717, 4 *vol. in-12. v. br.*

3215 Mémoire sur les rangs & les honneurs de la Cour, par le P. Henri Griffet, *Paris, in-8. gr. pap. v. f.*

3216 Réponse à un écrit anonyme intitulé, *Mémoire sur les rangs & les honneurs de la Cour; ou Mémoire de M. de Soubise*, par l'Abbé Georgel, *Paris*, le Breton, 1771, *in-8. v. f.*

3217 Bref discours de l'examen & choses spécialement requises à un Officier de Judicature, avecques un traicté de l'instruction du procès, tant ordinaire qu'extraordinaire, en premiere & seconde instance, par P. de Lommeau, Conseiller du Roy au Siege de Saumur, *Paris*, Denis Duval, 1587, *in-8. v. f. d. s. t.*

3218 Lettres sur la robe, *Douay*, 1742, *in-8. v. m.*

3219 Lettre d'un Avocat à un Magistrat de ses amis, sur le devoir des Magistrats, par rapport à leurs Secrétaires, (*sans frontispice*) *in-12. v. f. d. s. t.*

3220 Instruction & formulaire des Advocats, contenant la forme d'intenter actions suivant les ordonnances & coutumes de France, adaptée aux loix des Jurisconsultes anciens, par François de Saleron, Advocat au Parlement de Paris, *Paris*, Galiot du Pré, 1567, *in-8. v. f. d. s. t.*

3221 La même, *Paris*, Galiot Corrozet, 1579, in-8. *v. f. d. s. t.*

3222 Lettres ou dissertations, où l'on fait voir que la profession d'Avocat est la plus belle de toutes les professions, & où l'on examine si les Juges qui président aux audiences, peuvent légitimement interrompre les Avocats lorsqu'ils plaident, *Londres*, (*France*) 1733, *in-8. v. f. d. s. t.*

3223 Lettres sur la profession d'Avocat & sur les études nécessaires pour se rendre capable de l'exercer; on y a joint un catalogue raisonné des livres utiles à un Avocat, & plusieurs pieces concernant l'ordre des Avocats, par M. CAMUS, Avocat, *Paris*, Jean-Thomas Hérissant pere, 1772, *in-12. v. m.*

3224 Les mêmes, *Paris*, Méquignon le jeune, 1777, *in-12. v. m.*

3225 Tableau de l'Avocat, où il est traité de l'esprit, de l'étude, de la science, de l'éloquence, de l'air, de la mémoire, de la prononciation, du geste & de la voix, par Timothée-François THIBAULT, Avocat, *Nancy*, P. Antoine, 1737, *in-8. v. m.*

3226 Regles pour former un Avocat, tirées des plus célebres Auteurs anciens & modernes, auxquelles on a joint une histoire abrégée de l'ordre des Avocats, & les reglemens qui concernent les fonctions & prérogatives attachées à cette profession, par M. Antoine-Gaspar BOUCHER D'ARGIS, Avocat au Parlement, avec un index des principaux livres de Jurisprudence, nouvelle édition, revue, corrigée & considérablement augmentée, *Paris*, Durand, 1778, *in-12. v. m.* *Double à vendre.*

3227 L'Avocat, ou réflexions sur l'exercice du Bar-

JURISPRUDENCE.

reau, (par M. CHAVRAY DE BOISSY) *Paris*, L. Cellot, 1778, *in*-8. *v. m.*

3228 Arrêts & reglemens concernant les fonctions des Procureurs, tiers référendaires du Parlement de Paris, *Paris*, le Febvre, 1694, *in*-4. *v. br.*

3229 Formulare instrumentorum, instrumenta edere, componereve cupientibus maxime profuturum, adita arte notariatus, non minimo labore enodata, amplissimisque additionibus noviter summâ diligentiâ subjunctis, correctum atque emendatum, feliciter incipit, *Lugduni*, Scipio de Gabiano, 1534, *in*-8. *v. m. litt. goth.*

3230 Antiquité, droits, fonctions, franchises, exemptions & priviléges des Notaires-Gardenotes du Roi au Châtelet de Paris, 1662, *in*-4. *v. f.*

3231 La science parfaite des Notaires, *ou* le parfait Notaire, nouvelle édit. revue, corrigée & augmentée sur celle de Claude-Joseph DE FERRIERE, par F. B. DE VISME, *Paris*, Savoye, 1761, 2 *vol. in*-4. *v. f. d. f. t.*

3232 Manuel des Huissiers, *ou* nouvelles instructions, par M. OUIN, anc. Huissier, *Paris*, Ant. Boudet, 1775, *in*-12. *v. m.*

3233 Ordonnances du Roy pour la réformation & reiglement de la justice, tant ès Cours souveraines que inférieures, faites en l'assemblée des Princes & Seigneurs de son Conseil, & des Députez des Cours de Parlement & Grand-Conseil, tenue à Moulins au mois de Février 1566; ensemble les déclarations & interprétations du Roy sur icelles, avec une table des matières y

DROIT FRANÇOIS.

contenues, *Paris*, Rob. Estienne, 1567, *in-8. v. f. d. s. t.*

3234 Traité de l'administration de la justice, où l'on examine tout ce qui regarde la Jurisdiction en général & toutes les personnes employées pour l'exercice de la Justice, par M. Jousse, Conseiller au Présidial d'Orléans, *Paris*, Debure pere, 1771, *2 vol. in-4. v. f. d. s. t.*

3235 Nouveau commentaire sur l'Ordonnance civile du mois d'Avril 1667, nouvelle édit. augmentée de l'idée de la Justice civile, par le même, *Par.* Debure pere, 1767, *2 v. in-12. v. m.*

3236 Code civil, *ou* commentaire sur l'Ordonnance du mois d'Avril 1667, par M. François Serpillon, *Paris*, Pierre-Merry de la Guette, 1776, *in-4. v. m.*

3237 Ordonnance de Louis XIV, Roy de France, ensemble les édits & déclarations touchant la réformation de la Justice, du mois d'Août 1669, *Paris*, Associés, 1700, *in-24. m. r.*

3238 Nouveau commentaire sur les Ordonnances des mois d'Août 1669 & Mars 1673, ensemble sur l'édit du mois de Mars 1673, touchant les épices, par M. ***, (Jousse) Conseiller au Présidial d'Orléans, nouvelle édit. corrigée & augmentée, *Paris*, de Bure l'aîné, 1761, *in-12. v. m.*

3239 Avis donné au Roy sur l'abréviation des procès, par Ange Capel, (*Paris*) 1562, *in-fol. v. br.*

3240 Advis & mémoires présentés au Roy sur l'abréviation des procès, par le restablissement de l'ancien droit domanial des défaux & amendes, ensemble l'arrest du Conseil d'Estat sur ce intervenu, *Paris*, Jean Petit, 1607, *in*-8. *v. f. d. f. t.*

3241 L'enfer des Chicaneurs, reveu & augmenté par Louys VERVIN, Advocat au Parlement de Paris, *Paris*, Nic. Alexandre, 1622. = L'adieu du Plaideur à son argent, 1626, (en vers.) = Réplique à certains Protecteurs de la chicannerie. = La mort de Procèz avec sa descente aux enfers, par M. P., *Paris*, Anthoine Robinet, 1634, (en vers.) = Antitribonian, *ou* discours d'un grand & renommé Jurisconsulte de nostre temps, sur l'estude des loix, fait par l'advis de feu M. de l'Hospital, Chancelier de France, en l'an 1567, (par P. NEVELET, Sieur de Dosches) *Paris*, Jeremie Perier, 1603. = Divination par laquelle est prouvé que qui peult & veult, doibt escrire & plaider pour soy, par Clément VAILLANT de Beauvais, Advocat en Parlement, *Paris*, Jean le Blanc, 1595. = Deux plaidoyez d'entre M. Procèz, appellant de la sentence de M. le Seneschal de Raison, ou son Lieutenant en lieu de concorde, d'une part ; & honorable homme M. de Bonaccord, inthymé, d'autre : par lesquels il appert de l'utilité de procès, & aussi de la misere d'iceluy, traicté de gentille & singuliere invention, *Paris*, Nicolas Chesneau, 1570, *in*-8. *v. m.*

3242 L'ami de la concorde, *ou* essai sur les motifs d'éviter les procès, sur les moyens d'en tarir la source, par un Avocat au Parlement, *Paris*, Monory, 1779, *in*-8. *v. m.*

DROIT FRANÇOIS.

Jurisprudence de la Police, de la Ville, du Châtelet, des Présidiaux, Elections, &c.

3243 Traité de la Police, par DE LA MARE, Paris, Cot, 1705—1738, 4 vol. in-fol. v. f.

3244 Dictionnaire ou traité de la police des Villes, Bourgs, Paroisses & Seigneuries de la campagne, par Edme DE LA POIX DE FRÉMINVILLE, Paris, Gissey, 1758, in-4. v. f.

3245 Abrégé de la police, accompagné de réflexions sur l'accroissement des Villes, par Jean-Pierre WILLEBRAND, Hambourg, Estienne, 1765, in-8. v. m.

3246 Code de la police, par M. D***, (DESLANDES) Paris, Prault, 1767, 2 volumes in-12. v. m.

3247 Elémens généraux de police, trad. de l'almand de Jean-Henry-Gottlobs DE JUSTI, par M. E***, Paris, Rozet, 1769, in-12. v. m.

3248 Ordonnances du Roy, concernant la police générale de son royaume, Paris, Rob. Estienne, 1567, in-8. v. f. d. s. t.

3249 Advertissement sainct & chrestien touchant le port des armes, par Pierre CHARPENTIER, Jurisconsulte, trad. du lat., Paris, Seb. Nivelle, 1575, in-8. v. f. d. s. t.

3250 Ordonnances royaux de la Jurisdiction de la Prévôté des Marchands & Eschevinage de la Ville de Paris, Paris, Nyverd, 1528, in-fol. goth. v. f. d. s. t. (v. m.)

3251 Extrait de certaines Ordonnances royaulx touchant les criées & rachaptz des maisons &

Tome I.

JURISPRUDENCE.

fauxbourgs de Paris, faict par prévillege aux Bourgois, *sans date, in-4. goth. cart.*

Lettres *de somme*, sans chiffres & réclames, huit feuillets.

3252 Législation du flottage des bois, *Paris, Clousier,* 1775, *in-12. cart.*

3253 Recueil des statuts, ordonnances, reiglemens, antiquitez, prérogatives & prééminences du Royaume de la Bazoche, *Paris,* Bonjan, 1644, *in-8. v. m.*

3254 Le même, *Paris,* Besongne, 1654, *in-8. mar. r. d. s. t.*

3255 Praticien du Châtelet de Paris & de toutes les Jurisdictions ordinaires du Royaume, (par M. PIGEAU), *Paris,* veuve Desaint, 1773, *in-4. v. m.*

3256 Séance du Châtelet de Paris, du 25 Octobre 1762, *Paris,* le Breton, 1762, *in-4. gr. pap. mar. r. d. s. t.*

3257 Traité de la Jurisdiction des Présidiaux, par M. ***, (JOUSSE) *Paris,* Debure, 1762, *in-12. v. m.*

3258 Recueil tant des édicts & ordonnances du Roy, que des arrests du Conseil & de la Cour des Aydes, concernant l'origine & progrès des Esleus particuliers, leurs Lieutenans & autres Officiers des Eslections particulieres, ensemble leur pouvoir & reiglemens d'entre eux & les Esleus en chef & autres Officiers, *Paris,* Abraham Saugrain, 1619, *in-8. v. f. d. s. t.*

3259 Mémoire pour les élus généraux des Etats du Duché de Bourgogne, contre le Parlement, Cour des Aydes de Dijon, où l'on établit les priviléges & les anc. usages de la Province, concern. les impositions, &c. par M. V. (M. DE VARENNE) *Paris*, 1762, *in-8. v. m.*

3260 Mémoire pour les élus généraux des Etats du Duché de Bourgogne, *sans date, in-12. v. m.*

Jurisprudence de la Cour des Monnoyes.

3261 Ordonnance du Roy sur le faict & reglement de ses Monnoyes, publiée à Paris le XV jour de Juing M. D. LXXVII, *Paris*, veuve Jeh. Dalier, 1577, *in-8. v. f. d. s. t.*

3262 La même, (avec les différentes pieces de monnoyes gravées) *Paris*, veuve Dalier & Nic. Roffet, *in-8. v. f. d. s. t.*

3263 Edict du Roy sur le faict & reglement général de ses monnoyes, contenant l'augmentation du cours des especes & introduction d'aucunes estrangeres, publié en Parlement à Rouen le Mercredi 2 Octobre 1602, *Rouen*, Martin le Mesgissier, 1615, *in-8. v. f. d. s. t.*

3264 Advertissement pour servir de responce au discours naguères publié sur le faict des monnoyes, *Paris*, Nic. Buon, 1609, *in-8. v. f. d. s. t.*

3265 Véritable rapport des conférences tenues à Paris & Fontainebleau, pour remédier aux désordres des monnoyes, & que les especes d'or & d'argent introduictes par l'édit du Roy, sont meilleures que les anciennes monnoyes ; ensemble la réponse aux Contredisans d'icelui édict, par Nicolas DE COQUEREL, Conseiller en la Cour des Monnoyes, *Paris*, Jean Millot, 1610, *in-12. v. f. s. t.*

3266 Apologie de l'édict des monnoyes, *ou réfutation des erreurs de Maistre Guillaume & de*

JURISPRUDENCE.

ſes Adhérens, *Paris*, Nic. Roffet, 1610, *in-8*. *v. ſ. d. ſ. t.*

3267 Edict & reglement faict par le Roy, (Mars 1636) ſur le cours & prix des monnoyes, tant de France qu'étrangeres, (avec leurs repréſentations gravées en bois.) *Paris*, Seb. Cramoiſy, 1636, *in-8. v. ſ. d. ſ. t.*

Juriſprudence Conſulaire, & des Corps de Marchands.

3268 Recueil contenant l'édit du Roy, ſur l'établiſſement de la Juriſdiction des Conſuls en la ville de Paris, *Paris*, Ballard, 1668, 2 *vol. in-4. m. r. d. ſ. t.*

3269 Le même, *Paris*, Thierry, 1705, 2 *tom.* 1 *vol. in-4. m. r. d. ſ. t.*

3270 Juriſprudence conſulaire & inſtruction des négocians, par M. Rogue, Procureur au Conſulat d'Angers, *Angers*, A. J. Jayer, 1773, 2 *vol. in-12. v. ſ. d. ſ. t.*

3271 Mémoire ſur les Corps de métiers, par M. De Lisle, *la Haye*, (Pont-à-Mouſſon) 1758, *in-12. v. m.*

Double à vendre 3272 Apologie du ſyſtême de Colbert, *ou* obſervation ſur les jurandes & les maitriſes d'arts & métiers, *Paris*, Knapen, 1771, *in-12. v. ſ.*

Double à vendre 3273 Diſcours traittant de l'antiquité, utilité, excellences & prérogatives de la Pelleterie & Fourrure, avec pluſieurs remarques curieuſes & conſidérations morales, (par Charrier) *Par.* Pierre Billaine, 1634, *in-8. v. m.*

3274 Recueil d'ordonnances, ſtatuts & reglemens concernant le corps de la Mercerie, *Paris*, Chardon, 1752, *in-4. v. br. d. ſ. t.*

3275 Mémoire des Marchands Epiciers, contre

DROIT FRANÇOIS.

M. le Duc de la Force, 1721, *in-fol. v. br.*

3276 Reglemens pour la Librairie & Imprimerie de Paris, arrêtés au Conseil d'Etat du Roy, Sa Majesté y étant, le 28 Février 1723, (*Paris*) 1723, *in-24. v. m.*

3277 Code de la Librairie & Imprimerie de Paris, *ou* conférence des reglemens qui les concernent, Paris, 1744, *in-12. v. f.*

3278 Statuts & reglemens pour la communauté des Relieurs & Doreurs de livres, de la ville de Paris, *Paris*, le Mercier, 1750, *in-12. m. r. d. f. t.*

3279 Mémoire sur les manufactures de draps & autres étoffes de laine, *Yverdon*, 1764, *in-8. v. m.*

3280 Arrêt du Conseil d'Etat du Roi qui ordonne l'exécution des statuts & reglemens pour les fabriques de Lyon, du 19 Juin 1744, & autre arrest du 25 Février 1745 qui le confirme, *Paris*, Impr. royale, 1744, *in-4. m. r.*

3281 Statuts, articles, ordonnances & priviléges des Principal, Jurés, anciens Bacheliers & Maîtres Huchers-Menuisiers de la ville, fauxbourgs & banlieue de Paris, *Paris*, Barthelemi Laisnel, 1730, *in-8. v. m.*

3282 Nouveau tarif du prix des Glaces, *Paris*, Prault, 1758, *in-12. m. r. d. f. t.*

Droit criminel de France.

3283 Ordonnance de Louis XIV pour les matieres criminelles, donnée au mois d'Août 1670, augmentée des édits, arrêts & reglemens intervenus depuis l'ordonnance, & notamment des édits & déclarations concern. les duels, *Paris*, 1760, *in-24. baz.*

JURISPRUDENCE.

3284 Traité des matieres criminelles suivant l'ordonnance du mois d'Août 1670, par Guy DU ROUSSEAUD DE LA COMBE, *Paris*, le Gras, 1767, *in-4. v. m.*

3285 Le même, *Paris*, Savoye, 1769, *in-4. v. f.*

3286 Nouveau commentaire fur l'ordonnance criminelle du mois d'Août 1670, avec un abrégé de la Juſtice criminelle, par M. ***, (JOUSSE) Conſeiller au Préſidial d'Orléans, nouv. édit. corrigée & augmentée, *Paris*, de Bure pere, 1763, *in-12. v. m.*

3287 Traité de la Juſtice criminelle, où l'on examine tout ce qui concerne les crimes & les peines en général & en particulier, les Juges établis pour décider les affaires criminelles, les parties publiques & privées, les accuſés, les Miniſtres de la Juſtice criminelle, les experts, les témoins & les autres perſonnes néceſſaires pour l'inſtruction des procès criminels, & auſſi tout ce qui regarde la maniere de procéder dans la pourſuite des crimes, par le même, *Paris*, de Bure pere, 1771, 4 *vol. in-4. v. f. d. ſ. t.*

3288 Des commiſſions extraordinaires en matiere criminelle, 1766, *in-12. v. m.*

3289 Eſſai ſur la preſtation des fautes, par M. LE BRUN, *Paris*, Saugrain le jeune, 1764, *in-12. v. m.*

3290 Traité des peines & amendes, tant pour les matieres criminelles que civiles, par Jean DURET, ſeconde édit. revue & augmentée, *Lyon*, Abel l'Angelier, 1583, *in-8. v. f. d. ſ. t.*

DROIT FRANÇOIS.

Procès criminels.

3291 Discours de la mort & exécution de Gabriel, Comte de Montgommery, par arrest de la Court, pour les conspirations & menées par luy commises contre le Roy & son Estat, qui fut à Paris le 26 Juin 1574, *Paris*, Mic. Buffet, 1574, *in-8. v. f. d. s. t.*

3292 Histoire du procès du Chancelier Poyet, pour servir à celle du Regne de François I, Roi de France, avec un chapitre préliminaire sur l'antiquité & la dignité de l'office de Chancelier, & sur les vicissitudes qu'il a éprouvées, *Londres*, (*Bruxelles*) 1776, *in-8. v. f.*

3293 Observations sur la vie & la condemnation du Maréchal de Marillac, & sur le libelle intitulé: *Relation de ce qui s'est passé au jugement de son procès*, prononciation & exécution de l'arrest donné contre luy, par Paul HAY DU CHATELET, *Paris*, 1633, *in-8. v. f.*

3294 Les mêmes, *Paris*, 1634, *in-fol. mar. r.*

3295 Procès de MM. de Cinqmars & de Thou, instruit par le Chancelier SÉGUIER. = Harangue du Card. DE RICHELIEU au Parlement, le 18 Janvier 1634. = Relation véritable de ce qui s'est passé au procès du Maréch. de Marillac, *in-12. v. f. d. s. t.*

3296 La vérité défendue, ensemble quelques observations sur la conduicte du Cardinal de Richelieu, 1635, *in-4. v. f.*

3297 Particularitez remarquées en la mort de MM. de Cinqmars & de Thou, à Lyon, le vendredy 12 Septembre 1642, *in-4. v. m.*

JURISPRUDENCE.

3298 Histoire véritable de tout ce qui s'est fait & passé dans la ville de Lyon, en la mort de MM. de Cinqmars & de Thou, ensemble les interrogations qui leur ont esté faictes, & réponses à icelles, 1644, in-4. v. m.

3299 Arrest du Parlement de Paris, contre Charles II, Duc de Lorraine, & autres Complices & Accusez, le premier jour d'Aoust 1412, avec une commission de la Cour, du même jour, pour l'entiere exécution dudit arrest ; & les remarques qu'en a fait Jean Juvenal des Ursins, le tout tiré du Greffe criminel de la Cour, Paris, Jacques Villery, 1634. = Arrest de la Cour du Parlement, par lequel le prétendu mariage de Monsieur avec la Princesse Marguerite de Lorraine, est déclaré non valablement contracté ; & le Duc Charles de Lorraine, Vassal lige de la Couronne, pour le rapt par lui commis, condamné avec Nicolas-François son frere, & Henriette de Lorraine, Princesse de Phalsebourg sa sœur, en date du 5 Septembre 1634, Paris, A. Estienne, 1634, in-8. v. br.

3300 Arrêt mémorable du Parlement de Toulouse, contenant une histoire prodigieuse de notre tems, par Jean DE CORAS. Item, les douze regles de Jean PIC DE LA MIRANDOLE, lesquelles adressent l'homme au combat spirituel, trad. de lat. en franç. par ledit DE CORAS, Lyon, Vincent, 1565, in-8. v. br.

3301 L'histoire de la conversion de Jean Guy, parricide, & la constance de sa mort, natif de Chastillon-sur-Loing, & exécuté audict lieu, Orléans, Eloy Gibier, 1566, in-12. v. f. d. s. t.

3302 Histoire tragique & miraculeuse d'un vol &

DROIT FRANÇOIS.

aſſaſſinat commis au pays de Berry en la perſonne de M. Martial Deſchamps, Médecin de l'Univerſité de Paris & de la ville de Bordeaux, eſcripte par lui-meſme, avec l'arreſt du Parlement de Paris ſur ce intervenu; plus, contemplation chreſtienne & philoſoph. contre ceulx qui nient la providence de Dieu, *Paris*, Jehan Bienné, 1576, *in-*8. *v. f. d. ſ. t.*

3303 Procès tragiques contenant cinquante-cinq hiſtoires, avec les accuſations, demandes & défenſes d'icelles, enſemble quelques poéſies morales, par Alexandre VANDEN BUSSCHE, dit LE SYLVAIN, *Anvers*, Guill. le Nierge, 1580, *in*-16. *v. m.*

3304 Hiſtoire funeſte contenant les défenſes de Moyſe de Forges, Sieur de Châteaufort, priſonnier, que Charlotte de Caulieres ſa femme, veut faire exécuter par accuſations fauſſes & crimes ſuppoſés, 1608, *in*-4. *v. br.*

3305 Hiſtoire tragique arrivée en la ville de Toulouſe, d'un Auguſtin, (Pierre-Arries Burdæus) d'un Conſeiller au Préſidial, (Franç. Guiraud) d'une demoiſelle eſpagnole, (Violante de Bats du Chaſteau) & autres qui ont été exécutés en ladicte ville, par arreſt du Parlement, pour homicide & adultere, en Février 1609, *Paris*, Ruelle, 1609, *in*-8. *v. f.*

3306 Hiſtoire tragique & arreſts de la Cour de Parlement de Toulouſe, contre les précédens, avec les annotations ſur ce ſubjet, par Guill. DE SEGLA, *Paris*, la Caille, 1613, *in*-8. *l. r. v. f.*

3307 Hiſtoire des parricides commis par Jacques Gentet & ſa femme envers leurs pere, mere

JURISPRUDENCE.

& fœurs, en la ville de Blaye, avec le fommaire de leurs procès, & arreft de la Cour de Bourdeaux, contre lefdits parricides, par J. PREVOST, Seigneur de Gontier, *Paris*, Nic. Rouffet, 1610, *in*-8. *v. f. d. f. t.*

3308 Hiftoire tragique d'un mariage infortuné, avec les motifs d'une grace octroyée par le Roy à une Damoifelle fur la mort de fon mary, par C. B., Sr du Plan, *Paris*, Ch. Seveftre, 1611, *in*-12. *v. f.*

3309 La même, augmentée d'une feconde partie, contenant la cataftrophe de cette tragédie, à fçavoir la mort exemplairement belle & conftante de la Damoifelle, *Lyon*, Jacq. Rouffin, 1612, *in*-12. *v. m.*

3310 Cruauté d'une jeune Damoifelle, à l'endroit de fon propre pere, mariée outre fa volonté à un vieillard qui en devint jaloux, exécutée à Villeneufve-d'Agen, *Paris*, Seb. Lefcuyer, 1624. = Récit véritable advenu en la ville de Narbonne, d'un Gentilhomme qui a empoifonné fon pere; & d'une Damoifelle en laquelle on connoiftra les rufes & cautelles des femmes à décevoir les hommes, enfemble l'exécution qui en a efté faicte le 3 de Juin, *Paris*, Seb. Lefcuyer, 1624. = Hiftoire tragique de Valeran, de Mufard & de Jeanne Prefte fa maitreffe, lefquels fe font tuez de chacun un piftolet, pour ne furvivre l'un à l'autre, *Paris*, Fr. Huby. = Difcours prodigieux & efpouvantable de trois Efpagnols & une Efpagnole, magiciens & forciers, qui fe faifoient porter par les Diables de ville en ville, avec leurs déclarations d'avoir fait mourir plufieurs perfonnes & beftail par leurs fortiléges, & auſſi d'avoir fait pluſieurs dégâts aux biens de la terre ; enſemble l'arreſt prononcé contre eux par le Parlement de Bourdeaux, *Par.* 1642. = Hiſtoire authentique de l'Eſcuyer Gyrard & de Damoiſelle Alyſon, conten. l'honneur, fidélité & intégrité des Dames, illuſtrée par Blaiſe DE CHANGY, Oſeur de Soulas, *Lyon*, Hector Penet, 1545. = Diſcours d'une hiſtoire & miracle advenu en la ville de Mont-Fort, près Rennes en Bretaigne, *Rennes*, 1688. = Relation véritable de la pluye de ſang ou couleur de pourpre, qui tomba à Bruxelles en Octobre 1646, *Paris*, Louys de Heuqueville, 1646. = La nouvelle eſtoile apparue dans le Sagittaire, le mois d'Octobre dernier, & qui dure encore à préſent, *Paris*, Jean Richer, 1605, *in-*8. *v. f. d. ſ. tr.*

3311 Les véritables & principales circonſtances de la mort déplorable de la Marquiſe de Ganges, empoiſonnée & maſſacrée par l'Abbé & le Chevalier de Ganges, ſes Beaux-Freres, le 13 Mai 1667, *Rouen*, P. Cailloué, 1667, *in-*12. *v. m.*

3312 Récit de la mort tragique de la Marquiſe de Ganges, cy-devant Marquiſe de Caſtellane, empoiſonnée & maſſacrée par l'Abbé & le Chevalier de Ganges, ſes Beaux-Freres, avec l'arreſt du Parlement de Toloſe, donné contre les coulpables, *Paris*, Jacques le Gentil, 1668, *in-*4. *v. f. d. ſ. t.*

3313 Mémoire du procès extraordinaire contre la Dame de Brinvilliers, priſonniere en la Conciergerie du Palais, accuſée, *Paris*, P. Aubouïn, 1676, *in-*4. *v. f.*

JURISPRUDENCE.

3314 Mémoire du procès extraordinaire contre la même, & de la Chauffée, Valet de M. de Sainte-Croix, pour raison des empoifonnemens de diverfes perfonnes, avec la défenfion & l'arreft contre ladicte Dame, *Amfterdam*, Boom, 1676, *in*-12. *v. m.*

3315 Factum pour Marie d'Aubray, Marquife de Brinvilliers, avec le mémoire du procès extraordinaire contre la même, *Paris*, Tompere, 1676, *in*-12. *v. m.*

3316 Mémoire du procès extraordinaire contre la même, *Paris*, Auboüin, 1676. = Factum pour la même. = Arrêt du Parlement contre la même, du 16 Juillet 1676. = L'innocence vengée par l'exécution de la même, en vers. = Déclaration des crimes de ladite Dame, faite par elle-même, &c. (en vers) *in*-4. *v. m.*

3317 Recueil des arrefts de la Cour de Parlement, rendus au procès contre Louis-Dominique Cartouche & fes complices, (du 29 Novembre 1721) Par. Louis-Denis de la Tour, 1722, *in*-12. *v. f. d. f. t.*

3318 Hiftoire de la vie & du procès du fameux Louis-Dominique Cartouche & de plufieurs de fes complices, 1723. = La vie de Nivet, dit Fanfaron, & de fes Complices, *Paris*, Jean-Luc Nyon, *in*-12. *m. r.*

3319 La Mandrinade, *ou* hiftoire de la vie de Louis Mandrin, *Saint-Geoirs*, 1755. = Dialogue entre Cartouche & Mandrin, où l'on voit Proferpine fe promener en cabriolet dans les Enfers, *la Barre*, 1755, *in*-12. *v. f. d. f. tr.*

3321 Pieces originales & procédures du procès de

DROIT FRANÇOIS.

Robert-François Damiens, *Paris*, P. Simon, 1757, *in*-4. *m. r. d. f. t.*

Plaidoyers, Factums, Mémoires, &c.

3322 Causes célebres & intéressantes, avec les jugemens qui les ont décidées, par GAYOT DE PITTAVAL, *Paris*, Poirion, 1739 — 1750, 20 *vol. in*-12. *v. f.*

3323 Causes célebres & intéressantes, avec les jugemens qui les ont décidées, rédigées de nouveau par M. RICHER, *Amsterd.* (*Paris*, Nyon l'aîné) 1772 — 1777, 14 *vol. in*-12. *v. m.*

3324 Faits des causes célebres & intéressantes, *Amst.* (*Par.*) 1757, *in*-12. *v. m.*

3325 Continuation des causes célebres & intéressantes, par M. J. C. DE LA VILLE, *Paris*, le Clerc, 1769, 4 *vol. in*-12. *v. f.*

3326 Causes amusantes & connues, (recueillies par M. Robert ESTIENNE, Libraire), *Berlin*, (*Paris*) 1769, 2 *vol. in*-12. *fig. v. m.*

3327 Causes célebres, curieuses & intéressantes de toutes les Cours souveraines du Royaume, avec les jugemens qui les ont décidées, depuis 1773 jusqu'en 1780, avec la table alphabétique jusqu'en 1777, par MM. RICHER & DES ESSARTS, *Paris*, 1773 & suiv. 85 *tom.* 39 *vol. in*-12. *v. m.* & 12 *vol. brochés.*

3328 Plaidoyés & conclusions prises par Estienne BOUCHIN, Procureur du Roi à Beaune, sur le faict d'un prétendu impubere, accusé & pris à partie, pour avoir dit en plusieurs lieux qu'une femme mariée avoit esté trouvée à diverses fois avec son Curé, qui la cognoissoit charnellement, *Dijon*, Guyot, 1618, *in-8. v. m.*

3329 Plaidoyers historiques, par TRISTAN, *Lyon*, de la Riviere, 1659, *in-8. m. r. d. s. t.*

3330 Plaidoyez & harangues de LE MAISTRE, Advocat au Parlement, donnez par M. ISSALI, *Paris*, le Petit, 1657, *in-fol. v. br.*

3331 Plaidoyé contre un enfant supposé, déclaré imposteur, prononcé par Benigne LORDELOT, *Paris*, Bobin, 1686, *in-12. v. f. d. s. tr.*

3332 Plaidoyer de M. FREYDIER, contre l'introduction des cadenats ou ceintures de chasteté, *Montpellier*, Rochard, 1750, *in-8. v. m.*

3333 Plaidoyers & mémoires de M. L. D. M., (M. LOYSEAU DE MAULEON) *Paris*, 1758 & 1759, 2 *vol. in-4. v. m.*

3334 Discours d'un ancien Avocat-Général, (M. SERVANT) dans la cause du Comte DE **, & de la Demoiselle ***, Chanteuse de l'Opéra, *Lyon*, Sulpice Grabit, 1772, *in-12. v. éc.*

3335 Mémoires & plaidoyers de M. LINGUET, Avocat à Paris, *Amsterd.* (*Lyon*) 1773, 7 *vol. in-12. v. f. d. s. t.*

3336 Requête au Conseil du Roi, pour le même, contre les arrêts du Parlement de Paris des 29 Mars & 4 Février 1775, (*Geneve*) *in-8. v. f. d. s. t.* édition originale.

3337 Représentations adressées à Sa Majesté par le même, sur la défense à lui faite d'imprimer sa requête en cassation contre les arrêts des 4 Février & 29 Mars 1775, *Bruxelles*, 1776, *in-8. v. f. d. s. t.*

3338 Consultation du même, en réponse à la *Consultation sur la discipline des Avocats*, im-

DROIT FRANÇOIS. 543

primée chez Knapen, en Mai 1775, Bruxelles, 1776, in-8. v. f. d. f. t.

3339 Mémoire de Jean-Paul DE LESCUN, sur les oppositions aux poursuites des Evêques d'Oléron & de Lescar, & les demandes faites par les Eglises réformées de la Souveraineté de Béarn, pardevant le Roi en son Conseil, avec ce qui s'en est ensuivy, Paris, 1617, in-8. v. m.

3340 Défenses de Jean-Paul DE LESCUN, contre les impostures & calomnies publiées tant contre le service du Roy & droits de sa Souveraineté de Béarn, à la ruine des Eglises réformées, recueillies en icelle, que contre la maison du deffendeur, Orthes, Royer, 1619, in-8. v. m.

3341 Recueil des défenses de M. Fouquet, & autres pieces relatives à son procès, 1665 & 1668, 15 vol. in-12. vél.

3342 Recueil général des pieces contenues au procès de M. le Marquis de Gesvres, par BEGON, Rotterd. 1714, 2 vol. in-12. v. br.

3343 Recueil de toutes les pieces concernant le procès entre M. de Voltaire & le Sieur Travenol, Violon de l'Opéra, (sans date) in-4. v. br. d. f. t.

3344 Mémoire pour M. de la Bourdonnais, avec les pieces justificatives, Paris, de la Guette, 1750, in-4. gr. pap. v. f.

3345 Mémoire pour Marguer.-Hugues-Ch.-Marie de la Bedoyere, fils aîné de M. de la Bedoyere, Procureur-Général au Parlement de Bretagne, contre le Comte de la Bedoyere, son frere cadet, 1763, in-12. v. m.

3346 Plainte du Chevalier Law, contre le Sieur Dupleix, Paris, 1763, in-4. pap.

JURISPRUDENCE.

3347 Mémoire pour la Compagnie des Indes, contre M. Dupleix, 1763, *in-4. pap.*

3348 Mémoire pour M. Fr. Bigot, *Paris*, le Prieur, 1763, *in-4. pap.*

3349 Trois mémoires de M. de la Chalotais, Procureur-Général au Parlement de Bretagne, *sans nom de Ville*, 1766, *in-12. m. r. d. s. t.*

3350 Procès instruit extraordinairement contre MM. de Caradeuc de la Chalotais, son fils, & autres, 1768, 3 *vol. in-12. v. f.*

3351 Le même, 1770 — 1771, 4 *vol. in-12. mar. r. d. s. t.*

3352 Mémoires pour & contre M. Caron de Beaumarchais, dans son affaire avec M. de Goëtzmann, *in-4. broché.*

3353 Mémoire pour Pierre-Paul Sirven, Feudiste, Habitant de Castres, contre les Consuls & Communauté de Mazamet, &c. 1771, *in-8. v. m.*

3354 Collection des mémoires présentés au Conseil du Roy par les Habitans du Mont-Jura & le Chapitre de Saint-Claude, avec l'arrêt rendu par ce Tribunal, (*Genève*,) 1772, *in-8. v. f. d. s. t.*

3355 Recueil de mémoires concernant l'affaire de M. de Guines, *in-4. en feuill.*

3356 Correspondance de M. le Duc d'Aiguillon, au sujet de l'affaire de M. le Comte de Guines, & du Sieur Tort & autres intéressés, depuis 1771 jusqu'en 1775, *Paris*, Quillau, 1775, *in-8. v. f. d. s. t.*

3357 Mémoire pour Claude Chol de Clercy, ancien Prévôt-Général des Maréchaussées de France dans les Provinces de Lyonnois, &c. contre

contre Dame Charlotte son Epouse, Intimée ; & contre Joseph-Marie Terray, ancien Ministre d'Etat, ci-devant Contrôleur-Général des Finances, défendeur à l'accusation formée contre lui ; & encore contre les nommés Papillon, Garet & autres accusés, *Paris*, Cellot, 1775, in-4. v. f. d. s. t.

3358 Mémoire à consulter & consultation, pour M. l'Abbé Terray, Ministre d'Etat, contre le Sieur de Clercy, (*Paris*) L. Cellot, 1776, in-4. v. f. d. s. t.

3359 Recueil de mémoires concernant la Comp. des Indes, in-4. en feuill.

3360 Recueil de mémoires concernant l'affaire de MM. de Bellegarde & de Montieu, in-4. en feuil.

3361 Recueil de mémoires concernant l'affaire de M. le Maréchal de Richelieu, avec Madame de Saint-Vincent, in-4. en feuilles.

3362 Recueil de mémoires concernant l'affaire de M. le Comte de Moranglés, in-4. en feuill.

3363 Recueil de mémoires dans différentes affaires en matiere ecclésiastique, civile & criminelle, in-4. br.

Opuscules & Consultations sur différentes Matieres de Droit.

3364 Les exceptions & défenses de droit, par lesquelles un défendeur se peut aider contre le demandeur, pour lui répondre ainsi qu'il appartient, extraites du Droit canon & civil, avec la maniere de démener un procès, démonstrant comme une cause doit être décidée & menée à fin pardevant Justice, *Lyon*, Benoist Rigaud, 1567, in-8. v. f. d. s. t.

Tome I. M m

JURISPRUDENCE.

3365 Des droits de tiers & danger, grurie & grairie, par Christofle BERAULT, Advocat au Parlement de Rouen, *Rouen*, David du Petitval, 1625, in-8. v. f. d. f. t.

3366 Essai sur la valeur intrinseque des fonds, *ou* le moyen de les apprécier, de faire connoître leurs bornes, leurs limites, leurs servitudes, de pénétrer dans leurs charges, & d'en donner le rapport exact & précis en Justice, par M. MASSABIAU, Avocat en Parlement, *Paris*, Vente, 1779, in-12. v. m.

3367 Recueil de différens ouvrages sur les naissances tardives, par différens Auteurs, 1764, & suiv. 5 vol. in-8. v. m.

Ces Volumes contiennent :

Mémoire contre la légitimité des naissances tardives, dans lequel on concilie les loix civiles avec celles de l'économie animale, par M. LOUIS, *Paris*, Cavelier, 1764. ⎯ Supplément au précédent Mémoire, 1764. ⎯ Lettre d'un Naturaliste, de la Baye de Quiberon, qui croit à la vertu des femmes, sur le supplém. au mémoire de M. Louis, 1765. ⎯ Lettre à M.***, où l'on prouve la possibilité des naissances tardives, d'après la structure & le méchanisme de la matrice, 1764. ⎯ Mémoire sur la vitalité des enfans, par J. J. L. HOIN, *Par.* Delalain, 1765. ⎯ Lettre à M. Bouvart, sur la derniere consultation, par M. LE BAS, *Amst.* 1765. ⎯ Nouv. observations, par le même, *Paris*, Delalain, 1765. ⎯ Question importante : peut-on déterminer un terme préfix pour l'accouchement? par le même, *Paris*, Simon, 1764. ⎯ Consultation pour servir de réponse aux écrits de M. le Bas & autres, par M. BOUVART, *Par.* Hérissant, 1765. ⎯ Disquisitio medica de ea quæ undecimo mense peperit, à Joan. TARDINO, *Paris*, Hériss. 1765. ⎯ Réflexions critiques sur les écrits qu'a produit cette question, suivies d'une dissertation sur les Hommes

DROIT ÉTRANGER.

marins, par Mademoiselle PLISSON, *Paris*, Duchesne, 1765. ═ Recueil de pieces, par M. A. PETIT, *Paris*, d'Houry, 1766, 2 *parties*.

DROIT ÉTRANGER.

Jurisprudence d'Italie.

3368 Projet d'une réforme à faire en Italie, ou Moyens de corriger les abus les plus dangereux, & de réformer les loix les plus pernicieuses qui y sont établies. *Amsterd.* Rey, 1769, *in*-8. *mar. bl. d. s. t.*

3369 Pieces diverses en italien, sur les loix, la police, les us & coutumes de la ville de Florence, depuis 1548 — 1570, *in*-4. *v. f. d. s. t.*

3370 Legge sopra la proibizione delle monete Fiorentine, tore, ò stronzate, e di tutte le monete forestiere, e che l'oro non facci pagamento, fermata per partito de clarissi. SS. Luogo tenente e consiglieri, il di 9 di Dicembre 1621, *Firenze*, Zanobi Pignoni, 1621, *in*-4. *cart.*

3371 Lettera all' sig. Giovanni Lami, Theologo di S. M. Cesarea, sopra un antica cartapecora inedita che contiene un instrumento antico di dote appartenente à Firenze, *Lucca*, Giuseppe Rocchi, 1763, *in*-8. *carton.*

3372 Leggi nuove della republica di Genova, con le dichiarazioni, e gionte, riposte à suoi luoghi, ultimamente ristampate insieme col testo latino, *Genova*, 1584, *in*-8. *v. f. d. s. t.*

3373 Li statuti de la corte de Mercadanti de la citta di Lucca, *Lucca*, Vincenti Busdraghi, 1557, *in-fol. v. f. d. s. t.*

3374 Archivio della reggia giurifdizione del Regno di Napoli, riftretto in indice compendiofo, in cui fi riferifcono per ordine, ed in breve, le fcritture, che nel medefimo fi contengono, di commeffione reggia, raccolte dal Bartolomeo CHIOCCARELLO, ora dato alla luce la prima volta, per la cognizione della pratica e delle leggi, circa le differenze delle giurifdizioni ecclefiaftica e fecolare, *Vinegia*, 1721, *in-4. parch.*

3375 L'Avocato, dialogo, nel quale fi difcorre tutta l'autorità che hanno i magiftrati di Venetia; con la pratica delle cofe giudiciali del Palazzo, (libri v), *Vinegia*, Altobello Salicato, 1606, *in-8. parch.*

3376 De Jurifdictione reipublicæ Venetæ in mare Adriaticum, epiftola Francifci DE INGENUIS, Germani, ad Liberium Vincentium, Hollandum, adversùs Joh. Baptiftam Valenzolam, Hifpanum, & Laurentium Motinum, Romanum, qui jurifdictionem illam non pridem impugnare aufi funt, *Eleutheropoli*, 1619, *in-4. car.*

3377 Methodo delle leggi della republica di Venetia, del fig. Giovanni BONIFACCIO, Giureconfulto, & Affeffore, *Rovigo*, Daniel Biffuccio, 1625. = Correttioni, leggi & ordeni inftituiti per decreto del maggior confeglio in tempo del principe Fr. Erizzo, Duce di Venetia, *Venetia*, Gio-Pietro Pinelli. = Commentario fopra le leggi univerfali de feudi, nel quale fommariamente fi tratta di tutta la materia feudale, del Giov. Bonifaccio, Giureconfulto, *Rovigo*, Daniel Bifuccio, 1624. = Ordeni dell' officio delli fignori X. Savii, intorno la

DROIT ÉTRANGER.

regolatione del suo officio, *Venetia*, Gio-Pietr. Pinelli. = Sommario delle parti, leggi, ordini & terminationi del collegio de X. Savii, sopra le decime, *Venetia*, Gio-Pietro Pinelli, 1634. = Ordini di navigare del sign. Agostino CANAL, stampata in calle dalle Rasse. = Ordini delli Advocati, della città di Vinetia statuiti per il collegio delli XX Savii, sopra le lezze, *Vinetia*, Gioanni Padovano, 1537, in-4. v. b.

3378 Prattica civile delle corti del Palazzo Veneto, raccolta & compilata dal D. F. N. A. E. & P. V., *Venetia*, Stef. Carti, 1668, in-12. baz.

3379 Le Institutioni della prudenza civile fondate sù le leggi Romane, e conformate alle leggi Venete, nelle quali si stabilisce il jus universale delle genti con l'autorità dei Giurisconsulti, con le massime dei politici, e coi riscontri degli Storici, opera postuma di Giulio March. DEL POZZO, *Venezia*, Girolamo Albrizzi, 1697, in-4. v. m.

3380 Loix & Constitutions du Roi de Sardaigne, trad. en françois, avec l'ital. à côté, *Turin*, Valletta, 1723, in-fol. v. m.   *Double à vendre*

3381 Loix & Constitutions de Sa Majesté (de Sardaigne,) en ital. & en franç., *Turin*, Imp. Royale, 1770, 2 vol. in-4. baz. &c.

3382 Statuti civili, & criminali dell' isola di Corsica, *Genova*, Giuseppe Pavoni, 1602, in-fol. v. m.

Jurisprudence d'Espagne, de Portugal, &c.

3383 D. Melch. PELAEZ à Meres, tractatus majoratuum & meliorationum Hispaniæ, in quo universa ferè Jurisprudentia civilis magiftrali eruditione exponitur & illuftratur, nova editio, cæteris longè elegantior & emendatior, *Lugduni*, Antonius Servant, 1735, 2 *tom.* 1 *vol. in-fol. v. m.*

3384 Decifiones Sacri Senatûs Regii regni Aragonum, & curiæ Domini juftitiæ Aragonum caufarum civilium & criminalium, Aut. Jof. DE SESSE, Ord. S. Francifci de Paula, *Cæfar-Auguftæ*, Joan. de Larumbe, 1611, *in-fol. v. f. d. f. t.*

3385 Decifiones utriufque fupremi Tribunalis regni Aragoniæ, placitis & fententiis fupremorum Tribunalium regni Neapolis illuftratæ, per Joan. Chrifoft. DE VARGAS, Machucam, *Neapoli*, Ægidius Longo, 1676, *in-f. v. f. d. f. t.*

3386 Joan. DE SOCARRATIS, Jurifc. Cathalani, in tractatum Petri ALBERTI canonici Barch., de confuetudinibus Cathaloniæ, inter Dominos & Vafallos, ac nonnullis aliis, quæ commemorationes Petri ALBERTI appellantur, doctiffima ac locupletiffima commentaria, nunc primùm typis excufa, quibus feudorum materia diligentiffimè pertractatur, *Barchinonæ*, Joann. Gordiola, 1551, *in-fol. v. f. d. f. t.*

3387 Apparatus fuper conftitutionibus curiarum generalium Cathaloniæ, per Th. MIERES editi, *Barcinonæ*, 1621, 2 *vol. in-fol. v. f. d. f. t.*

3388 Jacobi CANCERII J. C., variæ refolutiones juris cæfarei, pontificii, & municipalis principatûs Cathaloniæ, hac ultima editione, ab ipfo auctore antequam è vita emigraret, diligentiffimè recognitæ, & altero ferè tantò auctiores factæ, cura D. D. MYR, auctoris generi, in lucem emissæ, *Turnoni*, Laur. Durand, 1635, 2 *vol. in-fol. v. f. d. f. t.*

3389 Jus succedendi in Lusitaniæ regnum Dominæ Catharinæ regis Emmanuelis ex Eduardo filio neptis, doctorum sub Henrico Lusitaniæ rege ultimo Conimbricense sententiis confirmatum, nunc ab Lusitano anonymo latinitate donatum, addita appendice de actu possidendi, & jure postliminii serenissimi regis Joannis IV, *Parisiis*, Sebastianus Cramoisy, 1641, *in-fol. v. f. d. f. t.*

3390 Dominici ANTUNEZ, Portugal. J. C. Penamacorensis, tractatus de donationibus jurium & bonorum regiæ coronæ, *Ulyssiponæ*, Joannes à Costa, 1673 & 1675, *2 volumes in-folio v. f. d. f. t.*

Jurisprudence d'Allemagne.

3391 Introductio in notitiam scriptorum juris civilis saxonici & cameralis juxta ordinem alphabeticum disposita, & cum judicio & censura publici juris facta, *Nordhusæ*, Carolus Christianus Revenhahn, 1703, *in-8. v. m.*

3392 Introductio in jus publicum Imperii Romano-Germanici novissimum, solida ac genuina illius fundamenta ex ipsis fontibus, legibus scil. fundamentalibus, actisque publicis imperii & optimis hujus imprimis ævi scriptoribus deprompta, convenientique methodo disposita, succinctè, perspicuè tamen & plenè, insertis quoque nobilioribus controversiis interdum vel verbo definitis, exhibens; adornata & sexta hac edit. revisa, in plurimis locis correcta & aucta

M m iv

JURISPRUDENCE.

à Gabriele SCHWEDERO, J., *Tubingæ*, Gothofredus Stollii, 1707, *in-8. v. f. d. s. t.*

3393 Burchardi Gotthelffii STRUVII Syntagma juris publici germanici, *Jenæ*, Bielckius, 1720, *in-4. v. f.*

3394 Hermanni CONRINGII, de origine juris germanici liber, *Helmestadii*, Hammius, 1720, *in-4. vel.*

3395 Dieterici Herm. KEMMERICHII, jur. nat. & gent. Prof. P. introductio ad jus publicum imperii Romano-Germanici, ex historia Germaniæ, legibus fundamentalibus, actis publicis, & diplomatibus, necnon accuratioribus & celebrioribus juris publici scriptoribus, ordine, qua licuit, naturali concinnata, *Wittebergæ*, Christ. Theophil. Ludovicus, 1721, *in-8. v. f. d. s. t.*

3396 Jo. SCHILTERI, J. C., institutiones juris feudalis germanici & langobardici, observationibus Jo. Gottlieb. HEINECCII, J. C. illustratæ; accedunt ejusdem SCHILTERI commentatio de natura successionis feudalis atque ad eandem mantissa, *Berolini*, Christianus Frid. Vossius, 1750, *in-8. veau m.*

3397 Joannis-Stephani PÜTTERI, Juris publici in Georgia-Augusta professoris ordinarii, primæ lineæ juris privati Principum speciatim Germaniæ, *Goettingæ*, Vidua Wandenhoeck, 1768, *2 part. 1 vol. in-8. v. f.*

3398 Andreæ KNICHEN, de sublimi & regio territorii jure, synoptica tractatio, in qua Principum Germaniæ regalia territorio subnixa, vulgo Landes Obrigkeit, indigitata, nuspiam antehac digesta, luculenter explicantur, editio iterata, accuratioris limæ politura lævigata,

DROIT ÉTRANGER.

nonnulla preſſius penſica latiuſque diſcuſſa, *Francofurti*, in Paltheniano Collegio, 1603, *in-*4. *v. f.*

3399 Specimen conjecturarum politicarum de origine & natura legum germanicarum privatarum antiquarum, earumque ad ſtatum præſentem provinciarum Germaniæ, imprimis ad terras proteſtantium habitum, in quibus tam breviter legum germanicarum hiſtoria exhibetur, quàm potiſſimum in earum naturam ex æquitatis & prudentiæ legiſlatoriæ principiis inquiritur, & communia quædam circa hanc doctrinam præjudicia diſcutiuntur, à Chriſtiano-Godofredo Hoffmanno, *Lipſiæ*, Hæred. Frieder. Lanckiſii, 1715, *in-*4. *v. m.* ☩

3400 Joh. Friderici Polac, J. U. D. ſyſtema juriſprudentiæ civilis germanicæ antiquæ, ex ipſis fontibus legum antiquiſſimarum, quotquot earum ſuperſunt, depromptum, ac methodo commoda ad genuina juris principia revocatum, *Lipſiæ*, Hæredes Lankiſianorum, 1733, *in-*4. *v. f.* ☩

3401 Chriſtiani-Henr. Eckhardi, jurium Doct. eloqu. & poeſ. Prof. ordin. de interrogationibus in jure apud Germanos commentatio, ex antiquis Germaniæ monimentis, chartis ac diplomatibus eruta, quâ priſca judicandi ratio explicatur & varia inſtituta forenſia illuſtrantur, *Jenæ*, ex officina Ritteriana, 1746, *in-*4. *v. f.* ☩

3402 Traité hiſtorique & politique du droit public de l'Empire d'Allemagne, par Le Coq de Villeray, *Paris*, Laurent d'Houry fils, 1748, *in-*4. *v. m.* ☩

3403 Abrégé chronologique de l'hiſtoire & du ☩ *D. changé à vendre*

JURISPRUDENCE.

☩ droit public d'Allemagne, par M. P. S. D. A. D. S. M. L. R. D. P. E. D. S., (M. DE PLEFFEL, Secrétaire d'Ambassade de S. M. le Roi de Pologne, Electeur de Saxe,) *Paris*, Hérissant, 1754, *in-8. mar. r.*

☩ 3404 Le même, *Manheim*, Pierron, 1758, *in-4. v. m.*

☩ 3405 Le même, *Paris*, Hérissant, 1766, 2 vol. *in-8. v. m.*

☩ 3406 Le même, *Paris*, Delalain, 1776, 2 vol. *in-4. pap. d'Holl. v. f. d. f. t.*

☩ 3407 Ordonnances de l'Empereur, nostre Sire, touchant la navigation des rivieres publiques de ses Pays-Bas, sur la décision du pesches, meu pardevant Sa Majesté, d'entre les Villes de par decha, & les navieurs de Gand, *Gand*, Pierre Cesar, 1541, *in-8. got. v. f. d. f. t.*

☩ 3408 Ordonnances criminelles de l'Empereur Charles cinquiesme, & du Saint-Empire Romain, dressées & conclues ès dierres Impériales, tenues à Augsbourg & Ratisbonne ès années 1530 & 1532, nouvellement trad. de l'allemand en françois, *Montbelliard*, Jacques Foillet, 1612, *in-8. v. f. d. f. t.*

☩ 3409 Indication sommaire des réglemens & loix de l'Archiduc Léopold, Grand-Duc de Toscane, par ordre chronologique, depuis 1765 jusqu'à la fin de 1778, avec des notes, *Bruxelles*, J. L. de Boubers, 1779, *in-12. v. m.*

☩ 3410 Decreta, constitutiones & articuli regum regni Ungariæ, ab anno 1305 ad annum 1583, publicis comitiis edita, (Aut. ZACHARIA, Episcopo Nittriensi,) *Tirnaviæ*, 1584, *in-fol. v. f. d. f. t.*

DROIT ÉTRANGER.

3411 Casp. Henr. HORNII, JCti, Jurisprudentia feudalis Longo-Bardo-Teutonica, aucta variis accessionibus argumentum illustrantibus, quæ auctior prodit accurrante Christiano HANAC-CIO, *Wittebergæ*, Samuel-Godofredus Zimmermannus, 1741, 2 *vol. in-4. v. f. d. s. t.*

3412 Petri-Frid. ARPI, JCti, Themis Cimbrica, sive de Cimbrorum & vicinarum gentium antiquissimis institutis commentarius, *Hamburgi*, ex officina Koenigiana, 1737, *in-4. v. m.*

3413 Leges Palatinæ, ex veteri Aragonicæ domus disciplina in aureo annorum 360 codice descriptæ à Jacobo II, rege Majoricarum; iconibus & observationibus illustravit Daniel. PAPEBROCHIUS, e Soc. Jesu, *Antuerp.* vidua Henr. Thieullier, 1699, *in-fol. fig. v. f.*

3414 Notitia juris belgici, auctore Francisco ZYPÆO, J. C., editio tertia, priori emendatior & correctior, *Arnhemiæ*, Joan. Jacobus, 1642, *in-12. v. f.*

3415 Eadem, editio nova, tertia parte auctior, *Antuerpiæ*, Hieronimus & J. Ba. Verdussen, 1665, *in-4. v. m.*

3416 Henrici BROUWER, J. C. de jure connubiorum apud Batavos recepto, libri duo, in quibus jura naturæ, divinum, civile, canonicum, prout de nuptiis agunt, referuntur, expenduntur, explicantur, *Amstelodami*, Casparus Commelinus, 1665, *in-4. v. f. d. s. t.*

3417 Utriusque Hollandiæ, Zelandiæ, Frisiæque curiæ decisiones, item tractatus de feudi hollandici, frisicique occidentalis origine & successione, necnon curiæ feudalis ejusdem provinciæ observationum feudisticarum decades sex, accedunt de pactis ante nuptialibus obfervationes & decifiones, auctore Cornelio NEOSTADIO, fupremæ in Hollandia curiæ Senatore primario, *Hagæ-Comitis*, Jo. & Dan. Steuckerii, 1667, *in-*4. *v. b.*

3418 La pure Vérité; lettres & mémoires fur le Duc de Wirtemberg, pour fervir à fixer l'opinion publique fur le procès entre le Prince & les fujets, par Madame la Baronne de W...... *Aufbourg*, 1765, *in-*12. *v. m.*

3419 Remarques fur les loix & ftatuts du pays de Vaud, par Jean-François BOYVE, Avocat à Berne, *Neuchâtel*, Samuel Fauche, 1776, 2 *vol. in-*4. *v. m.*

Jurifprudence d'Angleterre.

3420 Antiquæ conftitutiones regni Angliæ, fub regibus Joanne, Henrico III, & Edoardo primo, circà jurifdictionem & poteftatem eccléfiafticam, per Gul. PRYNNE, *Londini*, 1672, *in-fol. v. f. d. f. t.*

3421 Dictionnaire des loix angloifes, par le Docteur COWEL, feconde édition, revue & corrigée par Tho. MANLEY, (en Anglois) *Londres*, Ric. Atkins, 1684, *in-fol. v. f.*

3422 An inftitute of the Laws of England: or, the Laws of England in their natural order, according to common ufe. Published for the direction of Young Beginners, or Students in the Law; and of others that defire to have a General knowledge in our common and ftatute Laws. By Thomas WOOD, L. L. D., and Barrifter at Law, the ninth edition, revifed, corrected, and enlarged by confidera-

DROIT ÉTRANGER. 557

bles additions, from the new reports and manuscript cases, as also from the statutes, which are brought down to the present time, and by upwards of one thousand additional references: by a Barrister at Law, *London*, H. Woodfall and W. Strahan, 1763, *in-f. v. m.*

3423 A New Law Dictionary: containing the interpretation and definition of words and terms used in the Law; as also the whole Law and practice thereof, under all the proper heads and titles. Together with such informations relating thereto, as explain the history and antiquity of the Law, and our manners customs, and original Governement, collected and abstracted from all Dictionaries, abridgments, institutes, reports, Yeer-Books, charters, regifters, chronicles, and histories, published to this thime and fitted for the use of Barristers, students and Practisers of the Law, Members of Parliament, and other Gentlemen, Justices of peace, Clergymens, &c. the eighth edition, the Law proceedings being done ento English, With Great additions and improvements, from the laten reports and statutes to this time. To which is annexed, a table of References to all the arguments and resolutions of the Lord Chief Justice holt; in the several volumes of the reports, by Gilles JACOB, *London*, H. Woodfall and W. Strahan, 1762, *in-fol. v. f.*

3424 Commentaires sur les loix angloises, de M. BLACKSTONE, trad. de l'anglois par M. D. G***, *Bruxelles*, Jean-Louis de Boubers, 1774, 3 vol. *in-8. v. m.*

JURISPRUDENCE.

3425 Commentaire sur le Code criminel d'Angleterre, trad. de l'angl. de Guillaume BLACKSTONE, par M. l'Abbé COYER, *Paris*, Knapen, 1776, 2 *vol. in*-8. *v. m.*

3426 Dissertations sur des parties intéressantes du droit public en Angleterre & en France, d'après les loix des deux Nations, comparées entr'elles, sur la liberté personnelle, & sur la sûreté personnelle, *Paris*, Knapen, 1778, 2 *vol. in*-8. *v. m.*

3427 Relation de ce qui s'est passé au procès de Mylord Preston & de Jean Ashton, leur conviction & condamnation pour crime de haute trahison contre le Roi Guillaume & la Reine Marie, *in*-12. *v. f. d. f. t.*

3428 Procès de Guillaume Stafford, pour crime de haute trahison, trad. de l'anglois, *Cologne*, Marteau, 1681, *in*-12. *v. f. d. f. t.*

3429 Procès de Grandval fait aux Enfers, (sur le parricide intenté contre le Roi Guillaume) 1693, *in*-12. *v. m.*

3430 Relation de la procédure criminelle faite contre Robert Charnok, Edouard King & Thomas Key, accusés & convaincus d'avoir conspiré contre la vie de Guillaume III, Roi d'Angleterre, & autres. *la Haye*, Moetjens, 1696, *in*-12. *v. m.*

3431 Discours pour & contre la réduction de l'intérest naturel de l'argent, qui, ayant été prononcés en 1737 dans la Chambre des Communes du Parlement de la Grande-Bretagne, occasionnèrent en ce pays la réduction de 4 à 3 pour cent, trad. de l'angl. (par l'Abbé DE GUA DE MALVES) & précédés d'un avant-propos fort étendu de la composition du Traducteur, *Paris*, Grangé, 1757, 2 *parties* 1 *vol. in*-12. *v. m.*

Jurisprudence de Suede, de Russie & d'Amérique.

3432 Leges Suecorum Gothorumque, per Ragualdum JNGEMUNDI, Ecclesiæ Archidiaconum Ubsalensis, latinitate primùm donatæ, nunc autem zelo Johannis MESSENII, pristino tamen tenori & candori relictæ, luci publicæ cum legum indice locupletissimo consecrantur, *Stockholmiæ*, Christophorus Reusnerus, 1614, *in*-4. *v. f. d. s. t.*

3433 Sueciæ regni leges provinciales & civiles, prout quondam à Carolo IX Rege, post recognitionem confirmatæ, & anno 1608 publicatæ sunt, à Joanne LOCCENIO, *Holmiæ*, Nic. Bantiif, 1672. = Processûs judicialis ordinatio quæ in posterum observari debet, facta in Comitiis Orebrogæ, 1614, *in-fol. v. f. d. s. t.*

3434 Instruction donnée par Catherine II, Impératrice & Législatrice de toutes les Russies, à la Commission établie par cette Souveraine, pour travailler à la rédaction d'un nouv. Code de loix, traduit en franç. *Lauzanne*, Grasset, 1769, *in*-8. *v. f.*

3435 La même, *Petersbourg*, (*Paris*) 1769, *in*-12. *v. m.*

3436 La même, *Amsterdam*, Marc-Michel Rey, 1771, *in*-8. *v. f. d. s. t.*

3437 Code des loix des Gentoux, *ou* reglemens des Brames, trad. de l'angl. d'après les versions faites de l'original, écrit en langue Samskrete, *Paris*, Stoupe, 1778, *in*-4. *v. m.*

Tome I.   Nn

JURISPRUDENCE.

3438 Droit public & gouvernement des Colonies Françoises, d'après les loix faites pour ces pays, par M. PETIT, *Paris*, Delalain, 1771, 2 vol. *in-8. v. m.*

3439 Exposé des droits des Colonies Britanniques, pour justifier le projet de leur indépendance, *Amsterdam*, Marc-Michel Rey, 1776, *in-8. v. m.*

3440 Recueil des loix constitutives des Colonies Angloises, confédérées sous la dénomination d'Etats-Unis de l'Amérique Septentrionale; auquel on a joint des marques d'indépendance, de confédération & autres actes du Congrès général, trad. de l'angl. (par M. REGNIER) *Paris*, L. Cellot & Jombert le jeune, 1778, *in-12. v. m.*

3441 Dissertations sur le droit public des Colonies Franç. Espagnoles & Angloises, d'après les loix des trois Nations, comparées entr'elles, *Paris*, Knapen, 1778, *in-8. v. m.*

3442 Fragment sur les Colonies en général, & sur celles des Anglois en particulier, trad. de l'angl. *Lausanne*, Soc. Typog. 1778, *in-8. v. m.*

ADDITIONS A LA JURISPRUDENCE.

1814 * NICOLAI I, Pontif. Maximi, Epistolæ, *Romæ*, Franciscus Priscianensis, 1542. *in-fol. v. f. d. s. tr.*

2612 * Le combat de MUTIO, Justinapolitain; avec les responses chevaleresses, trad. d'italien par Ant. CHAPPUIS, *Lyon*, Rouille, 1561, *in-4. mar. r. l. r.*

ADDITIONS A LA JURISPRUD. 561

2920 * L'homme héroïque du Comte DE PAGAN, ✠ ou le Prince parfait fous le nom du Roy Louis-Augufte, *Paris*, Antoine de Sommaville, 1663, *in*-8. *v. m.*

2977 * Difcours de la Court, par Claude CHAPPUIS, Libraire, & Varlet-de-Chambre ordinaire du Roy, *Paris*, Roffet, 1543, *in*-8. *v. m.* ✠

3017 * Effai fur le Barreau Grec, Romain & François, & fur les moyens de donner du luftre à ce dernier, feconde édition, *Paris*, Grangé, 1774, *in*-8. *v. m.* ✠

Fin du Tome premier.

PRIX

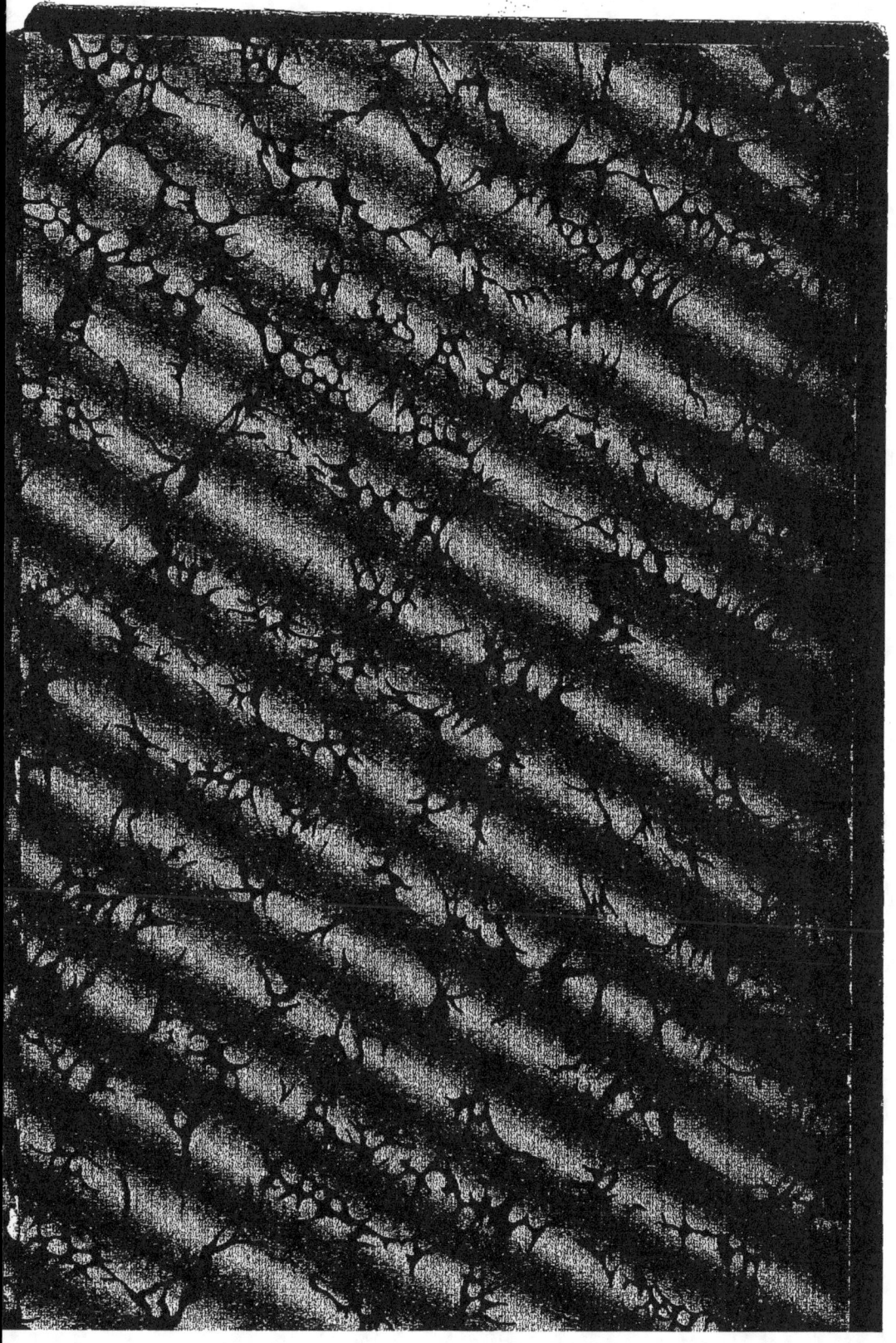

www.ingramcontent.com/pod-product-compliance
Lightning Source LLC
Chambersburg PA
CBHW051319230426
43668CB00010B/1072